HISTOIRE
DES
TEMPS MODERNES

COURS DE RHÉTORIQUE

Tout exemplaire de cet ouvrage non revêtu de ma griffe sera réputé contrefait.

Ch. Delagrave

NOUVEAU COURS D'HISTOIRE

RÉDIGÉ CONFORMÉMENT
AU PROGRAMME OFFICIEL DE L'ENSEIGNEMENT DE L'HISTOIRE

PAR C. A. DAUBAN

HISTOIRE
DES
TEMPS MODERNES

PARTICULIÈREMENT DE LA FRANCE

DEPUIS LA MORT DE HENRI IV JUSQU'A 1789

PAR

C. A. DAUBAN
Conservateur sous-directeur adjoint
à la Bibliothèque nationale.

L. GRÉGOIRE
Docteur ès lettres, profess. d'Histoire
au lycée Fontanes.

NOUVELLE ÉDITION REVUE ET CORRIGÉE

COURS DE RHÉTORIQUE

PARIS
LIBRAIRIE CH. DELAGRAVE
58, RUE DES ÉCOLES, 58

1878

HISTOIRE
DES
TEMPS MODERNES

CHAPITRE PREMIER

Géographie politique de l'Europe en 1610

§ Ier. État politique de l'Europe en 1610.
§ II. Géographie politique de l'Europe en 1610.

§ 1er

Sommaire. — Importance de la mort de Henri IV. — Il a préparé la grande lutte contre les deux branches de la maison d'Autriche. — État de la France. — L'Angleterre sous Jacques Ier. — Les Provinces-Unies : trêve de douze ans. — Italie : ses différents États sont unis à la France contre l'Espagne.
État de l'Espagne. — Philippe III; sa politique. — Expulsion des Morisques en 1609. — État de l'Allemagne. — Rodolphe II; troubles et révoltes dans les États héréditaires; les Lettres de majesté (1609). — Les protestants renouvellent leurs alliances. — Succession de Clèves et de Juliers (1609); ligue protestante de Hall (1610).
État des royaumes scandinaves. — Danemark, Suède; Charles IX et Sigismond III. — La Pologne. — La Russie encore barbare; les faux Démétrius. — Avénement des Romanow (1613).
La Turquie. — Achmet Ier. — Relations de la Turquie avec la France.

Mort de Henri IV. — Il a préparé la grande lutte contre les deux branches de la maison d'Autriche. — État de la France. — « Jamais peut-être, dans
« tous les temps dont l'histoire se souvient, la mort d'un
« homme, jetée au milieu des événements qu'elle ra-
« conte, ne les a tranchés d'une manière plus nette et
« plus distincte, n'a offert au récit un point de sépara-
« tion plus exact et plus assuré que ne le fit, au com-

1

« mencement du dix-septième siècle, la mort du roi de
« France Henri IV. » (Bazin, *Hist. de Louis XIII.*) En
effet, le chef de la maison des Bourbons, grand homme
de guerre, politique habile, administrateur économe et
intelligent, allait accomplir ce qu'il projetait depuis
longtemps, le *grand dessein*, la lutte contre l'ambitieuse
et toujours trop puissante maison d'Autriche. Après
avoir consacré la première partie de son règne à reconquérir et à restaurer son royaume, Henri IV se proposait d'établir par les armes un véritable équilibre européen, en combattant les deux branches de la maison
d'Autriche, qui, maintenant étroitement unies, affectaient, comme au temps de Charles-Quint, la domination absolue en Europe. « L'Europe, disait Sully, est
« partagée en deux factions politiques, la protestante et
« la romaine, cette dernière plus grande et plus forte,
« dominée par la maison d'Autriche ; l'autre formée de
« la France, de l'Angleterre, des Provinces-Unies, des
« trois royaumes du Nord, des petits États d'Allemagne.
« Il faut qu'une alliance soit conclue entre cette dernière faction pour la destruction de la première, pour
« réduire la maison d'Autriche à la possession de l'Espagne, et lui enlever surtout l'hérédité de l'Empire. »

Henri IV et son ministre étaient parvenus à conclure
cette alliance par un travail admirable de diplomatie ;
la France et ses nombreux alliés avaient achevé leurs
préparatifs ; le succès paraissait certain. La guerre allait
commencer, lorsque le poignard de Ravaillac changea
malheureusement les destinées de l'Europe.

Quelle était vers cette époque mémorable la situation
de ces différents États ?

Depuis douze années, Henri IV avait fermé les blessures des guerres civiles ; malgré quelques tentatives de
révoltes (Biron, Bouillon, etc.), il avait forcé les seigneurs à l'obéissance et accoutumé les peuples à la tolérance religieuse ; une nouvelle génération de soldats

était née; une administration intelligente, secondant et dirigeant l'activité de la nation, avait partout développé les sources de la richesse publique; la vigilance et l'économie sévère de Sully avaient relevé les finances, payé les dettes et donné au roi non-seulement des revenus qui ne pouvaient que s'accroître, mais, ce qui a toujours été plus rare, une épargne. Henri IV, de l'aveu de tous, était l'arbitre de l'Europe; et s'il avait vécu, l'œuvre que plus tard Richelieu, Mazarin et Louis XIV ont accomplie dans des circonstances plus difficiles, la prépondérance de la royauté dans la France pacifiée et laborieuse, l'équilibre européen sous les auspices généreux de la France, aurait été réalisée dès le commencement du dix-septième siècle.

L'ANGLETERRE SOUS JACQUES Ier. — Dans une lutte contre l'Espagne, l'Angleterre était l'alliée sur laquelle Henri IV aurait voulu surtout compter. Élisabeth avait glorieusement combattu l'ambition de Philippe II; elle avait vu l'Espagne épuisée, humiliée, à la mort de son ennemi, tandis que l'Angleterre grandissait chaque jour en forces et en renommée. Malgré quelques refroidissements passagers, causés par la jalousie que lui inspirait la prospérité renaissante de la France, Élisabeth était toujours restée l'*ennemye irréconciliable de leurs irréconciliables ennemys*. Mais la grande reine était morte en 1603, et son successeur était le fils de sa rivale et de sa victime, Jacques VI d'Écosse, qui devenait roi sous le nom de Jacques Ier. Quoique l'Écosse restât gouvernée comme un royaume particulier, c'était un événement considérable pour la politique européenne que l'union de deux États, si longtemps ennemis, sous le sceptre des Stuarts. Jacques Ier, prince d'une volonté faible et d'un caractère peu résolu, n'avait pas contre l'Espagne, dont il admirait le gouvernement absolu, les haines politiques d'Élisabeth. Dès 1604, il conclut avec la cour de **Madrid** un traité de paix et de commerce; il est vrai que plus tard, en 1609, grâce à la politique persévérante de Henri IV et aux fautes de l'Espagne, il revint à l'alliance française; il réglait alors, d'accord avec le roi de France, le contingent de troupes qu'il devait fournir dans une attaque générale contre la maison d'Autriche, et le mariage du prince de Galles, son fils aîné, avec la seconde fille de Henri IV, était convenu. Ce qui décidait Jacques Ier, c'étaient les intrigues des Espagnols, qui se trouvaient mêlés dans tous les complots des catholiques anglais, qui continuaient d'exciter les Irlandais à la révolte. Le fils de Marie Stuart avait trompé les espérances des catholiques; il déployait contre eux les mêmes rigueurs qu'Élisabeth. Aussi avaient-ils formé contre lu la fameuse conspiration des poudres, qui devait faire périr toute la famille royale et le parlement (1605); les rigueurs redoublèrent. Jacques, quoique élevé dans la religion presbytérienne d'Écosse, n'en était pas moins le défenseur entêté de la haute église d'Angleterre et l'ennemi acharné de tous les dissidents; *point d'évêques, point de roi*, répétait-il déjà. En même temps, plein d'un zèle imprudent pour la prérogative royale, il commençait contre le Parlement, où l'esprit de liberté tendait à se réveiller, une lutte qui devait être fatale à la dynastie des Stuarts. En 1610, le Parlement réclama de nouveau l'abolition des droits de *garde-noble* et de *purveyance*, attaqua la cour de haute-commission et n'accorda au roi que des subsides insuffisants; Jacques, plein de colère, cassa le Parlement. Élisabeth avait fait oublier aux Anglais leurs vieilles libertés, en leur donnant la gloire, en soutenant vigoureusement les intérêts du protestantisme, en leur faisant entrevoir l'empire des mers. Le pusillanime Jacques Ier semblait renoncer à ce rôle grand et national; c'était cependant l'époque des belles découvertes de Davis et d'Hudson dans l'Amérique septentrionale; de l'occupation des Bermudes; de la fondation des deux compagnies maritimes de Londres et de Plymouth; des premières tentatives de colonisation en Virginie. Jacques abandonnait complétement la politique d'Élisabeth; et l'on pouvait déjà découvrir les germes de l'opposition, à la fois politique, religieuse et nationale, qui devait aboutir à la révolution d'Angleterre.

LES PROVINCES-UNIES : TRÊVE DE DOUZE ANS. — Les Provinces-Unies, ou, comme on le disait déjà, la république de Hollande, étaient étroitement alliées à la France de Henri IV contre l'Espagne, leur ennemie commune.

Après une lutte héroïque de quarante années, qui avait épuisé les ressources et vaincu l'opiniâtreté de Philippe II, ce petit peuple de bourgeois et de pêcheurs venait d'entrer glorieusement dans la grande famille des nations européennes par la trêve de douze ans (1609). Sous la conduite du brave et habile stathouder, Maurice de Nassau, les Hollandais avaient été victorieux à Nieuport (1600); le siége d'Ostende par l'espagnol Spinola lui avait coûté trois ans d'efforts et 80,000 hommes (1601-1604); la victoire navale de Gibraltar, en 1607, annonçait qu'une nouvelle puissance maritime était créée en Europe. Vainement Philippe II avait cédé la souveraineté des Pays-Bas à sa fille, Claire-Eugénie, mariée à l'archiduc Albert d'Autriche; les Espagnols, malgré leur orgueil, étaient forcés de s'avouer vaincus; des négociations, commencées sous les auspices de Henri IV, dès 1607, et fermement conduites par le président Jeannin, aboutirent enfin à la trêve de douze ans; c'était l'Espagne qui faisait toutes les concessions, qui abandonnait déjà à la Zélande les embouchures de l'Escaut; qui laissait consommer la décadence d'Anvers au profit d'Amsterdam et de Rotterdam. Les Hollandais jetaient alors les bases de leur puissance coloniale; ils avaient fondé la compagnie des Indes orientales en 1602; ils avaient commencé à s'établir à Java, aux îles de la Sonde, à Timor; ils allaient pénétrer au Japon; leurs hardis marins reconnaissaient dès 1606 les côtes de l'Australie septentrionale (Nouvelle-Hollande); tandis que leurs marchands, appréciant dès le premier jour la magnifique position de l'embouchure de l'Hudson, au nord de l'Amérique, créaient des comptoirs dans les nouveaux Pays-Bas, là où plus tard s'élèvera New-York. Malheureusement pour la république, au moment même de son glorieux triomphe, il y avait déjà des germes de dissensions intestines : le stathouder, les soldats, les marins, la populace des grandes villes, auraient voulu la continuation des hostilités, soit par intérêt, soit par passion; au contraire, la bourgeoisie éclairée des villes, qui craignait l'établissement d'une monarchie militaire au profit des Nassau, voulait la paix, mais une paix glorieuse, et venait de l'emporter dans les États généraux; le célèbre patriote Olden-Barneveld était son chef. Le stathouder avait résolu de se venger; une querelle théologique allait lui en fournir l'occasion. Arminius, professeur de l'université de Leyde, avait enseigné sur la grâce une doctrine qui adoucissait les opinions inexorables de Calvin; un autre professeur, Gomar, rigide calviniste, s'était déclaré son ennemi; Arminius venait de mourir en 1609; mais ses partisans, les Arminiens, étaient poursuivis par les Gomaristes. Les Provinces-Unies devaient être troublées pendant plusieurs années par cette querelle, qui, sous une apparence religieuse, était au fond une querelle politique. En effet, Maurice se déclarera pour les Gomaristes, fera condamner et persécuter les Arminiens; le vieux Barneveld montera sur l'échafaud, en 1619, sans que Maurice puisse cependant réaliser ses projets ambitieux.

Italie : ses différents États sont unis a la France contre l'Espagne. — L'Italie avait perdu son indépendance au XVIᵉ siècle; depuis le traité de Cambrai sous

François Iᵉʳ, elle obéissait directement ou indirectement à l'Espagne. A plusieurs reprises, il y avait eu quelques tentatives d'opposition; elles avaient toujours échoué. Henri IV semblait au contraire sur le point de réussir; et, en 1610, il y avait un parti français, disposé plus ou moins sérieusement à le soutenir dans une guerre contre l'Espagne. — Philippe III possédait alors Naples, la Sicile, la Sardaigne et le Milanais. Les États secondaires étaient au centre : l'État romain et le grand-duché de Toscane, avec les duchés de Ferrare, Modène et Reggio, de Mantoue, de Parme et Plaisance; au nord, les deux républiques de Gênes et de Venise, enfin le duché de Savoie et Piémont.

Dans une guerre contre l'Espagne et l'Autriche, qui se mettaient résolûment à la tête du parti catholique en Europe, il était du plus grand intérêt pour la France de s'assurer l'alliance ou du moins la neutralité des papes. Après Sixte-Quint, le pontife énergique, le politique clairvoyant qui avait osé résister à Philippe II, Clément VIII (1592-1605), plus pacifique et plus conciliant, avait prononcé l'absolution de Henri IV, et semblait bien disposé en sa faveur. Mais Paul V, de la famille Borghèse (1605-1621), se montrait plus intraitable, comme on le vit dans ses démêlés avec Venise, que Henri IV eut tant de peine à terminer. En 1610, il avait complété la bulle *In cœna Domini*, formulaire des prétentions du Saint-Siége, et on peut croire que ses doctrines étaient celles que devait soutenir en 1611 le cardinal Bellarmin dans son ouvrage célèbre, *De la puissance du pape dans les choses temporelles*. Toutefois Henri IV, à force d'habileté et de souplesse diplomatique, parvint à gagner à ses projets le pape, qui n'aimait pas le roi d'Espagne, surtout en lui promettant le royaume de Naples, en cas d'un succès très-probable.

La maison des Médicis régnait à Florence. Le grand-duc Ferdinand (1587-1609) avait été le premier des souverains catholiques à reconnaître Henri IV et à faire alliance avec lui. C'était un prince intelligent, qui protégea l'agriculture et le commerce, fit de Livourne une ville, en accordant à son port les plus grandes franchises, enfin accorda de précieux encouragements aux arts et surtout à la musique. En épousant sa nièce, Marie de Médicis, Henri IV avait espéré l'attirer complétement dans son alliance; mais Ferdinand avait marié son fils à une princesse autrichienne, et semblait toujours hésitant. En 1609 et 1610, Cosme de Médicis, son successeur, rentra dans l'amitié de la France; on lui promettait Porto-Hercole, Orbitello et les autres *Présides*, que les Espagnols occupaient toujours sur les côtes de Toscane.

Le duc de Modène et de Reggio, de la maison d'Este, César (1597-1628) avait perdu, au début de son règne, Ferrare, que Clément VIII avait rattachée aux États de l'Église. Les Gonzague régnaient à Mantoue, Ranuce Farnèse à Parme et à Plaisance. Ces petits princes, qui recevaient les faveurs de Henri IV, malgré les liens qui les unissaient à l'Autriche, s'étaient laissés gagner par l'espoir d'obtenir une part des dépouilles de l'Espagne vaincue.

La république de Gênes jouait alors un rôle peu considérable dans la politique générale de l'Italie. Elle jouissait de la paix et s'occupait surtout de commerce. Il n'en était pas de même de Venise, qui, bien qu'affaiblie, conservait encore une grande considération et ne manquait ni de ressources ni d'intelligence politique. Elle semblait même vouloir alors se relever de l'état d'épuisement où elle était tombée. C'étaient les Vénitiens qui les premiers parmi les États catholiques avaient reconnu Henri IV comme roi de France, au grand déplaisir de Philippe II; en 1600, ce prince avait fait demander par son ambassadeur que son nom fût inscrit sur le *Livre d'or* de la république; il avait été déclaré noble vénitien, avec le droit de transmettre cette prérogative à tous ses descendants. Cette union intime était encore resserrée par les services que rendit Henri IV à la république. Le pape Paul V revendiquait énergiquement tous les droits de la puissance pontificale, que le cardinal Bellarmin venait d'affirmer dans un ouvrage célèbre; un savant moine servite, Frà Paolo Sarpi, protestant déguisé, lui avait répliqué, en soutenant les droits des gouvernements temporels. Le sénat de Venise résista aux injonctions du pape, interdit de bâtir des églises sans sa permission; défendit aux ecclésiastiques d'acheter des biens-fonds, s'opposa à la fondation de congrégations nouvelles, et le Conseil des Dix fit emprisonner deux prêtres accusés de crimes. Aussitôt Paul V excommunia le sénat de Venise et le doge Leonardo Donato, menaçant de l'interdit si la république n'avait pas fait droit dans vingt-quatre jours sur les points en litige. Venise n'en tint pas compte, et l'interdit fut décrété (1606). La république ordonna au clergé vénitien de continuer ses fonctions. Les jésuites, les théatins et les capucins refusèrent d'obéir et furent chassés du territoire vénitien. Le pape, plein de colère, menaçait d'employer les armes temporelles; les Vénitiens, de leur côté, parlaient d'appeler à leur aide les puissances protestantes. Henri IV, dont cette querelle troublait les projets, s'empressa d'interposer sa médiation; le cardinal de Joyeuse, déployant beaucoup d'activité, parvint à réconcilier le pape et Venise; on se fit des concessions réciproques, mais la république réserva tous ses droits en principe; seulement les jésuites restèrent éloignés du territoire vénitien.

Au N.-O. de l'Italie, les princes de la maison de Savoie cherchaient toujours à s'agrandir; au XVIe siècle, ils s'étaient presque continuellement appuyés sur l'Espagne contre la France, et ils avaient espéré longtemps profiter de nos malheureuses guerres civiles pour ajouter à leurs

États le Dauphiné et la Provence. Mais Henri IV avait mis fin aux prétentions et aux intrigues du duc Charles-Emmanuel, en lui faisant la guerre; au traité de Lyon, 1601, il avait sagement renoncé au marquisat de Saluces, mais avait obtenu la Bresse, le Bugey, le val Romey, le pays de Gex. Depuis cette époque, la politique du duc de Savoie s'était modifiée; il s'était brouillé avec son beau-frère Philippe III, s'était rapproché de la France, et maintenant se proposait de prendre sa part dans les dépouilles de l'Espagne en Italie. En 1610, par l'intermédiaire de Lesdiguières, il conclut à Brusol un traité pour fiancer son fils aîné à Élisabeth, fille de Henri IV, et il s'engagea dans une ligue offensive et défensive contre les Espagnols. Il donnait aux Français l'entrée de l'Italie, et on lui promettait la plus grande partie du Milanais et du Montferrat, en échange du comté de Nice et de la Savoie, peut-être avec le titre de roi.

Ainsi l'Italie presque toute entière semblait disposée, en 1610, à s'unir à la France dans la grande coalition contre l'Espagne, et à tenter un vigoureux effort pour reprendre complétement son indépendance. Contre la branche espagnole de la maison d'Autriche, Henri IV entraînait également le duc de Lorraine, les Suisses, les Grisons, la république de Genève, nos alliés et nos protégés. La situation de l'Espagne était d'ailleurs favorable au succès de son entreprise.

État de l'Espagne. — Philippe III; sa politique. — Expulsion des Morisques en 1609. — Philippe II était mort en 1598; la décadence de l'empire espagnol, résultat fatal de sa politique ambitieuse et de son gouvernement despotique, commençait à frapper les regards sous son successeur. Philippe III portait le titre de roi, mais c'était le duc de Lerme qui gouvernait; l'orgueil castillan et le faste de la cour contrastaient avec la misère du peuple, la ruine de l'agriculture et de l'industrie, la détresse financière et la dépopulation des provinces. La politique de Philippe II lui avait survécu ; Philippe III avait inauguré son règne par des machinations contre Élisabeth et par une invasion de l'Irlande ; il avait poursuivi la guerre contre la Hollande, mais, en 1609, il avait été forcé de confesser son impuissance, en signant la trêve de douze ans, si humiliante pour l'orgueil espagnol. S'il n'avait pas attaqué directement la France, c'est parce qu'il manquait de soldats et d'argent ; mais il continuait contre elle la guerre perfide des intrigues et des complots. « Philippe III et ses ministres, « comme l'a écrit Sully, incitèrent, sous promesse d'estre « assistez de leurs armes et de leurs deniers, les ducs « de Savoie et de Biron, le comte d'Auvergne, le ma-« reschal de Bouillon et autres, à tout ce qu'ils entre-« prirent contre la personne de Henri et de son Estat. » Ils avaient même soudoyé des intrigants qui devaient ouvrir aux Espagnols trois des grandes villes frontières du royaume, Marseille, Bayonne et Metz. Aussi Henri IV était-il bien décidé, dans l'intérêt de la France et de l'équilibre européen, à enlever à l'Espagne les différents pays qu'elle possédait en dehors de ses limites naturelles, provinces Italiennes, Pays-Bas, Franche-Comté.

L'Espagne était encore redoutable, il ne faut pas l'oublier, et avant de s'avouer vaincue, elle soutiendra contre la France une lutte opiniâtre jusqu'au traité des Pyrénées, en 1659.

Cependant Henri IV réunissait contre elle de nombreux ennemis ; et s'il avait vécu, l'Espagne n'aurait pas pu si longtemps résister. Henri IV, préparant les moyens que Richelieu plus tard emploiera avec succès, entretenait les dispositions hostiles des habitants du Roussillon et de la Navarre, qui regrettaient la domination française et détestaient la tyrannie des Espagnols. Il se proposait surtout de tirer un excellent parti de la grande faute que commettait alors le gouvernement de Philippe III.

Les Morisques de Valence et d'Aragon étaient toujours cruellement traités; ils avaient secrètement réclamé l'appui du roi de France; ils pouvaient, assuraient-ils, lever quatre-vingt mille hommes; ils offraient de l'argent pour nourrir les troupes françaises et ne demandaient que des armes et quelques bons capitaines. Henri IV avait répondu à leurs avances; c'était là une diversion qui pouvait lui être très-utile. A la même époque, plusieurs des chefs du clergé espagnol, les archevêques de Valence et de Tolède, trop fidèles à la politique implacable de Philippe II, demandaient l'extermination des Morisques, qui conservaient toujours au fond de leur cœur la religion de leurs ancêtres. Le gouvernement espagnol était ébranlé; sur ces entrefaites, il surprit le secret des rapports entre les Morisques, la France, les Barbaresques, les Turcs; l'expulsion générale des Morisques fut décidée, malgré les sages conseils de Paul V, qui recommandait la tolérance et la charité. Ainsi l'Espagne, menacée de grands périls, et déjà bien appauvrie, rejetait de son sein près d'un million d'hommes, intelligents et laborieux, qui s'occupaient surtout d'agriculture et d'industrie. L'exécution des ordres de Philippe III commença en 1609 et se poursuivit en 1610; sur 134,000 Morisques de Valence, déportés en Afrique, plus de 100,000 succombèrent; on expulsa ensuite ceux d'Andalousie, de Grenade, de Murcie; puis ceux d'Aragon, de Castille et de Catalogne.

Beaucoup furent chassés vers les Pyrénées; Henri IV ordonna de recevoir ces malheureux en France et de fournir des bâtiments de transport à ceux qui ne voudraient pas rester dans le royaume en faisant profession de catholicisme. Mais beaucoup de Morisques étaient en Espagne et Henri IV espérait pouvoir se servir de leur concours, en commençant la guerre (1610). « Ainsi,

« comme l'a dit Richelieu, cette année avait produit en
« Espagne le plus hardi et le plus barbare conseil dont
« l'histoire de tous les siècles précédents fasse mention. »
Philippe III achevait d'épuiser les ressources et les finances de son empire; la noblesse espagnole était ruinée dans la plupart des provinces; la bourgeoisie était mécontente; l'Europe indignée demandait vengeance. Cependant le gouvernement espagnol s'unissait de plus en plus étroitement à la branche allemande de la maison d'Autriche; c'était toujours, comme au temps de Charles-Quint et de Philippe II, la domination universelle en Europe qu'il poursuivait; et il déclarait « qu'il ne se re-
« poserait jamais de faire port d'armes que tous ceux
« qui s'étaient retirés de l'Église romaine ne se fussent
« rangés aux anciennes cérémonies. »

ÉTAT DE L'ALLEMAGNE. — RODOLPHE II. TROUBLES ET RÉVOLTES DANS LES ÉTATS HÉRÉDITAIRES. — LES LETTRES DE MAJESTÉ (1609). — LES PROTESTANTS RENOUVELLENT LEURS LIGUES. — SUCCESSION DE CLÈVES ET JULIERS (1609); LIGUE PROTESTANTE DE HALL (1610). — Au moment où Philippe III reprenait la politique à outrance de son père, ses parents d'Allemagne abandonnaient la politique modérée et tolérante de Ferdinand Ier et de Maximilien II. Depuis 1594, mais surtout depuis 1597, un rapprochement intime s'était opéré entre les deux branches, et l'empereur Rodolphe II, cédant à la pression de la cour d'Espagne, se montrait plein de zèle pour l'agrandissement de ses domaines et de sa puissance, pour la destruction de la liberté religieuse. Depuis la paix d'Augsbourg de 1555, les deux partis protestant et catholique étaient toujours en présence, et une guerre générale semblait imminente. Rodolphe, prince débauché et d'un esprit bizarre, après s'être longtemps occupé de mathématiques, d'astronomie, d'alchimie et de chevaux, semblait vouloir précipiter la catastrophe par sa conduite imprudente et téméraire. Il portait à la fois le trouble dans les États héréditaires et dans l'Empire. En présence des Turcs, qui continuaient la lutte contre les princes autrichiens, la Transylvanie et la Hongrie, maltraitées, persécutées par les agents de Rodolphe, se soulevaient pour défendre leurs libertés et reconquérir leur indépendance; en Transylvanie, Étienne Botskaï, puis Sigismond Ragotski, puis Gabriel Bathori, enfin Bethlem Gabor, soutenus par les Turcs, se déclarent princes souverains, et Rodolphe est forcé de traiter avec eux. Les Hongrois se soulèvent également, et prennent pour roi le frère de l'empereur, Mathias (1607); ils lui imposent une capitulation qui stipulait en leur faveur la liberté de conscience et beaucoup d'importants priviléges. La Bohême n'était pas plus paisible; les protestants, les descendants des anciens Hussites ou Utraquistes, les frères Moraves y étaient nombreux, et pleins de haine et de mépris pour Rodolphe. L'ambitieux Mathias en profite; il force son frère à lui abandonner l'Autriche, la Moravie, la Hongrie, à le reconnaître comme son successeur en Bohême; et bientôt Rodolphe, voyant les Bohémiens soulevés contre lui, signe les *Lettres de majesté*, par lesquelles il accorde aux protestants les plus grandes libertés et reconnaît aux Bohémiens le droit de se nommer des défenseurs (1609).

Ce faible prince, qui perdait ainsi la plupart de ses États héréditaires, croyait cependant pouvoir imposer ses volontés aux princes de l'Empire. Il était de plus en plus dominé par son cousin, l'archiduc Ferdinand de Styrie, un second Philippe II, non moins ambitieux que zélé catholique; il comptait sur l'appui des Espagnols, qu'il avait laissés deux fois envahir et dévaster la Westphalie, à la grande irritation de l'Allemagne; aussi les princes protestants, voyant leur indépendance et leur religion menacées, s'étaient mis en défense; des ligues s'étaient formées entre eux en 1594, 1598,

1600; le landgrave de Hesse, Maurice le Savant, vint en France, en 1602, pour montrer à Henri IV l'état de l'Allemagne, et réclamer son appui; en 1603, la ligue des princes fut renouvelée à Heidelberg; en 1608, sous la direction de l'électeur palatin, ils se montrèrent plus hardis et plus menaçants, après la confédération d'Aschhausen; ils signifièrent même à Rodolphe qu'ils se feraient eux-mêmes justice, s'il continuait à violer les traités. L'empire se désorganisait; le parti catholique allemand, sans même consulter l'empereur, formait alors une contre-ligue sous la direction du jeune duc de Bavière, Maximilien.

Cette situation de l'Allemagne avait depuis longtemps attiré l'attention de Henri IV, qui y était représenté par un habile diplomate, Bongars. Il se proposait de réunir contre la puissance autrichienne tous ces princes, qui déjà préparaient leurs armes; il comptait sur les troubles des États héréditaires, qu'il contribuait à entretenir par ses agents et par ses promesses; il espérait entraîner les États du nord dans cette guerre générale; peut-être même gagnerait-il à sa cause le chef de l'union catholique, le duc de Bavière, à qui l'on faisait entrevoir la couronne impériale.

Un événement, depuis longtemps prévu, fut l'occasion de la grande lutte préparée contre les deux branches de la maison d'Autriche. Le duc de Clèves, de Juliers, de Berg, comte de La Mark et de Ravenstein, meurt sans postérité (1609;) ces domaines, situés sur le Rhin, entre la Hollande, la Belgique espagnole, la Basse-Allemagne, avaient une importance considérable au point de vue militaire et politique. Aussi la succession fut-elle réclamée par de nombreux prétendants; deux d'entre eux, l'électeur de Brandebourg et le comte palatin de Neubourg, s'entendent pour occuper les duchés, tandis que Rodolphe évoque l'affaire au conseil aulique, et ordonne à l'archiduc Léopold de s'emparer des territoires contestés en qualité de commissaire impérial. Dans ces circonstances, les princes protestants s'assemblent à Hall en Souabe (1610), et y renouvellent leur union ; ils s'engagent à soutenir par les armes l'électeur de Brandebourg et le comte de Neubourg ; ils réclament l'appui de Henri IV, qui adhère au traité de Hall ; les hostilités ont déjà commencé, la guerre va devenir générale et Henri IV est celui qui doit en prendre la direction, lorsqu'il est assassiné par Ravaillac (1610.)

État des royaumes scandinaves. — Danemark, Suède ; Charles IX et Sigismond III. — Les États scandinaves du Nord étaient intéressés aux événements dont l'Allemagne devait être le théâtre, et à cause du voisinage, et à cause de leur religion menacée par le grand parti catholique ; aussi plus tard, au temps de la guerre de Trente Ans, Danois et Suédois descendront successivement sur les champs de bataille de l'Allemagne. A l'époque de la mort de Henri IV, Christian IV commençait en Danemark un règne de soixante ans ; il favorisait les lettres, tentait des essais de colonisation aux Indes orientales et gouvernait sagement ses États. — La Suède était moins paisible et moins heureuse. Jean III, fils de Gustave Wasa, était mort en 1592 ; cédant aux instances de sa femme, Catherine Jagellon, catholique zélée, il avait essayé vainement de rétablir en Suède la religion catholique. Son fils, Sigismond III, roi de Pologne depuis 1587, lui succéda ; mais, catholique encore plus passionné que sa mère, il avait été forcé de laisser le gouvernement de la Suède à son oncle, Charles de Sudermanie ; et, comme il ne voulait pas renoncer à ses espérances de propagande religieuse, il avait été déposé par les Suédois, attachés au luthéranisme (1605). Le nouveau roi, Charles IX, prince violent, mais intelligent, se défendait alors contre trois ennemis, contre Sigismond, les Russes et les Danois. A sa mort, en 1611, il léguait ces guerres à son jeune fils, Gustave-

Adolphe, qui sera le héros de la guerre de Trente Ans.

La Pologne. — La Russie encore barbare; les faux Démétrius. — Avénement des Romanow (1613). — La Pologne avait pour roi Sigismond III, qui, par sa mère, descendait des Jagellons. Ce prince consumait les forces de son royaume dans une guerre malheureuse contre les Suédois, auxquels il voulait imposer le catholicisme; en 1610, il soutenait les prétentions de son fils, Wladislas, à qui un parti offrait la couronne de Moscovie; mais les Polonais irritaient les Russes par leur licence et par l'incendie de Moscou. La Pologne aurait dû réserver son courage pour combattre les Turcs, qui la menaçaient toujours du côté du sud.

Sully, dans ses *OEconomies royales*, dit que Henri IV, après avoir organisé une grande confédération chrétienne, pensait à refouler les Turcs en Asie; et il ajoute que, quant au grand peuple, encore barbare, mais chrétien, qui occupait les confins de l'Europe et de l'Asie, quant aux Moscovites, sujets du *puissant Knès scythien*, la république chrétienne pourrait un jour les admettre dans son sein. Il n'est pas probable qu'Henri IV se soit alors beaucoup préoccupé des Russes, et s'il a jamais pensé à chasser les Turcs de l'Europe, il est certain que pour le moment il recherchait leur alliance dans la guerre qu'il allait commencer contre l'Espagne et contre l'Autriche.

Avec Féodor finissait en Russie la dynastie des souverains descendants de Rurik (1598). Le Tatar Boris Godunow, son beau-frère, avait fait périr le jeune Démétrius, frère unique et héritier du tzar; il s'empara du trône, gouverna avec intelligence et s'efforça d'introduire dans la Russie barbare la civilisation européenne. Mais en 1603 un moine russe, Grégory Otrépief, se fit passer pour le prince Démétrius, qui aurait échappé au fer des assassins et il parvint à se rendre maître du pouvoir, jusqu'au jour où il fut détrôné et mis à mort par le boïard Basile Chouiski (1606). Celui-ci gouverna en tyran ; le mécontentement général suscita de nouveaux imposteurs, de *faux Démétrius;* les Polonais, les Tatars, les Cosaques du Don, ravagèrent la Russie ; l'anarchie fut à son comble jusqu'au jour où les Russes, bien inspirés, élevèrent au trône Michel Féodorowitz, fondateur de la dynastie nouvelle des Romanow (1613).

LA TURQUIE. — ACHMET Ier. — RELATIONS DE LA TURQUIE AVEC LA FRANCE. — L'empire des Turcs ottomans était encore puissant et redoutable. Les sultans Mahomet III, puis Achmet Ier, profitant des divisions intestines de l'Autriche, avaient continué la guerre en Hongrie avec des alternatives de succès et de revers, et se déclaraient les protecteurs des princes de Transylvanie. Mais les Turcs étaient alors menacés du côté de l'Orient par le sophi de Perse, Shah-Abbas, qui leur disputait les provinces baignées par le Tigre et l'Euphrate, et qui leur enlevait Tauris et Bagdad. — La France, représentée à Constantinople par un excellent diplomate, Savari de Brèves, avait renoué les relations commencées sous François Ier ; les chrétiens d'Orient ne connaissaient d'autre protection que la sienne, et le pavillon français couvrait tous les navires marchands qui trafiquaient dans les mers de la Turquie. Tandis que Abbas le Grand députait vers l'empereur et le roi d'Espagne, afin de s'allier avec eux contre le sultan, une ambassade turque arrivait à Paris pour resserrer la vieille alliance de la Turquie et de la France. « Les Turcs, dit un contemporain, esti« moient les François les seuls peuples de l'Europe « dignes de leur amitié ; » et le sultan, par l'intermédiaire de Savari de Brèves, offrait alors son appui aux Provinces-Unies et aux princes protestants d'Allemagne contre la maison d'Autriche.

Résumé.

Telle était la situation générale de l'Europe en 1610. La grande guerre, qui devait avoir des résultats si considérables et si heureux, allait commencer. Henri IV attaquait la monarchie espagnole en Italie, dans les Pays-Bas, en Espagne : en Italie, il lui opposait l'armée française, commandée par Lesdiguières, avec trois armées, soudoyées par la France, levées par le pape, les Vénitiens, le duc de Savoie; — en Espagne, deux armées françaises devaient attaquer du côté de Saint-Sébastien et du côté de Perpignan; — dans les Pays-Bas, Henri devait se servir des armées de France, d'Angleterre, de Hollande, des princes unis d'Allemagne. Les forces destinées contre la branche allemande, et qui, après son abaissement, devaient se retourner contre les Pays-Bas espagnols et les conquérir, se composaient d'une belle armée française, que le roi devait commander; de trois corps d'armée fournis par les rois d'Angleterre, de Danemark et de Suède ; d'une armée levée par les princes de l'Union évangélique ; d'une armée des Provinces-Unies ; enfin d'une armée levée par les protestants de Hongrie, de Bohême et d'Autriche. Tout était prévu, tout semblait devoir réussir. Le poignard de Ravaillac changea tout à coup la situation générale de l'Europe. Ce fut un malheur pour la France; une période de faiblesse, de troubles allait commencer sous le jeune Louis XIII, avec la régente Marie de Médicis et son ministre méprisé, Concini; ce fut un malheur pour l'Europe : le faisceau d'alliances, formé si patiemment par Henri IV, allait être brisé. La maison d'Autriche était sans doute sauvée pour le moment; mais bientôt la guerre de *Trente Ans* portera la désolation dans toute l'Allemagne et mettra l'Europe en feu ; la décadence de l'Espagne continuera pendant tout le xvii⁰ siècle. L'Italie ne retrouvera ni son indépendance ni sa gloire passée; il faudra de longues années de luttes à la Hollande pour forcer l'Espagne à signer avec elle une paix définitive; et les Stuarts en Angleterre, de plus en plus dégagés de la politique européenne, des affaires du continent, rendront de plus en plus imminente la révolution dont ils doivent être les malheureuses victimes.

§ 2

Géographie politique de l'Europe en 1610.

Quelques lignes nous suffiront pour montrer quelle était la *géographie politique de l'Europe en* 1610.

Dans le grand projet de réorganisation de l'Europe, attribué par Sully à Henri IV, il devait y avoir six monarchies héréditaires : la *France*, avec le Limbourg, le Brabant et Malines ; l'*Angleterre*, la *Suède*, le *Danemark*, l'*Espagne* renfermée dans sa péninsule en Europe, et le royaume de *Lombardie* (Savoie, Piémont, Milanais). La maison d'Autriche devait être dépouillée de ses possessions dans les Pays-Bas, en Allemagne, en Italie. — Les cinq monarchies électives étaient : la *Bohême*, la *Hongrie*, la *Pologne*, l'*Empire* et les *États de l'Église*, avec toute l'Italie du sud. — Les quatre républiques étaient : *Venise* avec la Sicile, les *Ligues Suisses*, les *Provinces-Unies* avec la Belgique, et la *république Italienne*, composée des petits États qui se partageaient l'Italie du centre et du nord.

Voilà le rêve; voici la réalité, c'est-à-dire la géographie de l'Europe en 1610.

Le traité de Vervins de 1598 avait rendu à la France les limites qu'elle avait au traité de Cateau-Cambrésis ; seulement Henri IV avait laissé Cambrai aux Espagnols; il restituait le comté de Charolais sous la suzeraineté de la France, abandonnait la suzeraineté de la Flandre et de l'Artois, mais faisait ses réserves pour le royaume de Navarre. Le traité de Lyon, imposé au duc de Savoie en 1601, nous donnait, en échange du marquisat de Saluces, la Bresse, le Bugey, le Valromey, les deux rives du Rhône, de Genève à Lyon, le bailliage de Gex; de plus le duc restituait Château-Dauphin. — Henri IV, à son avènement, avait réuni à la couronne les domaines de la branche aînée de Bourbon et ceux de la maison d'Albret, dont il était également héritier : duché de Vendôme, seigneurie d'Albret, Basse-Navarre ; comtés de Foix, de Béarn, de Bigorre ; vicomtés de Soule, de Dax, de Gavaret ; Astarac et Armagnac, Fezensac et Fezensaguet, Lomagne et Auvillars, Limousin, Périgord. Le comté d'Auvergne avait été donné au dauphin par Marguerite de Valois, en 1606. — Tous les seigneurs avaient été forcés de reconnaître le roi de France ; les principaux étaient : les princes des maisons de Condé et de Montpensier, branches de la maison de Bourbon ; la maison de La Tour, qui possédait Bouillon et Sedan ; la maison de Gonzague, qui avait hérité des comtés de Nevers et de Rethel ; une branche de la maison de Savoie établie dans le duché de Nemours ; les Montmorency, les La Trémoille, les Clermont-Tonnerre ; les princes de la maison de Lorraine, le duc de Guise, le duc de Mayenne, etc.; un fils de Henri IV, le jeune duc de Vendôme, avait hérité des grands domaines du duc de Mercœur, dont il avait épousé la fille.

Jacques Ier, de la maison des Stuarts, était à la fois roi d'Angleterre, d'Irlande et d'Écosse ; mais l'Écosse était toujours considérée comme un royaume indépendant de l'Angleterre ; l'union n'aura lieu qu'un siècle plus tard. Les îles Shetland et Orcades, au N. ; les îles Hébrides, au N.-O., dépendaient de l'Écosse ; les îles de Man, d'Anglesey et les Sorlingues dépendaient de l'Angleterre ; les îles d'Aurigny, de Guernesey, de Jersey, anciennes dépendances du duché de Normandie, rappelaient toujours l'origine des rois anglais.

La république des Provinces-Unies, alliée à la France et à l'Angleterre, avait forcé le roi d'Espagne, Philippe III, à signer la trêve de douze ans. Limitée à l'Europe, elle abandonnait les colonies des Indes à la conquête des Hollandais. Les sept provinces étaient : la Hollande, la Zélande, la Gueldre, Utrecht, la Frise,

Over-Yssel et Groningue. L'Espagne ne reconnaîtra définitivement leur indépendance qu'en 1648.

En 1610, l'Italie, toujours morcelée, était divisée en deux grands partis politiques : d'un côté, l'Espagne possédait le royaume des Deux-Siciles, les Présides de Toscane, une portion de l'île d'Elbe, le duché de Milan ; de l'autre, les différents États se réunissaient sous les auspices de Henri IV pour combattre la maison d'Autriche. C'étaient, au centre : les États de l'Église, d'une mer à l'autre, jusqu'au duché de Castro et Ronciglione au N.-O., jusqu'au duché de Ferrare réuni en 1592 ; les papes allaient acquérir le comté de Montefeltro et le duché d'Urbin. La république de Saint-Marin conservait son indépendance inoffensive. — Entre l'Apennin et la mer Tyrrhénienne, le grand-duché de Toscane appartenait aux Médicis, qui y avaient réuni Sienne, en 1557, et une partie de l'île d'Elbe. La république de Lucques, au N., la seigneurie de Piombino, la principauté de Massa et Carrara jouissaient encore d'une certaine indépendance. — Au nord de l'Italie, on trouvait les États de Savoie, la république de Gênes, la maison de Farnèse à Parme, la maison d'Este à Modène et Reggio, la maison de Gonzague à Mantoue, Guastalla, etc.; enfin la République de Venise, qui, outre ses possessions de terre ferme en Italie, avait une partie de l'Istrie, les côtes et les îles de la Dalmatie, les îles Ioniennes (Corfou, Sainte-Maure, Zante, Céphalonie, etc.); elle avait presque toujours pour ennemis les Turcs, qui, après lui avoir enlevé Chypre, menaçaient de lui prendre Candie. — Quant à l'île de Malte, elle était toujours occupée par les braves chevaliers, qui ne cessaient de combattre les infidèles.

La Suisse, dont l'indépendance ne sera définitivement reconnue qu'en 1648, comprenait depuis longtemps treize cantons : Bâle, Berne, Zurich, Schaffhouse, Soleure, Fribourg et Lucerne étaient aristocratiques, les quatre premiers protestants, les trois autres généralement catholiques; Uri, Schwytz, Underwald, Glaris, Zug et Appenzell, démocratiques et catholiques, à l'exception d'Appenzell, qui était de religion mixte. A ces cantons il faut ajouter les pays de la dépendance commune, alliés ou sujets, comme la Thurgovie, le comté de Sarrans, les bailliages italiens, les bailliages libres de Granson, Morat, etc.; les pays alliés, Valais, évêché de Sion, république de Genève, principauté de Neuchâtel et Vallengin, abbaye de Saint-Gall, et surtout les Ligues Grises, qui commandaient les passages de l'Italie par la Valteline, les comtés de Bormio et de Chiavenna.

Le roi d'Espagne, héritier de Philippe II, avait encore de nombreuses possessions. Toute la Péninsule Ibérique lui était soumise, depuis que le Portugal avait été violemment réuni à l'Espagne; Philippe III pouvait dire, comme son père, que le soleil ne se couchait jamais dans ses vastes États; car aux colonies espagnoles d'Amérique et d'Océanie (Philippines), se trouvaient maintenant jointes les colonies portugaises des côtes d'Afrique et des Indes orientales. Nous avons vu que les Espagnols avaient encore une belle partie de l'Italie; et si les Provinces-Unies avaient su défendre leur indépendance, les dix provinces de langue française, Artois, Flandre, Hainaut, Namur, Brabant, etc., étaient retombées sous la domination des Espagnols. Dans ce moment, le gouvernement de Philippe III se préparait à un grand effort pour défendre sa suprématie menacée, de concert avec les princes de la branche allemande de la maison d'Autriche.

L'Empire d'Allemagne allait être le théâtre d'une grande guerre, politique et religieuse, que la mort de Henri IV recula seulement de quelques années. Deux ligues étaient en présence : d'un côté l'*Union Evangélique*, composée des princes protestants, comptait parmi ses membres l'électeur Palatin, les branches palatines de Neubourg et de Deux-Ponts, le margrave de Bade-Dourlach, le duc de Wurtemberg, les princes de la maison de Brandebourg (électeur, margraves d'Anspach et de Baïreuth), le landgrave de Hesse-Cassel, la maison d'Anhalt, beaucoup de villes, etc. Plusieurs princes protestants n'avaient pas adhéré à l'Union : la maison de Saxe, une branche de Hesse, les ducs de Mecklembourg, de Poméranie, etc. — La ligue catholique était formée par le duc de Bavière, les trois électeurs ecclésiastiques de Trèves, Mayence, Cologne, les évêques de Wurtzbourg, Ratisbonne, Passau, Constance, Augsbourg, etc.

La maison d'Autriche, sous l'incapable Rodolphe II, avait conservé toutes ses prétentions, malgré ses divisions; elle allait reconstituer sa puissance sous Mathias et surtout sous Ferdinand II, de la branche cadette de Styrie. En 1606, les princes autrichiens s'étaient réunis pour confier la défense de leurs intérêts au frère de l'empereur, l'archiduc Mathias, et Rodolphe avait dû lui abandonner la souveraineté de la Hongrie et de l'Autriche, l'administration de la Moravie, l'expectative de la Bohême; l'ambitieux et fanatique Ferdinand était archiduc de Styrie, Carniole et Carinthie.

En 1610, le Danemark dominait dans le nord; avec la presqu'île danoise et les îles qui ferment l'entrée de la Baltique, il possédait une partie de la Péninsule scandinave : au S., le Bleking, la Scanie, le Halland ; à l'O., le royaume de Norvége; au centre, le Jemtland et l'Héridalie; au N., toute la Laponie, que le traité de Sioerod, en 1613, lui abandonnait définitivement.

La Suède, qui doit jouer un rôle plus considérable au dix-septième siècle, cherchait à s'étendre sur les rivages de la mer Baltique. Maîtresse de la Finlande, elle disputait aux Russes la Carélie et l'Ingrie ; aux Polonais, l'Esthonie et la Livonie.

La Pologne, unie à la Lithuanie, malgré ses guerres

malheureuses contre la Suède, profitait de l'anarchie qui avait désolé la Russie au commencement du dix-septième siècle, pour s'agrandir du côté de l'Est. Elle s'étendait alors des monts Karpathes jusqu'à la Baltique; de l'Oder et la Silésie, à l'O., jusqu'aux sources du Dnieper et du Volga, à l'E.

La Russie, exclue de la Baltique par les possessions de la Suède et de la Pologne; de la mer Noire par les Cosaques, sujets indociles de la Pologne, et par les hordes des Tatars, semblait presque en dehors de l'Europe par sa position comme par sa barbarie; elle ne s'étendait librement que vers les régions désertes de la Sibérie et de l'Océan glacial.

Les Turcs, sans être aussi redoutables qu'au temps de Soliman II, étaient encore puissants. Ils possédaient le Banat de Temesvar entre le Danube et la Theiss, une partie de la Hongrie entre ces deux cours d'eau et une partie du pays à la droite du Danube jusque vers le Bakonyer-Wald; presque tout le pays entre la Drave et la Save. Du côté du N.-E., ils touchaient à la Podolie polonaise et au territoire des Cosaques; les khans de Crimée étaient les alliés des Sultans. Au Sud de cette longue ligne se trouvaient leurs anciennes conquêtes, Moldavie et Valachie, Bulgarie, Serbie, Bosnie, Croatie; puis Herzégovine, Albanie, Thrace, Macédoine, Grèce, etc. Ils conservaient leurs anciennes possessions d'Asie et d'Afrique.

Tels sont les principaux traits de la géographie politique de l'Europe, en 1610, à la mort de Henri IV.

CHAPITRE II.

Louis XIII. — États généraux de 1614. — Richelieu. — Sa lutte contre les protestants et contre la noblesse.

SOMMAIRE. — LOUIS XIII (1610-1643).
Première période de faiblesse (1610-1624). — *Ministère de Concini, maréchal d'Ancre* (1610-1617). — Première guerre civile; traité de Sainte-Menehould (1614). — États-généraux de 1614. — Deuxième guerre civile; paix de Loudun (1616). — Arrestation du prince de Condé (1617). — Assassinat de Concini.
Ministère du duc de Luynes (1617-1621). — Guerres civiles entre la mère et le fils; traités d'Angoulême et d'Angers (1619-1620). — Guerre contre les protestants; mort du connétable de Luynes. — Traité de Montpellier (1622).
Deuxième période : MINISTÈRE DE RICHELIEU (1624-1642).
Projets politiques du cardinal. Ses alliances. Guerre de la Valteline contre les Espagnols (1624).
Abaissement des protestants et de la noblesse. — Première guerre contre les protestants; traités de La Rochelle et de Monçon (1626).
Complot de Chalais (1626). — Assemblée des notables (1626). — Supplice de Montmorency-Bouteville.
Deuxième guerre contre les protestants; siége et prise de La Rochelle (1627-1628). — Paix d'Alais (1629).
Guerre contre les Espagnols pour la succession de Mantoue (1629-1631).
Journée des DUPES (11 nov. 1631). Vengeances de Richelieu : les Marillac; etc., etc. — Gaston d'Orléans envahit la France; il est vaincu à Castelnaudary. — Supplice du duc de Montmorency (1632).
Intervention de Richelieu dans les affaires d'Allemagne. Période française de la guerre de Trente ans (1635).
Révoltes comprimées. Nouveaux complots contre Richelieu. Le comte de Soissons est tué à la Marfée (1641). — Cinq-Mars et de Thou sont exécutés (1642).
Mort de Richelieu. Il a soumis les grands. Création des intendants (1637). — Gouvernement et administration, commerce, marine, armée. — L'Eglise de France régénérée. — Les lettres et les arts protégés : fondation de l'Académie française (1635).
Jugement sur Richelieu.

[1] LECTURES A FAIRE; OUVRAGES A CONSULTER. — Outre les Histoires générales de France : les *Mémoires de Richelieu, de Brienne,*

CHAPITRE II.

Louis XIII (1610-1643). — Henri IV, après avoir mis fin aux guerres civiles de religion, avait commencé le dix-septième siècle, dont le caractère général est le progrès commun de la royauté et du tiers état. Après lui, Richelieu, Mazarin ont continué son œuvre, qui semblera accomplie sous Louis XIV. Le progrès de la royauté n'est suspendu que deux fois pendant ce siècle par les minorités de Louis XIII et de Louis XIV. A l'intérieur, les ressources et les forces de la France sont de plus en plus réunies entre les mains du roi; au dehors, l'action de la France est grande, prépondérante, plus tard menaçante pour l'indépendance des autres pays. Malgré bien des misères et bien des souffrances, c'est la belle et glorieuse époque de l'ancienne monarchie.

Le règne de Louis XIII se divise en deux périodes distinctes :

1° Ministères de Concini et de Luynes, temps de troubles et de faiblesse (1610-1624);

2° Ministère de Richelieu (1624-1642).

1re PÉRIODE. — MINISTÈRE DE CONCINI, MARÉCHAL D'ANCRE. — *Traité de Sainte-Menehould* (1614). — A peine Henri IV était-il mort que le parlement déclara, sur les pressantes instances du duc d'Epernon, la reine, mère du roi, régente de France, avec les pouvoirs les plus illimités. Les magistrats, à la suite de cette usurpation de pouvoir, devaient plus d'une fois se considérer comme les tuteurs de la royauté. A côté du conseil officiel de régence, il y eut un conseil secret, composé du P. Cotton, de l'ambassadeur d'Espagne, et surtout de Concini, l'aventurier florentin, qui, par lui-même et par sa femme, Léonora Galigaï, sœur de lait de

---

de Fontenay-Mareuil, de Mme de Motteville, de Rohan, de Sully, de Bassompierre, etc.; la *Correspondance* du Cardinal, publiée par M. Avenel; les historiens de Louis XIII, Le Vassor, Griffet, etc.; Jay, *Hist. du ministère de Richelieu*; Bazin, *Hist. de Richelieu et de Mazarin*; J. Caillet, *l'Administration en France sous Richelieu*; de Carné, *les Fondateurs de l'unité française*, etc.

la reine, gouvernait entièrement la faible Marie de Médicis.

Les grands projets politiques de Henri IV furent abandonnés; il était peut-être difficile de faire autrement; on se contenta d'envoyer une armée qui prit Juliers, pour remettre la ville aux princes de Brandebourg et de Neubourg; on ne s'occupa plus des affaires de l'Allemagne. On fit plus, on se rapprocha de l'Espagne, et un secret traité d'alliance prépara le mariage de Louis XIII avec l'infante Anne d'Autriche et celui de sa sœur Elisabeth avec le fils de Philippe III. C'était un changement de politique trop complet et qu'on a pu blâmer. Il en fut de même à l'intérieur; il fallait chercher à gagner les grands et affaiblir les protestants, sans les irriter. Concini l'essaya, mais par de mauvais moyens, qui le rendirent méprisable. Malgré Sully, « le grand refuseur », qui fut bientôt forcé de s'éloigner des conseils, mais qui se fit payer chèrement sa retraite, le puissant favori ouvrit le trésor public aux princes et aux grands seigneurs; les millions, amassés par Henri IV, *étourdirent la grosse faim de leur avarice et de leur ambition, mais ne l'éteignirent pas.* Tous ceux que Henri IV avait contenus avec peine exigeaient de l'argent, ne rougissaient d'aucun gain, déployaient une avidité effrontée et insatiable, pour satisfaire les besoins nouveaux d'un luxe ruineux; il ne s'agissait que de se *faire bien valoir.* Tant que Concini eut des richesses à distribuer, on lui pardonna tout, on le traita comme un égal, on lui fit même la cour. Il put être impunément marquis d'Ancre, gouverneur d'Amiens, de Péronne, de Dieppe, maréchal de France, premier ministre; il put impunément piller, voler, s'enrichir, de concert avec sa femme, encore plus avide que lui. « La femme, écrivait un nonce du pape, a en main la volonté de la reine, et le mari le sceptre du royaume. » Mais, quand le trésor fut à sec, les grands déclarèrent fièrement qu'ils ne voulaient plus obéir à *un faquin de*

Florentin; le prince de Condé, les ducs de Bouillon, de Longueville, de Vendôme, de Nevers, et bien d'autres, se retirèrent dans les provinces avec leurs gentilshommes et la foule des aventuriers qui s'attachaient à leur fortune. Ils déclamaient contre les abus, contre le ministre, et demandaient les Etats-généraux (1614). Concini eut peur, et, par le traité de Sainte-Menehould, leur donna des charges, des pensions, de l'argent comptant, 450,000 livres au prince de Condé, 300,000 livres au duc de Mayenne *pour se marier*, etc. On déclara le roi majeur, et les Etats-généraux furent convoqués.

États-généraux de 1614. — L'assemblée se réunit à Paris, le 26 octobre 1614 ; elle répondit peu à l'attente des grands, qui espéraient s'en servir pour renverser le ministre ; il y eut beaucoup de discours, de violentes discussions, d'énormes cahiers de doléances ; on remarqua les paroles énergiques de quelques députés, de Miron, prévôt des marchands ; de Savaron ; l'éloquence ferme et pratique du jeune évêque de Luçon, Richelieu ; mais, en réalité, les Etats ne firent rien. Les trois ordres étaient divisés ; la noblesse demandait l'abolition de la vénalité des charges ; le tiers état, dont beaucoup de députés étaient magistrats, réclamait la diminution des impôts et surtout des pensions ; le clergé voulait la publication des décrets du concile de Trente, tandis que le tiers demandait une déclaration de l'indépendance de la couronne à l'égard du pape. Bref, on ne s'entendit sur aucune question. Tels furent les derniers Etats-généraux avant ceux de 1789.

Un orateur de la bourgeoisie ayant osé dire aux seigneurs : « Traitez-nous en frères cadets, nous vous honorerons et nous vous aimerons, » le président de la noblesse se plaignit au roi de cette insolence : « En quelle misérable condition sommes-nous tombés, s'écriait-il, si cette parole est véritable ?... Faites-leur reconnaître ce que nous sommes et la différence qu'il y a entre eux et nous. » Cette différence, un seigneur l'indiqua; c'était celle de *valet à maître*.

Deuxième guerre civile; paix de Loudun (1616). — Les Etats congédiés, le parlement voulut s'emparer de la puissance politique; il fit des remontrances très-hardies; la reine irritée déclara que *le roi ne devait rendre compte de ses actions qu'à Dieu*. Le parlement recula, lorsqu'il vit les grands disposés à prendre les armes. Mais ceux-ci ne s'arrêtèrent pas; il fallut une armée pour protéger le jeune roi lorsqu'il alla se marier à Bordeaux avec Anne d'Autriche (1615). Puis, un second traité, celui de Loudun, 6 mai 1616, accorda aux factieux de nouvelles dignités, des places de sûreté et 6 millions; les anciens ministres de Henri IV, les *barbons*, Villeroy, Jeannin, Sillery, furent disgraciés; et le roi déclara que les mécontents n'avaient pris les armes que pour la cause du bien public.

Arrestation du prince de Condé (1617). — Condé se croyait désormais tout-puissant; entouré de courtisans, il bravait la reine, il insultait Concini. Mais ceux-ci venaient de faire entrer dans le conseil une de leurs créatures, l'évêque de Luçon; son influence se fit bientôt sentir. Condé fut arrêté au Louvre et conduit à la Bastille par Thémines, qui fut nommé maréchal de France (1er septembre 1616). Trois armées, dont une était soudoyée par Concini, marchèrent contre les princes, qui demandaient l'expulsion du *maire du palais;* ils furent déclarés rebelles et coupables de lèse-majesté. Le favori triomphait, lorsqu'il fut renversé par une intrigue de cour.

Assassinat de Concini. — Louis XIII, triste, dissimulé, ennemi du travail et même des plaisirs, n'aimait pas sa mère et haïssait Concini, qui le retenait comme captif aux Tuileries, où il se promenait en compagnie de quelques valets, où il s'amusait à faire de petites fortifications de terre. Albert de Luynes, pauvre gentilhomme du Midi, depuis longtemps attaché à son service, avait gagné sa confiance en lui dressant des oiseaux de proie. Il fut l'âme d'un complot contre Concini. Vitry, capitaine des gardes, fut chargé par le roi de l'arrêter et de le tuer s'il résistait. Au moment où le maréchal franchissait le pont du Louvre, Vitry lui ordonna de rendre son épée; Concini fit un mouvement pour la livrer; aussitôt il tomba frappé de plusieurs coups de pistolet. La foule des courtisans se précipita vers le palais, et le roi, joyeux, monté sur une table de billard, reçut leurs lâches félicitations, en s'écriant : « Je suis maintenant roi ! » Vitry, pour son exploit, fut nommé maréchal de France. Marie de Médicis, retenue prisonnière dans ses appartements, ne put voir son fils et fut conduite au château de Blois. Les créatures de Concini furent disgraciées; Richelieu dut, peu de temps après, quitter Paris et fut relégué à Luçon, puis à Avignon, où il s'occupa de controverses religieuses, les yeux toujours tournés vers la cour et vers le pouvoir, qu'il n'avait fait qu'entrevoir. On s'acharna avec férocité sur le malheureux Concini; son cadavre, déterré par la populace, fut mis en pièces; sa femme, accusée de sorcellerie et de magie, fut condamnée à mort par le parlement, après un procès inique et absurde; on lui demandait de quel charme elle s'était servie pour ensorceler la reine mère : *De l'ascendant qu'un esprit supérieur a toujours sur un esprit faible,* répondit-elle hardiment. Les biens de Concini furent confisqués et partagés entre Luynes et d'autres seigneurs.

MINISTÈRE DE LUYNES (1617-1621). — *Guerres civiles entre la mère et le fils; traités d'Angoulême et d'Angers.* — « La taverne est toujours la même, disait le duc de Bouillon; il n'y a eu d'autre changement que de bouchon. » Le domestique du petit roi remplaça le favori de la reine mère; de Luynes fut aussi avide que Concini; il devint duc et pair, il sera bientôt connétable et garde des sceaux; tous ses parents furent gorgés de richesses; ses frères, Brant et Cadenet, firent de riches mariages et furent nommés maréchaux; lui-même épousa la fille du duc de Montbazon, bien connue plus tard sous le nom de duchesse de Chevreuse. On rappela, pour la forme, les anciens ministres de Henri IV; pour la forme, le petit Gaston d'Orléans, âgé de neuf ans, alla présider à Rouen une assemblée de notables (1617). Le mécontentement fut bientôt général; le duc d'Epernon, l'ancien mignon de Henri III, se posant en chevalier des dames et en redresseur des torts, enleva Marie de Médicis du château de Blois, la conduisit à Angoulême et eut pour alliés tous les seigneurs qui naguère combattaient Concini. Tout l'Ouest était déjà en armes. Luynes se servit alors de Richelieu, qui avait toujours la confiance de la reine, pour ménager la paix; le traité d'Angoulême donna à Marie de Médicis le gouvernement de l'Anjou (1619). Mais les intrigues recommencèrent bientôt; les grands, accourus à Angers, cabalaient, complotaient contre Luynes; on cherchait à soulever les protestants. Il y eut une seconde guerre entre la mère et le fils; le roi et son ministre montrèrent de l'activité; la ligue des grands était au contraire pleine de prétentions et de discordes. Après une vive escarmouche près d'Angers (la *drôlerie* des Ponts-de-Cé), où les seigneurs perdirent 4 ou 500 hommes, l'intervention de Richelieu fit signer un nouveau traité, qui confirmait la paix d'Angoulême (traité d'Angers, 1620). L'évêque de Luçon se rendait de plus en plus nécessaire; on peut croire aussi que sa grande ambition souffrait de voir la France amoindrie par d'aussi misérables luttes, au moment où la guerre de Trente ans commençait à attirer l'attention de toute l'Europe.

Guerre contre les protestants; mort du connétable de Luynes. — *Traité de Montpellier* (1622). — Le gouvernement français, contrairement à ses véritables intérêts, semblait alors dévoué à la maison d'Autriche; il n'intervenait en Allemagne que pour détacher l'Union évangélique de la cause du roi de Bohême, Frédéric; il était l'allié de Philippe III. Entraînés par la réaction catholique, Louis XIII et son ministre avaient résolu de restreindre les priviléges des protestants et de leur enlever les moyens d'aider les grands dans toutes leurs révoltes. Un édit prononça la réunion du Béarn à la couronne, le rétablissement du catholicisme dans le pays et la restitution de ses biens au clergé. Les protestants, que Sully et du Plessis-Mornai avaient eu peine à contenir jusqu'alors, reprirent aussitôt les armes. L'assemblée de La Rochelle divisa (10 mai 1621) les 722 églises réformées en huit *départements* et élut, pour chacun d'eux, un chef ayant, sous sa surveillance, le pouvoir militaire et civil; dans son sein, elle organisa une sorte de *comité de salut public* « pour recevoir les avis secrets qui pourraient être donnés, » et, du corps de ville de La Rochelle, elle tira une cour assez semblable au *tribunal révolutionnaire* de 1793 « pour juger les personnes accusées d'attentat contre l'ordre public. » *On tendait visiblement à l'indépendance pour former une république à l'instar des Provinces-Unies.* Mais l'accord des volontés manquait. Si Rohan et Soubise déployèrent la plus grande activité dans l'intérêt de la *cause*, la Trémoille, Lesdiguières, Châtillon, Bouillon se montrèrent indifférents ou hostiles. Enfin Fabas, l'un des députés généraux (on appelait ainsi ceux qui depuis 1601 étaient chargés de poursuivre auprès des ministres le redressement des griefs des réformés), trahit le parti.

Louis XIII et le nouveau connétable s'avancèrent au sud de la Loire, pour étouffer la révolte menaçante; on enleva Saumur, Saint-Jean-d'Angély; on guerroya dans les Cévennes et l'on vint assiéger Montauban (septembre 1621). Mais cette place, bien défendue par La Force et par le premier consul, Dupuy, résista à toutes les attaques; il fallut lever le siége (novembre). Luynes était couvert de honte; peut-être le sort de Concini lui était-il réservé, lorsqu'il fut emporté par une fièvre maligne au siége de Monsieur (décembre). La guerre fut mieux conduite en 1622; Soubise fut battu dans le Poitou par le roi et le prince de Condé; la Guienne fut parcourue en tous sens, et la ville de Montpellier fut investie par des forces imposantes. Les protestants ne reçurent ni de la Hollande ni de l'Angleterre les secours qu'ils en espéraient. Sous le coup des revers qu'ils avaient éprouvés, les rivalités d'ordre à ordre se manifestèrent avec éclat : mécontents de l'audace des ministres et de l'attachement des bourgeois à leurs franchises municipales, les nobles, entre autres La Force, traitèrent à de bonnes conditions, et la paix de Montpellier (19 octobre) confirma l'édit de Nantes, mais avec défense aux calvinistes de faire des assemblées politiques; elle leur laissa, pour un laps de trois années, les places de sûreté qu'ils avaient obtenues de Henri IV, à l'exception de celles que Louis XIII avait réduites ou qui, d'elles-mêmes, étaient demeurées en son obéissance.

Depuis la mort de Luynes, la reine mère et Condé se disputaient le pouvoir; des ministres peu capables, Sillery, Puysieux, la Vieuville gouvernaient. Marie de Médicis avait obtenu, pour l'évêque de Luçon, dont elle voulait se servir comme d'un utile instrument, le chapeau de cardinal; mais elle ne put le faire entrer dans le conseil qu'en 1624. Le roi ne l'aimait pas et se défiait de lui : « Je le connais mieux que vous, madame, disait-il à sa mère; c'est un homme d'une ambition démesurée. » Enfin il se laissa vaincre à force d'importunités, et Richelieu entra au conseil le 19 avril 1624. « Jour véritablement heureux, dit Fontenay-Mareuil, pour le roi et le royaume. » Du fond de sa retraite, au château de Villebon, Sully s'écriait que « le roy avoit été comme inspiré de Dieu en choisissant l'évêque de Luçon pour ministre. » Richelieu (Armand-Jean du Plessis), né à Paris en 1585, avait alors trente-neuf ans.

Deuxième période : MINISTÈRE DE RICHELIEU (1624-1642).

— Dès qu'il fut ministre, tous furent forcés de reconnaître en lui un maître; il domina dans le conseil par la supériorité de ses vues, sa vaste instruction, son langage facile, net, lumineux, et surtout par la force de sa volonté. La Vieuville dut bientôt se démettre et fut enfermé au château d'Amboise (12 août); sans avoir le titre de premier ministre, Richelieu fut dès lors le véritable chef du conseil. C'est lui qui règne jusqu'à sa mort, en 1642; mais sa vie sera désormais une lutte continuelle. Louis XIII, faible et ombrageux, d'un cœur sec et froid, d'un esprit juste, mais peu étendu, comprit la grandeur des idées de Richelieu, mais il ne l'aima jamais. Il se laissa conduire, subjuguer, toujours mécontent et tremblant, par la force de son intelligence et de sa volonté supérieure; il sacrifia à l'honneur, à l'intérêt de son État, parents, amis, courtisans, ses préventions personnelles, ses antipathies même. Mais jusqu'au dernier jour, le cardinal ne put jamais être assuré de sa victoire sur cet esprit malade et rebelle, qui supportait son joug avec impatience. Richelieu eut bientôt contre lui la reine mère, furieuse de voir que son ancienne créature lui enlevait le pouvoir; la jeune reine, trop délaissée par Louis XIII, qui ne l'aimait pas; et surtout le frère du roi, Gaston d'Orléans, *l'homme du monde qui aimait le mieux le commencement de toutes choses, mais dont la faiblesse salit toute la vie* (Retz); il fut de tous les complots contre le cardinal, et, après avoir compromis ses amis, il les abandonna lâchement à la vengeance de Richelieu. Aussi le ministre a-t-il pu dire que *les quatre pieds carrés du cabinet du roi lui donnaient plus de mal et d'inquiétudes que tous les cabinets de l'Europe*. Pour apprécier Richelieu, il ne faut pas oublier que Louis XIII, toujours malade, pouvait à chaque instant mourir; quel serait alors le sort de son ministre, que seul il soutenait contre tant de haines accumulées?

Projets politiques de Richelieu. — Richelieu, sans se

laisser jamais arrêter par aucune considération d'égoïsme mesquin, se dévoua au triomphe d'une politique bien arrêtée dès le principe et poursuivie jusqu'à la fin avec une constante persévérance ; on peut condamner cette politique, mais il faut reconnaître que c'est là de la grande ambition. Il s'est proposé trois buts principaux : 1° la destruction du parti protestant comme corps politique ; 2° l'abaissement de la noblesse et des gouverneurs de province ; 3° l'abaissement de la maison d'Autriche. Il a réussi. Après avoir complété l'unité politique et territoriale de la France, il a inauguré au dehors le système d'équilibre européen, qui eut son couronnement dans les traités de Westphalie et des Pyrénées. « Lorsque Votre Majesté, écrivait-il à Louis XIII dans sa *Succincte Narration des actions du roi*, se résolut de me donner l'entrée de ses conseils, je puis dire, avec vérité, que les huguenots partageaient l'État avec elle, que les grands se conduisaient comme s'ils n'eussent pas été ses sujets, et les plus puissants gouverneurs de province comme s'ils eussent été souverains en leur charge. Les alliances étrangères étaient méprisées, les intérêts particuliers préférés aux publics ; en un mot, la majesté royale était tellement ravalée, qu'il était presque impossible de la reconnaître. Je promis à Votre Majesté d'employer toute mon industrie et toute l'autorité qu'il lui plaisait me donner pour ruiner le parti huguenot, rabaisser l'orgueil des grands, réduire tous ses sujets en leur devoir, et relever son nom dans les nations étrangères au point où il devait être. »

Ses alliances ; guerre de la Valteline contre les Espagnols. — Richelieu, après avoir établi une chambre de justice contre les financiers, *après avoir fait une grande saignée de onze millions dans leur bourse*, s'occupa d'abord des affaires étrangères. Il détacha l'Angleterre de l'Espagne et la rapprocha de la France, en négociant le mariage de Charles, fils de Jacques Ier, avec Henriette de France, sœur de Louis XIII. Il renouvela nos alliances avec les Hollandais, qui avaient rompu la trêve de douze ans avec l'Espagne depuis 1621. Il secourut de son argent l'aventurier Mansfeld, qui soutenait encore la lutte en Allemagne contre Ferdinand II; et notre ambassadeur, Deshaies, décida le roi de Danemark, Christian IV, à se mettre à la tête du parti protestant contre l'empereur. En Italie, Venise et le duc de Savoie, Charles-Emmanuel Ier, promirent leur coopération contre les Espagnols; le pape Urbain VIII favorisait la maison d'Autriche et gardait pour elle la Valteline (vallée de l'Adda supérieur) et le comté de Chiavenna; les Espagnols espéraient s'emparer de ces petits pays, soulevés contre les Grisons protestants; c'était une importante position militaire, qui unissait directement le Milanais espagnol au Tyrol autrichien. Cette affaire avait donné lieu à de longues négociations, qui ne finissaient pas. Richelieu se décida promptement; il écrivit à notre ambassadeur à Rome : « Le roi ne veut plus être amusé; il a changé de conseil, et le ministère de maxime; on enverra une armée dans la Valteline (les Grisons étaient sous la protection de la France), qui rendra le pape moins incertain et les Espagnols plus traitables. » Aussitôt, le marquis de Cœuvres (d'Estrées) chassa les Autrichiens des Grisons, puis, descendant dans la Valteline, s'empara des forteresses, et renvoya au pape ses soldats et ses étendards (nov. 1624. — février 1625). Telle était la liberté d'esprit que Richelieu allait porter dans sa politique; il y eut bien des anathèmes contre ce *cardinal d'État*, qui débutait par des alliances avec les protestants et par une guerre contre le pape; le nonce se plaignait vivement et lui disait qu'il devait être bien embarrassé dans le conseil: « Point du tout, répondit Richelieu; quand j'ai été fait secrétaire d'État, Sa Sainteté m'a donné un bref qui me permet de dire et de faire, en conscience, tout ce qui est utile à l'État. — Mais s'il s'agissait d'aider les hérétiques? — Je pense que le bref s'étend jusque-là. »

Première guerre contre les protestants; traités de la Rochelle, de Monçon (1626). — Richelieu se préparait à attaquer Gênes, alliée à l'Espagne, de concert avec le duc de Savoie, lorsqu'une prise d'armes des protestants vint subitement l'arrêter. Les protestants formaient toujours un État dans l'État; chaque fois que des troubles éclataient en France, ils se montraient menaçants et même se joignaient aux factieux; enfin leurs relations avec les puissances étrangères, avec l'Angleterre, la Hollande et même avec l'Espagne, les rendaient redoutables à la royauté. Richelieu, surpris par le soulèvement de Soubise, de Rohan et la révolte de La Rochelle, envoya des troupes en Bretagne et en Poitou; Soubise fut battu; on reprit les îles de Ré et d'Oléron; La Rochelle fut menacée. alors le cardinal signa deux traités, qui n'étaient en réalité que des trêves nécessaires; le 5 février 1626, il accorda aux protestants le renouvellement du traité de Montpellier. Richelieu, ne pouvant encore les écraser, les ménageait; la faction catholique cria au scandale contre le *cardinal de la Rochelle*, le *pontife des calvinistes*, le *patriarche des athées*. Un mois plus tard, au grand mécontentement de nos alliés, Savoie, Venise, Hollande, la paix fut signée avec l'Espagne, à Monçon, en Aragon (5 mars 1626); Richelieu avait cependant obtenu que la Valteline serait rendue aux Grisons; c'était un échec pour la maison d'Autriche.

Complot de Chalais (1626). — Le cardinal avait été forcé d'ajourner ses grands projets au dehors, parce que son pouvoir, sa vie même étaient menacés : « A peine avait-il tourné les regards de son maître vers la raison d'État, que partout bourdonnaient autour de lui les mêmes cabales qui, depuis quinze ans, troublaient la cour et suspendaient l'action du pouvoir. Les partis se remuaient avec cette étourderie dont l'impunité leur avait donné l'habitude. » (*Mém. de Richelieu.*) Les grands étaient mécontents parce qu'on diminuait leurs pensions, parce qu'on restreignait leur autorité dans les provinces, parce que des édits sévères punissaient les duellistes qui bravaient les ordres du roi ; ils se réunirent pour se débarrasser du cardinal, comme ils avaient fait de Concini, et se groupèrent autour du jeune Gaston d'Orléans ; des femmes excitaient des jeunes gens ; les domestiques de Gaston aiguillonnaient sa paresseuse ambition. La cour fut bientôt pleine de complots. Richelieu, dans l'intérêt de l'État, voulait marier le prince à mademoiselle de Montpensier, la plus riche héritière du royaume. L'ancien gouverneur de Gaston, d'Ornano, que Richelieu avait espéré gagner par le bâton de maréchal, la plupart des grands seigneurs, les dames, la princesse de Condé, l'intrigante duchesse de Chevreuse (veuve de Luynes), la reine Anne d'Autriche elle-même, le poussaient à refuser ce mariage ; c'était le *parti de l'aversion*. D'Ornano fut arrêté (4 mai 1626) et conduit à Vincennes, où il mourut bientôt, *non sans soupçon de mort violente* ; le chancelier d'Aligre, coupable de faiblesse, fut disgracié ; Michel de Marillac et d'Effiat, sur lesquels Richelieu croyait pouvoir compter, entrèrent dans le conseil. Un nouveau complot se forma. Gaston, les deux Vendôme, fils naturels de Henri IV, le comte de Soissons, de la maison de Bourbon, beaucoup de seigneurs, comme le jeune comte de Chalais, résolurent la ruine du cardinal, et même formèrent le lâche projet de l'assassiner dans sa maison de campagne de Limours ; on entra en relation avec l'Espagne, l'Angleterre, la Savoie. Alors Louis XIII, dirigé par son ministre, fit arrêter sous ses yeux, à Blois, les Vendôme, qui furent enfermés à Amboise (12 juin). Mais Chalais, entraîné par une folle ambition, se fit l'âme d'un nouveau complot, poussant Gaston à fuir à la Rochelle ou à Metz, négociant avec le comte de Soissons, avec d'Épernon et la Valette, son fils, même avec les protestants. Trahi par un faux ami, il fut arrêté à Nantes, où la cour venait d'arriver, jugé par une commission tirée du parlement de Rennes et exécuté (19 août); sa mort seule, qui fut horrible par la faute de l'exécuteur, a pu jeter quelque intérêt sur lui. Gaston, effrayé, après avoir lâchement déposé contre Ornano et Chalais, consentit à épouser mademoiselle de Montpensier. Le comte de Soissons se réfugia en Piémont; la Valette fut banni; la duchesse de Chevreuse fut forcée de se retirer en Lorraine; la reine elle-même, blâmée en plein conseil, vécut comme captive dans ses appartements; et le roi donna au cardinal une garde pour veiller sur ses jours. Telle fut la première victoire remportée par Richelieu sur les grands.

Assemblée des notables (1626). — *Supplice de Montmorency-Bouteville.* — Il s'empressa de poursuivre ses succès; un édit du 31 juillet ordonna la démolition des fortifications des villes et châteaux inutiles à la défense des frontières; après la mort de Lesdiguières, l'office de connétable fut supprimé (1627); on acheta l'amirauté au duc de Montmorency, et Richelieu fut nommé grand maître, chef et surintendant général de la navigation et commerce de France (mars 1627). Devant l'assemblée des notables, réunie aux Tuileries le 2 décembre 1626, il développa ses plans de gouvernement, passa en revue toutes les parties de l'administration, et mérita l'assentiment général et sincère de l'assemblée. On réduisit les dépenses inutiles; on décida la réorganisation de l'armée et de la marine; deux flottes durent être équipées sur l'Océan et sur la Méditerranée; on renouvela les édits contre les duels. On comptait plus de 8,000 lettres de grâce accordées en moins de vingt ans à des gentilshommes qui en avaient tué d'autres dans des combats singuliers. Henri IV avait vainement défendu les duels, sous peine de mort; le préjugé, l'indiscipline nobiliaire bravaient la rigueur des lois. Richelieu crut qu'un exemple était nécessaire. « Il s'agit, disait-il au roi, dans cette circonstance, de couper la gorge aux duels ou aux édits de Votre Majesté. » Montmorency-Bouteville et le comte des Chapelles avaient osé se battre, en plein jour, sur la place Royale, devant la maison même qu'habitait Richelieu; ces *illustres gladiateurs* furent arrêtés, condamnés par le parlement et exécutés (21 juin 1627). C'est en vain que les plus grands seigneurs avaient intercédé pour les sauver. Jamais un sang aussi noble n'avait coulé pour une faute que les seigneurs estimaient légère. Tous se sentirent menacés et redoublèrent de haine à l'égard du redoutable ministre. Mais Richelieu disait avec raison : « C'est chose inique que de vouloir donner exemple par la punition des petits, qui sont arbres qui ne portent point d'ombre; et ainsi qu'il faut bien traiter les grands faisant bien, ce sont eux aussi qu'il faut plutôt tenir en discipline. »

Deuxième guerre contre les protestants ; siége et prise de la Rochelle (1627-1628). — Le cardinal allait reprendre ses desseins contre la maison d'Autriche, lorsqu'il fut arrêté par une nouvelle guerre à la fois civile et étrangère. Le fastueux et insolent ministre de Charles Ier, le duc de Buckingham, voulait se venger du roi et du ministre qui l'empêchaient de reparaître à la cour de France, où il avait osé déclarer son amour à Anne d'Autriche; il espérait aussi conjurer la haine des Anglais en les entraînant dans une guerre protestante. Il prépara une grande flotte; il entra en relation avec Rohan et Soubise, toujours mécontents, toujours remuants; il espérait l'assistance des ducs de Savoie et de Lorraine. Au mois de juillet 1627, il jeta dans l'île de Ré trois mille réfugiés, sous prétexte de défendre *les églises opprimées*. Richelieu était prêt à faire cesser *le scandale* qu'il avait donné précédemment; il envoya des vivres, des munitions, des hommes qu'il anima de sa résolution, pour secourir Thoiras, vivement pressé dans la citadelle de Saint-Martin ; Buckingham fut battu, repoussé, forcé de reprendre la mer. Cependant les protestants de La Rochelle, après quelques hésitations, venaient de s'unir à l'Angleterre. La ville était forte, bien peuplée, fière de ses vieilles libertés, de ses hardis corsaires, de sa glorieuse résistance à huit rois. Mais Richelieu avait résolu, comme dit Malherbe, de

> Donner le dernier coup à la dernière tête
> De la rébellion.

La ville fut bloquée par une grande armée que dirigeaient le roi lui-même et son ministre. La résistance fut héroïque; les ardentes prédications du ministre Salbert et le courage indomptable de la vieille duchesse de Rohan animaient tous les cœurs. Les Rochelais avaient mis à leur tête un vaillant capitaine de corsaires, le rude marin Guiton. Pressé d'accepter la dignité de maire : « J'accepte, dit-il, mais à condition d'enfoncer ce poignard dans le cœur du premier qui proposera de se rendre; qu'on s'en serve contre moi-même si je songe jamais à capituler. » Le poignard de Guiton resta sur la table du conseil pendant tout le siége. Richelieu, lui aussi, se montrait infatigable; la ville fut entourée du côté de la terre par une ligne de circonvallation de trois lieues, garnie de tours et défendue par 25,000 hommes; pour l'isoler de l'Océan, il fit construire cette fameuse digue qui rappelait celle d'Alexandre devant Tyr. Elle avait plus de 1,600 mètres et devait fermer le port de la Rochelle, et empêcher les secours des Anglais; plusieurs fois détruite par de furieuses tempêtes, et reprise chaque fois avec opiniâtreté, elle fut enfin achevée par l'architecte Métézeau. Richelieu se montrait général, amiral, ingénieur, munitionnaire, intendant, comptable; il était secondé par d'autres prélats, ses *dignes lieutenants d'Église militante*, les évêques de Maillezais, de Nîmes, de Mende, par une foule de prêtres, de moines, de capucins. Un Quinte-Curce à la main, il encourageait les ouvriers et animait tous les travaux. Les plus grands seigneurs étaient forcés d'obéir, quoique plus d'un pût répéter ce mot du maréchal de Bassompierre : « Nous serons assez fous pour prendre la Rochelle. » Lorsque le roi, fatigué des longueurs du siége, revint à Paris, Richelieu fut investi des pouvoirs les plus étendus, comme lieutenant général ; il maintint la discipline la plus sévère, et deux fois les Anglais furent repoussés lorsqu'ils essayèrent de forcer la digue. La famine faisait de grands ravages dans la Rochelle ; Guiton restait inébranlable ; on lui montrait des habitants expirants de faim : « Il faudra bien que nous en venions tous là, se contente-t-il de répondre ; c'est assez qu'il reste un homme pour fermer les portes, » et il ajoute qu'il est prêt, s'il le faut, à tirer au sort, avec qui l'on voudra, pour savoir lequel mangera l'autre. Il fallut cependant capituler (28 octobre 1628). Il n'y avait plus que des *ombres d'hommes vivants* ; les rues étaient encombrées de cadavres qu'on n'avait plus le courage d'ensevelir. Guiton présenta lui-même à Louis XIII les clefs de la ville, et Richelieu célébra la messe dans la cathédrale rendue au culte. De 30,000 habitants, il en restait à peine 5,000 ; on leur laissa leurs biens et l'exercice de leur religion ; mais on rasa leurs fortifications, on enleva à la Rochelle ses franchises municipales ; elle ne s'est pas relevée de ce coup terrible.

Paix d'Alais (1629). — Pendant ce temps, Rohan combattait dans les Cévennes ; abandonné par l'Angleterre, où Buckingham avait été assassiné, il trahit la décadence de sa cause en faisant avec l'Espagne un traité qui le mettait à la solde de ses ennemis (4 mai 1629). Le roi et le cardinal marchèrent contre les rebelles avec 50,000 hommes ; Privas fut enlevé d'assaut et brûlé ; Alais capitula ; les protestants furent forcés de s'humilier et de recevoir la paix d'Alais, qu'on appela l'*édit de grâce* (28 juin). Ils conservèrent la liberté de conscience et de culte ; mais on leur enleva leurs places de sûreté, leurs forteresses, leurs priviléges militaires et politiques, leurs assemblées républicaines. Ils ne formèrent plus un État dans l'État, mais une secte dissidente. « A partir de cette époque, dit Richelieu, la diversité de religion ne m'empêcha jamais de rendre aux huguenots toutes sortes de bons offices, et jamais je ne mis de différence entre les Français que par leur fidélité. » Cependant, comme le remarque avec raison un historien moderne, on peut dire qu'avec la Rochelle tombait la citadelle où s'était réfugiée la liberté de conscience, et que la révocation de l'édit de Nantes fut une conséquence involontaire, mais inévitable, à cette époque de bon plaisir, de la conquête nécessaire de Richelieu. La prise de la Rochelle peut être aussi regardée comme la fin de la lutte municipale contre la royauté.

Guerre contre les Espagnols pour la succession de Mantoue (1629-1631). — Rien n'avait pu distraire le cardinal du siége de la Rochelle. L'Espagne s'était vainement déclarée contre nous; alliée à l'empereur, elle s'efforçait de déposséder notre protégé, le duc de Nevers, Gonzague, héritier légitime de Mantoue et du Montferrat, les deux positions militaires les plus importantes de l'Italie septentrionale; le duc de Savoie réclamait le Montferrat; le duc de Guastalla, Mantoue. Après la prise de la Rochelle, le cardinal entraîna Louis XIII vers les Alpes; le Pas de Suze fut emporté en plein hiver, le Piémont envahi; Casal, que les Espagnols assiégeaient depuis longtemps, fut ravitaillée, et le duc de Savoie forcé de demander la paix (janvier-mars 1629). Mais pendant la guerre des Cévennes, nos ennemis firent un vigoureux effort en Italie; Charles-Emmanuel reprit les armes; les Espagnols reparurent devant Casal, et l'empereur, vainqueur des protestants d'Allemagne, put envoyer ses terribles bandes de mercenaires, qui envahirent les Grisons, la Valteline, le Mantouan. Richelieu, qui venait d'être nommé principal ministre (21 novembre 1629), malgré la cour, malgré la reine mère, désormais son ennemie, força le roi à intervenir encore une fois en Italie. Lui-même, avec le titre de généralissime, la cuirasse sur le dos, l'épée au côté, se mit à la tête de l'armée; il franchit le Pas de Suze, il entra dans Pignerol (mars 1630), pendant que Louis XIII occupait la Savoie. Mais il ne put empêcher la prise et le pillage de Mantoue par les Impériaux, qui d'ailleurs abandonnèrent peu après l'Italie. Par le traité de Cherasco (6 avril 1631), il fit rétablir le duc de Mantoue dans ses États et replaça la Valteline sous le protectorat des Grisons.

Journée des Dupes (11 novembre 1631). — Au même moment, *un grand orage de cour* s'amoncelait contre le ministre. Avant de partir pour l'Italie, il avait lu au roi un long rapport sur l'état de la France, et il n'avait pas craint de lui reprocher, sans réticence, tous les défauts de son caractère. Louis XIII avait baissé la tête, mais lui gardait rancune. Le roi était tombé malade à Lyon; les deux reines lui avaient prodigué leurs soins, et tous les ennemis de Richelieu s'étaient empressés d'accourir. De retour à Paris, Marie de Médicis éclata, et, dans une scène violente, au palais du Luxembourg, qu'elle avait fait construire et qu'elle habitait, elle insulta impunément le ministre devant le roi : « C'est à vous de voir, lui dit-elle, si vous voulez préférer un valet à votre mère. » Louis abandonna Richelieu, et, tout bouleversé, se réfugia dans sa petite maison de chasse de Versailles, pendant que les courtisans affluaient, joyeux et bruyants, au palais du Luxembourg. Le cardinal se crut lui-même perdu, et déjà il faisait partir pour le Havre, dont il s'était réservé le gouvernement, des mulets chargés de ses objets les plus précieux. On prétend que ce fut un capucin, son ami dévoué, le père Joseph du Tremblay, qu'on appelait l'*Eminence grise*, qui, dans ce péril, raffermit le courage du ministre. Par l'entremise du premier écuyer du roi, Saint-Simon, il put avoir un entretien de quelques heures avec Louis XIII. Il sortit de l'entrevue plus puissant que jamais. Aussitôt la solitude se fit autour de la reine; ce fut la *journée des Dupes*, comme disaient les contemporains, journée dont les suites furent d'ailleurs tragiques (11 novembre 1631).

Vengeances de Richelieu : les Marillac, etc. — Richelieu fut sans pitié pour ses ennemis ; il les châtia avec une rigueur qu'on a pu lui reprocher. Le garde des sceaux, Michel de Marillac, fut destitué et jeté en prison ; son frère, le maréchal, fut arrêté au milieu de son armée d'Italie, qu'il avait voulu faire servir à ses desseins ambitieux. Il fut traduit devant une commission militaire, composée par Richelieu lui-même, et jugé à Rueil, dans la maison du cardinal ; il s'indignait en entendant les griefs allégués contre lui : « Il n'est question dans mon procès, disait-il, que de foin et de paille ; jamais on n'a condamné un homme de mon rang pour de pareilles misères. » Il n'en fut pas moins condamné et décapité (9 mai 1632). Le maréchal de Bassompierre passa dix ans à la Bastille ; les ducs d'Elbeuf et de Bellegarde, beaucoup d'autres seigneurs furent déclarés criminels de lèse-majesté ; Anne d'Autriche fut reléguée au Val-de-Grâce, et toute sa maison fut changée. La reine mère fut laissée comme prisonnière à Compiègne (23 février 1631), d'où elle s'échappa pour se réfugier à Bruxelles. Après avoir injurié le cardinal, après l'avoir menacé de le tuer, Gaston d'Orléans se retira en Lorraine, où, malgré la défense du roi, il épousa Marguerite, sœur du duc Charles IV. La Lorraine fut alors envahie par une armée royale ; le duc fut forcé de signer le traité de Vic (6 janvier 1632), de livrer Marsal et de chasser Gaston, qui alla rejoindre sa mère. Lorsque le parlement voulut réclamer contre les sentences arbitraires de bannissement et de confiscation prononcées par le conseil, on le força à demander pardon, on l'humilia, on exila plusieurs de ses membres.

Gaston d'Orléans envahit la France ; il est battu à Castelnaudary ; supplice du duc de Montmorency (1632). — Gustave-Adolphe délivrait alors l'Allemagne protestante ; Richelieu était attentif à ces grands événements. C'est le moment choisi par Gaston pour jeter le trouble dans le royaume. Avec l'argent des Espagnols, avec la promesse de leurs secours, il ramasse quelques centaines d'aventuriers en Lorraine, il lance des proclamations contre la tyrannie du cardinal, il traverse la Bourgogne et l'Auvergne; personne ne s'est joint à lui. Mais le duc de Montmorency, gouverneur du Languedoc, s'est laissé entraîner dans la révolte, pour défendre la mère et le frère du roi, et parce qu'il *était de l'humeur de ceux qui avaient vécu depuis cent ans*. Il refuse d'écouter les sages conseils qu'on lui donne; il entraîne les états de la province dans sa révolte. Mais le maréchal de Schomberg surprend les rebelles près de Castelnaudary (1er septembre 1632); Montmorency cherche vainement la mort, en combattant avec le courage du désespoir; couvert de blessures, il est pris, pendant que Gaston s'enfuyait lâchement, en disant *qu'il ne s'y jouait plus*. Pendant que celui-ci promettait *d'aimer tous les ministres du roi, et particulièrement le cardinal de Richelieu*, Montmorency était condamné à mort par le parlement de Toulouse. Malgré les supplications de la province entière et de toute la noblesse, il fut décapité dans la cour intérieure de l'hôtel de ville de Toulouse, au pied de la statue de Henri IV, son parrain. Ainsi fut assuré l'abaissement des grands, qui se croyaient encore, comme au seizième siècle, *les rois des provinces*. Tous les complices de Gaston furent exécutés, exilés ou emprisonnés; deux évêques du Languedoc furent déposés canoniquement, les états dispersés, les villes démantelées. Le duc de Lorraine fut puni; on confisqua le Barrois, et Louis XIII s'empara de Nancy et de la plus grande partie du duché (1633). De nouvelles intrigues de Gaston, encore réfugié à Bruxelles, nécessitèrent de nouveaux châtiments; Richelieu se montra sans pitié : le garde des sceaux, Châteauneuf, fut jeté en prison; le chevalier de Jars n'obtint sa grâce que sur l'échafaud; la **d**uchesse de Chevreuse et beaucoup d'autres furent exilés.

Le duc d'Épernon, gouverneur de Guyenne, fut humilié et forcé de faire des excuses à l'archevêque de Bordeaux, Sourdis, qu'il avait insulté à la suite d'une violente querelle. Les exilés s'unissaient alors aux Espagnols ou formaient des complots contre les jours de Richelieu; il essaya de ramener Gaston, au moyen de son favori Puylaurens, qui fut nommé duc et pair; Puylaurens fut infidèle à ses promesses et fut mis à la Bastille, où il mourut en 1635.

Intervention de Richelieu dans les affaires de l'Allemagne. Période française de la guerre de Trente ans. — C'est alors que le cardinal, débarrassé des luttes intestines, crut pouvoir engager la France dans la guerre de Trente ans. Jusqu'à ce jour, il était intervenu activement, mais indirectement, par ses alliances, par les deux guerres de la Valteline et de la succession de Mantoue. Il avait excité le roi de Danemark contre Ferdinand II ; à la diète de Ratisbonne, ses envoyés, Brûlart et le P. Joseph, avaient trompé l'empereur et soulevé les catholiques contre son ambition. Puis il avait poussé Gustave-Adolphe sur l'Allemagne, lui avait accordé des subsides, mais commençait à s'effrayer de ses triomphes, lorsque le héros fut tué à Lutzen, 1632. Il avait alors soutenu plus hardiment les Suédois, et peut-être entamé des négociations avec Waldstein. Mais Ferdinand II, vainqueur à Nordlingue, allait encore se trouver le maître de l'Allemagne; il était temps d'intervenir, dans l'intérêt de la France et de l'équilibre européen. Il fallait abaisser la maison d'Autriche, plus que jamais menaçante, et donner *à la France ce qu'avait eu la Gaule,* de bonnes frontières.

Richelieu, après avoir formé de nombreuses alliances contre les deux branches de la maison d'Autriche, déclara la guerre à l'Espagne, en 1635. Les ennemis parurent d'abord les plus forts; en 1636, les Espagnols envahirent la Picardie, poussèrent jusqu'à Corbie et jetèrent la consternation dans Paris. Richelieu, encouragé par le **P. Jo-**

seph, parcourut les différents quartiers, se rendit à l'hôtel de ville, ranima la confiance et obtint de nombreux secours. Il y eut un élan d'enthousiasme patriotique ; Paris donna au roi et à son ministre une armée pour reprendre Corbie. Le succès récompensa nos efforts ; les ennemis furent partout repoussés, battus ; l'Alsace fut occupée ; l'Artois et le Roussillon enlevés aux Espagnols, pendant que Richelieu soutenait les révoltes du Portugal et de la Catalogne contre Philippe IV. (Voir, pour les détails, la période française de la guerre de Trente ans.)

Révoltes comprimées. — Mais *toutes les grandes choses coûtent beaucoup*, comme l'écrivait Voiture dans un magnifique éloge du cardinal. Il avait fallu augmenter les impôts, et la guerre avait fait négliger l'administration financière ; plusieurs provinces avaient été ravagées par les armées, et la misère était grande dans la plupart. Il y eut plusieurs soulèvements des paysans, accablés par les tailles ; les *croquants*, dans le Périgord et le Languedoc ; les *va-nu-pieds*, en Normandie, prirent les armes ; il fallut recourir à la force et aux supplices ; le parlement de Rouen et la cour des aides, qui avaient appuyé les réclamations, furent cassés ; le parlement de Paris, déjà plusieurs fois humilié, perdit le droit de remontrances (1641). Toute liberté avait disparu ; il n'y avait plus qu'un seul pouvoir en France, celui du roi ; qu'une volonté, celle du ministre.

Nouveaux complots contre Richelieu. — *Le comte de Soissons est tué à la Marfée* (1641). — *Cinq-Mars et de Thou sont décapités* (1642). — Cependant Louis XIII, incapable de pouvoir se passer de Richelieu, le supportait avec peine, comme un enfant rebelle à son maître ; et le cardinal avait toujours de nouveaux combats à soutenir. La cour fut le théâtre de cabales de toutes sortes ; après mademoiselle de Hautefort, il fallut que Richelieu se défendît contre les âmes tendres et romanesques, comme mademoiselle de la Fayette ; contre les dévots, amis de la paix et de l'Espagne catholique, comme le père Caussin ; contre les intrigues de la duchesse de Chevreuse, qui dominait la reine Anne d'Autriche ; les papiers de la reine furent saisis au Val-de-Grâce ; madame de Chevreuse fut encore une fois exilée. Enfin, la naissance d'un dauphin (5 septembre 1638) enleva au duc d'Orléans l'importance redoutable qu'il avait toujours eue, comme héritier de la couronne.

Richelieu parut plus puissant que jamais ; ses parents, ses amis eurent les charges les plus importantes ; les Condé lui étaient dévoués ; le duc d'Enghien épousa l'une de ses nièces. Mais les grands n'avaient pas oublié leurs ressentiments ; l'un d'eux, fils du duc d'Epernon, le duc de la Valette, coupable d'avoir échoué au siége de Fontarabie, fut jugé par des commissaires, condamné à mort et exécuté en effigie. Le comte de Soissons, réfugié à Sedan, rassembla tous les bannis, entraîna le duc de Bouillon, entra en relation avec Gaston, avec les prisonniers de la Bastille, demanda des secours de l'Espagne et prit les armes.

Il battit le maréchal de Châtillon à la Marfée (1641), mais sa mort dans le combat dissipa la coalition. On prépara plusieurs fois l'assassinat de Richelieu. Enfin, un dernier complot parut sur le point de réussir. Le cardinal, qui connaissait les défiances et les antipathies de Louis XIII, *prenait garde que personne ne s'approchât de lui, s'il n'était sa créature*; le jeune Cinq-Mars, fils du marquis d'Effiat, était alors chargé de distraire le roi et de le surveiller; il semblait avoir gagné sa faveur; Louis XIII ne l'appelait plus que *son cher ami* et l'avait nommé grand écuyer. Mais l'ambitieux jeune homme se lassa bientôt de n'être que l'espion de Richelieu; il voulut le renverser, comme de Luynes avait renversé Concini, pour prendre sa place. Le duc d'Orléans, le duc de Bouillon, la reine et beaucoup d'autres entrèrent dans la conspiration, dont Augustin de Thou, le fils du célèbre historien, fut l'un des agents les plus actifs. Le roi en *était tacitement le chef*, dit madame de Motteville; il encourageait les plaintes de Cinq-Mars et ne semblait pas éloigné de chasser Richelieu. Le cardinal, dangereusement malade à Narbonne, ne doutait plus de sa disgrâce; mais il parvint à se procurer, on ne sait encore par quelle voie, une copie d'un traité secret conclu par les conjurés avec l'Espagne, dans le but de changer tout le système politique de la France. L'intérêt de l'Etat décida Louis XIII; Cinq-Mars et de Thou furent aussitôt arrêtés, jugés à Lyon par une commission spéciale, et décapités (12 septembre 1642). Le duc d'Orléans fut déchu de ses droits à la régence, le duc de Bouillon dut abandonner la ville de Sedan. Marie de Médicis, toujours exilée, était morte, quelques mois auparavant, dans la tristesse et l'indigence, à Cologne.

Mort de Richelieu. — De Lyon, Richelieu revint à Paris pour y mourir lui-même, le 4 décembre 1642. Lorsque le curé de Saint-Eustache, sa paroisse, lui apporta le viatique : *Voilà mon juge,* dit-il en montrant l'hostie ; et le curé lui demandant s'il ne pardonnait pas à ses ennemis, il répondit qu'il n'en avait pas d'autres que ceux de l'État. Il laissait l'Autriche et l'Espagne partout vaincues, trois provinces réunies, de grands capitaines, un habile ministre, Mazarin, qu'il avait formé et qui devait achever son œuvre en signant les glorieux traités de Westphalie. A l'intérieur, il avait fait de la royauté *la personnification vivante du salut public et de l'intérêt national.*

Il a soumis les grands à la royauté; création des intendants (1637). — On a vu quels moyens il avait employés pour abattre le protestantisme, comme parti politique, et pour soumettre les grands à l'autorité royale. Les gouverneurs de province, tous puissants seigneurs, qui se croyaient indépendants, furent frappés par Richelieu, à l'exception de quatre ; leurs pouvoirs furent restreints, et il s'attacha, comme il le dit lui-même, à mettre dans toutes les places « des gens tellement affidés, que, quoi qu'il advînt, le parti contraire ne pût faire ses affaires. » Les nobles de toute classe furent atteints par les édits qui ordonnèrent la démolition des forteresses inutiles, et par les sévérités du Code, rédigé, sous les auspices de Richelieu, par le garde des sceaux, Michel de Marillac, et connu sous le nom de *Code Michau;* les bourgeois et les paysans furent protégés, mieux que jamais, contre tous les désordres.

Le cardinal fit triompher l'indépendance absolue du pouvoir civil à l'égard du pouvoir ecclésiastique ; « il voulut que le clergé fût dans l'État, fût à l'État, et contribuât, dans une juste proportion, aux charges publiques. » Il eut à soutenir des luttes difficiles contre les défenseurs de l'autorité du pape sur les couronnes et des priviléges du clergé. Dans l'assemblée du clergé, à Mantes, 1641, il fit déclarer qu'en principe, les ecclésiastiques, communautés, gens de mainmorte, étaient incapables de posséder des biens immeubles en France, et que le roi pouvait disposer de tous les biens de l'Église. Tous les ordres de l'État furent donc soumis au roi, seul maître de la France ; la puissance absolue de Louis XIV était préparée. L'opposition du parlement fut réduite au silence ; il n'y eut plus d'états généraux, et même, depuis 1626, plus d'assemblées de notables. Les états provinciaux furent partout attaqués dans leur constitution et leurs droits ; les pouvoirs locaux disparurent presque complétement; Richelieu a créé la centralisation monarchique.

Sous la direction du ministre était placé le *conseil d'en haut*, avec le chancelier, le surintendant des finances et les quatre secrétaires d'État ; puis venait le *conseil du roi* ou conseil d'État, définitivement organisé en 1630. Dans les provinces, les *intendants de police, justice et finances*, établis avec une autorité permanente, 1637, réunirent entre leurs mains tous les pouvoirs civils des dix-huit généralités. La plupart étaient choisis parmi les maîtres des requêtes, et avaient longtemps assisté aux séances du conseil d'État ; formés à la pensée du ministre, habitués à tout rattacher au pouvoir central, révocables, ils furent bientôt les instruments les plus actifs de l'autorité absolue.

Gouvernement, administration de Richelieu; commerce; marine; armée. — Il n'y eut sous Richelieu aucun règlement général au sujet des finances, de l'industrie, de l'agriculture, du commerce intérieur ; mais, sous la direction du marquis d'Effiat, les pillages des financiers furent poursuivis et sévèrement punis. On abaissa le chiffre des tailles, on établit des taxes sur les denrées de luxe ; l'impôt sur le tabac date de 1629. Mais, depuis 1635, les grandes dépenses de la guerre favorisèrent le retour des abus et des malversations, et nécessitèrent ces augmentations d'impôts qui amenèrent des révoltes.—On protégea l'industrie du fer, les manufactures de glaces et miroirs, les fabriques de tapisseries. On continua le dessèchement des marais, on acheva le canal de Briare, on eut l'idée du canal du Midi. On multiplia dans les villes les *monts-de-piété*, véritables maisons de prêt sur gages ; on rendit général l'usage des postes, qui eurent un surintendant en 1632. Le commerce fut favorisé ; les gentilshommes purent faire le commerce maritime sans déroger ; Richelieu organisa des consulats sur toutes les côtes visitées par nos bâtiments ; il voulut créer des grandes compagnies privilégiées, pour exploiter le commerce des Indes, du Canada, des îles d'Amérique, du Sénégal, des côtes d'Afrique sur la Méditerranée, etc.; mais les essais ne furent pas heureux, et les efforts de Richelieu ne furent pas secondés.

On peut le considérer comme le véritable créateur de la puissance maritime de la France ; il organisa un matériel et des magasins, établit des écoles de mousses et de pilotes, les premiers régiments de marine, 1627-1639 ; le port de Brest date de cette époque. En 1625, il avait fallu emprunter des vaisseaux aux Hollandais contre les protestants ; en 1642, la France compta 85 vaisseaux de guerre ; les Anglais furent forcés de respecter le pavillon français ; les Espagnols furent battus sur la Méditerranée par nos galères. De nombreux règlements mirent de l'ordre dans la comptabilité et déterminèrent les attributions des autorités maritimes.

Pour l'armée, Richelieu a devancé et préparé Louvois ; il n'y eut plus de connétable, mais un ministre spécial de la guerre. Des commissions révocables furent substituées aux charges vénales ou héréditaires. Le soldat roturier put avancer jusqu'au grade de capitaine, et *plus avant s'il s'en rend digne* (ordonn. de 1629). La discipline fut plus exacte et la solde augmentée. L'administration des subsistances militaires fut organisée, 1631 ; on s'occupa du service de la manutention, des hôpitaux pour les soldats ; les armées eurent des *ambulances*, des chirurgiens, des aumôniers ; des *intendants* spéciaux furent établis auprès de chaque corps, 1635. Peu de temps après, l'armée comptera 180,000 hommes, répartis en 100 régiments d'infanterie et 300 cornettes de cavalerie.

L'Eglise de France régénérée. — Sous l'inspiration de Richelieu, l'Eglise de France fut comme régénérée ; les hôpitaux, les institutions charitables se multiplièrent ; il s'occupait spécialement des ordres mendiants, des dominicains et des carmes. Il fit rendre des édits pour forcer les évêques et les bénéficiers à la résidence, pour améliorer le sort du clergé inférieur. Saint Vincent de Paul (1576-1660) fondait alors la *congrégation des prêtres de la Mission*, les *sœurs de la Charité*, les *Enfants trouvés* et l'hospice de la *Salpêtrière*. Le cardinal de Bérulle, après avoir introduit en France l'ordre austère des carmélites, fonda la congrégation de *l'Oratoire*, qui devait exercer une salutaire influence sur l'érudition et sur les études; les bénédictins de la congrégation de Saint-Maur étaient spécialement protégés par le cardinal. On peut cependant lui reprocher la persécution dont fut victime le fameux abbé de Saint-Cyran, en qui il croyait voir un nouveau Calvin.

Les lettres et les arts protégés ; fondation de l'Académie française (1635). — Richelieu protégea les lettres et les arts, quoiqu'il ne désirât pas la trop grande diffusion des lumières et qu'il voulût diminuer le nombre des collèges. Mais il aimait les lettres; il aurait voulu prendre rang parmi les auteurs dramatiques; faisait le plan d'une tragédie ou d'une comédie, et chargeait de le mettre en vers des auteurs qui travaillaient avec lui. Il fit construire pour ces représentations la salle de spectacle du Palais-Cardinal; il accorda des pensions à la plupart des écrivains du temps. On lui doit la fondation de l'Académie française (1635), pour régler, discipliner, tenir sous sa main les hommes de lettres et les œuvres de l'intelligence. En 1636, Corneille fit représenter le *Cid*. Richelieu fut peut-être jaloux des succès du poëte, mais il ne le persécuta pas, comme on l'a souvent répété; en 1637, Descartes publia son *Discours de la méthode*. Une grande époque commençait dans notre littérature. On doit encore à Richelieu le Jardin des plantes ou Muséum d'histoire naturelle; il agrandit la Sorbonne [1], la Bibliothèque et l'Imprimerie royales. Il protégea aussi les arts avec une grande libéralité; il offrit 40,000 écus pour un tableau de Fra Sébastien, éleva le Palais-Cardinal (Palais-Royal), dépensa plus de 10 millions pour son magnifique château de Richelieu. La France eut alors de grands artistes; après Simon Vouet, qui fut le peintre ordinaire de Louis XIII, citons Poussin (1594-1665), que Richelieu rappela de Rome et installa aux Tuileries, pour qu'il pût décorer la grande galerie du Louvre; Lesueur (1617-1655); Claude Gelée, dit le Lorrain (1600-1662); Philippe

---

[1] On y voit le tombeau de Richelieu, œuvre de Girardon.

de Champaigne. Enfin n'oublions pas que le cardinal, qui connaissait la puissance de l'opinion publique, encouragea la création du premier journal en France, la *Gazette de Renaudot*, à laquelle il donna lui-même des articles de politique.

Jugement porté sur Richelieu. — Richelieu a fait beaucoup pour la France; il a été un grand ministre; cependant sa gloire n'est pas populaire; il n'a pas été aimé; on a tremblé devant lui, et le peuple, comme délivré d'oppression, a fait des feux de joie à sa mort. On a eu de la pitié pour tous ceux qu'il a frappés, et on a été disposé à les croire moins coupables [1]; on a exagéré le nombre de ses victimes; on a représenté le persécuteur du curé de Loudun, Urbain Grandier, comme un autre Louis XI, escorté de ses deux sinistres agents, Laubardemont et Laffémas, frappant de mort tous ceux que rencontrait son regard fixe et perçant. On lui a attribué, sans preuve suffisante, cette terrible maxime : « Je n'ose rien entreprendre, sans y avoir bien pensé; mais quand une fois j'ai pris ma résolution, je vais à mon but, je renverse tout, je fauche tout, et ensuite je couvre tout de ma soutane rouge. » Montesquieu a dit que les deux plus méchants citoyens de France ont été Richelieu et Louvois; depuis, on a soutenu qu'il avait étouffé toutes les libertés, avili les caractères, disposé le pays à tous les abaissements. Pour le juger, rappelons la théorie qu'il a réalisée par ses actes : « Cet Etat est monarchique; toutes choses y dépendent de la volonté du prince, qui établit les juges comme il lui plaît et ordonne des levées, selon les nécessités de l'Etat. »

---

[1] M. de Carné, dans ses *Fondateurs de l'unité française*, a dressé la liste des victimes de Richelieu : il y eut 47 condamnations capitales, dont 2 furent commuées, 19 exécutées en effigie, 26 suivies d'exécution.

CHAPITRE III[1].

La guerre de Trente ans. — Paix de Westphalie.

Sommaire. — Caractère et importance de la guerre de Trente
ans. — *Causes* de la guerre : lutte des catholiques et des protestants dans l'Empire. — *L'Union évangélique.* — *Succession de Clèves
et de Juliers.* — Troubles de la Hongrie et de la Bohême. —
Lettres de Majesté (1609). — Mathias, empereur (1612-1619); il
adopte Ferdinand de Styrie. — *Défénestration de Prague* (1618),
signal de la guerre.
Grandes divisions de la guerre de Trente ans.
1° *Période palatine* (1618-1623).
 Ferdinand assiégé dans Vienne; il est nommé empereur (1619).
Frédéric, électeur palatin, est élu roi de Bohême; il est défait à
 la *Montagne Blanche* (1620) ; il est dépouillé de ses Etats.
2° *Période danoise* (1624-1629).
Christian IV se met à la tête des protestants.
Mort de Christian de Brunswick; les Danois sont défaits à Lutter
 (1626). — Ernest de Mansfeld est battu par Waldstein, et meurt.
Puissance et ambition de Waldstein. — *Edit de restitution* (1629).
 Puissance de Ferdinand II. — Diète de Ratisbonne (1630). —
 Renvoi de Waldstein.
3° *Période suédoise* (1630-1635).
Gustave-Adolphe signe la paix avec la Pologne et se met à la tête
 des protestants.
Il débarque en Poméranie. — Sac de Magdebourg; victoire des Sué-
 dois à *Leipzig* (1631).
Gustave délivre l'Allemagne occidentale. — Tilly, battu au passage
 du *Lech*, meurt.
Rappel de Waldstein. — Siége de Nuremberg. — Gustave-Adolphe
 meurt à la bataille de *Lutzen* (1632).
Les Suédois continuent la guerre. — Assassinat de **Waldstein**
 (1634). — Victoire des Impériaux à *Nordlingue*.
4° *Période française* (1635-1648).

Lectures a faire; ouvrages a consulter. — Outre les histoires générales d'Allemagne et de France, nous citerons seulement : l'*Histoire de la guerre de Trente ans*, par Schiller, et ses
trois drames célèbres : Le *Camp de Wallenstein*, les *Piccolomini*,
la *Mort de Wallenstein*; W. Coxe, *Histoire de la maison d'Autriche*
le père Bougeant, *Histoire des guerres et des négociations qui précédèrent le traité de Westphalie*; — pour Gustave-Adolphe, l'*Histoire
de Suède*, de Geyer; le travail consciencieux de M. Filon, *l'Allemagne pendant la guerre de Trente ans*, publié dans le *Magasin de
Librairie*.

Richelieu intervient directement dans la guerre de Trente ans; ses alliances.
Lutte jusqu'à la mort de Louis XIII (1635-1643).
Bataille d'*Avein*. — Année de *Corbie* (1636). — Mort de Ferdinand II (1637). — Victoires de Bernard de Saxe-Weimar; il meurt (1639); la France hérite de ses conquêtes (Alsace).
Victoires des Suédois. — Banner et Torstenson (1636-1642).
Succès des Français sur tous les points (conquêtes de l'Artois et du Roussillon).
Lutte pendant la minorité de Louis XIV (1643-1648).
Victoire de *Rocroy* (1643). — Prise de Thionville. — Victoires de *Fribourg* et de *Nordlingue* (1644-1645); de *Sommershausen* (1647).
Victoires des Suédois sur les Danois et les Impériaux.
Défaites des Espagnols. — Victoire de Condé à Lens (1648).
Congrès de Munster et d'Osnabrück (1644-1648).
Traité de Munster entre l'Espagne et les Provinces-Unies (1648).
Traités de Westphalie (1648) :
1° Dispositions relatives à la religion;
2° Dispositions relatives à la constitution de l'Empire;
3° Dispositions relatives aux indemnités territoriales et aux rapports de l'empire avec l'Europe.
Conclusion.

CARACTÈRE ET IMPORTANCE DE LA GUERRE DE TRENTE ANS. — La guerre de Trente ans est l'un des grands événements du dix-septième siècle. Elle a plusieurs causes, comme elle a plusieurs caractères. Préparée pendant plus de soixante ans, elle a éclaté, furieuse, implacable, en 1618; elle a porté la désolation dans toute l'Allemagne; elle a intéressé et troublé l'Europe entière.

C'est une guerre à la fois religieuse et politique : il s'agit de savoir qui l'emportera, du catholicisme ou du protestantisme, qui vont se livrer le plus terrible mais aussi le dernier combat. La maison d'Autriche, qui a lié ses destinées à celles du catholicisme, tente encore une fois de réaliser le rêve des empereurs du moyen âge, les projets ambitieux de Charles-Quint; elle lutte contre le fédéralisme germanique des princes et des villes libres; elle poursuit l'unité de l'Allemagne; elle veut en faire une vaste monarchie, comme la France, soumise de fait et de droit à l'autorité absolue de l'empereur. — Cette guerre n'intéressera pas seulement l'Allemagne ; si les princes autrichiens réussissent, s'ils placent sous leur joug les 40 millions d'Allemands du centre de l'Europe où sont leurs possessions, ne menaceront-ils pas tous les peuples voisins d'une domination intolérable ? Les Etats du Nord, Danemark, Suède, Pologne, qu'ils sont disposés à regarder comme des annexes de l'empire germanique ; la Hollande, libre et protestante ; la France, l'ennemie naturelle de la maison d'Autriche ; les différents Etats de l'Italie, déjà presque entièrement soumis à l'Espagne, dont les princes, guidés par les mêmes croyances, poussés par la même ambition, intimement unis à leurs parents d'Allemagne, tendent vers le même but ? La guerre de Trente ans sera donc une guerre à la fois allemande et européenne. De là son importance.

Causes de la guerre. — Lutte des catholiques et des protestants. — Elle a été préparée pendant plus de soixante ans. Dans la dernière moitié du seizième siècle, la France avait été le principal théâtre de la lutte des deux religions ; l'Angleterre et l'Espagne, Elisabeth et Philippe II, avaient eu le premier rôle. L'Allemagne avait alors joui d'une tranquillité relative, qu'elle devait à la paix d'Augsbourg de 1555. Mais les deux partis ennemis étaient toujours en présence ; les catholiques aspiraient à reprendre ce que la force leur avait enlevé ; les protestants, malgré les termes de la *réserve ecclésiastique*, ne se croyaient pas engagés pour l'avenir ; ils continuaient à s'étendre et à séculariser les biens de l'Eglise, surtout dans le nord de l'Allemagne. Puis, la paix d'Augsbourg ne concernait que les luthériens ; et les calvinistes, chaque jour plus nombreux, réclamaient les mêmes droits et les mêmes priviléges. S'ils avaient été unis aux luthériens, le protestantisme aurait pu triompher en Allemagne, au seizième siècle ; mais les discordes des protestants avaient paralysé leurs forces, tandis que les catholiques, ranimés par les jésuites, allaient réunir toute leur énergie, sous les princes des maisons d'Autriche et de Bavière. Ferdinand Ier, frère de Charles-Quint (1556-1564), Maximilien II, son successeur (1564-1576), par politique ou par crainte des Turcs, avaient réussi à maintenir la paix, grâce à leur esprit de conciliation et à leur sage tolérance. Sous Rodolphe II (1576-1612), homme faible et entêté, occupé surtout d'alchimie et d'astronomie, mais ayant les croyances étroites et l'ambition démesurée des anciens princes de sa maison, l'Allemagne fut agitée par des troubles continuels, prélude d'une guerre terrible. L'archevêque électeur de Cologne, Gebhard, avait embrassé le calvinisme pour se marier (1582); il voulut conserver ses domaines. Il était calviniste, les luthériens l'abandonnèrent, se déclarèrent même contre lui; il fut vaincu (1584), et forcé de fuir à Strasbourg. Les catholiques reprenaient confiance; à Strasbourg, à Aix-la-Chapelle, à Donawerth, partout, les protestants furent traités avec rigueur.

L'Union évangélique. — Succession de Clèves et de Juliers. — Ils comprirent que l'union seule pouvait les sauver, et, sous les auspices de Henri IV, ils se rapprochèrent; ébauchée à Heilbronn (1594), à Heidelberg (1603), une nouvelle ligue fut formée à Aschhausen, en 1608, sous le nom d'*Union évangélique*; elle se prépara à lutter contre Rodolphe II, comme jadis la ligue de Smalkalde contre Charles-Quint. Sur ces entrefaites, la riche succession des duchés de Clèves, Juliers, Berg, des comtés de la Marck et de Ravensberg, fut disputée par de nombreux prétendants. L'empereur, en attendant la décision du conseil aulique, mit ces domaines sous le séquestre entre les mains d'un délégué impérial; mais deux des concurrents, l'électeur de Brandebourg et le comte palatin de Neubourg, s'entendirent à Dortmund pour gouverner provisoirement les trois duchés en commun, et réclamèrent l'appui de l'Union protestante, qui venait d'être renouvelée à Halle (1609). Henri IV, avec les ressources de la France, appuyé sur de nombreuses alliances, allait venir à leur secours et commencer la grande guerre d'Allemagne, pour abaisser la maison d'Autriche. La prise de Juliers par l'archiduc autrichien Léopold avait donné le signal de la guerre, lorsque l'assassinat de Henri IV vint malheureusement reculer de quelques années la lutte qui allait s'engager dans les meilleures conditions de succès. En effet, sans en donner avis à Rodolphe, les trois électeurs ecclésiastiques et beaucoup d'évêques venaient de former, sous la direction de l'ambitieux Maximilien de Bavière, *la ligue catholique* de Wurtzbourg (1610). La maison d'Autriche semblait menacée d'une ruine prochaine, comme en France la maison des Valois, au temps de Henri III. La mort de Henri IV la sauva, mais ne pacifia pas l'Allemagne. Les deux ligues ennemies signèrent bien des traités de paix, mais ce n'était qu'une trêve passagère; la main restait sur le glaive, toutes les causes de haine subsistaient, et les troubles éclataient dans une autre partie de l'Allemagne.

Troubles de la Hongrie et de la Bohême. — Lettres de Majesté (1609). — La Hongrie et la Transylvanie ne pouvaient s'habituer à la domination allemande des princes autrichiens; toujours soutenus par les Turcs dans leurs rébellions, excités par l'esprit d'indépendance du protestantisme, les nobles turbulents de ces pays avaient sans cesse les armes à la main pour demander le redressement de leurs griefs. Etienne Boschkaï était à leur tête. L'Autriche, la Moravie, mais surtout la Bohême, n'étaient pas moins troublées; les protestants étaient cruellement persécutés dans les Etats de Rodolphe II ; mais en Bohême surtout ils étaient puissants, et réclamaient leurs priviléges politiques et la liberté de conscience. Le frère de Rodolphe, Mathias, qui depuis longtemps désirait des couronnes, profita de la faiblesse et de l'incapacité de l'empereur pour prendre en main la défense des rebelles et sauver, par des concessions, la puissance de la maison d'Autriche. Rodolphe fut forcé de lui abandonner la Hongrie, la Moravie, l'Autriche, et de le reconnaître pour son successeur au trône de Bohême ; puis il signa les *Lettres de Majesté* (juillet 1609), qui confirmaient les libertés religieuses et nationales des Bohémiens. Malgré ces concessions, Rodolphe ne put pas mourir tranquille ; il aurait voulu dépouiller son frère de son héritage ; il fut battu, forcé d'abdiquer, et il allait sans doute perdre la couronne impériale elle-même lorsqu'il termina sa triste vie, en 1612.

Mathias, empereur (1612-1619). — Mathias, qui lui succéda, porta la peine de son ambition. Les provinces qu'il avait insurgées contre son frère exigèrent de nouvelles concessions, tandis que Mathias se laissait de plus en plus gouverner par les chefs de la réaction catholique. Les Hongrois reprirent les armes, et Betlem Gabor se rendit indépendant en Transylvanie ; les Bohémiens, dirigés par les *défenseurs*, que les *Lettres de Majesté* leur avaient donnés, étaient chaque jour plus menaçants. L'affaire de la succession de Clèves et de Juliers était de nouveau remise en question ; le palatin de Neubourg, brouillé avec l'électeur de Brandebourg, se fit catholique et appela à son secours l'espagnol Spinola ; son rival obtint l'appui des Hollandais ; la convention de Santen suspendit les hostilités, mais les deux partis restèrent en présence.

Mathias adopte Ferdinand de Styrie. — *Défénestration de Prague* (1618).—C'est alors que Mathias, dont la conduite trahissait la faiblesse, se rendit aux vœux des princes de sa famille et aux instances du parti cathloique. Malgré sa répugnance, il adopta son cousin, Ferdinand de Styrie, et le reconnut roi de Bohême et de Hongrie, héritier de tous les biens de la maison d'Autriche (1617-1618). Ferdinand, élève des jésuites, était un prince aussi ambitieux que fanatique, un nouveau Philippe II ; il sera le fléau de l'Allemagne. Ce choix annonçait la guerre et une guerre terrible, impitoyable ; de toutes parts on s'y prépara. Il ne fallait qu'une étincelle pour tout embraser ; elle partit du sein de la Bohême. Les protestants de ce pays avaient fait bâtir deux temples, l'un sur les terres de l'abbé de Braunau, l'autre à Clostergrab, dépendance de l'archevêque de Prague. Les deux temples furent démolis. Les protestants invoquèrent les *Lettres de Majesté* ; Mathias repoussa leurs réclamations. Alors l'ambitieux et turbulent comte de Thurn, l'un des défenseurs de la Bohême, ennemi personnel de Ferdinand, convoque, à Prague tous les députés des cercles, malgré la défense de l'empereur. A sa voix, le peuple se précipite vers le château de Prague ; on envahit la chambre du conseil où siégeaient les gouverneurs ; on les somme de déclarer si les réponses et les ordres de Mathias sont leur ouvrage. Ils répliquent d'un ton menaçant on les saisit, on les traîne à une fenêtre et on les précipite, d'une hauteur de 80 pieds, dans les fossés du château. La *Défénestration de Prague* est le signal d'une guerre qui doit durer trente ans [1].

Grandes divisions de la guerre de Trente ans. — Cette guerre se partage en quatre périodes : la première (1618-1623) est appelée *période palatine*, parce que les Bohémiens révoltés mirent à leur tête l'électeur palatin, Frédéric V; la seconde (1624-1629) porte le nom de *période danoise*, parce que le roi de Danemark, Christian IV, soutint les protestants de l'Allemagne; la troisième (1629-1635) est la *période suédoise*, signalée par les exploits du roi de Suède, Gustave-Adolphe; enfin, la quatrième (1635-1648), ou *période française*, est celle pendant laquelle Richelieu et Mazarin abaissèrent la maison d'Autriche, ajoutèrent plusieurs provinces à la France et établirent sa prépondérance en Europe par les traités de Westphalie.

1° Période palatine (1618-1623). — *Ferdinand assiégé dans Vienne; il est nommé empereur* (1619). — Après la défénestration de Prague, les Bohémiens s'étaient soulevés et avaient fait appel aux Etats de Moravie, de Silésie, de Lusace, aux Hongrois, aux protestants de l'Empire. Conduits par le comte de Thurn et par l'aventureux Ernest de Mansfeld, ils battirent les généraux autrichiens Bucquoy et Dampierre; puis, profitant de la mort de Mathias, ils vinrent assiéger dans Vienne son successeur Ferdinand. Ce dernier sembla un instant perdu : les Hongrois de Bethlem Gabor accouraient; la révolte éclatait dans Vienne; la populace furieuse demandait la mort de ses ministres, et les barons autrichiens eux-mêmes, forçant les portes du palais, l'accablant d'outrages, le menaçaient de leur colère. Ferdinand, puisant dans sa foi une

---

[1] Ils tombèrent sur des immondices et ne se firent aucune blessure. Les Bohémiens justifièrent leur attentat, en se fondant sur leurs coutumes nationales et sur l'exemple des juifs.

fermeté inébranlable, résista, reçut quelques secours, et fut sauvé. Peu de jours après, il était proclamé empereur à Francfort (1619).

Frédéric, électeur palatin, est élu roi de Bohême. — Il est défait à la Montagne Blanche (1620). — Mais les Bohémiens le déposèrent et offrirent la couronne à l'électeur palatin, Frédéric V, gendre du roi d'Angleterre, Jacques Ier, neveu du stathouder de Hollande et chef de l'Union protestante. Les instances de sa femme triomphèrent des hésitations de son ambition; la Bohême, la Silésie, la Moravie lui prêtèrent serment de fidélité; Betlem Gabor, qui prit le titre de roi de Hongrie (1620), lui promit ses secours. Mais après avoir de nouveau menacé Vienne, les alliés se séparèrent; les Hongrois n'aimaient pas les Allemands; les luthériens étaient peu disposés à soutenir la cause d'un prince calviniste; les princes et surtout les électeurs protestants de Brandebourg et de Saxe étaient jaloux du nouveau roi de Bohême; l'électeur de Saxe même, trahissant complétement la cause défendue jusque-là par ses ancêtres, se déclara pour Ferdinand II. Au contraire, celui-ci était soutenu par toutes les forces du parti catholique, par le pape, par l'Espagne, et surtout par Maximilien de Bavière, chef de la ligue catholique, aussi convaincu qu'ambitieux. Le gouvernement français, alors dirigé par de Luynes, envoya en Allemagne une ambassade qui détacha de Frédéric V Betlem Gabor, puis l'Union évangélique, par le traité d'Ulm (1620). La Bohême fut envahie par une armée de 50,000 hommes, et les Bohémiens, commandés par le prince Christian d'Anhalt, furent complétement vaincus à la bataille de la *Montagne-Blanche* (8 nov. 1620), sous les murs de Prague. Frédéric, qui donnait une fête à l'ambassadeur d'Angleterre, pendant que ses défenseurs mouraient pour lui, s'empressa de fuir jusqu'en Hollande. La Bohême, la Silésie, la Moravie furent reconquises par Ferdinand, et, malgré ses promesses, de sanglantes exécutions signalèrent son triomphe ; les *Lettres de Majesté* furent déchirées.

L'électeur est dépouillé de ses États. — L'empereur, par vengeance et par ambition, s'empressa de poursuivre ses succès ; s'il n'avait été guidé que par la justice, la guerre était terminée ; il la ralluma par son aveuglement. De sa propre autorité, il mit au ban de l'empire Frédéric et ses adhérents ; l'arrêt fut exécuté par l'armée de Maximilien de Bavière, que commandait l'habile et impitoyable Tilly, surnommé le *Démon de la guerre*, et par l'armée espagnole de Spinola. L'électeur palatin, abandonné par l'Allemagne, s'abandonnait lui-même ; quatre aventuriers essayèrent de retarder sa ruine : Ernest de Mansfeld, Jean-Georges de Brandebourg, le margrave de Bade-Dourlach, et Christian de Brunswick, qui s'intitulait *ami de Dieu et ennemi des prêtres*, et méritait ce dernier titre puisqu'il ne subsistait que du pillage des églises. Enrôlant sous leurs drapeaux tous les aventuriers, tous ceux que la guerre ruinait, ils donnèrent un exemple qui ne sera que trop suivi. Ils pouvaient bien servir à désoler l'Allemagne, mais non pas à rétablir le palatin. Malgré leur courage, ils furent vaincus par Tilly surtout, à Wiseloch, à Wimpfen (1622), à Hœchst ; chassés du Palatinat, battus dans les Pays-Bas, à Fleurus, par les Espagnols, ils furent rejetés en Hollande et au nord de l'Allemagne, tandis que Betlem Gabor signait avec Ferdinand la paix de Niclasbourg (1622). Alors l'empereur réunit une diète à Ratisbonne (1623), déclara que l'électeur s'étant rendu coupable de lèse-majesté, ses États, ses biens, ses dignités étaient dévolus au domaine impérial ; puis il transféra la dignité électorale de Frédéric à Maximilien, duc de Bavière, pour le récompenser de ses services, lui conférant cette dignité *du haut du trône*, en vertu de *sa toute-puissance*. Le Palatinat conquis fut partagé entre le nouvel électeur, le prince de Neubourg, les Espagnols et plusieurs autres princes. Les troupes catholiques, répandues dans toute l'Allemagne, la traitaient en pays conquis; on enlevait aux protestants les biens sécularisés depuis la paix d'Augsbourg. Alors les Etats de la basse Saxe prirent les armes pour se défendre et demandèrent les secours de Christian IV de Danemark, qui en faisait partie.

2° PÉRIODE DANOISE (1624-1629). — *Christian IV se met à la tête des protestants.* — Christian IV, petit-fils de Christian III, régnait depuis 1588. Parent de l'électeur Frédéric, attaché à la cause protestante, il craignait aussi pour l'indépendance de ses Etats, si Ferdinand II soumettait l'Allemagne à son joug. Il avait d'ailleurs à se plaindre personnellement de l'empereur. L'Angleterre et Richelieu, qui venait d'entrer au ministère, lui fournirent quelque argent. Mais Christian eut à combattre de redoutables ennemis, Tilly, général de la ligue catholique, et surtout Waldstein. Ferdinand, voulant avoir une armée dont il pût disposer au gré de son ambition, s'était adressé à ce puissant seigneur de Bohême, qui avait déjà signalé ses grands talents militaires, et à qui un riche mariage avait donné une fortune princière. Il offrit à Ferdinand de réunir une armée de 50,000 hommes, à la condition d'en avoir le commandement absolu et de nommer les officiers. Sa renommée, l'appât des récompenses et du butin, attirèrent sous ses drapeaux une foule de gens de guerre de toutes les contrées de l'Allemagne et même de l'Europe; l'Empire fut désormais un grand marché d'hommes.

Mort de Christian de Brunswick; les Danois sont défaits à Lutter (1626); *Ernest de Mansfeld est battu par Waldstein et meurt.*— Christian de Brunswick, à la tête d'une armée, pénètre dans le Hanovre, mais il meurt à la fleur de l'âge, et ses troupes se dispersent. Les Danois sont complétement vaincus par Tilly à Lutter, près de Wolfenbüttel (27 août 1626), et sont refoulés vers leurs frontières. Ernest de Mansfeld doit lutter contre Waldstein; quoique battu au pont de Dessau, sur l'Elbe, il marche sur Vienne par la Silésie et la Moravie; mais Waldstein s'attache à ses pas, le repousse en Hongrie, où Betlem Gabor est encore infidèle à ses promesses, où la contagion décime ses soldats. Mansfeld est forcé de fuir presque seul, mais toujours opiniâtre, jusque dans les États vénitiens, et la fièvre délivre, près de Zara, l'Autriche de son ennemi le plus redoutable.

Puissance et ambition de Waldstein. — Alors Waldstein devient la terreur des protestants et même de l'Allemagne entière. Il a soumis la Silésie, la basse Saxe, le Mecklembourg, la Poméranie, qu'il inonde de ses soldats; il prend Wismar, les îles de Rugen et d'Usedom; il a reçu le titre de *duc de Friedland* et les dépouilles des ducs de Mecklembourg; il s'intitule *prince de la Baltique*; il assiége Stralsund, l'une des grandes villes hanséatiques; il a juré de la prendre, *fût-elle attachée au ciel avec des chaînes, et l'enfer l'eût-il entourée d'une enceinte de diamants*. Maître de Stralsund, il espère, en effet, étendre sa domination sur tout le Nord; mais Stralsund reçut des secours du Danemark et surtout de la Suède, et Waldstein, furieux, fut forcé de lever le siége et de se rejeter sur l'Empire. 150,000 soldats, qui vivaient à discrétion en Allemagne, rendaient la puissance de Ferdinand II absolue. Dans le même temps, il proscrivait Charles de Nevers, duc de Mantoue, pour s'être mis en possession, sans ses ordres, d'un pays qui lui appartenait par les droits du sang. Les troupes impériales surprirent et saccagèrent Mantoue; elles répandirent la terreur en Italie. Mais là, Ferdinand II et ses alliés d'Espagne et de Savoie rencontrèrent Richelieu et l'opposition de la France. Ferdinand devait encore rencontrer en Allemagne cet ennemi redoutable de ses projets ambitieux.

Edit de restitution (1629). — *Puissance de Ferdinand II.* — *Diète de Ratisbonne* (1630). — *Renvoi de Waldstein*

L'empereur ne les dissimulait plus. Il avait terminé la guerre avec le roi de Danemark et lui avait imposé les conditions humiliantes du traité de Lubeck (mai 1629). Partout dans ses Etats, il avait rétabli le catholicisme, et 30,000 familles, forcées de s'exiler de Bohême, avaient fait à ce malheureux pays une blessure que plusieurs siècles ont à peine fermée. Il se crut assez puissant pour abaisser également les deux partis qui divisaient l'Allemagne, pour enlever aux protestants toutes les concessions qu'ils avaient obtenues de Charles-Quint, et pour détruire la ligue catholique. L'*édit de restitution* du 6 mars 1629 ordonna aux protestants de restituer tous les biens ecclésiastiques dont ils s'étaient emparés depuis 1555; Tilly et Waldstein furent chargés d'exécuter ce décret, et se montrèrent impitoyables. Waldstein disait publiquement que le temps était venu de réduire les électeurs et les princes à la condition des ducs et pairs de France, et les évêques à la qualité de chapelains de l'empereur. Les princes catholiques commencèrent à s'effrayer; la puissance, les menaces, les exactions du duc de Friedland les irritaient; son armée, terrible instrument de l'ambition de l'empereur, allait détruire toutes les libertés germaniques. Ferdinand réunit alors la diète de Ratisbonne, pour faire élire roi des Romains son fils, l'archiduc Ferdinand (1630). Les catholiques, dirigés par Maximilien de Bavière, réclamèrent hautement le redressement de leurs griefs; les envoyés de Richelieu, Brûlart de Léon et le père Joseph du Tremblay, excitèrent leurs ressentiments. On demanda le renvoi de Waldstein et le licenciement de son armée. Ferdinand hésita; mais Waldstein commençait à l'inquiéter lui-même; puis l'empereur espérait, par une concession, obtenir pour son fils les voix des électeurs. Il céda. Le duc de Friedland, entouré de ses astrologues, consultait sans cesse les astres pour connaître ses destinées; le temps n'était pas encore venu où il pouvait réaliser ses espérances ambitieuses; il se soumit aux volontés de l'empereur, se retira dans sa magnifique résidence de Prague, et son armée se désorganisa. Ferdinand avait perdu son meilleur général ; les électeurs différèrent de nommer son fils roi des Romains, pendant que Richelieu lui suscitait un nouvel ennemi, le roi de Suède, Gustave-Adolphe. « Un pauvre capucin, s'écriait avec douleur Ferdinand, m'a désarmé ; le perfide a su faire entrer dans son étroit capuchon six bonnets électoraux. »

3° Période suédoise (1630-1635). — *Gustave-Adolphe signe la paix avec la Pologne et se met à la tête des protestants.* — Gustave-Adolphe, arrière-petit-fils de Gustave Wasa, régnait en Suède depuis 1611. Il avait montré sa valeur dans des guerres heureuses contre le Danemark et la Russie, qui avaient signé les traités de *Knarœd* (1613), et de *Stolbova* (1617). Il luttait alors contre son cousin, le roi de Pologne, Sigismond III, qui réclamait la couronne de Suède. Déjà il lui avait enlevé la Livonie et une partie de la Prusse polonaise. Sigismond était soutenu par les catholiques et surtout par Ferdinand II ; Gustave-Adolphe était le glorieux représentant de la cause protestante. Les intérêts de ses coreligionnaires, menacés d'une ruine complète, le décidèrent à intervenir dans les affaires d'Allemagne ; l'indépendance de la Suède était d'ailleurs menacée ; puis l'amour de la gloire, une noble ambition, entraînaient Gustave sur un vaste théâtre digne de son génie. La politique de Richelieu lui facilita les moyens de ranimer la guerre en Allemagne contre Ferdinand II. Notre ambassadeur en Pologne, de Charnacé, fit conclure la trêve d'*Altmark*, pour six ans, entre la Suède et Sigismond (1629); Richelieu promit des secours ; et, en 1631, par le traité de *Berwald*, il s'engagea à fournir un subside annuel pour l'entretien de l'armée suédoise en Allemagne.

Gustave-Adolphe débarque en Poméranie. — Gustave-Adolphe, après avoir réglé les affaires du royaume, après des adieux solennels aux états de Stockholm, auxquels il confiait sa jeune fille Christine, traversa la mer, au mois de juin 1630, et débarqua en Poméranie. Il n'avait que 15,000 hommes; mais cette armée était admirablement disciplinée, pleine d'ardeur et d'enthousiasme. Elle contrastait avec ces troupes impériales que Richelieu appelle dans ses *Mémoires*, déréglées, insolentes, désobéissantes à leurs chefs, et outrageuses envers les peuples. Gustave-Adolphe mérita et sut se concilier l'amour des Allemands par *sa sévérité inexorable envers les siens, sa douceur extraordinaire pour les peuples, et une justice exacte en toutes les occasions.* Tel est le témoignage que lui rend Richelieu, et il ajoute qu'il lui échut l'honneur *d'être dans la meilleure des causes aussi grand que jamais homme le fut en aucune cause.* Après s'être assuré de la Poméranie et du Mecklembourg, le roi de Suède contraignit les électeurs protestants de Brandebourg et de Saxe à sortir de la neutralité où ils tentèrent d'abord de s'enfermer; il obtint de l'électeur de Brandebourg la forteresse de Spandau, de l'électeur de Saxe le commandement même de ses troupes. Les Impériaux s'étaient peu inquiétés de l'invasion des Suédois; Waldstein disait : « *Que cet écolier ose entrer en Allemagne, je l'en chasse avec des verges!* » On se moquait à Vienne de cette *Majesté de neige* qui fondrait bientôt au soleil du Midi.

Sac de Magdebourg par Tilly. — *Victoire des Suédois à Leipzig* (1631). — Tilly, qui avait été nommé commandant en chef des armées impériales, profitant des retards forcés de Gustave, voulut frapper un grand coup et empêcher les défections par la terreur. Il mit le siège devant Magdebourg; après une héroïque résistance, la ville fut prise et horriblement saccagée; plus de 30,000 personnes périrent; quelques maisons seulement restèrent debout, épargnées par l'incendie, et le farouche Bavarois put annoncer à son maître que, depuis le sac de Troie et de Jérusalem, on n'avait point vu de victoire aussi éclatante. Gustave-Adolphe ne put que venger ces épouvantables excès; il accourut, rencontra l'ennemi près de Leipzig, dans les plaines de Breitenfeld, et remporta une victoire complète, malgré les talents de Tilly et le courage impétueux de son lieutenant, Pappenheim (7 septembre 1631).

Gustave-Adolphe délivre l'Allemagne occidentale.—Tilly, battu sur le Lech, meurt. — Il aurait pu alors marcher sur Vienne et porter la guerre au cœur même de l'Autriche; mais il préféra le titre de libérateur de l'Allemagne. Pendant que l'armée saxonne, commandée par le général d'Arnheim, pénétrait en Bohême, les Suédois, traversant rapidement la Thuringe, la Franconie, chassant de Francfort la diète des princes de l'Empire, délivrèrent le Palatinat; ils passèrent le Rhin à Mayence, forcèrent à la soumission les électeurs de Trèves et de Mayence, dont Richelieu avait désiré la neutralité, ravagèrent les possessions autrichiennes en Alsace; puis, repassant le Rhin, marchèrent vers la Bavière. Tilly voulut défendre le passage du Lech, dans une position formidable; les Suédois furent encore victorieux, et le *Démon de la guerre*, dangereusement blessé, mourut quelques jours après (1632). La Bavière était ouverte aux Suédois; et l'électeur palatin put entrer avec Gustave, son protecteur, dans la capitale de son ennemi.

Rappel de Waldstein; siége de Nuremberg; Gustave-Adolphe meurt à la bataille de Lutzen (1632). — L'empereur, tombé de ce haut degré de grandeur qui avait paru si redoutable, voyait la guerre s'approcher de ses frontières sans défense. Il fut forcé de s'humilier devant le général qu'il avait disgracié. Waldstein vivait en Bohême dans un faste royal; il affectait le dédain des grandeurs; il était trop heureux dans la retraite. Il ne reprit le commandement que sur les instances et les supplications de Ferdinand. Pour vaincre sa modération philosophique, il fallut accepter ses conditions : il aura une autorité absolue dans son armée, nommera tous les officiers, lévera à son gré des contributions, sans rendre compte, disposera de tout ce qu'il aura pris ou confisqué ; on ne pourra faire ni paix ni trêve sans son consentement; toutes les provinces autrichiennes lui seront ouvertes comme un asile; outre la possession du Mecklembourg, il recevra une principauté pour prix de ses services. Il eut bientôt rassemblé une armée formidable ; mais il ne se pressa pas de délivrer la Bavière, qui appartenait à son ennemi, le duc Maximilien.

Après avoir chassé les Saxons de la Bohême, il allait attaquer la Saxe, lorsqu'il se décida à marcher sur Nuremberg. Gustave-Adolphe vola au secours de la ville menacée, et ce fut un grand étonnement dans l'Europe, lorsque l'on vit durant trois mois ces deux illustres capitaines camper en face l'un de l'autre sans profiter d'une occasion tant attendue. La contagion, la disette, les combats de chaque jour avaient déjà fait périr plus de 60,000 hommes, lorsque Waldstein se jeta sur la Saxe. Gustave, pour défendre un allié dont il avait cependant à se plaindre, abandonna la Bavière presque conquise, et les deux armées se rencontrèrent dans les plaines de Lutzen (16 novembre 1632). Gustave était victorieux à l'aile droite; emporté par son ardeur, il vole au secours de son infanterie; mais, après plusieurs charges, trompé par un brouillard épais, il se jette devant les rangs ennemis et tombe frappé de deux balles en s'écriant, dit-on : « *A d'autres le monde!* » Le duc de Saxe-Lauenbourg, qui passa ensuite aux Impériaux, se trouvait derrière lui au moment fatal et fut accusé de sa mort; les historiens ne sont pas encore d'accord à cet égard. « L'Europe, a dit Michelet, pleura Gustave; mais pourquoi? Peut-être mourut-il à temps pour sa gloire. Il avait sauvé l'Allemagne et n'avait pas eu le temps de l'opprimer. Il n'avait point rendu le Palatinat à l'électeur dépouillé; il destinait Mayence à son chancelier Oxenstiern; il avait témoigné du goût pour la résidence d'Augsbourg, qui serait devenue le siège d'un nouvel empire. »

Les Suédois continuent la guerre.— Assassinat de Waldstein (1634).— Victoire des Impériaux à Nordlingue. — Les Suédois, conduits par les dignes lieutenants de leur roi, et surtout par le duc Bernard de Saxe-Weimar, avaient vaincu et forcé à la retraite Waldstein, jusqu'alors invincible. La Suède accepta courageusement le rôle et l'héritage de gloire que lui avait légués Gustave ; au nom de la jeune reine Christine, l'habile et brave Oxenstiern fut chargé de continuer la guerre ; il resserra l'alliance de la Suède avec les États protestants à Heilbronn (1633) ; Richelieu augmenta les subsides payés par la France ; les Hollandais promirent des secours ; l'Autriche et la Bohême furent de nouveau menacées. Cependant Waldstein s'était retiré en Bohême, dans une formidable inaction ; depuis la mort de Gustave, il tenait une conduite équivoque et paraissait aspirer à se créer une position indépendante. C'était pour lui que Gustave semblait avoir travaillé en abattant par toute l'Allemagne le parti impérial. « *L'Allemagne,* avait-il dit, *ne peut contenir deux hommes comme nous.* » Waldstein attendait maintenant l'occasion favorable pour se déclarer ; il était en relation avec les Suédois, probablement avec Richelieu, qui estimait son génie et espérait se servir de son ambition contre l'Autriche. Entouré d'une foule d'aventuriers qui s'étaient attachés à ses destinées, *cet homme terrible, qu'on voyait peu, qui ne riait jamais, qui ne parlait à ses soldats que pour faire leur fortune ou prononcer leur mort, était l'attente de l'Europe. Richelieu l'engageait à se faire roi de Bohême.* C'est alors que Ferdinand II résolut d'agir ; Waldstein, dans un conseil des chefs de l'armée, à Pilsen, avait fait pressentir sa rébellion prochaine ; mais quelques-uns de ses généraux, comme Piccolomini, ont averti l'empereur. Waldstein s'est retiré à Egra ; avec son astrologue, l'italien Seni, il attend que son heure fatale soit passée ; lorsque trois capitaines étrangers, Lesly, Gordon et Butler, comblés de ses bienfaits, exécutent les ordres qu'ils ont reçus de Ferdinand, et Waldstein, surpris au milieu de la nuit, est assassiné dans son appartement (1634). L'empereur, se souvenant des services qu'il lui avait jadis rendus, fit dire trois mille messes pour le repos de son âme. La même année, les Impériaux, conduits par l'archiduc Ferdinand et par les lieutenants de Waldstein, Gallas et Piccolomini, remportèrent une victoire complète sur les Suédois à Nordlingue (Bavière). L'électeur de Saxe donna le signal des défections aux princes protestants, en signant avec l'empereur le traité de Prague (1635). Ferdinand était pour la troisième fois victorieux ; les Suédois, qui n'avaient plus pour allié que le landgrave de Hesse-Cassel, n'étaient pas assez forts pour tenir seuls en Allemagne. Ils appelèrent la France à leur secours.

4° PÉRIODE FRANÇAISE (1635-1648). — *Richelieu intervient dans la guerre de Trente ans.* — *Ses alliances.* — Jusqu'alors, la guerre avait été surtout religieuse ; Richelieu va lui donner un autre caractère ; il s'agit pour lui de défendre et d'établir l'équilibre européen par l'abaissement de la maison d'Autriche ; il veut aussi profiter de la lutte pour reculer nos frontières aux dépens de l'Autriche et de l'Espagne ; il veut faire de Louis XIII, *qui est son illustre esclave, un des plus puissants monarques de l'Europe.* Il se présente comme le défenseur des faibles, menacés par la maison d'Autriche, et il réunit autour de la France, par des traités, de nombreux alliés : traité de *Compiègne* avec les Suédois ; traité de *Saint-Germain* avec Bernard de Saxe-Weimar, général d'une belle armée d'aventuriers ; traité de *Wesel* avec le landgrave de Hesse-Cassel ; traité de *Paris* avec les Hollandais pour le partage des Pays-Bas espagnols ; traité de *Rivoli* avec les ducs de Savoie, de Parme et de Mantoue, pour chasser les Espagnols du Milanais. Cinq armées sont mises à la fois sur pied ; deux flottes sont équipées sur l'Océan et sur la Méditerranée. Nous nous contenterons d'indiquer les principaux événements et les grands résultats de cette guerre, qui doit se prolonger durant treize années.

Elle se partage naturellement en deux périodes : 1° jusqu'à la mort de Richelieu et de Louis XIII (1635-1643); 2° pendant la minorité de Louis XIV.

1° LUTTE JUSQU'A LA MORT DE LOUIS XIII (1635-1643). — *Bataille d'Avein ; année de Corbie* (1636).— Richelieu, prenant pour prétexte de la lutte l'enlèvement de l'électeur de Trèves par les Espagnols, a déclaré la guerre à Philippe IV. Pendant que les Suédois se maintiennent dans le nord de l'Allemagne, que le landgrave de Hesse et le duc Bernard combattent dans l'Allemagne occidentale, les Français sont aux prises avec l'ennemi dans les Pays-Bas, en Lorraine et en Franche-Comté, en Italie, dans le Roussillon. La victoire d'Avein (pays de Liége), gagnée par Châtillon et Brézé sur les Espagnols, allait nous donner la Belgique (1635); mais les Hollandais, qui nous craignaient pour voisins, nous soutinrent mal, et les ennemis, conduits par Piccolomini et Jean de Werth, s'avancèrent audacieusement jusqu'à la Somme et surprirent Corbie. L'effroi se répandit un instant dans Paris; mais Richelieu dissipa les alarmes, et, accompagné de Louis XIII, reprit Corbie, la Picardie, pendant que la glorieuse résistance de Saint-Jean-de-Losne, en Bourgogne, et de Verdun-sur-Saône, permettait à Rantzau et au duc Bernard de battre et de repousser les Impériaux au delà du Rhin (1636). On appela cette année l'*année de Corbie*.

Mort de Ferdinand (1637). — Mais dans l'Allemagne occidentale, la mort du landgrave de Hesse nous enlevait un allié dévoué; en Italie, la défection des Grisons forçait le duc de Rohan victorieux à évacuer la Valteline; la mort des ducs de Savoie et de Mantoue rendait la supériorité aux Espagnols, qui étaient aussi victorieux sur les Pyrénées et sur mer. Cependant nous reprenions partout l'avantage, au moment où la mort de Ferdinand II laissait l'empire à son fils, Ferdinand III, dont la modération semblait devoir faire espérer la paix (1637).

Victoires du duc Bernard de Saxe-Weimar; il meurt (1639). — La France hérite de ses conquêtes et de son armée. — Le duc de Saxe-Weimar attirait alors l'attention par ses victoires et ses projets ambitieux. Il avait enlevé l'Alsace aux Autrichiens, en 1636; puis les villes forestières, qui défendaient le Rhin et la forêt Noire, Lauffembourg, Waldshut, Seckingen, Rhinfeld. Il assiégeait Brisach : quatre armées impériales, venant au secours de la ville, furent successivement vaincues, et Brisach ouvrit ses portes (1638). Il allait se marier à la veuve du landgrave de Hesse et songeait à former à l'ouest de l'Allemagne une puissance formidable, lorsqu'il mourut subitement, à l'âge de trente-six ans (juillet 1639). Richelieu, qui commençait à craindre son ambition, s'empressa d'acheter son héritage, c'est-à-dire sa vaillante armée et ses dernières conquêtes en Alsace. Le comte de Guébriant fut mis à la tête de cette armée, qu'il était digne de commander, avec des lieutenants comme Turenne, et, pour la première fois, la frontière française toucha le Rhin.

Victoires des Suédois Banner et Torstenson (1636-1642). — Pendant ce temps les Suédois, établis solidement en Poméranie, en sortaient pour se jeter à diverses reprises sur l'Allemagne centrale et méridionale; les lieutenants de Gustave-Adolphe semblaient animés de son génie. Banner remportait de nombreuses victoires à Domnitz, à Wistock (1636), à Chemnitz, en Misnie (1639), et il pénétrait jusque sous les murs de Prague. Enlevé peut-être par le poison, il fut remplacé par Torstenson, ce général paralytique qui étonna l'Europe par la rapidité de ses manœuvres, et qui, vainqueur à Kempen, à Schweidnitz, obtint un grand triomphe sur ce champ de bataille de

Breitenfeld où Gustave s'était couvert de gloire onze ans auparavant (1642).

Succes des Français sur tous les points. — Tandis que Guébriant, combinant ses opérations avec celles des Suédois, gagnait la victoire de Wolfenbuttel, en 1641, les Français s'emparèrent de l'Artois, sous les yeux de Richelieu, et tous les efforts des Espagnols ne purent sauver la place importante d'Arras (1640). En Italie, le comte d'Harcourt, plus heureux que ses prédécesseurs, Créqui et le cardinal la Valette, remporta les victoires de Casal, de Turin, d'Ivrée (1640-1641). Les Espagnols furent battus sur mer par le belliqueux Sourdis, archevêque de Bordeaux, et poursuivis jusque sur les côtes du royaume de Naples. Le génie d'Olivarès succombait sous celui de Richelieu. La Catalogne, soulevée contre Philippe IV, se plaça sous la protection de Louis XIII; le Portugal suivit cet exemple, se donna pour roi Jean IV, de la maison de Bragance, et fut soutenu par la France et par la Hollande. L'Espagne dut se tenir sur la défensive, au milieu de ces ruines amoncelées autour d'elle; Louis XIII et Richelieu en profitèrent pour faire la conquête du Roussillon et de la Cerdagne; Perpignan tomba en notre pouvoir (1642). Au milieu de cette guerre générale, Richelieu mourut, le 2 décembre 1642, laissant la France maîtresse de l'Artois, de l'Alsace, de la Lorraine, du Roussillon, des passages des Alpes, et partout triomphante. Cette mort, suivie de celle de Louis XIII (mai 1643), ne changea rien à la situation ; la politique de Mazarin compléta l'œuvre glorieusement commencée par Richelieu.

2° LUTTE PENDANT LA MINORITÉ DE LOUIS XIV (1643-1648). — Anne d'Autriche, régente pendant la minorité de son fils, âgé de cinq ans, donna sa confiance et tout le pouvoir au cardinal Mazarin. Initié à la politique de Richelieu, d'un génie souple et habile, il avait les talents diplomatiques nécessaires pour terminer la guerre, et il fut secondé par de bons généraux formés dans cette rude école de la guerre de Trente ans.

Victoire de Rocroy (1643). — *Prise de Thionville.* — *Victoires de Fribourg et de Nordlingue* (1644-1645); *de Sommershausen* (1647). — Cinq jours après l'avénement de Louis XIV, le duc d'Enghien (qui sera le grand Condé) attaque hardiment les Espagnols qui assiégeaient Rocroy; ils sont mis en déroute; le vieux comte de Fuentès tombe percé de coups au milieu de l'infanterie espagnole, jusqu'alors réputée invincible. Après cette belle victoire, *dont les lauriers couronnèrent le berceau de Louis XIV*, Condé, *dans de vives et impétueuses saillies*, poursuit les ennemis, étonnés de ces coups multipliés que leur porte le grand capitaine de vingt-deux ans. Il enlève Thionville; il apprend nos revers dans l'Allemagne occidentale : Guébriant a été mortellement blessé au siège de Rothweil; Rantzau a été surpris et fait prisonnier à Dutlingen par un habile tacticien, le général Mercy; Fribourg en Brisgau est tombé au pouvoir de l'ennemi. Condé accourt, se réunit à Turenne, se jette audacieusement dans les retranchements formidables de Mercy et remporte la victoire de Fribourg (31 août 1644). La prise de Philipsbourg et de Mayence, la délivrance des bords du Rhin sont les fruits de ce beau succès. L'année suivante, Turenne, forcé par les plaintes de ses soldats, fatigués d'une campagne laborieuse, disperse ses quartiers, se laisse surprendre par le vigilant Mercy et est battu à Marienthal. Mais Condé le rejoint une seconde fois, et tous deux, déployant leurs génies divers, s'ouvrent, par la victoire de Nordlingue (4 août 1645), le chemin de la Bavière; Mercy a été tué; l'électeur, pressé par Turenne et le suédois Wrangel, signe à Ulm un traité de neutralité (1647), se repent, recommence la guerre, mais voit ses États cruellement ravagés, après la victoire que Turenne et Wrangel ont remportée à Sommershausen, sur le général autrichien

Mélander, qui est tué. L'Autriche est encore une fois menacée de l'invasion.

Victoires des Suédois sur les Danois et les Impériaux. — Les Suédois avaient bravement secondé nos efforts. En 1614, Torstenson, apprenant que le roi de Danemark, jaloux de leurs succès, se disposait à s'unir avec Ferdinand III, traverse toute l'Allemagne, de la Moravie au Palatinat, se jette sur le Jutland et le soumet, pendant que le maréchal Horn prend la Scanie, la Blékingie et la Halland, provinces danoises au sud de la Suède. Vainement les Autrichiens viennent au secours des Danois : Gallas est battu à Juterbock et à Magdebourg ; Christian IV est forcé de signer le traité humiliant de Bromsebro (1645), et l'électeur de Saxe s'empresse de demander une suspension d'armes. Alors Torstenson se jette sur les États héréditaires ; encore vainqueur à Jancowitz, en Bohême, il menace Vienne, mais il est abandonné par le prince de Transylvanie, Ragotski, qui avait promis de le seconder. Il se retire, toujours menaçant, en Bohême, et, vaincu par la maladie, il remet le commandement à Wrangel. C'est ce bon général qui, deux fois réuni à Turenne, porte des coups terribles à la puissance de l'Autriche, pendant que son lieutenant, Kœnigsmark, secondé par le prince de Suède, Charles-Gustave, menace de nouveau Prague. La nouvelle de la victoire des Français à Lens décida alors Ferdinand III à signer enfin la paix depuis longtemps négociée.

Défaites des Espagnols. — *Victoire de Condé à Lens* (1648). — Les Espagnols n'avaient pas été plus heureux que les Autrichiens. En Italie, ils avaient été battus par le prince Thomas de Savoie et par le duc de Modène, nos alliés (1644-1646). Naples s'insurgeait contre un gouvernement tyrannique, à la voix du pêcheur Masaniello, et le duc de Guise accourait pour se mettre à la tête des insurgés. Il ne devait pas réussir ; mais la France avait profité de cette diversion. — Sur les Pyrénées, les succès avaient été balancés; les Espagnols, battus à Llorens (1645), avaient perdu Tortose (1648); mais d'Harcourt et Condé lui-même avaient été repoussés deux fois au siége de Lérida (1646 et 1647). — Dans les Pays-Bas, de bons capitaines, Gassion et Rantzau, avaient pris Gravelines, Cassel, Saint-Venant (1644-1645); Condé avait enlevé Courtrai, Bergues, Mardick, Furnes, Dunkerque, et, en 1648, il battit complétement l'archiduc Léopold à la bataille de Lens. Un mois plus tard, les traités de Westphalie, qui terminaient la guerre de Trente ans étaient signés.

Congrès d'Osnabrück et de Munster (1641-1648). — En 1641, aux conférences de Hambourg, on avait décidé que les plénipotentiaires des puissances catholiques se réuniraient à Munster, sous la médiation du pape, et que les plénipotentiaires des États protestants traiteraient à Osnabrück, sous la médiation du roi de Danemark. Ces deux villes étaient situées dans le cercle de Westphalie: de là le nom des traités; les deux congrès devaient être considérés comme ne formant qu'une seule assemblée. Les plénipotentiaires étaient d'illustres diplomates; tous les États de l'Europe chrétienne avaient envoyé des ambassadeurs au congrès; il s'agissait d'asseoir l'Europe sur de nouvelles bases et de faire triompher, dans l'intérêt de la paix générale, le système de l'équilibre. La tâche était difficile; il fallut les victoires de la France et de la Suède pour forcer l'Autriche à céder. Mais l'Espagne refusa de traiter; elle espérait toujours reprendre les provinces que nous lui avions enlevées; son orgueil se refusait à céder la première place qu'elle occupait depuis Charles-Quint; elle comptait sur les troubles qui commençaient alors à agiter la France; enfin, elle ne voulait pas reconnaître l'indépendance du Portugal, notre allié.

Traité de Munster, signé par l'Espagne et les Provinces-Unies (1648). — Pour pouvoir continuer la guerre, elle s'était enfin résignée à conclure un traité de paix avec les Provinces-Unies, qui s'étaient engagées à ne traiter que de concert avec la France, mais qui furent séduites par les avantages que l'Espagne leur accordait; elles craignaient, d'ailleurs, de se trouver en contact avec la France agrandie par l'acquisition des Pays-Bas catholiques. Par le traité de Munster (30 janvier 1648), l'Espagne reconnaissait l'indépendance de la république, lui abandonnait ce qu'elle avait conquis au sud du Rhin, le Brabant septentrional et le Limbourg (c'est ce qu'on appela le *Pays de la Généralité*), les embouchures des grands fleuves, ce qui ruinait Anvers au profit d'Amsterdam, ainsi que toutes les colonies, la côte de Coromandel, Ceylan, Malacca, les Moluques, les îles de la Sonde, Célèbes, Calicut, Cochin, Négapatnam, les îles Sous-le-Vent (Amérique), etc. Libre de ce côté, l'Espagne put continuer la guerre contre la France et le Portugal.

TRAITÉS DE WESTPHALIE (1648). — Mais l'empereur consentit à signer la paix avec la Suède, à Osnabrück (8 septembre 1648); avec la France, à Munster (24 octobre). La guerre de Trente ans avait été tout à la fois religieuse et politique, allemande et européenne. On peut classer en trois parties les règlements qui concernent : 1° l'état religieux de l'Allemagne; 2° son état politique; 3° ses rapports avec l'Europe.

1° *Dispositions relatives à la religion*. — Les droits des protestants furent consacrés; la paix d'Augsbourg, de 1555, leur servit de base; les calvinistes furent traités comme les luthériens. Toutes les sécularisations faites avant le 1ᵉʳ janvier 1624, et par l'électeur palatin et ses alliés, avant 1618, furent maintenues; 1624 fut l'*année décrétoire* ou *normale*. Les princes et États immédiats de l'Empire pourront tolérer ceux de leurs sujets qui abjureront la religion reçue dans leurs domaines en 1624; sinon, ils leur accorderont trois ans pour émigrer. La Chambre impériale sera composée de 4 présidents nommés par l'empereur, dont 2 protestants, de 24 membres protestants et de 26 catholiques; l'empereur recevra 6 membres protestants dans son conseil aulique. Les diètes ne pourront décider que par voie amiable les questions relatives à la religion.

2° *Dispositions relatives à la constitution de l'Empire.* — L'Empire est ruiné comme corps politique; il est décidé que la maison d'Autriche ne le dominera pas; que l'empereur ne sera pas le monarque de l'Allemagne. La diète, où les villes impériales ont voix délibérative, comme les princes, a la souveraineté, et l'on décidera, d'après les suffrages des États allemands, sur les lois, les guerres, les alliances, les traités. L'empereur fut réduit à la puissance exécutive. Les États eurent le plein exercice de la *supériorité territoriale*, pouvant faire alliance entre eux ou avec les puissances étrangères, pourvu que ces alliances ne fussent pas dirigées contre l'Empire ou la paix de Westphalie; or l'Allemagne était alors divisée en 360 États, laïques ou ecclésiastiques; l'esprit féodal et germanique l'avait emporté sur l'esprit d'hérédité et d'unité.

3° *Dispositions relatives aux indemnités territoriales et aux rapports de l'Empire avec l'Europe.* — Les alliés de la France et de la Suède reçurent des indemnités territoriales, prises sur les domaines ecclésiastiques. Ainsi, l'électeur de Brandebourg eut l'archevêché de Magdebourg, les évêchés de Halberstadt, Minden, etc., sécularisés; le duc de Mecklembourg reçut les évêchés de Schwerin et de Ratzebourg; le landgrave de Hesse-Cassel, les princes de Brunswick, etc., etc., furent richement dotés.

L'électeur palatin fut remis en possession du bas Palatinat du Rhin; la Bavière conserva le haut Palatinat; on créa en sa faveur un huitième électorat.

La Suède, devenue la première puissance du Nord, reçut : la Poméranie citérieure, Stettin, les îles de

Wollin et de Rugen, l'archevêché de Bremen, les évêchés de Verden et de Camin, Wismar, avec trois voix à la diète. Elle fut chargée de défendre à l'intérieur de l'Empire les conditions de la paix de Westphalie.

La France obtint la renonciation de l'empereur et de l'Empire aux trois évêchés, Metz, Toul et Verdun ; les landgraviats de haute et basse Alsace, le Sundgau, Vieux-Brisach ; la préfecture de Haguenau ou des dix villes impériales, Colmar, Schlestadt, Wissembourg, Landau, etc.; le droit de tenir garnison dans Philipsbourg et la libre navigation du Rhin. On lui abandonnait encore Pignerol, la clef de l'Italie.

La Confédération suisse était reconnue complétement indépendante de l'Empire, et sa neutralité élevait une barrière entre l'Autriche et nos frontières. Les ducs de Savoie, de Mantoue et de Modène étaient remis en possession de tous leurs États.

Conclusion. — Les traités de Westphalie, surtout œuvre de la France, avaient ruiné les espérances ambitieuses de la maison d'Autriche. L'indépendance de tous les États paraissait garantie, sous les auspices de la France, qui avait défendu le droit commun et fait triompher le principe de l'*équilibre européen*. Elle prenait le premier rang en Europe, moins par les conquêtes légitimes, qui complétaient son territoire, que par l'éclat de ses triomphes militaires et par l'autorité morale que ses services lui avaient méritée. Ces traités, surnommés depuis *le Code des nations*, serviront de base à la constitution de l'Europe jusqu'en 1789.

CHAPITRE IV.

Les Stuarts en Angleterre. — Révolution de 1648. Olivier Cromwell.

SOMMAIRE. LES STUARTS EN ANGLETERRE. — Opposition de la Chambre des communes. — Les puritains s'attaquent au principe même de l'autorité royale.

JACQUES Ier (1603-1625). — Son caractère. — Réconciliation des puritains et des catholiques. — Conspiration des poudres (1605). — Supplice de Raleigh (1618). — Mécontentement de la nation. — Résistance opiniâtre du Parlement aux prétentions absolutistes de Jacques et à ses faiblesses pour ses favoris. — Corruption et vénalité. — Le chancelier Bacon.

CHARLES Ier (1625-1648). — Influence de Buckingham. — Deux Parlements dissous (1625-1626). — La guerre contre l'Espagne et celle que Buckingham fait déclarer à la France (1627) augmentent la dépendance du roi à l'égard du Parlement. — Un troisième Parlement impose la *Pétition des droits* à Charles Ier; il est prorogé. — Assassinat de Buckingham (1629). — Depuis 1628 jusqu'à 1640, Charles Ier gouverne sans Parlement. — Les ministres du roi : lord Strafford, l'archevêque Laud ; intolérance de Laud. — Emigrations causées par la persécution religieuse. — Charles veut soumettre l'Ecosse au culte anglican. — *Covenant d'Ecosse* (1637).

RÉVOLUTION D'ANGLETERRE. — *Le Long Parlement*. — Ses exigences. — Partis qui y dominent. — Procès et exécution de Strafford. — Coup d'Etat tenté par Charles : la guerre civile en est la conséquence. — *Guerre civile* : Cavaliers et Côtes de fer. — Succès, puis revers des parlementaires. — Cromwell domine la révolution. — Charles Ier se livre aux Ecossais (1646), qui le vendent aux Anglais (1647). — Son procès; sa mort (1649).

RÉPUBLIQUE D'ANGLETERRE. — *Première période*, jusqu'au protectorat de Cromwell (1649 à 1653). — Dévastation de l'Irlande. — Défaite des Ecossais, commandés par Charles II à Dunbar (1650) et à Worcester (1651). — Dissolution du Long Parlement. — Le Parlement *Barebone*.

Seconde période. — PROTECTORAT D'OLIVIER CROMWELL (1653-1658). — Administration ferme et habile à l'intérieur. — Politique extérieure de Cromwell. — Puissance de l'Angleterre. — *L'Acte de navigation* (1651). — Supériorité de la marine anglaise. Richard Cromwell abdique le protectorat (1659). — Anarchie militaire.

RESTAURATION DES STUARTS (1660).

¹ LECTURES A FAIRE; OUVRAGES A CONSULTER. — Le premier chapitre de l'*Histoire d'Angleterre, depuis l'avénement de Jacques II*, de

CHAPITRE IV.

Les Stuarts en Angleterre. — *Opposition de la Chambre des communes.*— *Les puritains s'attaquent au pouvoir royal.* — Tandis que la France se relevait sous Henri IV et Richelieu, et inaugurait une période de puissance et d'unité monarchique, l'Angleterre tomba, après la mort d'Élisabeth (1603), dans une confusion qui dura près d'un siècle et enfanta des guerres et des révolutions. Si l'on recherche la cause de ces événements, on la trouve d'abord dans le despotisme des Tudors qui, depuis la fin du quinzième siècle, régnaient en Angleterre. Sous Henri VIII et Élisabeth, ils avaient imposé silence aux Parlements et fait accepter toutes leurs volontés par des assemblées serviles; mais la gloire voilait ce despotisme et l'Angleterre se consolait de la perte de ses libertés en se voyant une des premières puissances du monde. Cependant, il existait toujours dans ce pays d'anciennes traditions de liberté et même des institutions que la tyrannie des Tudors avait pu modifier et faire servir d'instruments à sa domination, mais qui, sous des rois plus faibles ou moins populaires, redevinrent des garanties d'indépendance: tels étaient surtout *le Parlement* et *le jury*. Lorsque le trône fut occupé par la race des Stuarts, qui irrita l'Angleterre en renonçant au rôle glorieux qu'Élisabeth avait joué en Europe, et qui la blessa en affichant des prétentions au pouvoir absolu, les Parlements se relevèrent. La Chambre des communes, composée de bourgeois qui s'étaient enrichis par le commerce, lutta énergiquement contre Jacques Ier et renversa son successeur. A cette première cause de troubles, il faut ajouter la réforme. Il y avait eu deux réformes en Angleterre : l'une imposée par la volonté de Henri VIII, et qui fit des rois les papes de l'Angleterre; l'autre spontanée, ardente,

Macaulay; — *l'Histoire de la révolution d'Angleterre, depuis l'avénement de Charles Ier jusqu'à l'avénement de Charles II*, par M. Guizot; — *Cromwell*, par M. Villemain; et les histoires générales d'Angleterre.

prêchée par les disciples de Calvin et poussant leurs principes aux dernières conséquences. La persécution n'avait servi qu'à exalter les partisans de cette dernière. Des fanatiques, désignés sous le nom de *puritains*, travestissaient le langage de la Bible et avaient recours aux armes pour décider les querelles religieuses. La royauté était à leurs yeux une abomination, et, dans leur style mystique, ils invoquaient le *règne des saints*, c'est-à-dire l'abolition de la monarchie et le bouleversement de l'Angleterre. La révolution, préparée par ces causes religieuses et politiques, éclata sous Charles Ier, produisit Cromwell, et, après un triomphe de courte durée, fit place à la restauration des Stuarts. Déjà, sous Jacques Ier, l'opposition nationale s'était manifestée avec énergie.

JACQUES Ier (1603-1625). — *Son caractère.* — Lorsque le roi Jacques VI, qui régnait depuis dix-neuf ans en Écosse, apprit le meurtre de sa mère, Marie Stuart (1587), il éclata en menaces, et on put croire qu'il allait suivre le conseil que lui avait donné, le jour même où la cour avait pris le deuil, lord Sainclair, qui se présenta en armes devant lui en lui disant : « Voilà le véritable deuil de la reine. » Mais Jacques se borna à ces premières démonstrations. Il ménagea Élisabeth, et à sa mort il put venir prendre sans opposition possession du trône d'Angleterre, sous le nom de Jacques Ier, en vertu des droits qu'il tenait de son aïeule, Marguerite, fille de Henri VII. C'était un prince singulier, dont le caractère offrait les plus étranges contrastes : très-instruit en toutes choses, sauf en celles qu'il importe le plus à un souverain de connaître; aussi sage en paroles qu'il l'était peu dans sa conduite; bel esprit jusqu'au pédantisme et familier jusqu'à la trivialité; juste et bienveillant dans ses actes, et souffrant l'injustice et l'oppression dans les actes de ses favoris, avare lorsqu'il s'agissait d'ouvrir la main pour donner de l'argent, prodigue s'il ne fallait que signer des mandats;

« le plus sage fou de toute la chrétienté, » disait de lui le duc de Sully; et Henri IV, se moquant du pédantisme d'un roi qui ne pouvait supporter la vue d'une épée nue[1], l'appelait *Capitaine ès arts et Clerc aux armes.*

Mécontentement des puritains et des catholiques. — Conspiration des poudres (1605). — Jacques Ier commença par avilir, en les prodiguant, les distinctions les plus honorables; il créa, d'un seul coup, deux cents chevaliers. « Les courtisans écossais, dit mistress Hutchinson, *semblaient n'être venus dans le pays que pour le dévorer.* » Les puritains avaient compté sur la bienveillance d'un prince élevé dans leur religion. Mais ce prince, attaché avant tout à sa prérogative royale, préférait les anglicans; il répétait leur maxime favorite : « Point d'évêques, point de roi. » Il tenta même, par la suite, d'établir leur culte en Écosse (1618). Les catholiques ne se montraient guère plus satisfaits que les puritains. Ils étaient, sous le fils de Marie Stuart, en butte aux mêmes persécutions que sous Élisabeth. Cette situation inspira à plusieurs d'entre eux le plus épouvantable projet de vengeance dont il soit fait mention dans l'histoire des nations modernes. Il s'agissait de faire sauter en l'air le roi, la famille royale et le Parlement. Déjà des tonneaux de poudre avaient été réunis sous la salle du palais de Westminster, lorsque la conspiration fut découverte. Quelques-uns des conjurés, Piercy, Catesby, furent tués en se défendant, d'autres livrés au supplice, entre autres le provincial des jésuites, le père Garnet, dont la culpabilité a été contestée (1605). L'Angleterre a mis au nombre de ses fêtes commémoratives l'anniver-

---

[1] On attribue cette terreur instinctive à l'impression qu'éprouva sa mère, lorsqu'elle était enceinte de lui, en voyant massacrer son favori Rizzio. Un distique du temps reproche à la nature l'erreur qu'elle avait commise en faisant d'Elisabeth une femme et de Jacques un homme :

Rex fuit Elisabeth, nunc est regina Jacobus,
Error naturæ sic in utroque fuit.

saire de la découverte de la conspiration. Des ordonnances sévères, tyranniques même, furent rendues contre les catholiques; il est vrai qu'elles ne furent pas appliquées, mais elles restèrent dans la législation comme une disposition injurieuse et hostile, et c'est de nos jours seulement qu'on en a obtenu l'abrogation. Jacques fut mieux inspiré en substituant au serment de *suprématie*, qu'un catholique ne peut prêter parce qu'il implique la négation de l'autorité du pape, celui d'*allégeance*, qui se bornait à reconnaître que le pape n'a aucun droit sur la vie ni sur le temporel des rois, et qu'il ne peut délier leurs sujets du serment de fidélité.

Supplice de Raleigh (1618). — L'issue de la conjuration des poudres n'avait pas nui à la popularité de Jacques auprès de ses sujets. Il n'en fut pas de même de celle de Walter Raleigh. Raleigh était détenu depuis douze ans à la Tour de Londres. Pour en sortir, il publia qu'il avait découvert dans la Guyane une mine d'or, et demanda qu'il lui fût permis de l'exploiter au profit de la couronne. Le roi lui fit rendre provisoirement sa liberté; mais Raleigh, au lieu de rechercher la mine d'or, alla attaquer la ville espagnole de San-Thomas; il fut ramené, par ses compagnons mécontents, en Angleterre, où, sur la plainte de l'ambassadeur d'Espagne, il fut envoyé au supplice (1618). A cette époque, Jacques avait fait entamer des négociations pour marier le prince de Galles avec une infante d'Espagne.

Mécontentement de la nation. — *Résistance opiniâtre des Parlements aux prétentions absolutistes de Jacques et à ses faiblesses pour ses favoris.* — Ce qui était plus redoutable que ces conspirations, c'était le mécontentement de la nation entière, qui ne pardonnait pas à Jacques l'abandon de la politique d'Élisabeth. On lui reprochait de laisser à Henri IV le soin de protéger les Provinces-Unies, et de souffrir que son gendre l'électeur palatin fût dépouillé par l'empereur Ferdinand II ; il négociait quand il fallait combattre, trompé à la fois par la cour de Vienne et par celle de Madrid, envoyant toujours de célèbres ambassades, et n'ayant jamais d'alliés. — En Angleterre, Jacques contribua lui-même à affaiblir l'autorité royale, en ne cessant de dire à son Parlement que Dieu l'avait fait maître absolu, que tous ses priviléges n'étaient que des concessions de la bonté des rois. Par là, il excita les Parlements à examiner les bornes de l'autorité royale et l'étendue des droits de la nation. On chercha dès lors à poser des limites qu'on ne connaissait pas bien encore. L'éloquence du roi ne servit qu'à lui attirer des critiques. Compromettant ses droits par de vains discours mal reçus, il n'obtint jamais l'argent qu'il demandait. Ses prodigalités et son indigence l'obligèrent, comme plusieurs autres princes, de vendre des dignités et des titres. Les Anglais étaient surtout irrités de la puissance de ses favoris, et principalement de George Villiers, duc de Buckingham. Jacques le combla d'honneurs : il le fit grand amiral d'Angleterre et d'Irlande, gouverneur général des mers et vaisseaux, capitaine général des armées de terre, grand maître des écuries, juge des forêts et chasses royales, etc. On évaluait à plus de 7 millions de monnaie du temps la valeur des domaines de la couronne que Jacques avait donnés à ce favori. Lorsque le prince de Galles se rendit en Espagne pour conclure son mariage avec l'infante Marie, Buckingham, irrité des témoignages de mépris que lui avaient mérités, de la part des Espagnols, l'insolence de sa conduite et le déréglement de ses mœurs, rompit les négociations, au grand regret du roi d'Angleterre, qui comptait sur 2 millions que la dot de l'infante devait lui apporter. Jacques tourna alors ses vues du côté de la France. Il obtint l'agrément du Parlement pour faire épouser à son fils la princesse Henriette, sœur de Louis XIII. Dans cette circonstance, le Parlement revendiqua le droit de percevoir et d'employer l'impôt qu'il avait voté. Il établissait, dans un bill, que « chaque citoyen pouvait disposer librement de ses actions, pourvu qu'elles ne fissent tort à personne, et qu'aucun pouvoir, même celui du roi, ne pouvait mettre obstacle à l'exercice de ce droit, que les lois seules avaient limité. » Ainsi, en face du droit divin des rois, savamment développé et soutenu par la plume du prince (*Basilicon Doron*), s'affirmait le droit des peuples. Le moment approche où la lutte va passer de la discussion aux voies de fait ; Charles Ier subira le contre-coup de l'irritation produite par la longue tyrannie des Tudors ; il portera la responsabilité des fautes d'un pouvoir qui avait tué son aïeule, et il sera tué par cette responsabilité.

Corruption et vénalité. — *Le chancelier Bacon.* — Trois fois le roi, à bout de ressources, convoqua le Parlement ; trois fois, irrité de ses remontrances, il le prorogea presque aussitôt. Il ne cessait de répéter qu'il était libre de révoquer des priviléges qui avaient été concédés par lui ou par ses prédécesseurs ; mais les communes soutenaient que ces concessions étaient irrévocables. Elles poursuivaient, elles punissaient sévèrement les exactions et les abus de pouvoir. Le Parlement de 1617 fit un procès au chancelier François Bacon, qui, parvenu par des bassesses à cette charge élevée, se rendit coupable, en l'exerçant, de malversations criantes. Arrêté pour cet objet, il fut, par le jugement qui intervint, destitué sans pouvoir être rétabli, et condamné à une amende de 40,000 livres. Jacques adoucit la rigueur de cette sentence et remit l'amende au coupable.

Charles Ier (1625-1648). — *Influence de Buckingham.* — *Deux Parlements dissous* (1625-1626). — A l'avénement de Charles Ier, en 1625, on crut à un rapprochement entre le roi et la nation. Un adversaire de la cour sous le dernier règne, Benjamin Rudyard, dit en plein Parlement : « Nous pouvons tout espérer du prince qui nous gouverne pour le bonheur et la liberté de notre pays. » Mais ces espérances ne tardèrent pas à s'évanouir. Charles Ier avait convoqué un Parlement auquel il demanda des subsides pour soutenir la guerre contre l'Espagne ; le Parlement, avant de les accorder, présenta un *bill des grief*, où il insistait pour que les anciennes libertés de l'Angleterre fussent confirmées. Charles répondit par une dissolution du Parlement. La guerre contre l'Espagne fut malheureuse, et le roi se vit obligé de convoquer un second Parlement (1626). Cette assemblée s'attaqua directement à ceux qu'elle regardait comme les conseillers du prince et les auteurs de tous les maux, principalement au duc de Buckingham, qui avait conservé près de Charles Ier le crédit que lui avait accordé Jacques Ier. Le roi, irrité de ces attaques, déclara qu'il ne souffrirait pas que l'on poursuivît un seul de ses serviteurs. S'adressant aux députés des communes, il leur dit : « Jadis on demandait : *Que fera-t-on pour l'homme que le roi honore?* Maintenant, il y a des hommes qui se fatiguent à chercher ce qu'on fera contre l'homme que le roi juge à propos d'honorer. » Malgré la résistance du roi et les efforts de ceux qui lui étaient dévoués, le Parlement persista dans l'accusation, et fut dissous comme le précédent. Le roi et ses ministres cherchèrent à suppléer par des emprunts forcés aux subsides que le Parlement avait refusé de voter. Comme les magistrats de la ville de Londres faisaient des représentations et alléguaient les précédents, on leur répondit que *les précédents étaient l'obéissance et non des objections.*

La guerre contre l'Espagne et celle que Buckingham fait déclarer à la France (1627) augmentent la dépendance du roi à l'égard du Parlement. — Un troisième Parlement impose la Pétition des droits à Charles Ier; il est prorogé. — Assassinat de Buckingham (1628). — Depuis 1628 jusqu'à 1640, Charles Ier gouverne sans Parlement. — Buckingham voulut se donner quelque popularité en soutenant les protestants de France que Richelieu tenait assiégés dans la Rochelle. Une flotte fut équipée et le commandement confié au favori du roi ; mais elle échoua complétement, et ce grief vint encore s'ajouter à tous les motifs qui irritaient les Anglais contre le ministre. Il fallut convoquer un troisième Parlement (1628). Le garde du sceau, en faisant l'ouverture de cette assemblée, dit que « Sa Majesté, pour lever des subsides, avait cru devoir s'adresser au Parlement, non comme au seul moyen, mais comme au plus convenable; non qu'elle n'en eût pas d'autres, mais parce que celui-là s'accordait mieux avec ses gracieuses intentions et le désir de ses sujets. Que s'il tardait à réussir, la nécessité et l'épée de l'ennemi forceraient le gouvernement d'entrer dans d'autres voies. » Le Parlement vota les subsides; mais en même temps il présenta une *pétition des droits*, par laquelle il demandait la confirmation des anciennes prérogatives du Parlement, telles que le vote de l'impôt, le droit de poursuivre les officiers royaux, etc. Le roi sanctionna la *pétition des droits* en prononçant l'ancienne formule : *Soit droit fait comme il est désiré*. Mais peu de temps après, Buckingham ayant été assassiné par un fanatique nommé Felton (1628), le troisième Parlement fut dissous comme les deux précédents, et Charles annonça hautement l'intention de gouverner sans se soumettre au contrôle des assemblées nationales. En effet, pendant onze années (1629-1640), il ne convoqua pas de Parlement, et l'Angleterre parut se résigner au despotisme. Après avoir conclu la paix avec la France et l'Espagne, Charles Ier s'occupa exclusivement de l'administration intérieure, et fut secondé principalement par deux ministres, Strafford et Laud.

Les ministres du roi : lord Strafford. — Strafford avait d'abord figuré dans l'opposition parlementaire sous le nom de sir Thomas Wentworth. Il s'y était fait remarquer par son éloquence et la vivacité de ses attaques. Il avait eu la part principale à la rédaction de la *pétition des droits*. Quand il crut voir qu'on s'attaquait au principe de l'autorité royale, il prit parti pour elle. Il porta la même passion dans le service du roi ; ardent, impétueux même, il gouverna dans l'intérêt général de la royauté, et déploya beaucoup d'habileté et de vigueur. Président des comités du Nord, puis gouverneur d'Irlande, chargé de l'administration militaire, il profita des instruments de tyrannie créés par les Tudors, et se servit de la *Cour étoilée* et de la *Cour d'York* ou *Cour du Nord* pour multiplier les taxes arbitraires et les monopoles. On créa des monopoles qui s'étendaient sur le sel, le savon, le charbon, le fer, le vin, le cuir, l'amidon, les plumes, les cartes et dés, le feutre, les dentelles, le tabac, les tonneaux, la bière, les liqueurs distillées, le pesage du foin et de la paille dans Londres et Westminster, les harengs saurs, le beurre, la potasse, les toiles, le chiffon à papier, le houblon, le salpêtre, la poudre à canon. Les amendes prononcées par la Chambre étoilée s'élevèrent à plus de 6 millions. Enfin on préleva des impôts arbitraires, et entre autres une taxe de 40 schellings par tonneau de vin sur tous les aubergistes. Strafford fit revivre les anciens impôts autorisés par les traditions de l'Angleterre.

L'archevêque Laud. — *Son intolérance.* — Son collègue, Laud, d'abord évêque de Londres et ensuite archevêque de Cantorbéry, était grand trésorier et avait la direction des affaires religieuses. Son administration fut sévère et appliquée. Cependant, il fit trop pour la cour et trop peu pour la nation. De là une double opposition contre laquelle le ministère eut à lutter. Laud se servit, comme Strafford, des tribunaux exceptionnels qui avaient été institués par Élisabeth. La *Cour de haute commission*, destinée à maintenir l'unité religieuse et liturgique en Angleterre, sévit avec violence. Les *non-conformistes*, c'est-à-dire les Anglais qui ne se soumettaient pas à la suprématie religieuse de la royauté, furent expulsés de leurs cures et des autres bénéfices ecclésiastiques. Les prédicateurs accusés d'avoir enseigné des opinions erronées furent condamnés à des supplices infamants. Prynne eut les deux oreilles coupées pour avoir attaqué les spectacles. Workmann, qui avait prêché contre la forme des vêtements du clergé, fut exclu de l'état ecclésiastique; on alla jusqu'à lui interdire l'enseignement et l'exercice de la médecine.

Émigrations causées par la persécution religieuse. — Pendant plusieurs années, l'Angleterre supporta ces persécutions sans faire éclater son mécontentement. Les chefs les plus ardents de l'opposition émigrèrent, et cette circonstance contribua à doter l'Amérique de colons énergiques, zélés pour la liberté religieuse et politique. Le gouvernement finit par s'inquiéter du nombre des émigrants, et, en 1637, il s'opposa au départ des vaisseaux qui se préparaient à mettre à la voile pour transporter en Amérique les *non-conformistes*. Sur un de ces vaisseaux étaient, dit-on, Pym, Haslerig, Hampden et Olivier Cromwell. Dans le même temps, le procès d'Hampden pour la *taxe des vaisseaux* provoqua une vive émotion. Il existait en Angleterre un ancien usage qui permettait, en cas de danger, de lever une taxe pour l'entretien de la flotte sans vote du Parlement. Les ministres voulurent percevoir cette taxe, quoiqu'il n'y eût aucun danger imminent; ils avaient l'espérance d'en faire un impôt permanent; mais alors commencèrent les résistances. Hampden déclara la taxe illégale et refusa de la payer. Il se laissa traîner devant les tribunaux. Pendant onze jours, la question fut débattue avec solennité. Hampden perdit son procès devant les juges (1637), mais il le gagna devant la nation. Strafford, armé de la décision des tribunaux, se proposait de lever une taxe semblable pour l'entretien d'une armée permanente, et tout faisait présumer qu'il réussirait, lorsqu'une tentative de Laud pour changer la liturgie écossaise précipita la crise et alluma une guerre entre l'Écosse et l'Angleterre.

Charles veut soumettre l'Écosse au culte anglican. — *Covenant d'Écosse* (1637). — L'Écosse était presbytérienne, c'est-à-dire qu'elle n'avait pas d'évêques comme l'Angleterre, et n'admettait pas la suprématie religieuse du roi. Les ministres presbytériens, nommés par l'assemblée des fidèles, ne relevaient en rien du pouvoir temporel. Laud voulut imposer à l'Écosse la hiérarchic et **la** liturgie anglicanes. Mais la ville d'Edimbourg se souleva et chassa les ministres anglicans. Toute l'Écosse suivit cet exemple. Les Écossais s'engagèrent par un *covenant*, ou pacte solennel (1638), à défendre le culte presbytérien. Les montagnards eux-mêmes prirent les armes, et la *croix de feu*, portée de clan en clan, appela aux armes la population tout entière[1].

En présence d'une opposition aussi énergique, Charles ne pouvait continuer la guerre sans convoquer un Parlement pour en obtenir des subsides et se mettre en état d'entretenir une armée permanente. Il aima mieux ajourner ses projets de vengeance et signa la paix de Berwick (1639), qui abolissait la liturgie anglicane en Écosse; mais il s'occupa secrètement de réunir une armée, afin de pouvoir imposer sa volonté aux Écossais. Strafford, avec sa violence ordinaire, écrivait qu'*il fallait les faire rentrer à coups de fouet dans le devoir*. Ces projets n'échappèrent pas aux Écossais, qui s'adressèrent à la France et cherchèrent à renouer leur alliance séculaire avec cette puissance. Charles Ier reconnut enfin la né-

---

[1] Voici en quoi consistait cet usage, qui mérite d'être cité comme caractéristique : Lorsqu'un chef de montagnards écossais voulait convoquer son clan, dans quelque circonstance subite et importante, il tuait une oie, faisait une croix de quelque bois léger, en allumait les quatre bouts et les éteignait dans le sang de l'animal. Cette croix s'appelait la *croix de feu* ou *croix de honte*, parce que celui qui refusait d'obéir à ce signal était noté d'infamie. La croix était remise entre les mains d'un messager agile et fidèle qui, courant avec rapidité au hameau le plus voisin, la présentait au premier de l'endroit, sans proférer une autre parole que le lieu du rendez-vous. Celui-ci devait la porter avec une égale promptitude au plus prochain village; elle parcourait ainsi, avec la plus incroyable célérité, tout le district dépendant d'un même chef, et passait à ses alliés et voisins si le danger leur était commun. A la vue de la *croix de feu*, tout homme de l'âge de seize à soixante ans, et en état de porter les armes, était obligé de prendre ses meilleures armes et ses meilleurs vêtements, et de se trouver au lieu du rendez-vous. Celui qui y manquait était exposé à voir ses terres mises à feu et à sang, péril dont la *croix de feu* était l'emblème.

cessité de convoquer un Parlement (1640); ce fut le quatrième de son règne, et on le désigna sous le nom de *Court Parlement*, parce qu'il fut dissous presque aussitôt après sa réunion, pour avoir mis quelques conditions au vote des subsides. Les royalistes les plus sages s'en affligèrent. Clarendon, écrivain favorable aux Stuarts, dont il fut plus tard le ministre, déplore la dissolution « d'un Parlement si sage et qui, dans la confusion où était l'Angleterre, eût pu seul porter remède aux maux du pays. » Charles ne tarda pas à se repentir de cette mesure. La guerre se renouvela entre l'Angleterre et l'Écosse, qui était soutenue par les chefs de l'opposition anglaise. Le roi, dont les ressources étaient épuisées, fut forcé, pour équiper une armée, de convoquer un cinquième Parlement, qui est devenu célèbre dans l'histoire sous le nom de *Long Parlement*.

Révolution d'Angleterre. — *Le Long Parlement.* — *Exigences des partis qui y dominent.* — Pendant treize années, ce Parlement a exercé la véritable souveraineté en Angleterre. Composé d'éléments hétérogènes et qui devaient un jour lutter les uns contre les autres, il fut d'abord uni par la haine des abus et le désir de mettre un frein au despotisme des Stuarts. Les membres du *Long Parlement* furent unanimes pour demander la suppression des monopoles, de la taxe des vaisseaux, des arrestations arbitraires, des tribunaux exceptionnels, etc. La Chambre étoilée, la Cour de haute commission, la Cour d'York furent abolies. En même temps, le *Long Parlement* attaqua les ministres qui avaient violé les libertés anglaises. Strafford et Laud furent mis en accusation. *Le grand délinquant de la cause du peuple* était prévenu du crime *de trahison, de l'intention arrêtée de renverser les lois fondamentales du royaume.* Rien de plus vague que ces allégations, mais elles donnaient satisfaction aux haines populaires, aveugles et implacables en temps de révolution. La défiance contre l'autorité royale était si profonde, qu'en votant quelques subsides le Parlement exigea que l'administration financière appartînt à un comité qu'il désignerait. Il fut décidé que des Parlements se réuniraient tous les trois ans; ils pouvaient s'assembler d'eux-mêmes, s'ils n'étaient pas convoqués dans le délai fixé. Le Parlement, instruit qu'une conjuration se tramait en faveur de la royauté absolue, voulut intimider les opposants en frappant un coup décisif.

Exécution de Strafford. — Le procès de Strafford fut pressé avec vivacité et ce ministre condamné à mort. Les communes s'étaient érigées en tribunal pour prononcer sur l'accusation qu'elles avaient dressée elles-mêmes. Elles s'étaient fait envoyer une pétition couverte de vingt mille signatures, où on leur enjoignait impérieusement de donner satisfaction à l'opinion publique. Strafford effaça par sa noble fermeté et son héroïque dévouement les fautes qu'il avait commises pendant son administration. Charles avait promis de ne pas *laisser tomber un cheveu de sa tête*, et il se montrait disposé à le soutenir jusqu'à la dernière extrémité. Strafford lui écrivit pour lui offrir le sacrifice de sa vie et le supplier de l'accepter pour sauver sa couronne. Il subit sa peine le 12 mai 1641, en prononçant ces paroles : « Je n'augure rien d'une réformation qui fait ainsi son premier pas dans le sang. » Mais, bien loin d'apaiser les haines, ce sacrifice ne fit que les aigrir. Une partie de la nation se rapprocha du roi. L'Irlande, que Wentworth avait naguère administrée avec sagesse et avec dévouement, se souleva et égorgea les protestants. Le Parlement même se divisa. Les hommes modérés, satisfaits des réformes obtenues, voulaient respecter la royauté établie et l'Église anglicane; mais ils avaient pour adversaires les puritains et les indépendants. Les premiers demandaient l'abolition de l'épiscopat et voulaient annuler la royauté. Les indépendants rejetaient tout pouvoir; ils se composaient de sectes fanatiques qui croyaient recevoir de

Dieu une révélation immédiate et allaient prêchant et dogmatisant, l'épée à la main.

Coup d'État tenté par Charles : la guerre civile en est la conséquence. — Dans cette situation, Charles Ier, appuyé par la majorité de la nation, qui redoutait les excès d'une révolution et même par une grande partie du *Long Parlement*, choisit un ministère qui semblait propre à lui concilier les suffrages des hommes modérés. La nouvelle administration était dirigée par Colepepper, Clarendon, Falkland, etc., partisans des réformes nationales, mais en même temps défenseurs de la royauté. Malheureusement, Charles n'accordait qu'une demi-confiance à son ministère, et il écoutait des conseils violents qui le portaient à une rupture éclatante avec le Parlement, auquel il ne pardonnait pas de s'être emparé de l'administration financière et militaire. Il se rendit lui-même à l'assemblée des communes pour arrêter cinq membres qu'il accusait de trahison (1642); mais ils avaient été prévenus, et ce coup d'État ne servit qu'à prouver le peu de cas que faisait Charles des priviléges du Parlement et de l'inviolabilité de ses membres. Il ne lui resta plus alors d'autre parti que la guerre civile ; il sortit de Londres et appela près de lui les *Cavaliers* (c'était le nom qu'on donnait à ses partisans), pendant que le *Long Parlement* levait une armée dont il confiait le commandement à lord Essex.

Guerre civile. Les Cavaliers et les Côtes de fer. Succès, puis revers des royalistes. — Au commencement de la lutte (1642-1643), Charles eut généralement l'avantage. Les *Cavaliers*, sans former une armée nombreuse et redoutable, étaient au moins habitués au maniement des armes, tandis que l'armée parlementaire se composait d'aventuriers recrutés au hasard, souvent dans la lie du peuple. Aussi Charles, après avoir battu les parlementaires dans plusieurs engagements, s'avança-t-il jusqu'aux portes de Londres. La reine, Henriette de

France, qui rappelait par son activité la célèbre Marguerite d'Anjou, lui amena plusieurs fois des renforts. Tandis qu'Essex épuisait ses forces dans de petits combats, un membre jusqu'alors obscur de la Chambre des communes, Olivier Cromwell, alla chercher la véritable armée parlementaire dans les campagnes, parmi les francs tenanciers, zélés pour le protestantisme et ardents pour la liberté. Il en forma une armée d'un fanatisme redoutable, d'une austérité sombre, s'enflammant à la lecture de la Bible et sachant concilier une sévère discipline avec l'enthousiasme de la liberté. Cromwell ne parvint d'abord à réunir qu'un régiment de cavalerie célèbre dans les guerres de cette époque, sous le nom des *Côtes de fer*. Ce fut surtout à ce régiment que fut due, en 1644, la victoire de Marston-Moor (au nord d'York), la première grande victoire de cette guerre. Le prince Robert, neveu de Charles, et un des plus célèbres *Cavaliers*, y fut vaincu.

Cromwell domine la révolution. — Les revers qu'Essex essuyait dans le sud donnèrent un nouvel éclat au succès de Cromwell. Il fut dès lors signalé par l'armée et par l'opinion publique comme le seul homme qui pût assurer le triomphe de la révolution. On lui attribua l'honneur de la victoire de Newbury (à l'ouest de Londres), quoiqu'il n'eût encore qu'un commandement subalterne. Enfin, en 1645, la bataille de Naseby (au nord-ouest de Northampton) fut encore gagnée par la cavalerie de Cromwell. Dès lors l'armée lui appartint, et avec l'armée l'Angleterre. On peut, en effet, se représenter de quel poids redoutable était, au milieu d'une nation divisée, cette armée intrépide, disciplinée et fanatique tout ensemble, dirigée par un habile général, qui la dominait par l'ascendant religieux et militaire.

Charles Ier se livre aux Ecossais (1646), *qui le vendent aux Anglais* (1647). — *Son procès; sa mort* (1648). — Charles, après avoir erré quelque temps en Angleterre, alla enfin se livrer aux Écossais (1646), qui le remirent bientôt entre les mains des commissaires du *Long Parlement* (1647). Le roi n'avait pas encore perdu tout espoir. Il négociait avec les presbytériens du *Long Parlement* et avec les indépendants de l'armée. Il espérait les mettre aux prises et recouvrer ainsi sa puissance. Dans ses lettres à lord Digby, il se flattait de les voir s'exterminer les uns les autres : « Alors, ajoutait-il, je redeviendrai roi. » Mais tous ces projets furent déjoués par Cromwell ; il enleva Charles aux commissaires du Parlement (1647); puis, marchant sur Londres, il chassa onze membres de cette assemblée. Dès lors, l'Angleterre tomba sous la tyrannie militaire. Elle la supporta avec indignation, comme l'attestèrent des soulèvements à Londres, dans le comté de Kent et dans les provinces du nord et de l'ouest (1648). Les Écossais prirent aussi les armes en faveur du roi qu'ils venaient de livrer au *Long Parlement*. Mais Cromwell fit face à tous les dangers. Les révoltes de Londres et des provinces furent étouffées, et les Écossais vaincus dans plusieurs batailles. L'armée victorieuse *épura* une seconde fois le *Long Parlement*, dont cent quarante-trois membres furent chassés. Un tribunal extraordinaire, présidé par Bradshaw, fut chargé de juger Charles 1er. Traduit devant cette commission révolutionnaire, Charles se défendit avec noblesse, et les sympathies du peuple, que ne pouvait comprimer entièrement la terreur militaire, éclatèrent jusque devant le tribunal. Lorsque Bradshaw déclara que *Charles Stuart était amené pour répondre à une accusation de trahison et autres grands crimes présentés contre lui au nom du peuple d'Angleterre...* — *Pas de la moitié du peuple !* s'écria une voix. *Où est le peuple ? Où est son consentement ?* La voix qui protestait contre la tyrannie militaire était celle d'une femme, de lady Fairfax, et elle trouva de l'écho dans toute l'Angleterre. Charles 1er n'en fut pas moins condamné et exécuté en face de son palais (9 février 1649). Le *Long Parlement* proclama l'abolition de la Chambre des lords ; tous les pouvoirs restèrent ainsi concentrés dans une seule assemblée, qui était elle-même sous la domination de l'armée.

République d'Angleterre. — *Première période, jusqu'au protectorat de Cromwell (1649-1653). — Dévastation de l'Irlande. — Défaite des Écossais, commandés par Charles II à Dunbar (1650) et à Worcester (1651).* — De 1649 à 1653, le *Long Parlement* conserva le pouvoir nominal. Un conseil d'État où siégeait Henri Vane pour la marine, Milton (le poète) pour les relations extérieures, Bradshaw pour la justice, Olivier Cromwell pour la guerre, avait la direction suprême des affaires. Il fallait contenir les partis à l'intérieur, et triompher à l'extérieur de l'Écosse et de l'Irlande. Ce fut encore Cromwell qui s'en chargea. L'Irlande, profondément agitée par une guerre à la fois politique et religieuse, fut la première envahie. Cromwell, à la tête de l'armée qu'il avait formée, passa dans ce pays (1650); il préludait aux victoires par des sermons puritains et par l'explication de certains textes de la Bible. Les malheureux Irlandais, assimilés aux Philistins, furent, comme eux, passés au fil de l'épée. A Drogheda, à Wexford, à Limerick, ils furent impitoyablement massacrés. Les catholiques relégués dans le Connaught, y subirent une cruelle oppression. L'Écosse ne fut pas mieux traitée. Elle avait appelé Charles II, fils aîné de Charles Ier ; les montagnards, conduits par Montrose et les presbytériens des basses terres, furent quelque temps unis pour la défense des Stuarts ; mais cette alliance dura peu. Montrose fut livré au supplice ; et les presbytériens, restés seuls pour lutter contre Cromwell, furent vaincus à Dunbar (1650) et à Worcester (1651). L'Écosse, privée de ses priviléges, fut occupée militairement, pendant que le fils de Charles Ier, traqué de tous côtés, échappait, par un bonheur merveillieux et au milieu des incidents les plus romanesques, aux poursuites des troupes de Cromwell.

Dissolution du Long Parlement par Cromwell. — Ces succès avaient encore augmenté la puissance de ce général. Il ne voulait plus supporter l'autorité nominale du *Long Parlement*, et, à la tête de ses troupes, il dispersa l'assemblée (1653). Cette scène, telle que nous l'ont retracée les contemporains, montre et la grossièreté de ces temps et l'avilissement où était tombé le pouvoir parlementaire. Cromwell apostropha en termes injurieux plusieurs des membres du Parlement. Montrant Challoner : *Voici un ivrogne*, dit-il; puis se tournant vers Martin et Wentworth : *Voici deux débauchés.* S'adressant à différents membres, l'un après l'autre, il les désigna comme des gens de mœurs corrompues, comme la honte et le scandale de tous ceux qui professaient l'Évangile. Enfin il se tourna vers les gardes et leur ordonna de faire évacuer la chambre. A ces mots, le colonel Harrison prit le président par la main et le fit descendre de son fauteuil. Algernon Sidney fut arraché de son siége ; les autres membres, à l'approche des soldats, se levèrent au nombre de quatre-vingts et se dirigèrent vers la porte. Alors Cromwell reprit son discours : « C'est vous, s'écria-t-il, qui me contraignez d'en user ainsi ; j'ai prié le Seigneur jour et nuit de me faire mourir, plutôt que de me forcer à cette action. » L'alderman (juge) Aden saisit cette occasion pour dire qu'il n'était pas encore trop tard et qu'il pouvait défaire ce qu'il avait fait; mais aussitôt Cromwell l'accusa de malversations et le fit arrêter. Lorsque tous furent partis, fixant les yeux sur la masse d'armes, symbole de la puissance souveraine, placée devant l'*orateur* ou président du Parlement : *Que ferons-nous*, dit-il, *de ce hochet? Allons, ôtez-le.* Alors, prenant des mains du greffier l'acte de dissolution, il fit fermer les portes, et accompagné de ses soldats, il retourna à Whitehall. Ainsi se termina, au milieu de scènes burlesques, de protestations hypocrites et de violences militaires, le règne de ce *Long Parlement* qui avait fait la révolution d'Angleterre; il n'en devait reparaître dans la suite qu'un débris mutilé, flétri par les Anglais du nom de *Rump* ou *Parlement Croupion*.

Le Parlement Barebone. — Cromwell, avant de prendre ouvertement la direction des affaires, fit nommer un Parlement composé des plus ardents fanatiques et appelé *Parlement Barebone* (du nom d'un des principaux membres, qui était un tapissier de Londres). Pour discréditer ce parti des *saints*, comme on l'appelait alors, il suffisait de le mettre au pouvoir. Aussi ignorant que fanatique, le Parlement Barebone voulait appliquer à l'Angleterre les lois hébraïques et remonter jusqu'aux temps bibliques, par les mœurs comme par le langage. Au milieu de ces projets extravagants, quelques avis plus sages se firent entendre. Tandis que pour les uns Cromwell était la *bête de l'Apocalypse, l'ancien serpent, l'homme du péché;* d'autres, plus sensés, proposèrent à cette assemblée impuissante d'abdiquer et de remettre l'autorité au seul homme capable de l'exercer, à Olivier Cromwell : il fut en effet proclamé *lord protecteur*, en 1653.

Seconde période. — PROTECTORAT D'OLIVIER CROMWELL (1653-1658). — *Son administration ferme et habile à l'intérieur.* — Olivier Cromwell était parvenu à la puissance suprême par un mélange de ruse et de fanatisme, de supériorité militaire et d'habileté politique; il s'appuyait sur l'armée, mais il en subissait l'ascendant. Orateur tantôt diffus et bizarre, tantôt précis et énergique, il savait, avec une merveilleuse souplesse, cacher sa pensée sous des images bibliques ou lui donner une nouvelle énergie en s'inspirant de l'Écriture sainte. L'acte qui lui conféra le titre de *lord protecteur* déclara que la puissance législative résiderait dans le Parlement et le protecteur : celui-ci ne pouvait dissoudre le Parlement que de son consentement et après une session de cinq mois au moins.

Le protecteur était investi du pouvoir exécutif, faisait la paix et la guerre, nommait les grands fonctionnaires, disposait des forces de terre et de mer, etc. Un pouvoir aussi limité ne convenait ni à la situation ni au caractère de Cromwell. Le premier Parlement, convoqué en vertu de la Constitution, fut bientôt dissous (1654), et Cromwell soumit de plus en plus l'Angleterre à l'autorité militaire. Le pays fut divisé en quatorze gouvernements qui étaient confiés à des *majors généraux* investis du droit de lever des troupes, de percevoir les impôts et de faire arrêter toute personne suspecte. Armé de cette puissance illimitée, Cromwell était plus que roi. Cependant, il voulait remplacer le titre de *protecteur* par celui de roi ; il était sûr de l'assentiment du nouveau Parlement, élu en 1656 sous son influence ; mais l'opposition des troupes l'arrêta. Là était le principe de sa force : il ne voulut pas mécontenter l'armée. Aussi, lorsque le Parlement vint lui offrir la couronne, il la refusa. La nouvelle Constitution, proclamée en 1657, augmenta encore son autorité. Le protecteur eut le pouvoir de désigner son successeur: ce qui rétablissait l'hérédité ; la Chambre des lords, sous le nom de *l'autre Chambre*, fut réorganisée pour balancer l'influence de la Chambre des communes ; un corps d'élite fut attaché à la personne du protecteur et forma sa garde particulière.

Sa politique extérieure. — Puissance de l'Angleterre. — L'Acte de navigation (1651). — Supériorité de la marine anglaise. — C'est moins dans le gouvernement intérieur d'Olivier Cromwell que dans ses relations avec les principaux États de l'Europe que se montre la supériorité de son génie. Maître de l'Irlande, de l'Écosse et de l'Angleterre, ainsi que de leurs dépendances, Cromwell soutint la guerre contre la Hollande, qui s'était toujours montrée dévouée à la cause des Stuarts. D'ailleurs, les Hollandais étaient les facteurs des nations, les rouliers des mers. Ils avaient accumulé dans leur pays des richesses immenses, qui provenaient, les unes des anciennes colonies portugaises dont ils s'étaient emparés; les autres, de leur commerce de commission et d'entrepôt. L'*Acte de navigation*, la *grande Charte maritime* des Anglais, fut le premier coup porté aux Hollandais. La clause principale de cet Acte contraignait l'Angleterre à chercher sa puissance dans la marine, en défendant aux étrangers d'importer aucune marchandise qui ne fût pas une production directe de leur sol ou de leur industrie. Il fallut donc que les Anglais allassent chercher dans chaque pays les produits que ceux-ci ne transportaient pas chez eux. La marine hollandaise passait pour la première du monde; mais Tromp et Ruyter, qui la commandaient, trouvèrent dans Blake et Monk des adversaires dignes d'eux. La mort de Tromp (1653) donna à la flotte anglaise un avantage décisif. Dans le traité qui fut signé en 1654, les Provinces-Unies prirent l'engagement de chasser Charles Stuart de leur territoire, de baisser pavillon devant les vaisseaux de la république d'Angleterre et d'indemniser la Compagnie anglaise des grandes Indes de toutes les pertes qu'elle avait éprouvées. La France et l'Espagne, alors en guerre, recherchèrent l'alliance du protecteur. Il se déclara pour la France, parce qu'il espérait faire un plus riche butin en attaquant l'Espagne. Il lui enleva, en effet, la Jamaïque. Ses soldats contribuèrent à la victoire des Dunes et à la prise de Dunkerque; mais il avait impérieusement exigé que la France lui cédât Dunkerque et Mardick, comme compensation de la perte de Calais. Telle était la puissance de Cromwell en Europe, qu'un mot de lui suffit pour protéger les Vaudois persécutés par le duc de Savoie (1656). Le protecteur était parvenu au plus haut point de sa puissance, et pouvait être considéré comme l'arbitre de l'Europe, lorsqu'il mourut en 1658.

Richard Cromwell abdique le protectorat (1659). — *Anarchie militaire.* — *Restauration des Stuarts* (1660). — Il avait désigné pour son successeur son fils Richard Cromwell.

Mais le nouveau protecteur n'avait ni les vices ni la grandeur de son père. D'un caractère doux et honnête, il manquait des qualités brillantes qui entraînent les armées et les nations. Bientôt, les généraux murmurèrent et aspirèrent eux-mêmes au rang suprême. Richard Cromwell, dégoûté d'une dignité qu'il n'avait jamais recherchée, abdiqua en 1659. Les chefs de l'armée rappelèrent alors les débris du *Long Parlement ;* soixante et dix membres de ce Parlement se réunirent. Sans autorité légale, ce Parlement (*Rump* ou *Croupion*) ne resta pas longtemps d'accord avec les généraux, qui aspiraient à jouer le rôle d'Olivier Cromwell, quoiqu'ils fussent loin d'avoir son génie. Dans la lutte qui s'engagea entre les généraux et l'assemblée, la victoire ne pouvait pas être douteuse. Le *Rump* fut dissous, et l'Angleterre livrée à une tyrannie militaire d'autant plus odieuse qu'elle n'avait plus pour compensation la gloire extérieure, comme au temps d'Olivier Cromwell. Au milieu de ces misères, les anciens cavaliers et les presbytériens abjurèrent leurs haines et s'unirent pour délivrer leur patrie de la tyrannie des Lambert et des Harrison. Heureusement pour ce parti national, l'armée se divisa. Le général Monk, qui avait été chargé par Cromwell de commander en Écosse un corps d'armée, marcha sur Londres, y entra à la tête de ses troupes, et fit convoquer un nouveau Parlement. Élu sous l'influence de la fusion qui venait de s'opérer entre les presbytériens et les royalistes, le nouveau Parlement, qu'on désigna sous le nom de *Parlement-Convention,* rappela Charles Stuart, fils de Charles Ier, qui fut reconnu solennellement par les deux Chambres sous le nom de Charles II (1660).

CHAPITRE V [1]

Minorité de Louis XIV. — Le Parlement de Paris et la Fronde (1648-1653). — Guerre contre l'Espagne. — Traité des Pyrénées (1659).

SOMMAIRE. *Divisions du règne de Louis XIV* (1643-1715). — Première période : MINORITÉ DE LOUIS XIV. — RÉGENCE D'ANNE D'AUTRICHE et MINISTÈRE DE MAZARIN (1643-1661). — Réaction de la cabale des Importants. — Ministère de Potier, évêque de Beauvais (mai-septembre 1643). — Mazarin, premier ministre (décembre (1643-9 mars 1661).

Histoire extérieure de la France de 1643 *à* 1648. — Fin de la guerre de Trente ans; victoires de Condé, de Gassion et de Turenne : Rocroy (1643); Fribourg (1644); Nordlingen (1645); prise de Dunkerque (1646); Lavingen (1647); Sommershausen et Lens (1648). — Traité de Westphalie; charte internationale de l'Europe pendant un siècle et demi (8 sept. et 24 oct. 1648).

---

[1] SOURCES A CONSULTER. — De nombreux auteurs de mémoires contemporains : le cardinal de Retz, la Rochefoucauld, Lenet, l'intendant du prince de Condé, Omer Talon, Montglat, Conrart, Montrésor, Brienne, Puységur, Guy Joly, madame de Motteville, la duchesse de Nemours et la grande Mademoiselle de Montpensier. — Voltaire, *Siècle de Louis XIV, Histoire du Parlement*. — Les *Lettres* de madame de Sévigné.

LECTURE. — Les *Oraisons funèbres* de Bossuet. (A comparer avec les faits historiques.)

OUVRAGES MODERNES. — Les *Histoires de France* de MM. Michelet, Henri Martin, Sismondi, Dareste, Lavallée, Duruy. — Anquetil, *l'Intrigue du cabinet sous Henri IV et Louis XIII, terminée par la Fronde.* — Saint-Aulaire, *Histoire de la Fronde.* — Bazin, *Histoire de France sous le ministère du cardinal Mazarin.* — Amédée Renée, *les Nièces de Mazarin.* — Mignet, *Introduction aux négociations relatives à la succession d'Espagne.* — Feillet, *De la misère au temps de la Fronde.* — Gaillardin, *Histoire de Louis XIV.*

CHAPITRE V.

Histoire intérieure de 1643 à 1653. — Surintendance déplorable de Particelli d'Emeri; édits du toisé et de l'emprunt forcé (1644) édit du tarif (1646); édits bursaux (1647). — Résistance du parlement. — Arrêt d'union des quatre cours souveraines parlement, chambre des comptes, cour des aides, grand conseil (13 mai 1648).

Arrestation de Broussel et Blancmesnil : *Journée des Barricades* (26 août 1648). — Le coadjuteur Paul de Gondi, futur cardinal de Retz. — Délivrance de Broussel. — Ordonnance de Saint-Germain (24 oct. 1648). — Fuite de la cour (6 janv. 1649).

GUERRE DE LA FRONDE. — *Première phase : la Fronde parlementaire.* — Révolte de Conti et de Longueville, de Bouillon et de Turenne, de Beaufort et de Gondi, soutenus par le parlement contre la cour et Condé. — Paix de Rueil (1er avr. 1649).

Seconde phase : la Fronde des princes ou des Petits-Maîtres. — Révolte de Condé contre la cour. — Son arrestation (18 janv. 1650). — Union des deux Frondes. — Délivrance de Condé. — Premier exil de Mazarin (6 févr. 1651).

Troisième phase : rupture entre Condé et Gondi. — Trahison de Condé, qui passe aux Espagnols. — Premier retour de Mazarin (1652). — Lutte de Turenne et de Condé. — Combat de Bleneau (7 avr.). — Bataille du faubourg Saint-Antoine (2 juill.). — Massacre des mazarins à l'Hôtel de ville, fait au nom de Condé (4 juill.). — Second exil de Mazarin (19 août). — Retour du roi à Paris et fin de la Fronde (21 oct.). — Retour définitif de Mazarin (3 févr. 1653).

FIN DE LA GUERRE CONTRE L'ESPAGNE. — Échec de Condé devant Arras (1654). — Alliance de Mazarin et de Cromwell. — Prise de Dunkerque et de Mardick, cédés à l'Angleterre. — Turenne bat Condé aux Dunes (14 juin 1658). — TRAITÉ DES PYRÉNÉES qui prépare l'avènement d'une dynastie française en Espagne (7 nov. 1659). — Louis XIV protecteur de la ligue du Rhin (1658). — Mort de Mazarin (9 mars 1661).

Divisions du règne de Louis XIV (1643-1715). — Louis XIV succéda, en 1643, à son père Louis XIII, et commença le règne le plus long et le plus glorieux de la dynastie capétienne. Il devait occuper le trône pendant soixante-douze ans. Les dix-huit premières années (1643-1661) appartiennent à Mazarin, héritier de la politique de Richelieu, et poursuivant comme lui l'abaissement de la maison d'Autriche. Après sa mort (1661), commence le gouvernement personnel de Louis XIV, qui a duré cinquante-quatre ans, mais qui présente aussi des phrases très-diverses. Secondé par Colbert et Louvois, il donna d'abord à toutes les branches d'administration une puissante impulsion : finances, lois, industrie, commerce, marine, armée, tout semblait sortir du chaos pour s'organiser. En même temps, M. de Lionne dirigeait les relations extérieures, et la France s'élevait au premier rang entre les puissances européennes. Elle acquit alors plusieurs provinces frontières, Artois, Roussillon, Flandre française, Franche-Comté. Jamais elle n'avait été plus prospère. Une littérature brillante et d'éminents artistes ajoutèrent encore à l'éclat de cette époque. Mais, à partir de 1683, la mort de Colbert, la révocation de l'édit de Nantes, la révolution d'Angleterre qui enleva un allié à la France et donna un chef habile aux coalitions européennes, l'épuisement des finances, la mort de presque tous les hommes supérieurs qui avaient secondé Louis XIV, enfin les désastres de la guerre de la succession d'Espagne attristèrent la dernière partie de ce grand règne. En résumé, le règne de Louis XIV se divise en trois périodes nettement tranchées : 1° de 1643 à 1661, Mazarin prépare sa grandeur; 2° de 1661 à 1683, cette grandeur atteint son apogée; 3° de 1683 à 1715, le déclin commence; mais il lui reste encore quelque chose de la majesté de l'astre que Louis XIV avait choisi pour emblème.

Première période. — *Minorité de Louis XIV et régence d'Anne d'Autriche (1643-1661).* — Louis XIII était mort le 14 mai 1643, onze mois après sa mère Marie de Médicis, cinq mois après Richelieu, laissant deux fils, l[e] dauphin Louis-Dieudonné, âgé de cinq ans, qui lui suc[c]éda sous le nom de Louis XIV, et Philippe de France plus tard duc d'Orléans, âgé de trois ans, qui fut le pèr[e] du régent et le chef de la branche cadette de Bourbon laquelle devait arriver au trône en 1830, en la personn[e] de Louis-Philippe. Par son testament, le feu roi instituai[t] sa veuve, Anne d'Autriche, régente du royaume, pendant la minorité de son fils, mais en même temps, pou[r] que cette fonction fût plutôt nominative que réelle, i[l] lui donnait un conseil souverain et non destituable, composé de cinq membres que lui avait désignés Richelieu : Monsieur, autrement dit Gaston d'Orléans, frère de Louis XIII, Condé, Mazarin et les deux Bouthillier (le fils, Bouthillier de Chavigny, passant pour le fils de Richelieu), qui devaient diriger toutes les affaires à la pluralité des voix. Les persécutions de Richelieu et les dédains de Louis XIII avaient attiré sur la reine l'intérêt comme sur une victime. Elle s'en servit habilement. Suivant le conseil du cardinal Mazarin, elle en appela au parlement. Celui-ci, flatté de cette déférence qui lui promettait un retour de crédit, eut la coupable faiblesse d'anéantir le testament du feu roi quatre jours après sa mort, et proclama régente la reine mère, « avec pouvoir de faire choix de telles personnes que bon lui semblerait pour délibérer sur les affaires qui leur seraient proposées..., et sans être obligée de suivre la pluralité des voix. » (18 mai.)

Réaction de la cabale des Importants. Ministère de Potier, évêque de Beauvais (mai-septembre 1643). — Alors accoururent de Londres, de Bruxelles, de Madrid, une foule d'exilés, rappelant qu'ils avaient souffert sous le dernier règne pour la cause de la reine. Il y eut toute une réaction contre le règne de Louis XIII, ou pour mieux dire de Richelieu : les intrigants revinrent, s'agitèrent, se crurent les maîtres, les dispensateurs du pouvoir, de la fortune, des faveurs : on les appela la *cabale des Importants*. L'ambitieuse duchesse de Chevreuse, cette veuve du connétable de Luynes, remariée au duc de Chevreuse, de la maison de Lorraine, favorite d'Anne d'Autriche sous le dernier règne, reparut à la cour après une absence de dix-huit ans, et, en même temps qu'elle, madame de Montbazon, « la Vénus effrontée du temps, » dit M. Michelet, et madame de Hautfort. A leur suite elles amenaient le gros César, duc de Vendôme, fils légitimé de Henri IV et de Gabrielle d'Estrées, et ses deux fils, Louis de Vendôme, duc de Mercœur, qui fut plus tard le mari de Laura Mancini, et devint prêtre et cardinal à la mort de sa femme, et François de Vendôme, duc de Beaufort, celui qu'on appellera plus tard le roi des Halles, qui joua un instant le rôle de favori, faillit compromettre la reine et se laissa mener, au milieu des intrigues, par la duchesse de Montbazon ; enfin le prince de Marsillac, jeune élégant d'alors, qui devait plus tard écrire les *Maximes* lorsqu'il s'appellera le duc de la Rochefoucauld.

Avec un entourage aussi futile et aussi léger, il était difficile que la régente gouvernât avec prudence. On le vit au choix qu'elle fit de l'évêque de Beauvais pour ministre d'Etat. Augustin Potier, que le cardinal de Retz qualifie, dans ses *Mémoires*, « de bête mitrée, » avait les qualités de son état, mais non celles d'un ministre. Son premier acte, qui fut de sommer les Hollandais de retourner au catholicisme s'ils voulaient conserver l'alliance de la France, donna sa mesure. Il fallut s'adresser à quelqu'un de plus habile ; on représenta à la reine que le cardinal Mazarin, héritier de la tradition de Richelieu et l'un des conseillers désignés dans le testament du feu roi, conduirait mieux les affaires extérieures de la France. La reine, qui l'avait depuis longtemps en sympathie particulière, y consentit facilement et le fit entrer au ministère, le nommant en outre surintendant de l'éducation du jeune roi. Le rusé Italien accepta, mais en déclarant qu'il entendait ne rester que jusqu'à la conclusion de la paix et se retirer ensuite à Rome. On le crut et il en profita pour évincer tout le monde. Quand on s'en aperçut, il était trop tard. En vain, mesdames de Montbazon et de Chevreuse conspirèrent avec les leurs pour l'éloigner ; en vain, quatorze hauts et puissants seigneurs vinrent leur offrir leur épée contre lui pour le tuer, Fontrailles, Montrésor et les autres Importants de l'ancienne cour, et Beaufort à la tête de l'affaire : tout échoua par une indiscrétion de madame de Chevreuse ; les dames durent partir pour « leurs maisons des champs, » Potier retourna dans son diocèse, et Beaufort, dont la reine signa en pleurant l'ordre d'arrestation, fut enfermé à Vincennes (2 septembre 1643). On en avait fini avec les Importants. Au mois de décembre suivant, Mazarin était nommé premier ministre.

Mazarin premier ministre (déc. 1643-9 mars 1661). — C'était une singulière fortune que celle de Giulio

Mazarin[1]. Il était né le 14 juillet 1602, à Piscina, dans les Abruzzes (?), et était fils de Pietro Mazarini, noble sicilien établi à Rome. Tout jeune encore, il avait suivi le cardinal Colonna dans son ambassade en Espagne, et avait pris ses grades de docteur aux universités d'Alcala et de Salamanque. Puis il était revenu à Rome, où les jésuites avaient remarqué la souplesse et la pénétration de son esprit et l'avaient attiré chez eux. Plus tard, ils le poussèrent auprès du pape, qui en fit un mousquetaire et un diplomate. En 1629, pendant la guerre de la succession de Mantoue, l'armée espagnole allait être écrasée à Casal par l'armée française que commandaient Schomberg, d'Effiat et Marillac. Mazarin arriva aux premières salves, peu dangereuses encore, devant les premiers rangs des Français, agitant son mouchoir et criant : *La paix ! la paix !* C'était un traité signé par le père Joseph avec l'empereur, et qui avait déjà treize jours de date, que le mousquetaire avait gardé jusque-là dans sa poche, comptant l'employer pour un coup de théâtre. La légende fit alors de Mazarin un héros qui avait bravé les balles et la mitraille pour arrêter le carnage d'une bataille, et le père Joseph le recommanda à Richelieu, qui le présenta à la reine, l'Espagnole Anne d'Autriche, comme le sauveur de l'armée espagnole. Ainsi avait commencé sa fortune. Richelieu l'employa dans toutes ses négociations, le fit cardinal, sachant qu'il le dominerait toujours par la peur, le désigna pour ainsi dire comme son héritier à Louis XIII, à Anne d'Autriche, en le faisant entrer au conseil. Cet homme souple et fin, doué d'un génie rare, rare surtout en France, le génie de la persévérance, n'eut qu'un but, réussir, et il réussit, ayant pris pour devise : » Le temps et moi ; » ne s'entourant que de gens qui, comme lui, réussissaient, avaient la chance,

---

[1] Condé l'appelait *il signor Facchino*.

sur chacun desquels il n'avait pris qu'un seul renseignement : « Est-il heureux ? »

Histoire extérieure de la France de 1643 à 1648. — Fin de la guerre de Trente ans; victoire de Condé, de Gassion et de Turenne. Rocroy (1643); Fribourg (1644); Nordlingen (1645); prise de Dunkerque (1646); Lavingen (1647); Sommershausen et Lens (1648). — Cette guerre européenne, qu'on appelle la guerre de Trente ans, durait toujours. Après que l'électeur palatin du Rhin, Frédéric V, et que le roi de Danemark, Christian IV, eurent été écrasés, et que le roi de Suède, Gustave-Adolphe, eut été tué à Lutzen, Richelieu avait fait entrer la France en ligne et avait continué victorieusement la lutte en soutenant les généraux de Gustave-Adolphe, Banner, Torstenson, Wrangel, et le duc Bernard de Saxe-Weimar, dont Châtillon, Brézé, Guébriant, les cardinaux de Sourdis et de la Valette, grands hommes de guerre, et enfin Turenne, s'étaient montrés les dignes émules. Il ne s'agissait pas seulement de défendre les protestants d'Allemagne; il fallait abaisser la maison d'Autriche, représentée alors par les deux plus puissants souverains de l'Europe, l'empereur d'Allemagne et le roi d'Espagne, dont les possessions enserraient la France et que leur alliance de famille et d'intérêts, que rien ne pouvait briser, appelait à détruire tout équilibre européen.

Pendant que Louis XIII se mourait, les Espagnols, conduits par don Francisco de Mellos et le vieux comte de Fuentès, deux habiles généraux, s'étaient jetés sur la Champagne, et, après avoir franchi les Ardennes, étaient arrivés sous les murs de Rocroy. Ils y rencontrèrent une armée française, la plus forte qu'on eût alors, que Louis XIII et son ministre de la guerre Sublet de Noyers avaient composée de leur mieux pour donner l'occasion d'une victoire à son chef, Louis de Bourbon, duc d'Enghien, fils du prince de Condé et de la belle Charlotte de Montmorency, la dernière passion de Henri IV.

Enghien avait deux excellents lieutenants : le maréchal de Gassion, un petit homme de Gascogne, de trente-six ans, fils d'un président de Pau, un calviniste, qui avait fait merveilles à Lutzen, onze ans auparavant, sous le grand Gustave, et le Bourguignon Sirot. Les dispositions de Gassion préparèrent la victoire; le maréchal de l'Hôpital la compromit à l'aile droite ; Sirot la rétablit à l'aile gauche et anéantit la fameuse infanterie espagnole (19 mai 1643).

Les Français remportèrent une grande victoire, et, selon l'expression du cardinal de Retz, couronnèrent ainsi de lauriers le berceau de Louis XIV. Une médaille avec cette devise : *Puer triumphator,* fut frappée à cette occasion.

C'était un heureux commencement pour un règne qui datait de cinq jours. On donna au vieux Condé, qui avait déjà le gouvernement de la Bourgogne, celui de la Champagne, et à son gendre, le duc de Longueville, celui de la Normandie.

Après Rocroy, Enghien avait pris Thionville. L'année suivante, il franchit le Rhin, joignit Turenne et livra à l'habile général autrichien Mercy la *bataille de Fribourg* en Brisgau (pays de Bade), qui dura deux jours et coûta des torrents de sang (3 et 4 août 1644). On y gagna la soumission des petites villes du Rhin et de Mayence. Les Français éprouvèrent bien quelques échecs en Italie et en Catalogne ; mais on les passa sous silence. Mazarin ne fit parler que de Fribourg. L'année suivante, au même jour (3 août 1645), Enghien dégageant Turenne, pressé par Mercy, remporta, payée aussi chèrement, la *victoire de Nordlingen*, en Bavière, où son illustre adversaire fut tué. Son orgueil ne connut plus de bornes, et un jour que Gassion lui présenta une observation, devant toute l'armée, il lui répondit brutalement : « Ce n'est pas à vous de raisonner, mais d'obéir. Je suis votre général et j'en sais plus que vous. Je vous apprendrai à obéir comme au dernier goujat. » Gassion se vengea l'année suivante en Flandre en prenant Furnes et en aidant son *général* à prendre Dunkerque (11 octobre 1646), en écrasant un corps d'Espagnols qui venait secourir la place assiégée. Malheureusement Gassion fut tué l'année suivante, peu de temps après avoir pris la Bassée, d'une blessure reçue au siège de Lens (2 octobre 1647), en arrachant un pieu de palissade. Ainsi mourut *La Guerre*, comme l'appelait Richelieu, à l'âge de trentehuit ans, n'ayant eu qu'un seul amour, son illustre maître et modèle Gustave-Adolphe. Enghien, récemment devenu prince de Condé par la mort de son père, commença dès lors à fatiguer Mazarin de ses exigences. Celui-ci l'envoya en Catalogne pour emporter l'inexpugnable rocher de Lérida, où venait d'échouer le brave comte d'Harcourt. Condé ouvrit la tranchée au son des violons. Le gouverneur répondit à sa politesse en lui envoyant chaque jour des oranges et des glaces pour le bal ; mais Condé échoua comme son prédécesseur, il revint furieux, voyant son prestige amoindri. Il fut raillé à son retour, sifflé au théâtre. Et comme il voulait faire arrêter le siffleur, celui-ci lui cria en s'esquivant : « On ne me prend pas, je suis Lérida. » La victoire de Lens, qu'il gagna le 20 août 1648 sur les Espagnols, raffermit sa renommée.

A Condé appartiennent les victoires d'apparat ; à Turenne la véritable gloire militaire de la première moitié du règne de Louis XIV. Napoléon l'a apprécié comme le plus grand homme de guerre de l'histoire du monde après Annibal. On l'avait tenu longtemps en sous-ordre ; on ne lui donnait pas, comme à Condé, une armée choisie, bien équipée ; il lui fallait vivre sur l'ennemi, hiverner où il pouvait, se soutenir avec peu ou point de renforts.

Fils cadet du duc de Bouillon, homme de taille médiocre, d'extérieur simple et froid, ayant « toujours en tout, comme dans son parler, de certaines obscurités » (Retz), ce n'était pas un général de parade. Né pour la guerre, il avait, à dix ans, provoqué en duel un vieil officier qui ne partageait pas son enthousiasme pour Alexandre le Grand, et s'en était allé dormir une nuit sur l'affût d'un canon pour prouver qu'il pouvait supporter les fatigues du camp. Il avait fait l'apprentissage de la guerre en Hollande sous ses oncles Maurice et Henri de Nassau. Richelieu lui avait donné un régiment. Il s'était signalé dans les retraites des Trois-Evêchés, en Allemagne, et de Quiers en Piémont, avait battu les Impériaux à Jussey, emporté les lignes de Casal et pris Turin ; mais Mazarin ne l'avait pas protégé comme Richelieu et l'avait envoyé d'Italie en Alsace. Là il avait tenu tête à Mercy, avait contribué à la victoire de Fribourg, et, battu à Marienthal, il avait de nouveau aidé Condé à vaincre à Nordlingen et terminé la campagne du Rhin, en prenant Trèves le 19 novembre et en y rétablissant l'électeur. Mais, pendant que Condé retournait à Paris, comme il faisait après chaque victoire, pour y recevoir des ovations, Turenne passa en Allemagne, y prit Aschaffenbourg et plusieurs autres places, apaisa par sa bonté une révolte de sa cavalerie weimarienne, et de là courut prendre le commandement de l'armée des Pays-Bas, où venait de mourir Gassion. Après avoir arrêté les progrès de l'ennemi en Flandre, il repassa le Rhin, rentra dans le bas Palatinat, délivra Worms assiégée, opéra sa jonction avec le Suédois Wrangel qui avait remplacé le vaillant paralytique Torstenson, battit les Impériaux à Lavingen (novembre 1647) et à Sommershausen (mai 1648), chassa de ses Etats le vieil électeur de Bavière, âgé de quatre-vingts ans, et marcha sur Vienne. L'empereur Ferdinand III songeait à quitter sa capitale lorsqu'un débordement de l'Inn arrêta la course de Turenne.

Mazarin aurait voulu peut-être continuer la guerre qui absorbait l'attention publique ; mais les ressources étaient épuisées ; il fallut songer à la paix.

Traité de Westphalie. — *Charte internationale de l'Europe pendant un siècle et demi* (8 sept. et 24 oct. 1648). — Les négociations qui duraient depuis sept années furent reprises, avec le désir cette fois d'en finir, et un double traité signé à Osnabruck, le 8 septembre 1648, entre l'empereur et la Suède, et à Munster, le 24 octobre suivant, entre l'empereur et la France, mit enfin un terme à la guerre de Trente ans. Ces deux traités, que l'histoire réunit dans l'appellation unique et générale de traité de Westphalie, ne pacifièrent pas entièrement l'Europe, puisque la guerre continua entre la France, l'Espagne et le Portugal; mais ils réglèrent définitivement l'état politique de l'Europe centrale, et mirent fin aux querelles des protestants et des catholiques.

La paix d'Augsbourg y est confirmée; la composition de la chambre impériale et du conseil aulique, formés d'un nombre égal de protestants et de catholiques, garantit les droits dans le gouvernement intérieur de l'Allemagne des différents États dont la souveraineté et l'indépendance territoriales sont d'ailleurs sanctionnées ; des indemnités sont accordées au moyen des biens ecclésiastiques sécularisés. L'indépendance des Provinces-Unies, des cantons suisses, par rapport à l'Espagne et à l'Empire germanique, est reconnue; la Suède reçoit une partie de la Poméranie, Brême, Wismar, etc.; les autres États protestants sont indemnisés, mais la meilleure part revient à la France, qui conserve la possession de l'Alsace, des Trois-Évêchés, de Philipsbourg, et par eux les clefs de l'Allemagne, par Pignerol, la clef du Piémont, et va prendre sur l'Europe cette prépondérance que Richelieu, Mazarin et Louis XIV arrachent à l'Espagne.

Tels sont les résultats matériels. Les résultats moraux sont plus importants encore. Le traité de Westphalie est l'œuvre du premier grand conseil où l'Europe ait solennellement débattu et réglé les intérêts communs. Dès lors, les hasards de la guerre et de la fortune ne décideront pas seuls du sort des peuples. Les traités deviendront la protection des faibles, et auront pour défenseurs les contractants. C'est l'établissement du système d'équilibre dont nous avons vu les premiers essais se produire pendant la rivalité de François Ier et de Charles-Quint. La diplomatie crée une force qu'elle s'efforce de rendre régulière et modératrice par le concert même des nations et des souverains; mais les conséquences ne s'arrêtent pas là. Le traité de Westphalie, qui met sur le pied d'égalité les protestants et les catholiques, est un pas immense fait vers la liberté de conscience, vers la tolérance religieuse, vers le triomphe de l'esprit nouveau, de l'esprit moderne. Il a affranchi plus que des calvinistes et des luthériens, il a affranchi la pensée humaine. Ces conséquences, que les contemporains n'ont pas vues, seront sensibles plus tard. Elles se résument d'un mot : il n'y a plus désormais de guerres religieuses. Les peuples ne se battent plus les uns contre les autres pour leurs croyances; ils laissent tranquillement leurs voisins obéir aux suggestions de leur conscience. Cette tolérance des États à l'égard des États deviendra, avec le temps, la tolérance réciproque des individus et celle des gouvernements à l'égard des citoyens.

Histoire intérieure de 1643 à 1648. — Surintendance déplorable de Particelli d'Emeri; édits du toisé et de l'emprunt forcé (1644); *édit du tarif* (1646); *édits bursaux* (1647). — *Résistance du parlement.* — On paraît croire assez généralement que la France fut calme et heureuse de 1643 à 1648, pendant les cinq années qui précédèrent la Fronde. *La reine est si bonne*, disait-on proverbialement. Et puis, « on voyait, dit Retz, sur les degrés du trône, d'où l'âpre et redoutable cardinal de Richelieu avait foudroyé plutôt que gouverné les humains, un successeur doux et bénin qui ne voulait rien, qui était au désespoir que sa dignité de cardinal ne lui permît pas de s'humilier autant qu'il l'eût souhaité devant tout le monde. » Ce doux et bénin Mazarin était, en matière d'argent, l'homme le moins scrupuleux peut-être qui ait jamais été à la tête d'un gouvernement, et jamais le peuple ne fut plus tourmenté et pressuré. Mazarin avait rendu à la France le service de la débarrasser des Importants ; mais il avait entendu se faire payer ce service, et, pour en tirer le meilleur prix possible, il avait appelé à la surintendance des finances un Italien comme lui, Particelli d'Emeri, un habile homme, fertile en expédients, qui, dans sa jeunesse, s'était brouillé déjà avec la justice française et fait pendre à Lyon en effigie comme banqueroutier frauduleux. Du reste, il déclarait que les financiers n'étaient faits que pour être maudits et que la bonne foi n'était que vertu de marchand. A eux deux, ils s'entendirent pour pêcher en eau trouble. Les impôts de toutes sortes ne suffisaient pas; on en inventa de nouveaux.

Près d'un siècle auparavant, en 1557, au moment où la France appréhendait une seconde invasion des Espagnols, vainqueurs à Saint-Quentin, un édit royal avait défendu d'étendre les faubourgs de Paris sous peine de démolition et d'amende. C'était l'édit du *toisé*. Avec le temps, la peur s'était naturellement évanouie; l'édit avait été mis en oubli, et les pauvres gens s'étaient mis à se construire de petites maisonnettes de boue sur le terrain prohibé. Un matin, en vertu de l'édit remis subitement au jour, les gens du roi vinrent toiser les constructions nouvelles, annonçant qu'il fallait les abattre ou payer. Une explosion terrible de mécontentement eut lieu qui effraya Mazarin pour un moment. Nordlingen lui rendit du cœur et l'on reprit la mesure. Les malheureux Parisiens s'adressèrent en larmes au parlement: le conseiller Barillon s'émut et intercéda pour eux; on l'enferma à Pignerol avec quatre ou cinq autres, et il y mourut au bout de quelques jours. Le parlement enregistra dès lors l'édit sans difficulté, et dix-huit autres avec, dont un qui exigeait un emprunt forcé de 1,500,000 livres, dont il se fit d'abord exempter (1645).

L'année suivante (1646), on inventa encore de nouveaux impôts, et ils furent levés avec une rigueur telle, que 23,000 personnes furent jetées en prison à cette occasion et que 5,000 y moururent. Il fallait de l'argent, toujours de l'argent, tantôt pour payer la guerre, tantôt pour alléger l'arriéré de l'administration, tantôt pour tromper les appréhensions d'un peuple entier qui mourait de faim, en dépensant d'un coup, pour créer l'Opéra, 500,000 écus, trouvés, Dieu sait comment, toujours pour pourvoir aux frais d'une perpétuelle mise en scène. Mais tout s'épuise, emprunts à 25 pour cent, création de nouvelles charges pour les vendre, quartiers de rentes retranchés, gages des fonctionnaires retenus; d'Emeri inventa le *tarif* qui frappa les vivres d'un droit d'entrée, pour faire contribuer les riches comme les pauvres, disait le surintendant. On ne craignit plus l'opposition du parlement; on le tenait par la *paulette*, cette garantie qui assurait à tous les officiers de l'État la succession des charges achetées et qui expirait le 1er janvier 1648. Si on ne la renouvelait pas, si on remboursait le prix des charges, si on en supprimait l'hérédité, 45,000 familles allaient être ruinées. Le parlement n'en défendit pas moins le peuple pendant toute une année. Mazarin mit le roi en avant et fit enregistrer de force au parlement sept édits qui créaient douze nouvelles charges de maîtres des requêtes à vendre, ou ne confirmaient dans la possession des anciennes qu'en retranchant quatre années de gages. La situation allait toujours en empirant: au mois de janvier 1647, une émeute éclata, occasionnée par de nouveaux édits bursaux; cette année-là, l'impôt devait atteindre 142 millions.

Arrêt d'union des quatre cours souveraines : parlement, chambre des comptes, cour des aides, grand conseil (13 mai 1648). — En présence de tous ces désordres, les trois autres compagnies souveraines de Paris, la cour des aides, la chambre des comptes et le grand conseil, frappées de la même mesure que le parlement, lui proposèrent et lui firent accepter, le 13 mai 1648, un *arrêt d'union ;* et un comité formé des députés des quatre cours alla tenir ses séances dans la chambre de Saint-Louis, au Palais de justice, séances auxquelles on devait appeler les députés du corps de ville « pour servir le public et le particulier et réformer les abus de l'État. » « Dites-moi, ne tarda pas à faire observer Anne d'Autriche, prétendez-vous borner les volontés du roi ? » L'avocat général Talon, intimidé, répondit que les magistrats n'entendaient pas « entrer en jugement avec le souverain. » Les autres cours du royaume n'en accédèrent pas moins à l'arrêt d'union le 15 juin suivant. Comme concession, Mazarin ôta la surintendance des finances à d'Emeri pour la donner au maréchal de la Meilleraye, dont le fils épousa Hortense Mancini, mais cassa l'arrêt d'union. Le parlement gronda et le peuple fit écho. « Tout le royaume, avait déjà dit Talon, est malade d'inanition. Le paysan ne possède plus que son âme, parce qu'elle n'a pu être vendue à l'encan. »

Un soir que la reine se rendait à Notre-Dame, comme tous les lundis, pour entendre la messe, une troupe de femmes lui cria à son arrivée : « A Naples ! à Naples ! » Elles faisaient une allusion menaçante à cette révolution radicale qu'avait failli y faire triompher Masaniello. En même temps, de nombreux libelles circulèrent où ni elle ni Mazarin n'étaient épargnés. Le parlement, encore timide, laissa courir les *mazarinades*, mais interdit sévèrement les pamphlets contre la reine. Le peuple arracha aux soldats deux imprimeurs qu'on menait à la Grève.

Mazarin vit qu'il fallait gagner du temps ; malgré les

supplications éplorées de la reine, il accéda à l'arrêt d'union et permit aux conseils de s'assembler et de réformer l'État. Les conseils se mirent à la besogne et présentèrent bientôt à la signature du roi un projet de réforme en vingt-sept articles qui établissait, entre autres choses, deux garanties capitales : la garantie individuelle, en vertu de laquelle tout citoyen arrêté devait être interrogé dans les vingt-quatre heures, et la garantie de la propriété qui interdisait tout impôt non vérifié au parlement. Mazarin accepta de grand cœur la seconde qui, en ne reconnaissant pas ses marchés passés avec les financiers, le dispensait de les rembourser. Encore, y ajouta-t-il cette formule cynique : « ... Attendu que les créanciers de l'État étaient tous des gens de rien ou trop riches... » Le peuple, qui avait prêté son argent, ne trouva plus à qui le redemander. Ce fut une véritable banqueroute. Le parlement proposait ensuite la suppression des intendants, la grande création de Richelieu. En cela, il était mal inspiré : les intendants pesaient au peuple, il est vrai, mais moins encore que les grands et insatiables gouverneurs de provinces, comme Condé et les autres. Enfin, le vieux et honnête conseiller Pierre Broussel avait demandé positivement la remise au peuple d'un quart des tailles et l'égalité de tous les parlements devant la paulette, c'est-à-dire que celui de Paris ne fut plus seul garanti pour la possession de ses charges (4 août 1648). Homme vraiment antique, ce Broussel, que tous les auteurs de mémoires de ce temps ont raillé, parce qu'il était âgé de soixante-quatorze ans et avait vu monter sur le trône Henri IV et mourir Louis XIII, vivait de 4,000 livres de rente, honorablement, avec une grosse famille, trois fils, à l'un desquels on avait refusé une lieutenance aux gardes, et deux filles à marier, et cela pendant que les Harlay et les Molé plaignaient la misère avec 100,000 livres ; enfin, il n'ouvrait sa porte qu'aux pauvres.

Arrestation de Broussel et de Blancménil; JOURNÉE DES BARRICADES (26 août 1648). — *Le coadjuteur Paul de Gondi, futur cardinal de Retz.* — Mazarin trouva cette fois que c'était aller loin. Il attendit, avant de prendre un parti, une nouvelle victoire de Condé. Celle de Lens, survenue le 20, nous valait cinq mille prisonniers et soixante-treize drapeaux espagnols. Anne d'Autriche donna l'ordre d'arrêter Broussel, le président Potier de Blancménil, parent de l'ancien ministre, Augustin Potier, évêque de Beauvais, le président Charton, et trois autres des conseillers les plus populaires. C'était le 26 août, jour où l'on célébrait à Notre-Dame le *Te Deum* pour la victoire de Lens. On ne mit la main que sur Charton et sur Broussel, qui fut arrêté chez lui, sur le quai de la Cité. Les mariniers du port Saint-Landry s'ameutèrent aux cris de sa servante, entraînèrent la foule avec eux et mirent en pièces, sur le quai des Orfèvres, le carrosse qui emportait le vieux conseiller et qu'on remplaça par celui d'une dame qui passait. Le maréchal de la Meilleraye fit tirer aux fenêtres sur le peuple, ce qui tua une femme et deux hommes, et tira lui-même un coup de pistolet sur le syndic des crocheteurs qui le prenait au collet. Le coadjuteur de l'archevêque de Paris par fortune se trouvait là, en habits pontificaux, bénissant et haranguant la foule ; il lui donna l'absolution dans le ruisseau et se fit prier par le peuple d'aller réclamer Broussel au Louvre.

Ce coadjuteur, qui s'appelait Paul de Gondi, et qui écrivit plus tard de piquants mémoires lorsqu'il fut devenu cardinal de Retz, était le principal meneur de l'émeute et le plus grand ennemi de Mazarin, qu'il comptait bien renverser pour le remplacer. Il appartenait à une famille célèbre, d'origine florentine, amenée en France par Catherine de Médicis, et qui avait des plus chaudement conseillé la Saint-Barthélemy, ce dont on l'avait récompensée en lui donnant comme à titre héréditaire l'archevêché de Paris. Esprit remuant et aventureux, Gondi se vantait d'avoir fait une étude spéciale de toutes les conspirations de l'antiquité, dans Plutarque et dans Salluste, et s'était comme fait la main à l'avance en écrivant à dix-huit ans *la Conjuration du comte de Fiesque*, qui avait fait dire de Richelieu : « Voilà un dangereux esprit. » M. Michelet a tracé de lui un joli portrait. Il vient de dire que l'archevêché de Paris était héréditaire dans la famille. « Mais ce dernier Gondi eut voulu davantage, être en même temps gouverneur de Paris, unir les deux puissances. Il travaillait la ville par les curés, qui, dans cette grande misère, maîtres absolus de l'aumône, distributeurs de pains, de soupes, etc., traînaient après eux des masses affamées. Avec un archevêque, gouverneur de Paris, ils croyaient y régner, comme au temps de la Ligue. Cela les rendait aveugles et sourds quant aux mœurs du petit prélat. Fanfaron, duelliste, plus que galant, basset à jambes torses, laid, noiraud ; un nez retroussé. Mais les yeux faisaient tout passer, étincelants d'esprit, d'audace et de libertinage... » Il n'a laissé avec tout cela que la réputation d'un brouillon. Les circonstances furent telles, qu'il ne put donner de lui d'autre mesure et qu'on ne peut présumer s'il eût été un grand ministre.

Délivrance de Broussel. — Ordonnance de Saint-Germain (24 octobre 1648). — *Fuite de la cour.* — Gondi ne put obtenir de la reine la délivrance de Broussel. L'émeute reprit le lendemain et construisit en douze heures plus de douze cents barricades aux cris de : *Broussel et liberté.* Une nouvelle incartade du maréchal de la Meilleraye, qui, au milieu d'une presse, tua encore d'un coup de pistolet une femme qui portait une hotte, l'exaspéra au dernier point et l'amena jusqu'à cent pas du Palais-Royal. Le chancelier Pierre Séguier, qui se trouvait dans les rues de Paris, porteur d'une dépêche de la reine, y courut les plus grands dangers. Le parlement se rendit en corps au Palais-Royal pour réclamer la liberté de ses membres emprisonnés. La reine mère répondit qu'elle les rendrait, mais morts. Cependant, les prières des princesses, du duc d'Orléans, de Mazarin lui-même et surtout de la reine proscrite d'Angleterre, Henriette de France, fille de Henri IV et femme de Charles Ier, que les boulets anglais avaient poursuivie sur la Manche, et qui lui présagea pour Mazarin le sort de Strafford, la fléchirent. Elle rendit Broussel (28 août), qui fit son entrée à Paris dans le carrosse du roi, et rentra immédiatement dans le parlement, où il proposa la destruction des barricades. En même temps, Mazarin se sauvait à la faveur d'un déguisement. La régente ne gagna à une concession tardive que d'être insultée chaque fois qu'elle parut en public et d'être chansonnée à l'égal de Mazarin. De guerre lasse, elle signa l'*édit de Saint-Germain*, qui fut enregistré au parlement le 24 octobre, le jour même où Servien et d'Avaux signaient le *traité de Munster ou de Westphalie*. Elle y faisait droit aux demandes de la chambre de Saint-Louis. Les tailles étaient diminuées de 10 millions, et défense formelle était faite de vendre d'avance aux partisans la perception de l'impôt; mais le gouvernement s'empressa d'y contrevenir. On diminua 2 millions sur les entrées de la ville de Paris; la province murmura de cette faveur accordée à la capitale. On accorda encore que les procès ne seraient plus instruits que par les voies de la justice ordinaire et que les officiers des cours souveraines ne seraient plus inquiétés dans l'exercice de leurs fonctions; on accueillit cette concession, comme toutes les autres, avec indifférence.

Le coadjuteur de Gondi continuait ses manœuvres pour effrayer et dominer la cour et la ville. « Il me fallait, dit-il, dans ses *Mémoires*, un fantôme que je pusse mettre devant moi, et, par bonheur il se trouva que ce fantôme était le petit-fils de Henri le Grand, qui parlait comme on parle aux Halles, ce qui n'est pas ordinaire aux enfants de Henri le Grand, et qui avait de grands cheveux bien longs et bien blonds. On ne saurait s'imaginer le poids de ces circonstances et concevoir l'effet qu'elles firent sur le peuple. » Tel fut le rôle peu habile que le duc de Beaufort, le roi des Halles, comme on l'appela alors, dût jouer pendant la Fronde, après s'être sauvé de Vincennes où il avait été détenu cinq ans. Heureusement pour lui, on le retrouve plus tard jouant un rôle plus digne de lui et de son courage dans sa chasse aux corsaires d'Alger à travers la Méditerranée, et où il périt glorieusement. Gondi eut bien voulu enrôler aussi Condé, mais celui-ci était encore plus dévoué à la reine qu'hostile à Mazarin; il répondit emphatiquement : « Je m'appelle Louis de Bourbon et je ne veux pas ébranler les couronnes. » Il n'allait pas tarder à être plus frondeur que Gondi et à trahir non-seulement le roi, mais la France.

Devant toute cette agitation et voyant de nouvelles émeutes

imminentes, Anne d'Autriche, irritée et tremblante, se sauva de Paris le 6 janvier 1649, à trois heures du matin, emmenant avec elle le jeune roi et son frère, Mazarin et le duc d'Orléans que le cardinal s'était attaché jusque-là en gagnant son favori, l'abbé de la Rivière. Telle avait été la précipitation de cette fuite qu'en arrivant à Saint-Germain, la cour manqua de tout. Les seigneurs et les dames couchèrent sur la paille et il n'y eut de lits que pour le roi et la régente. On congédia les pages de la chambre, faute de pouvoir les nourrir. Le coadjuteur, visitant quelques jours auparavant la reine d'Angleterre et sa fille au Louvre, trouvait la jeune princesse, âgée de cinq ans, couchée, n'ayant pu se lever faute de feu. Mazarin ne leur avait rien fait payer de leur pension depuis six mois; les marchands ne voulaient plus rien leur fournir, et il n'y avait pas un morceau de bois dans la maison. Le jour même de la fuite de la cour à Saint-Germain, ordre fut envoyé au parlement d'avoir à siéger à Montargis. La lettre royale ne fut pas ouverte, et une députation de la cour, que la fuite de la reine avait effrayée, vint protester de son dévouement. La reine n'en fit pas moins venir Condé de son armée. Celui-ci répondit à cet appel et l'on décida de rentrer à Paris. Mais pour cela il fallait en faire le siége, comme dans une guerre en règle. Condé s'en chargea et la guerre succéda aux émeutes de la Fronde. Le mot de *fronde* vient, nous dit Retz, d'une plaisanterie de Bachaumont sur le parlement. Il faisait, disait-il, comme les écoliers qui frondent dans les fossés de Paris, qui se séparent dès qu'ils voient le lieutenant civil et qui se rassemblent quand il ne paraît plus. Le mot fit fortune, fut chansonné et passa en mode. On eut d'abord des cordons de chapeau en forme de frondes, puis tout fut à la mode de la Fronde, le pain, les chapeaux, les gants, les mouchoirs, les éventails, etc. Quant à la guerre de la Fronde proprement dite, une confusion sans nom, des changements de front inattendus, des légèretés sans nombre, des intrigues de femmes, les duchesses de Longueville, de Chevreuse, de Montbazon, de Montpensier, sonnant la charge au milieu des combattants, un mélange d'écharpes bleues, de cuirasses, de violons, dans les salles de l'Hôtel de ville, le bruit des tambours et le cri des trompettes sur la place, tel est la plupart du temps le spectacle qu'elle présenta, spectacle qu'on voit plus dans les romans qu'ailleurs, nous dit Retz.

GUERRE DE LA FRONDE. — *Première phase: la Fronde parlementaire.* — *Révolte de Conti et des Longueville, de Bouillon et de Turenne, de Beaufort et de Gondi soutenus par le parlement contre la cour et Condé.* — *Paix de Rueil* (1er avril 1649). — Le parlement n'eut pas osé entamer la lutte contre l'heureux vainqueur de Rocroy et de Lens; mais les anciens Importants prirent parti pour lui, et l'on vit entrer résolument dans la Fronde l'incapable prince de Conti, frère de Condé, le duc de Longueville, mari d'Anne Geneviève de Bourbon, leur fameuse sœur, le duc de Beaufort, le prête-nom du coadjuteur, le duc de Bouillon et le maréchal de Turenne, son frère, que les beaux yeux de madame de Longueville entraînèrent un moment dans la bagarre, les ducs de Nemours, de Vendôme et de la Rochefoucauld. Le 8 janvier, deux jours après la fuite de la cour, le Parlement, à l'instigation du coadjuteur, avait rendu un arrêt contre Mazarin, le traitant de perturbateur du repos public et lui enjoignant de sortir, sous huit jours, du royaume. Il songea ensuite à se mettre en défense, se cotisa avec les autres cours, trouva environ 10 millions de notre monnaie actuelle, et rendit un arrêt ordonnant une levée de 12,000 hommes, chaque porte cochère fournissant un homme et un cheval. On se moqua, comme bien on le pense, de *la cavalerie des portes cochères*, et les corporations imitèrent les conseils ; le coadjuteur leva, à ses propres frais, un régiment ; on l'appela, par dérision, *le régiment des Corinthiens*, parce que le coadjuteur était archevêque titulaire de Corinthe, et son premier échec devant les troupes royales fut qualifié : *la première aux Corinthiens*. Vingt conseillers pourvus de charges nouvelles créées par Richelieu, ayant contribué chacun pour 15,000 livres aux frais de la guerre pour se faire pardonner leur origine, on les nomma les *Quinze-Vingts*. On riait de tout ; Condé n'eut d'abord pas grand'chose à faire. Il s'empara de toutes les avenues de la capitale, et chassa de Charenton, le 8 février, le prince de Conti. Quant à Turenne, sur lequel les frondeurs avaient compté, le gouvernement lui avait retiré son commandement, se défiant de lui, et il n'avait pu débaucher ses troupes. Sur ces entrefaites, les Espagnols qui n'avaient pas accédé au traité de Westphalie, mais qui avaient réussi à détacher les Hollandais de l'alliance de la France, se disposèrent à profiter de cette guerre civile pour recommencer les hostilités, appelés qu'ils étaient par les frondeurs les plus exaltés. Mais, pendant que ceux-ci introduisaient dans Paris et jusque dans le parlement un prétendu envoyé du roi d'Espagne, Philippe IV, les plus sages conseillers, ayant Molé à leur tête, se rendirent à Rueil et y signèrent la paix avec la cour (1er avril 1649). La régente accordait une amnistie générale, mais ne faisait pas d'autre concession et gardait son ministre. Les princes qui avaient résisté jusque-là se hâtèrent de conclure des traités particuliers pour faire acheter leur soumission le plus cher possible, et la cour revint à Paris le 18 août.

Seconde phase : la Fronde des princes et des Petits-Maîtres. — Révolte de Condé contre la cour. — Son arrestation (18 janvier 1650). — Union des deux Frondes. — Délivrance de Condé. — Premier exil de Mazarin (6 février 1651). — Les Espagnols ayant repris l'offensive en Catalogne, où la France ne pouvait envoyer du secours, et s'étant emparés aux Pays-Bas de Saint-Venant et d'Ypres, Mazarin, délivré de la guerre civile, leva une armée et en donna le commandement au comte d'Harcourt, qui s'empara en deux jours de la forte place de Condé. Condé, qui avait conçu, de n'avoir pas été employé dans cette campagne, un dépit envenimé par les continuelles excitations de sa sœur, la duchesse de Longueville, réclama impérieusement le prix de ses services et afficha hautement son mépris pour Mazarin et la régente. Comme on ne s'empressa pas de le contenter, il se retira, repoussa les avances de la Fronde et forma avec son frère Conti et son beau-frère Longueville, qui vinrent à lui, un parti nouveau dans lequel entrèrent une foule de jeunes ambitieux et qu'on appela le parti des *Petits-Maîtres.*

Mazarin, se voyant en tête deux ennemis au lieu d'un espéra manœuvrer de manière à les détruire l'un pa l'autre. Il fit des avances au chef de la vieille Fronde, au coadjuteur, caressa son désir d'obtenir le chapeau de cardinal; puis, lorsqu'il le vit bien disposé à une réconciliation, fit arrêter tout d'un coup, au Louvre, Condé, Conti et Longueville (18 janvier 1650), au moyen d'une signature extorquée à Condé lui-même pour une arrestation non spécifiée. Conduits d'abord à Vincennes, par une petite escorte de vingt hommes, ils n'y trouvèrent point de lits en arrivant et passèrent la nuit à jouer. De là, ils furent transportés à Marcoussis, à la suite d'une tentative faite pour les délivrer de vive force; puis, le 15 novembre, au Havre, le tout aux grands applaudissements des Parisiens. Turenne évita le même sort en se retirant à Stenay, chez les Espagnols.

Ces princes causèrent plus d'embarras, captifs que libres. Ce ne furent de tous côtés que soulèvements de leurs partisans, surtout des femmes. Si la duchesse de Chevreuse, qui tolérait les intrigues de sa fille et du coadjuteur, avait contribué plus que tout autre à l'emprisonnement de Condé, la duchesse de Longueville essaya d'agiter en sa faveur le parlement de Rouen et la Normandie, et se retira à Stenay, où Turenne se trouvait déjà à la tête d'une armée espagnole pour faire la guerre à Mazarin, ne regardant pas si la France était derrière lui; la princesse de Condé, Claire-Clémence de Maillé-Brézé, souleva Bordeaux et la Guienne, et donna de même la main à l'Espagne. Un bonheur inespéré favorisa Mazarin. L'Angoumois, la Normandie et Bordeaux, où la Rochefoucauld, le gouverneur, avait levé des troupes, rentrèrent presque aussitôt dans le devoir, et Turenne, qui, avec don Estevan de Gamare, commandait les Espagnols, fut battu et mis en fuite près de Rethel par le maréchal du Plessis-Praslin. Mazarin ne se pressa plus de faire obtenir à Gondi son chapeau de cardinal. Mal lui en prit. Le coadjuteur, irrité d'avoir été joué, fit alliance, par l'entremise de la princesse palatine Anne de Gonzague, avec les partisans des trois princes emprisonnés, et bientôt frondeurs, petits-maîtres, parlement, le duc d'Orléans lui-même, réclamèrent tout haut la mise en liberté de Condé, Conti et Longueville. Une bande d'émeutiers, poussée par Gondi, cerna le Palais-Royal pendant plusieurs jours pour intimider la reine. Une nuit même, ils entrèrent et pénétrèrent dans les appartements. Anne d'Autriche les conduisit au lit du jeune roi qui faisait semblant de dormir, et vit bien aux démonstrations de respect et d'affection de ses turbulents visiteurs qu'on n'en voulait qu'au cardinal. Mazarin comprit qu'il n'était plus en sûreté, et le soir du 6 février 1651, il quitta Paris et se retira à Saint-Germain. La reine fut sommée par le parlement de renoncer à le jamais rappeler, et il fut enjoint au ministre renversé d'avoir à quitter la France sous quinze jours, s'il ne voulait qu'on procédât contre lui extraordinairement. En vain, la reine tenta de le rejoindre. Les Parisiens l'empêchèrent en armes de quitter la capitale. Pour Mazarin, il alla piteusement délivrer au Havre, le 13 février, ses prisonniers, et se dirigea vers Sedan. Il se retira ensuite à Liége, puis à Cologne, dont l'électeur, son ami, mit à sa disposition le château de Brühl, d'où il ne cessa de correspondre activement avec les ministres Le Tellier, de Lionne et Servien, ses créatures.

Condé, Conti et Longueville rentrèrent à Paris comme en triomphe, le 16 février, accompagnés du duc d'Orléans, après un an de captivité, applaudis de leur victoire sur Mazarin, comme celui-ci l'avait été l'année précédente de sa victoire sur eux. Le 11 mars, le parlement donna un arrêt portant qu'il serait informé des déprédations que le cardinal avait faites dans les finances, et par déclaration formelle le roi interdit l'entrée du conseil aux étrangers et même aux cardinaux français, comme attachés par serment à un prince étranger, déclaration qui fut enregistrée au parlement, malgré l'opposition du clergé. Le 2 mai suivant, le maréchal de Turenne fut reçu en grâce à la cour avec les plus grands honneurs, et ne cessa plus d'en être le défenseur le plus dévoué.

Troisième phase : Rupture entre Condé et Gondi. — Trahison de Condé, qui passe aux Espagnols. — Gondi avait concouru à la délivrance de Condé, comptant sur la promesse que lui avait faite celui-ci de consentir au mariage de son frère le prince de Conti avec mademoiselle de Chevreuse, sa protégée. Condé, libre, refusa son consentement, et vit son frère, Gondi et les Chevreuse, se tourner contre lui et lui aliéner la vieille Fronde. Mazarin ne contribuait pas peu par ses intrigues à fomenter du fond de son exil les divisions entre ses ennemis. Irrité des froideurs de la cour et excité par la duchesse de Longueville et le duc de Nemours, qui avaient tout intérêt à la prolongation des troubles, Condé songea à quitter Paris, fit des ouvertures à l'Espagne pour y trouver un refuge et de l'appui en cas de besoin, et, apprenant que la reine voulait le faire arrêter de nouveau, se retira à Saint-Maur d'où il fit appel à toute la noblesse mécontente, qui accourut en foule auprès de lui. Anne d'Autriche, effrayée, lui fit des propositions d'accommodement et éloigna ses sous-ministres, Servien et de Lionne. Condé rentra à Paris, assista à plusieurs assemblées du parlement pour se justifier, y accusa en face le coadjuteur d'un écrit publié contre lui, le signala aux colères de ses ennemis, et peu s'en fallut qu'il ne le fît tuer au milieu même du parlement. Le jeune roi venait d'entrer dans sa quatorzième année; on proclama solennellement, le 7 septembre 1651, sa majorité dans l'espérance que cette mesure calmerait les partis. Condé n'en quitta pas moins Paris pour aller soulever la Guienne, le Poitou et l'Anjou, dont il était gouverneur, et appeler les Espagnols en France. Anne d'Autriche lui dépêcha un courrier à Angerville, en Beauce, où il était, pour lui faire de nouvelles propositions. Le courrier lut mal, et courut à Augerville en Gâtinais. Lorsqu'il arriva ensuite à Angerville, Condé était parti, et, toujours entraîné par les siens, se préparait à la guerre. Il fallait déjouer au plus tôt toutes ses manœuvres. Le roi partit de Fontainebleau vers le milieu d'octobre, se rendit dans le Berri, que Conti avait soulevé, fit rentrer Bourges et Poitiers dans le devoir en s'y montrant, et envoya de cette dernière ville le maréchal d'Harcourt à Cognac qu'assiégeait alors Condé. C'était la seule ville de la Saintonge qu'il n'avait pu faire déclarer pour lui.

Premier retour de Mazarin (1652). — *Lutte de Turenne et de Condé.* — *Combat de Bléneau* (7 avril). — *Bataille du faubourg Saint-Antoine* (2 juillet). — Au mois de décembre suivant, on apprit que Mazarin était revenu à Sedan, prêt à rentrer dans le royaume avec une armée de 7,000 hommes, levée à ses frais, que lui amenaient les maréchaux d'Hocquincourt et de Grancey. Le 29 du même mois, un arrêt du parlement ordonna de lui courir sus et de vendre tous les meubles de son hôtel; une somme de 150,000 livres devait être prélevée sur cette vente pour être délivrée à celui qui représenterait le cardinal, mort ou vif; « et de quelque crime dont soit coupable celui qui le représentera, ajoutait l'arrêt, il aura sa grâce. »

Les meubles furent vendus, en effet, ce qui n'empêcha pas le cardinal d'avancer. Le parlement lui envoya deux conseillers pour le sommer de rebrousser chemin. Un corps de partisans les arrêta en route. L'un deux se sauva; l'autre, nommé Béraud, interrogé par d'Hocquincourt sur son état et ses fonctions, répondit fièrement : « Je ne vous parlerai que lorsque je vous verrai sur la sellette. » Le parlement, vraiment courageux, mettait en même temps Condé au ban du royaume.

Mazarin n'en continua pas moins sa marche à travers la France avec son armée, et rejoignit la cour en Poitou, où la reine s'était rendue avec le jeune roi pour arrêter le soulèvement du Midi. Mais le duc d'Orléans s'étant prononcé avec ses gens pour Condé par haine de Mazarin, Condé prit l'offensive, força la cour à se retirer devant lui de ville en ville, dispersa à Bléneau le 7 avril la petite armée d'Hocquincourt, et marcha droit sur Gien où était le roi. Fort heureusement pour la cour, Turenne revenu en grâce, commandait les troupes royales; il empêcha Condé de tenter un coup de main, et le suivit jusqu'à Paris.

Dans la capitale, tout le monde était contre Mazarin, mais dans le parlement, comme dans le peuple, les uns tenaient pour la cour, les autres pour le duc d'Orléans, quelques-uns enfin pour Condé. Au milieu de cette confusion, on apprit que le duc de Lorraine, Charles IV, soudoyé par Condé, approchait avec une armée. On apprit presque en même temps qu'il se retirait, payé par Mazarin, mais pillant tout sur son passage. Enfin Turenne, emmenant la cour avec lui, arriva sur Paris et livra à Condé, dans le faubourg Saint-Antoine, une bataille acharnée qui allait se terminer par une victoire, lorsque la fille du duc d'Orléans, mademoiselle de Montpensier, la grande Mademoiselle, fit tirer le canon de la Bastille sur l'armée royale et la força à la retraite. Cette équipée lui coûta cher : elle ne visait à rien moins jusque-là qu'à épouser le roi de France. Mazarin dit, en apprenant l'événement : « Ce canon-là vient de tuer son mari. » (2 juillet 1652.)

Massacre des mazarins à l'Hôtel de ville, fait au nom de Condé (4 juillet). — Le combat terminé par la retraite de Turenne, Paris ouvrit ses portes à Condé, mais un crime épouvantable, commis le surlendemain de la bataille, le lui fit bientôt prendre en exécration. On avait convoqué à l'Hôtel de ville une assemblée des notables bourgeois pour obtenir d'eux une adhésion sans réserve à tous les actes de Condé et du duc d'Orléans. L'assemblée s'étant montrée froide, les deux princes descendirent sur la place, et haranguèrent une troupe de partisans apostés là par eux-mêmes, pour la plupart vieux soldats bien aguerris, traitant les bourgeois de gens vendus à Mazarin. Bientôt après on entendit un grand bruit. Les complices de Condé tiraient des coups de fusil dans les fenêtres de l'Hôtel-de-Ville. Puis, ce fut un siége en règle. On apporta aux portes du bois, de la poix et de l'huile; on y mit le feu, et à la faveur du désordre, la bande envahit l'Hôtel-de-Ville, massacra environ cinquante députés, échevins et magistrats, et mit les autres à rançon. Le maréchal de l'Hôpital, une des victimes désignées d'avance, dut la vie à son valet de chambre; le prévôt des marchands se cacha dans un étroit réduit jusqu'à onze heures du soir; le maître des comptes Miron, un vieux frondeur pourtant, périt frappé de plus de cinquante coups de poignard. Sous le coup de la terreur que causa ce guet-apens dont Bossuet ne parle pas dans son oraison funèbre, le grand Condé se fit proclamer par le parlement généralissime des troupes du royaume; le duc d'Orléans reçut le titre de lieutenant général, bien que le roi eût été déclaré majeur. La cour était alors à Pontoise. Le roi, après avoir cassé les décisions du parlement, lui ordonna le 6 août, pour le punir, de venir siéger auprès de lui. Les présidents et vingt conseillers environ obéirent à cette injonction. Benserade disait, en plaisantant sur leur petit nombre, qu'il avait rencontré à la promenade tout le parlement dans un carrosse-coupé.

Second exil de Mazarin (19 août). — *Retour du roi à Paris et fin de la Fronde* (21 octobre). — *Retour définitif de Mazarin* (3 février 1653). — La situation était grave. A l'appel de Condé, le duc de Lorraine marchait de nouveau sur Paris et le comte de Fuensaldagne était en route avec 12,000 Espagnols pour le rejoindre. Le plus pressé était de calmer l'effervescence des Parisiens. Le président Molé montra que le moyen d'y parvenir était que Mazarin s'éloignât de nouveau momentanément. On se rendit à cet avis (19 août). A peine le cardinal était-il arrivé à Sedan, qu'une députation des bourgeois de Paris vint supplier le roi de revenir. Louis XIV se laissa facilement fléchir et rentra le 21 octobre dans sa capitale. Le lendemain, il proclamait une amnistie générale. Il y eut cependant des exceptions. Dès le 18, Condé avait quitté Paris et avait couru en Flandre au milieu des Espagnols, toujours en guerre contre nous, emmenant avec lui les princes, ses partisans et ses soldats, plus de 10,000 hommes. Le 13 novembre suivant, il était déclaré criminel de lèse-majesté et condamné à mort par contumace en plein parlement, le 28 août 1654. Le duc d'Orléans, Gaston, ce triste frère de Louis XIII, fut exilé à Blois, où il resta jusqu'à sa mort, arrivée peu après; la grande Mademoiselle, sa fille, se retira dans ses terres. Le 19 décembre, le coadjuteur de Gondi, que le roi avait fait enfin nommer cardinal le 19 février précédent, fut arrêté au Louvre et enfermé à Vincennes, d'où il ne sortit qu'après s'être démis de l'archevêché de Paris. Transféré néanmoins à Nantes, il s'en échappa le 28 août 1654, passa en Espagne, puis à Rome, où le pape lui remit le chapeau en plein consistoire, voyagea en Hollande et en Angleterre et attendit la mort de Mazarin pour rentrer en France. Retiré près de Commercy, sur la frontière de Lorraine, il y vécut dans le silence jusqu'à sa mort arrivée en 1679, et y écrivit ses malicieux Mémoires, dont le style charmant fait oublier la morale un peu relâchée. Quant au parlement, épuré par la destitution ou l'incarcération de dix de ses membres, il avait dû, dès le lendemain de l'entrée du roi dans Paris, enregistrer une déclaration royale qui lui interdisait de prendre aucune connaissance des affaires générales de l'Etat et de la direction des finances. La Fronde était terminée. Le 3 février suivant, Mazarin rentrait triomphant à Paris.

Entreprise sans but déterminé, la Fronde n'eut d'autres résultats que de rendre le ministre, contre lequel elle s'était acharnée, tout-puissant, et de développer les dispositions du jeune roi à l'absolutisme. Le parlement ne réussit pas à substituer le régime de la légalité à celui du bon plaisir. La noblesse se rattacha plus étroitement à l'autorité royale que des princes avaient voulu ébranler. L'aggravation de la misère (voyez le beau travail de M. Feillet, cité plus haut, *la Misère au temps de la Fronde*) avait pour longtemps dégoûté le peuple des dissensions civiles, dont il est toujours, en définitive, la victime la plus maltraitée.

Fin de la guerre contre l'Espagne.—Échec de Condé devant Arras (1654).—Restait à punir les Espagnols de l'appui qu'ils avaient prêté à Condé pendant la Fronde. Renforcés de mercenaires allemands, congédiés à la fin de la guerre de Trente ans, ils avaient recommencé la guerre sur trois points à la fois : au Nord, ils avaient repris Dunkerque ; en Piémont, emporté Casal ; en Catalogne, chassé les Français de Barcelone. Condé, mis à la tête de l'armée des Pays-Bas forte de 30,000 hommes, se jeta sur la Picardie. Turenne, envoyé contre lui avec une armée insuffisante, lui fit une guerre de tactique, se tenant sans cesse sur la défensive, et le rejeta de l'autre côté de la Somme. L'année suivante (1654), Condé reparut en Artois avec l'archiduc Léopold, et assiégea Arras ; Turenne les en délogea le 25 août, après une brillante affaire où il écrasa les troupes de l'archiduc ; mais Condé, s'échappant avec deux régiments de Français et de Lorrains, battit sur sa route, l'un après l'autre, les maréchaux d'Hocquincourt et de La Ferté, et se replia jusqu'à Mons, couvrant ainsi la retraite de l'armée espagnole, qui lui dut son salut. C'est dans cette campagne que Louis XIV, âgé de seize ans, fit ses premières armes devant Stenay, qui fut prise le 5 août. Il est vrai qu'il avait avec lui un habile homme de guerre, fils d'un libraire de Metz, qui devint par la suite le maréchal Fabert et refusa d'être fait chevalier du Saint-Esprit pour n'avoir pas à montrer de fausses lettres de noblesse.

Alliance de Mazarin et de Cromwell. — Prise de Dunkerque et de Mardick, cédés à l'Angleterre. — Turenne bat Condé aux Dunes (14 juin 1658). — L'année suivante, un puissant auxiliaire vint en aide à la France : c'était le protecteur de la république d'Angleterre, Olivier Cromwell, que les rois de l'Europe, après l'avoir exécré, traitaient maintenant de frère et recherchaient comme allié. Mazarin ne craignit pas de faire, avec le puritain qui avait fait décapiter le mari de la fille de Henri IV, une alliance dont l'Espagne paya les frais d'une partie de ses colonies. Elle parvint, il est vrai, à préserver le Mexique, mais elle perdit la Jamaïque, qui lui fut enlevée au mois de mai 1655, et dont la possession protégea désormais le commerce anglais dans le nouveau monde. Deux traités furent encore signés entre Mazarin et Cromwell : celui de Westminster, à la suite duquel les enfants de Charles Ier, qui furent depuis Charles II et Jacques II, durent partir de France ; et celui de Paris, conclu le 23 mars 1657, en vertu duquel Cromwell promit son concours dans les Pays-Bas, à condition qu'on lui abandonnerait Mardyck et Dunkerque. Turenne, battu en 1656 devant Valenciennes par suite de la désobéissance du maréchal de La Ferté, se releva l'année suivante en prenant Maryck. Black écuma les mers d'Amérique et brûla tous les galions espagnols qu'il rencontra ; 20 vaisseaux anglais bloquèrent par mer Dunkerque, la plus forte place de la Flandre, pendant que Turenne, renforcé de 6,000 vieux soldats anglais qui avaient fait la guerre du parlement, l'assiégeait par terre. Condé et don Juan d'Autriche, accourus pour la défendre, essuyèrent aux Dunes, le

14 juin 1658, une sanglante défaite qui anéantit le[ur] armée. Dunkerque se rendit et fut remise aux Angla[is] ainsi que Mardick, en vertu des traités. Furnes, Di[x]mude, Gravelines, Oudenarde, Ypres tombèrent successivement au pouvoir des Français. L'Espagne, épuisé[e] par ses revers, demanda la paix.

Traité des Pyrénées (7 novembre 1659). — Philippe I[V] envoya à Paris son agent don Antonio Pimentel, po[ur] en arrêter les bases. Puis, lorsqu'elles furent conv[e]nues, chaque souverain envoya son premier minist[re] pour la signer. Mazarin et don Luis de Haro eurent da[ns] l'île des Faisans, sur la Bidassoa, 25 conférences dont [plusieurs] furent employées à régler le sort de Condé, questi[on] qui déjà en 1656 avait empêché la conclusion de la pai[x]. Le roi d'Espagne voulait qu'il fût rétabli dans toutes s[es] charges et prérogatives; le roi de France entendait e[n] faire à son gré une affaire de clémence. Philippe I[V] parla alors de créer au rebelle un établissement ind[é]pendant dans les Pays-Bas, sur les frontières de [la] France; Mazarin céda pour n'avoir pas à ses portes u[n] refuge ouvert à tous les mécontents. A part cet article la France obtint des conditions avantageuses. On lui a[c]cordait Arras et tout l'Artois, moins Aire et Saint-Omer[,] Gravelines, Bourbourg, Saint-Venant et leurs dépen[-]dances, en Flandre; Landrecies et le Quesnoy en Ha[i]naut; Thionville, Montmédy, Damvilliers et Yvoi dan[s] le Luxembourg; Marienbourg, Philippeville et Avesne[s] entre la Sambre et la Meuse; le Roussillon avec Perpi[-]gnan, le Conflans avec sa principale ville, Villefranche[,] du côté des Pyrénées. Le duc de Lorraine fut rétabl[i] dans ses États, sans toutefois recouvrer Moyenvic, l[e] duché de Bar et le comté de Clermont, que la Franc[e] garda. Enfin, pour cimenter l'alliance entre les deu[x] couronnes, on arrêta le mariage de Louis XIV avec l'in[-]fante d'Espagne, Marie-Thérèse d'Autriche, fille du roi Philippe IV, avec 500,000 écus d'or de dot, en place de la Franche-Comté et des Pays-Bas que Mazarin demandait. L'infante renonçait formellement, pour elle et ses descendants, à toute succession à la couronne d'Espagne, renonciation illusoire qui fut contestée en temps et lieu, la dot en espèces n'ayant jamais été payée, comme on s'y attendait bien, et qui valut plus tard à l'Espagne une dynastie française. Tel fut le traité des Pyrénées (7 nov. 1659), le grand titre de gloire de Mazarin.

Louis XIV, protecteur de la ligue du Rhin. — Deux ans avant la conclusion du traité des Pyrénées, était mort Ferdinand III, empereur d'Allemagne (1657). On songea, dit-on, un instant à mettre Louis XIV sur les rangs pour lui succéder; mais les mêmes raisons qui avaient fait, près d'un siècle et demi plus tôt, reculer les électeurs devant François Ier, les arrêta encore devant Louis XIV, et leur fit élire à la diète de Francfort, malgré Grammont et de Lionne, les plénipotentiaires français, le fils de Ferdinand III, Léopold Ier, après un an de négociations (1658). Mais comme ils craignaient que le fils du vaincu de la guerre de Trente ans ne voulût revenir sur les concessions du traité de Westphalie, les archevêques-électeurs de Cologne, de Trèves et de Mayence, le duc de Bavière et les princes de Brunswick et de Hesse formèrent une *ligue du Rhin*, à laquelle accédèrent les rois de Suède et de Danemark, qui se mit sous la protection de la France, pour imposer à la maison d'Autriche le respect des traités de Munster et d'Osnabruck. C'était mettre la liberté de l'Allemagne sous son patronage.

Mort de Mazarin (9 mars 1661). — Comme toujours, Mazarin réussissait au dehors, tantôt avec nos généraux, tantôt avec nos diplomates. A l'intérieur, où triomphant, il avait repris, en 1653, le gouvernement des affaires, il n'avait plus eu de séditions à comprimer. L'année même de son retour, il avait renvoyé dans les provinces les intendants que les parlements avaient fait supprimer et avait augmenté leur influence en ajoutant la justice et la police aux finances qui étaient primitivement leur seule attribution.

Le parlement crut pouvoir encore l'année suivante (1654) faire opposition à quelques édits : Mazarin y envoya le jeune roi, alors âgé de seize ans, qui arriva au milieu des conseillers, botté, éperonné et le fouet à la main, et dit : « On sait les malheurs qu'ont produits vos assemblées, j'ordonne qu'on cesse les délibérations qui sont commencées sur mes édits. Monsieur le premier président, je vous défends de les souffrir; et vous (les conseillers des enquêtes), je vous défends de les demander. » Le parlement se tut.

L'établissement de l'impôt sur le timbre en 1655, la création des courtiers maritimes et la construction de l'Hôpital général à Paris en 1657, l'établissement du conseil souverain de Perpignan, l'ouverture du canal d'Aire à la Bassée et à la Deule, en 1660, tels sont les principaux faits qui signalèrent l'administration de Mazarin depuis son retour. Nous ajouterons qu'il protégea les sciences et les arts, s'il ne fit rien ou à peu près rien pour l'agriculture, l'industrie et le commerce. Il fonda l'académie de peinture et de sculpture et l'école de Rome en 1656; accorda en 1658 à Molière, de retour à Paris, le privilége de donner des représentations au Palais-Royal; fit rendre, en 1660, l'édit qui déclarait la gravure en taille-douce un art libéral et affranchissait de toute maîtrise ceux qui s'y livraient, et pensionna généreusement Ménage, Descartes, Mézerai et Naudé, le créateur de la bibliothèque Mazarine. C'est également sous son ministère que Christine de Suède, abusant de l'hospitalité de la France, faisait assassiner Monaldeschi au château de Fontainebleau (10 novembre 1657), et que le voyageur Thévenot apporta à Paris (1660) le café, qui se vendit d'abord 40 écus la livre. Le 9 mars 1661, Mazarin mourut à Vincennes, à l'âge de cinquante-neuf ans. Il laissait une fortune énorme, fruit de ses rapines, et qu'on a évaluée, en l'exagérant, peut-être, à 200 millions de notre monnaie actuelle. Il avait également bien pourvu sa famille et marié magnifiquement ses sept nièces : Anne Marie Martinozzi au prince de Conti, frère de Condé; Laure, sa sœur, au duc de Modène; Hortense Mancini au comte de la Meilleraye, qui devint duc de Mazarin et héritier de la fortune du cardinal; Olympe Mancini, au comte de Soissons, de la maison de Savoie, qui fut père du prince Eugène; Laure, au duc de Vendôme, frère aîné de Beaufort et depuis cardinal; Marie, qui pensa un moment épouser Louis XIV, au connétable romain Colonna, et Marie-Anne au duc de Bouillon, frère de Turenne. Mais à côté du triste renom que lui donna sa rapacité, Mazarin n'en a pas moins eu la gloire devant l'histoire d'avoir heureusement continué la politique de Richelieu et d'avoir procuré à la France les traités de Munster et des Pyrénées, qui l'agrandissaient et faisaient d'elle la première nation de l'Europe. Une de ses dernières paroles fut peut-être le plus grand service qu'il rendit au jeune Louis XIV, son maître : «Sire, lui dit-il, je vous dois beaucoup, mais je crois m'acquitter en quelque façon de ce que je vous dois en vous donnant Colbert. »

CHAPITRE VI.

§ 1ᵉʳ

Gouvernement personnel de Louis XIV. — Colbert et Louvois. — Conquête de la Flandre. — Traité d'Aix-la-Chapelle (1668).

Gouvernement personnel de Louis XIV. — Caractère de ce prince. — Surintendance de Fouquet. — Sa disgrâce (1661) et sa captivité (1664-1680). — *Colbert* (1661-1683).
Réformes financières. — Les impôts sont allégés et moins inégalement répartis. — Economie de Colbert. — Son opposition aux emprunts.
Mesures favorables à l'agriculture. — Encouragements au commerce et à l'industrie. — Travaux publics; routes; le canal du Languedoc et le canal de Briare. — Entraves commerciales réduites. — Les cinq compagnies de commerce; les colonies.
Magnifique essor de la marine. — Les ports de Rochefort, de Brest et de Toulon.
Réforme des lois. — Ordonnance civile (1667), des eaux et forêts (1669), d'instruction criminelle (1670), de la marine et des colonies (1681), le Code noir (1685).
Encouragements donnés aux sciences, aux lettres et aux arts; académies.
Louvois. — *Administration de la guerre.* — Créations nouvelles : l'Ecole des cadets; l'ordre du tableau; la marche au pas; la baïonnette; perfectionnements de l'artillerie. — Frontières et principales places fortifiées par Vauban.
Premiers actes de Louis XIV; humiliation du roi d'Espagne Philippe IV (1662) et du pape Alexandre VII (1664). — Rachat de Dunkerque à l'Angleterre (1662). — Intervention en Portugal

¹ Ouvrages a consulter.— *Mémoires* de Louis XIV (composés par Pellisson), — de Saint-Simon,— de Gourville, — de Choisy, — de Lafare; — de Mᵐᵉˢ de Motteville, — de Caylus, — de La Fayette; — *Lettres* de Fénelon, — de Mᵐᵉˢ de Sévigné et de Maintenon; — *Journal* de Dangeau; — *Mémoires de Louis XIV*, publiés par Ch. Dreyss; — *Mes Oisivetés*, de Vauban.
Ouvrages modernes. — *Histoire de l'administration en France*, de M. Dareste; — *De l'administration de Louis XIV, d'après les Mémoires inédits d'Olivier d'Ormesson*, de M. Chéruel; — *Histoire de l'administration monarchique en France de Philippe-Auguste à la mort de Louis XIV*, du même; — *Histoire de la vie et de l'administration de Colbert*, par M. Pierre Clément; — *le Gouvernement de Louis XIV*, du même; — *Histoire du système protecteur en France*, du même;— *Histoire de Louvois*, par M. Camille Rousset; — *Recherches et Considérations sur les finances de la France*, par M. Forbonnais; — *Histoire de Louis XIV*, par M. Gaillardin, 6 vol. in-8º.

(1663). — Guerre contre les Turcs et les pirates barbaresques (1664-1665). — Louis XIV soutient la Hollande contre l'Angleterre (1666).
Guerre contre l'Espagne au nom du droit de dévolution (1667).— Conquête de la Flandre et de la Franche-Comté. — Triple alliance de La Haye entre la Hollande, la Suède et l'Angleterre (28 janv. 1668). — *Traité d'Aix-la-Chapelle.*— Louis XIV garde la Flandre (2 mars 1668).

GOUVERNEMENT PERSONNEL DE LOUIS XIV. — *Caractère de ce prince.* — Lorsque Mazarin fut mort, les ministres vinrent trouver le roi et lui demandèrent à qui ils s'adresseraient désormais. Louis XIV leur répondit : « A moi. » Le ministre de la guerre, le vieux Le Tellier, en fut stupéfait, et la reine mère, à qui il rapporta cette parole, se moqua de lui.

Louis XIV avait alors vingt-trois ans, et l'éducation qu'il avait reçue n'était pas faite pour développer en lui de grandes aptitudes. Mazarin l'avait d'abord confié à un valet de chambre nommé Laporte, qui nous a donné, dans ses *Mémoires,* des détails curieux. L'enfant était laissé dans le plus grand abandon, probablement malgré sa mère, car on vit plus tard Louis XIV témoigner à la vieille reine un profond attachement. On ne lui donnait aucun argent. Laporte voulut lui apprendre l'histoire de France, et lui lut Mézeray ; Mazarin se fâcha et le congédia.

Hardouin de Beaumont de Péréfixe, gentilhomme poitevin, d'abord évêque de Rodez, puis archevêque de Paris en 1684, fut ensuite son précepteur et ne lui apprit guère qu'à lire, à quinze ans. Louis ne lut pour ainsi dire jamais, et dut avoir quelque peine à comprendre un de ses courtisans lui disant : « La lecture fait à mon âme ce que vos perdrix font à mes joues. » En revanche, il excellait dans tous les exercices du corps, le maniement des armes, la danse et l'équitation, et il aimait à jouer la comédie.

Ce fut pourtant le souverain qui domina le dix-septième siècle, siècle qu'on a appelé, avec raison, le siècle de Louis XIV.

En rendant justice à ce prince, on ne doit pas méconnaître la part des hommes éminents qui contribuèrent à la prospérité et à l'éclat de son règne. Louis XIV ne fut pas un grand homme par lui-même ; on ne peut nier qu'il fût un grand roi ; il eut le mérite de discerner les capacités et de faire concourir à la grandeur de la France la diversité des talents et souvent même l'opposition des caractères et des ambitions.

Il avait une volonté forte et persévérante, un profond sentiment des devoirs que son rang lui imposait, une application assidue aux affaires, une dignité majestueuse en toutes choses ; enfin un instinct supérieur du bon et du beau qui suppléait souvent à l'imperfection de son éducation : il savait discerner le mérite et le récompenser. Pénétré de la nécessité du travail, il voulut tout connaître par lui-même, finances, justice, guerre, politique extérieure, et il s'y appliqua avec un zèle qui se soutint pendant cinquante-quatre ans (1661-1715). « C'est par le travail qu'on règne, écrivit-il plus tard dans ses *Mémoires* (œuvre de Périgny, puis de Pellisson, mais entièrement recopiée de sa main), en s'adressant à son fils, c'est pour le travail qu'on règne ; il y a de l'ingratitude et de l'audace à l'égard de Dieu, de l'injustice et de la tyrannie à l'égard des hommes de vouloir l'un sans l'autre. » Et de fait, il avait prêché d'exemple pendant tout son règne en travaillant huit heures par jour.

Louis XIV ne convoqua jamais ni les assemblées de notables ni les États généraux, dont le nom, prononcé un moment tout haut au milieu des turbulences de la Fronde, avait effrayé tous les partis ; il imposa silence au parlement qui voulait faire entendre quelques remontrances; en un mot, il concentra toute la puissance en lui-même, et si le mot célèbre *L'État, c'est moi*, ne fut pas prononcé, on peut affirmer du moins qu'il résume parfaitement la pensée du roi. Il ne voulait pas de grandeur, comme dit Saint-Simon, que par émanation de la sienne : de là l'exclusion systématique de la noblesse, qu'il éloigna de toutes les fonctions administratives. « Il n'était pas de mon intérêt, dit-il lui-même dans ses *Mémoires*, de prendre (pour ministres) des hommes d'une qualité éminente. Il fallait, avant toutes choses, faire connaître au public, par le rang même où je les prenais, que mon dessein n'était pas de partager mon autorité avec eux. Il m'importait qu'ils ne conçussent pas d'eux-mêmes de plus hautes espérances que celles qu'il me plairait de leur donner; ce qui est difficile aux gens d'une grande naissance. » Il n'eut jamais de premier ministre.

Surintendance de Fouquet. — *Sa disgrâce* (1661), *et sa captivité* (1664-1680). — Louis XIV prit d'abord pour ministres, après la mort de Mazarin, Pierre Séguier, chancelier et garde des sceaux; Michel Le Tellier, ministre de la guerre, connu depuis plus de vingt ans par un dévouement à toute épreuve; Hugues de Lionne, ministre de la marine et des affaires étrangères, et Nicolas Fouquet, marquis de Belle-Isle, qui avait remplacé le maréchal de La Meilleraye, successeur du trop fameux d'Emeri. « Fils d'armateurs bretons, ce jeune homme, plein d'esprit et de feu, avait apporté aux affaires le génie paternel, les goûts aléatoires des grands joueurs de mer, sur terre hardis pirates. Il comprit tout d'abord le fin du gouvernement, qui était une exploitation. Prendre peu, c'était hasardeux, mais en prenant beaucoup, on pouvait se créer une police qui tiendrait tout. Parlons mieux, amitié avec les grands seigneurs, que lui, Fouquet, *aiderait à soutenir leur rang*, et qui diraient ce qu'ils verraient ou ce qu'ils auraient entendu.... » (Michelet.) Et le grand surintendant trouvait moyen, sans se gêner, de donner 600,000 livres à Brancas, 200,000 à M. de Richelieu, 100,000 à Créqui, on ne sait combien à Vardes et à d'autres; et de payer pension aux littérateurs, à Pellisson, à La Fontaine, à Gourville, à Scarron (12,000 livres), dont la femme tenait un charmant salon. Nous ne raconterons pas ses vols, mais Colbert les connaissait, et le roi par Colbert. Fouquet se croyait inattaquable; et comme favori de la reine mère et comme procureur général au Parlement, ne pouvant être jugé que par ses collègues; il avait pris pour devise: *Quo non ascendam*. Il faillit monter au gibet; ce ne fut pas la faute du conseiller Pussort, l'oncle de Colbert. Il reçut un jour Louis XIV dans son magnifique château de Vaux, qui lui avait coûté 18 millions de notre monnaie actuelle, et dépensa 120,000 livres pour le dîner. Le roi voulut troubler la fête en faisant arrêter le maître, et n'y renonça que pour céder à sa mère; mais un mois après il emmena Fouquet à Nantes, sous couleur d'aller présider les états de Bretagne, en réalité pour isoler le surintendant de ses amis, et là il le fit arrêter (5 septembre 1661), sous la double inculpation de dilapidation et de trahison, et conduire à la Bastille. Fouquet avait imprudemment vendu sa charge de procureur général au parlement; il fut livré à une chambre de justice chargée de poursuivre la prévarication des financiers; l'affaire dura trois ans; au bout de ce temps, il fut condamné à mort par neuf juges, au bannissement et à la confiscation des biens par treize, d'Ormesson en tête, qui triompha de l'inflexibilité de Pussort.

Le roi, se mettant au-dessus de la justice et de ses arrêts, le fit enfermer à Pignerol, où il mourut en 1680, âgé de soixante-cinq ans, expiant ainsi ses vols, de problématiques complots contre l'Etat, et peut-être quelque ingérence dans les affaires privées de Louis XIV. Fouquet fut le dernier des surintendants et le seizième de ceux que, à tort ou a raison, punit la justice. Dès son arrestation, le roi supprima sa charge, dont il prit pour lui-même les fonctions, et s'adjoignit un conseil de finances composé du maréchal de Villeroy, des deux conseillers d'Etat d'Aligre et de Sève, et d'un contrôleur général, qui fut Colbert. « C'est dans ce conseil, dit Louis XIV, que j'ai travaillé continuellement depuis à démêler la terrible confusion qu'on avait mise dans mes finances. » La gloire de ces réformes économiques revient surtout à Colbert, que Louis XIV daigne à peine nommer, et seulement comme l'exécuteur de ses volontés. Peut-être le roi fut-il dupe, comme le prétend Saint-Simon, de l'adresse de Colbert, qui saisit « seul toute l'autorité des finances, et lui faisait accroire qu'elle passait toute entre ses mains par les signatures dont il l'accabla, à la place de celles que faisait le surintendant. »

COLBERT (1661-1683). — Jean-Baptiste Colbert naquit à Reims, le 29 août 1619. Son grand-père était un marchand de drap de cette ville, à l'enseigne du *Long-Vêtu;* le frère de sa mère était Pussort, l'implacable ennemi de Fouquet. Famille roturière, mais énergique et brave; Colbert eut trois fils tués sur le champ de bataille ou blessés. Il fut lui-même, comme les siens, hardi, indomptable, ne transigeant jamais, irascible, violent. Entré d'abord chez Maseranni et Cenami, banquiers de Mazarin, il avait été remarqué du ministre, qui en fit son intendant, ce qui ne l'empêcha pas de sortir de chez lui honnête homme. Mazarin mort, il révéla au roi, — ce que n'avait point fait Fouquet, quoiqu'il le sût, — les cachettes secrètes où le cardinal avait enfoui 17 millions et d'autres choses, et le roi s'en empara, ne laissant aux héritiers, les La Meilleraye, que la fortune patente. Colbert avait ensuite surveillé Fouquet. Celui-ci, sachant qu'il était épié et par son commis et par

Le Tellier, s'était fait représenter avec eux sous l'emblème d'un écureuil entre huit lézards et une couleuvre (*coluber*), faisant allusion aux armoiries de chacun d'eux, avec cette devise : *Quo me vertam nescio.* Tel était le passé de Colbert.

Réformes financières. — Travailleur infatigable, dur à lui-même et aux autres, homme de marbre, *vir marmoreus*, comme l'appelle Gui Patin, Colbert opposait un front impassible aux sollicitations des courtisans et aux plaintes des mécontents. Il procéda à la réforme des finances avec une vigueur systématique, que ne lassèrent ni les pamphlets de ses ennemis, ni l'ingratitude de ceux pour qui il travaillait. Des mesures violentes, comme la suppression des rentes, en 1662, et le remboursement forcé en 1664, ne doivent pas faire oublier les services qu'il rendit. Le rapprochement de quelques chiffres est plus significatif en matière de finances que tous les éloges. En 1661, on percevait 84,222,096 livres, d'après les *Recherches sur les finances*, de Forbonnais, et il n'entrait dans le trésor public que 31,844,924 livres. Les dépenses s'élevaient annuellement à 53,377,172 livres. Il y avait donc chaque année un déficit de 21,532,248 livres. Les traitants et autres financiers, qui avaient la ferme des impôts, détournaient à leur profit une partie de l'argent levé sur le peuple, et ils s'en servaient pour faire des prêts au trésor à un taux exorbitant, volant ainsi doublement l'État. Dès 1667, Colbert, tout en diminuant les charges, fit monter le revenu à 95,571,073 livres; il entra au trésor 63,016,826 livres, et les dépenses n'étant plus que de 32,554,913 livres, il y eut donc un excédant de 31,171,902 livres de recettes sur les dépenses, c'est-à-dire un bénéfice net de 52,704,150 livres. Les guerres et les emprunts de Louis XIV ne permirent malheureusement pas aux finances de progresser d'une manière bien sensible. Cependant, à la mort de Colbert, en

1683, l'impôt rendait 112 millions, en abandonnait 23 aux gages et aux rentes, et en versait 89 au trésor. En peu d'années, on put acquitter ainsi les dettes de l'Etat, consacrer des sommes considérables au commerce, à la marine et aux grandes constructions qui sont la gloire de ce règne, et fournir au roi le moyen d'agrandir par ses conquêtes le territoire de la France. Colbert parvint à ces résultats en exerçant sur les comptables une surveillance minutieuse, en diminuant le nombre des offices et les rentes qui grevaient le trésor public, et surtout en développant la richesse nationale par l'industrie et le commerce.

Les impôts sont allégés et moins inégalement répartis.— Une *chambre de justice*, établie par Colbert dès le commencement de son administration, poursuivit dans toute la France les financiers prévaricateurs, leur fit rendre 110 millions de monnaie du temps et inspira une salutaire terreur à tous ceux qui avaient le maniement des deniers publics, en leur prouvant qu'à l'avenir leurs fautes ne resteraient plus impunies. Colbert réduisit le droit qu'ils prélevaient pour le recouvrement de l'impôt de 5 sous à 9 deniers par livre. Les offices de finances étaient devenus héréditaires, comme les offices de judicature ; il les rendit viagers, et souvent même les transforma en simples commissions révocables à volonté. Les receveurs généraux furent astreints à signer des obligations à quinze mois, qui rendaient toujours disponible le revenu public. Les fermes de tous les impôts furent de nouveau mises aux enchères, et cette opération assura au trésor un bénéfice de 3 millions. Un budget dressé chaque année, comme l'avaient déjà fait Sully et d'Effiat, malheureusement sans être imités par leurs successeurs, fit connaître au roi, avec une minutieuse exactitude, l'état des recettes et des dépenses. L'assiette de l'impôt fut modifiée : Colbert diminua les tailles, qui grevaient surtout les classes inférieures, pesant sur les personnes et non sur les propriétés, en les réduisant de 53 millions à 35, et accrut les aides, ou impôts indirects, qui frappaient les objets de consommation et pesaient par conséquent sur tous les Français, en les portant de 15 millions de francs à 21 millions. Il allégea la gabelle ou impôt sur le sel, qui était onéreux principalement au peuple. La fabrication des monnaies ne fut plus affermée, mais fut faite directement par l'État. Les douanes, qui variaient de province à province, furent soumises à un tarif uniforme. Un grand nombre de personnes avaient cherché à se soustraire à l'impôt en achetant des offices ou en usurpant des titres de noblesse. Le trésor et le peuple souffraient de ces abus ; le premier voyait diminuer ses ressources, et le second voyait augmenter les charges qu'il supportait. Une ordonnance de 1665 réduisit le nombre des offices de judicature, en fixant le prix des charges et l'âge auquel on pourrait les obtenir. Quant aux usurpateurs des titres de noblesse, Colbert les soumit à la taille avec une juste rigueur, et augmenta d'environ 40,000 le nombre des contribuables. Enfin il fit commencer un cadastre qui devait rendre plus équitable la répartition de l'impôt territorial. Les domaines usurpés ou aliénés furent repris ou rachetés.

Économie de Colbert. — Son opposition aux emprunts. — Colbert évita, dans ses réformes financières, d'engager l'avenir par des emprunts. Cette ressource lui paraissait désastreuse sous un prince qui avait le goût du faste et des monuments. Gourville prétend même qu'il avait fait rendre un édit portant peine de mort contre quiconque prêterait de l'argent au roi. Mais pendant la guerre de Hollande, les instances de Louvois triomphèrent de l'opposition de Colbert. Le premier président de Lamoignon appuya l'avis du ministre de la guerre et le fit adopter par le conseil. « Vous triomphez, lui dit Colbert, vous pensez avoir fait l'action d'un homme de bien : eh! ne savais-je pas comme vous que le roi trouverait de l'argent à emprunter? mais je me gardais ave[c] soin de le dire. Voilà donc la voie des emprunts ouverte[.] Quel moyen restera-t-il désormais d'arrêter le roi dan[s] ses dépenses? Après les emprunts, il faudra les impôt[s] pour les payer, et si les emprunts n'ont point de borne[s,] les impôts n'en auront pas davantage. » Colbert réussi[t] du moins à atténuer le mal qu'il n'avait pu complétemen[t] empêcher. Il emprunta à un taux modéré, et conseilla [à] Louis XIV de diminuer les dépenses de luxe. Enfin, aus[si]tôt après la conclusion de la paix de Nimègue, i[l] s'occupa de rembourser les créanciers de l'État. Ce[t] esprit austère et opiniâtre avait des élans d'enthousiasme quand il s'agissait de l'honneur et de la puissance de l[a] France. « Un repas inutile de mille écus me fait un[e] peine incroyable, écrivait-il à Louis XIV : et, lorsqu'i[l] est question de millions d'or pour la Pologne, je vendrai[s] tout mon bien, j'engagerais ma femme et mes enfants[,] et j'irais à pied toute ma vie pour y fournir, si c'étai[t] nécessaire. »

Mesures favorables à l'agriculture. — On a reproché [à] Colbert d'avoir négligé l'agriculture. Il est certain qu'i[l] maintint quelques mesures prohibitives qu'on a juste[-]ment critiquées. Ainsi, le transport des grains d'un[e] province à l'autre continua à être interdit. Toutefois, o[n] ne peut faire peser sur Colbert l'entière responsabilit[é] de ces prohibitions, qui remontaient à une époque for[t] ancienne. Il en adoucit même la rigueur dans plusieur[s] circonstances. Il défendit de saisir les instruments d[e] labour et les bestiaux pour le payement des impôts, e[t] dispensa de la taille les familles trop nombreuses. Citon[s] encore le Code des eaux et forêts, publié en 1669, l[e] dessèchement des marais, le rétablissement des haras e[t] les encouragements donnés à l'élève et à l'amélioration des bestiaux. Mais ce qui valut mieux que les plus sages ordonnances, ce fut l'ordre rétabli dans la France, la diminution des tailles qui pesaient principalement su[r] les paysans, et la protection assurée au laboureur contre la violence des gens de guerre.

Encouragements au commerce et à l'industrie. — Le progrès de l'industrie et du commerce est un des titres de Colbert à la reconnaissance et à l'admiration de la postérité. A peine arrivé au pouvoir, il consulta les principaux commerçants de la France sur les moyens de ranimer le commerce et l'industrie. Chaque port de commerce, chaque ville industrielle désignèrent deux notables, entre lesquels Colbert choisit les conseillers qu'il appela à Paris pour s'éclairer de leurs avis. En 1665, il réorganisa le conseil de commerce, qui avait été institué en 1604 par Henri IV et était tombé en désuétude sous le ministère de Mazarin. En s'entourant de toutes les lumières, il conservait seul la haute direction du commerce. Il attira des ouvriers habiles de Flandre, d'Italie et d'Angleterre, et déroba aux Anglais le secret de la trempe de l'acier et le métier à bas qui avait été inventé en France, puis perdu. Le hollandais Van Robais fut appelé en France et établit à Abbeville, en 1664, une célèbre manufacture de draps. Les porcelaines de Sèvres furent bientôt renommées dans toute l'Europe à l'égal de la belle faïence d'Allemagne et des cristaux de Bohême. La manufacture des Gobelins, qui remontait à Henri IV et occupait 800 ouvriers, fut placée sous la direction du célèbre peintre Lebrun et éclipsa par la magnificence de ses produits tous les établissements étrangers. Glaces de Venise, points d'Angleterre, draps fins de Louviers, de Sedan, d'Abbeville; draps communs d'Elbeuf; feutres de Caudebec; soieries de Tours et de Lyon; tapisseries de la Savonnerie, de Beauvais, d'Aubusson; perfectionnement de l'horlogerie; culture de la garance; produits variés, du fer, de l'acier, du cuir, des terres argileuses, en un mot toutes les branches de l'industrie reçurent de Colbert une féconde impulsion. C'est à lui qu'on doit les conseils de prud'hommes et l'abolition d'un certain nombre de fêtes religieuses qui faisaient trop chômer les ouvriers. Les économistes ont diversement apprécié, selon l'école à laquelle ils appartenaient, la protection qu'il accorda aux produits français en frappant de droits considérables les produits étrangers à leur entrée en France. Elle fut peut-être un bien pour notre industrie naissante.

Travaux publics; routes; le canal de Languedoc et le canal de Briare. — Le mauvais état des routes « empêchait notablement le transport des marchandises, » dit une ordonnance de 1664. Colbert prescrivit aux intendants d'améliorer les voies de communication, et c'est de cette époque que datent la plupart des grandes routes de la France. Des coches d'eau établis sur la Seine facilitèrent l'approvisonnement de Paris, et multiplièrent les moyens de communication. Malheureusement, il n'en put être de même partout. L'intendant de la généralité de Montauban nous montre, dans ses *Mémoires*, qu'en 1697 les habitants du haut Quercy, du haut Rouergue et d'une partie des Pyrénées faisaient leurs provisions de vivres pour cinq ou six mois, pendant lesquels ils ne pouvaient communiquer avec le plat pays.

Le canal du Languedoc, après d'immenses travaux, admirables à toute époque et surtout dans l'enfance des sciences mécaniques, joignit la Méditerranée à l'Océan, unissant ainsi les deux mers qui baignent la France, et mérita d'être chanté par Corneille et par Boileau. On sait que l'ingénieur français Andréossi en donna les dessins et que Riquet les exécuta de 1664 à 1681, en y consacrant environ 34 millions et en y employant 10 à 12,000 ouvriers par an. Le canal d'Orléans fut décrété un peu plus tard, et l'exécution confiée à Monsieur, frère de Louis XIV, moyennant la jouissance perpétuelle des droits de navigation, justice et seigneurie. Ainsi se compléta le canal de Briare, qui avait été commencé sous Henri IV et achevé par Richelieu.

Entraves commerciales réduites. — C'était beaucoup de vaincre les obstacles opposés par la nature et d'ouvrir au commerce de nouvelles voies de communication; mais il était encore plus urgent d'abaisser les barrières que le système féodal avait multipliées à l'intérieur du royaume. Déjà, du temps de Henri IV, on se plaignait de ces douanes provinciales qui rompaient les veines et les artères de la France. Malheureusement, ces entraves du commerce étaient maintenues par des préjugés opiniâtres et par l'intérêt de quelques provinces. Colbert parvint cependant à diminuer le nombre des douanes intérieures : douze provinces, qu'on appela les *cinq grosses fermes*, consentirent à ouvrir de libres communications entre elles. C'était l'Ile-de-France, la Normandie, la Picardie, la Champagne, la Bourgogne, la Bresse et le Bugey, le Bourbonnais, le Poitou, l'Aunis, l'Anjou, le Maine, la Touraine, etc.; elles purent commercer entre elles avec une entière liberté. Le reste des provinces fut divisé en deux catégories : les unes étaient réputées *provinces étrangères*, les autres traitées comme *pays étrangers*. Les premières, qui étaient la Bretagne, l'Angoumois, la Marche, le Périgord, l'Auvergne, la Guienne, le Languedoc, la Provence, le Dauphiné, la Flandre, l'Artois, le Hainaut et la Franche-Comté, n'avaient pas voulu se soumettre au tarif établi par Colbert pour les *cinq grosses fermes;* elles avaient conservé leurs douanes intérieures. Les secondes étaient l'Alsace, la Lorraine, les Trois-Evêchés (Toul, Metz et Verdun), le pays de Gex, les villes de Marseille, Dunkerque, Bayonne et Lorient. Libres dans leurs relations avec l'extérieur, ces provinces étaient traitées par le reste de la France comme pays étrangers pour l'importation et l'exportation. Colbert fut obligé de subir cette division bizarre, créée surtout par le régime féodal, dont la France portait encore les traces; mais, du moins, il atténua les inconvénients de ces entraves artificielles. Il fit pour douze provinces de la France ce que, de nos jours, le *Zollverein* ou union douanière a accompli pour une partie de l'Allemagne.

Les cinq compagnies de commerce. — Les colonies. — Colbert s'efforça d'ouvrir au commerce français des débouchés extérieurs : il déclara Dunkerque, Bayonne et Marseille ports francs, afin d'y attirer les étrangers (ce dernier avec une chambre d'assurances établie en 1670) et créa celui de Cette au point où finit sur la Méditerranée le canal du Languedoc. Ce fut surtout par le développement du système colonial que Colbert ouvrit de nouveaux débouchés à l'industrie française. Le commerce de mer fut ennobli, et une ordonnance royale permit, en 1669, aux gentilshommes de s'y livrer sans déroger. La France, à l'imitation de la Hollande et de l'Angleterre, eut cinq compagnies de commerce, qui s'organisèrent successivement sous les auspices de Colbert, recevant de lui des priviléges considérables et même des avances. Ce furent les compagnies des Indes orientales et des Indes occidentales, établies en 1664, celles du Nord et du Levant en 1669, et celle du Sénégal en 1673. Jamais les colonies françaises n'avaient été plus florissantes. Le Canada, l'Acadie, Terre-Neuve, Saint-Pierre et Miquelon formaient la *Nouvelle-France*, dans l'Amérique septentrionale. La Louisiane, récemment explorée par Robert de la Salle, recevait une colonie française. Saint-Domingue, la Martinique, la Guadeloupe, Sainte-Lucie, la Grenade et les Grenadines, Marie-Galande, Saint-Martin, Saint-Christophe, Saint-Barthélemy, Sainte-Croix, la Tortue, Tabago, la Barbade, etc., formaient aux Antilles un empire français dont il ne nous reste que de faibles débris. Cayenne dans la Guyane ; au Sénégal, Port-Louis et Gorée (enlevée aux Hollandais en 1665); Surate, Chandernagor, et plus tard Pondichéry aux grandes Indes, Bourbon et Madagascar sur la côte orientale d'Afrique, étaient les entrepôts d'un commerce qui luttait sans désavantage contre la concurrence de la Hollande et de l'Angleterre.

Magnifique essor de la marine. — *Les ports de Rochefort, de Brest et de Toulon.* — Une puissante marine protégeait ces colonies ; la France en dut surtout l'organisation à Colbert. A la mort de Mazarin, la marine française était dans un état déplorable. Il n'y avait dans les ports que 20 vaisseaux de 30 à 70 canons. Dès 1662, on répara les vieux vaisseaux ; on en acheta 32 des Provinces-Unies, et on en fit construire 12 en France, dans des arsenaux qui furent créés à Dunkerque, au Havre, à Rochefort, à Brest. Une fonderie de canons fut établie à Amsterdam pour le compte de la France ; on attira des constructeurs hollandais, des tisserands et des cordiers de Hambourg, de Dantzig et de Riga. Le port de Rochefort fut creusé ; celui de Brest fut agrandi et fortifié par Vauban. En 1672, Duquesne y montrait fièrement à Seignelay 50 vaisseaux de ligne. De gigantesques travaux furent également accomplis à Toulon par Vauban, qui y creusa cette darse immense où les vaisseaux de ligne peuvent tenir. Dès 1665, le duc de Beaufort parcourut la Méditerranée à la tête d'une flotte française et détruisit les flottes de Tunis et d'Alger. En 1666, il commanda sur l'Océan une flotte de 34 vaisseaux montés par 10,556 hommes. Cependant, la marine française ne prit tout son essor qu'à l'époque où elle passa entièrement sous la direction de Colbert (1669). En trois années, de 1669 à 1672, le nombre des vaisseaux de guerre s'éleva à 196, dont 119 gros vaisseaux, 22 frégates et 55 bâtiments légers. L'inscription maritime ou système des classes fut créée pour fournir des marins. En échange de certains avantages, elle astreignait les habitants des côtes au service des vaisseaux. De 36,000 marins qu'elle fournit au premier recensement en 1670, elle était montée à 77,552 en 1683. L'Ecole des gardes-marine fut établie en 1672, et composée de mille gentilshommes, pépinière de futurs officiers. La caisse des invalides de la marine, créée vers la même époque, assura une retraite aux marins. Colbert obtint, en 1672, que son fils Seignelay lui fût adjoint au département de la marine, avec droit de survivance. Il avait pris le plus grand soin de l'éducation de ce fils, et il surveilla constamment son administration. Un conseil de marine et un conseil de construction navale furent institués à Paris pour éclairer le ministre de leurs avis. Dans les ports, l'administration fut séparée du commandement militaire et confiée à deux intendants qui résidaient, l'un à Rochefort pour l'Océan, et l'autre à Toulon pour la Méditerranée. L'unité de poids et de mesures devait être établie dans les arsenaux et les ports par une ordonnance de 1671 qui, malheureusement, ne fut pas exécutée. Les officiers, qui étaient nommés antérieurement par le grand amiral, reçurent directement leur commission du roi. Un des derniers actes et des plus importants de Colbert fut la célèbre ordonnance de la marine publiée en 1681; elle forme un véritable code maritime et traite toutes les questions qui pouvaient donner lieu à des procès devant les amirautés ou tribunaux maritimes. Cette ordonnance a été presque entièrement copiée par l'Amirauté anglaise; c'est le plus bel éloge qu'on puisse en faire. Sous l'impulsion puissante de Colbert et de Seignelay, la marine française devint la première du monde : Duquesne triompha de Ruyter, et les vaisseaux français, non contents de refuser le salut aux autres nations, l'exigèrent des Espagnols, bombardèrent Gênes et forcèrent Alger de rendre les prisonniers français. A la mort de Colbert (1683), le nombre des vaisseaux de guerre de tout rang s'élevait à 276. Seignelay continua l'œuvre de son père, et lorsqu'il mourut, en 1690, la France avait 763 bâtiments de guerre, de toute grandeur, en mer ou sur les chantiers.

Réforme des lois. — *Ordonnance civile* (1667), *des eaux et forêts* (1669), *d'instruction criminelle* (1670), *de la marine et des colonies* (1681); *le Code noir* (1685). — La réforme des lois a été un des actes les plus glorieux et les plus utiles de l'administration de Louis XIV. Une série d'ordonnances, qui sont de véritables codes, améliorèrent la procédure civile et criminelle, et coordonnèrent, en les réformant, les règlements relatifs aux eaux et forêts, au commerce et aux colonies. Là encore nous retrouvons le génie pratique et universel de Colbert. Dès le 15 mai 1665, il avait remis à Louis XIV un mémoire dans lequel il lui exposait ses idées, qu'il présentait adroitement comme venant du roi lui-même. Il y insistait sur la gloire d'une réforme complète qui établirait dans toute la France *une même loi, un même poids et une même mesure*. Il insistait sur la nécessité « de rendre ce corps d'ordonnances aussi complet que celui de Justinien pour le droit romain. » Suppression de la vénalité des charges, réorganisation des parlements, des chambres des comptes, des cours des aides, du grand conseil et de la cour des monnaies; gratuité de la justice; diminution du nombre des juges et des moines; nécessité d'encourager les professions des marchands, des laboureurs, des artisans et des soldats : telles sont les vues exposées par Colbert et qu'élabora une commission créée en 1666, et composée de conseillers d'Etat et de maîtres des requêtes, dont on doit conserver les noms. Ce sont : le président Séguier et le chef du conseil, maréchal de Villeroy, Colbert, d'Aligre, d'Ormesson, de Lezeau, de Machault, de Sève, Menardeau, de Morangis, Poncet, Boucherat, de la Marguerie, Pussort, Voisin, Notman et Marin. Leurs vues étaient trop supérieures au siècle, elles froissaient trop de préjugés et d'intérêts pour être complètement adoptées; mais, du moins, on s'occupa de la réforme des lois.

L'*ordonnance civile*, qu'on peut appeler le *Code Louis* (20 avril 1667), œuvre de Pussort, à laquelle Lamoignon, Talon et Bignon mirent la dernière main, réforma des abus invétérés, résultat des atroces procédures d[u] moyen âge, prescrivit la tenue régulière des actes d[e] l'état civil et leur dépôt au greffe de chaque tribuna[l] elle hâta l'expédition des affaires et établit une proc[é]dure uniforme, obligatoire pour tous les tribunau[x]. C'était un progrès, quoique l'unité législative fût lo[in] d'être complète et que chaque province continuât [à] suivre sa coutume. En 1669 parut *l'ordonnance des eau[x] et forêts*, qui réglementa une administration compliqu[ée] avec tant de sagacité qu'on en suit encore aujourd'hui l[es] principales dispositions. Une autre ordonnance limi[ta] cette même année les évocations qui enlevaient la d[é]cision des procès aux juges naturels pour la confier à u[n] tribunal exceptionnel, et fut suivie, au mois d'août 167[0] de l'ordonnance d'instruction criminelle qui restreign[it] les applications de la torture, en conservant encore l[a] roue et l'écartèlement, fixa la compétence des diver[s] tribunaux en matière criminelle, ainsi que les formes d[e] procédure. L'honneur de ces deux grandes mesures ap[par]tient au chancelier Séguier, qui présidait alors l[e] conseil. L'ordonnance *de commerce* (1673) embrass[a] toutes les questions commerciales : tenue des livres mode de payement, lettres et billets de change, con[trainte par corps, faillites, banqueroutes, juridiction de[s] tribunaux de commerce, etc. Les corporations d'arts e[t] métiers étaient conservées, mais soumises à une orga[ni]sation uniforme. En 1681 parut l'ordonnance de *l[a] marine et des colonies;* elle est encore aujourd'hui, aprè[s] avoir subi quelques modifications, le droit maritime international. Le *Code noir* ou Code colonial, qui parut en 1685, compléta les travaux législatifs de Louis XIV. Malgré la dureté de plusieurs de ses dispositions, on n[e] peut y méconnaître une tendance à améliorer le sort des esclaves dans les colonies françaises.

Encouragements donnés aux sciences, aux lettres et aux arts; académies. — L'attention de Colbert se porta aussi sur les sciences et les arts et nous lui devons de nombreuses créations dont nous sommes encore fiers aujourd'hui : l'Académie des inscriptions et belles-lettres (1663); l'Académie des sciences et l'Académie de musique (1666); l'École des beaux-arts de Rome (1667); l'Académie d'architecture (1671); l'École des jeunes de langues, pour l'étude des langues orientales. Ajoutons à ces créations, la Bibliothèque royale, augmentée de 30,000 volumes; la bibliothèque Mazarine, ouverte aux lecteurs, que le cardinal avait donnée au collége qui porte son nom ; — celle de Saint-Victor, la première qui fut publique, l'était depuis 1652; — le Jardin des plantes étendu, l'Observatoire fondé en 1665, la même année où Denis de Sallo, conseiller au parlement, fondait le *Journal des Savants*, qui a servi de modèle à tous les journaux littéraires; les pensions ou gratifications accordées aux illustrations nationales : Corneille, Racine, Molière, Boileau, Quinault, et aux illustrations étrangères : Lulli, Allatius, Graziani, Isaac Voss, Rœmer, Huygens, Viviani, — (100,000 livres par an) que payait une ample reconnaissance.

Louvois. Administration de la guerre. — L'organisation militaire fut une des parties les plus importantes de l'administration, sous le règne de Louis XIV. Ce fut surtout après l'entrée de Louvois au ministère que l'organisation de l'armée fit de rapides progrès. François-Michel Le Tellier, marquis de Louvois, avait trente-cinq ans lorsqu'en 1666 il succéda à son père, Michel Le Tellier, comme ministre de la guerre, après lui avoir été associé depuis plusieurs années. C'était, suivant l'historien Vittorio Siri, *le plus grand et le plus brutal des commis*. Il porta dans l'administration un caractère ardent et un zèle impétueux, stimulés par l'ambition et soutenus par une infatigable activité. Centralisation et amélioration de toutes les parties du service militaire, telles furent les deux pensées qui dirigèrent Louvois et qu'il parvint à réaliser. Tout fut subordonné au roi et à son ministre. Les divers régiments, qui portaient antérieurement les couleurs de leur colonel, furent assujettis à l'uniforme. Des inspecteurs spéciaux imposèrent les volontés du pouvoir central à tous les corps d'armée dispersés dans les provinces et surveillèrent la conduite des chefs et la tenue des troupes. Ils étaient perpétuellement changés, dans la crainte qu'ils ne prissent trop d'autorité. Tous les officiers, maréchaux de France, lieutenants généraux, brigadiers (généraux de brigade créés en 1668), colonels, relevèrent de la direction centrale ; aucune autorité ne s'interposa, comme par le passé, entre le roi et l'armée. Cette organisation eut dans la suite de graves inconvénients ; elle fit souvent dépendre d'un ministre et de ses commis le sort d'une campagne. Rien ne fut plus funeste, lorsque l'autorité tomba aux mains d'un Chamillart, qui se croyait le génie de Louvois, parce qu'il avait sa puissance. Mais, dans les premières années de l'administration de Louvois, la vigueur de la centralisation parut produire d'excellents résultats. La discipline la plus sévère remplaça l'ancienne licence des armées, généralement composées, depuis trois siècles, d'enrôlés volontaires et de mercenaires étrangers, Italiens, Écossais ou Suisses. Peine de mort prononcée contre les déserteurs, défense de s'écarter des garnisons, répression énergique des désordres, fixation précise de ce que pouvaient exiger les troupes en marche, prescriptions minutieuses sur l'ordre des campements, sur le matériel et les approvisionnements militaires, rien ne fut négligé pour établir la régularité la plus parfaite, protéger les bourgeois et les paysans contre les violences de la soldatesque et pour contribuer au bien-être des troupes (casernes, hôpitaux militaires, etc.)

Créations nouvelles ; l'École des cadets ; l'ordre du tableau ; la marche au pas ; la baïonnette ; perfectionnements de l'artillerie. — La noblesse, trop longtemps accoutumée à obtenir d'emblée les dignités militaires, apprit à obéir avant de commander. Des écoles de *cadets* la préparèrent au métier de la guerre. L'avancement militaire fut assujetti à des règles invariables. L'ancienneté, ou, comme on disait alors, l'*ordre du tableau*, l'emporta sur la naissance; et le service de l'inspection, créé alors, mit plus en évidence le mérite de chacun et ses droits à l'avancement. Louvois ne toléra plus la négligence de ces colonels de cour qui, comme M. de Nogaret, dont parle madame de Sévigné, connaissaient à peine le régiment acheté en leur nom. Mais en même temps la carrière des armes était plus que jamais honorée, et la fondation de l'hôtel des Invalides (1671) ouvrait un magnifique asile aux soldats mutilés. C'est de cette époque que date l'usage de la *marche au pas*. Toutes les armes furent perfectionnées sous l'administration vigilante de Louvois; la *baïonnette* placée à l'extrémité du fusil remplaça la pique dont l'usage avait été conservé jusqu'à cette époque dans les corps d'infanterie. Chaque régiment eut ses compagnies d'élite. Les haras assurèrent la remonte de la cavalerie; des escadrons de cuirassiers et de grenadiers à cheval furent établis. Le corps des dragons fut augmenté et placé sous les ordres d'un colonel-général. Celui des ingénieurs fournit à Vauban ses meilleurs élèves. La France emprunta aux étrangers le nom et l'armement des hussards. On s'occupa aussi beaucoup de l'artillerie ; des écoles spéciales furent fondées à Douai, à Metz et à Strasbourg. Vauban, le plus grand nom de ce temps après Turenne, inventa les boulets creux qui dispersent les terres, et le tir à ricochet qui démonte l'artillerie de l'ennemi assiégé. On dit aussi que le grand ingénieur inventa au siége de Maëstricht, en 1673, les parallèles qui relient entre elles les tranchées de siége.

Frontières et principales places fortifiées par Vauban. — Mais ce fut surtout dans la fortification des places et des frontières que se signala le grand Vauban, aussi habile à défendre nos villes à ou les préserver de l'attaque qu'à prendre celles de l'ennemi. Gentilhomme de petite naissance et entré de bonne heure dans le métier des armes, il s'était formé comme ingénieur sous l'habile chevalier de Clerville, et avait, à vingt-cinq ans, dirigé les siéges de Gravelines, d'Ypres et d'Oudenarde. A trente ans, en 1663, il avait fortifié Dunkerque et créé son port, une œuvre de maître, qui servit de nid à de hardis corsaires et que l'ennemi eut à tenir en blocus perpétuel avec 30 et 40 vaisseaux. Il travailla, dit-on, à 300 places, en construisit 33 nouvelles, conduisit 53 siéges et participa à 140 affaires. Il fortifia toute notre frontière du Nord, du Rhin à Dunkerque, en construisant d'abord les grosses citadelles de Lille, Metz et Strasbourg; couvrit la Picardie et la vallée de l'Oise avec Maubeuge, Charlemont et Philippeville; les Ardennes avec Longwy, qui fait tête à Luxembourg; la vallée de la Moselle avec Thionville; la Lorraine (non encore française) avec Sarrelouis; les Vosges avec Bitche et Phalsbourg; l'Alsace avec Landau, Lichtemberg, Haguenau, Schlestadt, Huningue, Neufbrisach et Strasbourg; l'espace laissé libre par la nature entre le Jura et les Vosges par Belfort; le Jura par Besançon; la vallée de la Durance par Briançon, et les deux points extrêmes des Pyrénées par Mont-Louis, l'avant-poste de Perpignan, et par Saint-Jean-Pied-de-Port, l'avant-garde de Bayonne.

Il fit de même pour nos côtes. Sur la Méditerranée, il améliora le port d'Antibes, fit de Toulon notre grand port militaire et indiqua qu'il y avait quelque chose à faire pour Port-Vendres, idée qu'on reprend aujourd'hui. Sur l'Océan, il construisit le fort d'Hendaye, qui domine la Bidassoa et la citadelle de Bayonne; reconstruisit à nouveau les murailles de la Rochelle, donna à l'île de Ré sa citadelle, fortifia Brest, indiqua par quelques essais l'importance de Cherbourg, fit des efforts pour déblayer le

Havre de son galet, et améliora Boulogne et Calais. Vauban ne fut pas seulement un ingénieur militaire : il fut aussi un ingénieur civil, dont les indications et les travaux de canalisation rendirent de grands services à l'agriculture et au commerce. L'économie politique le revendique comme un de ses précurseurs, la morale comme un philanthrophe. Saint-Simon, qui a lardé tant de gens de ses sarcasmes, l'a nommé un *patriote*, introduisant ce mot dans notre langue pour le qualifier. Il a laissé de volumineux *mémoires* manuscrits où l'on puise sans cesse d'utiles documents. Une partie en a été publiée seulement en 1843, portant ce titre modeste: *Mes oisivetés*, en 4 vol. in-8°. Peu de citoyens ont autant mérité de leur pays.

Premiers actes de Louis XIV ; humiliation du roi d'Espagne Philippe IV (1662) et du pape Alexandre VII (1664). — Deux actes énergiques ne tardèrent pas à annoncer à l'Europe que Louis XIV était devenu roi de France. Le baron de Watteville, ambassadeur d'Espagne en Angleterre, voulut, à Londres, le 10 octobre 1661, prendre le pas sur le comte d'Estrades, ambassadeur de France, à l'entrée du comte de Brahé, ambassadeur extraordinaire de Suède. Louis XIV demanda réparation. Watteville fut révoqué, et, le 24 mars 1662, le marquis de la Fuentes, son successeur, déclara au roi que Philippe IV, son maître, avait envoyé ses ordres à tous ses ambassadeurs et ministres pour qu'ils s'abstinssent et ne concourussent pas avec les ministres et les ambassadeurs de Sa Majesté. Notification fut faite de cette déclaration aux autres puissances, ce qui fit dire à l'ambassadeur de Hollande : « Je savais bien que les princes catholiques envoyaient des ambassades d'obédience au pape, mais je n'avais pas encore vu qu'un prince en envoyât à un autre prince. » Ce fut bientôt le tour du pape Alexandre VII lui-même.

Le duc de Créqui était ambassadeur de France à Rome.

Ses laquais, s'étant pris de querelle avec la garde corse, dont la principale fonction était d'escorter les sbires aux exécutions, les Corses vinrent en armes assiéger la maison du duc de Créqui, tuèrent un page, blessèrent plusieurs domestiques et tirèrent même sur le carrosse de l'ambassadrice, qui rentrait. Le pape différa la réparation qu'on lui demanda. Son nonce dut sortir de France ; un arrêt du parlement d'Aix, du 26 juillet 1663, déclara Avignon et le comtat Venaissin réunis à la couronne, et on parla d'envoyer une armée à Rome même. Le pape céda, signa, en 1664, le traité de Pise, à la suite duquel il exila son propre frère, envoya son neveu, le cardinal Chigi, demander pardon au roi, supprima sa garde corse, et, en face de son ancienne caserne, établit une pyramide qui rappelait l'offense et la réparation. Elle ne disparut qu'à la mort d'Alexandre VII, arrivée en 1667.

En même temps, le pape recouvrait Avignon, mais cédait aux ducs de Parme et de Modène quelques territoires contestés, ce qui faisait de Louis XIV le protecteur des petits princes italiens.

Rachat de Dunkerque à l'Angleterre (1662). — Turenne avait conquis Dunkerque pour Cromwell, en 1658; Colbert le rendit à Louis XIV, en 1662, en lui fournissant les 5 millions de livres au moyen desquels on put le racheter au roi d'Angleterre Charles II, ainsi que Mardick. Les Anglais furent indignés de la lâcheté de leur roi ; leur exaspération ne connut plus de bornes, quand les travaux de Vauban, qui se mit aussitôt à l'œuvre, eurent fait de Dunkerque une place du premier ordre.

Protection donnée à la maison de Bragance (1663). — L'année suivante (1663), on renouvela l'alliance avec les treize cantons suisses. Marsal fut repris au remuant duc de Lorraine, qui n'avait pas voulu s'en dessaisir malgré les traités, et qui se trouva pour toujours tenu en respect. En même temps, grâce à l'intervention de Turenne, parent de la reine de Portugal, un corps d'armée, commandé par Schœnberg, alla soutenir le roi Alphonse VI contre l'Espagne, qui voulait, en lui laissant son royaume, le forcer de renoncer à son titre de roi de Portugal, et à se contenter de celui de roi du Brésil. Les victoires d'Almexial (1663) et de Villa-Viciosa (1665) assurèrent l'indépendance du Portugal et de la maison de Bragance.

Guerre contre les Turcs et les pirates barbaresques (1664-1665).
— Les Turcs, conduits par leur grand vizir Achmet-Kiuprouli, avaient envahi la Hongrie et menaçaient l'Allemagne. En 1664, 6,000 Français, équipés par Louvois et conduits par le comte de Coligni, prirent part, dans l'armée allemande, commandée par Montecuculli, à la glorieuse victoire de Saint-Gothard, remportée sur les Turcs le 1er août, et contribuèrent à la paix de Temeswar, conclue le 17 septembre. Mais la puissance de Louis XIV n'en porta pas moins ombrage à l'empereur, qui se tourna contre nous à la première occasion. Un autre ennemi força, cette même année, Louis XIV à utiliser la marine relevée par Colbert et à faire la police de la Méditerranée. Les corsaires barbaresques faisaient main basse sur tous les bâtiments qu'ils pouvaient capturer, infestaient les côtes de l'Italie et de la Provence et allaient ensuite entasser dans leur nid de Djidjelli ou Gigeri, petit port algérien entre Bougie et Bône, le fruit de leurs rapines. Louis XIV envoya contre eux l'ancien roi des Halles, Beaufort, qui les battit et leur prit Gigeri le 22 juillet 1664. Mais la mésintelligence s'étant élevée entre lui et ses officiers, et la maladie s'étant mise dans le camp, il ne put tenir et dut se rembarquer le 30 octobre. Le vaisseau qui portait le régiment de Picardie échoua sur les côtes de Provence et périt tout entier. L'année suivante (1665), Beaufort recommença la campagne, ayant avec lui le célèbre capitaine Paul, battit les pirates, au mois, d'avril à la hauteur de Tunis, le 24 août devant Alger, et mit fin pour quelque temps à leurs déprédations.

Louis XIV soutient la Hollande contre l'Angleterre (1666).
— Le 27 avril 1662, Louis XIV avait conclu, à Paris, un traité d'alliance avec les états généraux de Hollande, se proposant d'en tirer parti lorsque viendrait à s'ouvrir la succession d'Espagne, tout au moins pour les provinces des Pays-Bas. Deux ans après (1664) Charles II déclarait la guerre à la Hollande, dont la prospérité commerciale excitait la jalousie des Anglais. Le duc d'York battit, le 13 juin, à la hauteur de Lestoff, sur la côte de Suffolk, l'amiral des Hollandais Wassenaer, qui périt dans le combat et fut remplacé par Ruyter ; il avait détruit 22 vaisseaux. Le grand pensionnaire de Hollande, Jean de Witt, répara ces pertes, puis rappela à Louis XIV le traité de 1662. Celui-ci, après quelque hésitation, comprit

tout le préjudice que pourrait lui causer l'abaissement de la Hollande, à laquelle Charles II, vainqueur, imposerait pour souverain son parent Guillaume d'Orange ; il envoya Pradelle, avec 6,000 hommes, contre l'évêque de Munster, Christophe-Bernard de Galen, que l'Angleterre, avec son argent, avait poussé contre la république, et déclara, le 26 janvier 1666, la guerre à Charles II. La flotte française, confiée encore à Beaufort, agit mollement, n'opéra aucune diversion sérieuse ; elle ne parut point dans les deux batailles navales que se livrèrent devant Dunkerque, le 1er juin, et devant North-Foreland, le 25 juillet, Monk et le prince palatin Rupert d'un côté, Ruyter et Van Tromp de l'autre. Mais, en 1667, Ruyter pénétra dans la Tamise, brûla les vaisseaux qui se trouvaient dans la rade de Chatham et jeta l'épouvante dans Londres. Le 31 juillet suivant, la paix était signée à Breda, sous la médiation de la Suède. On s'y fit des restitutions et des concessions. La France y gagna l'Acadie.

Guerre contre l'Espagne au nom du droit de dévolution (1667); *Conquête de la Flandre et de la Franche-Comté.* — Philippe IV, roi d'Espagne, était mort le 17 septembre 1665, à l'âge de soixante ans et demi, accablé d'infirmités et de chagrins. Il ne laissait d'enfants vivants de ses deux mariages que : 1° la reine de France, Marie-Thérèse, fille de sa première femme, Élisabeth de France, fille de Henri IV ; 2° l'impératrice d'Allemagne, Marguerite-Thérèse, femme de Léopold 1er ; et 3° Charles II, alors âgé de quatre ans, qui lui succéda ; ces derniers enfants de sa seconde femme, Marie-Anne d'Autriche, fille de l'empereur Ferdinand III, qui fut régente d'Espagne pendant la minorité de son fils. La couronne d'Espagne avait perdu sous ce triste règne le Portugal, le Roussillon, la Catalogne, les Açores, Mozambique ; aussi avait-on appliqué au roi, que des courtisans avaient nommé *le Grand*, un fossé avec cette devise : *Plus on lui ôte, plus il est grand.* On comprend facilement que le grave Philippe IV n'ait pas souri trois fois dans toute sa vie. Louis XIV crut le moment venu de revendiquer, en vertu de son mariage avec l'infante, sinon l'Espagne, du moins les Pays-Bas espagnols, c'est-à-dire la Belgique, invoquant à cet effet le *droit de dévolution*. On appelait ainsi un droit particulier de la coutume de Brabant, d'après lequel, si un veuf ou une veuve ayant des enfants se remariait, la propriété de ses biens immeubles était dévolue par le fait aux enfants du premier lit et ne restait au remarié qu'à titre viager, sans qu'il en pût disposer en faveur de ses enfants du second lit. Vainement on objecta que le droit de dévolution, ne concernant que les héritages des particuliers, ne pouvait s'appliquer à la couronne, et qu'on ne pouvait déroger aux lois fondamentales de l'Espagne qui établissaient l'indivisibilité de la monarchie: Louis XIV, qui songeait dès cette époque au partage de la monarchie, comme le prouvent ses négociations avec l'empereur Léopold, entra en Flandre (1667) à la tête de 25,000 hommes; Turenne commandait sous ses ordres. Colbert et Louvois avaient préparé toutes les ressources financières et militaires, nécessaires au succès, avec un zèle que stimulaient l'ambition et la jalousie déjà excitées entre ces ministres. Cette campagne ne fut qu'une marche triomphale. Il suffit à Louis XIV de se présenter devant les places. Charleroi, Bergues, Saint-Winocq, Ath, Tournai, Furnes, Armentières ouvrirent immédiatement leurs portes (juin 1667), ainsi que Douai, le fort de Scarpe, Courtrai, Oudenarde (juillet), qui n'opposèrent pas une sérieuse résistance. Lille, la ville la plus florissante de ces pays, la seule bien fortifiée, qui avait une garnison de 6,000 hommes, capitula après neuf jours de siège (27 août). Immédiatement fortifiée par Vauban, elle devint une des forteresses les plus redoutables de la France. L'approche de l'hiver fit suspendre les hostilités, et Louis XIV, quittant la Flandre, revint à Saint-Germain jouir, au milieu des fêtes magnifiques qu'il y donna, des acclamations de son peuple et des adorations des courtisans. — On était plongé dans les divertissements, lorsqu'au cœur de l'hiver (1668), Louis XIV, après avoir concentré ses troupes en Bourgogne, attaqua la Franche-Comté, qui appartenait à l'Espagne. Il partit de Saint-Germain le 2 février et arriva le 8 à Dijon, pendant que le grand Condé, à la tête de 20,000 hommes, entrait en Franche-Comté. Besançon, Salins, Dôle, Gray, en un mot toute la Franche-Comté, fut conquise en moins de vingt jours. Le 22 février, le roi était de retour à Saint-Germain. On prétend que le conseil d'Espagne, indigné du peu de résistance opposé aux Français, écrivait à cette occasion : « Le roi de France aurait dû envoyer ses laquais prendre possession de ce pays, au lieu d'y aller en personne. »

Triple alliance de La Haye entre la Hollande, la Suède et l'Angleterre (23 janv. 1668). — La rapidité des conquêtes de Louis XIV effraya les puissances voisines. L'équilibre européen parut menacé ; les Hollandais surtout s'inquiétèrent des projets ambitieux de leur nouveau voisin, et signèrent à La Haye, le 23 janvier 1668, avec la Suède et l'Angleterre, une triple alliance qui proposa à la France sa médiation et l'imposa à l'Espagne. Charles II avait dû céder aux volontés du parlement, et la Suède à celles du sénat qui gouvernait pendant la minorité de Charles XI, second successeur de Christine.

Traité d'Aix-la-Chapelle ; Louis XIV garde la Flandre (2 mai 1668). — Devant cette coalition, Louis XIV s'arrêta ; il signa le 2 mai 1668 avec l'Espagne, malgré Turenne et Condé, le traité d'Aix-la-Chapelle, par lequel il rendit la Franche-Comté et conserva Charleroi, Binch, Ath Douai, le fort de Scarpe, Tournai, Oudenarde, Lille, Armentières, Courtray, Bergues et Furnes, c'est-à-dire la Flandre.

§ 2.

Guerre de Hollande. — Conquête de la Franche-Comté. — Paix de Nimègue (1678). — Chambres de réunion. — Révocation de l'édit de Nantes (1685).

Guerre de Hollande (1672-1679). — Griefs de Louis XIV contre les Hollandais. — Colbert fait à la Hollande une guerre commerciale. — Traité d'alliance entre la France et l'Angleterre (1670). — Alliance avec la Suède et les princes allemands. — Isolement de la Hollande : les frères de Witt et Guillaume d'Orange.

Rapides succès des Français en Hollande (1672). — Amsterdam ouvre ses écluses. — Renversement de la république ; Guillaume d'Orange proclamé stathouder. — Assassinat de Jean et de Corneille de Witt.

Première coalition contre la France (1673). — L'électeur de Brandebourg, l'empereur Léopold Ier et l'Espagne soutiennent la Hollande. — Louis XIV prend Maëstricht. — Défection de l'Angleterre et des princes allemands.

Guerre contre l'Europe (1674). — *Louis XIV conquiert la Franche-Comté.* — Campagne de Condé aux Pays-Bas; bataille indécise de Senef. — Belle campagne de Turenne dans le Palatinat et en Alsace (1674-1675). — Sa mort à Salzbach (27 juillet 1675). — Belle retraite du comte de Lorges. — Créqui battu à Consarbrück; Trèves livrée par trahison. — Dernière campagne de Condé et de Montecuculli.

Diversion de la Suède en faveur de la France (1675-1676). — Lutte sur mer entre Duquesne et Ruyter (1676). — Dernières opérations militaires (1677-1678).

Conférences de Nimègue (1674-1678). — *Traité de paix* avec la Hollande (10 août 1678); — avec l'Espagne (17 septembre); — avec l'empereur (5 février 1679); — avec le Brandebourg (29 juin) et avec le Danemark (2 septembre).

Influence croissante de Louvois. — *Les chambres de réunion* de Metz, de Besançon et de Brisach décident d'injustes annexions (1680). — Protestations de l'Europe aux congrès de Francfort (1682) et de Ratisbonne (1684). — Strasbourg reste à la France.

[1] SOURCES A CONSULTER. — Les mêmes ouvrages qu'aux chapitres 5 et 6. — *Négociations relatives à la succession d'Espagne,* avec la belle *Introduction* de M. Mignet. — *Histoire du vicomte de Turenne,* par Ramsay. — Basnage, *Annales des Provinces-Unies.* — Leclerc, *Tableau de l'histoire générale des Provinces-Unies.* — Cerisier, *Histoire des Provinces-Unies des Pays-Bas.* — *Histoire de la vie et de la mort de Corneille et de Jean de Witt.* — Samson, *Histoire de Guillaume III.*

— Duquesne bombarde Chio (1681), Alger (1682 et 1683) e
Gênes (1684).
Révocation de l'édit de Nantes (22 octobre 1685).

Guerre de Hollande (1672-1679). — *Griefs d
Louis XIV contre les Hollandais.* — Louis XIV ne pou
vait pardonner aux Hollandais leur ingérence dans se
démêlés avec l'Espagne et leur alliance, à La Haye, ave
l'Angleterre et la Suède, qui avait amené la conclusio
du traité d'Aix-la-Chapelle. Il se souvenait que Turenn
et Condé avaient conseillé de ne tenir aucun compt
de cette intervention et lui avaient promis de conquéri
les Pays-Bas ; il ne pouvait oublier qu'aux conférence
d'Aix-la-Chapelle, le diplomate hollandais Van Beunin
gen, un simple échevin d'Amsterdam, avait répondu au
ministre français, de Lyonne, qui lui demandait s'il ne
se fiait pas à la parole du roi : « J'ignore ce que veu
le roi, je considère ce qu'il peut. » La hardiesse des
gazetiers de Hollande et l'émission de quelques médailles orgueilleuses avaient entretenu ce ressentiment.
Louis XIV n'aimait pas d'ailleurs les Hollandais, républicains calvinistes, bourgeois enrichis par le commerce. En les accablant, il espérait assurer ses conquêtes futures dans les Pays-Bas espagnols ; mais
surtout il voulait *venger sa gloire*, et montrer sa force.
Pendant quatre ans, il prépara ses moyens d'agression
contre la république.

Colbert fait à la Hollande une guerre commerciale. —
Colbert lui fit d'abord une guerre commerciale. Le roi
avait écrit, non sans dépit, à son ministre à La Haye,
Arnauld de Pomponne, le 21 mars 1669, que, sur les
25,000 vaisseaux environ qui faisaient en Europe le commerce par mer, les Hollandais en avaient 15 ou 16,000 et
les Français 5 à 600 tout au plus. Sur ces 15 à 16,000 vaisseaux hollandais, 4,000 importaient en France des produits hollandais, surtout des draps, et avec cela les
cotons de l'Inde, les sucres et les épices de l'Océanie, les

porcelaines du Japon et de la Chine, les pelleteries du Canada, et ils en exportaient nos soieries, nos vins et nos eaux-de-vie. Colbert frappa d'énormes droits dans nos ports l'entrée et la sortie de leurs vaisseaux. — Il leur avait pris Gorée dans le Sénégal, en 1665, et avait favorisé, contre eux et contre les Anglais, l'établissement des cinq grandes compagnies coloniales. Les Hollandais répondirent aux tarifs par des surtaxes sur les vins, les eaux-de-vie et les autres produits français. Louis XIV écrivit à son ambassadeur qu'il les en ferait repentir.

Traité d'alliance entre la France et l'Angleterre (1670). — En même temps qu'il faisait, par Colbert, la guerre à leur commerce, il négociait pour leur enlever leurs deux alliées, l'Angleterre et la Suède. Charles II était monté sur le trône d'Angleterre, en 1660, grâce au général Monk. Louis XIV lui envoya Colbert de Croissy, frère du grand ministre, pour lui démontrer qu'une alliance intime avec la France était le seul moyen de consolider son trône et pour gagner, par des présents, ses favoris. Quand tout fut prêt, Louis XIV se rendit en Flandre, sous prétexte de visiter ses conquêtes, et de là donna rendez-vous à toute sa cour, à Calais, au mois de mai 1670. Au milieu des fêtes et des plaisirs, il fit secrètement partir, pour Douvres, la sœur même de Charles II, Henriette d'Angleterre, qui avait épousé le duc d'Orléans, frère du roi de France. La princesse eut une entrevue avec son frère et le décida d'autant plus facilement à se rendre aux vœux du roi que tout récemment encore il avait vu Ruyter brûler des vaisseaux anglais jusque dans la Tamise. Le traité d'alliance fut signé le 1er juin et confirmé depuis, par deux autres traités du 10 décembre de la même année et du 12 février 1672. Charles II promettait, pour la guerre de terre, une armée de 6,000 hommes, et pour celle de mer 50 vaisseaux qui se joindraient aux vaisseaux français, le tout sous le commandement de son frère, le duc d'York, depuis Jacques II. Louis XIV lui payerait en retour une pension annuelle de 3 millions pour subvenir aux frais de la guerre et lui céderait quelques îles de la Hollande et de la Zélande, comme sa part de la conquête. On sait que c'est au retour de sa négociation en Angleterre que Madame mourut subitement à Saint-Cloud, peut-être empoisonnée.

Alliance avec la Suède et les princes allemands. — Quant à la Suède, où régnait Charles XI, fils de Charles X, Gustave des Deux-Ponts, elle consentit facilement à abandonner les Hollandais, moyennant un subside annuel de 1,500,000 écus. Vers le même temps le ministre de Lyonne obtint la neutralité de l'empereur Léopold Ier qu'occupaient chez lui les troubles de la Hongrie et qui voyait avec plaisir l'humiliation future de la Hollande; l'évêque de Strasbourg, Furstemberg, signa un traité avec l'électeur de Cologne, par lequel ce dernier livra Nuitz et Kayserwerth pour que le roi pût établir des magasins sur le bas Rhin, gagné par la promesse qu'on lui fit de reconquérir Rhinberg, que les Hollandais lui avaient enlevé. L'évêque de Munster trouva de même tout avantage à entrer dans l'alliance française. Le duc de Lorraine, Charles IV, pouvait encore inquiéter : mais ses tergiversations de toutes sortes et ses intrigues fournirent un prétexte contre lui. Créqui envahit la Lorraine, qui faisait communiquer la Franche-Comté avec les Pays-Bas, et s'en rendit maître (1670). L'Espagne seule, la vieille ennemie de la Hollande, qui ne pouvait pourtant pas lui pardonner d'avoir secoué son joug, sous Guillaume le Taciturne, refusa d'entrer dans la ligue.

Isolement de la Hollande; les frères de Witt et Guillaume d'Orange. — Les Hollandais, pour ainsi dire isolés, ne prenaient aucune mesure contre l'agression redoutable qui les menaçait. Les deux frères Jean et Corneille de Witt, qui gouvernaient depuis l'abolition du stathoudérat, n'avaient pu former une forte armée de terre chez un peuple de marins. Ils avaient cependant loué des mercenaires allemands dont on ne sut pas tirer parti. Les fortifications des villes tombaient en ruines; il y avait absence de munitions partout, et, pour comble d'imprévoyance, des divisions intestines; deux partis se faisaient une guerre sourde : les républicains qui suivaient les deux frères de Witt, les orangistes qui préparaient avec des chances de succès la restauration du jeune prince d'Orange, Guillaume, alors âgé de vingt-deux ans et qu'on venait de nommer capitaine général. La Hollande, avec 25,000 soldats, n'avait à compter que sur sa belle flotte, nombreuse et bien entretenue, que commandait Ruyter, et sur deux alliés restés fidèles, le roi d'Espagne et l'électeur de Brandebourg; ce dernier lui avait promis 20,000 hommes.

Rapides succès des Français en Hollande (1672). — Le

2 mars, l'Angleterre et, le 6 avril, la France, déclarèrent la guerre à la Hollande. Dès le mois de mai, pendant qu'une flotte imposante, commandée par le comte d'Estrées, ayant sous ses ordres Duquesne et Tourville, allait rejoindre la flotte anglaise, l'armée française, composée de 155,000 hommes bien équipés et munis pour la première fois de batteries de campagne et de siége, s'avança vers les Pays-Bas, conduite par le roi en personne, et divisée en trois corps commandés par Turenne, Condé et Chamilly. Luxembourg était à la tête des alliés d'Allemagne; Louvois et Vauban accompagnaient le roi. Les premières opérations furent rapides, l'électeur de Cologne facilitant aux Français leur marche le long de la Meuse et du Rhin. Il y avait à craindre cependant que l'Allemagne ne s'inquiétât. Condé voulait qu'on s'assurât solidement de la Meuse et de sa grande ville, Maëstricht (*Mosœ trajectum*), la clef de la Belgique et de la Hollande, qui appartenait à l'électeur de Cologne, en même temps évêque de Liége, et qui servirait à tenir Liége en respect. Autrement, on pouvait brusquer la campagne, pousser la cavalerie sur Amsterdam, y enlever les États-généraux et s'emparer des écluses. Louvois fit rejeter ce double plan et préféra qu'on prît des villes. On prit en trois jours Orsoi, Burich, Wesel et Rhinberg, places que les Hollandais occupaient sur les bords du Rhin et qui leur servaient de barrière. En apprenant ce dernier succès, Jean de Witt s'écria que le roi de France, maître de Rhinberg, pouvait se vanter d'avoir conquis la moitié de la Hollande. Le 12 juin, l'armée passa le Rhin vers Toll-Huys, opération militaire du quatrième ordre, au dire de Napoléon, et si emphatiquement célébrée par Boileau et Bossuet, mais qui, néanmoins, fut importante pour ses résultats. Quelques semaines suffirent pour enlever plus de 40 villes fortifiées et conquérir les provinces de Gueldre, d'Utrecht et d'Over-Yssel. Le prince d'Orange se troubla devant

ces succès répétés de l'ennemi, et ne pensant à garantir ni La Haye où siégeaient les États, ni Amsterdam, le cœur du pays, ni Muyden, la clef des écluses, il recula jusqu'au fond de la Hollande.

Amsterdam ouvre ses écluses.— Sur le conseil de Condé, Rochefort se détacha de l'armée avec 1,800 cavaliers pour courir à Amsterdam et prendre Muyden en passant ; mais il resta en chemin, près d'Utrecht, sentant que ses forces étaient insuffisantes ; 150 dragons qu'il envoya en reconnaissance s'arrêtèrent à Naerden. Quatre d'entre eux seulement poussèrent jusqu'à Muyden, par curiosité, y entrèrent sans obstacle et en furent maîtres un instant. S'ils eussent été soutenus, c'en était fait de la Hollande. Un renfort arriva d'Amsterdam à Muyden, et on les mit à la porte. A leur retour avec leurs camarades, la ville était sur ses gardes (20 juin 1672). La terreur fut grande dans Amsterdam. Une multitude affolée courut aux vaisseaux pour se sauver à Batavia et aux Indes ; il y en avait assez pour transporter 50,000 familles. On rapporte que les magistrats de la ville s'étant assemblés, décidèrent à l'unanimité de porter les clefs au roi. Un vieux bourgmestre, seul, s'était endormi et n'avait pas donné son suffrage ; on le réveilla. Quand on lui eut dit ce qui avait été résolu : « Le roi de France les a-t-il demandées, ces clefs ? dit-il. — Pas encore.— En ce cas, messieurs, attendez du moins qu'il les demande. » Et l'on attendit. Pendant ce temps, Louis XIV tenait conseil avec ses généraux et ses ministres à Keppel, où le fils de Grotius, envoyé par les États-généraux, était venu faire des propositions de paix. Arnauld de Pomponne demandait qu'on s'arrêtât, qu'on imposât aux Hollandais de sévères conditions et que l'on se rejetât sur les Pays-Bas catholiques pour punir le roi d'Espagne du concours donné par lui aux Hollandais, au mépris du traité d'Aix-la-Chapelle. Turenne, de son côté, voulait que l'on démolît toutes les places fortes prises ou à prendre, et qu'on n'affaiblît pas l'armée en éparpillant partout des garnisons. Louvois s'opposa à ces sages conseils et fit traîner la négociation en longueur. On renvoya Grotius à La Haye demander des pleins pouvoirs pour traiter. Les États ne voulurent rien décider avant que les députés eussent consulté leurs villes sur une affaire aussi grave. Le 26 juin, après un énergique discours de M. Hop, d'Amsterdam, l'assemblée tout entière, réunie, jura de se défendre jusqu'à la mort. Amsterdam ouvrit ses écluses et la Hollande fut inondée pour deux ans. Les patriotiques Hollandais se ruinaient, mais ruinaient en même temps l'ennemi.

Cependant Grotius avait reçu ses pleins pouvoirs, mais cette fois Louis XIV se refusa à tout accommodement. Lorsque le négociateur revint à La Haye pour rendre compte de sa mission, il trouva la Hollande en révolution.

Renversement de la république; Guillaume d'Orange proclamé stathouder. — La flotte hollandaise, commandée par Ruyter, avait livré à la flotte franco-anglaise, commandée par le duc d'York et le comte d'Estrées, une bataille terrible sur mer en vue de Southwold-Bay (7 juin). La victoire était restée indécise, mais la perte avait été énorme de chaque côté, et la Hollande s'en était trouvée considérablement affaiblie. Les orangistes profitèrent de ces malheurs et de l'exaspération qu'ils causaient pour semer partout une funeste agitation. Du 28 au 30 juin, toutes les villes de la Hollande se soulevèrent contre leurs régences, firent signer à leurs magistrats municipaux la révocation de l'édit perpétuel, et, l'une après l'autre, proclamèrent Guillaume d'Orange stathouder. Les États-généraux eux-mêmes le reconnurent en cette qualité, le 8 juillet. La république était détruite.

Cependant le roi d'Angleterre s'interposait pour faire conclure la paix, et, dans les premiers jours de juillet, ses envoyés Buckingham et Arlington étaient allés conférer avec Guillaume à La Haye et avec Louis XIV à Utrecht, où l'arrêtait l'inondation. Mais Guillaume savait que l'Allemagne remuait, et que bientôt la France allait avoir de nombreux ennemis sur les bras. Ce fut lui qui, cette fois, repoussa les propositions de Louis XIV. La guerre continua donc. Grave, Crèvecœur, Bommel tombèrent au pouvoir des Français. Le 26 juillet, Louis XIV partit pour Saint-Germain, laissant le commandement de l'armée à Turenne.

Assassinat de Jean et de Corneille de Witt. — Les Français n'étaient pas les seuls ennemis du stathouder. Il sentait bien qu'il y avait un parti vaincu, le parti républicain, qui avait à sa tête l'ancien grand pensionnaire, Jean de Witt, et son frère, le ruard ou bailli de Putten, le courageux amiral Corneille de Witt, qui avait lutté de bravoure et de sang-froid avec Ruyter, son parent, au combat de Southwold-Bay. Il fallait décapiter ce parti dans ses chefs. Déjà, le 21 juin, le fils d'un conseiller à la cour de Hollande, Jacques Van de Graef, aidé de trois complices, avait tenté d'assassiner Jean de Witt, à La Haye, de nuit, comme il sortait après un long travail de la salle des États ; et le même jour, quatre autres malfaiteurs avaient essayé, à Dordrecht, d'envahir la maison de Corneille de Witt, mais avaient été repoussés par la garde bourgeoise. La violence ayant échoué, on eut recours à la calomnie. Corneille de Witt avait, disait-on, entravé les manœuvres de Ruyter à Southwold-Bay. Jean était traité de concussionnaire, lui qui donnait tout son temps et toutes ses forces à la république depuis dix-huit ans, et recevait 3,000 livres par an comme grand pensionnaire, et avait refusé 100,000 livres de la province de Hollande, en récompense de ses services. Guillaume d'Orange, qui sentait sa propre inexpérience, eût désiré fort s'attacher ce dernier ; il lui proposa de lui conserver son ancienne autorité, promettant de se conduire d'après ses conseils. Jean de Witt refusa, c'eût été se déconsidérer. Guillaume laissa courir les calomnies. Les sectaires prêchèrent publiquement dans les carrefours contre les deux frères, les accusant d'être vendus à la France et d'avoir causé tous les malheurs de la patrie. Le procureur de la haute cour de Hollande fit enlever Corneille de sa ville de Dordrecht qui, seule, avait le droit de le juger, puisqu'on voulait lui faire son procès ; on le mit à la question, sans pouvoir lui arracher un mot qui compromit son innocence. On fit ensuite dire à Jean que son frère le demandait dans sa prison. Jean y alla, et lorsque les deux grands citoyens se trouvèrent réunis, on laissa des bandits forcer la prison et les massacrer (22 août). Le chef des meurtriers fut créé bailli de La Haye.

Première coalition contre la France (1673).— *L'électeur de Brandebourg, l'empereur Léopold Ier et l'Espagne soutiennent la Hollande.* —Pendant que Louis XIV revenait en France après avoir chargé Turenne d'achever la conquête de la Hollande, l'Europe, alarmée de ses progrès, se réunissait contre lui pour l'arrêter. L'électeur de Brandebourg conduisit 25,000 hommes au secours des Hollandais et invita l'empereur, dans son propre intérêt, à le soutenir. Léopold Ier, qui avait conclu une alliance secrète avec le roi de France, le 1ᵉʳ novembre 1671, en vertu de laquelle aucun des deux contractants ne devait soutenir les ennemis de l'autre, signa le traité de La Haye, 25 juillet 1672, et comme, conséquence du traité, il envoya son général Montecuculli, avec 12,000 hommes, renforcer l'électeur, mais contenu par des instructions qui paralysaient, si elles ne contrariaient pas les opérations de ce dernier. Pendant plus de trois mois, les alliés tentèrent de passer le Rhin par Mayence, par Coblentz, par Strasbourg : partout ils rencontrèrent Turenne. Au mois de janvier 1673, ce dernier prit à son tour l'offensive, franchit le Rhin avec 12,000 hommes, envahit la Westphalie et s'empara des villes qui appartenaient à l'électeur. Celui-ci, se voyant seul, abandonné même des Hollandais qui ne lui payaient pas les subsides promis, signa, le 16 juin 1673, avec Louis XIV, un traité par lequel il renonça à secourir ses anciens alliés, se réservant toutefois d'aviser si l'Empire était attaqué. Guillaume d'Orange négociait cependant avec l'empereur et l'Espagne, et, leur représentant les dangers que Louis XIV faisait courir à l'équilibre européen, réussissait à leur faire signer, le 30 août 1673, la grande alliance de La Haye, à laquelle le duc de Lorraine accéda le 6 octobre.

Louis XIV prend Maëstricht. — Défection de l'Angleterre et des princes allemands. — La guerre se poursuivait sur terre et sur mer. Les flottes combinées d'Angleterre et de France, commandées par le palatin Rupert et le comte d'Estrées, livrèrent à Ruyter et à Tromp, les 8, 14 juin et le 21 août, trois batailles navales, qui furent vivement disputées et restèrent indécises. En même temps Louis, qui avait repris la campagne, allait en personne assiéger Maëstricht, qui ouvrit ses portes le 1ᵉʳ juillet, après seize jours de tranchée. Mais l'obstination de Louvois, qui avait affaibli l'armée en lui faisant occuper toutes les places, portait ses fruits. Condé ne pouvait pénétrer dans la Hollande submergée et Turenne voyait opérer, malgré tous ses efforts, la jonction de Guillaume d'Orange et de Montecuculli. Le moment est arrivé où Louis XIV va perdre ses alliés et voir grossir la coalition. Le Parlement anglais, comprenant que la ruine de la Hollande, au profit de Louis XIV, ne ferait pas les affaires de l'Angleterre, venait de refuser des subsides à Charles II pour la continuation de la guerre. Celui-ci fut donc obligé de signer avec Guillaume d'Orange la paix de Westminster, le 19 février 1674. L'évêque de Munster en fit autant à Cologne, le 22 avril, et l'archevêque électeur de Cologne, le 11 mai. Les Français isolés évacuèrent la Hollande, retirant toutes leurs garnisons, sauf celles de Grave et de Maëstricht. — Le duc de Brunswick-Lunebourg accéda à la ligue contre Louis XIV le 20 juin, l'électeur de Brandebourg le 1er juillet, le roi de Danemark, Christian V, le 10. L'évêque d'Osnabruck devait s'y joindre le 26 janvier 1675, l'évêque de Munster le 16 août, et le comte palatin de Neubourg le 26 mars 1676.

Guerre contre l'Europe (1674). — Louis XIV conquiert la Franche-Comté. — *Campagne de Condé aux Pays-Bas. Bataille indécise de Senef.* — L'empereur Léopold déclara la guerre à la France au mois de juin 1674. Louis XIV fit face partout à l'ennemi : 23,000 hommes, sous Turennne, marchèrent contre les impériaux en Allemagne ; 40,000, sous Condé, contre Guillaume d'Orange aux Pays-Bas ; une troisième armée, sous Navailles, contre les Espagnols, aux frontières du Roussillon, et une quatrième, commandée par Louis XIV lui-même, envahit pour la seconde fois la Franche-Comté où le marquis de Navailles lui avait préparé les voies, par la réduction de plusieurs villes.

Besançon fut prise en neuf jours, le 15 mai 1674 ; sa citadelle succomba le 21 ; Dôle le 6 juin, Salins le 22 et la Franche-Comté fut irrévocablement réunie à la France. Aux Pays-Bas, la guerre fut moins heureuse. Condé attaqua le 12 août, à Senef, près de Mons, le prince d'Orange, qui avait 20,000 hommes de plus que lui, et ne put que rester maître du champ de bataille. Le carnage avait été tel que, suivant le rapport des curés, on enterra environ 25,000 cadavres sur un espace de deux lieues. Guillaume d'Orange ayant voulu, pour se donner des airs de vainqueur, assiéger Oudenarde, fut obligé, le 21 août, de se retirer. Malheureusement, Grave nous échappa. — Chamilly fut obligé de la rendre après une héroïque défense de quatre-vingt-treize jours, qui coûta 8,000 hommes aux assiégeants. Vingt-quatre heures plus tard, une inondation de la Meuse eût fait reculer l'ennemi. Dinant et Huy furent également perdues au mois de novembre.

Belle campagne de Turenne dans le Palatinat et en Alsace (1674-1675). — Sa mort à Salzbach (27 juillet 1675). — Belle retraite du comte de Lorges. — La plus glorieuse et la plus difficile campagne fut pour Turenne, sur le Rhin. Après avoir protégé, des environs de Bâle, l'expédition de Franche-Comté, il gagna Saverne, feignit de couvrir la Lorraine, traversa le Rhin près de Philipsbourg, enleva la ville et le château de Gemersheim que l'électeur voulait livrer à l'empereur, battit le 16 juin à Sintzheim, dans le Palatinat, avec une armée de 12,000 hommes, harassés par une marche de trente-cinq lieues en quatre jours, le comte de Caprara qui commandait l'armée des cercles, et le duc de Lorraine, et les rejeta de l'autre côté du Necker et du Mein. Leur arrière-garde fut écrasée à Ladenbourg, le 6 juillet, et Turenne rentra en France pour donner quelque repos à son armée. Mais, pendant ce temps, le duc de Bournonville était venu joindre Caprara avec un corps de Hongrois; Turenne fondit de nouveau sur le Palatinat; obéissant aux instructions de Louvois, il y exerça les plus épouvantables dévastations. On parle de cinq villes et de vingt-cinq villages brûlés : terribles cruautés qui servirent, dit-on, de représailles à quelques excès commis par les paysans sur les soldats. Le duc de Lorraine et Bournonville, qui s'étaient d'abord retirés derrière le Mein, se dirigèrent alors vers l'Alsace appelés par les habitants de Strasbourg, qui, rompant leur traité de neutralité, leur livrèrent passage. Ils comptaient rencontrer sur leur route l'électeur de Brandebourg. Turenne les suivit et les battit à Ensheim, le 4 octobre, à une lieue de Strasbourg, avec 22,000 hommes contre 40,000, mais ne pouvant empêcher 16,000 hommes de l'électeur de les rejoindre, il se retira dans les gorges de Saverne, feignant d'abandonner l'Alsace. Les alliés, alors au nombre de 60,000 hommes, se disposaient à hiverner en Alsace, et s'y étaient déjà disséminés, lorsqu'au mois de décembre, Turenne, qui n'avait tenu aucun compte des injonctions de Louvois, disposé à abandonner le pays aux alliés, tourna les Vosges au Sud par la trouée de Belfort, apparut tout à coup dans le Sundgau, battit, près de Mulhouse, le 29 décembre, 6,000 cavaliers de Bournonville, enleva le lendemain un régiment de 800 hommes, remporta encore un nouveau succès à Turckheim, le 5 janvier 1675, et rejeta les deux alliés de l'autre côté du Rhin : ils n'avaient plus que 20,000 hommes. Au printemps de cette même année, sur les instances du roi, à qui il demandait du repos, il reprit la campagne pour s'opposer aux progrès de Montecuculli, le plus habile général de l'Allemagne, le vainqueur des Turcs à Saint-Gothard, que la jalousie des alliés avait empêché de commander jusque-là. Il assemble son armée à Schlestadt, passe par Benfeld et vient camper, le 27 mai, à Achenheim, à une lieue de Strasbourg, pour maintenir cette ville dans la neutralité et empêcher l'ennemi d'entrer en Alsace. Les mouvements des Impériaux l'amènent à passer le Rhin le 27 juin, et, pendant deux mois, il accomplit, comme son adversaire, du reste, tous les prodiges que peut enfanter la science la plus consommée de la guerre. Enfin Montecuculli, serré de près, ne pouvait plus échapper, et Turenne allait l'attaquer près de Salzbach lorsqu'il fut tué, d'un coup de canon tiré au hasard, le 27 juillet 1675. Il avait soixante-quatre ans. Ainsi périt l'un des plus grands hommes de guerre de la France, celui peut-être dont le souvenir est resté le plus populaire. On l'enterra à Saint-Denis, auprès de nos rois, honneur qu'on avait déjà fait à Du Guesclin.

L'armée française opéra une magnifique retraite sous la conduite du comte de Lorges, malgré le tiraillement que causa sa rivalité avec le marquis de Vaubrun au sujet du commandement. Montecuculli les attaqua à Altenheim le 1ᵉʳ août : Vaubrun y périt et le combat fut indécis. Le lendemain les Français repassaient le Rhin près de cette ville, mais malheureusement ne pouvaient empêcher les Impériaux de le franchir à Strasbourg et d'envahir l'Alsace.

Créqui battu à Consarbrück; Trèves livrée par trahison. — Dernière campagne de Condé et de Montecuculli en Alsace. — Vers le même temps, les princes de Lunebourg-Zell assiégeaient Trèves. Le maréchal de Créqui accourut pour secourir la ville et fut battu, à Consarbrück, le 11 août. Il ne s'en jeta pas moins dans la ville, qu'il défendit bravement jusqu'au 6 septembre. Un capitaine de ses troupes, nommé Boisjourdan, qui avait été précédemment condamné à mort pour avoir assassiné un homme dans la forêt de Senlis, et n'avait dû sa grâce qu'aux sollicitations de l'archevêque de Cologne, signa, sans prévenir personne, une capitulation avec l'ennemi. Créqui désavoua le traître, qui fut décapité à Metz; mais la place était perdue. Condé, rappelé de Flandre pour relever le moral de l'armée d'Allemagne, ne put que se tenir sur la défensive et protéger l'Alsace. Il força Montecuculli de lever les siéges d'Haguenau (22 août), de Saverne (14 septembre), et de repasser le Rhin. Ce fut son dernier exploit. Tourmenté par la goutte, il se retira à Chantilly, et y mourut dans le repos, onze ans après. Montecuculli se retira la même année, disant qu'un homme qui avait eu l'honneur de combattre Kiouprougli, Condé et Turenne ne devait pas compromettre sa gloire contre des commençants, « la monnaie de Turenne, » comme on les appela.

Diversion de la Suède en faveur de la France (1675-1676). — Cependant un allié nous était revenu, le roi de Suède, qui, le 25 avril 1675, renouvela par le traité de Versailles son alliance de 1672. A la tête d'une armée, il envahit la Marche de Brandebourg, opérant ainsi une diversion qui sépara l'électeur de ses alliés et le ramena à la défense de ses États. Mais il fut vaincu, le 18 juin, près de Fehrbellin, mis au ban de l'Empire, et attaqué chez lui par l'électeur. Celui-ci se rendit maître de toutes ses places en Poméranie ; l'évêque de Munster et le duc de Brunswick-Lunebourg lui prirent Bremen et Verden, le roi de Danemark enleva Wismar. Mais il trouva sa revanche l'année suivante et battit les Danois à Lunden, en Scanie, le 14 décembre 1676. La guerre se poursuivait en même temps sur le Rhin et dans les Pays-Bas; elle n'offre d'événements que des prises de villes. Le prince Charles de Lorraine, héritier de son oncle, s'empara de Philipsbourg le 17 septembre 1676, à la tête des Impériaux. Aux Pays-Bas, les Français prirent Condé, Bouchain et Aire. — C'est sur mer que se passèrent les événements les plus importants.

Lutte sur mer entre Duquesne et Ruyter (1676). — Messine, en Sicile, s'était soulevée au mois d'août 1674 contre les Espagnols, comme en 1647 ; elle avait chassé son gouverneur, don Diego Soria, et offert au comte d'Estrades, ambassadeur de France à Rome, la souveraineté de la Sicile, qu'il avait acceptée et fait accepter de la cour de France. Louis XIV, proclamé roi de

Sicile à Messine, avait envoyé le marquis de Valavoir et le commandant de Valbelle avec 6 vaisseaux prendre possession de la ville l'année suivante (1675). Vivonne, frère de madame de Montespan, arriva avec une nouvelle escadre, battit celle des Espagnols le 9 février et prit Agosta le 17 août. L'Espagne implora le secours de la Hollande, son ancienne ennemie, et Ruyter fut envoyé avec 23 grands vaisseaux de guerre. On lui opposa Duquesne, qui le rencontra le 8 janvier, entre les îles de Stromboli et de Salini, lui livra un combat indécis et jeta du secours dans Messine. Ruyter, ayant reçu du renfort, engagea le 22 avril, en vue du mont Etna, non loin de Catane, une nouvelle bataille dans laquelle chaque parti s'attribua la victoire, mais qui coûta aux Hollandais plus qu'une défaite, la vie de leur grand amiral Ruyter, qui mourut, peu de jours après (29 avril), des suites de ses blessures. Duquesne marcha de nouveau contre les flottes réunies d'Espagne et de Hollande, et les détruisit près de Palerme. Malheureusement, la paresse de Vivonne et la légèreté des Français empêchèrent la conquête totale de la Sicile. L'incurie de la politique du cabinet de Versailles fit abandonner l'île, le 8 avril 1678, après de brillants et inutiles succès.

Dernières opérations militaires (1677-1678). — La guerre continuait toujours aux Pays-Bas. En 1677, Louis XIV prit Valenciennes (17 mars), dont il empêcha le pillage, à la grande admiration de tous à cette époque, puis Cambrai (5 avril). Le duc d'Orléans, son frère, aidé des maréchaux d'Humières et de Luxembourg, battit le prince d'Orange à Mont-Cassel (11 avril), lui tua 7,000 hommes et lui fit lever, le 14 août suivant, le siége de Charleroi, ce qui fit dire à un seigneur anglais : « Le prince d'Orange peut se vanter d'une chose, c'est qu'il n'y a point de général qui, à son âge, ait levé plus de siéges et perdu plus de batailles que lui. » Créqui, de son côté, battait le prince Charles à Kokersberg, près de Strasbourg

(7 octobre), et prenait Fribourg sous ses yeux (14 novembre.)—Au Midi, dans le Lampourdan, Schomberg et Navailles avaient battu, le 4 juin, le comte de Monterés à la tête d'une armée espagnole. Sur mer, d'Estrées brûlait 14 vaisseaux hollandais et s'emparait de Tabago, une des Antilles. — Au commencement de 1678, Louis XIV prit successivement Gand et Ypres (12 et 15 mars) pendant que Créqui remportait d'importants avantages sur le Rhin. On songea de toutes parts à la paix.

Conférences de Nimègue (1674-1678). — Dès 1673, la Suède avait offert sa médiation et réuni en un congrès, à Cologne, les ministres d'Autriche, de France, d'Angleterre, de Hollande, de Suède, d'Espagne et de Brandebourg ; mais l'envoyé de l'empereur ayant fait enlever dans Cologne même et conduire à Vienne Guillaume de Furstemberg, principal ministre de l'électeur de Cologne et regardé comme un des principaux auteurs de cette guerre, l'assemblée prit prétexte de cette violation du droit des gens pour se séparer (février 1674). L'année suivante, ce fut le roi d'Angleterre, Charles II, qui proposa et fit accepter sa médiation ; Nimègue fut indiquée pour les conférences. Nul ne se pressait cependant de s'y faire représenter, attendant toujours les événements pour en tirer le meilleur parti possible. Louis XIV profita de ce retard pour isoler les alliés les uns des autres.

Traité de paix avec la Hollande (10 août 1678). — Il s'adressa d'abord à la Hollande, l'âme et le lien de la coalition ; ses ambassadeurs proposèrent à son ministre Beverning un traité de commerce, la restitution de Maëstricht et des conditions avantageuses pour le prince d'Orange. Il n'osa accepter. Mais en 1677, Guillaume s'étant rendu à Londres pour y épouser la princesse Marie, fille du duc d'York et nièce du roi d'Angleterre, ayant conclu, le 10 janvier 1678, un traité d'alliance, les Hollandais prirent méfiance. Une alliance offensive et défensive avec l'Angleterre ne pouvait que leur coûter des subsides et peut-être bien menacer leurs libertés. Les ambassadeurs français les entretinrent dans ces dispositions, et, le 10 août 1678, les Provinces-Unies signèrent leur paix particulière avec la France. Louis XIV leur accordait des conditions avantageuses pour leur commerce et rendait Maestricht. Malgré ce traité, dont il ne pouvait ignorer l'existence, le prince d'Orange attaqua le maréchal de Luxembourg à Saint-Denis, près de Mons (14 août), comptant qu'une victoire amènerait une nouvelle rupture et qu'il en tirerait avantage. Il fut battu. « Quel mépris de la vie humaine ont tous ces batailleurs! dit judicieusement M. Duruy à cette occasion. Les hommes ne sont pour eux que les pièces d'un échiquier. »

Traité de paix avec l'Espagne (17 septembre). — Louis XIV, la Hollande désarmée, ne se montra plus pressé. Il attendit. L'Espagne la première demanda la paix et l'obtint le 17 septembre 1678, en recouvrant Charleroi, Ath, Binch, Oudenarde et Courtrai, qu'elle avait cédés par le traité de 1668, Limbourg et Gand, perdus par elle pendant la guerre, mais en abandonnant à tout jamais la Franche-Comté et plusieurs villes des Pays-Bas espagnols : Valenciennes, Bouchain, Condé, Cambrai, Aire, Saint-Omer, Ypres, Maubeuge, Warvick, Warneton, Poperingue, Bailleul, Cassel, Menin, Bavay et Charlemont.

Traité de paix avec l'empereur (5 février 1679). — L'Empire et l'empereur tenaient toujours. Créqui se chargea de les réduire. Il prit plusieurs places, battit les Impériaux à Gretxingen et au pont du Rhinfeld (27 juillet 1678) où tel se trouva l'amoncellement des cadavres, que les Français n'entrèrent pas dans la ville ; tailla en pièces 6,000 hommes, commandés par le prince Charles, et s'empara du fort de Kehl (29 juillet) qu'il démolit. L'empereur demanda alors la paix, et l'obtint le 5 février 1679.

Louis XIV rendit Philipsbourg, mais garda Fribourg, la clef de l'Allemagne, et Huningue, qui n'était alors qu'une simple redoute dont Vauban fit une place de guerre qui tenait toute la tête du Rhin, lorsque les alliés en exigèrent la démolition en 1815. Le cardinal de Furstenberg remis en liberté, fut réintégré dans ses biens. Pour le duc de Lorraine, il ne voulut pas souscrire aux conditions auxquelles on lui rendait ses États. Le duc de Brunswick fit la paix le même jour que l'empereur, et l'évêque de Munster le 29 mars.

Traité de paix avec le Brandebourg (29 juin) *et avec le Danemark* (2 septembre). — L'électeur de Brandebourg et le roi de Danemark restaient en armes. Louis XIV envoya contre eux le maréchal de Créqui et le marquis de Joyeuse. Créqui prit Clèves le 25 mars, et Lipstad le 14 mai, battit deux fois l'électeur, près de Minden. Le 29 juin, la paix fut signée avec ce dernier, à Saint-Germain en Laye. Il restitua au roi de Suède toutes ses places de Poméranie, gardant seulement celles qui sont situées au delà de l'Oder. Louis XIV l'indemnisait de ses sacrifices en lui payant 300,000 écus. Le roi de Danemark céda le dernier. Le 2 septembre, il signa le traité de Fontainebleau, par lequel il restituait à la Suède Wismar, l'île de Rugen et tout ce qu'il lui avait enlevé.

L'Europe était enfin pacifiée, et Louis XIV, sorti, avec honneur, d'une guerre commencée injustement par lui et légitimement soutenue par de nombreux adversaires, guerre qui lui donnait la Franche-Comté et une partie de la Flandre, revint à Paris, où on lui déféra solennellement, à l'Hôtel de ville, le surnom de Grand (1680).

Influence croissante de Louvois. — C'est surtout pendant la guerre de Hollande que l'influence de Louvois devint prépondérante et que, pour le malheur de la France, elle l'emporta sur celle de Colbert. Dès l'origine, ces deux ministres avaient été rivaux de puissance; mais leur jalousie s'était d'abord manifestée par une émulation d'activité. Louis XIV tenait entre eux la balance égale. S'il donnait au frère de Louvois la dignité d'archevêque-duc de Reims et à son père Michel Le Tellier celle de chancelier de France, il accordait à Seignelay, fils de Colbert, la direction de la marine, et à Colbert de Croissy, frère du contrôleur général, le ministère des affaires étrangères. Ainsi Colbert, en possession de plusieurs ministères par lui-même ou par sa famille, soutenu par ses deux gendres les ducs de Chevreuse et de Beauvilliers, qui avaient un grand crédit dans les conseils de Louis XIV, balança longtemps la faveur de Louvois. Quoique son influence eût diminué dans ces dernières années, et que ses services ne fussent pas récompensés comme ils l'auraient mérité, il conserva un pouvoir considérable jusqu'à sa mort, en 1683. Louvois, délivré de ce rival, disposa de toute l'autorité ; il fit donner les finances à Claude Le Peletier, homme honnête, mais fort court de génie, dit Saint-Simon, et dont le principal mérite était un dévouement absolu à la famille Le Tellier. Louvois s'empara des postes, dont le secret fut odieusement violé. La direction des bâtiments publics qui, des mains de Colbert passa dans les siennes, lui fut encore un moyen de flatter et de gouverner Louis XIV ; il excita la passion du roi pour de somptueux monuments et le précipita dans de folles et ruineuses dépenses. Par jalousie contre Seignelay, il enleva à la marine l'argent nécessaire pour ce service et l'engloutit dans des fêtes dont il avait la direction. Mais ce qu'il y eut de plus funeste, c'est qu'afin de se rendre nécessaire il alluma de nouvelles guerres.

Les chambres de réunion de Metz, de Besançon et de Brisach décident d'injustes annexions (1680). — Les traités de Westphalie, des Pyrénées, d'Aix-la-Chapelle et de Nimègue avaient donné à la France un certain nombre de villes, *avec leurs dépendances*. Louis XIV, qui avait gardé ses troupes pendant que tout le monde désarmait, institua, **conseillé par Louvois**, dans les **parlements de Metz et de**

Besançon, et dans le conseil souverain d'Alsace, établi à Brisach, des *chambres de réunion* pour déterminer l'étendue de ces dépendances. Louis XIV se souvenait qu'ayant voulu visiter Fribourg, il n'avait pu s'y arrêter, parce que c'était terre de l'Empire. Ce défaut de prévoyance avait été une des causes de la disgrâce de Pomponne, le successeur de Lyonne, et l'avait fait remplacer par Colbert de Croissy, frère du contrôleur. Les chambres de réunion décidèrent que tout ce qui avait *dépendu* dans le passé de ces villes devait y être incorporé de nouveau, et, ce principe établi, le conseil de Brisach, par arrêt du 22 mars 1680, adjugea au roi l'Alsace inférieure, Weissembourg et Strasbourg, dont l'empereur, disait-on, projetait la conquête ; la chambre de Besançon annexa le comté de Montbéliard, qui appartenait au duc de Wurtemberg, et, celle de Metz déclara réunis, le 12 avril, le comté de Vaudemont, les duchés de Veldenz et des Deux-Ponts, Saarbruck, Saarwerden, Saarbourg, Hombourg, Salm et une partie du duché de Luxembourg. Louis XIV signa, dès le 24 juillet, l'édit d'exécution, et Louvois partit sur-le-champ prendre possession de Strasbourg (1681). — La même année on acheta au duc de Mantoue, le prodigue Charles Ferdinand de Gonzague, qui en dépensa le prix dans les fêtes carnavalesques de Venise, la ville de Casal, capitale du Montferrat, et on y mit garnison française.

Protestation de l'Europe aux congrès de Francfort (1682) *et de Ratisbonne* (1684).—*Strasbourg reste à la France.*— Ces usurpations jetèrent une vive émotion en Europe. La Suède et la Hollande se liguèrent, à La Haye, le 30 septembre 1681, pour le maintien des traités de Westphalie, et virent accéder successivement à cette ligue l'empereur, le 28 février 1682, l'Espagne, le 2 mai, et plusieurs cercles de l'Empire. Comme on était épuisé par les suites d'une longue guerre, on eut recours aux négociations. Les ministres de France proposèrent, au congrès de Francfort, comme preuve de l'amour de Louis XIV pour la paix, de se borner à la ville de Strasbourg et aux districts occupés avant le 1er août 1681. On ne put s'accorder : le congrès fut dissous en 1682. On reprit de nouveau les négociations à Ratisbonne, et, le 15 août 1684, on y signa un traité qui stipula une trêve de vingt ans entre la France, l'Espagne et l'Empire, et laissa au roi de France la possession de Strasbourg, du fort de Kehl et des lieux et seigneuries occupés avant le 1er août 1681. C'était la conquête, en pleine paix, consacrée par un traité.

Du Quesne bombarde Chio (1681), *Alger* (1682 et 1683) *et Gênes* (1684). — La France recommençait à parler haut partout. En 1681, Duquesne, avec une escadre de 6 vaisseaux, donna la chasse aux corsaires de Tripoli, qui avaient pillé plusieurs navires français, et les poursuivit jusque dans le port de Chio, qu'il bombarda le 23 juillet. Le sultan fut sur le point d'ordonner, en représailles, le massacre de tous les Français qui se trouvaient dans ses États; il en fut empêché par la fermeté de Guilleragues, ambassadeur de Louis XIV à Constantinople. Du Quesne n'en bombarda pas moins Alger deux années de suite (1682 et 1683); et le dey fut obligé, en 1684, d'envoyer des ambassadeurs à Louis XIV porter ses soumissions et une énorme indemnité. Six cents captifs chrétiens de tous les pays avaient dû être auparavant mis en liberté. Le maréchal d'Estrées força les deys de Tunis et de Tripoli aux mêmes soumissions que celui d'Alger. Gênes construisait des galères pour l'Espagne et vendait des munitions aux Algériens. Louis XIV lui fit demander, par son ambassadeur Pidou de Saint-Olon, une satisfaction qu'elle refusa. Une escadre, conduite par le ministre de la marine Colbert de Seignelay et par Du Quesne, bombarda Gênes en mai 1684. Le doge Francisco-Maria Impériale, ne se voyant pas soutenu par l'Espagne, dut venir en personne à Versailles, accompagné de quatre sénateurs, demander pardon à Louis XIV (15 mai 1685), bien que la constitution de l'Etat ne permît pas au doge de quitter Gênes. Aussi quand, lui montrant avec orgueil toutes les splendeurs de Versailles, Louis XIV lui demanda ce qui l'étonnait le plus, il répondit : « C'est de m'y voir. » Le moment approche où l'Europe tout entière se coalisera de nouveau contre la France. Louis XIV eût pu la braver avec l'alliance de l'Angleterre : cette alliance allait lui manquer.

Révocation de l'édit de Nantes (22 octobre 1685). — Parmi les causes qui amenèrent la rupture entre la France et l'Angleterre, une des principales fut la révocation de l'édit de Nantes et la persécution dirigée contre les protestants. Les calvinistes avaient cessé depuis longtemps de former un parti politique ; ils s'occupaient principalement d'industrie et de commerce ; aussi Colbert les avait-il constamment protégés. Leur nombre d'ailleurs diminuait progressivement, et l'on pouvait espérer les ramener par la persuasion, lorsque la persécution vint ranimer les querelles religieuses et provoquer des guerres civiles. Louvois crut affermir sa puissance par la conversion des protestants ; il la pressa avec l'impétuosité de son ambition et la dureté de son caractère. Les exécutions sanglantes du comte de Noailles, dans les Cévennes, sont restées célèbres sous le nom de *dragonnades* ou *missions bottées*. Du reste, il faut reconnaître qu'à cette époque l'opinion publique, manifestée par les plus puissants génies, applaudissait à une mesure qu'on regardait comme utile et nationale. Madame de Sévigné et La Bruyère approuvèrent, aussi bien que Bossuet et Fléchier, la révocation de l'édit de Nantes. On voyait dans les protestants des ennemis de la France, toujours disposés à s'appuyer sur la Hollande ou l'Angleterre pour fomenter les troubles dans l'intérieur du royaume. Louis XIV ne fit que donner satisfaction à l'opinion de son temps, lorsqu'en 1685 il révoqua les priviléges consacrés par l'édit de Nantes. Le savant Ancillon, descendant d'un des exilés, affirme, dans son *Tableau des révolutions de l'Europe*, que les horreurs commises à cette époque contre les religionnaires, « bien loin d'être commandées par le roi et approuvées par madame de Maintenon, furent commises malgré eux, et probablement à leur insu. » Ancillon paraît indulgent, mais il est à croire qu'en cette circonstance, comme en beaucoup d'autres, le zèle des subalternes trahit, en les outrant, les instructions du maître.

On vit bientôt les funestes conséquences de cette mesure; 300,000 personnes peut-être émigrèrent. La police les épia, les poursuivit; on exigea des billets de confession des voyageurs; on prononça la peine de mort contre quiconque faciliterait la fuite des religionnaires. Vauban, dans ses *Oisivetés*, parle de 80 ou 100,000 individus qui sortirent du royaume, pour aller grossir les flottes ennemies de 8 à 9,000 matelots et leurs armées de 600 officiers et de 12,000 soldats. Ce ne furent pas les moins bons auxiliaires de Guillaume III. La Hollande, l'Angleterre, l'Allemagne, la Suisse accueillirent nos proscrits et, en échange de leur hospitalité, reçurent d'eux les secrets de notre industrie et de notre richesse. Tout un faubourg de Londres se peupla d'ouvriers français en soie, en cristaux, en acier; le Brandebourg et la Prusse défrichée naquirent à la civilisation; Berlin devint une ville. La Hollande se montra plus hospitalière que toutes les autres nations pour les proscrits; Amsterdam leur bâtit mille maisons et Guillaume leur donna des pensions, des temples, des libertés, celle, entre autres, d'inonder l'Europe de pamphlets.

J.-J. Rousseau, le démagogue Marat, le grand publiciste Benjamin Constant, que la Suisse nous renvoya au siècle suivant, descendaient de protestants français.

CHAPITRE VII[1]

§ 1ᵉʳ

Révolution de 1688 en Angleterre. — Guillaume III. — Guerre de la ligue d'Augsbourg. — Traité de Ryswick (1697).

SOMMAIRE. — *La révolution d'Angleterre de* 1688. — Contre-coup de la révocation de l'édit de Nantes. — Restauration des Stuarts en Angleterre (1660-1688). — Charles II (1660-1685). — Réaction anglicane ; l'acte d'uniformité. — Charles II reçoit pension de Louis XIV, et lui vend Dunkerque (1662).
Guerre contre la Hollande (1664-1667). — Alliance avec la France négociée par la duchesse d'Orléans (1670).
Calamités intérieures de l'Angleterre ; peste (1665) et incendie de Londres (1666). — Disgrâce de Clarendon (1667). — Ministère *Cabal*; banqueroute royale (1672). — Continuation de la réaction anglicane ; le Test. — Titus Oates et la prétendue conspiration papiste ; injustes supplices (1678) ; les catholiques exclus du Parlement.
Nouveau Parlement ; bill *d'habeas corpus*, garantie de la liberté individuelle (1679). — Whigs et torys. — Le duc d'York dirige la réaction catholique. — Conspiration protestante de Rye ; cruautés du juge Jeffries (1683). — Mort de Charles II (1685).
Jacques II (1685-1688). — Réaction catholique. — Révolte du comte d'Argyle et du duc de Monmouth ; leur supplice. —

---

[1] OUVRAGES A CONSULTER. — *Pour la première partie*, outre les grandes histoires d'Angleterre de Hume, Lingard, Smollett, Goldsmith, etc., la collection des *Mémoires relatifs à la révolution d'Angleterre*, publiée par M. Guizot; *Monk, chute de la république et rétablissement de la monarchie en Angleterre, en* 1660, de M. Guizot; *Histoire de Guillaume III*, par Macaulay; Burnet, *Histoire de mon temps;* Gordon, *Histoire d'Irlande; Lettres de Guillaume III, de Louis XIV et de leurs ministres*, publiées à Londres en 1848; Sainte-Croix, *Histoire de la puissance navale de l'Angleterre*. — *Pour la seconde partie*, outre les ouvrages déjà cités aux trois chapitres précédents, les Mémoires de d'Avaux, de Saint-Hilaire, de Catinat, de Feuquières, de Berwick, de Noailles, de Tessé, de Forbin, de Villette, etc.; les *Histoires de la marine française*, de Léon Guérin et d'Eugène Sue; Grégorio Léti, *la Monarchie universelle de Louis XIV;* Dumont, *Corps diplomatique; Actes et Mémoires du traité de Ryswick.*

Jacques II brise les libertés religieuses et politiques de la nation; abolition du Test. — Descente de Guillaume d'Orange en Angleterre (novembre 1688); fuite de Jacques II en France (janvier 1689).
Caractère de la révolution de 1688; *Guillaume III*, premier roi constitutionnel d'Angleterre et chef du protestantisme européen (1689-1702).
Nouvelle coalition formée contre Louis XIV à Augsbourg (1686). — Louis XIV maintient seul à Rome l'abusif droit d'asile (1687-1688). — Affaires des successions du Palatinat et de Cologne (1685-1688). — Louis XIV prend l'offensive; conquête du Palatinat (fin de 1688). — Première expédition en Irlande pour rétablir Jacques II (1689). — Renouvellement de la ligue d'Augsbourg (1689-1690); guerre générale (1689-1697).
1º Guerre sur le Rhin; opérations du duc de Lorges.
2º Guerre en Catalogne; succès de Noailles et de d'Estrées.
3º Guerre sur mer et en Irlande; victoire de Tourville à Dieppe (1690); défaite de Jacques II à Drogheda, sur la Boyne (1690); combat de Tourville à la Hogue (1692).
4º Guerre aux Pays-Bas; victoires de Luxembourg à Fleurus (1690), à Steinkerque (1692), et à Nerwinden (1693), sur le prince de Waldeck et sur Guillaume III.
5º Guerre en Savoie et en Piémont; victoires de Catinat à Staffarde (1690) et à la Marsaille (1693).
Continuation de la guerre sur mer; succès de Tourville; **courses de Jean Bart, Nesmond, Duguay Trouin et Pointis.**
Paix de Ryswick (1697).

La révolution d'Angleterre de 1688. — *Contre-coup de la révocation de l'édit de Nantes.* — Louis XIV, en révoquant l'édit de Nantes, avait jeté le défi à toutes les puissances protestantes. On pouvait croire qu'il serait relevé par le roi d'Angleterre, chef de la nation la moins catholique de l'Europe. Jacques II se rangea, au contraire, du côté de Louis XIV et mit tout en œuvre pour ramener ses sujets sous l'obéissance de l'Eglise romaine. Les Anglais firent une révolution dirigée à la fois contre le catholicisme et le principe de la monarchie absolue; ils établirent chez eux le gouvernement constitutionnel en appelant au trône le plus grand ennemi de Louis XIV, Guillaume III, gendre de Jacques II; et Guillaume devint le chef du parti réformé en Europe. La révolution anglaise de 1688 fut la réponse à la révocation de l'édit de Nantes. Reprenons l'histoire d'Angleterre à la restauration des Stuarts. Nous y verrons les causes de leur chute définitive.

Restauration des Stuarts en Angleterre (1660-1688). — *Charles II* (1660-1685). — Après l'abdication de Richard Cromwell et grâce aux manœuvres de Monk, la dynastie des Stuarts était remontée sur le trône d'Angleterre avec Charles II, arrière-petit-fils de Marie Stuart et fils de Charles Ier. Charles II avait alors trente ans. Réfugié à La Haye au moment où il apprit la mort de son père, il s'était rendu l'année suivante en Ecosse, où il avait été proclamé roi, s'était fait couronner le 1er janvier 1651, et à la tête d'une armée avait marché sur l'Angleterre. Mais, battu par Cromwell à Worcester, le 3 septembre, il avait repris de nouveau la route de l'exil. Après douze ans passés à l'étranger, tantôt en France, tantôt aux Pays-Bas ou en Hollande, il revenait en Angleterre appelé par le Parlement. Une pareille restauration devait être le signal d'une réaction terrible contre les événements des douze dernières années ; elle eut lieu en effet et elle aboutit à une nouvelle révolution, celle de 1688, dans laquelle la monarchie absolue disparut pour faire place à la monarchie constitutionnelle, qui fit de l'Angleterre le pays le plus libre de l'Europe.

Réaction anglicane; l'acte d'uniformité. — Le premier soin de Charles II fut de poursuivre les régicides, dont dix moururent avec courage sur l'échafaud, de rendre à leurs anciens propriétaires les biens déclarés nationaux, sans indemniser leurs acquéreurs, et de licencier l'armée de Cromwell.

La révolution de 1640, plus religieuse que politique, avait eu surtout pour but de retirer à l'épiscopat anglican l'immense pouvoir que lui avaient donné les rois depuis Henri VIII. Charles II, conseillé par Edward Hyde, comte de Clarendon, le lui rendit tout d'abord, au grand désappointement des presbytériens, en rétablissant l'anglicanisme dans ses anciens priviléges, et en obligeant tous les fonctionnaires de l'État à en suivre le culte. *L'acte d'uniformité*, qui prescrivit pour tout le royaume l'usage universel d'un seul et commun livre de prières, fut appelé la Saint-Barthélemy des presbytériens, parce qu'il enleva à deux mille d'entre eux les positions qu'ils occupaient dans l'Etat L'Ecosse fut naturellement traitée comme l'Angleterre. Un grand nombre de victimes périrent sur l'échafaud.

Charles II reçoit pension de Louis XIV, et lui vend Dunkerque (1662). — Vain, égoïste, adonné aux plaisirs et à la débauche, plus occupé de ses nombreuses maîtresses que de l'Etat, tel fut Charles II. Par-dessus tout, avide d'argent, il ne recula devant aucune bassesse pour s'en procurer : c'est ainsi qu'on le vit, en 1662, épouser impolitiquement la catholique Catherine de Portugal, qui lui apportait une dot de 300,000 livres sterling (7,500,000 francs) avec les villes de Tanger et de Bombay. Mazarin ne lui refusait plus une de ses nièces, comme au temps de son exil; mais, cette fois, Charles n'en avait plus voulu. On ne lui en garda pas rancune, et comme on le savait besoigneux, on le tint dans la dépendance de la France en lui servant jusqu'à sa mort une pension de deux millions. La politique de Louis XIV à l'égard de l'Angleterre fut constamment d'y entretenir des divisions et d'annuler son influence en mettant en opposition les rois et le Parlement. C'est ce qui résulte avec la dernière évidence de la correspondance des ambassadeurs français en Angleterre. Ils excitaient et souvent même payaient les chefs de l'opposition parlementaire pour résister aux Stuarts, pendant que Louis XIV fournissait des subsides au roi pour le mettre en état de lutter contre le Parlement. Au bout de vingt-huit ans, l'Angleterre se fatigua du rôle que lui faisaient jouer ses rois.

Charles II, n'osant plus, dès la seconde année de son règne, demander de l'argent au Parlement, vendit à Louis XIV Dunkerque pour 5 millions, le 27 novembre 1662. Le 17 décembre suivant, il vendit Mardick. L'Angleterre, qui perdait ainsi les deux villes que lui avait données Cromwell sur le continent, méprisa son roi.

Guerre contre la Hollande (1664-1667). — Les Hollandais faisaient de grands progrès avec leur commerce en Guinée. Au mois de novembre 1664, Charles II leur déclara la guerre, et son frère, le duc d'York, qui commandait en sa qualité de grand amiral la flotte anglaise, attaqua, le 13 juin 1665, la flotte hollandaise et lui fit essuyer une terrible défaite, qui lui coûta 16 vaisseaux, 9 qui furent pris et 7 qui furent brûlés, dont le vaisseau amiral, qui sauta. Louis XIV, jaloux de ce succès, défendit les Hollandais et envoya le duc de Beaufort s'emparer de l'île de Saint-Christophe (1666), pendant que Ruyter et Tromp battaient sur mer la flotte anglaise commandée par le duc d'Albemarle et le prince Robert. L'année suivante, la paix de Bréda (2 janvier 1667) termina la guerre. Mais en 1668, ce fut au tour de l'Angleterre de se tourner contre la France et de l'empêcher d'écraser l'Espagne, en signant à La Haye, contre Louis XIV, avec la Hollande et la Suède le traité de la Triple Alliance. Louis XIV dut faire la paix à Aix-la-Chapelle (2 mai 1668).

Alliance avec la France négociée par la duchesse d'Orléans (1670). — Mais Louis XIV ne songeait qu'à ruiner la Hollande. Il lui fallut à tout prix entraîner l'Angleterre dans son alliance, et l'on sait que la négociatrice fut la gracieuse duchesse d'Orléans, Henriette-Anne d'Angleterre, la propre sœur de Charles II. Le roi anglais se souvenait aussi, non sans amertume, qu'au temps de son exil, sur une injonction de Cromwell, les États-généraux lui avaient ordonné de sortir de La Haye et qu'il avait dû chercher un asile chez le prince d'Orange, son beau-frère, le père de Guillaume III. On a vu, au chapitre VI, la part que prit l'Angleterre à la guerre de Hollande.

Calamités intérieures de l'Angleterre : peste (1665) et incendie de Londres (1666). — *Disgrâce de Clarendon (1667).* — La situation était devenue bien difficile, à l'intérieur, depuis plusieurs années. Vers cette époque, deux fléaux désolèrent Londres. La peste y enleva environ 100,000 personnes, et un épouvantable incendie, qui commença chez un boulanger de Pudding-Lane, près de Fith-street, à la suite d'un coup de tonnerre, et qui se propagea rapidement dans une ville bâtie en bois avec des toits goudronnés, consuma en trois jours 13,200 maisons de particuliers, 89 églises, dont Saint-Paul, et une foule d'édifices publics. On estima la perte à 9 millions de livres sterling. Huit personnes y périrent. La ville fut rebâtie en trois ans, au milieu des murmures du peuple, car une colonne, qui perpétua jusqu'au

9 décembre 1830 le souvenir de ce désastre; l'attribua, sans preuve, à la perfidie et à la malice de la faction papiste.

Tous les fléaux réunis : la peste, l'incendie, la guerre (Ruyter écumant la Tamise en 1667), exaspérèrent les Anglais ; ils demandèrent en quelque sorte une victime expiatoire. Le roi leur sacrifia Edouard Hyde, comte de Clarendon, un des proscrits de la révolution, le plus dévoué de ses serviteurs, qu'il avait fait chancelier en montant sur le trône, et dont la fille, mariée secrètement au duc d'York, frère du roi, pendant son exil, avait été reconnue publiquement duchesse d'York. Clarendon déplaisait aux presbytériens et aux catholiques comme anglican convaincu, au roi comme un censeur rigide de ses prodigalités et de ses débauches, à tous pour son faste, son orgueil et son avidité. Charles II lui redemanda le grand sceau le 30 août 1667, et les communes l'accusèrent de trahison devant la Chambre des lords. Pendant qu'il se sauvait sur le continent, un jugement le déclara banni à perpétuité et incapable de remplir aucun emploi public. Il mourut à Rouen le 9 décembre 1674, la même année que Milton.

Ministère Cabal; Banqueroute royale (1672). — Les Anglais, débarrassés de Clarendon, subirent le joug de la *Cabal*.

C'étaient cinq favoris du roi composant son conseil privé, en général peu honorables : l'intrigant Clifford, le vicieux Arlington, Buckingham, le fils du beau favori de Charles Ier, et le compagnon des plaisirs de Charles II, Ashley Cooper, futur comte de Shaftesbury, l'homme de toutes les cupidités et de tous les moyens, mais qui rendit néanmoins de grands services à l'Angleterre, et le duc de Lauderdale, ancien presbytérien, devenu, comme haut-commissaire d'Ecosse, le plus terrible persécuteur de ses coreligionnaires d'autrefois. Des lettres initiales de leurs cinq noms, on avait formé le mot *Cabal*, qui est devenu historique pour rappeler leur administration. Elle se caractérise du reste en peu de mots : réaction indécise, d'abord anglicane contre le catholicisme et le presbytérianisme, puis catholique contre le presbytérianisme et l'anglicanisme, tendance de la royauté à l'absolutisme, sujétion à la France. Ce furent eux qui, de 1672 à 1673, firent décider, sur le refus du Parlement de donner à Charles II de nouveaux subsides, la banqueroute royale.

On ne paya aux banquiers qui avaient prêté de l'argent au roi que les intérêts qui leur étaient dus; on ne leur rendit point leur capital.

Continuation de la réaction anglicane; le Test (1673). — La même année (1672), la *Cabal* fit révoquer la déclaration du 25 mars 1672, qui établissait la liberté de conscience en faveur des catholiques, et cela sur les instances des presbytériens, qui dominaient dans les communes; mais bientôt, pour ne pas trop donner à ceux-ci le motif de se réjouir, on fit adopter par les ceux Chambres du Parlement le fameux bill du *Test* (l'épreuve), intitulé : Acte pour prévenir les dangers qui peuvent provenir de la part des papistes récusants, par lequel toute personne possédant un emploi ou un office devait prêter le serment d'allégeance et de suprématie, recevoir les sacrements dans son église paroissiale et renoncer par écrit à la croyance à la présence réelle dans l'eucharistie. Le duc d'York, qui avait abjuré solennellement le protestantisme, perdit à cette occasion sa charge de grand amiral et fut déclaré déchu de ses droits au trône; et Clifford, un des membres de la Cabal, perdit sa charge de grand trésorier. Bientôt après, tout prêtre catholique dut quitter l'Angleterre avant six semaines, sous peine de mort.

Titus Oates et la prétendue conspiration papiste; injustes supplices (1678); *les catholiques exclus du Parlement.* — Comme on le voit, nous sommes toujours, au dix-septième siècle, en pleine intolérance religieuse, chez les protestants comme chez les catholiques. Mais alors, comme toujours, arrivent les conspirations. En 1678, un ancien ministre anabaptiste, converti depuis au catholicisme pour échapper au châtiment de plusieurs crimes, et chassé du collège des jésuites de Saint-Omer pour sa mauvaise conduite, Titus Oates, associé à deux misérables de bas étage et secrètement encouragé par le chancelier Shaftesbury, ennemi personnel du catholique duc d'York, fit courir le bruit que les jésuites, aidés du médecin de la reine, de la reine elle-même et du secrétaire du duc d'York, conspiraient contre la vie du roi. On instruisit avec la plus grande iniquité le procès de cette imaginaire conspiration papiste, qui donna lieu aux plus sinistres cruautés; 2,800 personnes furent emprisonnées; Coleman, secrétaire du duc d'York, et un banquier catholique furent pendus et coupés en morceaux, ainsi que huit malheureux jésuites, dont le grand janséniste Arnauld proclama l'innocence dans sa courageuse *Apologie pour les catholiques*. Le vieux Stafford, âgé de soixante-dix ans, condamné comme traître au même supplice infamant, obtint comme grâce d'être simplement décapité. Le duc d'York dut quitter l'Angleterre et se retirer à Bruxelles. Les catholiques furent exclus des deux Chambres. De 1678 à 1829, aucun lord papiste ne siégea au Parlement.

C'est de cette époque que datent les dénominations de *whigs* et de *torys*, appliquées, la première aux partisans de l'extension des libertés des citoyens, la seconde aux défenseurs des prérogatives monarchiques. Selon les uns, le mot *whig* vient de *whig*, petite bière ou petit-lait, boisson ordinaire des dévots et sobres paysans de l'Ecosse; selon les autres, de *whigam*, l'instrument avec lequel les paysans conduisaient leurs bestiaux. Les Ecossais s'en étaient servis comme d'arme dans la guerre du Parlement, d'où on les avait surnommés les *whigamores*. Les partisans de la cour avaient donné par dérision ce nom à ses adversaires, aux anciens covenentaires ou têtes rondes; ceux-ci leur envoyèrent le nom de *toryes*, dérivé, dit-on, de *Tar, a ry*, mots du patois irlandais qui signifient : Viens, ô roi.

Le duc d'York dirige la réaction catholique. — Cependant le duc d'York ne se tenait pas pour battu. A l'occasion d'une maladie du roi, en 1679, il trouva moyen de se faire rappeler à la cour, au grand mécontentement du chancelier Shaftesbury et du duc de Monmouth, fils naturel de Charles II. Il fallut bientôt l'exiler de nouveau; mais il revint peu après et fut envoyé comme commissaire royal en Écosse, où les puritains soulevés venaient de massacrer l'archevêque de Saint-André. Le duc d'Argyle, qui voulut s'opposer aux manœuvres catholiques, n'échappa à la mort que par la fuite, mais n'empêcha pas de nombreuses exécutions de presbytériens. Le duc d'York, retourné à Londres au mois de mars 1682, y prit bientôt une telle influence qu'il y eut, en quelque sorte, deux rois en Angleterre.

Conspiration protestante de Rye; cruautés du juge Jeffries (1683). — *Mort de Charles II* (1685). — Une nouvelle conspiration, réelle cette fois et protestante, qu'on appela la conspiration de Rye, du nom d'une ferme où elle fut ourdie, troubla en 1683 la cour d'Angleterre.

C'était une coalition de tous les mécontents. Elle fut découverte. Le duc de Monmouth et lord Shaftesbury y étaient entrés : le premier fut réduit à se cacher ; le second à se sauver en Hollande, où il mourut obscurément quelque temps après. Alors commença la besogne du terrible Jeffries, pour le moment chef de justice, plus tard chancelier, l'âme damnée du duc d'York. Il fit monter sur l'échafaud tous les conjurés, quel que fut leur degré de culpabilité, à commencer par deux personnages vénérés de toute l'Angleterre, l'austère républicain Algernon Sidney et le grand whig William Russell. Le roi ignora lui-même une partie des exécutions. Naturellement doux et surtout indifférent, il résistait cependant parfois à son frère, et lui répondit même un jour : « Je suis trop vieux pour recommencer mes courses; vous le pouvez si c'est votre goût. » Il mourut d'apoplexie le 16 février 1685, à 55 ans, après en avoir régné 25.

Jacques II (1685-1688). — *Réaction catholique.* — *Révolte du comte d'Argyle et du duc de Monmouth; leur supplice.* — Le duc d'York succéda à son frère Charles II sous le nom de Jacques II, malgré le bill des communes qui l'avait exclu du trône. Il avait alors 52 ans. Dès 1671, il avait abjuré le protestantisme. Le surlendemain même de son avénement, il alla publiquement à la messe avec tout l'appareil de la royauté. Comprenant néanmoins que c'était braver l'Angleterre, il promit de respecter la religion dominante, et conserva les derniers ministres de son frère. Le Parlement ne voulut pas être en reste avec lui. Des impôts considérables furent votés pour la vie de Jacques II, et des lois sévères parurent devoir le protéger contre les conspirations qui ne tardèrent pas à éclater. Le duc de Monmouth avait rencontré en Hollande le comte d'Argyle, proscrit comme lui. Ils concertèrent un soulèvement. Argyle descendit en Ecosse, fut battu par le comte de Dumbarton, pris et décapité à Edimbourg le 11 juillet. Monmouth, débarqué en Angleterre avec 80 aventuriers, publia un manifeste où il revendiquait la couronne sous le prétexte mensonger que le roi Charles II avait épousé sa mère, réunit une troupe d'environ 3,000 hommes, se fit battre à Sedgemoore, le 5 juillet, par le comte de Feversham, et fut décapité, le 25, quatorze jours après Argyle.

Le supplice de Monmouth ne fut que le prélude des plus barbares vengeances, où se signalèrent Jeffries et le colonel Kirk, homme cruel et avide, qui vendait leur grâce aux prisonniers assez riches pour racheter leur vie, et envoyait les autres à la mort. Tous ceux qui avaient favorisé la cause de Monmouth furent arrêtés. Le colonel Trelawney marcha sur les traces de Kirk ; mais le baron Jeffries de Wem montra qu'en fait d'atrocités les hommes d'armes pouvaient être dépassés par les hommes de loi. C'est ce Jeffries qui avait présidé, comme chef de justice en 1678, la cour du Banc du roi et prononcé la condamnation du républicain Sidney. Envoyé dans les provinces de l'Ouest, en qualité de juge de circuit, pour rechercher les rebelles et leurs complices, cet homme, dont un contemporain (Burnet, *Histoire de mon temps*) a dit : « Dans un état permanent d'ivresse et de rage, il tenait plus de la furie que du juge, » se signala par des barbaries juridiques qui ont voué sa mémoire à l'exécration de la postérité. Il se vantait d'avoir expédié à Dorchester 90 accusés en quelques heures ; à Exeter 243 ; dans le Sommersetshire, 239, etc.; aussi le roi Jacques II, en apprenant que Jeffries était gravement malade de l[a] pierre, s'écriait qu'il lui serait difficile de remplacer u[n] sujet aussi dévoué, — dévouement dont il devait êtr[e] cruellement puni, car le nombre de ces exécutions sa[n]glantes, les horreurs dont elles étaient accompagnées e[t] suivies, puisqu'on allait jusqu'à poursuivre des dernier[s] outrages les restes inanimés des victimes; la vénalit[é] des juges, les extorsions qu'ils commettaient, soit à leu[r] profit, soit au profit de la couronne, aggravaient le mé[-]contentement public et exaspéraient jusqu'aux esprit[s] les plus modérés. Les espérances données par le roi n[e] purent changer ces dispositions. Il eut beau ouvrir u[n] asile aux protestants chassés de France par l'édit d[e] Nantes; on ne vit que trop comment il allait tirer part[i] de sa victoire sur Monmouth contre les libertés natio-nales, lorsqu'au mois de novembre de la même année, il demanda au Parlement l'abolition de la loi du Test, des subsides pour augmenter les troupes et se donner une armée permanente, ce que n'avait obtenu aucun roi d'Angleterre. Le Parlement n'accorda que des subsides.

Jacques II brise les libertés religieuses et politiques de la nation; abolition du Test (1687). — Jacques, peu sou-cieux de ménager l'opinion, fit sacrer l'année suivante (1686), dans sa chapelle, quatre évêques catholiques, qui furent envoyés par toute l'Angleterre pour y exercer leur ministère sous le titre de vicaires apostoliques.

Quelques cardinaux disaient déjà en plaisantant, a Rome, qu'il fallait excommunier Jacques II comme un homme qui allait perdre le peu de catholicisme qui res-tait en Angleterre. Le 3 juillet 1687, le nonce Fernando Dada, à qui la cour de Rome avait recommandé la pru-dence et qui résidait secrètement près du roi, fit son entrée publique à Windsor en habits pontificaux, avec un grand cortége de religieux de tout costume, précédé de la croix. Grand mécontentement... Peu après, Jacques **publia une déclaration qui abolissait le *Test* et ses lois pé-**

nales, et enjoignit aux évêques de la faire publier dans leurs diocèses. Alors le clergé anglican, qui était lié étroitement avec l'aristocratie anglaise, se jeta dans l'opposition. Un des curés de Londres, le docteur Sharp, attaqua publiquement le roi. L'évêque de Londres, ayant refusé de l'interdire, fut cité devant un tribunal exceptionnel ou *commission ecclésiastique*, qui avait pour mission de poursuivre tous les crimes et délits commis contre la personne du roi par les membres des universités et des corporations ecclésiastiques. L'évêque de Londres ne comparut pas et fut suspendu de ses fonctions. En même temps, Jacques II envoyait à Rome une ambassade solennelle pour réconcilier l'Angleterre avec le Saint-Siége. L'opposition, qui devenait chaque jour plus menaçante, fit un crime à ce prince des mesures les plus équitables, telles que la loi de tolérance absolue qu'il proposa en 1687. Les évêques anglicans, ayant à leur tête Sancroft, archevêque de Cantorbéry, présentèrent au Parlement une pétition pour faire rejeter ce bill. Ils furent accusés devant la commission ecclésiastique et absous aux applaudissements de l'Angleterre. Ces procès politiques et religieux entretenaient l'agitation de l'opinion publique, et préparaient la crise de 1688. La naissance du prince de Galles contribua à la faire éclater. Les chefs de l'aristocratie, Halifax, Nottingham, Danby, étaient depuis longtemps en relation avec Guillaume de Nassau, prince d'Orange et stathouder de Hollande. Ils pressaient ce prince, qui avait épousé une fille de Jacques II, de se rendre en Angleterre. Guillaume, dont l'ambition était réglée par la prudence, attendit une occasion favorable. Lorsqu'il la crut arrivée, il démasqua ses projets et détrôna son beau-père.

GUILLAUME III. — *Guillaume d'Orange en Angleterre* (novembre 1688). — *Fuite de Jacques II en France* (janvier 1689). — Guillaume d'Orange, déjà illustre pour avoir défendu la Hollande contre Louis XIV, avait préparé une flotte sous prétexte de faire la guerre à la France. Il s'y embarqua avec 16,000 hommes et se dirigea vers l'Angleterre. On lisait sur ses étendards ces mots : *Pour la religion protestante et la liberté anglaise.* La devise : *Je maintiendrai*, annonçait hautement le projet de garantir les priviléges religieux et politiques de l'Angleterre. Aussi Guillaume fut-il accueilli avec empressement par la plus grande partie de la nation, lorsqu'il débarqua à Torbay (5 novembre 1688). Jacques II ne tenta pas de défendre sa couronne. Tout lui manqua à la fois, comme il se manqua à lui-même. Il comptait sur sa flotte, mais ses vaisseaux laissèrent passer ceux de son ennemi. Il pouvait au moins se défendre sur terre : il avait une armée de 20,000 hommes, et s'il l'avait menée au combat sans lui donner le temps de la réflexion, il est à croire qu'elle eût bien combattu ; mais il lui laissa le loisir de se déterminer. « Plusieurs officiers généraux firent défection, entre autres le fameux Churchill, aussi fatal depuis à Louis qu'à Jacques, et devenu illustre sous le nom de Marlborough. Il passa dans le camp de Guillaume d'Orange. Le prince de Danemark, gendre de Jacques, enfin sa propre fille, la princesse Anne, l'abandonnèrent. Alors, se voyant attaqué et poursuivi par un de ses gendres, trahi par l'autre, ayant contre lui ses deux filles, ses propres amis, haï des sujets mêmes qui soutenaient encore sa cause, il désespéra de sa fortune. La fuite, dernière ressource d'un prince vaincu, fut le parti qu'il prit sans combattre. Après avoir été arrêté dans sa fuite par la populace, maltraité par elle et reconduit à Londres ; après avoir reçu paisiblement les ordres du prince d'Orange dans son propre palais ; après avoir vu sa garde relevée, sans coup férir, par celle de son gendre ; chassé de sa maison, puis prisonnier à Rochester, puis libre, il profita de la liberté qu'on lui donnait d'abandonner son royaume, et alla chercher un asile en France. Louis XIV l'y accueillit avec une magnifique hospitalité. » (Voltaire.)

Caractère de la révolution de 1688. — Guillaume III, premier roi constitutionnel d'Angleterre et chef du protestantisme européen (1689-1702). — La révolution de 1688, accomplie avec tant de rapidité et de facilité, marque l'époque de la vraie liberté en Angleterre. La nation, représentée par son Parlement, fixa les bornes si longtemps contestées des droits du roi et de ceux du peuple. Guillaume, ayant accepté et ratifié ces conditions par la célèbre *déclaration des droits*, fut proclamé roi d'Angleterre, conjointement avec sa femme Marie, fille du roi Jacques. La *déclaration des droits* ne fut pas une constitution nouvelle, mais une simple confirmation des anciennes libertés de l'Angleterre ; elle reconnaissait au Parlement le droit exclusif de voter l'impôt et de veiller à l'exécution des lois. Les rois ne pouvaient avoir une armée en temps de paix sans un vote de l'assemblée. Les discussions étaient libres et l'indépendance des membres était garantie. Aucun tribunal exceptionnel ne pouvait être institué, et le jury était seul chargé de prononcer sur la culpabilité des Anglais. Le germe de toutes ces libertés se trouve déjà dans les anciennes chartes anglaises. Il n'y eut qu'un développement naturel des priviléges nationaux sans secousse violente. Guillaume de Nassau, qui, à partir de cette époque fut désigné sous le nom de Guillaume III, respecta la constitution anglaise ; il appela au ministère les chefs de l'ancienne opposition parlementaire, Halifax, Nottingham, Danby, Churchill, etc., et gouverna avec fermeté et prudence. Quoique l'élu de la nation, il eut souvent à lutter contre les inquiétudes et la jalousie des parlements; tout-puissant en Hollande, il n'avait qu'une autorité limitée en Angleterre. Aussi disait-on de lui qu'il était *roi de Hollande et stathouder d'Angleterre*. Quelques révoltes eurent lieu en Écosse et en Irlande, mais elles furent aisément comprimées. Guillaume s'affermit sur le trône en devenant le chef des coalitions européennes contre Louis XIV, et en rendant à l'Angleterre le rôle glorieux qu'elle avait joué sous Élisabeth. Il persévéra dans cette politique jusqu'à sa mort (1702), et la reine Anne, sa belle-sœur, qui régna après lui de 1702 à 1714, suivit la même conduite. Pendant ces deux règnes, la prospérité de l'Angleterre s'accrut rapidement. La création de la banque de Londres par Guillaume III (1694) contribua à faciliter les relations commerciales. En même temps la littérature anglaise, qui avait perdu tout caractère national sous les derniers Stuarts, redevint originale avec plus de pureté. Swift, Pope, Addison et beaucoup d'autres illustrèrent cette renaissance littéraire de l'Angleterre, à l'époque où Locke donnait une nouvelle direction aux études philosophiques et politiques.

Locke, né en 1632, mourut en 1704. Son principal ouvrage est l'*Essai sur l'entendement humain,* où il prétend démontrer que les opérations de l'esprit humain sont aussi faciles à comprendre que le mouvement d'une pendule. Ce livre, extraordinaire par la clarté et la suite du raisonnement, est le premier qui a mis la métaphysique à la portée du vulgaire. — Le nom du satirique *Swift* (né en 1667) jouit d'une popularité en quelque sorte universelle, par la traduction en toutes les langues des *Voyages de Gulliver*, publiés en 1727. Swift n'a ni la verve de raillerie de Rabelais, ni l'élévation chevaleresque et la douce gaieté de Cervantes, mais il amuse et il intéresse par la fécondité de son imagination et l'énergie convaincue de ses critiques. Après avoir laissé sa fortune à un hospice d'aliénés, il mourut atteint lui-même de folie. — Swift fut, dans la presse, le premier écrivain anglais de son époque; *Pope* le premier dans la langue poétique. On a comparé l'auteur de l'*Essai sur l'homme* à notre Boileau. — *Addison* a écrit la tragédie de *Caton* et le journal critique *le Spectateur*. Il mourut en 1719.

NOUVELLE COALITION FORMÉE CONTRE LOUIS XIV A AUGSBOURG (1686). — Au moment où Guillaume III montait sur le trône d'Angleterre, Louis XIV tenait tête à toute l'Europe coalisée contre lui. La paix n'avait duré que quatre ans, bien qu'elle eût été signée pour vingt ans, à Ratisbonne, en 1684 ; mais elle n'avait pas calmé les craintes qu'avaient excitées tout autour de la France les confiscations prononcées par les chambres de réunion. Le stathouder de Hollande n'avait cessé d'attiser les méfiances de l'Europe et, à son instigation, l'empereur Léopold, le roi d'Espagne, le roi de Suède, l'électeur de Bavière, le cercle de Franconie, la maison de Saxe et les états du cercle du Haut-Rhin avaient signé le 9 juillet 1686 la ligue d'Augsbourg, à laquelle la Savoie accéda en 1687, en apparence pour résister aux Turcs, en réalité pour garantir la sécurité publique et l'exécution des clauses des traités de Westphalie, de Nimègue et de Ratisbonne. La conduite de Louis XIV justifiait du reste toutes les appréhensions.

Louis XIV maintient seul à Rome l'abusif droit d'asile (1687-1688). — Depuis la révocation de l'édit de Nantes, il n'avait plus à compter sur le concours d'aucune puissance protestante ; l'affaire des franchises à Rome fut loin de lui concilier les sympathies du pape et des puissances catholiques. Un vieil usage attribuait à Rome aux ambassadeurs des souverains étrangers un droit de franchise et d'asile qui s'étendait non-seulement à leur demeure, mais encore au quartier qu'ils habitaient, et rendait la police de la ville impossible en assurant l'impunité aux criminels. Le pape Innocent XI représenta l'état des choses à l'empereur, aux rois d'Espagne, de Pologne et d'Angleterre (alors Jacques II), et obtint facilement d'eux qu'ils renonçassent à ce droit.

En conséquence, une bulle le déclara aboli et menaça d'excommunication ceux qui refuseraient de s'y conformer.

Sur ces entrefaites, l'ambassadeur de France, duc d'Estrées, vint à mourir le 30 janvier 1687. Avant qu'on lui eût donné un successeur, le nonce Ranucès vint prier

Louis XIV d'abandonner, comme les autres souverains, son privilége. Louis XIV répondit qu'il ne s'était jamais réglé sur l'exemple d'autrui, et fit partir pour Rome, pour remplacer d'Estrées, le marquis de Lavardin avec une escorte de 800 hommes et l'injonction de maintenir son droit à main armée. Lavardin entra dans Rome, le 16 novembre, avec tout son cortége et fit savoir au pape les instructions dont il était chargé. Le pape refusa de lui donner audience comme ayant encouru l'excommunication. Lavardin affecta, par bravade, de communier, le jour de Noël, dans l'église Saint-Louis; le pape mit le lendemain l'église en interdit. Le 22 janvier suivant (1688), le procureur général du parlement de Paris appela comme d'abus de la bulle du pape et, le 7 octobre, le roi se saisit d'Avignon, comme il avait déjà fait en 1663. Louis XIV ne devait entendre raison qu'en 1696, sous le pontificat d'Innocent XII.

Affaires des successions du Palatinat et de Cologne (1685-1688). — Une double ingérence dans les affaires d'Allemagne augmenta les méfiances. L'électeur palatin du Rhin étant mort sans enfants mâles, Louis XIV voulut revendiquer une partie de sa succession pour sa belle-sœur, la duchesse d'Orléans, la princesse que le duc d'Orléans avait épousée après la mort d'Henriette d'Angleterre. L'héritage n'en passa pas moins au prince de Neubourg.

En 1688, l'archevêché électorat de Cologne devint vacant; Louis XIV recommanda son protégé le cardinal de Furstemberg; l'empereur soutint le prince Clément de Bavière. La Hollande, les princes allemands en firent autant; leur intérêt n'était pas que l'électorat de Cologne tombât dans la dépendance de la France. Le pape Innocent XI, qui avait sur le cœur l'affaire des franchises, fut avec eux, leva les difficultés canoniques qui pouvaient empêcher l'élection du prince Clément, et la confirma, quoiqu'il n'eût obtenu dans le chapitre que

9 voix sur 24. Les deux compétiteurs en vinrent aux armes pour soutenir leurs droits. Furstemberg reçut garnison française dans Bonn, Kaiserwerth, Rhinberg et Neuss; des troupes brandebourgeoises et palatines occupèrent Cologne. Le 24 septembre 1688, Louis XIV lança un manifeste de guerre; la ligue d'Augsbourg avait été faite contre lui et non contre les Turcs; on n'attendait qu'une occasion favorable pour l'attaquer; il commençait. Il rappelait les griefs de la succession palatine et de la succession de Cologne; il ne disait pas qu'il comptait, en envahissant le premier l'Empire, empêcher les Hollandais de mettre leur flotte à la disposition du stathouder pour envahir l'Angleterre. Le stathouder, par un calcul opposé, avait jeté la ligue d'Augsbourg sur les bras de Louis XIV pour qu'il ne l'empêchât pas de détrôner Jacques II.

Louis XIV prend l'offensive; conquête du Palatinat (fin de 1688). — Ce fut le marquis de Boufflers qui ouvrit la campagne, au mois de septembre, en passant le Rhin et en prenant Kayserlautern, Creutznach et Oppenheim. En octobre, on prit Heilbronn, Heidelberg, Mayence et Philipsbourg; en novembre, Manheim, Frankenthal, Trèves, Spire et Worms, et l'on bombarda Coblentz pour avoir reçu des troupes de l'électeur de Saxe. En novembre aussi, Guillaume d'Orange partit pour aller conquérir l'Angleterre sans que rien l'en empêchât. Le 3 décembre, Louis XIV déclara pour ce fait la guerre à la Hollande. Le 7 janvier suivant, Jacques II, chassé d'Angleterre, venait à Saint-Germain-en-Laye solliciter l'hospitalité de Louis XIV.

Puisqu'on n'avait pas pu empêcher Guillaume III de conquérir l'Angleterre, il fallait maintenant l'attaquer dans ses nouveaux Etats, opérer une puissante diversion en essayant de rétablir les Stuarts, et paralyser ainsi l'homme qui était l'âme de la ligue d'Augsbourg en l'empêchant, par des embarras intérieurs, d'agiter à son gré le continent. Le ministre de la marine Colbert de Seignelay demandait une guerre maritime. Louvois voulut une guerre sur le continent; la France dut diviser ses forces. Guillaume III s'affermit en Angleterre et donna ensuite la main à ses alliés.

Première expédition en Irlande pour rétablir Jacques I (1689). — Une flotte française partit pour l'Irlande emmenant Jacques II, à qui Louis XIV avait dit au départ, en lui donnant sa cuirasse : « Ce que je peux vous souhaiter de mieux, c'est de ne pas vous revoir. » La catholique Irlande accueillit Jacques avec de grandes démonstrations de dévouement. Londonderry seule lui résista; il en fit le siége, au lieu de se jeter sur l'Ecosse où les montagnards du Nord s'étaient soulevés pour lui. Le siége durant trop longtemps, il attendit des renforts de France. Le comte de Château-Renaud lui amena en effet 7,000 hommes, après avoir battu près de la baie de Bantry l'amiral anglais Herbert, qui lui barrait le passage (1689); mais la ville continua à tenir et malgré de nouveaux renforts qui arrivèrent, le siége durait encore l'année suivante.

Renouvellement de la ligue d'Augsbourg (1689-1690). *— Guerre générale* (1689-1697). — Cette intervention continuelle de Louis XIV dans les affaires des uns et des autres ne fit que plus sentir la nécessité de resserrer la coalition. La diète de Ratisbonne déclara le roi de France et son protégé, le cardinal de Furstemberg, ennemis de l'Empire ; l'empereur Léopold fit alliance, à Vienne, le 12 mai 1689, avec les Hollandais, puis le 20 décembre avec le roi d'Angleterre Guillaume III, et le 6 juin 1690 avec Charles II, roi d'Espagne. On y avait résolu de ne traiter avec la France que sur les bases des traités de Westphalie et des Pyrénées, de rétablir le duc de Lorraine dans ses Etats et d'assurer à l'empereur et à ses héritiers la future succession au trône d'Espagne, que Louis XIV convoitait pour les siens. Le 4 juin 1690, le duc de Savoie, Victor-Amédée, accédait également à la coalition et après lui les princes allemands, le roi de Danemark, Christian V, et même la Suède, l'ancienne alliée de la France.

En présence de cette ligue formidable, Louis XIV retira ses troupes des villes du Rhin qu'elles avaient conquises, pour faire face au danger. Mais Louvois, sous prétexte de garantir la frontière de France et de placer un désert entre elle et l'ennemi donna auparavant l'ordre de dévaster les places et les provinces abandonnées. Oppenheim, Spire, Worms, Heidelberg, Manheim, Ladenbourg, tout le Palatinat, une partie de l'électorat de Trèves, du margraviat de Bade et des provinces rhénanes furent livrés aux flammes. La coalition indignée leva trois armées, commandées, l'une aux Pays-Bas, par le prince de Waldeck; la seconde, par le duc Charles de Lorraine, sur le haut Rhin; la troisième, par l'électeur de Brandebourg, Frédéric III, contre l'électorat de Cologne.

La fin de 1689 ne fut guère signalée pour nous que par des revers. Le maréchal d'Humières se fit battre aux Pays-Bas, à Walcourt, par le prince de Waldeck, le 27 août. Le marquis d'Uxelles dut rendre Mayence au duc de Lorraine, le 8 septembre, et le baron d'Asfeld rendit Bonn à l'électeur de Brandebourg, le 12 octobre.

L'année suivante (1690), Louis XIV eut sur pied autant d'armées que d'ennemis : le duc de Lorges, neveu de Turenne, commanda sur le Rhin; le duc de Luxembourg, fils posthume de ce Montmorency-Bouteville que Richelieu avait fait décapiter pour s'être battu en duel avec Deschapelles en pleine place Royale, au mépris de l'édit sur le duel, commanda aux Pays-Bas; le comte de Noailles conduisit 6 à 7,000 hommes en Catalogne pour tenir en respect le roi d'Espagne; Catinat marcha au duc de Savoie ; Tourville conduisit des renforts à Jacques II en Irlande.

Raconter année par année ces cinq guerres simultanées pourrait jeter de la confusion dans le récit. Prenons-les successivement :

1° *Guerre sur le Rhin; opérations du duc de Lorges.* — La guerre sur le Rhin fut plus défensive qu'offensive. La maréchal de Lorges obtint quelques avantages à Spirebach et à Pfortzheim, en 1692, prit Heidelberg l'année suivante et se fit battre par le margrave de Bade. D'ailleurs Louvois n'était plus là pour ordonner de nouvelles dévastations ; il était mort subitement d'apoplexie, le 11 juillet 1691, presque sous le coup d'une disgrâce.

2° *Guerre en Catalogne; succès de Noailles et de d'Estrées.* — En Catalogne, Noailles remporta d'abord quelques succès sur les miquelets ou montagnards des Pyrénées. Il s'agissait d'occuper Charles II chez lui et de l'empêcher d'envoyer des secours à ses alliés. Le 11 juillet 1691, Noailles s'empara de la Seu d'Urgel ; d'Estrées bombarda Barcelone le 10 août et Alicante le 22, détruisit Roses le 9 juin 1693. Puis Noailles battit les Espagnols en Catalogne le 27 mai 1694, et leur enleva successivement Palamos, Gerone, Ostalric et Castelfollit. Palamos, assiégée l'année suivante, fut dégagée par Vendôme.

3° *Guerre sur mer et en Irlande; victoire de Tourville près de Dieppe* (1690); *défaite de Jacques II à Drogheda sur la Boyne* (1690); *combat de Tourville à la Hogue* (1692).— Tourville, qui conduisait des renforts à Jacques II, rencontra à la hauteur de Dieppe, le 10 juillet, la flotte anglo-hollandaise, commandée par Torrington, et lui fit perdre 17 vaisseaux ; mais si cette glorieuse victoire nous donnait pour deux ans l'empire des mers, elle était inutile à Jacques II, notre protégé, qui se faisait battre le lendemain à Drogheda, sur la Boyne, au nord de Dublin, par Guillaume III, accouru en personne à sa rencontre avec le vieux maréchal de Schœnberg, un calviniste proscrit par l'édit de Nantes. Le roi détrôné quitta alors la partie et revint en France, laissant ses derniers partisans lutter bravement contre Guillaume et le forcer à lever le siége de Limerick. L'année suivante, l'armée anglaise battit les Irlandais à Kilkonnel, le 22 juillet, reprit Limerick, et pacifia l'Irlande, après avoir permis à Château-Renaud d'emmener en France sur ses vaisseaux 15,000 partisans de Jacques II.

L'Irlande perdue, Louis XIV voulut s'attaquer à l'Angleterre elle-même, et prépara une descente de 20,000 hommes avec 300 navires de transport, que devaient escorter 44 vaisseaux de Tourville et 30 de d'Estrées. Mais d'Estrées, qui avait dû partir de Toulon, tarda à arriver. Louis XIV, impatient, ordonna à Tourville d'attaquer les 99 vaisseaux de la flotte anglo-hollandaise. La bataille de la Hogue, livrée le 29 mai 1692, fut une des plus glorieuses pour nous; mais Tourville, après avoir lutté douze heures sans perdre un seul vaisseau, fut forcé de se retirer devant l'écrasante supériorité du nombre, et, n'ayant point de port derrière, alla échouer 15 vaisseaux sur une côte périlleuse. L'Angleterre était définitivement perdue pour Jacques II, et notre marine, rudement entamée, allait avoir de la peine à se relever.

4° *Guerre aux Pays-Bas; victoires de Luxembourg à Fleurus (1690), à Steinkerque (1692) et à Nerwinden (1693), sur Guillaume III.* — La plus glorieuse campagne de la guerre fut celle des Pays-Bas. Élève et ami du grand Condé, le maréchal de Luxembourg avait comme lui une impétuosité qui entraînait les armées, un coup d'œil rapide et sûr pour discerner les mesures qui pouvaient assurer la victoire. En 1690, il battit le prince de Waldeck et lui tua 6,000 hommes dans ces plaines de Fleurus que devaient illustrer plusieurs triomphes des armées françaises. Louis XIV vint alors assister à la prise de Mons (1691) et à celle de Namur (1692). Luxembourg continua la conquête des Pays-Bas espagnols, que Guillaume III, débarrassé de Jacques II, défendit avec courage et habileté. Peu s'en fallut que les Français ne fussent vaincus à Steinkerque. Luxembourg était malade et l'armée avait été surprise pendant la nuit. Tout fut réparé par la présence d'esprit du général, par l'habileté des officiers et la bravoure des soldats. Les Français triomphèrent encore (3 août 1692) et tuèrent 7,000 hommes à l'ennemi. Une troisième bataille se livra, le 29 juillet 1693, à Nerwinden, près de Bruxelles. Le succès fut disputé ; 12,000 ennemis restèrent sur le champ de bataille ; mais Luxembourg y laissa 8,000 des siens. Cependant les brillantes victoires de ce général produisirent peu de résultats. Guillaume III, comme son aïeul Guillaume le Taciturne, était malheureux dans les batailles, admirable dans les retraites. Il disputa pied à pied les Pays-Bas à Luxembourg, et, après la mort de ce grand général (1695), il reprit à Villeroi, son incapable successeur, Namur et la plupart des villes conquises par les Français.

5° *Guerre en Savoie et en Piémont ; victoires de Catinat à Staffarde (1690) et à la Marsaille (1693).* — En Italie, le maréchal Catinat dirigea les opérations de l'armée française. Aussi méthodique que Luxembourg était impétueux, il gardait le calme d'un philosophe au milieu des combats, ce qui l'avait fait surnommer par ses soldats le *Père la Pensée.* Il rappelait Turenne comme Luxembourg rappelait Condé. En 1690, il gagna la bataille de Staffarde, près de Saluces, et s'empara de toute la Savoie, à l'exception de Montmélian. Louvois, qui ne trouvait pas Catinat assez docile, lui écrivit après cette glorieuse expédition : « Quoique vous ayez fort mal servi le roi pendant cette campagne, Sa Majesté veut bien vous conserver votre gratification ordinaire. » Catinat répondit par de nouveaux services. Il envahit le Piémont (1692) et ne laissa à Victor-Amédée que la ville de Turin. Enfin, en 1693, la victoire de la Marsaille mit le comble à sa gloire. Les succès de Catinat déterminèrent Victor-Amédée à se détacher de la coalition. Il signa un traité particulier avec Louis XIV à Turin (1696), recouvra ses États et maria une de ses filles au duc de Bourgogne, petit-fils de Louis XIV. Le traité de Turin détermina les autres puissances à signer la paix.

Continuation de la guerre sur mer ; succès de Tourville ; courses de Jean Bart, Nesmond, Duguay-Trouin et Pointis. — Malgré l'affaiblissement de notre marine à l'affaire de la Hogue, la lutte avait duré sur mer contre les Anglais et les Hollandais, mêlée de succès, de revers et de dévastations réciproques. En 1693, les Anglais firent trois tentatives inutiles sur Saint-Malo, la Martinique et Terre-Neuve. Le 27 juin, Tourville attaqua leur convoi du Levant, et, malgré la flotte qui le protégeait, lui fit essuyer une perte de 36 millions de livres. L'année suivante, nouvel échec près de Brest ; mais ils se vengèrent en bombardant Dieppe, le Havre et Dunkerque, cassant ainsi « des vitres avec des guinées. » Par contre, on leur reprit cette même année les établissements du Sénégal, Gorée et le fort Bourbon, dans la baie d'Hudson, et Jean Bart battit une flottille hollandaise. En 1695, nouvelle attaque des Anglais sur Saint-Malo. Nesmond leur répondit en leur enlevant une flotte qui revenait des Indes. En 1696, bombardement de Calais, du fort de l'île de Ré et des Sables d'Olonne ; courses glorieuses de Jean Bart et de Nesmond.

En 1697, Duguay-Trouin, un autre brillant corsaire de cette époque, enleva une flotte hollandaise venant de Bilbao ; Pointis enleva Carthagène aux Espagnols, dans l'Amérique méridionale, et Nesmond captura trois vaisseaux anglais.

PAIX DE RYSWICK (1697). — Cette longue et ruineuse guerre durait depuis huit ans. On s'épuisait sans obtenir de grands résultats. Louis XIV proposa la paix, et, contre son habitude, se montra conciliant sur les conditions. C'est que le roi d'Espagne, Charles II, se mourait de vieillesse, quoiqu'il n'eût encore que trente-six ans et qu'on pût regarder comme prochain le moment où allait s'ouvrir sa succession.

Les négociations furent entamées au château de Ryswick, près de La Haye. Quoique la France eût obtenu des succès dans cette guerre, les conditions ne furent pas à son avantage : elle rendit à l'Espagne Luxembourg, Mons, Ath et Courtrai, et reconnut pour roi légitime d'Angleterre Guillaume III, qu'elle avait jusqu'alors traité d'usurpateur et de tyran. Les terres confisquées en vertu des sentences rendues par les chambres de réunion furent restituées pour la plupart. L'Empire recouvra Fribourg, Brisach, Kehl et Philipsbourg. Louis XIV consentit à raser une partie des fortifications élevées par Vauban. Enfin, le duc de Lorraine rentra dans ses États. Mais Strasbourg restait à la France. Les Hollandais avaient le droit de mettre des garnisons dans les villes des Pays-Bas espagnols, voisines de la frontière française. C'était une *barrière* opposée aux conquêtes et à l'ambition de Louis XIV.

§ 2

Guerre de la succession d'Espagne (1701-1714). Traités d'Utrecht et de Rastadt (1713-1714).

SOMMAIRE. — Décadence de l'Espagne sous la branche aînée de la maison d'Autriche. — Les cinq prétendants à la succession de Charles II. — Testament en faveur du prince électoral de Bavière. — Traité de La Haye, qui partage la monarchie espagnole entre la France, la Bavière et l'Autriche (1698). — Mort du prince de Bavière (1699). — Deuxième traité de partage (1700). Testament en faveur du duc d'Anjou. — Avénement de la maison de Bourbon au trône d'Espagne; Philippe V (1700-1746). Troisième grande coalition contre Louis XIV (1701). — Mort de Guillaume III (1702). — La reine Anne (1702-1714). — Godolphin et Marlborough.
GUERRE DE LA SUCCESSION D'ESPAGNE (1701-1714). — Succès du prince Eugène, puis du duc de Vendôme en Italie (1701-1703). Guerre en Allemagne; victoires de Villars à Friedlingen (1702), et à Hochstett (1703); défaite de Marsin et Tallard à Hochstett (1704); revanche de Villars (1705-1707).
Revers des Français aux Pays-Bas et en Italie; Ramillies et Turin (1706).
Invasion de l'Espagne par l'archiduc Charles; Berwick rétablit les affaires de Philippe V à Almanza (1707).
Guerre malheureuse aux Pays-Bas: défaite d'Oudenarde; belle défense de Lille, par Boufflers (1708); bataille glorieuse de Malplaquet (1709); victoire de Vendôme à Villaviciosa (1710).
Revirement dans la politique européenne; l'Angleterre abandonne la coalition. — Guerre sur mer; les corsaires. — Victoire de Villars à Denain (24 juillet 1712). — Traités d'Utrecht (11 avril 1713). — L'empereur Charles VI lutte le dernier; TRAITÉS DE RASTADT ET DE BADE (1714).
Chagrins domestiques des dernières années de Louis XIV. — Sa mort (1er septembre 1715).

Décadence de l'Espagne sous la branche aînée de la maison d'Autriche. — La branche aînée de la maison d'Autriche avait été une funeste dynastie pour l'Espagne. Charles-Quint, son chef, fils aîné de Jeanne la Folle (fille de Ferdinand le Catholique et d'Isabelle de Castille), et de Philippe d'Autriche (fils de l'empereur Maximilien), avait à peine paru en Espagne, et, absorbé par les affaires de ses autres États d'Allemagne, des Pays-Bas, d'Italie, de Hongrie et de Bohême, il avait traité l'héritage de sa mère comme une simple province et l'avait fait administrer par un vice-roi. Lorsqu'il abdiqua, en 1556, l'Allemagne repoussa son fils, et élut son frère, Ferdinand 1er, qui fut le chef de la branche cadette de la maison d'Autriche. Philippe II, *le Démon du Midi*, le sombre familier de l'Inquisition, voulant se dédommager de la perte de l'Allemagne, tourna les yeux vers l'Angleterre ; il épousa la reine, Marie Tudor. Mais Marie mourut après un règne de cinq ans. Philippe voulut alors conquérir de force l'Angleterre, qui ne voulait pas de lui ; il y perdit l'invincible Armada, abîmée dans les tempêtes de la Manche : en même temps, les Pays-Bas hollandais lui échappaient ; au nom du protestantisme ; il y perdit ses finances sans pouvoir ramener les provinces révoltées sous sa dépendance. A la mort du dernier Valois, il tenta de mettre la main sur la France, au mépris de la loi salique, comme l'avait tenté Édouard III à la mort du dernier Capétien direct ; il y acheva ses finances et y entama son armée, sans pouvoir empêcher le triomphe de Henri IV. Ce n'était pas assez que l'Espagne fût épuisée de vaisseaux, de finances et de soldats ; il fallut que Philippe III, dirigé par le duc de Lerme, ruinât son agriculture et son commerce en expulsant de son sol un million de Mauresques, les descendants des vaincus de Grenade ; puis il mourut, de l'étiquette espagnole. Affaibli par une maladie récente, il présidait un jour le conseil ; il étouffa de fumée ; personne, dit-on, n'ayant osé mettre la main au foyer en l'absence de celui qui avait à remplir ces fonctions. Philippe IV, lui, ne fit plus rien ; le ministre Olivarès fit tout ou, pour mieux dire, laissa tout défaire ; l'armée espagnole fondit à Rocroy, à Lens et aux Dunes. La Hollande eut toute facilité pour s'annexer le nord du Brabant, de la Flandre et du Limbourg, avec une partie de l'Inde portugaise ; la France, pour prendre l'Artois, le sud de la Flandre et du Hainaut et le Roussillon ; l'Angleterre pour prendre Dunkerque et la Jamaïque ; le Portugal, pour se détacher à tout jamais de la monarchie ; les Pays-Bas espagnols faillirent en faire autant ; le royaume de Naples se révolta, la Catalogne aussi. Après Philippe IV vint Charles II, qui, dernier descendant d'une race dégénérée, eut, lui, de la peine à vivre. A cinq ans, il lui fallait encore sa nourrice. Ce roi valétudinaire était l'image de son royaume. L'Espagne comptait maintenant 6 millions d'habitants, après en avoir eu 20 millions sous les Arabes.

Les cinq prétendants à la succession de Charles II. — Le pauvre Charles II, roi d'Espagne, de Naples, de Milan, de Sicile, des Pays-Bas, de plusieurs îles de l'Océan, de la Méditerranée et de la mer des Indes, empereur du Mexique et du Pérou, se mourait d'épuisement, n'ayant, pour ainsi dire, pas vécu, ayant encore moins pu communiquer la vie ; il se voyait condamné à laisser ses couronnes à un prince étranger. Les prétendants à son héritage ne manquaient pas; on en comptait cinq : 1° un prince quelconque de la maison de France, Louis XIV ayant épousé Marie-Thérèse d'Autriche (Espagne), sœur aînée de Charles II, et la renonciation stipulée au traité des Pyrénées se trouvant de droit invalidée par le non-payement de la dot de la reine; 2° Joseph-Léopold-Ferdinand de Bavière, fils de l'électeur Maximilien-Emmanuel et de Marie-Antoinette d'Autriche (Allemagne), petit-fils de l'empereur Léopold et de Marguerite-Thérèse d'Autriche (Espagne), sœur cadette de Charles II; 3° Philippe de France, duc d'Orléans, frère de Louis XIV et père du régent, fils de Louis XIII et d'Anne d'Autriche (Espagne), fille de Philippe III, sœur de Philippe IV et tante de Charles II; 4° Charles d'Autriche (Allemagne), que nous verrons figurer plus tard sous le nom de Charles VI, comme empereur d'Allemagne, fils cadet de Léopold Ier et d'une princesse de Neubourg, mais petit-fils par son père de l'empereur Ferdinand III et de Marie-Anne d'Autriche (Espagne), sœur cadette d'Anne d'Autriche, autre tante de Charles II; 5° Victor-Amédée II, duc de Savoie et roi de Sardaigne, père de la duchesse de Bourgogne et de la future reine d'Espagne, arrière-petit-fils de Catherine d'Autriche (Espagne), fille de Philippe II, mariée au duc de Savoie Charles-Emmanuel, et grand'tante de Charles II.

De ces cinq prétendants, deux s'effacèrent sur-le-champ : le duc d'Orléans, qui ne fit valoir hautement ses prétentions que vers 1710, et le duc de Savoie, celui dont les droits étaient le plus éloignés et qui se borna d'abord à faire réussir le mariage de sa fille cadette, Gabrielle de Savoie, avec le nouveau roi d'Espagne, Philippe V. Nous allons voir se dérouler la fortune des trois autres prétendants.

Testament en faveur du prince électoral de Bavière. — Charles II fut, comme on le pense bien, entouré d'obsessions de toutes sortes pendant plusieurs années.

L'influence qui prédomina d'abord fut celle de la tante cadette de Charles II, l'impératrice douairière Marie Anne d'Autriche (Espagne), veuve de l'empereur Ferdinand III, et mère de l'empereur Léopold Ier. Léopold s'était marié deux fois ; de sa première femme, Marguerite-Thérèse, sœur de Charles II, était née une fille Marie-Antoinette, qui avait épousé l'électeur de Bavière, Maximilien-Emmanuel ; de sa seconde femme, une Neubourg (sœur de la seconde femme de Charles II) étaient nés ses fils, les futurs empereurs Joseph Ier et Charles VI. L'impératrice douairière mourut en 1696 après avoir obtenu de Charles II un testament secret en faveur du fils de l'électeur de Bavière, son arrière-petit-fils.

Traité de La Haye qui partage la monarchie espagnole entre la France, la Bavière et l'Autriche (1698). — L'empereur Léopold, dérangé dans le projet qu'il caressait pour son second fils, l'archiduc Charles, envoya le comte de Harrach à Madrid pour faire révoquer le testament et faire déclarer son fils héritier présomptif de la couronne d'Espagne. Charles II, circonvenu cette fois par la reine, qui était sœur de l'impératrice, consentit à ce qu'on lui demandait, à condition que l'empereur enverrait des troupes en Catalogne pour défendre cette province contre la France. L'empereur ne put envoyer de troupes ; la paix de Ryswick survint, et Charles II, sollicité ou intimidé par Louis XIV, refusa la déclaration que réclamait l'empereur.

Mieux valait, en effet, pour la France, le prince bavarois que le prince autrichien sur le trône d'Espagne. Mais Louis XIV voulait plus encore. Il signa le traité de La Haye, qu'il proposa à Guillaume III, au nom de l'Angleterre et de la Hollande, et qui partagea d'avance (11 octobre 1598) l'héritage de Charles II. Le dauphin de France devait avoir le royaume des Deux-Siciles, quelques ports en Toscane et la province de

Guipuzcoa; l'archiduc Charles, le Milanais, et le prince de Bavière, le reste de la monarchie espagnole en Europe et en Amérique. Au cas de refus de l'Autriche et de la Bavière, leurs parts devaient être mises sous le séquestre jusqu'à ce que, par l'emploi de la force, on eût obtenu leur consentement.

Mort du prince de Bavière (1699). — *Deuxième traité de partage* (1700). — *Testament en faveur du duc d'Anjou.* — Grande et légitime fut l'indignation de Charles II à cette nouvelle; on crut, cette fois, que la partie était gagnée pour l'archiduc Charles, l'électeur de Bavière ayant acquiescé au traité de partage. Il n'en fut rien cependant : un nouveau testament confirma le premier, au grand contentement des Espagnols, qui redoutaient par-dessus tout la dislocation de la monarchie. Par malheur, le petit prince de Bavière mourut à Bruxelles, le 8 février 1699, à l'âge de sept ans, d'une trop longue diète que lui infligèrent les médecins à la suite d'une indisposition légère.

Tout était mis de nouveau en question. Les négociations et les intrigues recommencèrent à Madrid, à Vienne, à Versailles, à Londres, à La Haye, et il en résulta un second traité de partage qui fut signé à Londres, le 13, et à La Haye, le 25 mars 1700. On attribuait à l'archiduc Charles la part du feu prince de Bavière et au dauphin de France son ancienne part, augmentée de la Lorraine, dont le duc Léopold recevait en échange le Milanais. Charles II faillit mourir de chagrin en apprenant ce nouveau traité, et se prépara à faire un testament en faveur de l'archiduc Charles. Mais les Espagnols redoutaient l'Autrichien, tant à cause de l'orgueil de leurs récentes reines autrichiennes que des hauteurs et de la mesquinerie du comte de Harrach, ambassadeur de l'empereur; ils étaient au contraire tout gagnés au comte d'Harcourt, ambassadeur de France, insinuant, aimable, magnifique. Le pape, consulté et qui se souciait peu d'un nouvel agrandissement de la maison impériale, lequel n[e] pouvait être que préjudiciable à la liberté de l'Italie, s[e] déclara pour la France, que soutenaient déjà auprès d[u] roi l'influent cardinal Porto-Carrero, le conseil du ro[i] et tout un comité de jurisconsultes et de théologien[s] consulté à cet effet. Le 2 octobre 1700, par un troisièm[e] testament, Charles II reconnut les droits de Marie Thérèse, sa sœur aînée, à la monarchie espagnole. Ma[l]gré sa renonciation (que du reste le non-payement de s[a] dot avait infirmée), qui n'avait eu pour but que d'empé[]cher la réunion des deux couronnes sur une seule têt[e] tout danger était conjuré, si un fils puîné de la maison d[e] Bourbon montait sur le trône d'Espagne. En consé[]quence, il y appelait Philippe de Bourbon, duc d'Anjou petit-fils de Louis XIV et deuxième fils du dauphin. S'[il] ne laissait pas de postérité, il aurait pour successeur so[n] frère Charles, duc de Berri, et celui-ci, au même cas l'archiduc Charles. Vingt-huit jours après, s'éteign[it] le roi Charles II.

Avénement de la maison de Bourbon au trône d'Espagne Philippe V (1700-1746). — Placé entre la double alter[]native d'accepter le testament ou de s'en tenir au trait[é] de partage de La Haye, Louis XIV délibéra longtemps Mais quelque résolution qu'il prît, la guerre avec l'em[]pereur était au bout. Colbert de Torcy, cet honnêt[e] neveu du grand ministre, qui disait que le meilleu[r] moyen de tromper les cours était de dire toujours l[a] vérité, fit décider l'acceptation du testament. Le 16 no[]vembre, Louis XIV présenta à sa cour le duc d'Anjou alors âgé de dix-sept ans, en lui disant : « Messieurs voilà le roi d'Espagne. »

L'ambassadeur espagnol s'écria alors : « Le voyage de[]vient aisé et les Pyrénées sont fondues. » Le lendemai[n] le *Mercure* métamorphosant ces paroles, lui faisait dire « Quelle joie ! il n'y a plus de Pyrénées, elles son[t] abîmées et nous ne sommes plus qu'un. »

La tradition historique, moins fidèle encore que le *Mercure*, a fait dire à Louis XIV : « Il n'y a plus de Pyrénées! »

Dès que les Espagnols furent instruits de cette décision, ils proclamèrent roi Philippe V, qui fit son entrée solennelle à Madrid le 14 avril 1701, et fut immédiatement accepté par toutes les provinces de la monarchie espagnole. L'Europe entière, à l'exception de l'empereur, le reconnut.

Troisième grande coalition contre Louis XIV (1701). — La guerre que l'on avait prévue n'était pas imminente, et Louis XIV, avec plus de prudence, l'eût peut-être évitée. L'empereur, occupé par les affaires de Hongrie, où des troubles paraissaient menaçants, et par celles d'Allemagne, où la création du nouvel électorat de Hanovre engendrait certaines complications, se bornait à protester en attendant mieux. Le roi d'Angleterre, Guillaume III, prématurément infirme, n'eût pu faire la guerre que du consentement de son Parlement, et ce Parlement ne s'en souciait pas, vendu qu'il était en partie à Louis XIV. En Allemagne, les électeurs de Bavière et de Cologne, les ducs de Brunswick-Wolfenbuttel et de Saxe-Gotha, et l'évêque de Munster étaient à la dévotion du roi de France. Il en était de même de l'astucieux duc de Savoie Victor-Amédée II, dont la fille aînée avait épousé le duc de Bourgogne, et dont la fille cadette allait épouser le roi d'Espagne. Le duc de Mantoue recevait volontiers garnison française dans sa capitale. Le Portugal, ennemi naturel de l'Espagne, était pour le moment son allié. Louis XIV se fit comme un plaisir de provoquer tous les mécontentements. Le duc d'Anjou n'allait régner sur l'Espagne qu'à la condition formelle d'une renonciation à ses droits sur la couronne de France. Louis XIV, avant son départ pour Madrid, lui fit sceller des lettres patentes qui le maintenaient dans ses droits, au défaut de la postérité mâle de son frère aîné, le duc de Bourgogne. Les Pays-Bas espagnols, autrement dit la Belgique, avaient pour gouverneur l'électeur de Bavière, et, en vertu de conventions anciennes datant de Charles II, certaines places étaient gardées par des troupes hollandaises ; Louis XIV se fit attribuer le droit, par le conseil de Madrid, d'y faire exécuter ses propres ordres comme si c'étaient ceux du roi d'Espagne, et il se hâta de remplacer les garnisons hollandaises par des garnisons françaises. La Hollande et l'Angleterre s'émurent de ces dispositions menaçantes, et l'actif Guillaume III, stathouder chez l'une et roi chez l'autre, mit tout en œuvre pour nous trouver des ennemis et pour former une nouvelle coalition. Dès le 20 janvier 1701, le roi de Danemark, par le traité d'Odensée, s'engagea à lui fournir 12,000 hommes, moyennant un subside de 300,000 écus. Le 7 septembre suivant, un autre traité fut signé à La Haye avec l'empereur, qui, dès le mois de juillet, avait commencé les hostilités en Italie. Neuf jours après (16 septembre), Jacques II mourut à Saint-Germain-en-Laye. Louis XIV, au mépris du traité de Ryswick, par lequel il avait reconnu Guillaume III comme roi d'Angleterre, reconnut Jacques III, fils de Jacques II, comme roi de la Grande-Bretagne, impolitique réponse au traité du 7 septembre. L'Angleterre accepta l'insulte comme sienne et permit à son roi de faire ajouter à ce traité un article par lequel l'empereur s'engageait à la guerre jusqu'à ce que l'Angleterre eût reçu satisfaction. Le 30 décembre, le roi de Prusse Frédéric Ier accéda à la coalition. C'est la première fois que l'on voit apparaître un roi de Prusse dans l'histoire. L'empereur venait justement d'acheter contre la France l'alliance de l'électeur de Brandebourg en érigeant son duché de Prusse en royaume.

Mort de Guillaume III (1702). — *La reine Anne* (1702-1714). — *Godolphin et Marlborough.* — La mort de Guillaume III, arrivée le 19 mars 1702, à la suite d'une chute de cheval, n'empêcha en rien le cours des événements. Comme il ne laissait point d'enfants de sa femme, morte avant lui (que certains chronologistes appellent Marie II), les Anglais appelèrent à lui succéder, au détriment de Jacques III, Anne Stuart, la deuxième fille de Jacques II, et néanmoins protestante. La nouvelle reine accorda toute sa confiance à deux hommes célèbres qui continuèrent la tradition de Guillaume III. L'un était le ministre Godolphin, l'autre Jean Churchill, comte, puis duc de Marlborough, habile et heureux guerrier, dont la femme, Sarah Jennings, dominait l'esprit de la reine. Marlborough, lié d'amitié avec le grand pensionnaire de Hollande, Jean Heinsius, parvint à maintenir la Hollande dans une étroite alliance avec l'Angleterre et se fit nommer généralissime de leurs troupes réunies.

Grâce à l'énergique impulsion de ces hommes, la coalition alla toujours grandissant. Le 22 mars, les deux cercles du Rhin et les cercles de Franconie, de Souabe et d'Autriche y accédèrent; le 8 mai, ce fut le tour du cercle de Westphalie; le 16, du roi de Portugal; le 16 août, de la Suède; le duc de Savoie y souscrira le 24 octobre 1703.

GUERRE DE LA SUCCESSION D'ESPAGNE (1701-1714). — *Succès du prince Eugène, puis du duc de Vendôme en Italie* (1701-1703). — Louis XIV n'était plus jeune, et quarante années de guerres lui avaient usé bien des armées et des grands généraux, Turenne, Condé, Luxembourg, et ses grands ministres, Colbert, Louvois, de Lyonne. Madame de Maintenon, qui dirigeait ses choix, ne l'entourait plus que d'hommes médiocres. C'était l'honnête et incapable Chamillart qui réunissait dans ses mains les finances et la guerre, les ministères de Colbert et de Louvois; c'étaient d'inhabiles généraux comme Villeroi, Marsin et Tallard; des anciens il ne restait plus que Catinat, qu'on n'aimait pas. Heureusement qu'en France il se forme des généraux devant l'ennemi.

On allait avoir Vendôme, Villars, Berwick et Boufflers.

L'empereur Léopold avait commencé la guerre dès 1701 pour soutenir les droits de l'archiduc Charles, son fils. Une armée de 30,000 hommes, vieux guerriers éprouvés dans les guerres de Hongrie, avait envahi l'Italie sous la conduite du prince Eugène de Savoie, un fils de la belle Olympe Mancini, la nièce de Mazarin ; rebuté par Louis XIV, qui lui avait refusé successivement une abbaye et un régiment, il avait pris du service chez l'empereur et était allé se former à la guerre contre les Turcs. Son courage et son mérite avaient fini par en faire le plus important personnage de l'Empire, après l'empereur. Il brûlait de montrer au roi de France *la grande perte qu'il avait faite.* C'était l'expression ironique dont Louis XIV s'était servi en apprenant son départ de France. La fortune voulut encore qu'il fût l'ami de Marlborough au lieu d'être son rival. Eugène, Marlborough et Heinsius furent plus terribles à Louis XIV que les rois de l'Europe.

Eugène s'empara d'abord de tout le pays situé entre l'Adige et l'Adda, et attaqua Catinat à Carpi, dans le duché de Modène, le 9 juillet. Catinat, désobéi par ses lieutenants, fut battu. On l'en punit en le mettant sous les ordres du duc de Villeroi, le favori de Louis XIV. Villeroi attaqua, contre l'avis de tous les officiers généraux, l'armée impériale, fortement retranchée à Chiari, près de l'Oglio, le 1er septembre, et fut battu. L'armée fut heureuse que Catinat dirigeât la retraite. L'année suivante (1702), Villeroi la commandait encore. Le 2 février, pendant la nuit, le prince Eugène fit entrer 5,000 hommes dans Crémone, par un égout, et enleva Villeroi, qui s'était vanté de lui faire « danser le rigodon, » ainsi qu'aux deux princes de Commercy et de Vaudemont, pendant le carnaval de Venise. Mais les officiers et les soldats de la garnison coururent aux armes à peine vêtus, taillèrent en pièces les Impériaux et chassèrent ce qui en restait dans la ville. Alors parut cette chanson qui, signe du réveil de la gaieté française, amusa la ville et chagrina la cour :

> Français, rendez grâce à Bellone,
> Votre bonheur est sans égal :
> Vous avez conservé Crémone
> Et perdu votre général.

Il fallut bien remplacer Villeroi : on lui donna pour successeur le débraillé et populaire duc de Vendôme, l'arrière-petit-fils de Henri IV et de Gabrielle d'Estrées, le neveu du roi des Halles, dont l'audace et la présence d'esprit égalaient l'imprévoyance et le laisser aller. Le 26 juillet, il battit le général Visconti près de Santa-Vittoria, et força, le 1er août, Eugène à lever le siége de Mantoue. Le 15, il livra la bataille indécise de Luzzara, s'empara de cette ville, ainsi que de Guastalla, et s'avançant dans le Trentin, rejeta les Impériaux de l'autre côté du Mincio. L'année suivante (1703), il poussa au duc de Savoie, qui, mécontent de n'avoir pas obtenu le Milanais en échange de la Savoie, avait accédé à la grande alliance, et lui enleva plusieurs places du Piémont au moyen desquelles celui-ci pouvait le couper de ses communications avec la France.

Guerre en Allemagne ; Victoires de Villars à Friedlingen (1702), et à Hochstett (1703); défaite de Marsin et Tallard à Hochstett (1704); revanche de Villars (1705-1707). — L'Italie n'était plus l'unique théâtre de la guerre. Dès 1702, il avait fallu que Boufflers fît face à Marlborough aux Pays-Bas, et que Catinat, sous qui servait Villars, couvrit l'Alsace et le Rhin contre une armée impériale qui, commandée par le margrave Louis de Bade et l'archiduc Joseph, fils aîné de l'empereur, s'était emparée de Landau après un siége de trois mois. Le prudent Catinat se tenait sur la défensive pour ne pas s'exposer à une défaite avec une armée trop inférieure en nombre. Mais le hardi Villars, son lieutenant, autorisé par la cour à combattre, livra bataille à Louis de Bade, le 12 octobre, à Friedlingen, près de Bâle, et le vainquit. Ses soldats, auxquels il inspirait sa confiance et son ardeur, le saluèrent maréchal de France sur le champ de bataille, et Louis XIV lui confirma cette dignité. Villars se rendit alors en Bavière, où il opéra sa jonction avec l'électeur, fidèle allié de Louis XIV. Ils vainquirent les Impériaux à Hochstett, près de Donawerth (septembre 1703) ; mais des dissensions s'étant élevées entre l'électeur et Villars, ce dernier fut rappelé en France, envoyé dans les Cévennes pour y réprimer une révolte des protestants, les *Camisards* de Jean Cavalier, qu'avait soulevés le rétablissement de la capitation, et remplacé par Marsin, auquel vint se joindre Tallard, tout fier d'avoir récemment battu, à Spire (15 novembre 1703), le prince de Hesse-Cassel et d'avoir pris Landau. Marlborough et Eugène, qui avaient quitté, le premier la Flandre, le second l'Italie, pour couvrir l'Empire menacé, ayant opéré leur jonction en Bavière, attaquèrent Tallard et Marsin, le 13 août 1704, dans ces mêmes plaines d'Hochstett où Villars avait battu les Impériaux, et leur firent essuyer une sanglante défaite. L'armée française eut 12,000 morts et 14,000 prisonniers ; elle perdit tout son canon, ses tentes, ses équipages et un nombre prodigieux d'étendards et de drapeaux. A la suite de ce désastre, il fallut évacuer l'Allemagne. Bientôt les Impériaux furent sur le Rhin et menacèrent l'Alsace. « Servez-vous de moi, dit Villars au roi, car je suis le seul général de l'Europe qui n'ait jamais été malheureux. » Le roi crut à sa fortune et l'opposa à l'ennemi victorieux. En 1705, l'année où l'empereur Léopold mourut, et eut pour successeur son fils aîné Joseph Ier, Villars empêcha Marlborough de se jeter sur les Trois-Évêchés et de là sur la Champagne. En 1706, il força le prince de Bade de lever le blocus de Fort-Louis, sur le Rhin, mit tout le Palatinat à contribution et ne s'arrêta dans son succès que contraint de détacher une partie de ses troupes pour l'envoyer au secours de l'armée de Flandre. En 1707, il forçait les lignes de Stolhoffen, regardées comme le rempart de l'Allemagne, rançonnait le Wurtemberg et la Franconie et poussait sans cesse les Impériaux devant lui.

Revers des Français aux Pays-Bas et en Italie ; Ramillies et Turin (1706). — La guerre avait alors pour principaux théâtres les Pays-Bas et l'Italie, les possessions extérieures de la monarchie espagnole, que les alliés se proposaient de conquérir tout entières avant d'entamer la France. Le maréchal de Villeroi, qui commandait l'armée de Flandre, fut battu, le 23 mai 1706, par Marlborough, à Ramillies, non loin de Waterloo (Brabant méridional), et perdit près de 20,000 hommes. Louis XIV, qui aimait Villeroi, se borna, lorsqu'il le revit, à lui adresser ces paroles : « Monsieur le maréchal, on n'est pas heureux à notre âge. »

Toute autre avait été la fortune de Vendôme en Italie. Le 16 août 1705, il avait battu Eugène à Cassano sur l'Adda, le 19 avril 1706, à Calcinato, sur le Mincio, et l'avait rejeté de l'autre côté de l'Adige. On choisit ce moment pour l'appeler au commandement de l'armée des Pays-Bas en remplacement de Villeroi, et le charger de réparer le désastre de Ramillies. Il était à peine parti que notre armée, qui faisait le siége de Turin, sous les ordres de La Feuillade et de Marsin, fut attaquée par le duc de Savoie et le prince Eugène (7 septembre 1706) et complétement vaincue. Les Français furent alors chassés de l'Italie, comme antérieurement ils l'avaient été de l'Allemagne. Le Piémont délivré et l'armée des Impériaux se trouvant à la porte de la France, Eugène envahit la Provence et assiégea Toulon par terre pendant qu'une flotte anglo-hollandaise tenait la mer. Mais là, la guerre a toujours été funeste à l'envahisseur; Charles-Quint y avait jadis perdu deux armées ; Eugène y laissa 10,000 hommes (août 1707) et dut battre en retraite.

Invasion de l'Espagne par l'archiduc Charles ; Berwick rétablit les affaires de Philippe V à Almanza (1707). — L'Espagne était devenue aussi le théâtre de la guerre et la situation des affaires n'y était pas plus favorable. Dès 1703, les Anglais avaient entraîné le Portugal dans la coalition par ce traité que négocia sir Methuen, et qui fit pour longtemps de ce royaume comme une province de l'Angleterre. En 1704, ils s'emparèrent par un coup de main de Gibraltar, qu'ils possèdent encore. Leur flotte débarqua à Lisbonne l'archiduc Charles lui-même, le compétiteur de Philippe V, avec 9,000 hommes. L'année suivante (1705), l'archiduc était maître de la Catalogne et de l'Aragon ; en 1706, il était proclamé roi à Madrid, pendant que Philippe V se retirait à Pampelune. Tout parut si désespéré pour ce prince, qu'il songea à se retirer dans les possessions espagnoles d'Amérique. Le maréchal de Berwick, fils naturel de Jacques II, releva sa fortune. Il gagna, en 1707, la bataille d'Almanza, qui rendit le royaume de Valence à Philippe V.

Guerre malheureuse aux Pays-Bas ; défaite d'Oudenarde ; belle défense de Lille par Boufflers (1708) ; bataille indécise de Malplaquet (1709). — Après avoir rétabli les affaires d'Espagne, Berwick alla rejoindre Vendôme en Flandre, où il fut associé au commandement sous l'autorité supérieure du duc de Bourgogne, petit-fils de Louis XIV. Les généraux n'étaient pas d'accord, et ils avaient en tête Eugène et Marlborough ; aussi la campagne fut-elle malheureuse. Les Français furent battus à Oudenarde (11 juillet 1708), au passage de l'Escaut, et se replièrent sur Lille, qui fut assiégée par les Impériaux. Le maréchal de Boufflers défendit cette place avec un courage héroïque ; mais il se vit enfin contraint de capituler. Tel fut le désordre de la retraite de l'armée française et la frontière fut à ce point découverte, qu'un parti de Hollandais put courir impunément jusqu'au pont de Sèvres, où il enleva le premier écuyer du roi, qu'il prit pour le dauphin.

La France, épuisée d'hommes et d'argent, menacée sur ses frontières, eut encore à souffrir d'une famine pendant l'hiver désastreux de 1709. Louis XIV demanda vainement la paix ; ses ennemis, enflés de leurs succès et fiers d'humilier le grand roi, voulurent lui imposer des conditions inacceptables. Ils exigeaient, entre autres choses, que Louis XIV détrônât lui-même son petit-fils. « S'il faut faire la guerre, répondit le roi, j'aime mieux la faire à mes ennemis qu'à mes enfants. » Il adressa en même temps un appel à la nation, qui se montra digne de la magnanimité de son roi. Villars prit le commandement de l'armée du Nord ; il arrêta les ennemis, en 1709, à la journée meurtrière et indécise de Malplaquet, près de Mons (11 septembre). Une blessure força Villars de quitter le champ de bataille, qui était jonché de près de 30,000 morts ou mourants, 8,000 Français et 21,000 ennemis. A partir de cette époque, la France, dont la fortune semblait désespérée, commença à se relever. Le maréchal de Vendôme, disgracié depuis Oudenarde, remporta en Espagne, à Villa-Viciosa (9 décembre 1710), une victoire éclatante.

Revirement dans la politique européenne ; l'Angleterre abandonne la coalition. — Vers le même temps une intrigue de cour amena en Angleterre, avec la disgrâce de l'orgueilleuse duchesse de Marlborough, la chute du ministère whig, le rappel de Marlborough et l'avènement aux affaires du vicomte de Bolingbroke et du comte d'Oxford, chefs du parti tory, qui désirait la paix et travailla à la préparer. L'Angleterre avait voulu abaisser la France et non la détruire. Elle craignait que l'Autriche, devenue trop puissante, ne rétablît la monarchie de Charles-Quint. En effet, le 17 avril 1711, l'empereur Jo seph étant mort, son frère, l'archiduc Charles, fut élu à sa place sous le nom de Charles VI. S'il eût réuni la couronne d'Espagne, les Deux-Siciles, le Milanais, les Pays-Bas espagnols (Belgique et Flandre) aux possessions héréditaires de l'Autriche en Allemagne, l'équilibre européen était de nouveau compromis et l'œuvre de François Ier, de Henri IV et de Richelieu à recommencer. Le ministère anglais consentit à signer à Londres, le 8 octobre 1711, les préliminaires de la paix. Le 29 janvier 1712, la plupart des puissances coalisées, suivant cet exemple, envoyaient leurs plénipotentiaires au congrès d'Utrecht. L'empereur seul continua la guerre.

Guerre sur mer; les corsaires. — Avant de commencer le récit des dernières luttes qui furent suivies de la conclusion de la paix, disons quelques mots de la guerre sur mer, qu'il avait aussi fallu faire depuis douze ans et qui n'avait guère été heureuse, car notre marine était négligée pour l'armée. L'Angleterre en profita pour devenir sans conteste la reine des mers. Tourville, notre plus grand marin de cette époque après Duquesne, était mort en 1701. Cependant le comte de Toulouse, fils naturel de Louis XIV et de madame de Montespan, eût remporté, en 1704, à Velez Malaga, avec 49 vaisseaux contre 55, une brillante victoire sur la flotte anglo-hollandaise, s'il eût songé à recommencer la lutte le lendemain au lieu de rentrer à Toulon. Après cette bataille, la grande guerre fut finie; celle des corsaires continua, glorieuse, populaire, terrible au commerce ennemi. Jean Bart était mort en 1702, un an après Tourville; lui au moins eut des remplaçants qui se nomment Forbin, le compagnon de ses nombreuses courses; le Béarnais Ducasse, gouverneur de Saint-Domingue; Pointis, celui qui avait enlevé Carthagène; François Cassard, qui tomba un jour avec un seul vaisseau au milieu de quinze vaisseaux ennemis, se battit pendant douze heures, coula à fond un vaisseau anglais, en mit deux autres hors de combat et s'échappa, l'homme dont Duguay-Trouin disait : « Je donnerais toutes les actions de ma vie pour une seule des siennes. » Ce mot eût été plus juste dans la bouche de Cassard en parlant de Duguay-Trouin ; car aucun marin ne fit autant de mal que Duguay-Trouin aux côtes ennemies, ne soutint plus de combats, n'enleva plus de convois. Le 6 octobre 1711, il prit la formidable place de Rio-de-Janeiro après onze jours de siége, avec 60 navires marchands, deux frégates de guerre, un autre bâtiment moins important, une immense quantité de marchandises ; c'était un préjudice d'environ 25 millions pour les Portugais. Le commerce ennemi souffrit beaucoup de ces courses ; le nôtre en supporta naturellement le contre-coup, sans compter que nous y perdîmes quelques colonies, perte que la paix allait confirmer. Par malheur, le cours de la guerre générale ne fut nullement modifié.

Victoire de Villars à Denain (24 juillet 1712). — Louis XIV eut à faire un dernier et terrible effort. Eugène occupait la Flandre avec 100,000 hommes ; il était maître du Quesnoy, assiégeait Landrecies, envoyait des détachements jusqu'aux portes de Reims, terrifiait la France. Louis XIV remit notre fortune entre les mains de Villars, s'engageant, si le sort lui était contraire, à venir lui-même à son secours avec sa dernière armée pour périr ensemble ou sauver l'Etat. L'audacieux Villars attira par une fausse manœuvre Eugène sur Landrecies, et tomba à Denain sur l'autre partie de son armée, 17 bataillons que commandait le comte d'Albemarle ; 400 hommes échappèrent à peine ; les autres furent pris, tués, ou noyés dans l'Escaut ; le comte d'Albemarle fut fait prisonnier. Eugène, qui arriva à la fin de la bataille, ne put la rétablir et y perdit encore quatre bataillons (24 juillet 1712). Villars reprit Marchiennes, où étaient les magasins de l'armée impériale, força Eugène à abandonner Landrecies, et s'empara de Douai, du fort de Scarpe, du Quesnoy et de Bouchain. Les succès des Impériaux, **pendant** six années, se trouvaient ainsi anéantis. L'ennemi était chassé de la frontière et la France sauvée. La Hollande, par la voix de son grand pensionnaire Heinsius, supplia l'Angleterre d'employer ses bons offices pour la faire comprendre dans la paix. L'Angleterre y consentit.

Traités d'Utrecht (11 avril 1713). — Enfin, le 11 avril 1713, la France signa les traités d'Utrecht avec la Grande-Bretagne, à trois heures après midi ; avec le duc de Savoie, à quatre heures ; avec le roi de Portugal, à huit heures ; avec le roi de Prusse, à minuit ; avec les Etats généraux, à une heure un quart. Par son traité avec la Grande-Bretagne, Louis XIV reconnaissait solennellement l'ordre de succession établi par les actes du Parlement en faveur de la reine et, après elle, en faveur de la ligne protestante de Hanovre ; il renonçait à jamais à la réunion des deux couronnes de France et d'Espagne sur la même tête, s'engageait à raser les fortifications de Dunkerque et à combler son port sous cinq mois et à perpétuité ; restituait la baie et le détroit d'Hudson et cédait l'île de Saint-Christophe, la Nouvelle-Ecosse ou Acadie et l'île de Terre-Neuve avec les îles adjacentes.

Au Portugal, il reconnaissait toute propriété et souveraineté sur les deux rives du fleuve des Amazones, et notamment sur les provinces situées au nord du fleuve qu'il revendiquait auparavant comme faisant partie de la Guyane française.

Il reconnaissait à l'électeur de Brandebourg sa qualité nouvelle de roi de Prusse ; lui cédait, au nom du roi d'Espagne, la haute Gueldre et le pays de Kessel, et ne lui contestait plus les principautés de Neuchâtel et de Valengin.

Il abandonnait au duc de Savoie la Savoie et Nice, les cinq vallées d'Oulx, de Sézannes, de Prégelas, de Bardonèche et de Château-Dauphin, mais recevait en compensation celle de Barcelonnette. Il lui garantissait, **en** outre, la possession de la Sicile, avec le titre de roi [1], et lui assurait, pour lui et ses descendants mâles, la succession au trône d'Espagne au cas d'extinction de la postérité de Philippe V.

Il accordait comme barrière aux Hollandais : Tournai, Ypres, Menin, Furnes, Warneton, Warwick, Comines et le fort de Knocke, mais se faisait restituer par eux Lille, Orchies, Béthune, Aire, Saint-Venant.

L'empereur Charles VI lutte le dernier. — TRAITÉS DE RASTADT ET DE BADE (1714). — L'empereur se refusait encore à la paix. La guerre recommença en Allemagne au mois de juin 1713. Villars, après s'être emparé sans résistance des villes de Spire, Worms, Kayserslautern, etc., fit investir Landau par le maréchal de Bezons, le 22 juin, et s'en rendit maître le 20 août. Il passa ensuite le Rhin, culbuta, dans ses retranchements, le 20 septembre, le général Vaubonne, qui lui barrait le chemin de Fribourg, et força cette ville de se rendre à discrétion (16 novembre). Désespérant alors de triompher de la France, l'empereur se résigna à la paix. Villars et Eugène en furent les négociateurs, et elle fut signée à Rastadt, le 6 mars 1714. Mais les Etats de l'Empire n'y étaient pas encore compris. Un nouveau congrès se tint à Baden, en Argovie, et la paix générale fut enfin conclue le 7 septembre. L'Empereur restait maître du royaume de Naples, des duchés de Milan et de Mantoue, de la Sardaigne et des Pays-Bas, mais ratifiait le traité de la *Barrière* avec la Hollande. Vieux-Brisach, Fribourg et Kehl lui étaient restitués ; mais Louis XIV gardait Strasbourg, Landau, Huningue, et Neuf-Brisach avec la souveraineté de l'Alsace, et obtenait que les électeurs de Bavière et de Cologne, ses

---

[1] Le *roi* Victor-Amédée ne peut être dit *roi de Sardaigne* qu'en 1720, quand, en échange de la Sicile, concédée en 1713, la Sardaigne lui fut assignée.

fidèles alliés, fussent réintégrés dans leurs Etats et dans leur rang.

Un traité, dit de la *Barrière*, fut conclu comme complément, à Anvers, le 15 novembre 1715, entre l'empereur et la Hollande : les deux contractants devaient entretenir dans les Pays-Bas une armée de 30 à 35,000 hommes ; les troupes de la république seules devaient être chargées de la défense des villes de Namur, de Tournai, de Menin, Furnes, Ypres, Warneton et du fort de Knocke. En consentant à ce que les Hollandais tinssent garnison dans ces places, l'empereur assurait à ses possessions nouvelles des Pays-Bas une protection plus certaine et moins dispendieuse.

Tels furent les résultats de cette longue guerre de treize ans, qui coûta si cher à la France : l'Angleterre, dominatrice de la mer, maîtresse de Gibraltar et de Port-Mahon ; la branche allemande ou cadette de la maison d'Autriche, mise en possession de magnifiques provinces en Italie et aux Pays-Bas, mais évincée du trône d'Espagne au profit de la maison de Bourbon. Que s'il eût été préjudiciable à l'équilibre européen et à la France que Charles VI réunît sur sa tête les deux couronnes d'Allemagne et d'Espagne, la France a peu gagné à voir régner une dynastie française de l'autre côté des Pyrénées, car elle l'a trouvée plus d'une fois parmi ses ennemis. Pour l'Espagne, elle n'a guère profité d'un changement de dynastie. Philippe V, Ferdinand VI, Charles III, Charles IV, Ferdinand VII et Isabelle II l'ont à peine relevée de la décadence qui avait été comme le legs de l'administration des quatre descendants de Charles-Quint.

Chagrins domestiques des dernières années de Louis XIV. — *Sa mort* (1ᵉʳ septembre 1715). — Louis XIV ne survécut pas longtemps aux traités d'Utrecht et de Rastadt ; il avait vu descendre au tombeau presque tous les hommes qui avaient fait la gloire de son règne. Sa famille elle-même avait été cruellement frappée. Son fils, le grand dauphin Louis, l'élève de Bossuet, mourut le 14 avril 1711, à l'âge de cinquante ans. Il avait eu trois fils : Louis, duc de Bourgogne ; Philippe, devenu roi d'Espagne, et Charles, duc de Berri. Le duc de Bourgogne, élève de Fénelon, le mari de cette sémillante Adélaïde de Savoie qui charma pendant quelques années, par son esprit et sa grâce, la cour vieillie et attristée de Louis XIV, mourut, moins d'un an après son père, le 18 février 1712, six jours après sa femme, et comme elle, de la rougeole. Ils laissaient deux enfants, le duc de Bretagne et le duc d'Anjou. Le duc de Bretagne mourut aussi de la rougeole dix-huit jours après son père, à l'âge de cinq ans. Le duc d'Anjou, lui-même, âgé de deux ans, fut en danger. Il devait vivre et s'appeler Louis XV.

Louis XIV supporta d'abord ces malheurs avec fermeté ; bientôt, cependant, redoutant l'extinction de sa postérité légitime, il prit une mesure que tous ont justement flétrie comme immorale et scandaleuse : il déclara héritiers de la couronne, à défaut de princes du sang, le duc du Maine et le comte de Toulouse, deux fils que, dans un double adultère, il avait eus de madame de Montespan, du vivant de la reine et de M. de Montespan[1]. Il les désigna, dans son testament, comme devant faire partie du conseil de régence, dont le duc d'Orléans, son neveu, n'avait que la présidence. Ce prince, doué de qualités brillantes, mais sans religion, sans mœurs, vrai représentant de cette société frivole et licencieuse qui déjà remplaçait celle du grand siècle, inspirait de la méfiance à Louis XIV et il voulait conjurer ainsi les maux d'une régence. Le testament du grand roi ne devait pas être plus respecté que celui de Louis XIII.

[1] Il avait eu de la duchesse de La Vallière : Louis, comte de Vermandois, mort en 1683 ; Marie-Anne, dite Mademoiselle de Blois, mariée au prince de Conti et morte en 1738.

C'est le 1ᵉʳ septembre 1715 que Louis XIV mourut à Versailles, abandonné de tous, à l'âge de soixante-dix-sept ans, après en avoir régné soixante-douze. Le courtisan Dangeau, dans le *Journal* si détaillé qu'il nous a laissé des faits et gestes de son puissant maître, ne trouve pas autre chose à dire, à la date du 1ᵉʳ septembre 1715, que ces paroles : « Le roi est mort ce matin, à huit heures. » Le peuple jeta de la boue sur sa bière au passage du convoi. Massillon, qui fit l'oraison funèbre de Louis XIV, la commença magnifiquement par ces mots : « Dieu seul est grand, mes frères !..... » Ce sont les seuls qui en sont restés dans la mémoire des hommes.

M. Le Roi a rétabli les paroles adressées par Louis XIV au Dauphin à son lit de mort. (Voyez *Curiosités historiques*, p. 206). Les voici : « Mon cher enfant, vous allez estre le plus grand roy du monde. N'oubliez jamais les obligations que vous avez à Dieu. Ne m'imitez pas dans les guerres, taschez de maintenir tousjours la paix avec vos voisins, de soulager votre peuple autant que vous pourrez, ce que j'ay eu le malheur de ne pouvoir faire par les nécessités de l'Estat. Suivez toujours les bons conseils, et songez bien que c'est à Dieu à qui vous devez tout ce que vous estes. *Je vous donne le père Letellier pour confesseur, suivez ses avis*, et ressouvenez-vous toujours des obligations que vous avez à madame de Ventadour. »

Sauf les mots soulignés, les autres furent copiés et placés au chevet du lit du jeune roi.

CHAPITRE VIII[1]

Gouvernement de Louis XIV. — Institutions et fondations. — Commerce et Industrie.

SOMMAIRE : Caractères de l'esprit français.
La monarchie absolue. — Les maximes du gouvernement. — Dispositions de la nation.
CARACTÈRE GÉNÉRAL DU GOUVERNEMENT ET DE L'ADMINISTRATION DE LOUIS XIV; INSTITUTIONS ET FONDATIONS DE CE RÈGNE. — L'armée. — Les Codes. — Les intendants. — La police.
Politique de la royauté à l'égard des différentes classes. — Le clergé. — L'assemblée de 1682 : les quatre propositions. — La noblesse. — Changements dans ses habitudes. — Son importance réduite. — Les grands jours. — La noblesse de cour et la petite noblesse. — Les chevaliers d'industrie. — La magistrature bornée aux fonctions judiciaires. — Annihilation politique du parlement. — Le tiers état. — Activité féconde de l'industrie. — Ses conséquences. — Encouragements aux lettres et aux arts.
Politique du roi à l'égard de l'Europe. — Armements excessifs. — Opérations spoliatrices de la diplomatie. — Entraînements de l'orgueil. — Prestige de Louis XIV, secondé par la supériorité de ses ministres à l'étranger.
Fautes de Louis XIV. — Louvois préféré à Colbert. — Suppression de toutes les libertés. — Fragilité des œuvres du despotisme.
Les hommes nouveaux. — Importance des ministres. — L'étiquette de cour. — L'administration faussée par la vénalité.
Influence de la constitution physique du monarque absolu sur la marche de la monarchie. — La décadence et les persécutions religieuses. — Quiétisme, jansénisme, Port-Royal.
Malheurs et impopularité des dernières années. — Souffrances du peuple.
Relâchement des mœurs dans les hautes classes. — Funestes conséquences de la mort du duc de Bourgogne.

[1] LECTURES A FAIRE : Les ouvrages indiqués pour les chapitres qui précèdent, particulièrement ceux de Voltaire (*Siècle de Louis XIV*); de M. Rousset (*Louvois*); de M. Bonnemère (*la France sous Louis XIV*); et avant tout *l'Essai sur l'établissement monarchique de Louis XIV*, par Lemontey, que nous avons suivi et analysé, autant que nous le permettaient les bornes étroites de cet ouvrage. — Voyez aussi la bonne *Histoire de Louis XIV*, par M. Gaillardin, couronnée par l'Académie française.

Isolement du despotisme au milieu de la nation. — Marche progressive de l'esprit nouveau qui doit le renverser.
Monuments et académies : Versailles, les Invalides, l'Observatoire, la Bibliothèque du roi, etc.

Caractères de l'esprit français. — Lemontey, au début de son *Essai sur l'établissement monarchique de Louis XIV*, recherchant quels traits ineffaçables le caractère français a conservés sous tous les gouvernements, croit reconnaître ceux-ci comme distinctifs de notre nation : *la sociabilité*, qui fait que deux Français se cherchent au bout du monde; — *l'inconstance*, une mobilité extrême dans leurs affections; — *l'orgueil*, ou une vanité inquiète, active, entreprenante ; — *une horreur invincible pour toute domination étrangère*, sentiment qui a inspiré l'exclusion des femmes de la couronne; — *l'amour de la guerre, l'ivresse du succès;* le Français souffre tout des chefs dont il est fier, mais il ne pardonne rien à un gouvernement avili, même ses bienfaits ; — *une aversion générale pour l'économie et les soins de détail*, la furie française se reconnaît jusque dans les travaux de la paix ; — *un désir effréné des distinctions*. Voyez ce bouillonnement continuel d'amour-propre, d'émulation, de nouveautés, cette ardeur de déplacements sans fin. Un gouvernement habile peut penser que le secret de maîtriser un tel peuple est renfermé dans l'art de le distraire.

La monarchie absolue. — *Ses maximes de gouvernement.*

— Elevé, comme nous l'avons dit, avec négligence, Louis XIV n'eût, à vrai dire, qu'un instituteur : la guerre civile [1]. Il avait puisé dans ce spectacle une vigueur de résolution qui étonna l'Europe, lorsqu'à la mort de Mazarin, il exerça le pouvoir. La royauté, en France, était assise par le clergé sur les saintes Ecritures, par les magistrats sur le droit romain, par la noblesse sur les anciennes coutumes. Bien qu'elle fût absolue, elle était en fait contenue par la pairie et les parlements : la pairie était héréditaire, elle investissait le pair du droit de siéger dans le parlement de Paris

---

[1] L'impression de ses premières années fut toujours présente à son esprit. Nous n'en citerons qu'un exemple. En 1691, Louvois vint, tout bouleversé, lui annoncer la levée du siége de Coni, faite précipitamment sur la nouvelle de l'approche du prince Eugène:«Vous êtes abattu pour peu de chose, lui répondit le roi; on voit que vous êtes trop accoutumé aux succès; pour moi, qui me souviens d'avoir vu les troupes espagnoles dans Paris, je ne m'abats pas si aisément. »

au-dessus des conseillers, et lui donnait le pas en toute occasion sur ce qui n'était pas prince du sang. Saint-Simon a été de son vivant le défenseur et est resté, parmi nous, le représentant des intérêts de la pairie, dont il aurait voulu qu'on étendît les prérogatives politiques, parce qu'il voyait, dans l'indépendance et l'illustration de ses membres, le seul contre-poids légitime et efficace de la toute-puissance royale. Mais cette manière de voir, puisée dans des préjugés féodaux et contraire au progrès social, n'était pas celle de la majorité des bons esprits. Aux yeux de ceux-là, les parlements étaient la seule garantie qui existât pour les citoyens contre le bon plaisir. Le parlement avait des droits et des fonctions ; il rendait la justice, il enregistrait les édits, il faisait des remontrances ; en un mot, il était un pouvoir, tandis que la noblesse n'avait que des titres et des honneurs. Déchue de toute influence politique par Richelieu, elle allait être réduite, par la politique de Louis XIV, à une sorte de domesticité brillante.

Louis XIV ne prétendit pas donner à la monarchie absolue une base historique ; il en trouva dans ses propres idées la théorie complète, dont son règne de cinquante-quatre ans n'a été que l'application. Les maximes de gouvernement qu'il a transmises à ses enfants sont celles qu'il avait prises pour guide. Nous ne saurions mieux faire que de les reproduire ici. Le roi peut tout, il participe à l'infaillibilité divine ; on doit lui obéir sans discernement, et il dispose à sa guise de la fortune qu'il laisse aux mains de ses peuples : tel est le résumé d'une doctrine politique qui semble mieux appropriée à l'Orient qu'à l'Occident et à la civilisation pharaonique qu'à celle du dix-septième siècle.

« Celui qui a donné des rois aux hommes a voulu qu'on les respectât comme ses lieutenants, se réservant à lui seul le droit d'examiner leur conduite. Sa volonté est que quiconque est né sujet obéisse sans discernement. » (*Mémoires et instructions de*

Louis XIV pour le dauphin, tome II de l'édition en six volumes, page 336.)

« Il me semble qu'on m'ôte de la gloire, quand sans moi on en peut avoir. » (*Idem*, page 429.)

« Cet assujettissement, qui met le souverain dans la nécessité de prendre la loi de ses peuples, est la dernière calamité où puisse tomber un homme de notre rang. » (*Idem*, t. II, p. 26.)

« C'est le défaut essentiel de cette monarchie (l'Angleterre), que le prince n'y saurait faire de levées extraordinaires sans le Parlement, ni tenir le Parlement assemblé sans diminuer d'autant son autorité. » (*Idem*, t. I, p. 174.)

« Tout ce qui se trouve dans l'étendue de nos États, de quelque nature qu'il soit, nous appartient au même titre. Les deniers qui sont dans notre cassette, ceux qui demeurent entre les mains des trésoriers, et ceux que nous laissons dans le commerce de nos peuples doivent être par nous également ménagés. » (*Idem*, t. II, p. 9-93.)

« Exerçant ici-bas une fonction toute divine, nous devons tâcher de paraître incapables des agitations qui pourraient la ravaler. » (*Instructions pour le dauphin*, t. II, p. 35.)

« Décidez; Dieu, qui vous a fait roi, vous donnera les lumières qui vous sont nécessaires. » (Art. 33 de l'*Instruction au duc d'Anjou*.)

« Il y a sans doute de certaines fonctions où tenant, pour ainsi dire, la place de Dieu, nous semblons être participants de sa connaissance aussi bien que de son autorité, comme, par exemple, en ce qui regarde le discernement des esprits, le partage des emplois et la distribution des grâces. » (*Instructions pour le dauphin*, t. II, p. 283).

« Dans la place qui vous attend après moi, vous ne pensez plus sans doute être conduit par d'autres hommes. » (*Idem*, p. 82.)

Dispositions de la nation. — On doit dire que cette idée excessive que Louis XIV avait de son autorité, cette foi en sa propre infaillibilité, il la communiqua à son peuple. Il y eut, au plus fort de ses succès, comme une prosternation générale. La Feuillade rendait à sa statue le même culte qu'à l'image de Dieu. Tous s'empressaient à l'envi de célébrer les louanges du monarque, qui s'était à ce point habitué à la flatterie universelle, qu'on l'entendit plusieurs fois se répéter à lui-même des vers écrits en son honneur, comme si toutes les hyperboles de la poésie étaient devenues pour lui des vérités indifférentes à force de banalité !

Caractère général du gouvernement et de l'administration de Louis XIV. — Institutions et fondations de ce règne. — *L'armée.* — On a attribué à Louis XIV une parole célèbre : « L'*État, c'est moi,* » qu'il peut n'avoir pas prononcée, mais qui résume bien un système dont la crainte et l'admiration furent les appuis. La crainte s'entretient par la force ; l'admiration, par un éclat continu. L'armée, principal élément de la force, fut entièrement réformée. L'habillement uniforme, introduit dans tous les corps, d'abord comme un simple moyen de discipline, compléta le divorce entre le soldat et le citoyen. Les nominations et l'avancement rentrèrent dans la main du monarque. Une prévoyance, d'autant plus admirable qu'elle paraissait moins nécessaire, assura pour retraite à l'armée une triple ligne de places fortifiées. Celle-ci, instrument de victoires à l'extérieur, devint à l'intérieur un instrument de discipline. Les troupes protégèrent l'extension progressive de l'autorité des intendants, occupèrent des citadelles dont les feux plongeaient sur des cités turbulentes, pressèrent par la terreur la levée des impôts, et furent même employées pour ramener les dissidents à l'unité de la foi (Dragonnades). Mais on usa trop alors du pouvoir militaire, pour n'avoir pas à souffrir quelquefois de la licence de la soldatesque.

Les armées permanentes, qui dataient du quinzième siècle, furent portées, à l'époque de Louis XIV, à un chiffre qu'elles n'avaient jamais atteint antérieurement. Sans insister longuement sur l'organisation militaire dont il a déjà été question, il suffira de rappeler que, dès 1672, Louis XIV avait cent quatre-vingt mille hommes de troupes réglées, et, qu'augmentant ses forces à mesure que le nombre et la puissance de ses ennemis augmentaient, il eut enfin jusqu'à quatre cent cinquante mille hommes en armes, en comptant les troupes de la marine. Avant lui, on n'avait point vu de si fortes armées. Ses ennemis lui en opposèrent à peine d'aussi considérables ; encore fallait-il qu'ils fussent réunis. Il montra ce que la France seule pouvait, et il eut toujours ou de grands succès ou de grandes ressources. Il fut le premier qui, en temps de paix, donna une image et une leçon complète de la guerre. Il assembla à Compiègne soixante et dix mille hommes en 1698. On y fit toutes les opérations d'une campagne. C'était pour l'instruction de ses trois petits-fils. Le luxe fit une fête somptueuse de cette école militaire. Ajoutez que la France avait alors à la tête de ses armées Turenne et Condé, Catinat et Luxembourg, Villars et Vendôme. Vauban mérita d'être mis au même rang que ces grands généraux : il construisit ou répara cent cinquante places fortes, et organisa le corps des ingénieurs.

On commença à porter l'uniforme dès 1663. Les armes défensives furent en grande partie remplacées par des armes offensives; la cavalerie était formée de mousquetaires, de carabiniers, de dragons, de hussards. C'est la baïonnette qui assura le succès de la bataille de Denain. Vauban fit faire de grands progrès pour l'attaque et la défense des places. Pour l'attaque, on développa le système des parallèles, on multiplia les tranchées, et l'on mit en usage le canon, les boulets creux et le tir à ricochets. Pour la défense, on substitua aux bastions les tours bastionnées, on agrandit les demi-lunes, et on tira un grand parti des eaux pour protéger les fortifications. L'avancement fut le prix du courage, qui trouva une récompense plus flatteuse dans l'institution de l'ordre militaire de Saint-Louis, créé en 1693, et destiné à décorer la poitrine des braves qui s'étaient distingués par des actions d'éclat. Elle portait cette devise : *Bellicæ virtutis proemium*.

Enfin, c'est de ce règne que datent plusieurs des institutions qui ont le plus contribué à perfectionner le service militaire. Un munitionnaire ou commissaire général des vivres était chargé, moyennant un prix déterminé, de fournir des vivres aux armées en campagne. Il traitait avec les boulangers et autres marchands, ainsi qu'avec les voituriers et artisans. Il avait, sous ses ordres, plusieurs commis et établissait des magasins dans les villes situées à peu de distance du lieu où devaient opérer les armées. Le commissaire général des vivres était subordonné au général et obligé de suivre ses prescriptions. En campagne, les distributions de pain avaient lieu d'après un règlement arrêté par le général. Dans les marches, le soldat portait du pain pour trois ou quatre jours, afin de pouvoir attendre les caissons et charrettes qui suivaient l'armée et avaient des provisions au moins pour huit jours. On ne fournissait gratuitement aux soldats que la quantité de pain fixée par le général et une livre de viande pour trois jours. La cavalerie avait droit au fourrage pendant les campagnes d'hiver. Le luxe de la table des officiers généraux, qui avait souvent entravé la marche des armées, fut prohibé : il leur était interdit d'avoir plus de trois services, deux de viande et un de fruits.

Les hôpitaux militaires furent aussi fondés à cette époque. Une ambulance était établie au camp pour donner les premiers soins aux blessés, et un hôpital dans la ville la plus voisine, où étaient réunis des magasins de vivres et de munitions de guerre. Un directeur, des médecins, chirurgiens, apothicaires, cuisiniers et autres gens de service étaient attachés aux divers hôpitaux militaires. Tous étaient subordonnés à l'autorité d'un commissaire général des guerres, dont les fonctions répondaient à celles des intendants militaires dans l'organisation moderne de l'armée.

Voici quelques dates de découvertes et inventions : introduction du quinquina en France, 1650. Introduction du chocolat en France, 1653. Invention de la machine pneumatique (Otto de Guericke). Invention des pompes à feu, 1662. Introduction du café en France, 1669. Introduction de la porcelaine en Europe (Boeticher). Découverte de la Louisiane (Lasalle), 1679. — Machines à vapeur (Papin), 1690. Première édition du *Dictionnaire de l'Académie*, 1694, etc.

Les codes. — Les intendances. — L'établissement civil partagea la vigueur de l'armée. Une obéissance prompte et générale témoignait qu'un même pouvoir était présent partout. Des codes, admirables pour le temps, sur les diverses branches de l'administration publique, furent accueillis par les Français comme des bienfaits, et par les étrangers comme des modèles. Le revenu public, arraché au désordre de la gestion des surintendants, vint se ranger sous la verge d'un ministre inflexible, qui disciplinait les finances comme Pierre Ier policait les Russes. Les intendants secondaient la marche sévère de l'autorité dont ils étaient les délégués. Louis XIV parvint à mettre de l'ordre dans le chaos que lui avaient légué ses prédécesseurs. Il eut, par un accord bien rare, la justesse dans les conceptions, l'esprit de suite, une infatigable application aux détails, la constance à soutenir des ministres fermes et laborieux. On a frappé bien des médailles en son honneur, et l'on a oublié la qualification qui eût été la plus véridique et la plus glorieuse, celle d'*administrateur*. Dans cette partie de la tâche du souverain, il est resté peut-être sans égal, du moins quand on le compare à ses prédécesseurs.

La police. — Du pouvoir militaire et du pouvoir judiciaire, le roi forma le grand moyen d'action et l'instrument d'information du despotisme, la police, dont le but réel fut caché sous des bienfaits. Du monarque au ministre, du ministre à l'intendant, de l'intendant à ses agents, la force royale descendait par gradation et sans déperdition aux extrémités du corps social. Mais partout l'administration substituait l'action du magistrat à l'initiative du citoyen, et amortissait l'élan de l'esprit public.

Ce fut en 1667 que fut institué le premier lieutenant de police, La Reynie. Son rôle ne se borna pas à veiller à la sûreté de Paris et à prévenir ou réprimer les attentats contre les propriétés et les personnes; il réalisa plusieurs améliorations d'une haute importance : la ville fut éclairée par cinq mille fanaux, et bientôt cette innovation s'étendit à toutes les cités considérables de la France. Louis XIV lui-même s'en félicitait dans le préambule d'une de ses ordonnances: « De tous les établissements, disait-il, qui ont été faits dans notre bonne ville de Paris, il n'y en a aucun dont l'utilité soit plus sensible et mieux reconnue que celui des lanternes qui éclairent toutes les rues, et comme nous ne nous croyons pas moins obligé de pourvoir à la sûreté et à la commodité des autres villes de notre royaume qu'à celles de la capitale, nous avons résolu d'y faire le même établissement et de leur fournir les moyens de le soutenir à perpétuité. » La Reynie fit paver toutes les rues, et prit des mesures efficaces pour en assurer la propreté. De nouveaux quais furent construits, les anciens réparés.

Politique de la royauté à l'égard des différentes classes. —Comment les matériaux du régime précédent furent-ils incorporés dans le régime nouveau? Que fit-il du clergé, de la noblesse, de la magistrature, ces divisions du peuple qui puisent leur force et trouvent leur centre dans les États généraux ? Louis XIV avait en horreur les États généraux, et quand, dans sa vieillesse, on lui proposa de les convoquer pour leur faire sanctionner sa renonciation à la couronne d'Espagne, il repoussa cette idée comme une insulte. Ces parties du peuple se trouvaient donc isolées : que devinrent-elles ?

Le clergé devait son influence à ses vertus, à son autorité morale et à ses grandes richesses. Le Concordat avait, depuis François Ier, remis aux mains du prince la collation des biens ecclésiastiques, ce domaine des récompenses qui avait fait la force des deux premières races. Quoique les biens de l'Église conservassent une destination religieuse, ils furent presque le patrimoine de la noblesse et parfois le prix des services militaires.

Louis XIV continua lui-même, jusqu'en 1687, de conférer à des gentilshommes de race des bénéfices simples et des pensions sur les évêchés et les abbayes. Les plébéiens n'eurent guère que les emplois inférieurs, même après que la dévotion du monarque eût remis à un simple religieux (le père La Chaise, le père Tellier), ce qu'on appelait le *ministère de la feuille*. Tandis que le haut clergé disposait de biens considérables, le plus grand nombre des desservants vivaient dans une grande gêne, et ce ne fut que dans la dernière partie de son règne que Louis XIV contraignit les prélats opulents à assurer à ceux-ci un modique salaire sous le nom peu justifié de *portion congrue*. Cependant les historiens, même les moins favorables à l'Eglise, sont forcés de convenir que jamais le haut clergé, recruté dans la noblesse, n'avait eu des mœurs plus pures, plus de dignité et de décence ; jamais non plus le talent, le génie n'ont prêté plus d'éclat au saint ministère. Nommer Bossuet, Fénelon, Bourdaloue, Fléchier, Arnauld, Nicole, c'est rappeler, non-seulement les gloires de l'Eglise, mais celles de l'esprit humain.

L'assemblée de 1682 : *les quatre propositions*. — L'orgueil de Louis XIV, qui était plus grand que sa dévotion, l'engagea dans de violents démêlés avec la cour de Rome. Mais il la força toujours de fléchir, même quand la raison parla pour elle, comme dans l'abolition des franchises. Bien que ses opinions le portassent vers la cour de Rome, le clergé donna au monarque plus que de la soumission. Si après la célèbre assemblée de 1682, et pendant sa tenue, la modération du roi n'eût été plus grande que le zèle des docteurs, la suprématie romaine courait de grands risques. On sait à quelle occasion cette assemblée avait été convoquée. Deux évêques, encouragés par le pape Innocent XI, avaient refusé de se soumetttre à l'édit de 1673, qui avait déclaré tous les revenus des bénéfices ecclésiastiques acquis au roi pendant leur vacance. Un bref combattit les maximes de la régale. Le roi soumit le différend au clergé qui, sous l'inspiration de Bossuet, fit une déclaration dans laquelle il établit en quatre articles : 1° que le pouvoir du pape ne s'étendait que sur les choses spirituelles et non sur le gouvernement civil ; 2° que les décrets du concile de Constance et des conciles généraux approuvés par le Saint-Siége subsistaient dans toute leur force ; 3° que l'usage de la puissance apostolique devait être réglé suivant les constitutions reçues dans le royaume et dans l'Église gallicane ; 4° que les décrets du pape dans les questions de foi regardaient toutes les Églises ; que cependant son jugement n'était point irrévocable, tant que le consentement de l'Eglise ne l'avait pas confirmé. Ces articles furent envoyés aux facultés de théologie, qui reçurent l'ordre de les enregistrer et de les enseigner.

La noblesse ; changements dans ses habitudes. — Son importance réduite. — Les grands jours. — Il était plus facile d'obtenir la soumission résignée du clergé que l'asservissement de la noblesse, nous voulons parler de la noblesse d'extraction, qu'il faut bien distinguer de cette efflorescence de petits nobles qui germent par milliers sur les sociétés corrompues. Fille du temps et de l'opinion, elle est indépendante du pouvoir, qui ne saurait la créer, la suspendre ou la détruire. Comme le fait justement observer Lemontey, si le préjugé de la naissance suffit pour pervertir la foule des âmes communes, on ne peut nier qu'il n'élève à un degré d'excellence incomparable les naturels heureux qui eussent été nobles et bons, indépendamment de cette faveur du sort. Une politique sage eût employé utilement les ressorts de la noblesse au lieu de les rompre à une obéissance passive ; mais le roi ne voulait d'aucune prépondérance sociale distincte de la sienne. La guerre de la Fronde avait montré l'espèce de patronage qui attachait, à la suite des grands seigneurs, un cortége de clients, de gentilshommes et d'aventuriers : ce patronage fut détruit. Les forteresses féodales disparurent. Des gentilshommes opprimaient des laboureurs de quelques provinces éloignées, favorisés par la complicité des prévôts et des exempts de la maréchaussée. « Toutes les oppressions que peuvent commettre ou les voleurs, ou les personnes puissantes qui s'engagent à mal faire, n'approchent point des concussions des prévôts, des maréchaux, » dit le procès-verbal de l'ordonnance de 1670. Des commissions du parlement de Paris et de celui de Toulouse furent chargées de tenir les *grands jours*, espèce d'assises solennelles, pour châtier ces rejetons de tyrannie. Tous les moyens parurent bons à la royauté, dès qu'ils pouvaient assouplir cette vieille aristocratie « qui se compose et s'entretient de trois éléments divers : démocratie entre les nobles, anarchie contre le prince, tyrannie sur le peuple. » La noblesse fondue dans l'armée, rompue à la discipline militaire, vit, non sans dépit, l'ancienneté de race subordonnée à l'ancienneté de service, et le titre héréditaire de duc à celui de maréchal octroyé par le roi ; elle ne pouvait plus être recrutée que par la vente des offices ou le trafic encore plus choquant des anoblissements. Le roi l'écarta soigneusement, ainsi que le clergé, des fonctions du ministère et des grandes négociations, qui furent confiées à des hommes de mérite sans aïeux. Mais le dissolvant le plus actif fut le déplacement de la principale noblesse, que le roi attira des provinces à la cour. Des tournois et des fêtes en donnèrent le signal. Elle acquit la conviction que les faveurs ne tomberaient désormais qu'autour du monarque. Les habitudes des nobles campagnards alimentèrent le sarcasme de la comédie ; le ridicule s'attacha aux vertus domestiques et à la simplicité agricole. Le luxe, la galanterie, la vanité et la mode firent le reste.

La noblesse de cour et la petite noblesse. — Ce changement dans les habitudes des seigneurs portait le dernier coup aux coutumes féodales, mais en même temps il consommait la division de la noblesse en deux classes étrangères l'une à l'autre : la noblesse de cour dissipant ses biens par vanité et tendant sans cesse la main aux largesses de la royauté ; l'autre, la petite noblesse, tout à fait indigente. Celle-ci, formée de trente mille familles de hobereaux oisifs, remuants, présomptueux, fut un grand embarras pour l'Etat auquel incombaient le souci et la charge de les faire vivre. Louis XIV et ses successeurs eurent plus d'une occasion de reconnaître la justesse de cette parole de Brantôme : « Le roi François souloit dire qu'il n'y avoit animal si furieux et dangereux qu'un gentilhomme françois desdaigné, despité, mal-content. » On dût, pour donner des moyens d'existence à cette noblesse, augmenter outre mesure le nombre des officiers. L'armée, plus sensible, plus intelligente, plus nerveuse, fut en même temps la plus ruineuse de l'Europe, la plus susceptible de cabales sous des généraux médiocres. En vain l'administration tenta d'ouvrir à la noblesse un débouché par le commerce maritime, qu'elle affranchit de la dérogeance. Ce moyen de fortune et d'abaissement fut repoussé ; et il sortit de la misère, que l'orgueil leur avait fait préférer aux moyens de vivre, une classe d'hommes flétris du nom de *chevaliers de l'industrie* — (on a dit depuis *chevaliers d'industrie*), — qui eurent plus d'une fois maille à partir avec le lieutenant de police, M. d'Argenson.

Les seigneurs attirés à la cour ne tardèrent pas à y régner, à s'emparer exclusivement de la familiarité, de la confiance et des faiblesses des princes. La flatterie devint leur religion. On leur prodigua des titres et des pensions ; on dut aussi compter avec leurs préjugés. Bien que Louis XIV surpassât contre les duellistes les sanglantes prescriptions de Henri IV et de Richelieu, il ne réussit qu'à moitié. La passion des combats singuliers s'éteignit, mais leur usage subsista. « On se contenta de ne pas les chercher; on ne put se résoudre à les fuir. Le duel est sans doute un mal, mais la crainte du duel a quelques bons effets; c'est, pour ainsi dire, le tribut imposé à la civilisation d'un peuple vif et belliqueux, tribut que payent les fous et dont profitent les sages. »

La magistrature ramenée aux fonctions judiciaires. — Annihilation politique du parlement. — La magistrature, tirée de la bourgeoisie, recrutée dans la noblesse, était devenue un quatrième ordre dans la nation, surtout depuis qu'elle avait substitué sa grande autorité à celle des États généraux et qu'elle avait remplacé par des formules de greffe, pour la sanction des lois et le vote de l'impôt, le consentement imprescriptible des ordres. L'administration de la justice donnait à la magistrature plus de consistance que la féodalité n'avait pu en recevoir de sa puissance matérielle. Au milieu de la corruption commune, quelques anciennes familles de robe se transmettaient comme des biens héréditaires la science, la foi, le courage et la pudeur. Du reste, le roi, qui avait rendu presque impossible toute ingérence du parlement dans les affaires publiques (loi de 1667), se plut à le fortifier de sa protection dans les fonctions judiciaires où il se renferma. Dans l'ordonnance civile, dans l'ordonnance criminelle de 1670, l'énormité des procédures, l'étendue excessive des ressorts, l'arbitraire des peines, la férocité des tortures et des supplices furent moins des complaisances faites aux criminalistes de profession que des moyens employés pour inspirer la crainte aux grands et la répulsion du juge au peuple. En France, la loi fut moins humaine que le peuple, le juge plus rigoureux que la loi. De fort honnêtes magistrats se montraient cruels sans s'en apercevoir et simplement par pédantisme; à l'époque de la Révolution, on appelait ces pédants, *les bouchers de la Tournelle.*

L'annihilation politique du parlement fut une faute. Quand la puissance royale eut acquis une prépondérance sans contre-poids, la magistrature, dédaignée comme auxiliaire et récusée comme arbitre, se trouva presque rivale et fut poussée par les hauteurs du trône vers un système vague de censure chagrine et d'espérances ennemies. Cependant Louis XIV, fier du silence qui l'environnait, disait au dauphin : « Dans l'État où vous devez régner, vous ne trouverez point d'autorité qui ne se fasse honneur de tenir de vous son origine et son caractère ; point de compagnie qui ne se croie obligée de mettre son unique sûreté dans une humble soumission. »

Le tiers état. — Le tiers était misérable ; dans les campagnes, les justices et la plupart des corvées subsistaient ; les redevances pécuniaires étaient accablantes. Les communes, qui avaient été mises en possession et que nous voyons jouir, au quinzième siècle, non-seulement de l'affranchissement des tailles et des milices, mais de la libre élection de leurs magistrats et des meilleures garanties civiles[1], avaient été dépossédées, au milieu des troubles et surtout pendant les guerres religieuses, de presque toutes les libertés politiques et municipales. Louis XIV, par l'établissement définitif des intendants et la vente des mairies perpétuelles, acheva la ruine de ces libertés.

Activité féconde de l'industrie. — *Ses conséquences.* — C'est peut-être dans un intérêt principalement fiscal que le roi voulut que son peuple fût commerçant et manufacturier. Il avait vu quelles ressources inépuisables les

---

[1] Lemontey les énumère : l'inviolabilité du domicile, la justice civile et criminelle attribuée aux officiers choisis par la cité, la précision de cas très-rares où un citoyen peut être emprisonné, l'élargissement sous caution, l'abolition de toute confiscation, la remise de l'amende pour les contraventions commises sans mauvaise foi, l'autorisation des créanciers du roi de vendre leur gage au bout de quinze jours, la défense aux baillis et à leurs enfants de se marier avec des personnes qui habitent leurs ressorts, etc.—Dans le sein du parlement, on osait encore définir le tiers état, au dix-huitième siècle, *la gent corvéable et taillable à merci et miséricorde.*

Hollandais avaient tirées de leur industrie. Il poursuivit son but avec une persévérance que rien ne rebuta. Les premiers draps rayés, fabriqués en France, ayant paru grossiers et ridicules, la duchesse d'Uzès s'avisa de faire faire au dauphin un habit de drap uni, venu de l'étranger, sur lequel un peintre dessina des raies. Louis XIV, informé du stratagème, réprimanda fort la duchesse, fit brûler publiquement l'habit et mettre à l'amende le marchand et le peintre. De l'impulsion donnée à l'industrie, il résulta que le revenu public fut doublé; que la population s'accrut en dépit de la guerre et que la nation put soutenir les revers et les prodigalités du prince. Un autre résultat dont les conséquences politiques devaient être sensibles dans la seconde moitié du dix-huitième siècle, c'est que le tiers état arriva à l'aisance et de là à la fortune, qui assure la prépondérance sociale.

Les progrès de l'industrie intérieure sont inséparables de ceux du commerce et des colonies. Des ports et des canaux furent creusés à grands frais.

Les encouragements furent donnés d'abord avec intelligence et ardeur, puis les mesures restrictives survinrent. Des entraves et des prohibitions de toutes sortes empêchèrent l'importation des marchandises étrangères et firent triompher ce système *protecteur* que toute l'Europe adopta, à l'exemple de la France. Ce système, dont la prétention est de vendre toujours sans acheter jamais, a été qualifié du nom de *colbertisme*, bien qu'il date des Espagnols et que le grand ministre ne l'ait appliqué que dans les dernières années de son administration. Quoi qu'il en soit, M. Michel Chevalier a eu raison d'écrire : « En industrie, comme en religion et en politique, ce règne, qu'on a trop l'habitude de qualifier de grand, fut la négation systématique des idées libérales. Le principe dominant, c'était, vis-à-vis de l'industrie, que le manufacturier devait fabriquer d'après le procédé que le roi, dans sa sagesse, aurait jugé le meilleur, tout comme c'était une règle en matière religieuse, que chacun devait suivre le même culte que le roi, et en politique que tout pouvoir et toute action émanaient du roi; que le souverain, en vertu d'une délégation de Dieu lui-même, est le maître de tout et pour tout, et qu'il peut disposer de tout ce que ses sujets possèdent: de leur liberté, de leur vie et de leurs biens. » (Michel Chevalier, *Leçon d'ouverture* (Cours d'économie politique au Collége de France) du 5 janvier 1869.)

Encouragements aux lettres et aux arts. — Par l'établissement des académies [1], par la libéralité royale, la littérature fut tirée des cloîtres et des colléges, et sans l'appui d'un autre travail, devint une profession dans le monde et, pour ainsi dire, la noblesse du tiers état. Cette nouveauté donna une voix à l'opinion publique. L'amour-propre des princes s'était érigé des juges dans l'Académie en croyant récompenser des panégyristes ; mais un jour l'Académie aura sa Fronde, comme l'a eue le Parlement. La rédaction du Dictionnaire fixa la langue qu'avaient créée Rabelais, Marot et Montaigne, qu'avaient disciplinée et agrandie Port-Royal, Bossuet et Corneille.

Politique du roi à l'égard de l'Europe. — *Armements excessifs*. — *Opérations spoliatrices de la diplomatie*. — Telle fut la vie organique et intérieure de la nation : passons maintenant à l'action de la France sur les puissances étrangères. — C'était une espèce de maxime de gouvernement qu'*un roi de France est essentiellement militaire*. Louis XIV a avoué l'entraînement qu'a exercé sur lui une noblesse avide de combats. Il écrivait au sujet de la guerre de Hollande : « Tant de braves gens, que je voyais animés pour mon service, semblaient me solliciter à toute heure de fournir quelque matière à leur valeur, et je n'eusse pas cru les satisfaire. » (*Instructions pour le dauphin*.) Ces dispositions répondaient trop à sa propre passion, pour qu'il leur résistât. *S'agrandir*, écrivait-il encore au marquis de Villars, en 1688, après la surprise et l'ivresse des premiers succès, *est la plus digne et la plus agréable occupation des*

---

[1] On est étonné de la modique somme que coûta au roi cette partie éclatante de sa renommée. Un seul courtisan, Lauzun, coûta plus au roi que les lettres, les sciences et les académies pendant tout son règne. Après la mort de Colbert, les sciences ne coûtèrent plus rien ; on supprima leur mince budget.

souverains. Il aspira donc de bonne heure à la gloire du conquérant. Doué du genre de capacité pour l'art militaire que peuvent donner la persévérance et la méthode, on le vit toujours aussi disposé à entreprendre un siège qu'il l'était peu à se risquer dans une bataille. La présence du roi dans les armées, où il paraissait avec sa femme, ses maîtresses et ses courtisans des deux sexes, changea toutes les habitudes militaires. La noblesse s'y épuisa par une puérile émulation de vanité. Les guerres continuelles la dévorèrent. Chaque printemps ramenait régulièrement la reprise des hostilités. Le roi ne désarma jamais et accrut l'effectif de ses forces à proportion de ses revers. De 50,000 hommes, l'armée s'éleva progressivement à 400,000. Les autres souverains durent suivre cet exemple, et ainsi se constitua cet état armé de l'Europe qui, en stérilisant l'activité de la plus saine partie de la population et en affectant à sa subsistance le produit du travail de l'autre partie du peuple, est devenu le grand fléau de la civilisation moderne. La fureur de l'ambition enfanta des crimes : jamais l'Allemagne n'oubliera l'incendie du Palatinat, commandé froidement par le sage Turenne, et surtout l'incendie ordonné par Louvois. En même temps, la diplomatie, qui devrait être l'art de la paix, devint comme une ruse de guerre. Au moment où la paix des Pyrénées se signe, on envoie des secours au Portugal ; le duc de Lorraine sera, par une politique machiavélique, dépouillé de ses États ; les chambres de réunion demanderont à la paix un plus riche butin que celui que la guerre a rapporté. La France fomente la révolte à Londres, en Irlande, en Hongrie, en Sicile, en Transylvanie ; elle forme des régiments des transfuges de toute l'Europe, si bien que le roi n'osera plus appeler ses soldats du nom de *Français*, mais qu'il dira : *l'armée de France.*

Entraînements de l'orgueil. — Dans la politique extérieure de Louis XIV, l'orgueil est toujours le mobile souverain auquel les intérêts de la nation sont sacrifiés. Que de raisons n'avait-on pas pour ménager la Hollande, hostile à l'Angleterre par rivalité, à l'Autriche par crainte, à l'Espagne par ressentiment? Mais le roi ne se sent que du dédain pour ces républicains calvinistes, ces bourgeois enrichis. « Ces corps formés de tant de têtes, écrivait-il, n'ont point de cœur qui puisse être échauffé par le feu des belles passions. » Et encore : « Toute l'autorité se trouvait alors entre les mains du seul parlement qui, comme une assemblée de *simples bourgeois, serait facile à tromper et à intimider.* » Les bourgeois de Hollande ne furent faciles ni à tromper, ni à intimider, et la plus grande faute de Louis XIV fut de s'en être fait des ennemis.

Ces habitudes d'une politique arrogante et tyrannique firent naître des accusations que des revers de fortune ne purent déraciner, et le roi, vieilli, converti par l'âge à la modération, se vit encore accusé de rêver la *monarchie universelle* ; il se vit obligé d'aller chercher en Hollande des publicistes pour se défendre. Le despotisme avait fait en France un désert autour de lui.

Prestige du roi secondé par la supériorité de ses ministres à l'étranger. — Mais l'expérience des dangers que produit le despotisme fut le lot de sa vieillesse. Tant que le prince fut heureux, l'admiration publique se montra sans mesure ; puis la crainte prit la place de l'admiration évanouie. — La gloire, que la multitude prodigue aux conquérants et refuse aux pacifiques, a été un contre-sens de tous les siècles. Quoi qu'il en soit, Louis XIV sut être un roi éminemment français ; il enveloppa dans l'honneur national, tantôt avec adresse et tantôt sans dessein, ses goûts et ses aversions, ses défauts et ses vices, son despotisme et ses lauriers. L'abaissement des anciens pouvoirs avait rendu plus remarquable l'éclatante élévation du trône. La gloire militaire, par qui les imaginations les plus froides sont involontairement émues, d'anciens ennemis vaincus sur terre et sur mer, des provinces ajoutées au territoire de la patrie furent les premiers artifices de cette noble séduction. La considération du nom français à l'étranger rejaillit aussi sur le roi. Il veilla avec un soin jaloux sur cette portion de sa gloire. Des ministres d'une habileté consommée le représentèrent toujours avec honneur et souvent avec fierté. Comment les sujets n'eussent-ils pas vénéré un maître dont tous les souverains avouaient la supériorité ? Une pompe, inconnue dans les cours de l'Occident, annonçait partout sa présence. Elle se maintint durant cinquante-quatre ans avec des profusions inouïes, même dans les jours de détresse. En 1712, le plus jeune des bâtards du roi avait dans ses écuries deux cent cinquante chevaux.

Fautes de Louis XIV : Louvois préféré à Colbert. — Suppression de toutes les libertés. — Fragilité des œuvres du despotisme. — Cette monarchie peut être ainsi définie : une royauté absolue et dispendieuse, sévère pour le peuple, hostile envers l'étranger, appuyée sur l'armée, sur la police, sur la gloire du roi et tempérée par la justice du monarque, par la sagesse des conseils choisis dans les divers ordres de l'État et par le besoin de ménager pour la guerre et pour l'impôt le nombre et la fortune des sujets. Elle agissait par la crainte et par l'admiration, s'adressant à des passions qui caractérisent la nation : l'amour de la gloire et le goût des distinctions. Mais en ralliant les plébéiens dans le champ du commerce et des manufactures, où la noblesse refusait d'entrer, elle avait mis en présence comme deux peuples nouveaux. Louvois fut préposé à la direction de l'un et Colbert à celle de l'autre. Le peuple de Louvois, oisif, dissipateur, ne respirant que la guerre, n'estimant que la force, récusant l'impôt, harcelant et épuisant l'État par ses prétentions et par ses besoins ; le peuple de Colbert, laborieux, économe, ami de la paix et de la justice, payant d'autant plus qu'il produit davantage et enrichissant l'État par ses richesses privées. L'avenir appar[tiendra] à ce dernier ; mais le présent fut dur pour lui[.] Colbert, après avoir été témoin de dissipations qu'i[l] n'avait pas pu empêcher, mourut presque délaissé e[t] désespéré.

Le gouvernement de Louis XIV commit une autr[e] erreur: il crut l'industrie compatible avec le régime a[b]solu. Le commerce subsiste par l'invention, par le[s] capitaux et par le crédit. Mais on n'invente et l'on n[e] perfectionne rien sans liberté ; on ne crée point de ca[-]pitaux sans sécurité, et il n'existe point de crédit sa[ns] garanties. Or la liberté, la sécurité et les garanties son[t] exclues de tout gouvernement qui se résout dans le ca[-]price d'un seul. La haine publique qui avait failli trou[-]bler les funérailles de Colbert se manifesta devant le[s] restes de l'orgueilleux monarque ; la multitude attribu[a] tous les maux du règne au prince qui en avait revendi[-]qué toute la gloire, toute la responsabilité, et elle fit en[-]tendre ses malédictions. Et ce qui prouve bien l'impuis[-]sance du despotisme à fonder quelque chose de durable[,] c'est l'empressement avec lequel on brisa, le lendemai[n] de la mort de Louis XIV, son testament, l'acte de s[a] main qui la veille inspirait le plus de respect. Rien de lé[-]gitime n'entre dans le despotisme, rien ne peut en sortir[.]

Les hommes nouveaux. — Importance des ministres. — Dans son intention de soumettre la noblesse, Louis XI[V] réservait les grandes fonctions à des hommes nouveau[x] qu'on déplace sans danger, mais il n'avait pas compté su[r] les faiblesses de l'amour-propre. Les hommes nouveau[x] se servirent du pouvoir pour franchir l'état intermé[-]diaire entre la noblesse et le tiers état où on les avai[t] pris, et pour pénétrer le plus profondément qu'ils puren[t] dans les rangs et dans les préjugés de l'aristocratie. « O[n] n'observa pas sans admiration, dit Lemontey, commen[t] de modestes bourgeois qui entraient dans le ministère[,] tels que Fouquet, Le Tellier, Colbert, Phélippeaux[,]

Desmarets, ne tardèrent pas à y éclore, soit par eux, soit par leurs enfants, en princes, en ducs, en marquis, sous les noms travestis de Belle-Isle, de Louvois, de Seignelay, de Maurepas, de La Vrillière et de Maillebois. Quelques-uns affectaient de se jeter dans la vie cavalière des grands seigneurs, et l'on vit Seignelay et Barbezieux moissonnés par la débauche à la fleur de l'âge. Ils en embrassaient surtout les maximes avec la ferveur du noviciat et le zèle des parvenus. » Ainsi cette petite oligarchie des familles ministérielles se fondit dans la noblesse de cour, et la pondération de la monarchie de Louis XIV fut en ce point fort dérangée. Il n'avait voulu rencontrer que des commis, il eut à compter avec des grands. Peu à peu, l'usage prévalut de substituer à des magistrats laborieux des courtisans. Ces mauvais choix furent en partie la conséquence de la constitution particulière de la cour et de la domination qu'exerçait l'étiquette, dont le premier esclave est celui qui l'a établie.

L'étiquette de cour. — La cour a besoin d'ordre et de police. On inventa l'étiquette, qui embrasse la hiérarchie de la cour, le cérémonial et son appareil inévitable. L'étiquette est une ligne de circonvallation dans laquelle les courtisans tiennent leur roi prisonnier et hors de communication avec le peuple et avec la vérité. Si un choc imprévu le sépare de son cortége, le prince se trouve inférieur au commun des hommes et fort au-dessous de la vigueur et de l'intelligence que son âme aurait notablement puisées dans une vie plus expansive et plus variée. L'étiquette est née en Orient, a été adoptée par les princes germaniques, qui la transportèrent en Espagne, d'où elle passa en France avec Anne d'Autriche et Marie-Thérèse. A l'exemple du trône, le ministère voulut s'isoler, et eut aussi son étiquette qu'on n'a pu définir que par le mot nouveau de bureaucratie ; on confondit le gouvernement avec l'administration et l'on appliqua indiscrètement à celui-ci le principe d'unité qui ne convient qu'à l'autre [1]. Pour balayer les priviléges caducs des provinces et pour distribuer la France dans les compartiments égaux d'un échiquier, la force suffisait. Mais les conséquences d'une telle opération sont grandes et décisives ; car sur ce plateau si parfaitement nivelé, tout devient général, facile et simultané. Le bien et le mal ne peuvent plus se faire à demi.

L'administration faussée par la vénalité. — Comme l'administration se défia de tous, tous se défièrent d'elle. L'intendant d'une des provinces les plus pauvres du royaume, ayant eu le dessein d'y encourager l'éducation des abeilles, fit demander le nombre des ruches qui existaient dans chaque paroisse. Dès que cette curiosité fut connue, les habitants, fortement persuadés qu'un intendant ne pouvait avoir que des intentions malfaisantes, se hâtèrent de détruire leurs essaims. Ce fait montre bien l'impossibilité de faire le bien, qui est le châtiment et presque la dégradation civique de toute administration impopulaire. Par une conséquence fatale, la royauté, qui eut craint de s'affaiblir en concédant au peuple le moindre exercice de ses droits, démentait fréquemment ses principes, et pour un gain passager ébranlait ce qu'elle regardait comme les fondements et les ressorts de son pouvoir. Dans un gouvernement que la guerre et le faste ruinaient, la vénalité se développa avec tous ses abus et ses conséquences, dont la plus funeste peut-être fut l'abaissement des esprits. Une armée de 40,000 offices nouveaux couvrit la France, et quand la place leur manqua, on vendit des brevets de noblesse. Ces brevets furent même repris et revendus. La vénalité multiplia prodigieusement les corporations auxquelles les citoyens

---

[1] L'unité de l'Etat est indestructible dans tout pays où une Chambre représentative, inséparable du monarque, convoquée et dissoute par lui, est tout à la fois la source, le centre et le terme de toute l'action populaire.

demandèrent asile et protection contre le caprice de l'autorité royale.

Louis XIV fit de la royauté un fardeau qui excéda les forces humaines. A force de concentrer l'État dans sa personne, il l'avait soumis réellement aux infirmités de la nature humaine; c'est par là que sa vie privée devient le patrimoine de l'histoire et qu'il faut saisir le premier déclin de la monarchie dans le déclin même de cette tête superbe qui avait voulu en soutenir exclusivement le poids.

Influence de la constitution physique du monarque absolu sur la marche de la monarchie. — La décadence et les persécutions religieuses. — Aussi les historiens ont-ils pu distinguer deux périodes dans la vie de Louis XIV. Dans la première, le roi, comme force et majesté, réalise l'idéal de la royauté : un corps de fer, une âme imperturbable, l'art de vouloir et le besoin de décider, un parfait équilibre de ses facultés, sans parler de sa douceur, de sa fidélité à tenir sa parole, de sa grâce, de sa façon de dire, toujours noble et facile, comme pénétrée de sa constante égalité d'âme. Il a une attention aimable à dissimuler les fautes, à encourager la faiblesse qui avait du zèle, et s'il est vrai de dire qu'il fut le plus flatté des souverains, il est juste d'ajouter qu'il en fut le plus flatteur. L'admiration qu'il inspire et sa croyance en son infaillibilité n'ont rien qui révolte ; on pardonne au demi-dieu jusqu'à sa parfaite insensibilité, qui semble une marque de sa force. C'est le temps des succès, des amours et de madame de Montespan. Mais le changement de la constitution du roi semble commencer une seconde période, vers 1682. Un désordre général ébranle sa santé si forte ; la fièvre, la goutte, les vapeurs, la fistule troublent la vie du prince, affaiblissent la netteté et la puissance de son intelligence. Avec les infirmités arrivent les dragonnades, le jansénisme, la toute-puissance des confesseurs, le crédit des bâtards, l'obsession et la domination de madame de Maintenon. Les ministres qu'on préfère sont incapables et les généraux presque ridicules. Les projets utiles sont ensevelis dans la tombe de Colbert, et il ne reste qu'un faste dévorant. Le roi, dans l'espérance d'établir en France l'unité du culte, chasse, par la révocation de l'édit de Nantes, les protestants, dont l'industrie va armer l'Angleterre de sa prodigieuse fortune et dont la haine va cimenter dans Augsbourg une ligue vengeresse. La législation la plus odieusement tyrannique put faire croire qu'on avait détruit l'hérésie en France, lorsque éclata la révolte des Cévennes, qu'on s'efforça d'étouffer avec l'aide de soldats recrutés en Aragon et en Catalogne. Puis survinrent les querelles du jansénisme. Si le roi ne s'en fût pas mêlé, elles se fussent terminées sans bruit. Ni l'Eglise ni l'Etat n'y étaient intéressés. Mais la persécution fit d'une secte une faction et un parti. « On ne peut le nier, dit Lemontey, la charrue, qui sillonna les cendres de Port-Royal fit germer pour la France d'amples moissons de haine, de vengeances et de désordre. Nous retrouverons ces fiers ressentiments dans tout le dix-huitième siècle, dans les intrigues de la cour, dans les troubles de la magistrature, dans les dernières convulsions de l'État. Que dis-je? les torches que la décrépitude du grand roi avait si imprudemment allumées, je les ai vues brûler encore sur le cadavre de la monarchie. »

Quiétisme, jansénisme, Port-Royal. — Les affaires religieuses furent les seules où la volonté du roi ne prévalut pas sans rencontrer des résistances sérieuses, par leur énergie et par leurs suites. Nous avons parlé de la révocation de l'édit de Nantes, des *dragonnades* ou *missions bottées* chargées d'en assurer l'exécution et qui provoquèrent, dans les Cévennes, la révolte des *camisards* qu'on étouffa dans le sang. Le différend avec le pape au sujet de la *régale* avait amené la déclaration du clergé de 1682; le *quiétisme*, né des rêveries mystiques de madame Guyon, s'était terminé par la condamnation des *Maximes des saints* et par la rétractation soumise de l'ami de madame Guyon, le doux et éloquent archevêque de Cambrai (1699). Les querelles du jansénisme n'eurent pas une terminaison aussi facile, et les agitations qu'elles produisirent dans le dix-huitième siècle nous obligent à dire quelques mots de leur origine.

Un ouvrage posthume de Jansénius, évêque d'Ypres, sur la grâce, avait été condamné par le pape en 1642. Cette condamnation fut peut-être ce qui donna des partisans à la doctrine en la faisant connaître. La Faculté de théologie de Paris l'examina à son tour, et cinq propositions extraites du livre furent déclarées, par elle et par le pape, auquel on avait fait de nouveau appel, entachées d'hérésie. Le clergé rédigea contre le jansénisme (1661) une formule; les religieux et religieuses du royaume furent contraints d'y adhérer. Quatre évêques et les religieuses de Port-Royal de Paris et de Port-Royal des Champs résistèrent d'abord et finirent par céder (1669). Tout se calma jusqu'à la publication des *Réflexions morales sur le Nouveau Testament*, ouvrage du père Quesnel, prêtre de l'Oratoire et disciple du grand Arnauld. Le roi, à l'instigation du père Le Tellier, son confesseur, jésuite ardent, intelligence étroite et opiniâtre, sollicita du pape Clément XI, qui la fit attendre trois ans, la condamnation du père Quesnel. Enfin, elle parut (1713) dans la bulle *Unigenitus*, qui condamnait cent et une propositions extraites des *Réflexions morales*. Quarante-trois évêques l'acceptaient; mais huit autres, ayant à leur tête le cardinal de Noailles, refusèrent de l'admettre, ou ne l'admirent qu'avec des réserves. Le roi eut le tort de vouloir que la bulle fût enregistrée par le parlement comme loi de l'État; il ne put obtenir de d'Aguesseau l'enregistrement d'un édit qui l'aurait autorisé à déposer les évêques jansénistes. L'opinion publique était vivement excitée. Le déchaînement contre le vieux monarque et son confesseur datait de la suppression de l'abbaye de Port-Royal des Champs, de 1709. Le lieutenant de police d'Argenson s'était présenté avec 300 archers pour chasser les religieuses; les monastères et l'église avaient été démolis, les morts exhumés, et on avait promené la charrue sur les ruines de Port-Royal. Ces violences inutiles et sauvages révoltèrent. Quelle que soit l'opinion qu'on ait sur la doctrine des jansénistes, qui inclinaient à introduire une sorte de fatalisme dans le christianisme, en subordonnant le libre arbitre à la nécessité de la grâce, et si disposé qu'on soit à leur préférer la doctrine des jésuites, fondée sur le libre arbitre, sur la nécessité des actes pour provoquer et conserver la grâce, on ne refusera jamais à ces stoïciens du christianisme, aux grands esprits et aux âmes hautes qui honorèrent Port-Royal, à ces religieux et à ces religieuses d'une vie si pure et d'une si grande intelligence, aux Arnauld, aux Lancelot, aux de Sacy, l'hommage de l'admiration, du respect et de la sympathie.

Malheurs et impopularité des dernières années. — Le roi était malheureusement plus dévot que pieux. Il se laissa gagner par les passions qui s'agitaient autour de lui et qui altérèrent sa probité, la meilleure de ses qualités naturelles. La conduite de Louis XIV à l'égard de madame de Maintenon ne fortifia pas le respect qui tendait à faire place au dédain. On eût dit qu'il était également honteux de l'avouer pour épouse ou de l'afficher pour maîtresse. Ce bizarre amalgame de penchants contraires flétrissait une passion que rien de jeune, de tendre ou d'enivrant ne pouvait excuser.

Souffrances du peuple. — L'obsession du vieillard fut surtout confirmée par l'édit de 1714 et la déclaration de 1715 qui revêtirent ses bâtards des droits des princes du sang, et leur conférèrent la faculté de succéder au trône. Tous les ordres de l'État en furent blessés. Pour la première fois, on osa discuter les limites et l'étendue de la prérogative royale. Par une inconséquence singulière, Louis XIV remit son testament au Parlement. C'était remettre le sort de la régence au corps qui deux fois s'était arrogé le droit de la conférer. Ces fautes s'aggravèrent du poids des misères publiques. Les dix campagnes qui précédèrent la paix de Ryswick et les douze campagnes que termina la paix d'Utrecht coûtèrent plus de quatre milliards de notre monnaie actuelle. En même temps s'agrandissait le gouffre creusé par la manie des constructions, par Versailles, par Marly. Des essaims de pauvres assiégèrent les nouveaux palais, et il fallut employer les soldats suisses pour les repousser. Louis XIV répondait froidement à madame de Maintenon, qui demandait des secours pour ces misérables: « Un roi fait l'aumône en dépensant beaucoup. »

Colbert avait mesuré l'impôt, non à la patience, mais à la richesse du peuple. Ses successeurs triplèrent les contributions, établirent la capitation, créèrent, à côté de tous les subsides, l'impôt du dixième que Vauban avait proposé de leur substituer. Les bons des traitants furent portés à neuf ans. On taxa les actes de l'état civil; et l'on en était réduit à emprunter à 400 pour 100 ; la dette dépassait 5 milliards, et les revenus étaient dévorés plusieurs années d'avance par anticipation !

Relâchement des mœurs dans les hautes classes. — Les mœurs de la nation valaient mieux, comme cela est presque toujours arrivé en France, que celles de la cour. L'esprit de famille l'emportait alors sur l'esprit de société ; la vie bourgeoise était généralement simple et régulière ; le peuple ne cherchait pas à rivaliser de luxe avec les grands ; on respectait le clergé par piété, les magistrats par crainte, les nobles par souvenir, les riches par intérêt. Mais le danger de l'exemple est en rapport avec l'élévation de celui qui le donne. Est-ce que Molière aurait bafoué si souvent la foi conjugale, s'il ne s'y était trouvé encouragé par le suffrage du séducteur qui avait exilé le marquis de Montespan en lui enlevant sa femme? La fortune faite aux enfants d'un double adultère amena à Versailles tous les bâtards nés en Europe sur les marches des trônes. La faveur du maître justifiait et honorait tous les dévouements, quelle qu'en fût la nature. Un pair et duc se chargeait de négocier la défaite de mademoiselle de Fontanges ; le sentiment de l'honneur s'était à ce point dépravé dans certaines âmes, que de grands seigneurs pouvaient tricher et voler au jeu sans être déshonorés. Le principe de ce relâchement, dont nous pourrions citer d'autres symptômes plus tristes, se trouve dans le luxe et la dissipation qui mutilaient toutes les fortunes. On mit de la gloire à s'endetter et du plaisir à bafouer ses créanciers. Les vertus, qui naissent de la prévoyance et de l'exactitude, ne parurent que des devoirs de plébéiens. Pour augmenter la sécurité du commerce et des transactions, Colbert avait ordonné, par un édit, la publicité des hypothèques, 1673. Les plaintes furent si générales, que la cause de la probité fut perdue et l'édit révoqué.

Funestes conséquences de la mort du duc de Bourgogne.

— L'institution monarchique de Louis XIV participa à la décadence physique du souverain, qui semblait d'ailleurs, par les précautions extraordinaires de sa vieillesse, par le nombre d'espions dont il s'environnait, trahir les inquiétudes de sa puissance. Deux cercles avaient, à travers les excès du pouvoir royal, discerné sa faiblesse : celui qui s'était groupé autour de l'héritier de la couronne et de ses vertueux instituteurs, et le cercle qui recevait la direction du duc d'Orléans. Celui-ci s'occupait surtout des intérêts présents, celui-là préparait l'avenir de la patrie. L'éducation, l'intelligence, le caractère, le cœur surtout du duc de Bourgogne, promettaient à la France un prince accompli. Sa fin prématurée fut un coup sans remède porté à la vieille monarchie. Les plans de réforme que méditait le jeune prince furent jetés au feu par la main de Louis XIV. Cependant l'esprit qui les avait inspirés leur survécut ; on le retrouve dans quelques-uns des plus grands seigneurs, qui se vouèrent à la défense de la cause du droit, de la liberté, dans l'esprit public qui amènera le grand mouvement régénérateur de 1789. Si les confidents du duc de Bourgogne gardèrent le silence, c'est qu'on réputait alors ennemi tout ce qui ne rampait pas, et brouillon, tout ce qui affectait quelque indépendance dans les détails de la vie. Le pouvoir absolu ne porte en lui-même aucun moyen de s'amender. L'usage de l'arbitraire augmente sans relâche le besoin de l'arbitraire, et le jugement du prince qui vieillit dans ces habitudes se fausse de plus en plus par la haine de la vérité et par l'endurcissement de l'orgueil.

Isolement du despotisme au milieu de la nation. Naissance et marche de l'esprit nouveau qui doit le renverser. — Tout en admirant les grands côtés de la monarchie de Louis XIV, tout en rendant hommage à la discipline de l'armée, à la dignité de l'ordre public, à la vigilance du pouvoir, à la création du premier système administratif, à la splendeur de ce règne où les lettres jetèrent un éclat incomparable, et aussi à la pureté des intentions du monarque, à la grandeur personnelle d'un prince pour lequel la qualification de *Majesté* aurait pu être inventée, il faut reconnaître que les ressorts de cette institution monarchique, neufs par leur création, étaient déjà vieux par leurs abus. La royauté s'était placée sur un roc isolé, et si les circonstances la forcent un jour à en descendre, il pourra arriver que, par une inconcevable bizarrerie, on trouvera le despotisme partout et le despote nulle part. La révolution d'éclat et de revers que, depuis Charles-Quint jusqu'à Philippe V, la maison d'Autriche avait mis quatre de ses générations à parcourir, Louis XIV l'accomplit dans une seule vie. Cette période unique a l'avantage de présenter quelque chose d'instructif et d'achevé. La postérité s'arrêtera toujours devant ce grand règne placé sur les routes de l'histoire, comme un Hermès à deux faces, dont l'une offre toutes les séductions et l'autre tous les dégoûts du pouvoir absolu.

Sous Louis XIV, la société disciplinée semble accomplir son mouvement de rotation sur l'astre royal. Après lui, on sent dans la nation une force propre et grandissante, distincte et indépendante de la royauté, c'est la marche même de l'opinion. Quand, au lieu de couler lentement sur la pente imperceptible que la nature et le temps donnent à leurs ouvrages, elle s'avancera sur la monarchie qu'un roi dominateur a taillée à pic, les hommes et les choses seront précipités dans l'abîme.

Monuments et Académies, Versailles, les Invalides, l'Observatoire, la Bibliothèque du roi, etc. — L'architecture fut un des arts cultivés avec le plus d'éclat sous un roi qui avait la passion des grands monuments. Claude Perrault construisit, de 1666 à 1670, la *colonnade du Louvre*, immense péristyle d'un caractère plein de grandeur et dont les colonnes cannelées portent jusqu'à une élévation imposante leurs riches chapiteaux d'ordre corinthien. A partir de 1670, Louis XIV négligea le Louvre pour Versailles, et c'est seulement de nos jours qu'a été complétement achevé et réuni aux Tuileries cet ancien palais des rois de France.

Le *château de Versailles*, qui eut les préférences de Louis XIV et qui fut, jusqu'à la Révolution de 1789, la résidence des rois, n'était dans l'origine qu'un rendez-vous de chasse. Les deux Mansard, secondés par les sculpteurs Girardon, Coysevox, Puget, Coustou, et par les peintres Lebrun, Mignard, Jouvenet, en ont fait un admirable palais. Louis XIV y engloutit des millions pour les bâtiments, les conduits d'eau, les bassins, etc. L'eau de la Seine y était apportée par des canaux qui aboutissaient à la machine de Marly. Les collines qui dominent cette partie de la Seine eurent aussi leur palais. Louis XIV y fit bâtir le *château de Marly*, où n'étaient admis que ses familiers intimes.

L'*hôtel des Invalides* est un monument non moins magnifique et d'une véritable utilité. Le dôme, dont on admire la hardiesse, fut élevé par Jules-Hardouin Mansard, et dédié, en 1706, par le cardinal de Noailles.— François Mansard avait tracé le plan du *Val-de-Grâce*, dont la première pierre fut posée par Anne d'Autriche en 1645. Pierre le Muet, secondé par Gabriel Leduc et par Duval, termina les voûtes, les clochetons et le dôme, remarquables par leur élégance et leur originalité. La voûte de la nef, les arcs latéraux et les pendentifs ont été ornés de sculptures par Michel Auguier.— L'*Observatoire* fut commencé en 1667 par les soins de Colbert et sous la direction de l'astronome Cassini, qu'il avait attiré d'Italie.

A l'imitation de Richelieu, qui avait fondé l'*Académie française*, Colbert conseilla à Louis XIV d'établir de nouvelles académies pour les études scientifiques, les recherches d'érudition et la culture des arts. L'*Académie des inscriptions et belles-lettres* fut fondée en 1663, et eut d'abord pour mission d'immortaliser par des médailles et des inscriptions la gloire de Louis XIV; plus tard, elle se livra à des études d'histoire ancienne et moderne, et devint l'arbitre de l'érudition et de la critique historique. Elle fut réorganisée en 1701 et logée au Louvre, où Louis XIV avait déjà placé l'Académie française. Tous les Français qui s'étaient fait un nom dans les lettres reçurent des encouragements. Les étrangers illustres ne furent pas oubliés, et Louis XIV alla chercher les savants dans les contrées lointaines: Huyghens, Heineccius, Hevelius, Viviani, Isaac Vossius et beaucoup d'autres en reçurent d'éclatants témoignages. La lettre de Colbert à Vossius est célèbre: « Quoique le roi ne soit pas votre souverain, il veut cependant être votre bienfaiteur, etc. » En 1666, Colbert fonda le *Journal des savants*. Il agrandit considérablement la Bibliothèque que le cardinal Mazarin avait ouverte au public et léguée à Louis XIV. La Bibliothèque du roi devint, dès cette époque, la plus riche de l'Europe.

CHAPITRE IX.

Tableau des lettres, des sciences et des arts en France pendant le règne de Louis XIV.

Sommaire. — Trois périodes dans le siècle de Louis XIV.
Tableau des lettres. — Les Précieuses. Balzac, Voiture, Segrais, Brébeuf, Chapelain, Scarron, Racan, La Rochefoucauld, Descartes, Pascal.
Le théâtre. — Corneille, Racine, Molière.
La Fontaine, Boileau.
L'éloquence. — Bossuet, Fléchier, Bourdaloue, Massillon.
L'histoire. — Retz, Saint-Simon, Mabillon, Montfaucon, La Bruyère, Fénelon, madame de Sévigné.
Tableau des sciences. — La Philosophie religieuse. — Descartes, Torricelli, Pascal, Huyghens, Papin, Cassini, Tournefort, etc.
Tableau des arts. — Vouet, Poussin, Sébastien Bourdon, Le Lorrain, Lebrun, Blondel, Perrault, Mansard, Girardon, Puget, G. Audran, Nanteuil, Drevet, etc.

Tableau des lettres. — *Les Précieuses. Balzac, Voiture, Segrais, Brébeuf, Chapelain, Scarron, Racan, La Rochefoucauld.* — Le dix-septième siècle, le grand siècle littéraire de la France, a été appelé, par ses contemporains, *siècle de Louis XIV*; et bien que cette dénomination n'ait pas été entièrement justifiée par l'influence que le roi exerça en Europe, elle a néanmoins été conservée par l'histoire.

Le seizième siècle, rempli de luttes sanglantes, n'avait guère eu le temps de s'occuper des choses de l'esprit, mais il avait laissé dans la nation une virtualité et une fierté qui sont le caractère distinctif de la littérature pendant la première moitié du dix-septième siècle.

Le mouvement littéraire avait commencé, sous Louis XIII, par le règne des *Précieuses*, auquel Molière devait mettre fin. L'hôtel de Rambouillet y joue le grand rôle; c'est là que se rencontraient, dans des salons où chacun briguait l'honneur d'être admis, le grand Condé, La Rochefoucauld, Bussy, Voiture. À côté s'étaient formées d'autres ruelles : celles de Sévigné, de Bregy, de Chevreuse, de Scudéry. Partout on rencontrait un raffinement de belles manières, de controverses subtiles et interminables sur les sujets les plus frivoles; partout on laissait au vulgaire, comme dit La Bruyère, l'art de parler d'une manière intelligible. Néanmoins il faut reconnaître que, malgré ces ridicules, les Précieuses eurent une influence utile sur les mœurs, en donnant le goût des choses délicates et des conversations littéraires. D'ailleurs, l'excès même où elles tombaient prévenait le danger.

C'est au milieu d'elles qu'il faut aller chercher les deux premiers prosateurs du dix-septième siècle, Balzac et Voiture. Le premier (né en 1594, mort en 1654) est un véritable artiste en style, et ses *Lettres*, qui forment son meilleur ouvrage, ne sont dépourvues ni de fonds, ni d'originalité, ni même d'éloquence; mais cette éloquence n'est pas toujours bien substantielle, et le surnom de Socrate *chrétien* qu'on a donné à Balzac est peu justifié. Le second (1598-1648), plus spirituel, a du trait, de la vivacité, de l'imprévu; cependant ses Lettres, fort admirées de ses contemporains, ne brillent pas toujours par le goût, et l'on a peine à s'expliquer comment Boileau l'a placé à côté d'Horace. Voiture et Balzac ont fait école; leurs imitateurs ont poursuivi la réaction commencée contre le seizième siècle. Nous nommerons encore les poëtes Segrais; Benserade, l'auteur du fameux sonnet de Job; Brébeuf, traducteur de Lucain, déclamateur énergique; Chapelain, qui passait pour le premier poëte de son temps, avant la publication de la *Pucelle* (Jeanne Darc), mais qui ne manque pas de noblesse et d'élégance dans la prose; puis Scudéry, qui, de même que sa sœur, fit d'interminables romans; Scarron, créateur, avec son *Typhon*, son *Virgile travesti* et son *Roman comique*, d'un nouveau genre burlesque, où pétillent l'esprit et la verve, souvent aux dépens du goût et de la mesure; et au milieu de tous ces auteurs qui ne s'élèvent pas fort au-dessus de la médiocrité, un vrai poëte, Racan, élève de Malherbe, Racan dont les *Bergeries* témoignent d'une sensibilité qui manquait à son maître.

De grands seigneurs ne dédaignent pas d'écrire. Le duc de La Rochefoucauld (1613-1681), après une jeunesse agitée, écrivait son livre des *Maximes*, qui, bien qu'ayant une base fausse ou tout au moins fort contestable, puisqu'il ramène à l'égoïsme toutes nos actions, place son auteur au rang des grands écrivains.

Descartes, Pascal. — Au moment où Richelieu venait de fonder l'Académie française (1635), composée de quarante membres, paraissait un ouvrage capital pour la langue française et pour la philosophie, le *Discours sur la méthode*, de Descartes (1636). Ecrit dans un style clair et net, dégagé du fatras de Balzac et de la fausse élégance de Voiture, il parle une langue intelligible pour tous; nerveuse, précise et ferme comme le génie, c'est la langue qu'adopte le dix-septième siècle. En même temps, il pose les bases de la philosophie moderne.

A côté de Descartes, dans cette première moitié du dix-septième siècle, nous devons nommer un autre philosophe d'un génie aussi puissant, Pascal (1623-1662), qui, à douze ans, trouvait seul les éléments de la géométrie. Il entra à Port-Royal à la suite d'un accident qui avait failli lui coûter la vie. Là, il se trouva en relation avec beaucoup d'hommes éminents. Ce fut à l'occasion d'une condamnation en Sorbonne, encourue par l'un d'eux, Arnauld, que **Pascal**, prenant en main la cause des jansénistes contre les jésuites, rendit le public juge de la querelle, et composa les *Provinciales* (1656), chef-d'œuvre qui mérite bien l'éloge de Voltaire : « Les meilleures comédies de Molière n'ont pas plus de sel que les premières *Lettres provinciales* ; Bossuet n'a rien de plus sublime que les dernières. »

Le Théâtre. Corneille. — Le théâtre avait été longtemps livré aux *frères de la Passion*, qui jouaient des *mystères*. En 1548, l'hôtel de Bourgogne fut donné à une troupe qui y représenta pendant trente ans les œuvres de Hardy, imitateur des auteurs espagnols ; de Théophile, auteur de *Pyrame et Thisbé* ; et enfin de Rotrou, qui fit preuve, dans son *Venceslas* (1647), d'un talent énergique. — A l'âge de vingt-trois ans (1629), Corneille avait débuté par une comédie, *Mélite*, qui commença une révolution au théâtre, en substituant un langage simple au langage ampoulé, en établissant l'unité d'action et même de lieu. La renommée que Corneille acquit par ses premières pièces le recommanda aux faveurs de Richelieu ; il fit partie, avec Boisrobert, Colletet, Lestoile et Rotrou, de cette société de poëtes qui faisaient des pièces de théâtre avec le cardinal, ambitieux de la gloire littéraire que *Mirame* ne lui donna pas. Peu de temps après être sorti de cette association malheureuse, Corneille fit *Médée* (1635), puis le *Cid* (1636), qui fut accueilli par tant d'enthousiasme, malgré la censure de Richelieu et la critique de l'Académie :

> En vain contre le *Cid* un ministre se ligue ;
> Tout Paris pour *Chimène* a les yeux de Rodrigue ;
> L'Académie en corps a beau le censurer,
> Le public révolté s'obstine à l'admirer.

Après nous avoir fait assister, dans le *Cid*, au combat entre l'amour et le devoir, Corneille nous montre dans une suite de chefs-d'œuvre l'héroïsme sous toutes ses formes : dans *Horace* (1639), l'honneur ; dans *Cinna*, la clémence ; dans *Polyeucte*, le martyre chrétien. Et le style est digne des pensées admirables qu'il exprime. Bien qu'inférieures à celles que nous venons de citer, d'autres pièces de Corneille abondent en traits de génie : la *Mort de Pompée*, le *Menteur* (1642), *Rodogune* (1644), *Héraclius* (1647), et *Nicomède* (1650), etc.

Corneille, Pascal et Descartes avaient déjà produit la plupart de leurs chefs-d'œuvre lorsque Louis XIV commença à régner (1661).

Trois périodes dans le siècle de Louis XIV. — Le dix-septième siècle n'a pas été moins fécond pour le progrès de l'esprit humain que pour les finances, l'art militaire et la législation. Mais il faut, en embrassant cette brillante époque d'un seul coup d'œil, distinguer plusieurs périodes : l'époque où brillèrent Corneille et Pascal est profondément différente de celle qui vit la gloire de Racine et de Boileau. Les dernières années de Louis XIV, assombries par les revers de la politique, se ressentent d'un ralentissement et comme d'une sorte d'épuisement dans la production intellectuelle. Ainsi, on peut distinguer trois âges dans l'histoire littéraire comme dans l'histoire politique de ce règne. Le premier, nous l'avons dit, est surtout remarquable par la vigueur de l'inspiration et par l'élévation des esprits; Corneille, Pascal, La Rochefoucauld, le cardinal de Retz sont les plus illustres représentants de cette littérature. On y reconnaît la liberté et quelquefois même la licence de la Fronde ; le goût manque souvent de pureté. Molière, La Fontaine, madame de Sévigné forment la transition entre la première et la seconde, où domine surtout l'influence de Louis XIV. Avec le gouvernement personnel du roi, un nouvel âge a commencé; le goût s'est perfectionné ; les pensées d'ordre et de régularité prévalent dans la littérature comme dans le gouvernement. Racine, Boileau, Bossuet, La Bruyère, pour ne citer que les noms les plus illustres, sont pénétrés d'une admiration profonde pour ce règne glorieux qui élève la France au premier rang entre les nations. Poëtes et prosateurs rivalisent d'éloges. Mais lorsque les désastres de la guerre de la Succession d'Espagne eurent couvert la France de ruines et de tristesse, l'opinion publique s'irrita contre un gouvernement dont on aperçut, en les exagérant, les vices et le despotisme. La littérature tourna alors à la satire et au pamphlet : les écrits de Fénelon, de Fontenelle, de La Motte-Houdart, de J.-B. Rousseau et de Saint-Simon portent l'empreinte de cette disposition des esprits. Aux éloges excessifs et presque à l'apothéose du grand roi, succède la critique le plus souvent déguisée, mais cependant très-sensible, de l'esprit et des actes de son gouvernement. Toutefois, en signalant les variations du goût et de l'opinion publique pendant le règne de Louis XIV, on doit reconnaître qu'il s'accomplit alors un grand progrès dans les lettres, les sciences et les arts.

Racine, Molière. — Racine, né à la Ferté-Milon (1639), appartient au règne de Louis XIV. Ses débuts balancèrent la gloire du grand Corneille, vieilli et fatigué. Il venait parler une autre langue, moins âpre, moins fière; une langue disciplinée, comme la société elle-même. La connaissance du cœur humain, l'intelligence des passions, la douce harmonie de la poésie et les grâces de la parole ont été portées, dans ses tragédies, au plus haut point où elles puissent parvenir. Ces qualités brillent surtout dans *Andromaque* (1667), *Britannicus* (1669), *Iphigénie* (1674), et *Phèdre* (1677); *Esther* (1689); *Athalie* (1690) est un chef-d'œuvre à part, dont son siècle ne comprit pas l'admirable beauté. — Corneille avait créé la comédie aussi bien que la tragédie. Le *Menteur*, emprunté, comme le *Cid*, au théâtre espagnol, est une comédie à la fois de caractère et d'intrigue. Mais Molière (1622-1673) laissa loin derrière lui tous les autres poëtes comiques. Observateur profond et ingénieux, il unit à la verve comique la plus franche et la plus naturelle une connaissance merveilleuse du cœur humain. Il sut peindre les hommes de tous les âges en même temps qu'il livrait à la risée publique les travers de son siècle. L'*Avare*, le *Tartuffe* (1666), le *Misanthrope* (1667) sont devenus des types où tous les siècles reconnaîtront les vices ou les bizarreries de la nature humaine, en même temps que les *Précieuses ridicules* (1659), les *Femmes savantes* (1672), le *Malade imaginaire*, etc., dénoncent l'affectation et le pédantisme de diverses classes de cette époque. Les prétentions de certains marquis, qui portaient jusqu'au dernier ridicule l'air avantageux et l'envie de se faire valoir, ont encore fourni à Molière l'occasion de corriger son siècle en l'amusant [1].

La Fontaine, Boileau. — La Fontaine (de 1621 à 1695), le plus original peut-être, le plus national de tous les écrivains du siècle, unique dans sa naïveté et par les grâces qui lui sont propres, et par le génie de ses inventions, et par la perfection incomparable de sa manière, éleva les petits sujets jusqu'au sublime.

A quelque distance de ces grands hommes se place l'arbitre du goût et le poëte du bon sens, Boileau-Despréaux, né à Paris en 1636, mort en 1711. C'est moins à ses *Épîtres* et à ses *Satires* qu'à l'*Art poétique* qu'il doit son rang à la tête de la critique littéraire. On ne

---

[1] A l'exception des *Femmes savantes*, où les pédants sont immolés à un homme de cour, Molière a rarement ménagé la noblesse. *Monsieur et madame de Sotenville*, la *Comtesse d'Escarbagnac*, les *Fâcheux* et les marquis du *Misanthrope* en peignent les ridicules; le comte et la marquise du *Bourgeois-gentilhomme* sont de véritables escrocs, et l'on ne saurait voir dans cette marquise et dans la femme de *Georges Dandin* que des libertins sans pudeur. L'athée du *Festin de pierre* est un gentilhomme, ainsi que l'était le *Menteur* de Pierre Corneille. Après Molière, Regnard créa le proverbe impérissable de *Saute, marquis!* Dancourt, qui fut le poëte de la vieillesse de Louis XIV, et qui parvint souvent à l'amuser, alla plus loin que ses devanciers. On ferait grâce à ses gentilshommes et à ses capitaines de ne les envoyer qu'aux galères, témoin le *Curieux de Compiègne*, qui eut un grand succès. Soit que la politique de Louis XIV sentit le danger de l'influence aristocratique, soit qu'elle crût avantageux de consoler la nation d'un préjugé humiliant, elle ne cessa pendant soixante ans de piétiner sur la noblesse. (Lemontey, *Essai sur l'établissement monarchique de Louis XIV.*)

peut nier son influence sur le mouvement intellectuel de l'époque, sur Racine et Molière en particulier; et sans doute Corneille, s'il eût vécu dans le commerce de ce judicieux esprit, aurait gagné en correction et en justesse, sans perdre en puissance. Le reproche le plus grave que l'on puisse adresser au satirique, c'est de n'avoir pas donné à La Fontaine, dans l'*Art poétique*, la place qu'il méritait.

Que d'autres noms nous pourrions citer qui contribuèrent à jeter de l'éclat sur ce règne! mais nous avons dû nous borner aux plus illustres. — C'était, dit Voltaire, un temps digne de l'attention des temps à venir que celui où les héros de Corneille et de Racine, les personnages de Molière, les symphonies de Lulli, les voix des Bossuet et des Bourdaloue se faisaient entendre à Louis XIV, à Madame (Henriette d'Angleterre, duchesse d'Orléans), si célèbre par son goût, à un Condé, à un Turenne, à un Colbert et à cette foule d'hommes supérieurs qui parurent en tout genre. Ce temps ne se retrouvera plus, où un duc de La Rochefoucauld, l'auteur des *Maximes*, au sortir de la conversation d'un Pascal et d'un Arnauld, allait au théâtre de Corneille.

L'éloquence. Bossuet, Fléchier, Bourdaloue, Massillon. — L'éloquence de la chaire s'éleva jusqu'au sublime. Quelques sermons de Bossuet, ses *Oraisons funèbres*, plusieurs parties de celles de Fléchier sont cités comme des chefs-d'œuvre. Bossuet, orateur, historien, théologien, controversiste du premier ordre, domina ses contemporains, qui le regardaient comme un Père de l'Église. Son *Discours sur l'histoire universelle* n'a eu ni modèle ni imitateurs. On y admire cette force majestueuse dont il décrit les mœurs, le gouvernement, l'accroissement et la chute des grands empires, et les traits rapides d'une vérité énergique dont il juge les nations. Bourdaloue étala dans la chaire une raison toujours éloquente. Il y a eu après lui d'autres orateurs chrétiens, qui, comme Massillon, ont répandu dans leurs discours plus de grâces, des peintures plus fines et plus élégantes des mœurs du siècle; mais aucun ne l'a fait oublier. Dans son style, plus nerveux que fleuri, il paraît vouloir plutôt convaincre que toucher, et ne songer jamais à plaire.

L'histoire. Retz, Saint-Simon. — L'histoire resta inférieure à l'éloquence. Si l'on excepte le *Discours sur l'histoire universelle*, qui appartient plutôt au genre oratoire qu'à l'histoire proprement dite, on ne trouve que des ouvrages d'un mérite secondaire. Mézeray a écrit l'*histoire de France* avec un talent fort inégal. L'énergie, qui donne de l'intérêt et de l'éclat à quelques passages de son ouvrage, ne se soutient pas; il manque d'ailleurs de science et d'impartialité. Daniel est plus savant, mais sans style. Saint-Réal a imité Salluste dans sa *Conjuration de Venise*, dont les détails sont romanesques. Si l'on voulait trouver les véritables œuvres historiques de cette époque, il faudrait les chercher dans les *Mémoires* du cardinal de Retz et de Saint-Simon. D'admirables portraits et des scènes décrites avec une verve saisissante donnent à ces ouvrages un mérite littéraire du premier ordre; mais l'ensemble laisse à désirer, et d'ailleurs ils manquent des qualités indispensables à l'historien. Ce siècle est donc resté au-dessous de l'antiquité pour les œuvres historiques; il n'a eu ni Tite-Live, ni Tacite, mais il a créé des genres nouveaux; il a compté des savants dont l'érudition est un honneur pour la France, tels que Mabillon et Montfaucon.

La Bruyère. — Fénelon. — Les *Caractères* de La Bruyère peuvent être regardés comme une production d'une espèce unique, quoique Théophraste eût aussi composé un traité de morale sous le même titre. Le livre de La Bruyère se distingue surtout par le style rapide, concis, nerveux, par des expressions pittoresques et par un usage tout nouveau de la langue, dont cependant les règles sont respectées. — Le *Télémaque* est aussi un ouvrage d'un genre inconnu à l'antiquité.

Fénelon, le disciple, l'ami de Bossuet, et depuis devenu son rival et son adversaire, composa ce livre singulier, qui tient à la fois du roman et du poëme, et qui substitue une prose cadencée à la versification. Il a donné au roman une dignité et des charmes inconnus, et il a su tirer de ces fictions une morale utile au genre humain, morale entièrement négligée dans presque toutes les inventions fabuleuses. On crut voir dans le *Télémaque* une critique indirecte du gouvernement de Louis XIV. Sésostris, qui triomphait avec trop de faste ; Idoménée, qui établissait le luxe dans Salente et qui oubliait le nécessaire, parurent des portraits du roi ; mais Fénelon repoussa ces prétendues allusions comme une calomnie.

Madame de Sévigné. — Il est peu d'ouvrages qui aient plus de charme et d'originalité que les *Lettres* de madame de Sévigné. La Bruyère les a caractérisées, lorsqu'il parle du mérite des femmes dans le style épistolaire : « Elles trouvent sous leur plume des tours et des expressions qui souvent en nous ne sont l'effet que d'un long travail et d'une pénible recherche ; elles sont heureuses dans le choix des termes, qu'elles placent si juste, que, tout connus qu'ils sont, ils ont le charme de la nouveauté, et semblent être faits seulement pour l'usage où elles les mettent. Il n'appartient qu'à elles de faire lire dans un seul mot tout un sentiment, et de rendre délicatement une pensée qui est délicate. Elles ont un enchaînement de discours inimitable qui se suit naturellement et qui n'est lié que par le sens. Si les femmes étaient toujours correctes, j'oserais dire que quelques-unes d'entre elles seraient peut-être ce que nous avons dans notre langue de mieux écrit. » Il est impossible d'apprécier avec plus de vérité et de délicatesse le mérite de madame de Sévigné.

Tableau des sciences. — *La philosophie religieuse.* — *Descartes, Torricelli, Pascal, Huygens, Papin, Cassini, Tournefort,* etc. — Les sciences morales recevaient de Descartes et de son école une puissante impulsion. Descartes enseigna aux philosophes à s'étudier eux-mêmes. Malebranche, en exagérant son système, écrivit cependant des pages remarquables sur la *Recherche de la vérité*. Arnauld, Bossuet, Fénelon recueillirent dans l'école cartésienne des principes d'une vérité éternelle, démontrés par une nouvelle méthode : l'existence de Dieu, la spiritualité de l'âme, sa supériorité sur le corps, les devoirs et la destinée future de l'homme. Les méthodes de raisonnement furent éclairées d'une nouvelle lumière dans la *Logique de Port-Royal*, dans la *Connaissance de Dieu et de soi-même*, par Bossuet, enfin dans le traité *De l'existence de Dieu*, par Fénelon. Cette philosophie religieuse montra de plus en plus l'accord de la raison et de la foi. L'école cartésienne ne fut pas aussi heureuse dans les sciences naturelles. Cependant plusieurs découvertes importantes datent de cette époque. Descartes est l'inventeur de la branche des mathématiques appelée *analyse*. Torricelli et Pascal démontrèrent la pesanteur de l'air. Galilée avait découvert les lois de la chute des corps et le mouvement de la terre ; Newton reconnut l'attraction et en détermina les lois. L'Académie des sciences fut instituée par Colbert, en 1666. Ce ministre attira en France l'italien Dominique Cassini, le hollandais Huygens et le danois Roëmer. Huygens découvrit l'anneau et un des satellites de Saturne, et Cassini les quatre autres : Roëmer, la vitesse des rayons solaires. L'Observatoire fut construit et placé sous la direction de Cassini. On doit à Huygens sinon la première invention des horloges à pendule, du moins les vrais principes de la régularité de leurs mouvements. Papin, disciple de Huygens, enseigna un des premiers la puissance de la vapeur, dont les applications à l'industrie devaient être si fécondes. La géographie reçut des accroissements étonnants. L'Observatoire était à peine construit, lorsque Dominique Cassini et Picard commencèrent, en 1669, une méridienne; elle fut continuée en 1683, vers le nord, par Lahire, et enfin Cassini la prolongea, en 1700, jusqu'à l'extrémité du Roussillon. En 1672, des physiciens furent envoyés à Cayenne, et leurs observations donnèrent une première connaissance de l'aplatissement de la terre, qui a été démontré par Newton. En 1700, Tournefort alla recueillir dans le Levant des plantes qui enrichirent le Jardin du roi (aujourd'hui Jardin des plantes). Les voyages de Chardin en Perse, de Bernier et de Tavernier dans les Indes, encouragés par Louis XIV, dissipèrent des erreurs et ajoutèrent aux connaissances positives.

TABLEAU DES ARTS. — Les arts, musique, architecture, peinture, sculpture, ont fait, au dix-septième siècle, des progrès non moins rapides que les sciences et les lettres. Avant Lulli, quelques chansons, quelques airs de violon, de guitare et de téorbe, la plupart même composés en Espagne, étaient tout ce qu'on connaissait. Les vingt-quatre violons du roi étaient toute la musique de la France. Lulli étonna par son goût et par sa science. — La France avait eu des architectes éminents dès le seizième siècle. Sous la régence de Marie de Médicis, de Brosse, qui avait élevé le portail de Saint-Gervais, construisit dans le goût toscan le palais du Luxembourg. Richelieu fit bâtir le Palais-Cardinal, qui est devenu le Palais-Royal. Colbert forma une académie d'architecture, en 1671, et encouragea d'abord la passion que Louis XIV montrait pour les grands monuments. « Rien ne marque davantage, lui écrivait-il, la grandeur et l'esprit des princes que les bâtiments, et toujours la postérité les mesure à l'aune de ces superbes machines qu'ils ont élevées pendant leur vie. » Louis XIV n'était que trop disposé à suivre ces conseils. Paris et la France durent à sa passion, secondée par Le Nôtre, Mansard et Perrault, les magnificences de Versailles et de Marly, la colonnade du Louvre, les Invalides, les jardins des Tuileries, les boulevards extérieurs de Paris et les portes triomphales de Saint-Denis et de Saint-Martin. « Il n'y avait rien de grand ni de magnifique qu'il ne se proposât d'exécuter, » dit Perrault, un de ceux qui ont contribué à orner la France de monuments remarquables.

La peinture française produisit à cette époque ses chefs-d'œuvre. Le Poussin est peut-être l'artiste le plus sage, le plus profond qui ait existé. Lesueur rivalisa avec lui. Lebrun surpassa les Italiens de son temps dans le dessin et la composition; il mérita d'être placé à la tête de l'école de peinture et de sculpture que Louis XIV établit à Rome, dès 1667, pour former de jeunes artistes français, école qui existe encore aujourd'hui. Une académie de peinture fut fondée à Paris par le même ministre. Des peintres tels que Rigaud, Mignard, Noël Coypel, Jouvenet, étaient dignes de siéger à côté de Le Brun.

Vouet, Lesueur, Poussin, Sébastien Bourdon, Le Lorrain, Lebrun, Blondel, Perrault, Mansard, Girardon, Puget, G. Audran, Nanteuil, Drevet. — Pour compléter ce tableau, quelques renseignements biographiques nous ont paru nécessaires sur les artistes qui ont contribué à l'illustration du grand siècle.

Vouet (Simon), né à Paris en 1590, mort en 1649, élève de son père, premier peintre de Louis XIII, véritable fondateur de l'École française, maître de Lesueur, Lebrun, Mignard, etc. — *Lesueur* (Eustache), né à Paris en 1617, mort en 1655, ne put faire, comme Vouet, le voyage de Rome, parce qu'il était trop pauvre. Peut-être l'originalité de son talent tient-elle en partie à ce fait. Ce qu'il eût gagné en savoir à aller étudier à Rome, il eût pu le perdre en imagination, en sentiment, en grâce touchante. La *Vie de saint Bruno* est une suite d'admirables compositions où ne se trahit aucune imitation étrangère. — *Poussin* (Nicolas), né près des Andelys en 1594, mort en 1665, passa la plus grande partie de sa vie à Rome. Appelé en France par Louis XIII, il y revint en 1641, mais n'y resta que quelques mois. C'est le peintre le plus remarquable qu'a produit la France. Par la grandeur du style, par l'ordonnance, l'intention et l'intelligence de ses compositions, Poussin n'a pas de supérieur, on pourrait presque dire n'a pas d'égal. — *Sébastien Bourdon*, les deux *Mignard*, Nicolas et Pierre, sont de bons peintres qui ne doivent pas être oubliés dans la liste des illustrations du règne de Louis XIV. Pierre Mignard, qui a peint la coupole du Val-de-Grâce, fut le successeur de Lebrun; mais ils ne sauraient être comparés ni à *Claude Gelée*, dit *Claude le Lorrain*, né en 1600 au château de Chamagne, en Lorraine, passionné comme Poussin pour le séjour de l'Italie, le plus grand paysagiste de toutes les écoles; ni à Charles Lebrun.

Charles *Lebrun*, 1619-1690. « Peintre et valet de chambre de roi; » est-il dit dans son contrat de mariage, plus tard, premier peintre du roi aux gages de 1200 livres et 2000 livres « par forme de livrées, » dirigea tous les travaux de peinture ordonnés par Sa Majesté pendant vingt-six ans. Il eut sur le caractère de l'art l'influence qu'a exercée à David une époque voisine de la nôtre. C'est à cette domination absolue qu'est due l'homogénéité du style de la décoration du palais de Versailles qui caractérise ce somptueux édifice. Les compositions de Lebrun ont un caractère de grandeur, une magnificence parfois un peu froide et solennelle qui répond bien à la majesté du prince pour lequel il travaillait, ce qui a fait dire qu'entre le génie du peintre et le génie du roi, il y avait harmonie préétablie. Si toutes les institutions politiques sont marquées au sceau de la pensée personnelle du monarque, toutes les productions de l'art sont empreintes de la manière de son premier peintre, qui mérite, par la fécondité et la puissance de son talent, d'être placé à la tête de l'école française.

Parmi les architectes, nous nommerons *Lemercier*, qui commença le Palais-Cardinal, nommé plus tard Palais-Royal, construisit la Sorbonne, Saint-Roch; — *Blondel* (François), auquel est dû l'arc de triomphe de la porte Saint-Denis (1671), imité par son élève *Bullet* dans la porte Saint-Martin (1674); — Claude *Perrault*, l'auteur de la colonnade du Louvre et de l'Observatoire; — Jules-Hardouin *Mansara*, le surintendant des bâtiments de Louis XIV, l'architecte du château de Versailles, des Invalides, etc., mort en 1708. — Les sculpteurs qui méritent surtout d'être cités sont les *Auguier*, François et Michel; François *Girardon*, dont le tombeau de Richelieu est le chef-d'œuvre, et, au premier rang, Pierre *Puget*, mort en 1695, architecte et sculpteur, l'auteur du *Milon de Crotone*, auquel la postérité a confirmé la glorieuse épithète de Michel-Ange français.

L'école de gravure à cette époque est incomparable. Il nous suffira de citer les *Audran*, dont le plus célèbre, *Gérard* (né à Lyon en 1640, mort en 1703) a gravé les Batailles d'Alexandre, et a su donner, par la perfection du dessin, par la puissance de la pointe et la largeur du burin, à l'interprétation de l'œuvre de Lebrun, une grandeur qui dépasse celle de l'œuvre même du maître; — *Sébastien Leclerc*, d'une fécondité prodigieuse; *Pierre Drevet*, *Antoine Masson*, *Robert Nanteuil*, *Jean Morin*, *Poilly*, *Gérard Edelinck*, *Van Schuppen*, qui ont gravé un nombre considérable d'admirables portraits; — sans parler des *Sylvestre*, des *Labelle*, des *Berain*, des *Marot*, des *Perelle*, des *Lepautre*, graveurs d'architecture, de paysages et de décorations, dont quelques-uns sont restés les premiers dans le genre qu'ils ont traité.

CHAPITRE X.

Géographie politique de l'Europe en 1715.

A la mort de Louis XIV, en 1715, l'Europe se divise naturellement en deux groupes d'Etats : 1° les puissances qui ont pris part à la guerre de la Succession d'Espagne, d'un côté la France et l'Espagne, de l'autre l'Angleterre, les Provinces-Unies, l'Allemagne où domine la maison d'Autriche, la Prusse, la Savoie, le Portugal; 2° les Etats du Nord et de l'Est, où la rivalité de Charles XII et de Pierre le Grand est l'événement capital.

France. — La France vient d'être vaincue, et la paix d'Utrecht lui a enlevé Terre-Neuve et l'Acadie (Nouvelle-Ecosse); en Europe, elle a été forcée de consentir à la démolition des fortifications du port de Dunkerque. Malgré ces revers, la France, qui a conservé toutes les provinces conquises par Louis XIV et même Landau, dans le Palatinat (Bavière rhénane), est encore une des grandes puissances de l'Europe. Ses limites étaient en 1715 : à l'ouest, l'océan Atlantique et la Manche; au sud, la Bidassoa, les Pyrénées et la Méditerranée; à l'est, le Var, les Alpes, le Rhône, le Jura et le Rhin entre Huningue et Lauterbourg. Au nord, la France était limitée par une ligne qui lui laissait Landau, Sarrelouis, Sierk, Thionville, Longwy, une partie du Luxembourg, Charlemont, Bouillon, Montmédy, Givet, Philippeville, Marienbourg, Maubeuge, Valenciennes, Condé, Lille, Armentières, Cassel, Bergues, Dunkerque.

Les divisions administratives de la France, à l'époque de Louis XIV, comprenaient : 1° les gouvernements militaires et départements maritimes; 2° les parlements; 3° les généralités ou circonscriptions de l'administration financière; 4° les provinces ecclésiastiques; 5° les universités; 6° les colonies.

On comptait trente gouvernements : Ile-de-France, Normandie, Picardie, Champagne, Orléanais, Berri, Nivernais, Touraine, Anjou, Maine, Bretagne, Aunis, Poitou, Marche, Saintonge, Limousin, Auvergne, Lyonnais, Bourbonnais, Bourgogne, Dauphiné, Provence, Languedoc, Foix, Béarn, Guienne, et enfin les pays récemment conquis, Alsace, Roussillon, Flandre et Franche-Comté, qui formaient des gouvernements particuliers. Les villes de Paris, de Metz et Verdun, Toul, Saumur, le Havre, Dunkerque, Boulogne, avaient aussi leurs gouverneurs. Les départements maritimes étaient au nombre de six : Brest, Rochefort, Dunkerque et le Havre sur l'Océan; Toulon et Marseille sur la Méditerranée.

Il y avait douze parlements : à Paris, Toulouse, Grenoble, Bordeaux, Dijon, Rouen, Aix, Rennes, Pau, Metz, Besançon, Douai. Presque tous comprenaient dans leur ressort plusieurs provinces.

Il y avait, outre ces parlements, des conseils souverains établis à Ensisheim, puis à Colmar pour l'Alsace; à Arras pour l'Artois; et à Perpignan pour le Roussillon. La principauté de Dombes et le duché de Lorraine avaient aussi leurs conseils souverains: la première à Trévoux, et le second à Nancy.

L'administration financière comprenait des *chambres des comptes* chargées de la révision des comptes des financiers; des *cours des aides* qui jugeaient les procès en matière d'impôts; des *cours des monnaies* auxquelles ressortissaient tous les procès en matière de monnaies, et enfin des généralités ou recettes générales pour la perception des impôts.

Il y avait autant de chambres des comptes que de parlements. Elles étaient établies à Paris, Montpellier, Grenoble, Dijon, Rouen, Aix, Nantes, Blois, Pau, Aire en Artois, Lille et Dôle. Les cours des aides, sauf à Paris, à Clermont, en Auvergne et à Montauban, étaient rattachées aux chambres des comptes ou aux parlements. Les cours des aides siégeaient à Paris, Montpellier, Bordeaux, Grenoble, Dijon, Rouen, Aix, Rennes, Pau, Metz, Clermont en Auvergne, et Montauban. Les cours des monnaies étaient établies à Paris et à Lyon.

Il y avait trente généralités ou circonscriptions territoriales administrées par des intendants : *Paris* (Ile-de-France, Beauvoisis et Valois, Brie, Champagne, Gâtinais, Beauce, Vexin et Nivernais); *Orléans* (Orléanais, Gâtinais, Nivernais, Blaisois et Beauce); *Moulins* (Bourbonnais, Nivernais, Marche et Auvergne); *Lyon* (Lyonnais, Forez et Beaujolais); *Bourges* (Berri, Bourbonnais et Nivernais); *Limoges* (Limousin, Marche, Angoumois); *Montauban* Quercy et Rouergue); *Châlons* (Champagne); *Amiens* (Picardie); *Caen* et *Rouen* (Normandie); *Alençon* (Normandie et Perche); *Soissons* (Picardie, Ile-de-France, Brie); *Tours* (Touraine, Poitou, Anjou et Maine); *Poitiers* (Poitou); *La Rochelle* (Aunis, Saintonge, Angoumois); *Riom* (Auvergne); *Bordeaux* (Guienne et Gascogne). Dans les généralités que nous venons de citer, l'administration financière appartenait à des magistrats nommés élus, et en appel, aux cours des aides et aux chambres des comptes.

Six généralités étaient pays d'états, et la répartition des impôts y était faite par des assemblées provinciales. C'étaient les généralités d'*Aix* (Provence), de *Dijon* (Bourgogne), de *Grenoble* (Dauphiné), de *Montpellier* (Languedoc), de *Nantes* et plus tard *Rennes* (Bretagne), enfin de *Toulouse* (Languedoc). Il y avait encore des intendances en *Alsace*, en *Franche-Comté*, en *Flandre*, en *Hainaut* (Valenciennes), à *Metz* et à *Perpignan*.

La France était divisée en dix-huit archevêchés, auxquels se rattachaient des évêchés suffragants :

1º *Paris* (érigé en archevêché depuis 1622) ; 2º *Sens*; 3º *Rouen*; 4º *Tours*; 5º *Lyon*; 6º *Reims*; 7º *Cambrai*; 8º *Bourges*; 9º *Bordeaux*; 10º *Auch*; 11º *Toulouse*; 12º *Alby* (érigé en 1676); 13º *Narbonne*; 14º *Aix*; 15º *Arles*; 16º *Vienne*; 17º *Embrun*; 18º *Besançon*.

On n'est pas d'accord sur le nombre des universités de l'ancienne France, parce que plusieurs furent supprimées après une existence de quelques siècles. On peut en compter avec certitude dix-neuf : Paris, qui remontait à Philippe-Auguste; Toulouse (1200), Montpellier, célèbre par son école de médecine dès le treizième siècle; Orléans, Besançon, Cahors, Valence, Perpignan, Angers, Aix, Poitiers, Caen, Bordeaux, Nantes, Bourges, Reims, Douai, Rennes, Strasbourg. On y ajouta au dix-huitième siècle Dijon, qui n'eut qu'une école de droit; Pau et Nancy. Les universités étaient soumises à la surveillance des autorités civiles et ecclésiastiques. L'ordonnance de Blois (1579) recommandait aux maîtres des requêtes, lorsqu'ils faisaient leurs tournées ou inspections, de s'enquérir de la situation des universités. Enfin, au dix-septième siècle, les intendants avaient été chargés de surveiller l'instruction publique, comme toutes les autres parties de l'administration.

La France possédait en Amérique : le Canada, la Louisiane, le cap Breton ou île Royale, une partie de la Guyane, Saint-Domingue, la Martinique, la Guadeloupe et la plupart des petites Antilles. Aux Indes orientales, des colonies françaises avaient été fondées à Chandernagor, à Pondichéry et à Surate; l'île Bourbon avait été occupée par les Français dès 1649; elle prit une grande importance après le massacre des colons établis à Madagascar. En Afrique, l'île de Gorée et le fort Louis sur la côte de Sénégambie étaient les principaux établissements français. Colbert, qui s'occupa surtout du développement des colonies françaises, avait établi des compagnies qui avaient, comme les compagnies hollandaises et anglaises, le monopole du commerce dans ces contrées. Mais dans les dernières années du règne de Louis XIV, les désastres de la marine avaient forcé la France de sacrifier plusieurs de ces colonies, et entre autres Terre-Neuve et l'Acadie (Nouvelle Écosse), qu'elle céda à l'Angleterre.

Il y avait encore en France, à cette époque, quelques domaines féodaux; ainsi la maison de Béthune exerçait les droits régaliens dans sa principauté de Boisbelle ou Henrichemont (Cher). La principauté de Dombes (Ain) appartenait au duc du Maine. Les maisons d'Orléans, de Condé et de Conti avaient aussi des domaines apanagés. Enfin, plusieurs maisons étrangères conservaient des domaines en France : la maison de Wurtemberg avait le comté de Montbéliard, et le Saint-Siége possédait toujours le comtat Venaissin.

Espagne. — L'Espagne était la puissance qui avait le plus souffert aux traités d'Utrecht et de Rastadt : elle avait perdu le royaume des Deux-Siciles, le duché de Milan, la Belgique, la Sardaigne, Gibraltar et Minorque. Il lui restait, outre ses possessions actuelles et ses colonies, Oran et Ceuta, sur le rivage voisin d'Afrique.

Portugal. — Le Portugal, qui avait les mêmes provinces que de nos jours, avait pris part, dans la dernière guerre, à la coalition contre la maison de Bourbon, et avait conclu avec l'Angleterre le traité de Methuen ; depuis cette époque, il tomba sous la dépendance de la Grande-Bretagne.

Italie. — L'Italie fut soumise par le traité de Rastadt à l'influence prépondérante de la maison d'Autriche, qui obtint les duchés de Milan et de Mantoue, les présides de Toscane, le royaume de Naples et la Sardaigne. Le duc de Savoie, devenu roi de Sicile, avait ajouté à ses Etats de Piémont et de Savoie l'île de Sicile et le Montferrat, qui avait appartenu au duché de Mantoue. Les Etats de l'Eglise comprenaient, outre le patrimoine de Saint-Pierre et les possessions compactes au centre de l'Italie, le comtat Venaissin en France et le duché de Bénévent enclavé dans le royaume de Naples. La Toscane (capit. Florence) était toujours au pouvoir des Médicis. Les Farnèse régnaient à Parme et à Plaisance, et la maison d'Este à Modène. Il y avait trois républiques en Italie : Lucques, Gênes et Venise. Gênes possédait encore la Corse ; Venise avait conquis sur les Turcs la Morée, que le traité de Passarowitz (1718) ne tarda pas à lui enlever ; elle avait aussi acquis l'île de Sainte-Maure et quelques possessions en Dalmatie.

Grande-Bretagne. — La Grande-Bretagne avait affermi son autorité en Irlande, dont les insurrections avaient été réprimées ; elle avait consommé son union avec l'Ecosse par la réunion des deux Parlements. Enfin, la succession protestante venait d'être consacrée par les traités d'Utrecht et de Rastadt. L'acquisition de Gibraltar et de Minorque lui livrait l'entrée de la Méditerranée ; et en Amérique, elle enlevait à la France Terre-Neuve et l'Acadie (Nouvelle-Ecosse).

Provinces-Unies. — La république des sept Provinces-Unies avait obtenu, par le traité de la Barrière, signé à Anvers (1715), que la haute Gueldre et Venloo seraient réunies à ses domaines ; il avait été stipulé par le même traité que les villes de Namur, Tournai, Menin, Furnes, Ypres, Warneton et le fort de Knoke seraient occupés par des garnisons hollandaises. Malgré ces avantages, la Hollande, entraînée par l'Angleterre, paraissait, selon l'expression du grand Frédéric, une barque à la remorque d'un vaisseau de ligne. Pendant le dix-huitième siècle, elle fut de plus en plus dominée par la Grande-Bretagne.

Autriche. — La maison d'Autriche avait considérablement étendu ses possessions : en même temps qu'elle conservait ses anciens domaines en Allemagne, elle acquérait au sud, à l'ouest et au nord de nouvelles provinces ; en Italie, Naples, la Sardaigne et le duché de Milan lui avaient été livrés par le traité de Rastadt ; elle avait aussi obtenu la Belgique, ou Pays-Bas espagnols, se composant du Luxembourg, Limbourg, Brabant méridional,

Hainaut, les Flandres, provinces de Malines, d'Anvers et de Namur. Enfin, le traité de Carlowitz (1699), conclu avec la Turquie, lui avait donné la Transylvanie, l'Esclavonie et la Croatie. La maison d'Autriche, en possession depuis plusieurs siècles de la dignité impériale, avait une supériorité incontestable sur le reste de l'Allemagne.

Allemagne. — Dans l'Allemagne méridionale, l'électeur de Bavière, chassé de ses Etats par la guerre de la Succession d'Espagne, venait d'y rentrer; mais il était hors d'état de lutter avec l'Autriche. Il en était de même des autres maisons princières de l'Allemagne méridionale : maison palatine (branche de Deux-Ponts), Wurtemberg, Bade, Anspach, Bayreuth.

L'Allemagne septentrionale avait pour principaux Etats le royaume de Prusse, qui venait d'être reconnu par les traités d'Utrecht et de Rastadt ; la Saxe, la Hesse et le Brunswick (Hanovre), en faveur duquel avait été créé un neuvième électorat. De ces quatre Etats, celui de Brandebourg, ou de Prusse était le plus considérable ; il avait, outre le Brandebourg et la Prusse orientale, la principauté de Neuchâtel et le Valengin, et il était en possession d'une grande partie de la Poméranie, que la Suède devait bientôt lui céder. L'électeur de Saxe était en même temps roi de Pologne, depuis que Stanislas Leczinski avait été chassé de ce royaume par les puissances coalisées contre Charles XII. L'électeur de Hanovre venait d'être appelé au trône d'Angleterre à la mort de la reine Anne (1714). La Hesse était toujours partagée en deux branches (Cassel et Darmstadt). L'Allemagne avait conservé son ancienne constitution fédérative, avec ses diètes, ses électeurs ecclésiastiques et laïques, son empire électif; mais la création d'un nouveau royaume et l'intervention des puissances étrangères dans les affaires d'Allemagne avaient de plus en plus ébranlé cette constitution, qui devait, un siècle plus tard, tomber sous les coups de Napoléon.

Suisse. — La Suisse, ou Confédération helvétique, n'avait subi aucun changement important depuis la paix de Westphalie. Elle avait toujours treize cantons : Uri, Schwytz, Underwald, Berne, Zurich, Lucerne, Soleure, Bâle, Schaffhouse, Glaris, Zug, Fribourg, Appenzel. Les Grisons (capit. Coire) étaient alliés des Suisses.

Etats du Nord : Suède, Danemark. — La Suède avait tenu le premier rang dans l'Europe septentrionale jusqu'au commencement du dix-huitième siècle; mais les guerres de Charles XII (voir le n° 14) l'avaient épuisée ; elle avait perdu la Poméranie, à l'exception de Stralsund, et les traités qu'elle fut obligée de signer avec les puissances coalisées, de 1715 à 1721, lui enlevèrent un grand nombre de provinces; elle abandonna au Hanovre, en 1719, les villes de Brême et Verden ; à la Prusse, la plus grande partie de la Poméranie ; au Danemark, ce qu'elle possédait dans le Holstein ; à la Russie, par la paix de Nystadt (1721), la Livonie, l'Esthonie, l'Ingrie et la Carélie (province de Saint-Pétersbourg). Il restait à la Suède ses anciennes provinces scandinaves et la Finlande.

Danemark. — Le Danemark comprenait, outre la péninsule Danoise, la Norvége, la Laponie et le comté d'Oldenbourg.

Russie et Pologne. — La Russie devint, à partir du dix-huitième siècle, la principale puissance de l'Europe septentrionale et orientale. Pierre le Grand avait enlevé à la Suède la Livonie, l'Esthonie et la Carélie, qui lui donnaient la côte orientale de la Baltique. Du côté de la Pologne, les limites entre les deux puissances avaient été déterminées par le traité de Moscou (17 août 1686). Jean Sobieski, alors occupé de la guerre contre les Turcs, avait abandonné à la Russie Smolensk, Tchernigow, Novogorod, Severskoi; la Petite Russie, sur la rive gauche du Dniéper; Kiew, sur la rive droite de ce fleuve, et la domination sur les Cosaques Zaporogues. La ville d'Azov, que les Russes avaient enlevée aux Turcs par la paix de Carlowitz, fut rendue à ces derniers en vertu du traité du Pruth (1711).

Pologne. — La Pologne possédait toujours la Prusse royale entre la province de Poméranie et la Prusse ducale ; elle était bornée à l'ouest par la Silésie ; au sud, par les monts Carpathes ; à l'est par le Dniéper, qui la séparait de la Russie et de la Turquie.

Turquie. — La Turquie avait perdu par le traité de Carlowitz plusieurs des provinces danubiennes qui avaient passé à l'Autriche. Le traité de Passarowitz (1718) lui enleva une partie de la Serbie et de la Valachie, ainsi que le banat de Temeswar, dont s'agrandirent les provinces autrichiennes ; mais la Morée, que la Turquie avait abandonnée à Venise par le traité de Carlowitz, lui fut rendue par la paix de Passarowitz.

CHAPITRE XI [1]

Louis XV (1715-1774). — Régence du duc d'Orléans (1715-1722). — Ministère du cardinal de Fleury (1726-1743). — Guerre de la Succession de Pologne. — Traité de Vienne (1738).

SOMMAIRE. — Minorité de Louis XV (1715). — *Régence de Philippe d'Orléans* (1715-1722). — Influence de Dubois. — La noblesse remplit les sept conseils, et le parlement recouvre son droit de remontrances.

Triple alliance entre la France, l'Angleterre et la Hollande (1718). — Intrigues d'Alberoni; conspiration de Cellamare (1718). — Guerre contre l'Espagne : paix de Madrid (1720).

Expédients financiers du duc de Noailles et des quatre frères Paris. — Antécédents de John Law. — Idées nouvelles; le crédit. — Première banque établie en France par Law; sa prospérité extraordinaire (1716). — Fondation de la Compagnie d'Occident; sa fusion avec la banque de Law devenue Banque royale; fureurs de l'agiotage. — Ebranlement de la confiance; abus du papier-monnaie; expédients de Law; sa fuite.

Evénements secondaires : Pierre le Grand à Paris (1717); mort de madame de Maintenon (1719); chute de la compagnie d'Ostende (1719); la peste de Marseille et M. de Belzunce (1720).

Opération financière des frères Paris. — Fin de la régence; mort de Dubois et du régent (1723).

Ministère du duc de Bourbon (1723-1726). — Louis XV renvoie l'infante d'Espagne et épouse Marie Leczinska. — Philippe V signe avec l'Autriche le traité de Vienne (1725). — Impopularité du duc de Bourbon; sa disgrâce (1726).

[1] OUVRAGES A CONSULTER : Outre les histoires générales de la France de Sismondi et de MM. Henri Martin, Michelet, Dareste, Lavallée, Duruy ; Lemontey, *Histoire de la régence;* Duclos, *Mémoires secrets sur Louis XIV, la Régence et Louis XV;* beaucoup de mémoires : Saint-Simon, Noailles, Villars, madame de Staal (mademoiselle de Launay), Louville, le marquis d'Argenson: Jobey, *Histoire de Louis XV;* le journal de Louis XV; le journal de Dangeau; le journal de Barbier; les *Mémoires secrets du cardinal Dubois;* Voltaire, *Siècle de Louis XIV;* Bailly, *Histoire financière de la France;* Flassan, *Histoire de la diplomatie française;* W. Coxe, *Histoire d'Espagne sous les Bourbons,* et l'*Histoire de la maison d'Autriche;* Rulhière, *Histoire de l'anarchie de Pologne;* les histoires du dix-huitième siècle de Lacretelle et de Ragon; Coquerel, *Histoire des Eglises du désert;* enfin les œuvres de Law, publiées dans la collection des économistes; Cochut, *Law et son système,* et le premier volume de l'*Histoire de la Révolution française* de Louis Blanc, qui renferme un long exposé apologétique du système de Law.

Ministère du cardinal Fleury (1726-1743). — Intolérance religieuse; persécution des jansénistes; les convulsionnaires. — Retour de la France à l'alliance espagnole; traité de Séville (1729).
Guerre de la succession de Pologne (1733-1735). — Revers de Stanislas Leczinski en Pologne. — Victoires des Français en Allemagne et en Italie. — Paix de Vienne (1738).

Avénement de Louis XV (1715). — Régence de Philippe d'Orléans (1715-1722). —Influence de Dubois. — Louis XIV mort, son arrière-petit-fils, Louis XV, troisième fils du duc de Bourgogne, monta sur le trône à l'âge de cinq ans. Son règne devait être le plus long de la monarchie française après celui de son bisaïeul; il est celui qui a le plus compromis le principe du gouvernement personnel ou absolu.

Louis XIV avait institué par son testament, pour gouverner la France pendant la minorité de son successeur, un conseil de régence que devait présider le duc d'Orléans, son neveu; le duc du Maine, l'aîné des fils légitimés de la Montespan, était chargé de la garde et de l'éducation du jeune roi; le maréchal de Villeroi était nommé son gouverneur. Le lendemain même de la mort du grand roi, son testament fut cassé par le parlement, comme l'avait été celui du roi Louis XIII; la régence fut déférée sans conseil au duc d'Orléans, et le commandement de la maison du roi fut enlevé au duc du Maine (2 septembre 1715).

Philippe d'Orléans, dont l'arrière-petit-fils devait régner cent quinze ans plus tard, sous le nom de Louis-Philippe Ier, avait alors quarante et un ans. Il était fils de ce triste frère de Louis XIV, Philippe d'Orléans, et d'Élisabeth Charlotte de Bavière, fille du comte Palatin du Rhin, Charles-Louis de Bavière, que ce prince avait épousée en secondes noces, en 1671, après la mort d'Henriette d'Angleterre, si magnifiquement louée par Bossuet. Il avait des qualités brillantes, l'esprit vif, la conception prompte, l'élocution facile, de la générosité, de la bravoure et de l'instruction ; il avait manqué d'être poursuivi comme empoisonneur, pour s'être occupé de chimie ; il allait ouvrir la Bibliothèque Royale au public, émanciper l'Académie des sciences, fonder au Louvre une académie des arts mécaniques et imprimer le *Télémaque* à ses frais. Mais la paresse, le scepticisme et la débauche l'empêchèrent de faire le bien et rendirent ses rares facultés presque stériles pour le bien de l'État.

Sa mère disait que toutes les fées étaient venues à son berceau lui apporter en cadeau une vertu, sauf une seule fée qui, oubliée, se vengea en lui donnant l'insouciance qui devait rendre tous ces dons sans effet.

Il avait eu pour précepteur l'abbé Dubois, « ce petit homme maigre, effilé, à mine de fouine, » que nous a dépeint Saint-Simon, chez qui « tous les vices, la perfidie, l'avarice, la débauche, l'ambition, la basse flatterie, combattaient... à qui demeurerait le maître. » Ce fils d'un apothicaire de Brive-la-Gaillarde avait débuté à Paris par être valet du curé de Saint-Eustache. Saint-Laurent, précepteur du jeune prince d'Orléans, l'avait connu là et l'avait pris à son service pour copier les thèmes de son élève. Bientôt le copiste supplanta son patron et finit par dominer Philippe en l'initiant à des débauches qu'on ne peut raconter. A soixante ans, il portait seulement le titre d'abbé, sans avoir jamais été ordonné prêtre. Malgré les recommandations de sa mère, qui le conjurait de ne jamais l'employer, et malgré ses promesses, le régent nomma tout d'abord son précepteur conseiller d'État. Celui-ci profita de cette haute position pour vendre les intérêts de la France à l'Angleterre, moyennant une scandaleuse pension, 4,000 livres sterling par mois. Plus tard Dubois voulut être archevêque de Cambrai, un siège qui rapportait 150,000 livres de revenus, il le fut (il succéda au successeur de Fénelon, au cardinal de La Trémoille) ; il voulut être cardinal, il le fut, en dépensant 8,000,000 du trésor public.

Que ne fut-il pas? L'histoire nous le montrera tout à l'heure premier ministre pendant un an, et presque maître de la France.

La noblesse remplit les sept conseils et le parlement recouvre son droit de remontrances. — La mort de Louis XIV devint le signal d'une détente générale. Pendant les trente dernières années qui venaient de s'écouler, le joug des jésuites avait pesé sur la France ; le roi s'était mis dans leurs mains et tout le monde avait dû se plier, de par sa volonté, aux exigences d'une dévotion plus outrée que sincère. Le vieux roi mort, chacun se sentit comme délivré, et il y eut une réaction universelle. Sceptique et tolérant, le régent laissa faire ; il lui en coûta davantage quand il lui fallut récompenser les nobles et le parlement de l'avoir débarrassé de son conseil de régence et de l'influence du duc du Maine qu'un arrêt avait déclaré incapable de succéder, le cas échéant, à la couronne ; il fit néanmoins, pour commencer, de nécessité vertu ; il remplaça les ministères du feu roi par sept conseils de régence, de conscience, de guerre, des finances, de la marine et des affaires étrangères, auxquels il n'appela que des grands seigneurs (10 par conseil, en tout 70) à l'exclusion de tout roturier. Fénelon avait depuis longtemps appelé cette mesure de ses vœux ; c'est ce que l'abbé de Saint-Pierre nomma la *polysynodie*. En même temps le régent rendit au parlement son droit de remontrances. Mais, deux ans après, les ministères étaient rétablis, et, en 1720, le parlement, forcé de se taire, était exilé tout entier à Pontoise pour avoir voulu s'opposer aux opérations de Law.

Triple alliance entre la France, l'Angleterre et la Hollande (1717). — Si le régent n'avait plus rien à redouter pour le moment de la part du duc du Maine, il n'en était pas de même de la part du roi d'Espagne, Philippe V, son cousin. Celui-ci revendiquait hautement la régence ; il faisait courir le bruit que le duc d'Orléans, un ancien prétendant à la couronne d'Espagne et qu'il avait soupçonné de travailler pour son propre compte pendant la guerre, songeait à faire disparaître violemment le jeune roi et ne se proposait rien moins que de faire annuler sa renonciation au trône de France et de le réclamer pour lui-même. Ces malheureuses prétentions amenèrent de déplorables résultats. Tandis que rien n'eût été plus politique qu'une alliance intime entre la France et l'Espagne pour tenir l'Europe en respect, le régent fit passer son intérêt personnel avant l'intérêt national et, pour tenir tête à un malencontreux concurrent, il envoya Dubois négocier avec l'Angleterre et la Hollande. Stanhope, ministre de George Ier, acheta Dubois en lui payant une pension de 500,000 livres, et celui-ci conclut consciencieusement à Londres, le 4 janvier 1717, la triple alliance : le prétendant Jacques Stuart, fils de Jacques II, dut quitter la France; la dynastie du Hanovre fut formellement reconnue comme dynastie régnante d'Angleterre; on acquiesça même à ce que le roi George Ier gardât le titre de roi de France que portaient ses prédécesseurs depuis Édouard III, et que ses successeurs ont gardé jusqu'à la reine Victoria exclusivement, et Louis XIV n'était appelé que *roi très-chrétien;* les fortifications de Mardyck furent démolies et le port de Dunkerque comblé sous les yeux de commissaires anglais et hollandais; nos anciens ennemis s'engageaient, en échange, à faire maintenir les clauses du traité d'Utrecht qui écartaient à tout jamais les Bourbons d'Espagne de la succession au trône de France. La France répudiait ainsi les grandes traditions diplomatiques de Richelieu, de Mazarin, de Lionne et de Torcy. Dubois avait voulu non-seulement gagner son argent, mais encore satisfaire sa haine contre Philippe V et sa rivalité contre Alberoni... Peu lui importait à ce compte, après avoir sacrifié la France à l'Angleterre, de lui sacrifier aussi **l'Espagne, ce dont l'empereur profitait également.**

Intrigues d'Alberoni : Conspiration de Cellamare (1718).
— Philippe V avait alors pour ministre Giulio Alberoni, fils d'un pauvre ouvrier jardinier des environs de Plaisance, qui avait gagné toute la confiance du roi par son habileté, son esprit et sa complaisance à l'amuser de contes gras. Cet Italien, souple et rusé, se proposait de relever la puissance de l'Espagne, telle que l'avaient faite Charles-Quint et Philippe II ; il tenta, pour y parvenir, de mettre l'Europe en feu. Il fit d'abord proposer au roi de Suède, l'aventureux Charles XII, de combiner une expédition avec l'Espagne pour chasser d'Angleterre la dynastie de Hanovre, et y rétablir celle des Stuarts; jeta les Turcs sur la Hongrie pour occuper l'empereur; fit attaquer la Sicile par 27 vaisseaux portant 33,000 hommes, et chargea l'ambassadeur espagnol en France, le prince de Cellamare, de se concerter avec tous les ennemis du régent pour le renverser et jeter la France dans les bras de son maître. Le moment était bien choisi. Une déclaration du roi venait d'être enregistrée au Parlement qui retirait aux fils légitimés de Louis XIV, le duc du Maine et le comte de Toulouse, les prérogatives de princes du sang que leur père leur avait accordées et les réduisait au rang de leurs duchés-pairies seulement. Tout semblait présager le succès. La Bretagne s'agitait, et Alberoni y faisait filer secrètement des soldats déguisés en faux saulniers que conduisait un nommé Colineri, et qui devaient joindre les révoltés ; le duc et la duchesse du Maine, l'intrigante Anne-Louise-Benedicte de Bourbon, petite-fille du grand Condé, la fameuse reine de la cour de Sceaux, complotaient avec les cardinaux de Polignac et de Rohan, le jeune duc de Richelieu, et quelques autres seigneurs de la cour l'enlèvement du régent et sa translation dans une citadelle d'Espagne, lorsque tout fut découvert.

Une femme de bas étage, la Fillon, maîtresse de Dubois, recevait chez elle tous les débauchés et toutes les débauchées de la cour, tout le monde des *roués*. Un jour, la maîtresse de l'abbé Porto Carrero, jeune Italien attaché à l'ambassade d'Espagne, lui apporta des papiers qu'elle avait volés à celui-ci au milieu d'une liasse de billets de banque. C'était le plan de la conspiration. Ils furent remis au régent. Le prince de Cellamare, arrêté chez lui, le 7 décembre 1718, fut expulsé du royaume l'année suivante; le duc du Maine fut enfermé pour plusieurs mois à Doullens, et la duchesse, sa femme, à Dijon, sous la surveillance du duc de Bourbon ; leurs serviteurs furent jetés à la Bastille, entre autres, la confidente de la duchesse, mademoiselle Delaunay, depuis madame de Staal, le piquant auteur des *Mémoires ;* le cardinal de Polignac et les seigneurs ses complices furent exilés; une cour prévôtale instituée à Nantes jugea les gentilshommes bretons ; MM. de Guer de Pontcallec, de Montlouis, Lemoyne de Talhouet et du Couedic, furent condamnés à mort et exécutés sur la place du Bouffay, à Nantes. Seize autres condamnations à mort furent également prononcées, mais contre des contumaces ; 144 personnages compromis avaient pu se sauver en Espagne. Les petits payaient ainsi pour les grands.

Guerre contre l'Espagne : ses revers; paix de Madrid (1720). — Le plan d'Alberoni s'écroulait de toutes parts. Les Turcs étaient battus à Peterwaradin par l'armée de l'empereur; Charles XII périssait au siége de Frederikshall, et la flotte qui portait Jacques III en Angleterre, détruite par la tempête, voyait ses débris brûlés par les Anglais. Ce fut alors au tour de l'Espagne d'avoir à lutter à la fois contre l'Angleterre, la France et l'empereur, qui venait d'accéder à la triple alliance, et y avait gagné de recouvrer la Sicile, en échange de la Sardaigne, dont la maison de Savoie dut se contenter. Les Anglais anéantirent la flotte espagnole, près du cap Passaro, le 11 août 1718, en vue de Syracuse, et s'emparèrent presque en même temps du port de Vigo, en Galice. L'armée espagnole, après avoir héroïquement défendu Messine, fut chassée de la Sicile par une armée autrichienne, à la solde de la France, qu'avait amenée une flotte anglaise. Enfin, le maréchal de Berwick, fils naturel de Jacques II, le même qui avait assuré à Philippe V sa couronne, onze ans auparavant par sa belle victoire d'Almanza, franchit les Pyrénées à la tête d'une armée française et prit successivement Fontarabie, Saint-Sébastien et la Seu-d'Urgel. Albéroni ne résista qu'en inondant la France de pamphlets. Enfin l'Espagne, écrasée, demanda la paix. Elle fut signée à Madrid, le 17 février 1720 ; le roi Philippe V accéda aux conditions de la quadruple alliance. On y stipula le renvoi d'Albéroni et la cession de la Sicile à l'empereur, déjà maître de Naples. On donna en échange au duc de Savoie la Sardaigne, dont il se fit un royaume. L'expectative des duchés de Parme, de Plaisance et de la Toscane fut accordée à don Carlos, le fils aîné du roi d'Espagne et d'Elisabeth Farnèse, sa deuxième femme. Enfin, comme gage de paix et d'amitié, un des infants, don Luiz, dut épouser une fille du régent, mademoiselle de Montpensier, et la jeune Marianne-Victoire, âgée seulement de cinq ans, fut envoyée en France pour y être élevée jusqu'à ce qu'elle fût en âge d'épouser Louis XV.

Expédients financiers du duc de Noailles et des quatre frères Pâris. — Louis XIV, en mourant, avait laissé les finances de la France dans un état déplorable : une grosse dette de 2 milliards 62 millions en capital, portant 90 millions d'intérêts, une sorte de budget de 147 millions auquel aurait pu faire face un revenu brut de 165, si, après avoir passé par trop de mains, il n'en avait rendu net que 69, bref, un déficit annuel de 78 millions. Qu'on ajoute à cela que la plus grande partie du revenu de l'année suivante était plus d'à moitié dévorée d'avance. Plusieurs moyens furent employés par le duc de Noailles, président du conseil des finances, pour parer aux difficultés du moment, sans recourir à la banqueroute que les grands seigneurs, y compris Saint-Simon, proposaient volontiers; poursuite devant une chambre de justice établie le 12 mars 1716, et supplice de quelques financiers auxquels on fit rendre 200 millions ; refonte des monnaies qui valut 72 millions ; révision des titres de créance, qui éteignit 350 millions de dettes de l'État ; toutes mesures que firent prendre quatre financiers célèbres, les frères Pâris, auxquels le duc de Noailles s'adressa alors, et qui furent insuffisantes. La voie était ouverte aux novateurs.

Antécédents de John Law. — On avait déjà vu en France, quelques années avant la mort de Louis XIV, un riche Écossais, nommé John Law, fils d'un orfévre d'Edimbourg, qui, s'étant volontairement expatrié à la suite d'un duel malheureux, mais loyal, avait parcouru l'Italie, l'Allemagne et la Hollande, vivant en grand seigneur, jouant partout gros jeu avec une chance rarement démentie, et y étudiant à loisir le système des banques que la France ne connaissait pas encore. Philippe d'Orléans que tourmentait un perpétuel besoin d'argent et qui cherchait dans la chimie de fallacieuses espérances (on l'accusa même d'empoisonnements, probablement à tort), s'engoua sur-le-champ du bel aventurier qui lui faisait de splendides promesses et le mit en relation avec le contrôleur général Desmarets. On l'écouta, on ne le comprit pas, et on le mit à la porte de la France, comme joueur et débauché, ce qui ne se tolérait plus, aux derniers temps de Louis XIV, surtout chez un étranger et un calviniste.

Law parcourut encore une fois l'Allemagne et l'Italie. Louis XIV mort, il revint en France, où son ancien protecteur, devenu le régent, l'accueillit les bras ouverts et, le 20 mai 1716, l'autorisa à créer la première banque qu'il y ait eu en France.

Idées nouvelles : le crédit. — Law partait de ce principe en matière commerciale qu'un négociant jouit d'ordinaire d'un crédit dix fois supérieur à son capital réel en numéraire métallique, et peut faire, au moyen de ce crédit, dix fois plus d'affaires que s'il devait payer comptant chaque opération. Au lieu de payer en or ou en argent, il paye en papier (qu'on l'appelle bon, billet ou assignat), c'est-à-dire par une hypothèque sur l'ensemble de ce qu'il possède. Le numéraire métallique ne sort pas de sa caisse, et cependant il circule sous forme de billets, parce qu'on a confiance que ce billet peut être immédiatement remboursé à présentation, parce qu'on y croit, d'où le mot *crédit*. En obtenant l'autorisation de créer une banque, Law se proposait d'appliquer le principe du crédit commercial à la création du crédit public. Si la confiance, si le crédit s'établissaient, et il n'y avait aucun motif d'en douter, si la banque de Law, simple banque particulière d'abord, devenait banque royale, c'est-à-dire banque d'État, et elle le devint au bout d'un an, tout l'argent monnayé de France afflucrait dans ses caisses et le roi pourrait émettre des billets de crédit pour une valeur dix fois plus forte ; s'il y avait 100 millions dans les caisses, on émettrait 1 milliard de valeurs. Par ce moyen, le gouvernement payerait ses dettes et l'argent serait à discrétion pour les entreprises publiques et privées.

Première banque établie en France par Law ; sa prospérité extraordinaire (1716). — Law établit ses bureaux à l'hôtel de Mesmes, rue Sainte-Avoye (aujourd'hui absorbée dans la rue du Temple), et créa sa banque au capital de 6 millions, avec 12,000 actions de 5,000 livres, payables, chacune, un quart en espèces et trois quarts en billets d'État, ce qui fit commencer l'entreprise avec 1,500,000 livres seulement. Puis, pour inspirer une confiance que n'encourageait guère d'ordinaire la variation perpétuelle du titre légal des monnaies, il s'engagea à toujours rembourser les billets de la banque au cours du jour de sa création ; ce qui donnait au papier-monnaie l'avantage sur la monnaie métallique d'avoir une valeur invariable.

En même temps, il escompta à 6 pour 100 les bonnes valeurs commerciales, ce qui lui permit bientôt d'émettre encore plus de 50 millions de papier payables au porteur en représentation des valeurs à échéances fixes, accumulées ainsi dans le portefeuille de la banque, papier qui, par les facilités qu'il donnait aux opérations de toutes sortes, devint rapidement fort recherché et fit prime. La banque inspira une telle confiance qu'on y fit des dépôts volontaires qui décuplèrent son fonds de roulement et lui permirent d'abaisser son escompte à 4 pour 100. Dès 1717, le conseil des finances autorisa les receveurs des finances à recevoir comme espèces, en payement des droits et impôts, les billets de la banque de Law, et les officiers comptables à acquitter à vue les billets qui leur seraient présentés.

Une prospérité inconnue depuis longtemps commença alors pour la France. Les affaires reprirent, et la banque vit hausser rapidement la valeur de ses actions.

Fondation de la Compagnie d'Occident : sa fusion avec la banque de Law devenue banque royale ; fureur de l'agiotage. — Law songea alors à agrandir ses opérations. Il obtint, en 1718, l'autorisation de créer en dehors de la banque une compagnie de commerce au capital de 100 millions ayant pour objet la colonisation de la Louisiane, riche territoire découvert en 1662 par le célèbre voyageur Cavelier de La Salle ; où d'Iberville, un autre voyageur, avait planté notre drapeau ; un immense pays plus grand que l'Europe, arrosé dans un cours de plus de 1000 lieues par le majestueux Mississipi (le Meschacebé de Chateaubriand). La Compagnie s'appela d'abord *Compagnie d'Occident*. Les lettres patentes qui l'autorisèrent portent cette clause remarquable : « Notre intention étant de faire participer au commerce de cette Compagnie et aux avantages que nous lui accordons, *le plus grand nombre de nos sujets que faire se pourra et que toutes personnes puissent s'y intéresser suivant leurs facultés*, nous voulons que les fonds de cette Compagnie soient partagés en actions de 500 livres chacune. »

Le Régent lui accorda d'immenses attributions. Peu de temps après (1719), Law parvint au but de ses efforts ; la Banque et la Compagnie furent réunies en une seule entreprise qu'on appela la *Compagnie des Indes*, à laquelle on attribua le monopole du tabac, la refonte et la fabrication des monnaies et les grandes fermes. Elle émit 624,000 actions de 500 livres qui furent vendues à prime et rapportèrent un bénéfice de 1 milliard 797 millions 500,000 livres. La foule s'empressa d'échanger son or et son argent pour les actions qui devinrent l'objet d'une spéculation effrénée à laquelle Paris, qui n'avait pas encore de Bourse comme Londres ou Amsterdam, ne put remédier. On accourut de toute la province aux bureaux de la rue Quincampoix acheter ces actions, et convertir ses espèces métalliques en papier. Ce fut un délire. Il se fit alors, selon les oscillations de l'agiotage, des fortunes scandaleuses. Le savoyard Chambéry, frotteur chez un banquier de la rue Saint-Martin, devint millionnaire à suivre son maître ; la Chaumont, une mercière de Namur, acheta en quelques mois d'immenses propriétés en province et à Paris l'hôtel où demeurait l'archevêque de Cambrai. Le duc de Bourbon et le prince de Conti conduisaient des bandes de spéculateurs, ainsi que le maréchal d'Estrées, le prince de Valmont et le baron de Breteuil, et voyaient sans vergogne figurer à côté de leurs noms et de celui du régent parmi les directeurs de la *Compagnie des Indes* celui de Saint-Edme, un ancien bateleur de la foire Saint-Laurent. Le grotesque et l'infâme coudoyaient ces hontes. On connaît l'histoire de ce bossu qui gagna 50,000 écus à prêter son dos comme pupitre, et de ce comte de Horn de la famille des princes d'Aremberg qui fut roué en place de Grève, ayant assassiné, pour le voler, le propriétaire d'un portefeuille.

Nous ne nous appesantirons pas sur ces scènes dont on trouve le lamentable récit partout. Plus lamentable encore est le récit de la catastrophe.

Ebranlement de la confiance ; abus du papier-monnaie ; expédients de Law ; sa fuite. — La Nouvelle-Orléans avait été fondée à l'embouchure du Mississipi. Un jour la nouvelle se répandit que les terres de la Louisiane étaient loin d'avoir la valeur qu'on leur avait attribuée, et qu'il ne s'y trouvait point de mines d'or comme on l'avait prétendu, et le prix des actions commença à baisser. On se présenta à la Banque pour en obtenir le remboursement. Mais, au milieu de la fièvre, on avait créé près de 7 à 8 milliards de papier-monnaie, lorsque la valeur de la réserve métallique du pays ne montait guère qu'à 1,200 millions. Law qui s'était fait nommé contrôleur général des finances le 5 janvier 1720, après avoir abjuré le protestantisme entre les mains de l'abbé de Tencin, voulut soutenir son papier et fit rendre une ordonnance qui défendait à tout particulier de garder chez lui plus de 500 livres en numéraire. Cette mesure acheva de discréditer son système. Il retira certaines valeurs de la circulation pour relever celles qu'il y laissait. La valeur légale de l'action, émise primitivement à 500 livres et longtemps négociée à 20,000, fut fixée à 9,000. Puis il abaissa de moitié la valeur des billets de banque. Alors ce fut une exaspération universelle. Au mois d'avril il donna sa démission de contrôleur général. En juillet, la Banque ne remboursa plus ses billets ; à la fin de l'année, les actions se vendaient avec peine un louis. C'était la banqueroute et la ruine publique. Law quitta Paris le 10 décembre, se sauva à Bruxelles à la fin de décembre, n'emportant avec lui que 20,000 livres des deux millions qu'il avait apportés en France, ayant abandonné à l'État les immenses propriétés immobilières que, dans sa confiance en son système, il avait achetées avec le produit de ses spéculations au lieu de rien faire passer à l'étranger. Il mourut à Venise, au mois de mai 1729, après avoir demandé au jeu les ressources de ses dernières années, léguant seulement à sa famille un diamant de 40,000 livres qu'il mettait d'habitude en gage dans ses pressants besoins d'argent.

Ainsi fit en France sa première apparition le crédit public. L'épreuve en fut douloureuse comme l'enfantement de toute innovation. Deux grandes erreurs avaient été commises, plus par inexpérience que par mauvaise foi. On avait émis une quantité de papier-monnaie hors de toute proportion avec le gage qu'il représentait et les valeurs métalliques répandues en France; et l'on n'avait pas compris que la véritable richesse ne se crée que par le travail, et que la multiplication de la monnaie de papier, d'or ou d'argent, comme représentation de la richesse nationale, a besoin de voir se développer parallèlement le travail national, sous peine d'engendrer l'agiotage et l'élévation du prix de la vie avec la ruine au bout.

Evénements secondaires: Pierre le Grand à Paris (1717); *Mort de madame de Maintenon* (1719); *Chute de la Compagnie d'Ostende* (1719); *la peste de Marseille et M. de Belzunce* (1720). — En dehors des démêlés avec l'Espagne et des péripéties du système de Law, peu d'événements importants s'étaient passés depuis l'avénement de Louis XV. En 1717, le roi, parvenu à l'âge de sept ans, passa des mains de la duchesse de Ventadour, sa gouvernante, dans celles du maréchal de Villeroi, nommé son gouverneur, avec l'évêque de Fréjus, le vieux Fleury, pour précepteur et l'abbé Claude Fleury, le modeste auteur de l'*Histoire ecclésiastique*, pour confesseur. Cette même année le tzar de Russie, Pierre le Grand, vint visiter Paris, et les querelles, engendrées par la bulle *Unigenitus*, recommencèrent pour durer longtemps encore. En 1719, madame de Maintenon s'éteignit, oubliée à Saint-Cyr, à quatre-vingt-quatre ans, après avoir vu ses droits respectés par le régent. La France, de concert avec l'Angleterre, appuya les réclamations faites par la Hollande à l'empereur, au sujet de la Compagnie commerciale établie par lui à Ostende et réussit à la faire tomber. — L'année 1720 est célèbre par la peste de Marseille et le zèle héroïque d'un autre Borromée, l'évêque Belzunce.

Opérations financières des frères Pâris.—Après la fuite de Law, il avait fallu remédier au désordre universel. Le soin en fut donné aux quatre frères Pâris qui, avec le chancelier d'Aguesseau, avaient entravé, par tous les moyens possibles, les opérations de Law. Sur leur demande, le conseil rendit, le 26 janvier 1721, un arrêt qui soumettait les billets de banque à un visa. On fit un recensement général de la masse de papiers en circulation et on s'enquit de la manière dont les porteurs les avaient acquis. On liquida toutes les dettes produites par le système de Law à 1,700 millions, on retira les billets de banque et on donna en échange des billets de liquidation, dont les uns furent acquittés lentement par le trésor royal et les autres affectés à certains payements spéciaux. Les actions de la Banque restèrent à la charge de la Compagnie des Indes. Pour éteindre cette énorme dette, le gouvernement fut obligé de créer une foule d'emplois onéreux et inutiles dont quelques-uns ont été supprimés plus tard. Ces mesures causèrent encore bien des perturbations ; mais enfin, au sortir de ces épreuves qui nous avaient fait connaître la puissance du crédit, le commerce reprit un nouvel essor et l'on vit refleurir la Compagnie des Indes, vaste conception de Colbert, ruinée par la guerre de la succession d'Espagne, et qui rivalisa depuis avec les établissements d'Angleterre et de la Hollande.

Fin de la Régence; mort de Dubois et du régent (1723).

— L'année 1721 fut signalée par les scandales que causa l'intronisation de Dubois sur le siége archiépiscopal de Cambrai. Il fallut que Massillon, évêque de Clermont, s'abaissât à se rendre garant de *la pureté des mœurs et de la science ecclésiastique de l'abbé Dubois*, et que l'évêque de Nantes, Tressan, lui conférât en une journée tous les ordres, depuis la tonsure jusqu'à la prêtrise. Le cardinal de Rohan le sacra ensuite au Val-de-Grâce, au milieu d'une pompe scandaleuse. Le 26 juillet, Dubois était créé cardinal et un peu plus tard le clergé le choisissait pour président de son assemblée. Le 23 août 1722, le régent qui, depuis longtemps, se reposait sur lui de toutes les affaires, le fit nommer premier ministre. Le 20 octobre suivant, Louis XV fut solennellement sacré à Reims et déclaré majeur par le parlement. Au mois de février 1723, le régent déposa ses pouvoirs. Il les reprit comme premier ministre, à la mort de Dubois, arrivée le 10 août, à la suite de ses excès en tous genres. Une attaque d'apoplexie enleva le duc d'Orléans, le 23 décembre. Il était dans sa destinée de n'avoir pu faire ni le bien, ni le mal par lui-même.

Ministère du duc de Bourbon (1723-1726). — Le nouveau ministre ne valait guère mieux que ses prédécesseurs ; c'était Louis-Henri de Bourbon, arrière-petit-fils du grand Condé, alors âgé de trente-un ans, un des grands agioteurs du système, qui, montrant un jour à Chemillé les actions que renfermait son portefeuille, en avait reçu cette réponse : « Monseigneur, deux actions de votre aïeul valent mieux que toutes celles-là. » Esprit étroit et peu capable, et soumis tout entier à l'influence des frères Pâris et de la marquise de Prie, il ne fit guère que des fautes. Il persécuta d'abord les protestants, comme aux plus beaux jours de la révocation de l'édit de Nantes, faisant interdire sous de fortes peines l'exercice de leur religion et confisquer les biens des relaps, mais arrêtant les rigueurs de l'édit pour les Alsaciens et bientôt pour les autres protestants du royaume, par crainte des offres magnifiques que les Suédois leur faisaient pour les attirer chez eux. Les jansénistes ne furent guère plus heureux. L'Angleterre seule eut à se louer du nouveau ministre. Comme elle continuait à madame de Prie la pension qu'elle payait à Dubois, elle en obtint la continuation de l'alliance de la France et de notre hostilité contre l'Espagne, notre alliée naturelle.

Louis XV renvoie l'infante d'Espagne et épouse Marie Leczinska (1725). — Le régent avait cependant, dans ses dernières années, commencé un rapprochement entre les deux branches de la maison de Bourbon en obtenant pour Louis XV la main de la jeune infante d'Espagne alors âgée de quatre ans, et la princesse était venue à Paris, pour y être élevée au milieu de la cour où elle devait régner. Mais Louis XV tomba malade. Lui mort, la couronne revenait au fils du régent et c'en était fait de l'influence de la maison de Condé. Il fallait donc se hâter de marier le jeune roi avec une fille nubile qui pût lui donner au plus tôt un héritier naturel. Une liste de vingt-deux personnes fut dressée. On choisit la vingt-deuxième, Marie Leczinska, fille du palatin de Posnanie, Stanislas Leczinski, à qui Charles XII avait donné un instant la couronne de Pologne, en 1704. Stanislas était pauvre, sans appui au dehors, et, par conséquent, tout à la dévotion, lui et sa fille, de celui à qui ils devraient tout. Marie Leczinska, âgée alors de vingt-deux ans, épousa le roi de France qui en avait quinze, et la jeune infante d'Espagne fut renvoyée à son père.

Philippe V signe avec l'Autriche le traité de Vienne (1725). — Philippe V, indigné, signa avec l'Autriche le traité de Vienne, par lequel il accordait aux négociants autrichiens de grands priviléges dans tous les ports de la monarchie espagnole et garantissait la pragmatique sanction en vertu de laquelle l'empereur Charles VI assurait sa succession à ses filles, malgré la coutume autrichienne. En revanche, l'empereur s'engageait à l'aider à reprendre Gibraltar et Port-Mahon, confirmait à son fils aîné don Carlos l'expectative de Parme, de Plaisance et de la Toscane, et fiançait deux archiduchesses d'Autriche aux deux infants d'Espagne, de la famille de Bourbon. Et cela, douze ans après la guerre de la succession, et contre l'intérêt de la France, à qui il en avait tant coûté pour donner le trône au petit-fils de Louis XIV. Le duc de Bourbon voulut parer ce coup en négociant une nouvelle alliance avec l'Angleterre et la Prusse. Il n'en eut pas le temps.

Impopularité du duc de Bourbon ; sa disgrâce (1726.) — Tout le monde grondait, se plaignait. Le vieux cardinal de Fleury, évêque de Fréjus et ancien précepteur de Louis XV, se retira un jour de la cour d'où le duc n'était pas fâché de l'éloigner à cause de sa légitime influence sur le jeune roi ; il fut rappelé par Louis XV le soir même. Le duc voulut rétablir le droit de joyeux avènement, on lui en sut mauvais gré. Il voulut restreindre la faculté de bâtir encore dans les rues de Paris en prévision des maladies pestilentielles, on murmura ; on murmura contre l'institution d'une milice tirée au sort par la garde des quartiers, et surtout contre l'impôt du cinquantième établi sur tous les revenus. Enfin, le roi lui dit un matin : « Mon cousin, ne me faites pas attendre pour souper ; » et le soir, un lieutenant des gardes du corps emmenait le convive, en exil, à son château de Chantilly. La reine Marie Leczinska, toute dévouée au duc, reçut l'ordre écrit de la main même du roi de faire ce que Fleury lui dirait comme si c'était le roi lui-même.

Ministère du cardinal de Fleury (1726-1743). — André-Hercule de Fleury, qui s'intitulait jadis évêque de Fréjus par l'indignation divine, à cause du peu d'importance de son bénéfice, et qui devenait ainsi *ministre principal* après avoir refusé de l'être lors de la mort du régent, avait alors soixante-treize ans et allait gouverner la France pendant dix-sept ans, de 1726 à 1743. Louis XV se contentera de présider le conseil, de chasser, de jouer ou de s'occuper d'amusements, futiles ou frivoles, en attendant qu'il se livre aux débauches les plus effrénées. Fleury était doux, modeste, point avide, peu capable, laissant faire surtout, ne prenant jamais que des demi-mesures, bref, un honnête homme, sous l'administration duquel la France ne fit rien de grand, il est vrai, mais se remit peu à peu des terribles secousses qui l'avaient ébranlée depuis un quart de siècle.

Pendant tout son ministère, Fleury ne se proposa que deux buts : la paix avec l'Europe, l'économie à l'intérieur. Il abolit le malencontreux cinquantième du duc de Bourbon, diminua les tailles et les arriérés des contribuables, encouragea l'agriculture et le commerce et construisit des routes ; mais il laissa tomber la marine, et cette faute causa la perte de nos colonies.

Intolérance religieuse; persécutions des jansénistes; les convulsionnaires. — Nommé cardinal peu après son élévation au ministère, il crut devoir rétablir la bulle *Unigenitus*, emprisonner ceux qui refusaient de la signer, destituer les professeurs jansénistes de la Sorbonne, casser une protestation du parlement et exiler provisoirement quarante de ses membres. Ces rigueurs imprudentes occasionnèrent la fameuse fourberie des convulsionnaires, ces jansénistes ridicules qui se livraient à toutes sortes de contorsions fantastiques sur le tombeau d'un diacre de l'église Saint-Médard, nommé Pâris, mort en 1727, et à l'influence duquel on attribuait de mensongers miracles. Heureusement que le gouvernement n'y intervint pas et la comédie s'éteignit dans le burlesque après cinq ans de durée. En France, les plaisants ont toujours le dernier mot. Lorsque la police ferma le cimetière où s'accomplissaient ces simagrées, on écrivit sur le mur :

> De par le roi, défense à Dieu
> De faire miracle en ce lieu.

Et tout fut dit.

Retour de la France à l'alliance espagnole ; traité de Séville (1729). — La politique du duc de Bourbon avait pour ainsi dire légué à son successeur une guerre avec l'Espagne. Fleury mit tout en œuvre pour la conjurer. Les Espagnols avait vainement tenté, en 1727, de reprendre Gibraltar, puis la guerre avait traîné en longueur sans opération décisive. Fleury, agissant de concert avec Robert Walpole, principal ministre du roi d'Angleterre, George II, qui jugeait la paix nécessaire à son pays pour y asseoir solidement la dynastie nouvelle, fit des avances à l'Espagne par les préliminaires de Paris. Dans la suite, en 1729, voyant l'Espagne brouillée avec l'Autriche, il signa avec elle le traité de Séville, par lequel il garantissait à son tour à l'infant don Carlos Parme, Plaisance et la Toscane, dont celui-ci fut mis en possession à la mort du dernier duc, arrivée en 1731. L'empereur Charles VI voulut protester; on reconnut sa pragmatique. La paix parut donc assurée.

Guerre de la succession de Pologne (1733-1735). — La situation de l'Europe était pourtant tellement tendue au dix-huitième siècle que nous voyons une guerre presque générale s'allumer chaque fois qu'un prince meurt. Le 1ᵉʳ février 1733, le roi de Pologne Auguste II, le protégé de Pierre le Grand, mourut à soixante-six ans, après en avoir régné trente-sept. Aussitôt l'empereur Charles VI et la tzarine Anne Iwanowna envoyèrent des troupes sur la frontière de Pologne pour assurer l'élection de son fils Auguste III. Mais Louis XV déclara, le 17 mars, à tous les ambassadeurs étrangers réunis à Versailles, qu'il ne souffrirait point qu'aucun souverain s'opposât à la libre élection du nouveau roi. En même temps les partisans de Stanislas Leczinski, son beau-père, faisaient reculer cette élection au 12 septembre, pour donner au prince le temps d'arriver. En effet Stanislas quitte Meudon suivi d'un seul compagnon, passe déguisé à travers un corps de 30,000 Russes qui doivent surveiller sa marche, arrive à Varsovie et y est élu roi de Pologne, à la presque unanimité des votes. Un Wiecnowiecki, qui a refusé sa voix, quitte l'assemblée, se met à la tête d'une armée, et proclame roi Auguste III.

Revers de Stanislas Leczinski en Pologne. — Le doux Stanislas recule devant la guerre et cherche à temporiser ; pendant ce temps, Auguste III entre dans Varsovie, escorté des Russes et des Autrichiens et se fait couronner roi dans Cracovie. Stanislas s'enfuit à Dantzig et s'y trouve bientôt assiégé. Il n'y a pas à reculer, il faut que la France soutienne le beau-père de son roi ; l'opinion publique, Villars et d'autres à sa tête, le demandent. Fleury est embarrassé, il est obligé à regret de se jeter dans la mêlée. Chauvelin, un fin diplomate du parti de la guerre, qui voulait non-seulement rétablir Stanislas sur le trône de Pologne, mais encore chasser l'Autriche de l'Italie, avait, dans ce but, négocié et signé, le 26 septembre, le traité de Turin avec l'Espagne et la Sardaigne. — Le roi de Sardaigne devait avoir le Milanais, l'infant d'Espagne don Carlos les Deux-Siciles, l'infant don Philippe, son frère, la Toscane, Parme et Plaisance ; l'Espagne consentait à fournir l'argent de la guerre, ce qui consola Fleury, et la France ses soldats ; Berwick commandait l'armée d'Allemagne, Villars celle d'Italie, Duguay-Trouin l'escadre de Brest.

Le timide Fleury, obligé d'agir, s'y prêta de mauvaise grâce. Pour ne point effrayer l'Angleterre, il ne mit en mer qu'une faible escadre sur laquelle on embarqua 1500 hommes. C'était une dérision ; notre ambassadeur en Danemark, M. de Plélo, alla se mettre à leur tête, après avoir écrit au ministre Maurepas qu'il savait bien qu'il n'en reviendrait pas et qu'il lui recommandait sa femme et ses enfants, et se fit tuer héroïquement en cherchant à traverser une armée de 30,000 Russes. Stanislas, forcé de livrer Dantzig, s'enfuit en France déguisé en matelot après avoir vu sa tête mise à prix, et la Pologne tomba, pour ne plus s'en relever, sous l'influence de la Russie et de l'Autriche, en attendant la coopération de la Prusse.

Victoires des Français en Allemagne et en Italie. — Cependant le vieux Berwick et le vieux Villars étaient entrés en campagne pendant que le marquis de Fénelon, habile diplomate, faisait signer à La Haye, aux États-généraux de Hollande, un traité de neutralité regardé comme un chef-d'œuvre de politique. Berwick prit Kehl le 29 octobre et eut la tête emportée, le 12 juin, d'un boulet de canon en assiégeant Philipsbourg qui se rendit néanmoins le 18 juillet aux maréchaux de Noailles et d'Asfeld. Villars, de son côté, conduisit vivement la campagne; avec le roi de Sardaigne et les marquis de Maillebois et de Coigny, Pavie, Lodi, la Ghiara d'Adda, Pizzighittone, Milan furent emportés au pas de course. Il dut bientôt quitter l'armée, et comme il revenait en France, il apprit la mort glorieuse de Berwick : « Cet homme-là a toujours eu de la chance ! » s'écriat-il. Quelques jours après il tombait malade à Turin et y mourait le 27 juin 1734, quinze jours après Berwick, à l'âge de quatre-vingt-deux ans. Le maréchal de Coigny continua ses succès. Après s'être emparé de Novare, il battit le général autrichien Merci, à Parme, le 29 juin, et lui fit perdre 9,000 hommes ; puis, rejoignant le roi de Sardaigne et le maréchal de Broglie, il livra une nouvelle bataille à Guastalla qui fut encore une victoire. En même temps, une armée espagnole commandée par le comte de Montemar battait une autre armée impériale à Bitonto et conquérait pour l'infant d'Espagne tout le royaume de Naples. Le vieux Fleury eut peur de ses succès : il se hâta d'accorder la paix à l'empereur. Heureusement pour la France que ce fut Chauvelin et non lui qui la négocia.

Paix de Vienne (1738). — La paix fut signée à Vienne

le 18 novembre 1738, aux clauses suivantes : Le roi Stanislas abdiquait la couronne en faveur d'Auguste III, conservant ses titres et les honneurs de roi de Pologne et de grand-duc de Lithuanie. Il était mis en possession des duchés de Lorraine et de Bar avec retour définitif après sa mort à la couronne de France ;

Le duc de Lorraine, François Étienne, recevait en échange le grand-duché de Toscane ;

D. Carlos gardait Naples et la Sicile ;

Le roi de Sardaigne recevait deux provinces à son choix entre le Novarrais, le Tortonais et le Vige- Vanasque ;

Tous les autres États que l'empereur possédait en Italie avant la guerre lui étaient rendus, augmentés de Parme et Plaisance ; le roi de France lui garantissait sa pragmatique sanction ; et des commissaires allaient être nommés pour régler les limites de l'Alsace et des Pays-Bas.

CHAPITRE XII[1]

§ 1er

Guerre de la succession d'Autriche (1741-1748). Progrès du royaume de Prusse. — Frédéric II (1740-1786).

SOMMAIRE : Mort du roi de Prusse Frédéric-Guillaume Ier et de l'empereur Charles VI (1740). — Progrès de la maison de Hohenzollern.— Le burgrave de Nuremberg, Frédéric Ier, devient électeur de Brandebourg (1415). — Ses successeurs.— L'électeur Frédéric III se fait roi de Prusse sous le nom de Frédéric Ier (1701-1713). — Règne de Frédéric-Guillaume Ier (1713-1740). — Puissante organisation militaire. — *Etendue de la Prusse à l'avènement de Frédéric II* (1740-1786).
Possessions de la maison d'Autriche à la mort de Charles VI (1740). — Cinq compétiteurs à son héritage.
Guerre de la succession d'Autriche (1741-1748). — *Frédéric II* s'empare de la Silésie. — Ligue générale pour soutenir l'électeur de Bavière (1741). — Alliance de Marie-Thérèse avec l'Angleterre.
Campagne des Français en Bohême. — Prise de Prague (1741). — Charles VII élu empereur à Francfort (1742). — Succès de Marie-Thérèse en Autriche et en Bavière.— Première défection de Frédéric II (1742).
Faiblesse et mort du cardinal de Fleury (1743). — Louis XV subit l'influence des favorites. — Défaite de Noailles à Dettingen (1743). — Maladie de Louis XV à Metz (1744). — Frédéric II abandonne Marie-Thérèse. — Mort de Charles VII (1745). — Défection de la Bavière.
La France soutient la lutte avec la Prusse et l'Espagne. — Maurice de Saxe. — Guerre dans les Pays-Bas; victoires de Fontenoy (1745), de Raucoux (1746) et de Lawfeld (1747) ; prise de Berg-op-Zoom (1747) et siége de Maëstricht (1748).
Guerre en Allemagne. — François Ier, mari de Marie-Thérèse, élu empereur. — Nouvelle défection de Frédéric II (1745).
Guerre en Italie. — Victoire des Autrichiens à Plaisance (1746); succès de Belle-Isle et de Richelieu.
Guerre sur mer et aux colonies contre l'Angleterre. — Prise de Madras. — La Bourdonnais (1746).
Paix d'Aix-la-Chapelle (1748).

---

[1] OUVRAGES A CONSULTER. — Outre les ouvrages cités au précédent chapitre : Frédéric II, *Histoire de mon temps.* — *Lettres et mémoires* du maréchal de Saxe. — D'Espagne, Saint-René Taillandier, *Histoire du maréchal de Saxe.* — *Histoire de la guerre de 1741.* — Voltaire, *Correspondance.* — Macaulay, *Essais; Frédéric II.*

Mort du roi de Prusse, Frédéric-Guillaume Ier, et de l'empereur Charles VI (1740). — Deux années s'étaient à peine écoulées depuis le traité de Vienne, que deux souverains moururent : Frédéric-Guillaume Ier, roi de Prusse, au mois de mai 1740 ; l'empereur Charles VI, au mois d'octobre. La mort du premier fut funeste à l'Europe, parce qu'elle appela au trône Frédéric II, un roi conquérant, qui allait faire de son pays une grande puissance ; la mort du second enfanta une terrible guerre qui dura sept ans. Le moment n'est pas encore venu où la maison de Hohenzollern peut se poser en Allemagne comme la rivale de la maison d'Autriche ; mais elle s'y prépare. Examinons leur situation respective en 1740.

Progrès de la maison de Hohenzollern. — *Le burgrave de Nuremberg, Frédéric Ier, devient électeur de Brandebourg (1415).* — *Ses successeurs.* — C'était un bien petit prince d'Allemagne, comme seigneur territorial, au commencement du quinzième siècle, que le burgrave de Nuremberg, Frédéric Ier de Hohenzollern, mais il était riche, brave, actif et influent. Grâce à son courage, Sigismond de Luxembourg avait conservé la couronne de Hongrie, et par le fait de son habileté, il avait été élu empereur d'Allemagne, lors de la déposition de son frère Wenceslas. Sigismond se montra reconnaissant : il vendit au burgrave, sans le rançonner, son margraviat de Brandebourg, et le fit reconnaître peu de temps après comme électeur de l'Empire. A partir de ce moment, la maison de Hohenzollern alla sans cesse s'agrandissant, Frédéric II, Bras de Fer, enleva au roi de Bohême, Georges Podiebrad, Cotbus et une partie de la Lusace, et racheta la Nouvelle-Marche à l'Ordre Teutonique moyennant cent mille florins. Son frère et successeur, Albert l'Ulysse, établit qu'on ne pourrait jamais distraire de la succession de l'électorat en faveur des puînés que les margraviats d'Aspach et de Baireuth, ce qui était prévenir tout démembrement. Joachim Ier, les Nestor, fonda l'Université de Francfort-sur-l'Oder; Joachim II introduisit le luthéranisme dans ses États ; plus tard, Jean Sigismond embrassa le calvinisme (vers 1614), comme plus radical. Georges-Guillaume joua un certain rôle dans la guerre de Trente ans. Enfin Frédéric-Guillaume, *le grand électeur*, se montra un des plus terribles ennemis de Louis XIV, dans les différentes ligues que l'Allemagne opposa à son ambition, et donna asile aux réformés bannis de France par la révocation de l'édit de Nantes, 1640-1688.

*L'électeur Frédéric III se fait roi de Prusse, sous le nom de Frédéric I*er (1701-1713). — Son fils, Frédéric III, marcha sur ses traces, et complétant l'œuvre commencée par lui, réussit en 1701 à se faire reconnaître comme roi de Prusse par l'empereur d'Allemagne, et se couronna de ses propres mains à Kœnigsberg sous le nom de Frédéric I er. Prince grand, magnifique, éclairé et libéral, il fit construire le Palais-Royal et l'Arsenal, fonda en 1694 l'Université de Halle, en 1696 l'Académie de peinture de Berlin, en 1707 la Société royale des sciences et belles-lettres que présida Leibnitz, augmenta son armée, se donna une garde brillante et favorisa de ses nombreux bienfaits les Français proscrits établis dans ses États.

*Règne de Frédéric-Guillaume I*er (1713-1740). — *Puissante organisation militaire.* — Sous Frédéric I er, Berlin avait été l'Athènes du Nord; sous Frédéric-Guillaume, elle en devint la Sparte. La Prusse ne fut plus qu'une vaste caserne. Plus de prodigalités, plus de fêtes, plus de savants ni d'artistes à la cour ; le bouffon Gundling remplaça Leibnitz pour présider la société des sciences en attendant qu'il fût enseveli dans un tonneau. Une grande austérité d'intérieur, dans la table comme dans le domestique, fut un exemple que chacun dut imiter. Le temps était passé où les nobles vendaient leurs terres pour se donner du drap d'or et des galons. On n'avait plus que trois aunes de drap à son habit et deux aunes d'épée au côté et le seul plaisir du roi était de boire de la bière et de fumer, le soir, dans une tabagie avec ses généraux et les grands du royaume. *Mon frère le caporal,* comme l'appelait George II, ne s'occupa plus que d'une chose, son armée, pour défendre ses provinces si on les attaquait, pour en conquérir d'autres si l'occasion s'en présentait. L'armée prussienne devint bientôt la première de l'Europe par la sévérité de sa discipline, son habileté aux exercices et particulièrement par la haute taille de ses soldats. Des enrôleurs aux gages particuliers du roi allaient par tout le pays lui recruter les plus beaux hommes pour ses *grands grenadiers de Potsdam,* dont le plus petit avait plus de six pieds. On acheta une fois un de ces géants deux mille écus. Une autre fois, ses racoleurs enlevèrent dans une église un prêtre de superbe taille qui disait la messe. Cependant il faut rendre justice à ce roi : il n'avait pas l'humeur conquérante ; satisfait de faire manœuvrer à loisir ses 80,000 soldats, il chercha toujours à conserver la paix, pensant bien qu'on ne lui chercherait pas querelle. Il se trouva néanmoins entraîné dans la ligue contre Charles XII, et y gagna une partie de la Poméranie. Lors de la guerre de la succession de Pologne, il envoya à l'empereur Charles VI, en vertu du traité de Wusterhausen qui les unissait, quelques troupes auxiliaires sur le Rhin ; mais, se déclarant neutre du côté de la Pologne, il donna asile à Stanislas dans Kœnigsberg, après sa fuite de Dantzig.

Frédéric-Guillaume fut le père de Frédéric II. Il l'éleva durement, le maltraita de toutes les manières; il alla jusqu'à frapper un prince qui cultivait la musique et la poésie. « Ce n'est qu'un petit-maître, disait-il, un bel esprit français qui gâtera toute ma besogne. » Le fils voulut se soustraire à la domination paternelle ; il se sauva avec un jeune officier, nommé Katt. On les reprit; ils furent condamnés à mort par un conseil de guerre et Katt fut exécuté sous les fenêtres mêmes de Frédéric, alors enfermé dans la citadelle de Custrin. Il fallut l'intervention des souverains étrangers et surtout de l'empereur pour empêcher l'héritier du trône de subir le même sort. Après un an de disgrâce, il fut rappelé à la cour, où son père commença à le mieux apprécier.

Étendue de la Prusse a l'avénement de Frédéric II (1740-1786). — Lorsque Frédéric-Guillaume mourut en 1740, le royaume de Prusse comprenait : le margraviat de Brandebourg, acquis en 1415 ; la Prusse Teutonique, sécularisée en 1525 en faveur du grand-maître Albert ; le duché de Clèves et les comtés de la Marck et de Ravensberg, acquis par voie d'héritage, en 1666, après cinquante-sept ans de discussions ; le duché de Magdebourg et les principautés d'Halberstadt, de Minden et de Camin, cédés au grand électeur Frédéric-Guillaume, en 1648, à la conclusion du traité de Westphalie ; la principauté de Neuchâtel et Valengin, obtenue par héritage en 1707 ; la ville et le duché de Gueldre, obtenus au traité d'Utrecht en 1713 ; les îles d'Usedom et de Wollin, les villes de Stettin et de Golnau, et tous les districts de la Poméranie en deçà de la rivière de Peene, achetés à la Suède pour deux millions d'écus à la paix de Stockholm en 1720. Ajoutons que le royaume avait une administration financière des mieux organisées, un revenu libre de toutes dettes, une épargne de huit millions sept cent mille écus et une armée de 85 bataillons et de 111 escadrons, 80,000 hommes. Tel était l'héritage que reçut Frédéric II ; il va grandir entre ses mains.

Possessions de la maison d'Autriche à la mort de Charles VI (1740). — La maison d'Autriche commençait à avoir une fortune contraire à celle de la maison de Hohenzollern : elle diminuait peu à peu. Dépouillée de l'Alsace au traité de Westphalie, elle avait gagné sur les Turcs, au traité de Carlowitz, en 1699 (sous Léopold Ier), la Transylvanie et l'Esclavonie, et un peu plus tard, le banat de Temeswar, et sur l'Espagne, au traité de Rastadt, en 1714 (sous son fils Charles VI, successeur de son frère Joseph Ier), les Pays-Bas, le Milanais, Naples et la Sardaigne (échangée depuis contre la Sicile). Dans la guerre de la succession de Pologne, elle avait perdu les Deux-Siciles, recevant Parme et Plaisance en compensation, et la Lorraine cédée au roi détrôné de Pologne, Stanislas Leczinski, avec retour à la couronne de France à sa mort. On sait que le but constant de la politique de Charles VI avait été, n'ayant pas d'enfant mâle, de vouloir assurer sa succession à sa fille Marie-Thérèse, par sa pragmatique sanction de 1713, qu'il avait fait reconnaître, au prix de nombreuses concessions, par tous les souverains de l'Europe. Mieux eût valu une armée de 200,000 hommes. Le mot est de Frédéric II, qui se chargea d'en prouver la justesse. La succession de Charles VI comprenait encore, en 1740, les royaumes de Hongrie et de Bohême; la Souabe autrichienne, la Haute et la Basse-Autriche, la Styrie, la Carinthie, la Carniole, la Silésie, la Moravie, les Pays-Bas, le Brisgaw, le Frioul, le Tyrol, le Milanais, le Mantouan, Parme et Plaisance.

Cinq compétiteurs à son héritage. — L'empereur mort, personne ne se souvint plus d'avoir reconnu sa pragmatique, mais l'électeur de Bavière, Charles-Albert, se rappela qu'il descendait de Ferdinand Ier par sa fille, l'archiduchesse Anne, mariée à Albert V, duc de Bavière; le roi d'Espagne, d'une convention de Philippe III avec Ferdinand II, qui avait réservé les droits de ses descendants aux couronnes de Hongrie et de Bohême; l'électeur de Saxe, Auguste III, en même temps roi de Pologne, qu'il était gendre de Joseph Ier, et que les filles de celui-ci devaient primer les filles de Charles VI, son frère cadet; et, en vertu de ces souvenirs, ces trois princes réclamaient la couronne impériale. Le roi de Sardaigne ne revendiquait que le duché de Milan, comme descendant de l'infante Catherine, fille de Philippe II. Le roi de Prusse était un cinquième prétendant.

GUERRE DE LA SUCCESSION D'AUTRICHE (1741-1748). — *Frédéric II s'empare de la Silésie.* — Frédéric II avait envie des quatre duchés de Silésie (Jægerndorf, Liegnitz, Brieg et Vohlau), usurpés, prétendait-il, par la maison d'Autriche sur la maison de Hohenzollern ; il se mit à la tête de la belle armée que lui avait léguée son père et les prit, en attendant qu'on lui demandât ses titres. La guerre de la succession d'Autriche était commencée.

Ligue générale pour soutenir l'électeur de Bavière (1741). — Frédéric II comptait bien que la France interviendrait dans la lutte et ne manquerait pas l'occasion de ruiner à jamais la maison d'Autriche en démembrant son héritage. Si Fleury eût gouverné à lui seul notre politique, il se fût trompé ; mais le même parti belliqueux qui s'était montré au moment de l'affaire de la succession de Pologne et qui avait maintenant pour chefs les frères de Belle-Isle, deux petits-fils de Fouquet, se remua encore. La France et l'Espagne s'allièrent à l'électeur de Bavière par le traité de Nymphenbourg (18 mai 1741) auquel le roi de Prusse s'empressa d'accéder et avec lui les rois de Pologne et de Sardaigne, l'électeur Palatin et celui de Cologne. Par ce traité, on destinait à l'électeur de Bavière, avec la couronne impériale, la Bohême, la Haute-Autriche, le Tyrol et le Brisgaw ; au roi de Pologne la Haute-Silésie et la Moravie ; au roi de Prusse la Basse-Silésie ; à l'Espagne la Lombardie autrichienne. On laissait à Marie-Thérèse la Hongrie, les Pays-Bas, la Basse-Autriche, la Styrie, la Carinthie et la Carniole. On occupa la Russie, au moyen de la Suède, pour l'empêcher de secourir l'héritière de Charles VI.

Alliance de Marie-Thérèse avec l'Angleterre. — Marie-Thérèse qui avait épousé tout récemment François-Etienne de Lorraine, grand-duc de Toscane, prit d'abord possession de ses États héréditaires ; elle reçut à Vienne les hommages de l'Autriche, de ses possessions italiennes et de la Bohême, et se fit couronner reine de Hongrie à Presbourg, après avoir prêté, au milieu d'un grand enthousiasme, le serment du roi André qui reconnaissait aux Hongrois le droit de s'insurger, sans être traités de rebelles, contre toute infraction à leurs priviléges. En même temps elle signait un traité d'alliance avec le roi d'Angleterre George II, électeur de Hanovre, qui lui envoya des troupes et des subsides.

Campagne des Français en Bohême. — Prise de Prague (1741). — *Charles VII élu empereur à Francfort* (1742). — Fleury engagea mesquinement la guerre avec 40,000 hommes formant deux armées. — L'une réunie à celle de Bavière envahit la Haute-Autriche ; la seconde commandée par le maréchal de Maillebois pénétra en Westphalie où elle opéra de concert avec une armée prussienne, et força George II, menacé dans son électorat de Hanovre, de signer un traité de neutralité. Marie-Thérèse, craignant d'être assiégée dans Vienne, courut en Hongrie, parut au milieu de l'assemblée nationale, tenant son fils Joseph entre ses bras, et faisant appel à la fidélité des magnats. Tous jurèrent de mourir pour leur roi Marie-Thérèse (*moriamur pro rege nostro Maria Theresa*). En même temps elle obtenait des secours d'argent de l'Angleterre et de la Hollande, négociait avec le roi de Sardaigne et réorganisait ses armées. La fortune trahit d'abord ses efforts. Frédéric II battit son général Neuperg à Molwitz, le 20 avril, emporta Brieg et Breslau, acheva la conquête de la Silésie, envahit la Moravie et prit Olmutz. L'électeur de Bavière se fit couronner à Linz archiduc d'Autriche, et ne se croyant pas en état de marcher sur Vienne, dont la prise eût été la fin de la guerre, envahit la Bohême, renforcé de 20,000 Saxons, assiégea Prague qui succomba sous un audacieux coup de main du fameux Chevert, lieutenant-colonel au régiment de Beauce (25 novembre), s'y fit sacrer roi de

Bohême et fut élu, le 24 janvier suivant, empereur à Francfort, sous le nom de Charles VII, sous les auspices de la France, représentée à la diète par le maréchal de Belle-Isle.

Succès de Marie-Thérèse en Autriche et en Bavière. — Première défection de Frédéric II (1742). — Cependant Marie-Thérèse, au moyen de subsides que lui fournirent l'Angleterre et la Hollande et des emprunts qu'elle contracta à Venise et en Flandre, avait rassemblé une nombreuse armée. La Haute-Autriche fut envahie et reprise à l'armée franco-bavaroise qui capitula dans Linz, le jour même où l'électeur était élu empereur à Francfort. Les Autrichiens se rejetèrent ensuite sur la Bavière elle-même, et, au mois de janvier 1742, entrèrent dans Munich, la capitale de l'électeur. Mais Frédéric II était toujours en armes. Une grande victoire qu'il remporta le 17 mai à Czaslau décida Marie-Thérèse à un sacrifice. Elle signa le 11 juin le traité de Breslau par lequel elle lui cédait la Silésie et le comté de Glatz, et le détacha ainsi de l'alliance française. Son plus redoutable ennemi était désarmé.

Faiblesse et mort du cardinal de Fleury. — Pour avoir manqué de vigueur, la France se trouva plus que jamais engagée dans la guerre et isolée. Le roi de Pologne, électeur de Saxe, s'était retiré à la suite du roi de Prusse ; dès le 1er février, le roi de Sardaigne avait fait alliance avec Marie-Thérèse. L'Angleterre où Walpole, l'homme de la paix à tout prix, venait d'être renversé, déclara la guerre à l'Espagne qui refusait de lui ouvrir ses colonies, et à la France dont le commerce lui paraissait trop prospère. En même temps elle promettait 12 millions de subsides à Marie-Thérèse.

Le pusillanime Fleury s'adressa alors au général autrichien Kœnigsegz lui faisant d'humbles avances. L'Autrichien publia sa lettre, ainsi qu'une seconde où Fleury se plaignait du procédé, disant qu'il ne lui écrirait plus ce qu'il pensait. Fleury les désavoua toutes deux au grand amusement de l'Europe. Nos braves maréchaux de Broglie et de Maillebois soutinrent comme ils purent l'honneur de nos armes en Bohême. Belle-Isle dut évacuer Prague et ramener l'armée à Egra, c'est-à-dire 30 lieues en arrière, en plein mois de décembre, après une belle retraite qu'on a comparée à celle des Dix mille. Le brave Chevert, laissé à Prague avec les malades, en était sorti avec les honneurs de la guerre, dix jours après. Les Espagnols, nos derniers alliés, n'éprouvaient de leur côté que des revers en Italie. C'est dans ces conjonctures que Fleury mourut, à quatre-vingt-dix ans, laissant la France obligée de tenir tête à toute l'Europe pour avoir trop voulu la paix et pour n'avoir pas conduit la guerre avec assez de vigueur.

Louis XV subit l'influence des favorites. — Fleury mort, Louis XV annonça qu'il allait gouverner par lui-même ; il voulait dire par ses favorites. Pendant longtemps Fleury l'avait maintenu dans le devoir à l'égard de la reine Marie Leczinska ; mais, à partir de 1735, des influences perverses l'avaient jeté dans de honteux désordres. Au moment où nous sommes arrivés, il était livré tout entier à la duchesse de Châteauroux, de la maison de Nesle, qui avait recueilli la succession d'adultère de ses deux sœurs, la comtesse Mailly et la marquise de Vintimille. L'histoire lui doit au moins cette justice, qu'en face de l'ennemi elle poussa Louis à se conduire en roi de France.

Défaite de Noailles à Dettingen (1743). — *Maladie de Louis XV à Metz* (1744). — L'année 1743 fut malheureuse pour nos armées. Les ducs de Gramont et d'Harcourt, devançant les ordres du maréchal de Noailles, leur chef, se firent battre à Dettingen, et Noailles fut rejeté sur le Rhin pendant que notre armée de Bavière revenait couvrir la Haute-Alsace que menaçait le prince Charles de Lorraine. L'année suivante (1744), la duchesse de Châteauroux, jugeant la présence du roi nécessaire pour relever le moral de l'armée, envoya Louis XV aux Pays-Bas seconder le maréchal de Saxe qui tenait en échec, du côté de Bruxelles, les généraux anglais et autrichiens. L'armée royale, commandée en fait par le maréchal de Noailles, prit sous les yeux du roi Menin, Ypres, le fort de Knocke, Furnes et Dixmude et courut de là en Alsace, pour y secourir le maréchal de Coigny, menacé d'être coupé de la France par le prince Charles. Une fièvre maligne arrêta le roi à Metz et mit ses jours en danger. La France entière fut alarmée et demanda à Dieu la santé du Bien-Aimé, qui n'avait encore rien fait pour elle et devait lui faire tant de mal. On apprit bientôt, avec une immense allégresse, qu'il était rétabli, et on le vit, au grand soulagement de l'opinion, renvoyer la duchesse de Châteauroux et se réconcilier avec sa femme Marie Leczinska.

Frédéric II abandonne Marie-Thérèse. — Mort de Charles VII (1745). — Défection de la Bavière. — A partir de ce moment, le succès paraît favoriser de nouveau nos armes. Le roi de Prusse, qui ne veut pas abandonner tout à fait son ancien protégé, l'électeur de Bavière réduit à l'extrémité et qui craint avec raison que Marie-Thérèse, victorieuse, n'anéantisse le traité de Breslau et ne lui reprenne la Silésie, conclut avec Charles VII, Louis XV, l'électeur palatin et le roi de Suède, un traité qui a pour objet le maintien de la Constitution germanique, la reconnaissance de Charles VII par la cour de Vienne et son rétablissement dans son électorat. Il se met à la tête de son armée, essaye, mais en vain, d'entraîner avec lui Auguste III, l'électeur de Saxe, roi de Pologne, et pousse jusqu'en Bohême pour empêcher la jonction de l'armée saxonne avec celle du prince Charles; il est obligé de revenir sur ses pas. L'armée franco-bavaroise plus heureuse prit Fribourg en Brisgaw, puis Munich, et rétablit Charles VII dans son électorat. Il y mourut presque aussitôt (20 janvier 1745), à l'âge de quarante-sept ans. Son fils Maximilien continua la guerre sans succès et fut chassé de Munich, comme l'avait été son père. Las de toutes ces épreuves, il traita avec Marie-Thérèse à Fuessen (22 avril 1745). Il renonçait à ses prétentions à la succession d'Autriche, et en échange rentrait en possession de tout ce que son père avait perdu de la Bavière.

La France soutient la lutte avec la Prusse et l'Espagne. — Maurice de Saxe. — La cause de la guerre n'existait plus, mais la France avait l'Europe sur les bras et il lui fallait des victoires pour obtenir la paix. Nous n'avions plus que le roi de Prusse et le roi d'Espagne pour alliés, et Marie-Thérèse venait de signer à Varsovie un traité d'alliance avec le roi d'Angleterre, le roi de Pologne et la Hollande. Par bonheur, le maréchal de Saxe commandait notre armée. Maurice de Saxe était fils naturel du roi de Pologne Auguste II et de la comtesse Aurore de Kœnigsmark. Elu duc de Courlande par les États du pays, il avait refusé à son père, qu'intimidaient la Russie et la diète de Pologne, de lui remettre l'acte de son élection et s'était préparé à la résistance. La Russie et la Pologne avaient armé contre lui. Assiégé dans son palais de Mittau par 800 Russes, il les força, à la tête de 60 Courlandais, à se retirer et prépara une vigoureuse défense dans l'île d'Usmaiz; mais, obligé de céder au nombre, il avait quitté la partie, avait pris du service en France et avait joué un rôle glorieux dans la guerre de la Succession de Pologne. Il rencontra dans la galerie de Versailles l'ambassadeur de Hollande qui lui demanda ce qu'il pensait du traité de Varsovie. « Cela est fort indifférent à la France, répondit-il; mais si le roi mon maître veut me donner carte blanche, j'en irai lire à La Haye l'original avant que l'année soit passée. »

Guerre dans les Pays-Bas ; victoires de Fontenoy (1745) *de Raucoux* (1746), *de Lawfeld* (1747); *prise de Berg-op-*

Zoom (1747) *et de Maëstricht* (1748). — Maurice de Saxe est nommé général de l'armée des Pays-Bas. A demi mort, cruellement tourmenté d'une hydropisie, ne pouvant plus se soutenir, il faisait pitié; Voltaire lui demande comment il pourra faire dans cet état de faiblesse: «Il ne s'agit pas de vivre, lui répond-il, mais de partir.» Il investit Tournay où le roi Louis XV vient le rejoindre, et le 11 mai, il présente la bataille à Fontenoy, à deux lieues de là, au duc de Cumberland qui commandait une armée anglo-hollandaise de 55,000 hommes. On sait qu'au moment d'engager le combat, milord Hay cria en s'avançant hors des rangs : «Messieurs les gardes françaises, tirez!» et que M. d'Auteroche, après avoir été à sa rencontre et l'avoir salué de son épée, lui répondit: «Monsieur, nous ne tirons jamais les premiers, tirez-vous mêmes.» Les Anglais ne se le firent pas dire deux fois ; ils ouvrirent leur colonne, lancèrent leur première décharge d'artillerie qui fut un feu roulant et couchèrent à terre 23 de nos officiers et 380 soldats. Puis la colonne se referma, recommençant sans cesse la même manœuvre pendant plusieurs heures, résistant à tous les chocs, rompant tous les obstacles. Il fallut la faire attaquer par la maison du roi, qui vint à bout de la percer et décida du succès de la journée.

La bataille de Fontenoy fut suivie de la conquête des Pays-Bas. Avant la fin de la campagne, Tournay, Gand, Oudenarde, Bruges, Dendermonde, Ostende, Nieuport tombèrent en notre pouvoir. L'année 1746 ne fut pas moins heureuse pour nous de ce côté : Bruxelles, Malines, Louvain, Anvers, Mons, Charleroi, Namur furent successivement emportées ; le 11 octobre, le maréchal de Saxe attaquait encore l'archiduc Charles à Raucoux et lui faisait perdre 12,000 hommes, ce qui effraya tellement la Hollande qu'elle rétablit le Stathoudérat et nous jeta sur les bras un nouvel ennemi, la tzarine de Russie Elisabeth. Celle-ci mit à la disposition des Anglais et des Hollandais 50 galères russes et un corps de 37,000 hommes en marche sur le Rhin. La Hollande n'en fut pas moins envahie. Le maréchal de Saxe, continuant victorieusement la campagne, gagna, le 12 juillet 1747, la bataille de Lawfeld; investit, en vue de 80,000 ennemis qui ne purent s'y opposer, l'imprenable Berg-op-Zoom, dont la prise (15 septembre) valut au comte de Lowendhal le bâton de maréchal de France; il s'empara lui-même de Maëstricht, le 7 mai 1748, après 25 jours de siége. La paix était conquise.

Guerre en Allemagne. — François Ier, mari de Marie-Thérèse, élu empereur. — Nouvelle défection de Frédéric II (1745). — Mais la France n'avait pas été heureuse partout comme aux Pays-Bas. Notre dernier allié en Allemagne, le roi de Prusse, quoique vainqueur des Autrichiens et des Saxons près de Friedberg (4 juin) où il avait, disait-il, acquitté la lettre de change que Louis XV avait tirée sur lui à Fontenoy, n'avait pu empêcher Marie-Thérèse de faire élire empereur à Francfort le grand-duc de Toscane François-Etienne de Lorraine, son mari, sous le nom de François Ier. Du moment que la maison d'Autriche rentrait en possession du trône impérial, l'objet de la guerre était manqué. Le roi de Prusse, suivi de l'électeur palatin, protesta, mais pour la forme, contre une élection irrévocable; il attaqua l'électeur de Saxe, allié de Marie-Thérèse, fit détruire à Kesseldorf son armée par le prince d'Anhalt, et entra victorieux dans Dresde. Quelques jours après, Marie-Thérèse, pour sauver son allié d'une ruine totale, accordait la paix au roi de Prusse qui, sans s'inquiéter de la France qu'il trahissait pour la seconde fois, faisait renouveler la cession de la Silésie et du comté de Glatz et adhérait à l'élection de François Ier (Traité de Dresde, 25 déc. 1745).

Guerre en Italie. — Victoire des Autrichiens à Plaisance (1746). *— Succès de Belle-Isle et de Richelieu.* — La guerre en Italie avait été une alternative de succès et de revers pour les Français et les Espagnols. Le comte de Gage chassa d'abord les Autrichiens du Bolonais, opéra sa jonction avec le maréchal de Maillebois et l'infant don Philippe, prit successivement Tortone, Plaisance, Parme et Pavie, battit le roi de Sardaigne à Bassignano (1744), lui enleva le Piémont, fit entrer l'infant dans Milan le 19 décembre, et fit accéder le vaincu aux préliminaires de Turin qui ne lui laissaient du Milanais que la rive gauche du Pô. Mais la reine d'Espagne, qui voulait tout le duché pour son fils, fit reprendre la campagne, et les Piémontais renforcés de 30,000 Autrichiens qu'amenait le prince de Lichtenstein, infligèrent à l'armée franco-espagnole une sanglante défaite à Plaisance (16 juin 1746), la chassèrent d'Italie, occupèrent Gênes, notre alliée, et envahirent la Provence. Le maréchal de Belle-Isle les en chassa au commencement de 1747, enleva le comté de Nice au roi de Sardaigne, et reporta la guerre en Piémont pendant que Boufflers et Richelieu, qui remplaça Boufflers, défendaient Gênes révoltée contre les Autrichiens.

Guerre sur mer et aux colonies contre l'Angleterre. — Prise de Madras par La Bourdonnais (1746). — Mais notre plus terrible adversaire avait été l'Angleterre qui n'avait cessé de soutenir nos ennemis de ses hommes et de son argent, et nous avait fait refuser la paix chaque fois que nous l'avions demandée après une victoire. Par représailles, la France avait favorisé une descente du prétendant Charles-Edouard. Celui-ci s'était fait battre à Culloden en 1746, et cette défaite avait à jamais ruiné les espérances des Stuarts et affermi la dynastie de Hanovre. Reportant la guerre chez nous, les Anglais vinrent bloquer les ports de Toulon et de Marseille, bombardèrent Antibes, inquiétèrent la Bretagne par plusieurs descentes, battirent deux fois nos marins en vue du cap Finisterre en Galice, attaquèrent les possessions françaises d'Asie, et nous enlevèrent en Amérique Louisbourg et l'importante colonie du Cap-Breton. Ils ne furent pas aussi heureux en Asie. En 1746, le gouverneur de l'île Bourbon, La Bourdonnais, battit et dispersa une de leurs flottes, et, poussant jusqu'à l'Hindoustan, leur enleva Madras, la capitale de leurs possessions, le 21 septembre. Un autre Français énergique, Dupleix, était gouverneur de Pondichéry, capitale de nos possessions de l'Inde. S'il se fût entendu avec La Bourdonnais, l'Inde était perdue tout entière pour les Anglais. Le malheur voulut que la mésintelligence se mît entre eux. Dupleix refusa de reconnaître la stipulation en vertu de laquelle La Bourdonnais devait rendre Madras à son gouverneur, moyennant une rançon de 13 à 14 millions de notre monnaie, et déclara qu'il garderait la ville jusqu'à la paix. La Bourdonnais, rappelé à Paris où l'avait précédé un rapport fâcheux, fut jeté à la Bastille, faute que nous payâmes cher plus tard.

Paix d'Aix-la-Chapelle (1748). — Ces derniers succès, joints à ceux que nous avions remportés aux Pays-Bas, décidèrent l'Angleterre à traiter. La paix fut signée à Aix-la-Chapelle le 18 octobre 1748 par les plénipotentiaires des rois de France, d'Espagne et d'Angleterre, de la reine de Hongrie, du roi de Sardaigne, des États généraux de Hollande, du duc de Modène et de la république de Gênes.

La France, toujours généreuse, se tenant satisfaite d'avoir, au prix de son sang et de son argent, inscrit quelques nouvelles victoires sur ses drapeaux, restitua toutes ses conquêtes : les Pays-Bas à la maison d'Autriche ; Berg-op-Zoom et Maëstricht aux Hollandais ; la Savoie et Nice au roi de Sardaigne et Madras aux Anglais. Ces derniers nous rendirent le Cap-Breton et consentirent au maintien des fortifications de Dunkerque par terre, insistant pour que celles du port fussent rasées. L'infant d'Espagne, don Philippe, gendre de Louis XV, fut reconnu duc de Parme, de Plaisance et de Guastalla ; le duc de Modène recouvra ses États qu'il avait perdus en nous soutenant, et Gênes son indépendance et son territoire. La dynastie de Hanovre fut de nouveau reconnue ; quant à la maison d'Autriche, elle obtint la confirmation de la Pragmatique sanction de Charles VI. Marie-Thérèse recueillait la succession de son père amoindrie seulement de la Silésie et du comté de Glatz, cédés au roi de Prusse ; de Parme, Plaisance et Guastalla, abandonnés à l'infant don Philippe.

C'était un pauvre résultat pour tant de sacrifices d'hommes et d'argent ; notre marine de guerre était presque entièrement détruite, et les négociateurs français, obéissant aux volontés de Louis XV, s'étaient tellement hâtés, qu'on n'avait pas même réglé tous les différends au sujet des limites des possessions anglaises et françaises dans l'Amérique du Nord.

§ 2

Guerre de Sept ans (1756-1763). — Perte des colonies françaises, confirmée par le traité de Paris (1763).

SOMMAIRE : Démêlés de la France et de l'Angleterre au sujet des colonies. — Conduite odieuse de l'Angleterre ; la guerre est déclarée (1756). — Richelieu prend Port-Mahon. — Alliance de l'Angleterre avec Frédéric II. — Alliance de la France avec Marie-Thérèse.
Frédéric II commence la guerre de Sept ans (1756-1763). — Richelieu fait capituler l'armée hanovrienne à Closter-Seven (1757). — Frédéric II bat Soubise à Rosbach (1757). — Revers, puis victoires des Français en Hanovre (1758-1760). — Frédéric II lutte seul contre les Russes et les Autrichiens. — La Russie et la Suède se retirent de la guerre (1762).
Echecs des Français sur mer. — Perte du Canada et des Antilles (1759). — Perte de l'Inde (1761).
Choiseul réunit par un pacte de famille les quatre branches régnantes de la famille de Bourbon (1761). — *Traité de Paris et perte de nos colonies* (1763). — Traité d'Hubertsbourg (1763). —Puissance et prospérité de la Prusse sous Frédéric le Grand.

Démêlés de la France et de l'Angleterre au sujet des colonies. — Conduite odieuse de l'Angleterre ; la guerre est déclarée (1756). — Les quelques années qui suivirent la guerre de la succession d'Autriche avaient été consacrées à relever notre marine que Fleury avait trop négligée. En 1754, c'est-à-dire six ans après la paix d'Aix-la-Chapelle, nous possédions, grâce aux ministres Rouillé et Machault, 63 vaisseaux de ligne, dont 45 seulement en état d'être équipés, 31 frégates et 21 petits bâtiments. C'en fut assez pour que la jalouse Angleterre, qui comptait cependant 131 vaisseaux de ligne et plus de 100 autres bâtiments de guerre, cherchât l'occasion de détruire nos forces navales. Elle ne pouvait nous pardonner le brillant essor que prenaient nos colonies, soit aux Antilles, soit aux Indes, qui enrichissaient Lorient, Nantes, Bordeaux et Marseille, et faisaient une redoutable concurrence à ses propres colonies. Elle nous fit, sans déclaration, la plus inique des guerres.

Les traités avaient mal délimité nos possessions et celles des Anglais en Amérique, particulièrement celle de l'Acadie ou Nouvelle-Écosse. De plus, nous possédions deux belles colonies, le Canada et la Louisiane, qui commandaient, en les tenant par les deux extrémités, les deux plus grands fleuves de l'Amérique du Nord, le Saint-Laurent et le Mississipi; elles étaient convoitées par les Anglais. En 1755, ils poussèrent une expédition au delà des Apalaches et bâtirent divers forts, entre autres celui de la Nécessité dans les environs du fort Duquesne que nous avions construit sur l'Ohio. L'officier français Jumonville, envoyé comme négociateur pour en demander la destruction, fut tué en route par un détachement ennemi que commandait le jeune major Washington, ce Washington qu'attendaient de si hautes destinées. Le frère de Jumonville, M. de Villiers, partit aussitôt pour le venger et fit capituler la Nécessité. L'Angleterre furieuse envoya le général Braddock avec mission de nous enlever le fort Duquesne; mais Braddock, attaqué en route par 250 Français et cinq ou six cents Indiens, fut battu, tué et trouvé porteur d'un plan complet de l'invasion du Canada. En même temps que lui était parti d'Angleterre l'amiral Boscawen, qui enleva, en pleine paix, 2 vaisseaux de ligne français à la hauteur de Terre-Neuve. D'autres vaisseaux anglais, armés en course, nous capturaient, dans une campagne de quelques mois, 300 navires de commerce et, du même coup, 8,000 marins expérimentés et 30 millions de marchandises. L'Angleterre, mise en demeure de nous faire réparation, s'y refusa hautement, le 13 janvier 1756, par l'organe de son ministre Henry Fox, depuis lord Holland. La guerre fut déclarée.

Richelieu prend Port-Mahon. — Notre ministre Machault déploya une grande activité. Une démonstration de descente en Angleterre fut préparée sur les côtes de Normandie, que devait seconder une flotte armée dans le port de Brest ; une autre flotte fut rassemblée à Toulon pour une destination inconnue ; d'autres bâtiments sillonnèrent les mers d'Amérique et le marquis de Montcalm fut envoyé au Canada. L'Angleterre effrayée appela chez elle à sa défense des troupes du Hanovre. Le marquis de La Galissonnière, à la tête de la flotte de Toulon, jeta tout d'un coup sur Minorque 12,000 hommes qui, sous le commandement du duc de Richelieu, assiégèrent le fort Saint-Philippe, citadelle de Port-Mahon, la plus forte place de l'Europe après Gibraltar. L'amiral anglais Byng, le fils du vainqueur de Passaro, accourut avec l'escadre bleue composée de 14 vaisseaux de ligne pour le délivrer. La Galissonnière l'arrêta avec 11 vaisseaux et remporta une victoire complète, grâce à son artillerie. Le 27 juin suivant, Richelieu, après avoir établi chevaleresquement la discipline parmi ses soldats, en déclarant que quiconque s'enivrerait ne prendrait pas part à l'assaut, escaladait Port-Mahon avec des échelles trop courtes et faisait capituler le lieutenant général Blakeney. L'année suivante, les Anglais fusillèrent Byng pour s'être laissé vaincre.

Alliance de l'Angleterre avec Frédéric II. — L'Angleterre comptait bien prendre sa revanche aux colonies, mais elle craignait sur le continent pour l'électorat du Hanovre. Elle s'adressa à Frédéric II. Le roi de Prusse s'inquiétait des armements de Marie-Thérèse qui avaient évidemment pour but de reprendre la Silésie. Il apprit par l'Angleterre que l'impératrice avait fait alliance contre lui avec la tzarine de Russie, Elisabeth Petrowna, que le roi de Prusse avait blessée par des épigrammes; avec l'électeur de Saxe, Auguste III, et le roi de Suède, Adolphe-Frédéric, et qu'elle faisait des avances à la France. Il n'hésita plus et s'engagea, par un traité d'alliance, signé à Londres le 16 janvier 1756, à empêcher des troupes étrangères de pénétrer en Allemagne. L'Angleterre lui fournissait des subsides.

Alliance de la France avec Marie-Thérèse. — En France, madame de Châteauroux était morte. Peu après, Louis XV avait rencontré dans ses chasses à la forêt de Sénart la fille d'un commis taré nommé Poisson, cousine d'un de ses valets de chambre et femme du fermier général Lenormand d'Etioles; il en fit la marquise de Pompadour. Marie-Thérèse s'adressa à elle, la flatta, lui écrivit en l'appelant sa bonne amie : et la France qui s'était armée au profit de Frédéric II, en 1741, contre Marie-Thérèse, la fille de ces princes d'Autriche contre qui avaient si opiniâtrement lutté Henri IV, Richelieu et Louis XIV, prit parti cette fois pour cette même Marie-Thérèse d'Autriche contre Frédéric II. En vertu du traité de Versailles, signé le 1er mai 1756, les deux couronnes s'engagèrent à se fournir réciproquement un secours de 24,000 hommes et à repousser toute attaque ennemie. La France n'ayant pas à être attaquée, le traité était tout au profit de l'Autriche. Ainsi le voulut madame de Pompadour.

FRÉDÉRIC II COMMENCE LA GUERRE DE SEPT ANS (1756-1763). — Le roi de Prusse, prévenant, comme toujours, ses ennemis, jeta son armée sur la Saxe, prit Leipzig et Dresde dont il chassa l'électeur, et battit à Lowositz (1er octobre 1756) une armée autrichienne de 50,000 hommes, double de la sienne, que commandait le maréchal Daun, la rejeta au delà de l'Eger, courut à Pirna et y fit capituler l'armée saxonne qu'il incorpora tout entière à la sienne. La France avait envoyé sur-le-champ 24,000 hommes sous le commandement de Soubise vers le Mein. Mais, voyant la Saxe envahie, elle déclara que la paix de Westphalie était violée et elle envoya une seconde armée de 60,000 hommes contre le Hanovre, sous le commandement du maréchal d'Estrées. Madame de Pompadour ne lésinait pas sur l'effectif des troupes engagées, comme Fleury.

Frédéric se dirigea alors sur la Bohême, gagna la sanglante bataille de Prague sur le prince Charles de Lorraine (1757), mais perdit celle de Kollin ou de Chotusitz, où le maréchal Daun lui tua 25,000 hommes, et battit en retraite divisant imprudemment ses forces pour répondre à une attaque multiple; tout tournait alors contre lui. L'armée russe, commandée par Apraxin, lui prenait Memel et battait Lehwald, un de ses lieutenants, à Jægerndorf, pendant que d'Estrées écrasait l'armée anglaise du duc de Cumberland à Hastembeck, au moment où une intrigue de cour lui donnait Richelieu pour successeur et qu'une troisième armée française se dirigeait sur Magdebourg et la Saxe. Entouré de tous côtés, Frédéric demanda la paix : on la lui refusa. Il songea alors à « mourir en roi, » comme il l'écrivait à Voltaire.

Richelieu fait capituler l'armée hanovrienne à Closter-Seven (1757). — Richelieu, continuant le plan de d'Estrées, menait victorieusement la campagne. Il conquit la plus grande partie du Hanovre et du Brunswick et accula l'armée du duc de Cumberland dans les marais, près de Stade, sur l'Elbe. Il pouvait la faire tout entière prisonnière; il commit la faute de lui accorder la capitulation de Closter-Seven (8 septembre), que l'Angleterre ne reconnut pas, après avoir rappelé Cumberland, et ne songea plus qu'à piller le pays et à mériter des soldats, qui suivirent son exemple, le triste surnom de Père la Maraude. — De retour à Paris, il allait bâtir, avec le fruit de ses rapines, cette jolie habitation qui a gardé l'ironique appellation de pavillon de Hanovre.

Frédéric II bat Soubise à Rosbach (1757). — Cependant Frédéric avait repris courage. Cerné dans la Saxe par plusieurs armées et tenu en échec par le maréchal Daun, il avait réussi à s'échapper au moment où il se croyait perdu. Il alla bravement reconnaître l'armée française que commandait Soubise, l'incapable protégé de madame de Pompadour, le battit à Rosbach (5 novembre 1757), n'ayant que 20,000 soldats contre 50,000, lui tua 3,000 hommes, fit 7,000 prisonniers, enleva 63 pièces de canon, et courant aux Autrichiens qui s'étaient emparés de Schweidnitz et de Breslau, les battit à Lissa, près de cette dernière ville, et les chassa de la Saxe et de la Silésie. La première campagne était finie. Le roi de Prusse avait lutté presque seul, et sans y succomber, contre la France, l'Autriche et la Russie.

Revers, puis victoires des Français en Hanovre (1758-1760). — Au printemps de 1758, l'armée hanovrienne, au mépris de la capitulation de Closter-Seven, recommença la campagne sous la conduite de Ferdinand de Brunswick que le roi de Prusse avait envoyé pour la commander. Le comte de Clermont, de la famille des Condé, qui était alors à la tête des Français, dut repasser successivement le Weser, l'Ems et le Rhin, se fit battre à Crevelt, en Westphalie (23 juin 1758), et perdit ainsi tout ce qu'avait conquis Richelieu. Pendant deux ans, la guerre sur le Rhin n'offre qu'une suite assez embrouillée de batailles, la plupart heureuses pour nous. Le 23 juillet, le duc de Broglie, avec 7,000 hommes, défait 8,000 Hanovriens à Sundershausen, près de Cassel, et Soubise est vainqueur, le 10 octobre, à Lutzelberg. L'année suivante (1759), Broglie bat de nouveau les Hanovriens à Bergen (13 avril) et prend Minden (9 juillet), où Contades se fait battre le 1er août. En 1760, nouvelle victoire du duc de Broglie, récemment créé maréchal de France, à Corbach, en Vétéravie (10 juillet); et victoire du marquis de Castries, à Clostercamp, près Rhinberg (16 octobre) [1].

[1] C'est à Clostercamp que se passa un événement jusqu'ici dénaturé quant au principal personnage par les historiens, faute d'avoir consulté les contemporains bien informés. C'était pendant la nuit qui précéda la bataille : le chevalier d'Assas, capitaine au

Frédéric II lutte seul contre les Russes et les Autrichiens. — La Russie et la Suède se retirent de la guerre (1762). — Pendant que, dans le Hanovre, l'armée des alliés luttait sans succès décisifs, Frédéric II tenait tête aux Russes et aux Autrichiens en Prusse, en Saxe et en Silésie. Les Russes lui avaient pris Kœnigsberg; il les battit à Zorndorff, près Custrin, où 22,000 Russes et 11,000 Prussiens restèrent sur le champ de bataille (1758), mais il fut battu à son tour à Hochkirchen en Lusace, par une armée austro-russe qui lui tua 10,000 hommes. En 1759, nouvelles défaites des Prussiens à Zullichau et à Kunnersdorf. Frédéric II demanda encore une fois la paix qui lui fut de nouveau refusée (1760). Il reprit la campagne, vainquit le général autrichien Laudon à Liegnitz, chassa les Russes et les Autrichiens de sa capitale et remporta une nouvelle victoire sur le maréchal Daun, près de Torgau. Mais l'année suivante on lui enlevait Schweidnitz et Dresde et le changement de ministère qui amena en Angleterre la retraite de Pitt, son plus ferme soutien, lui fit perdre les subsides de l'Angleterre. Par bonheur pour lui, la tzarine Elisabeth mourut en 1762, et Pierre III, son successeur, un admirateur de Frédéric II, lui accorda immédiatement la paix. La Suède se retira à son tour de la lutte. Délivré de ces deux côtés, il poussa la guerre avec vigueur. Les Français furent battus à Grebenstein, les Autrichiens à Reichenbach, l'armée des cercles d'Alle-

régiment d'Auvergne, venait d'entrer, suivi du sergent Dubois, dans un taillis voisin du camp. Tout à coup ils se trouvent entourés d'ennemis qui leur croisent la baïonnette sur la poitrine en leur disant de se taire sous peine de mort. Dubois crie : « A nous, Auvergne, c'est l'ennemi! » Aussitôt il tombe mort et d'Assas est blessé. Les Français arrivent et emmènent les deux victimes. D'Assas vivant encore dit à ceux qui le transportent : « Enfants, ce n'est pas moi qui ai crié, c'est Dubois. » L'armée française, préservée d'une surprise, gagnait le lendemain la bataille. Tel est le récit de Grimm (*Mémoires inédits*, t. I, p. 188) qui était le jour même au camp de Rhinberg, et qui, ayant raconté le fait à son retour, ne put convaincre personne de l'erreur commune qui attribuait le cri à d'Assas.

magne à Freyberg. Schweidnitz fut repris au maréchal Daun par Frédéric en personne qui y fit 9,000 Autrichiens prisonniers de guerre. La Silésie était reconquise. Ce fut l'Autriche qui, à son tour, proposa la paix.

Echecs des Français sur mer. — Pendant ce temps la France soutenait sur mer et dans les colonies une guerre désastreuse. Nous avions projeté de jeter sur l'Angleterre deux armées que commandaient Chevert et le duc d'Aiguillon. L'amiral de La Clue, qui devait en conduire une, fut vaincu par l'amiral Boscawen au cap Sainte-Marie, à la hauteur de Lagos, en 1759, n'ayant que sept vaisseaux contre quatorze. Quelques mois plus tard, l'amiral de Conflans, qui devait conduire la seconde, éprouva le même sort sur la côte de Bretagne.

Perte du Canada et des Antilles (1759). — Aux colonies, nous eûmes d'abord quelques succès. Le marquis de Vaudreuil et Montcalm enlevèrent aux Anglais les forts Oswego et de Saint-Georges au Canada; mais, abandonnés à leurs seules ressources, ils furent bientôt réduits à la défensive; les Anglais ayant mis le siège devant Québec, Montcalm livra bataille au général anglais Wolf, dans l'espérance qu'une victoire pourrait sauver la ville. Après une lutte acharnée, dans laquelle Montcalm et Wolf périrent héroïquement, nous fûmes battus (1759). Vaudreuil continua la lutte avec courage, mais sans succès. Avec la prise de Montréal, en 1760, tout le Canada fut perdu par nous. Les Anglais nous prenaient successivement toutes nos colonies des Antilles, la Guadeloupe, la Dominique, la Martinique, la Grenade, Saint-Vincent, Sainte-Lucie, Tabago. Ils nous enlevaient également sur la côte d'Afrique Saint-Louis et Gorée.

Perte de l'Inde (1761). — Nous n'étions pas plus heureux dans l'Inde, où nous n'avions pu empêcher lord Clive de s'emparer, en 1757, de notre établissement de Chandernagor. Rappelé en France où il mourut pauvre et oublié après avoir exercé une autorité presque royale, Dupleix avait eu pour successeur Lally-Tollendal, Irlandais violent et despote que recommandait un courage indomptable. Celui-ci essaya de venger nos revers en Orient et s'empara d'abord du fort Saint-David, sur la côte de Coromandel dont il fit raser les défenses; mais sa mésintelligence avec le comte d'Aché qui commandait notre escadre occasionna des revers. Forcé d'abandonner Madras qu'il assiégeait, parce que ses soldats, non payés, avaient refusé de marcher à l'assaut, il se vit assiégé à son tour dans Pondichéry, où le comte d'Aché ne voulut pas le secourir et y résista pendant neuf mois avec 700 hommes à 22,000 Anglais. Il fut obligé de rendre la ville qui fut rasée (15 janvier 1761). Le 10 février suivant nous perdions Mahé. Lally, de retour en France, fut accusé de trahison, condamné à mort par le Parlement et conduit bâillonné au supplice. Son fils obtint plus tard sa réhabilitation, après avoir composé un mémoire qu'on a regardé longtemps comme un chef-d'œuvre d'éloquence.

Choiseul réunit par le pacte de famille les quatre branches régnantes de la maison de Bourbon (1761). — La France était épuisée de ces longues guerres. Heureusement que madame de Pompadour avait fait appeler en 1758 au ministère des affaires étrangères le duc de Choiseul. Réagissant contre la politique de ses prédécesseurs et retournant à celle de Louis XIV dont l'abandon avait été la cause de tant de malheurs, il travailla et réussit à réunir dans une alliance les quatre branches de la maison de Bourbon qui régnaient en France, en Espagne, à Naples et à Parme. Le 15 août 1761 fut signé le fameux pacte de famille par lequel les quatre puissances se garantissaient mutuellement leurs États. L'Angleterre attaqua aussitôt l'Espagne qui n'était pas prête à la guerre et lui enleva Manille, les Philippines et la Havane.

Traité de Paris et perte de nos colonies (1763). — Cependant elle-même se fatiguait de toutes ces guerres. La mort de George II et l'avénement de George III (1760) donnèrent une nouvelle direction à sa politique. L'autorité passa aux tories, favorables à la paix, et le 10 février 1763 fut signé le traité de Paris. La France, qui venait tout récemment encore de perdre Belle-Isle dont la possession permettait aux Anglais d'inquiéter à leur gré tout notre littoral sur l'Océan, y subissait des conditions onéreuses ; elle ne conservait de ses colonies aux Indes que la ville de Pondichéry, qui était détruite et Chandernagor qu'elle s'engageait à ne pas fortifier ; en Amérique, la Guadeloupe, la Martinique, Marie-Galande et la Nouvelle-Orléans. Elle abandonnait le Canada aux Anglais et la Louisiane à l'Espagne en compensation de la Floride dont les Anglais s'étaient emparés, et cédait le Sénégal à l'Angleterre.

Traité d'Hubertsbourg (1763). — Cinq jours après (15 février), Frédéric II signait avec Marie-Thérèse et l'électeur de Saxe le traité d'Hubertsbourg qui lui laissait la Silésie, le comté de Glatz et rendait la Saxe à l'électeur, roi de Pologne.

Puissance et prospérité de la Prusse sous Frédéric le Grand. — De cette lutte entreprise pour le ruiner, Frédéric II sortait tout glorieux, n'ayant pas perdu un seul village, et demeurait l'arbitre de l'Allemagne. Après avoir fait la guerre pendant plus de vingt ans, il passait avec raison pour le plus grand capitaine de son siècle. Mais, comme Gustave-Adolphe il pouvait écrire : *Dulce bellum inexperto* (la guerre n'est douce que pour celui qui ne la connaît pas) ; il resta en paix les vingt-trois dernières années de son règne (1763-1786), et s'occupa de la prospérité de son royaume. A son avénement la Prusse n'avait pas trois millions d'habitants ; elle en comptait plus de six millions à sa mort. Il avait fait bâtir cinq cent trente-neuf villages, attiré plus de quarante mille familles des pays étrangers; rendu à la fertilité plus de cent mille acres de terre qui étaient couvertes par les eaux. Un code de lois, où l'on remarque l'abolition de la torture maintenue dans la plupart des Etats, une tolérance générale, les progrès de l'instruction publique encouragés, signalèrent l'administration intérieure de Frédéric II. A l'extérieur, il resta un des plus puissants souverains de l'Allemagne et de l'Europe. Le partage de la Pologne (1772) fut une des iniquités de sa politique il prit la meilleure part en se réservant la Prusse occidentale et le duché de Posen. La Russie fut loin d'obtenir à ce premier partage des conditions aussi avantageuses. Lorsqu'en 1777 l'empereur Joseph II voulut démembrer la Bavière, Frédéric s'avança à la tête d'une armée, agita l'Europe, et força l'Autriche à signer le traité de Teschen, par lequel elle renonçait à ses prétentions. Ainsi, sans faire la guerre, Frédéric, par l'ascendant de son génie et de ses victoires, restait réellement l'arbitre de l'Europe. Il mourut en 1786, laissant à son neveu Frédéric-Guillaume II un État florissant qui, malgré sa faible population et sa création récente, balançait l'influence des plus anciennes et des plus puissantes monarchies.

CHAPITRE XIII (1).

Fin du règne de Louis XV. — Réunion de la Lorraine et de la Corse. — Suppression des Parlements. Tableau des lettres, des sciences et des arts au dix-huitième siècle. — Les économistes; les philosophes.

§ 1. Décadence de la monarchie à la fin du règne de Louis XV. Destruction de l'ordre des jésuites. Procès du P. La Valette. — Suppression de l'ordre (1762-1773).
Ministère du duc de Choiseul (1760-1770). Ses réformes dans l'administration. Sa politique extérieure : réunion de la Lorraine (1766) ; de la Corse (1768). Il prépare la guerre contre l'Angleterre ; contre la Russie. Querelles du Parlement et de la Cour. Disgrâce de Choiseul (1770).
Le Triumvirat : Maupeou, Terray, d'Aiguillon (1770-1774). — Destruction des parlements. — Administration financière de l'abbé Terray. Le pacte de famine. — Le duc d'Aiguillon abandonne la politique de Choiseul. — Mort de Louis XV (1774).
§ 2. État des esprits au dix-huitième siècle. — Puissance des idées et de la littérature en France. — Les philosophes, Voltaire et son influence générale. — Montesquieu et l'école historique. — Les Encyclopédistes. — J.-J. Rousseau ; l'école politique et sentimentale. — Les Économistes.
§ 3. Progrès des sciences. — *Physique* : Franklin, Galvani, Volta ; — *Chimie* : Lavoisier ; — *Histoire naturelle* : Linné, Buffon, Jussieu ; — *Mathématiques et astronomie*.
Découvertes maritimes : Cook, Bougainville, etc.
Résumé. — Influence de la France sur l'Europe.

§ 1. *Décadence de la monarchie à la fin du règne de Louis* XV. — Après les hontes et les malheurs de la guerre de Sept Ans, la décadence de la monarchie et de l'ancienne société semble faire chaque jour de nouveaux progrès. La royauté, avec Louis XV, est de plus en plus avilie et méprisée ; au règne de madame de Pompadour succède l'influence de madame Dubarry ; deux des plus

---

[1] Livres a consulter. — Outre les Histoires de France déjà indiquées : de Tocqueville, *Histoire de Louis XV* ; Lacretelle, *Histoire du dix-huitième siècle* ; de Saint-Priest, *Suppression de la société de Jésus* ; Pierre Clément, *l'Abbé Terray* ; Jobey, *Histoire de Louis XV*.

(1) Nous n'avons fait qu'un chapitre des deux questions du programme, 12 et 13.

fermes appuis de l'ancien régime vont s'écrouler à quelques années de distance ; le roi laisse frapper d'un coup mortel la société des jésuites et lui-même détruit les parlements. Les efforts du ministre Choiseul pour rendre quelque activité à l'administration, pour relever notre politique au dehors, seront bientôt suivis des coups d'Etat imprudents de Maupeou, des expédients ruineux et immoraux de Terray, de la nullité égoïste du duc d'Aiguillon, dignes ministres de Louis XV dans sa vieillesse.

Destruction de l'ordre des jésuites. — Après les traités de Paris et d'Hubertsbourg, madame de Pompadour restait toute-puissante, avec le duc de Choiseul pour ministre principal. Le dernier acte politique de la marquise fut la part qu'elle prit à la destruction de l'ordre des jésuites.

Fondé pour défendre le principe de l'autorité, qui était battu en brèche par la réforme protestante, cet ordre célèbre avait joué un grand rôle dans l'Église et dans l'État; il avait rendu de véritables services à la religion et à la société; mais il avait nécessairement suscité contre lui bien des défiances et bien des haines. L'opinion publique, au dix-huitième siècle, devait se déclarer presque partout contre les jésuites ; ils représentaient et défendaient le passé, ses traditions et ses institutions; l'opinion publique, en haine du présent, se soulevait de plus en plus contre le passé; ils avaient proclamé le dogme de l'autorité absolue et de l'obéissance passive ; et le dix-huitième siècle, fils du seizième, plein d'audace et de confiance dans l'avenir, affirmait de plus en plus le principe du libre examen. Les longs et interminables débats des jansénistes et des jésuites troublaient le monde religieux depuis Louis XIV ; les incrédules, les philosophes applaudissaient aux coups portés aux plus redoutables défenseurs de la société catholique ; on exagérait avec passion les fautes des jésuites, on étalait avec complaisance leurs intrigues; on se faisait contre eux une arme des doctrines morales ou politiques de certains de leurs casuistes; enfin, leur ruine était depuis longtemps déjà préparée par le mouvement général des esprits, lorsque plusieurs incidents l'accélérèrent.

Ils venaient d'être frappés dans deux de leurs œuvres les plus remarquables; à la Chine, d'où la rivalité des Dominicains, leurs rivaux, les avait fait chasser; au Paraguay, où le gouvernement espagnol avait détruit violemment leurs célèbres et pacifiques missions. Le Portugal était alors gouverné par le marquis de Pombal, réformateur violent, qui rencontra sur sa route deux obstacles, les grands et les jésuites, et qui ne craignit pas de les briser sans pitié. Déjà il avait interdit à ces derniers le commerce, la prédication et la confession, lorsqu'un attentat dirigé contre le roi Joseph Ier lui fournit l'occasion de frapper tous ses ennemis. Les d'Aveiro, les Tavora périrent dans d'affreux tourments ; les jésuites furent accusés d'être les complices du régicide ; ils furent saisis et jetés, au nombre de plus de six cents, sur la plage de Civita-Vecchia (1759) ; leurs biens furent confisqués, et le père Malagrida, auteur d'écrits mystiques et extravagants, fut condamné comme hérétique par le tribunal de l'inquisition ; il mourut sur le bûcher, en 1761. « L'excès du ridicule, a dit Voltaire, était joint à l'excès d'horreur. »

Procès du Père La Valette. — L'exemple de Pombal donna de la confiance à tous les ennemis des jésuites ; il était donc plus facile de les abattre qu'on ne pensait. En France, l'agitation fut vive : les magistrats, plus ou moins animés de la passion janséniste, recommencèrent leurs attaques. Madame de Pompadour était l'ennemie déclarée des jésuites, qui soutenaient contre elle le parti du dauphin et qui auraient voulu l'expulser de Versailles ; Choiseul, qui désirait ménager les parlements, et qui, d'ailleurs, recherchait les éloges des philosophes, encouragea, mais sans passion, les adversaires de la compagnie. Les jésuites eurent alors l'imprudence de donner à leurs ennemis l'occasion de les perdre.

Le père La Valette, supérieur général des jésuites aux Antilles, avait fondé à la Martinique un vaste établissement de commerce ; plusieurs de ses navires, remplis de marchandises, furent pris par les Anglais, en 1755 ; il ne put acquitter les lettres de change qu'il avait tirées sur une maison de commerce de Marseille, qui fit faillite ; La Valette fut condamné à payer 1,500,000 livres aux créanciers de cette faillite ; mais lui-même fit une banqueroute de plus de 3 millions. On attaqua la société comme solidaire du père La Valette. Elle aurait pu éviter les poursuites par un sacrifice pécuniaire ; elle aurait pu gagner sa cause devant le Grand-Conseil, qui lui était favorable. Les jésuites préférèrent se présenter devant le Parlement de Paris ; ils soutinrent que La Valette avait transgressé les constitutions de l'ordre, qui défendaient le commerce, et que, d'ailleurs, chacune de leurs maisons était administrée à part, quant au temporel. Le Parlement ordonna de lui présenter ces constitutions, avril 1761. Aussitôt les magistrats se mirent à les examiner et à multiplier brochures, rapports, réquisitoires pour passionner l'opinion publique ; on remarqua surtout les écrits de l'abbé Terray, conseiller-clerc au Parlement, de Chauvelin, de Monclar, procureur général au Parlement d'Aix, et de La Chalotais, procureur général au parlement de Rennes.

Suppression de l'ordre (1762). — Louis XV, sans aimer les jésuites, qu'il craignait, ne voulait pas les perdre ; et, pendant que le Parlement lançait ses arrêts passionnés contre les doctrines et la constitution de la société, le roi demandait l'avis des évêques de France. Ceux-ci, rendant justice à l'utilité de l'ordre pour l'éducation de la jeunesse et la prédication, proposèrent quelques modifications dans l'institut. Le général des jésuites, Ricci, ou le pape, répondit : « *Sicut ut sunt, aut non sint !* (Qu'ils soient ce qu'ils sont, ou qu'ils ne soient plus !) » Louis XV se résigna ou eut peur ; les parlements du royaume, excités par madame de Pompadour, soutenus par Choiseul, rendirent arrêt sur arrêt contre les jésuites ; le 6 août 1762, le Parlement de Paris les condamna, ordonna la fermeture de leurs colléges, maisons, etc., la vente de leurs biens et la dispersion des membres de l'ordre. Comme ils protestaient, ils furent traités de séditieux et menacés du bannissement, s'ils ne renonçaient formellement à leur institut. En 1764, une déclaration royale leur permit de vivre en simples particuliers dans le royaume.

La lutte se poursuivit dans presque toute l'Europe contre cet ordre jadis si puissant ; en 1767, le roi d'Espagne, Charles III, les chassa brutalement de toutes les provinces de son empire ; son exemple fut suivi par les Bourbons de Naples et de Parme ; Venise, Modène, la Bavière éloignèrent également les jésuites ; Marie-Thérèse seule les retint en Autriche. Puis les cours de France, d'Espagne et de Naples demandèrent au pape Clément XIII la suppression de la société ; après bien des hésitations, son successeur, Clément XIV, voyant Marie-Thérèse elle-même s'unir aux princes de la maison de Bourbon, publia enfin le bref d'abolition, le 20 juillet 1773. « Pour le bien de la chrétienté, il valait mieux, disait-il, que l'ordre disparût. »

Mais déjà depuis longtemps madame de Pompadour n'existait plus, et le duc de Choiseul n'était plus au pouvoir. Madame de Pompadour mourut le 15 avril 1764 ; elle avait au moins, dans une certaine mesure, protégé les penseurs, comme Quesnay, les gens de lettres, Crébillon, Marmontel, Diderot, les artistes, Vanloo, Bouchardon.

Ministère du duc de Choiseul. Ses réformes dans l'administration. — Le duc de Choiseul a une place à part parmi les ministres du règne ; trop prôné par ses contemporains, il a grandi surtout par sa chute ; homme d'esprit, il s'est montré actif et habile.

« Rien de bas, mais rien de profond ne pouvait pénétrer dans cette âme aussi noble que légère. Choiseul n'aurait pas sauvé le royaume, mais il savait jeter un voile brillant sur sa décadence. Il n'était qu'un homme du monde ; à la vérité, il en était l'idéal... Pour vivre, pour respirer, pour être, il lui a fallu l'air de Versailles. Qualités, défauts, grâces, travers, tout dans ce ministre était de son rang, de sa société, de son époque. Ses actions, ses discours, ses pensées portèrent toujours cette empreinte, mais il sut la marquer d'un grand caractère. Esprit plus fin que ferme, il comprit son siècle à merveille et ne le domina jamais. » (Alexis de St-Priest.) Elevé par la faveur de madame de Pompadour, il sut rester lui-même ; partisan de l'alliance avec l'Autriche, il sut donner à notre politique extérieure une sorte de caractère national. Ministre de la guerre et de la marine, il dominait le contrôleur général des finances et dirigeait les affaires extérieures par son cousin, le duc de Praslin, son docile, mais souvent trop lourd instrument.

La guerre de Sept ans avait montré les vices de notre organisation militaire ; il introduisit d'heureuses réformes dans l'armée et dans la marine. Les cadres des différents corps furent fixés d'une manière uniforme ; les colonels perdirent la nomination de leurs subordonnés et durent commander eux-mêmes leurs régiments ; les capitaines n'eurent plus le droit de recruter leurs compagnies ; les régiments portèrent des noms de provinces. Les engagements durent être faits pour huit ans ; après seize ans de service, le soldat eut droit à la demi-solde ; après vingt-quatre ans à la solde entière ou aux Invalides. Il y eut des camps de manœuvres. L'artillerie et le génie militaire furent sagement organisés et devinrent des corps excellents que l'Europe nous envia.

La marine était presque perdue en 1763 ; elle fut alors ranimée. La bureaucratie fut réduite, et beaucoup d'officiers incapables furent mis à la retraite. Choiseul essaya vainement de supprimer les gardes de la marine, tous gentilshommes, pour ouvrir les cadres à tous les marins capables ; il dut reculer devant l'opposition des privilégiés ; mais il fut presque le créateur de l'artillerie de marine et poussa les constructions navales avec une grande activité. A la fin de 1770, nous avions 64 vaisseaux et 50 frégates ; les arsenaux étaient remplis. Nos colonies des Antilles, bien administrées, prospérèrent :

Saint-Domingue, la Martinique, la Guadeloupe, Bourbon, l'île de France faisaient un commerce considérable ; mais l'on échoua complétement dans une tentative mal conduite pour coloniser la Guyane ou France équinoxiale ; sur 12,000 colons, 2,000 à peine échappèrent.

Politique extérieure de Choiseul. — Choiseul, l'auteur du Pacte de famille, voulut au moins en tirer le meilleur parti ; l'Espagne, sous Charles III, relevait sa marine et se préparait à de nouvelles luttes contre l'Angleterre ; Choiseul aurait désiré entraîner dans notre alliance le Portugal et même les Etats secondaires, comme la Hollande ; il fit occuper Avignon, et le comtat Venaissin, à la suite des démêlés de Clément XIII avec le duc de Parme, Ferdinand de Bourbon. La mort du roi Stanislas, 1766, avait définitivement réuni à la France la Lorraine, depuis longtemps habituée à se regarder comme française ; vers la même époque, nous faisions une conquête également importante.

Réunion de la Corse (1768). — La Corse, cette belle position maritime de la Méditerranée, s'était presque entièrement affranchie de la domination génoise ; sous la conduite d'un homme remarquable, Pascal Paoli, elle aspirait à une indépendance complète ; mais les Anglais depuis longtemps jetaient des regards de convoitise sur cette île qu'ils auraient bien voulu occuper comme Gibraltar et Minorque. C'est alors que les Génois vendirent à Louis XV tous leurs droits de souveraineté par le traité de Versailles, du 15 mai 1768. Les Corses indignés se soulevèrent sous Paoli et repoussèrent même le comte de Chauvelin. Mais le comte de Vaux, à la tête de forces supérieures, les accabla surtout à Ponte-Nuovo, sur le Golo ; Paoli fut forcé de fuir en Angleterre, et le nouveau gouverneur, Marbeuf, pacifia l'île, autant par sa modération que par la force des armes, au moment où Napoléon Bonaparte naissait à Ajaccio, 15 août 1769.

Il prépare la guerre contre l'Angleterre. — L'Angleterre

était mécontente ; elle se contenta de faire quelques vaines protestations. C'est qu'elle était alors troublée par les émeutes que suscitait à Londres le démagogue Wilkes ; c'est que les colonies d'Amérique commençaient déjà, par leur résistance énergique, à inquiéter sérieusement le gouvernement de la métropole. Il n'est nullement prouvé que Choiseul ait excité par ses agents le mécontentement des Américains ; mais il devait nécessairement en profiter. Les Anglais l'accusaient d'avoir tramé un complot pour brûler les arsenaux de Plymouth et de Portsmouth ; ce qui est plus certain, c'est qu'un certain Gordon fut exécuté, en 1769, pour avoir tenté d'incendier le port de Brest. Choiseul était sûr de l'alliance de l'Espagne ; il l'excitait contre l'Angleterre ; peut-être voulait-il forcer Louis XV à une guerre que l'égoïsme du roi redoutait ; une occasion sembla se présenter. L'Espagne disputait aux Anglais la possession des îles Malouines ou Falkland, d'où ils faisaient un commerce de contrebande avec les colonies espagnoles de l'Amérique méridionale ; déjà les hostilités commençaient, et le cabinet de Madrid réclamait le secours de la France, lorsque Choiseul tomba du pouvoir. Avec lui disparaissait aussi la dernière chance de salut qui restait à la Pologne ; elle allait succomber.

Contre la Russie. — On a souvent répété la parole attribuée à Louis XV : « Ah ! si Choiseul eût été ici, le partage de la Pologne n'aurait pas eu lieu. » Quelle fut la politique du ministre, au moment où se préparait cette catastrophe ? On ne peut pas affirmer que le gouvernement français ait alors compris toute la gravité des événements qui allaient troubler pour longtemps l'équilibre européen ; on était habitué à l'anarchie polonaise et l'opinion publique en France était loin d'être favorable aux Polonais, dont on ne comprenait pas les craintes patriotiques et l'intolérance religieuse. « Lors même que, contre toute vraisemblance, écrivait Praslin, en

1763, les quatre puissances (Russie, Autriche, Prusse, Turquie) s'arrangeraient pour partager la Pologne, il est encore très-douteux que cet événement pût intéresser la France ! » Choiseul était surtout préoccupé des agrandissements de la Russie et de ses relations amicales avec l'Angleterre ; c'est contre la Russie qu'il tourna son activité diplomatique ; son intervention dans les affaires de Pologne eut surtout ce caractère.

A la mort d'Auguste III, 1763, il se déclara contre le parti des Czartoriski, pour soutenir les *patriotes*, qui voulaient établir l'ordre par la liberté aristocratique, mais sans y attacher une grande importance, tandis que Louis XV prescrivait aux agents français, par l'intermédiaire du comte de Broglie, chef de sa diplomatie secrète, de ne pas contrecarrer l'élection de Stanislas Poniatowski. Lorsque le protégé de Catherine II eut été élu, grâce à l'intervention des baïonnettes russes, Choiseul se contenta de protester, en rappelant son ambassadeur de Varsovie. Mais, en apprenant que la tzarine voulait organiser une *alliance du Nord* et se rapprochait de plus en plus de l'Angleterre, il s'efforça avec une activité fébrile de lui susciter partout des embarras. Il excita contre elle la Suède, l'Autriche, la Turquie, qui lui paraissaient intéressées à arrêter les progrès de l'ambition moscovite ; mais la Suède était toujours dirigée par une aristocratie vendue à la Russie, et Marie-Thérèse se contentait de protestations hypocrites, attendant, dans une neutralité douteuse, l'occasion de profiter des événements. Lorsque l'insurrection de Bar éclata, 1768, l'évêque Krasinski vint réclamer la protection de la France ; Choiseul promit de l'argent ; mais son envoyé, désespérant du succès des confédérés, ne donna rien et quitta la Pologne. L'Autriche, dirigée par Marie-Thérèse et Kaunitz, ne songeait déjà qu'à profiter des malheurs de la Pologne ; elle avait depuis longtemps oublié les services de Sobieski. Choiseul eut le tort de trop compter sur son alliance ; il est vrai qu'elle permit d'envoyer aux confédérés de Bar 1,500 hommes, commandés par le colonel Dumouriez ; et que Choiseul réussit à faire conclure le mariage du dauphin, qui fut Louis XVI, avec l'archiduchesse Marie-Antoinette, 1770 ; mais Marie-Thérèse refusa pour son gendre, le duc de Saxe-Teschen, le trône de Pologne, que Choiseul aurait voulu lui faire occuper ; et déjà son fils Joseph II s'entendait avec Frédéric, dans l'entrevue de Neustadt, pour préparer le démembrement de la Pologne. A Constantinople, notre ambassadeur, M. de Vergennes, déployait beaucoup d'habileté pour entraîner le sultan dans une guerre contre la Russie ; une violation du territoire ottoman par les Cosaques souleva les Turcs et força la Porte à prendre les armes, 1768. Mais les armées turques, sans discipline et sans chefs capables, allaient fournir aux Russes l'occasion de brillantes et fructueuses victoires, et leurs défaites devaient même hâter la ruine de la malheureuse Pologne. La situation était déjà bien mauvaise, lorsque la chute de Choiseul vint changer la politique de la France.

Querelle du Parlement et de la Cour. — Chute de Choiseul (1770). — Choiseul avait de nombreux ennemis ; le roi ne l'aimait pas, parce qu'il était trop brillant, trop actif et trop disposé à l'entraîner à la guerre ; l'ancien parti du dauphin et des jésuites lui gardait rancune ; madame Dubarry, la nouvelle favorite, devant laquelle il avait refusé de plier, désirait se venger ; le chancelier Maupeou et l'abbé Terray, contrôleur général, hommes également audacieux, sans scrupules et sans foi, voulaient le renverser. L'anarchie était depuis longtemps déjà dans le gouvernement ; Choiseul soutenait les parlements, Louis XV soutenait les gouverneurs de provinces, qu'ils accusaient de tyrannie et de dilapidations. En Bretagne, le duc d'Aiguillon, neveu du duc de Richelieu, était en lutte contre le Parlement de Rennes et contre les États de la province ; le procureur général La Chalotais l'avait surtout accablé de ses réquisitoires et de ses sarcasmes. Les amis du duc d'Aiguillon impliquèrent alors La Chalotais dans un vaste complot contre l'autorité royale ; il fut jeté en prison avec son fils et trois conseillers. L'opinion publique se souleva contre une pareille iniquité ; les magistrats protestèrent ; Choiseul obtint que les prétendus coupables seraient seulement exilés. Mais le Parlement de Rennes poursuivit d'Aiguillon, duc et pair, devant le Parlement de Paris ; *il fut déclaré prévenu de faits qui entachaient son honneur*, et suspendu de ses fonctions de pair. C'est alors que Louis XV, se croyant ouvertement bravé, lui qui protégeait le duc d'Aiguillon, céda aux suggestions de ceux qui l'entouraient ; il vint lui-même arracher des greffes du Parlement toute la procédure de l'affaire de Bretagne, et, dans un lit de justice, à Versailles, où siégeait d'Aiguillon, il condamna la conduite des magistrats, leur défendit de communiquer avec les autres parlements et de prononcer désormais les mots séditieux de *classes, d'unité, d'indivisibilité* de la magistrature.

Comme Maupeou s'y attendait, le Parlement suspendit le cours de la justice. Alors la disgrâce de Choiseul fut décidée ; une lettre du roi l'exila dans sa terre de Chanteloup, 24 décembre 1770 ; le duc de Praslin, son cousin, eut le même sort. Il y eut protestation générale de l'opinion publique ; on fit cortége au ministre brutalement congédié ; on le préconisa, on l'exalta outre mesure ; pour la première fois la cour parut abandonnée par les courtisans, et l'on affecta d'aller à Chanteloup pour se purifier de l'air de Versailles.

Le Triumvirat ; Maupeou, Terray, d'Aiguillon. — Destruction des parlements. — Le triumvirat avait triomphé ; la fin du règne de Louis XV ne devait plus présenter que des fautes et de la honte.

Maupeou avait depuis longtemps préparé la ruine de

la magistrature. Le roi crut faire disparaître de graves embarras, en frappant les parlements, l'un des appuis réels de l'ancienne monarchie ; ils formaient un contre-poids au despotisme royal ; avec eux l'opinion publique pouvait encore faire entendre légalement sa voix et réclamer au moins contre l'oppression. Dans la nuit du 19 au 20 janvier 1771, des mousquetaires réveillèrent tous les membres du Parlement, en les sommant de déclarer, par *oui* ou par *non*, s'ils voulaient reprendre leur service. Quarante seulement signèrent *oui* et se rétractèrent le lendemain. Un arrêt du conseil leur signifia à tous la confiscation de leurs charges, et des lettres de cachet les exilèrent dans les différentes provinces. Les membres du conseil d'Etat et quelques avocats obscurs formèrent un nouveau parlement. Vainement l'habile Maupeou déclara qu'il fallait réformer les abus dans l'administration de la justice et introduisit les plus louables modifications dans la réorganisation des parlements : suppression de la vénalité des offices, de l'hérédité des charges, des épices, du grand conseil ; établissement de six *conseils supérieurs* à Arras, Blois, Châlons, Clermont, Lyon, Poitiers, connaissant en dernier ressort de toutes matières civiles et criminelles, pour diminuer l'étendue excessive de la juridiction du Parlement de Paris, et mettre la justice à la portée des justiciables, etc. La cour des aides, la cour des monnaies, le Châtelet, les autres parlements de France, la magistrature entière, protestèrent énergiquement contre le coup d'Etat ; les avocats refusèrent de plaider ; les princes du sang adressèrent au roi leurs réclamations passionnées et furent exilés dans leurs terres. Maupeou ne se laissait pas intimider, il est vrai, et brisait toutes les juridictions qui résistaient ; avant la fin de l'année, tous les parlements provinciaux, plusieurs chambres des comptes, cours des aides, etc., furent dissous et réorganisés. Voltaire et quelques encyclopédistes avaient seuls applaudi à la réforme des abus ; l'opinion ne fut pas avec eux et ne sut aucun gré de ses réformes au ministre qu'elle méprisait ; on oublia les fautes de la magistrature, on ne se souvint que de ses services. On ne s'habitua pas au *Parlement Maupeou*, comme on l'appelait par dérision, et, de toutes parts, on applaudit à Beaumarchais, lorsque, dans un procès célèbre, en 1773, il livra les nouveaux magistrats à la risée publique. Le légataire de Pâris-Duverney avait refusé de payer au spirituel écrivain 15,000 livres qui lui étaient dues. Pour obtenir audience du conseiller Goëzman, rapporteur de l'affaire, Beaumarchais donna 115 louis à madame Goëzman ; elle ne lui en renvoya que 100, quand il eut perdu son procès. Goëzman, craignant d'être attaqué, lorsque l'affaire s'ébruita, accusa Beaumarchais d'avoir voulu le corrompre. Le Parlement condamna celui-ci à demander pardon. Il s'en vengea cruellement, en publiant ses *Mémoires*, qui achevèrent de déconsidérer pour toujours la nouvelle magistrature du chancelier Maupeou.

Administration financière de l'abbé Terray. Le pacte de famine. — L'abbé Terray, d'un esprit net et vigoureux, mais indifférent au juste et à l'injuste, disait que le peuple est *comme une éponge qu'il faut savoir presser*. La situation financière était très-mauvaise ; il eut recours à toutes sortes d'expédients pour trouver de l'argent ; il mit la main sur la caisse d'amortissement, prit les fonds des fermiers généraux, des banquiers, des rentiers, des pensionnaires de l'Etat, supprima la Compagnie des Indes, et, à force de banqueroutes partielles, de mesures violentes ou scandaleuses, parvint à subvenir aux dépenses de l'Etat, et à payer en une seule année pour 18 millions *d'ordonnances* de comptant de madame Dubarry. Toute opposition était punie par des lettres de cachet ; le ministre était le premier à rire des bons mots qui couraient sur ses déprédations, et à se moquer avec cynisme des accusations dont il était l'objet. Mais des murmures plus menaçants commencèrent à s'élever des profondeurs de la foule, lorsque l'on crut à l'existence de manœuvres odieuses, ayant pour but de spéculer sur les grains, de ce qu'on appela dans le langage populaire, le *Pacte de famine*. Un édit de 1764 avait autorisé la libre exportation des grains ; de mauvaises récoltes ayant amené la cherté, le peuple s'en prit à l'exportation et cria aux accapareurs ; dès 1768, le Parlement de Rouen dénonça les *monopoleurs* et fut tancé vigoureusement par le gouvernement ; il y avait cependant quelque vérité dans cette accusation. Une société Malisset s'était organisée pour spéculer sur l'achat et sur la vente des grains ; Louis XV était lui-même intéressé, pour dix millions, dans les affaires de la société. Un ancien secrétaire de l'ordre du clergé, Le Prévost de Beaumont, crut devoir instruire le Parlement de Rouen des manœuvres de ces spéculateurs ; il disparut ; on le retrouva vingt-deux ans plus tard dans une prison d'Etat. Un arrêt du conseil suspendit l'exportation en 1770 ; la cherté continua. C'est que la compagnie, protégée par Terray et par les agents du roi, avait multiplié ses accaparements à l'intérieur. Le peuple exagéra facilement les excès de la spéculation, accusa le roi, les ministres, les gens de cour, les financiers de s'entendre pour l'affamer, et les souvenirs du Pacte de famine, grossis par l'imagination crédule des classes ignorantes, se retrouveront encore aux mauvais jours de la Révolution.

D'Aiguillon abandonne la politique de Choiseul. — Mort de Louis XV (1774). — Pendant ce temps, d'Aiguillon était arrivé au ministère des affaires étrangères, juin 1771. L'Espagne s'était réconciliée avec l'Angleterre ; Louis XV voulait la paix. D'Aiguillon, abandonnant la politique de Choiseul à l'égard de la Pologne, s'éloigna complétement de l'alliance autrichienne, sembla vouloir se rapprocher de la Prusse, envoya Viomesnil en Pologne avec quelques hommes, mais le délaissa ; et, quand le brave Choisi eut été pris par les Russes dans le château de Cracovie après une défense héroïque, il laissa Voltaire et d'Alembert solliciter vainement de Catherine II la liberté des prisonniers français (1772). Quand le partage de la Pologne fut accompli, d'Aiguillon affecta un grand courroux, s'adressa à l'Angleterre qui repoussa durement ses faibles avances, puis se tut. Les Turcs, complétement abandonnés par nous, se résignèrent à signer le traité de Kaïnardji (1774). Le gouvernement français était aussi faible au dehors que corrompu et tyrannique à l'intérieur. Une révolution semblait menaçante; mais l'égoïste Louis XV avait dit : « Cela durera bien autant que moi. » Il avait raison. La maladie le saisit au milieu de ses ignominies; il expira, et la France se sentit comme soulagée. On eut encore quelques instants d'espoir; un prince honnête et pieux, son petit-fils, à peine âgé de dix-neuf ans, lui succédait. Mais, lorsque les restes gangrenés de Louis XV furent transportés en toute hâte à Saint-Denis, mai 1774, les sarcasmes de la foule, les cris de joie d'une multitude haineuse semblaient annoncer la condamnation d'une race royale et des institutions délabrées de la vieille France.

Puissance des idées et de la littérature en France au dix-huitième siècle. — « Jamais la France n'avait joué un plus triste rôle politique qu'à la fin du règne de Louis XV, et jamais elle n'avait exercé une plus grande influence sur l'Europe; plus le gouvernement s'avilissait, plus la nation s'élevait. La suprématie qu'elle avait obtenue sous Louis XIV, par la gloire de ses armes et sa splendeur sociale, était inférieure à celle dont elle jouissait sous Louis XV, uniquement par ses idées. Les lettres lui tenaient lieu de gloire, de puissance et de liberté. Tous les yeux étaient sur elle; tous les peuples épiaient la moindre étincelle partie de ce foyer de lumières; il n'y avait pas un philosophe étranger qui ne voulût être le compatriote des philosophes français; pas un souverain, un homme d'État, qui, par hypocrisie ou par aveuglement, ne caressât la philosophie, espérant en faire un instrument ou de domination ou de popularité. La langue et les livres de la France étaient partout; partout se retrouvaient ses idées; elles inspiraient Gibbon, Reid, Franklin, Beccaria ; elles étaient dans l'Académie de Berlin, à la cour de Catherine, dans les conseils de oseph II ; elles n'étaient pas seulement matière de goût et de littérature : elles influaient sur les gouvernements, elles transformaient l'esprit des sociétés. A Milan, sous la conquête autrichienne, elles dirigeaient l'administration éclairée, bienfaisante du comte de Firmian ; à Naples, elles suscitaient des réformateurs et des philanthropes, comme Filangieri ; de libres et cyniques penseurs, comme Galiani ; en Espagne même, dans ce pays de tenace routine et d'obédience monacale, elles faisaient pénétrer de salutaires changements dans l'administration et les mœurs; elles formaient trois ministres réformateurs, le courageux d'Aranda, qui vainquit les jésuites sur leur territoire de prédilection ; le sage et savant Campo-Manès, et même Florida-Blanca. En Portugal, ces mêmes idées françaises, poussées à l'excès par un esprit violent, apôtre de la philosophie comme Ximenès l'avait été de la foi, produisaient les résultats les plus étranges : le marquis de Pombal éteignait les bûchers de l'inquisition pour les hérétiques, et les rallumait pour les prêtres ; il faisait traduire Voltaire et Diderot, et mettait les plus rigoureuses entraves sur la poste et la presse. La France justifiait sa suprématie intellectuelle en poursuivant son œuvre de destruction, de progrès et de réforme avec une infatigable activité. Que de théories, de systèmes, de rêves! mais aussi que de découvertes! quel désir du mieux! quelle investigation en tout genre! quels progrès en astronomie avec Lacaille, Lalande, Cassini, Chappe, Legentil, Pingré; en botanique, avec Adanson et les deux Jussieu ; en mathématiques, avec d'Alembert, Clairaut, Condorcet! Quel magnifique monument élevé à l'histoire naturelle par Buffon, « ce génie égal en majesté à la nature, » qui découvrait la géologie et créait la zoologie! Jamais la science n'avait été si populaire, si pratique, en accord si parfait avec les lettres! Aussi jamais les lettres n'avaient pris un caractère plus positif et ne s'étaient mieux mises en contact avec la société ; jamais la prose n'avait été si lucide et si profonde, si pleine et si précise, si solennelle et si vulgaire ; jamais la vérité n'avait été étudiée moins pour elle-même et sous le point de vue purement intellectuel: « On la cherchait comme un argument au profit d'une cause ou comme une arme pour un combat. » Les idées entraient dans le monde réel, l'examinaient, le jugeaient, le sommaient de se régler suivant leurs lois; le droit prétendait dominer le fait; les doctrines étaient des événements; mais aussi l'esprit de discussion se mêlait à tout; le caractère frondeur de la nation prenait un air de gravité menaçante; les hypothèses les plus ridicules et les plus criminelles se croyaient destinées à l'application; les doctrines dissolvantes de Diderot et d'Helvétius faisaient secte ; les livres follement pervers de La Mettrie et de d'Holbach trouvaient des admirateurs. Voltaire ne tarissait pas ; il pétillait de joie aux anathèmes des dévots ; il méprisait et ne réfutait pas les prédicateurs de l'athéisme; c'étaient des destructeurs enrôlés sous son drapeau. « J'ai fait plus dans mon temps que Luther et Calvin, » disait-il ; et il riait de la dissolution sociale qu'il avait préparée. « Tout ce que je vois, écrivait-il, jette les semences d'une révolution qui arrivera immanquablement et dont je n'aurai pas le plaisir d'être témoin. La lumière s'est tellement répandue de proche en proche, qu'on éclatera à la première occasion, et alors ce sera un beau tapage. Les jeunes gens sont bien heureux : ils verront bien des choses. » (Lavallée, *Hist. des Français*.)

Caractère de la littérature au dix-huitième siècle. — Les philosophes. — Tel est, tracé à grands traits et d'une manière brillante, le tableau de la France au dix-huitième siècle. Ajoutons que l'esprit de libre examen devient alors universel ; qu'il s'applique à toutes les questions, à la religion, à la philosophie, à la science, à l'état politique et social des nations ; — que partout le respect disparaît avec la foi : « Il y a eu de notre temps, dit Montesquieu, une grande décadence de l'admiration ; » — mais que partout on eut l'amour et l'espoir du progrès, la plus grande confiance dans les forces de la raison, dans la perfectibilité de l'homme et de la société ; tout parut à refaire, et l'esprit humain osa se charger de l'entreprise.

La littérature française devint alors, entre les mains de ceux qu'on appelle *les philosophes du dix-huitième siècle*, une puissance nouvelle ; elle ne se renferma plus, comme au dix-septième siècle, dans la région calme et sereine de l'art. Les lettres menèrent l'opinion publique et voulurent gouverner le monde, pour le réformer et l'améliorer ; elles furent, avant tout, un instrument de polémique; elles luttèrent avec une passion, souvent injuste, souvent généreuse, pour faire disparaître toutes les traditions du passé, tous les débris de l'ancien régime ; elles élevèrent une tribune du haut de laquelle les philosophes s'adressaient à l'Europe entière et l'agitaient par leurs écrits, mélange de vérités et d'erreurs, de principes utiles et de dangereux paradoxes. Elles ont formé les générations qui ont fait la Révolution.

Dans cette grande mêlée d'opinions et de systèmes,

contentons-nous de citer quelques noms, d'indiquer quelques courants considérables, quelques directions principales.

Voltaire et son influence générale. — Voltaire (1694-1778) est le représentant le plus illustre et le plus complet du dix-huitième siècle. Philosophe, historien, romancier, poëte épique, tragique et comique, par l'universalité de ses écrits, par ses hardiesses, ses exagérations même, par la clarté vive et pénétrante de son style, par son immense influence, il est véritablement le chef de cette légion d'écrivains, qu'on appelle les *philosophes*. Au nom de la raison, il attaque sans relâche le pouvoir spirituel et religieux; il a recours à toutes les armes, à la science, à l'érudition, au sarcasme, à l'ironie, pour combattre cet ennemi, qui a élevé, gouverné, façonné, cette ancienne société, dont il poursuit les abus invétérés. Il est déiste et il réclame la liberté de la conscience. Timide en politique, il doit cependant, dans la dernière partie de sa vie, lorsqu'il est devenu le *patriarche de Ferney*, admiré de l'Europe entière, poursuivre avec une courageuse persévérance le mal social et soutenir de son influence et de sa plume infatigable les tentatives d'amélioration. C'est ainsi qu'il défend Calas, Sirven, La Barre, d'Etallonde, Lally-Tollendal, victimes d'injustes persécutions; qu'il contribue à faire abolir la torture; qu'il demande l'affranchissement des serfs du Jura, et qu'il écrit mémoires et pamphlets en faveur des réformes de Turgot. L'influence de Voltaire est bien représentée par l'élan général de la nation française en 1789. Mais il a malheureusement accoutumé un peuple, déjà trop porté à la raillerie, à voir livrer au ridicule les principes les plus respectables; il a contribué plus que tout autre à populariser le scepticisme.

Montesquieu et l'École historique. — Au-dessous ou à côté de Voltaire, Montesquieu et ce qu'on nomme l'École historique occupent une grande place. L'Ecole historique, en étudiant l'histoire des différents peuples, cherche à découvrir les lois et les institutions qui leur conviennent. Montesquieu (1689-1755), après avoir écrit les *Lettres persanes*, satire hardie, sous une forme frivole, des croyances et des institutions du dix-septième siècle; après avoir publié la *Grandeur et décadence des Romains*, 1734, modèle d'histoire philosophique; mûri par des études approfondies et par des voyages, fait paraître en 1748 l'*Esprit des lois*. Dans cet immense ouvrage, il analyse et juge la constitution des différents peuples; il examine les conditions, les effets des institutions du passé; il fait ressortir les avantages des gouvernements libres, comme celui de l'Angleterre; il fonde la philosophie de l'histoire, et, comme il le dit lui-même, il *fait penser*. Ce livre si grave, si sérieux, fut véritablement populaire; il eut vingt-deux éditions en dix-huit mois, et fut traduit dans presque toutes les langues de l'Europe. Il apprit à mettre le droit positif en harmonie avec l'éternelle justice, à faire disparaître les coutumes iniques et barbares. Son influence sera grande; c'est elle qui domine dans l'Assemblée constituante; c'est son esprit qu'on retrouvera dans les Chartes de 1814 et de 1830.

Les Encyclopédistes. — A côté de Voltaire travaillaient également les *Encyclopédistes*, qui avaient entrepris de résumer dans un vaste dictionnaire, l'*Encyclopédie*, l'ensemble des connaissances humaines. Quarante volumes furent publiés de 1751 à 1772. La tentative était gigantesque; tous les savants, tous les littérateurs philosophes étaient conviés à l'œuvre; il s'agissait, en réalité, de détruire, pour les reconstituer, les croyances, les mœurs, les institutions du passé. L'audace des Encyclopédistes n'a pas été couronnée de succès; leur œuvre confuse, empreinte de scepticisme et de matérialisme, a donné naissance à bien des théories mauvaises; mais ils ont proclamé la puissance des arts et de l'industrie pour le bonheur des peuples ; ils ont contribué au progrès de l'esprit humain, à la vulgarisation des sciences et de leurs applications ; ils se rattachent d'ailleurs par plus d'un côté à la secte des *Économistes*.

Les chefs de l'École furent Diderot et d'Alembert. Diderot, fils d'un coutelier de Langres (1712-1784), dans ses nombreux ouvrages, si divers et si mélangés, a poursuivi les abus et les injustices de l'ancien régime, avec une verve éloquente, avec une hardiesse clairvoyante, mais sans mesure. Sa vie fut un long combat. — D'Alembert, fils naturel de madame de Tencin (1717-1783), géomètre remarquable, penseur profond, écrivain sérieux et élégant, a composé le *Discours préliminaire de l'Encyclopédie*, et a combattu bien des préjugés, à côté de Voltaire, son maître, et de Diderot, son ami.

A l'École encyclopédique, on peut rattacher à divers titres : Condillac (1715-1780), qui, comme Voltaire, est le disciple de Locke, et popularise en France la philosophie sensualiste ; — Helvétius (1715-1771), auteur du *Livre de l'Esprit* ; le baron d'Holbach (1723-1789), auteur du *Système de la Nature* ; Lamettrie (1709-1751), qui a écrit l'*Histoire naturelle de l'âme*, l'*Homme-machine*, l'*Homme-plante* ; le marquis d'Argens (1704-1771), auteur des *Lettres juives* et des *Lettres chinoises* ; le baron Grimm (1723-1807), dont l'influence fut grande et dont la *Correspondance* est si curieuse ; Marmontel (1723-1799), avec ses *Contes moraux*, son *Bélisaire*, ses *Incas* ; l'abbé Raynal (1713-1796), auteur de l'*Histoire philosophique des deux Indes* ; Duclos (1704-1772), qui a écrit l'*Histoire de Louis XI*, des *Mémoires secrets sur les règnes de Louis XIV et de Louis XV* ; l'abbé Mably (1709-1795), auteur du *Parallèle des Romains et des Français*, des *Observations sur l'histoire de France*, etc. ; Condorcet (1743-1794), qui écrivit l'*Esquisse des progrès de l'esprit humain*, et qui rattache les Girondins, dont il partagea le sort, à Voltaire et aux Encyclopédistes.

J.-J. Rousseau; l'École politique et sentimentale. — L'École politique et sentimentale eut son représentant le plus éloquent dans J.-J. Rousseau. Il se sépare des philosophes, et cependant travaille à la même œuvre. Sorti du peuple, né à Genève (1712-1778), il se forma seul par la lecture des vies de Plutarque et de quelques ouvrages romanesques. Ennemi de la société par le ressentiment de son infériorité sociale au milieu d'un monde qu'il méprisait, et par les travers de son caractère chagrin et ombrageux, ennemi surtout de l'inégalité et des misères qui en sont la conséquence pour le plus grand nombre, il essaya de rendre l'enthousiasme à ses contemporains fatigués du scepticisme et de l'ironie; il s'efforça de relever le spiritualisme, en s'adressant surtout au sentiment, trop négligé par la raison; et dans ses ouvrages, d'une éloquence séduisante, il répandit les généreuses inspirations, les théories souvent paradoxales, les erreurs et les vérités. Dans son *Discours sur les progrès des sciences et des arts*, il attaquait la société polie et corrompue, et rappelait l'homme à l'état de nature; dans son *Discours sur l'inégalité des conditions*, il attaquait les abus et les principes de la société humaine; dans la *Nouvelle Héloïse*, l'*Émile*, le *Contrat social*, il s'efforçait d'émouvoir et d'épurer les âmes, au nom de la vertu et de la nature, par le développement du sentiment moral; de substituer aux idées reçues des théories parfois paradoxales sur la morale, l'éducation, la nature des gouvernements. En politique, il proclamait le principe de la souveraineté du peuple et du suffrage universel, souveraineté inaliénable et absolue, avec des conséquences logiques et des exagérations redoutables qui devaient conduire à l'anarchie ou au despotisme de la foule. Ses principes domineront à l'époque de la Convention; le *Contrat social* sera l'évangile des Montagnards; et plus tard les niveleurs socialistes et communistes relèveront plus ou moins directement de son École.

Les Economistes. — Tous ces écrivains des différentes écoles, et beaucoup d'autres qu'il est difficile de classer, ont cela de commun qu'ils poursuivent tous la ruine de l'ancien régime, dont ils signalent les abus et les injustices ; le mot d'ordre universel semblait être : *Guerre au passé, à toute autorité, à tout préjugé*. Ils hâtent de leurs vœux et de leurs efforts le triomphe de la tolérance, de la justice, de l'égalité.

Dans le même moment, une école, qui se croit plus pratique, répand des idées nouvelles sur la nature et la répartition des impôts, sur la création et la distribution des richesses ; c'est l'école des *Economistes*. Pendant de longs âges, la science de la richesse n'a pas même été soupçonnée ; tout a été abandonné à l'empirisme, à la routine, aux intérêts égoïstes ou aveugles des gouvernements. Cependant les souffrances et les abus avaient commencé, au dix-septième siècle, à faire jaillir quelques lumières : les États généraux de 1614 réclamaient la liberté de l'industrie ; Colbert demandait à un négociant : « Que faut-il faire pour vous aider ? — Nous laisser faire. » répondit-il. A la fin du règne de Louis XIV, quelques esprits supérieurs, Bois-Guillebert et Vauban surtout, avaient soutenu que les faits économiques obéissent à des lois naturelles et supérieures aux conventions ; ils avaient combattu le *système mercantile*, qui, pour encourager les manufactures, sacrifiait trop souvent les intérêts agricoles ; qui, pour protéger l'industrie française contre l'importation des produits étrangers, avait recours à la *prohibition* ou à une ligne de douanes armées des tarifs les plus sévères ; qui, pour maintenir la supériorité de nos produits, imposait à l'industrie française une série de règlements tyranniques et odieux. Vauban, dans la *Dîme royale*, avait demandé l'abolition des privilèges en matière d'impôts, l'abolition de la plupart des impôts de consommation, l'impôt direct établi proportionnellement sur les revenus fonciers et autres.

Ils sont les véritables pères de l'*Economie politique*. Après eux, à mesure qu'on avance dans le dix-huitième siècle, le nombre des penseurs qui se préoccupent des problèmes de l'agriculture, du commerce, de l'industrie va croissant parmi nous. Deux hommes surtout prennent la direction du mouvement, l'intendant du commerce, Vincent de Gournai, et le docteur Quesnay, médecin du roi. — Quesnay (1694-1774), l'un des collaborateurs de l'Encyclopédie, soutient que la terre seule est productive, et que, seule, l'agriculture donne un excédant, *un produit net;* les charges publiques ne doivent être assises que sur ce produit ; ce sont donc ces revenus qu'il faut chercher à accroître, en exposant les *lois évidentes* qui doivent développer les richesses agricoles ; le souverain, investi d'une autorité despotique, doit transformer ces lois en lois positives et en assurer l'exécution. La liberté du travail, la liberté du commerce des grains, l'abolition des douanes provinciales, etc., voilà ce qu'il demande dans ses livres, *Tableau économique, Maximes générales du gouvernement économique du royaume agricole*, etc. Son système a reçu le nom de *physiocratie* ou gouvernement des lois de la nature ; les physiocrates ont reçu de lui leur mot d'ordre : *Laissez faire, laissez passer*. — Gournai (1712-1759) adopta la même maxime et poursuivit le même but, la création et la distribution de la richesse sociale ; mais il est moins exclusif et moins systématique, en défendant les intérêts de l'industrie et du commerce, qui produisent, puisque les fruits de la terre acquièrent ainsi une nouvelle valeur. Lui aussi demande la suppression des douanes intérieures, la destruction des corporations, des jurandes, des maîtrises, en un mot, le renversement de toutes les barrières qui entravent le commerce et gênent l'industrie. — Tous les économistes, Mercier de la Rivière, Dupont de Nemours, Baudeau, Morellet, et le plus célèbre, Turgot, s'accordent à proclamer le rôle secondaire de la monnaie dans la richesse des nations, mais au contraire la grande puissance du travail; leurs doctrines, malgré leur divergence, peuvent se résumer en deux mots : Liberté du travail pour tous, égalité de tous devant l'impôt. — Turgot (1727-1781), de bonne heure généreusement inspiré par l'amour de la science et par l'amour du bien public, a abordé les questions les plus importantes de l'économie politique; dès 1759, il a réfuté la théorie de Law sur le papier-monnaie ; il a affirmé sa croyance *aux progrès successifs de l'esprit humain*, et tracé d'une main ferme l'esquisse d'une *histoire universelle;* il a combattu les exagérations de J.-J. Rousseau, mais s'est plus d'une fois rencontré avec lui pour tout ce qui est morale ou sentiment. Ses *Lettres sur la tolérance* (1754) sont dignes de Voltaire ; dans ses articles de l'Encyclopédie, il pose la plupart des principes que la Révolution appliquera. Puis il se livre avec la plus noble ardeur aux spéculations de l'économie politique, et dans son beau livre, *Réflexions sur la formation et la distribution des richesses* (1769), il établit les lois qui seront plus tard développées par Adam Smith. Il se prépare à l'action, en joignant la pratique à la théorie, et, dans son intendance de Limoges, depuis 1761, il applique les idées des économistes; il réalise les plus heureuses améliorations, et il est le bienfaiteur de la province, il a conquis l'opinion publique ; elle le portera bientôt sur un plus vaste théâtre, à la tête du gouvernement, et la France attendra de Turgot la réalisation de ses vœux et de ses espérances, au moment où le plus illustre théoricien de l'économie politique, l'Ecossais Adam Smith (1723-1790), jetait les bases solides et larges de la science, en donnant pour source à la richesse le *travail* de l'homme, appliqué à *l'agriculture*, à *l'industrie* et au *commerce*, dans ses *Recherches sur la nature et les causes de la richesse des nations.*

Progrès des sciences au dix-huitième siècle. — Le dix-huitième siècle est aussi remarquable par les progrès des sciences; les découvertes scientifiques donnent chaque jour de nouvelles forces à l'homme, lui inspirent chaque jour une confiance plus grande et préparent les progrès si remarquables du dix-neuvième siècle. M. Mignet a bien déterminé le caractère du mouvement scientifique à cette époque. « Il était réservé à la science du dix-huitième siècle de connaître surtout les principes et les combinaisons des corps, comme la science du dix-septième avait eu la gloire de constater les règles mathématiques de leur pesanteur et de leurs mouvements... Si l'un de ces grands siècles avait pénétré jusqu'aux profondeurs de l'espace pour y découvrir la forme elliptique des astres, y mesurer leur grandeur, y calculer leur marche, y assigner la force respective de leurs attractions; l'autre, non moins sagace et non moins fécond, était destiné, par le développement naturel de l'esprit humain, à porter ses observations sur notre globe, sur la matière qui le compose, l'atmosphère qui l'entoure, les fluides mystérieux qui l'agitent, les êtres variés qui l'animent. A la fondation véritable de l'astronomie devait succéder celle de la physique, de la chimie, de l'histoire naturelle positives ; à Galilée, à Képler, à Huyghens, à Newton, à Leibnitz devaient succéder Franklin, Priestley, Lavoisier, Berthollet, Laplace, Volta, Linné, Buffon, Cuvier. » (*Éloge de Franklin.*)

Physique. — *Benjamin Franklin*, né à Boston (1706-1790), fils d'un fabricant de savon, ouvrier, puis maître imprimeur à Philadelphie, plus tard maître général des postes, s'était déjà rendu célèbre, en publiant l'*Almanach du bonhomme Richard* pour l'instruction du peuple, par ses œuvres philanthropiques, par ses nombreuses brochures, pleines de finesse et de bon sens, lorsqu'il fut envoyé à Londres pour défendre les droits des colonies. On verra plus loin son rôle politique. Comme physicien, il reconnut et démontra, par des expériences certaines, la distribution de l'électricité sur les deux surfaces intérieure et extérieure de la bouteille de Leyde. Il constata le premier le pouvoir qu'ont les pointes de déterminer lentement et à distance l'écoulement de l'électricité, et conçut le projet de faire descendre ainsi sur la terre l'électricité des nuages, si toutefois les éclairs et la foudre étaient les effets de l'électricité. Un jeu d'enfant lui servit à résoudre ce hardi problème : il lança un cerf-volant par un temps d'orage, suspendit une clef au bas de la corde et essaya d'en tirer des étincelles. D'abord ses tentatives furent inutiles. Enfin une petite pluie étant survenue mouilla la corde, lui donna ainsi un faible degré de conductibilité, et, à la grande joie de Franklin, le phénomène eut lieu comme il l'avait espéré; si la corde avait été plus humide ou le nuage plus intense, il aurait été tué, et sa découverte périssait probablement avec lui. Franklin comprit le parti qu'on pouvait tirer de cette découverte pour préserver les édifices de la foudre; il inventa les paratonnerres, qui furent en peu de temps adoptés en Amérique et en Europe.

Les découvertes sur l'électricité et le magnétisme se multiplièrent. *Coulomb*, au moyen d'un appareil ingénieux, avait établi la loi d'après laquelle les attractions et les répulsions électriques varient avec les distances. — *Galvani* (1737-1798), professeur de physique à Bologne, faisant des expériences sur l'excitabilité des organes musculaires par l'électricité en mouvement, employait des grenouilles récemment tuées et écorchées, dont il coupait la colonne dorsale pour isoler et mettre à nu les nerfs lombaires; il réunissait ensuite ces nerfs par un fil métallique, recourbé en crochet, pour suspendre le tout aux conducteurs de la machine électrique. Ayant un jour suspendu plusieurs des grenouilles écorchées au balcon de fer d'une terrasse, il remarqua que leurs pieds et leurs jambes dépouillés entrèrent en convulsion spontanée. Il en conclut l'existence d'une électricité particulière, qu'il appela *électricité animale*. — *Volta* (1745-1827), né à Côme, étudiait depuis longtemps les actions électriques; il répéta les expériences de Galvani, reconnut que le principe d'excitation résidait dans les métaux et même dans tous les corps hétérogènes. Il fut ainsi conduit à la construction de *la pile* dite *voltaïque*, ou appareil électro-moteur, qui a pour but d'exciter un courant électrique continu à travers les corps conducteurs que l'on place entre ses pôles. La pile est devenue l'agent le plus actif que la chimie ait jamais possédé, et a été féconde en découvertes scientifiques et en applications industrielles. Volta avait inventé l'*électrophore*, le *condensateur électrique*, l'*électroscope*, etc. — Rappelons les noms de *Réaumur* (1683-1757), qui fit le thermomètre, dit de Réaumur; des deux frères *de Saussure*, de Genève, qui multiplièrent les expériences météorologiques; des frères *Montgolfier*, qui découvrirent les aérostats (1782); de *Pilâtre de Rozier*, qui fit le premier voyage aérien, le 20 décembre 1783.

CHIMIE. — La théorie de *Stahl* sur la combustion, bien qu'erronée, prépara les grands progrès de cette science au dix-huitième siècle. On cite les noms de *Hales* et de *Black*, pour leurs travaux sur les gaz; de *Margraff*, sur la magnésie et l'aluminium; de *Bergmann* et *Scheèle*, chimistes suédois; des Anglais *Cavendish*, qui découvrit l'hydrogène, *Priestley*, qui découvrit l'oxygène, mais surtout de *Lavoisier*, qui opéra dans la science une révolution complète. Lavoisier, né à Paris (1743-1794), membre de l'Académie des sciences et fermier général, a trouvé la *théorie de la combustion*, en reconnaissant qu'elle est le produit de l'air essentiellement respirable avec les corps, et que l'air fixe en particulier est le produit de son union avec le charbon. Il décomposa l'air et l'eau. La chimie nouvelle était créée; il fallait, par un enseignement méthodique, la mettre à la portée de tous. Tel fut le but de l'ouvrage intitulé: *Méthode de nomenclature chimique*, qu'il publia en 1787; son *Traité élémentaire de chimie* (1789) compléta son œuvre. Lavoisier fut une des victimes de la Révolution; condamné à mort, comme fermier général, il périt sur l'échafaud, le 8 mai 1794. Mais *Berthollet* (1748-1822), *Guyton de Morveau* 1737-1816), *Fourcroy* (1755-1809) continuèrent la nomenclature chimique et firent de nouvelles découvertes. N'oublions pas le nom de l'abbé *Haüy*, pour ses importants travaux sur les cristaux.

HISTOIRE NATURELLE. — Les sciences naturelles eurent leur législateur dans Linné, leur poëte et leur historien dans Buffon. Le Suédois *Linné* (1707-1778) publia de nombreux ouvrages, et surtout *Systema naturæ* (1735) et *Philosophia botanica* (1751). Il a classé, dans un ordre méthodique, les trois règnes de la nature, mais a principalement groupé les plantes d'après leurs organes floraux (pistils et étamines), et préparé les beaux travaux qui devaient fonder la *méthode naturelle*. Ce fut la gloire de *Bernard de Jussieu* (1699-1777), et de son neveu, *Antoine-Laurent de Jussieu* (1748-1836), qui distribuèrent les plantes d'après cette méthode naturelle, « but et fin de la botanique, écrivait Linné, pour laquelle je travaillerai jusqu'à la fin de ma vie. » *Daubenton* (1716-1799) fit de nombreuses découvertes en anatomie et en minéralogie; *Charles Bonnet*, de Genève, publia des travaux remarquables sur les insectes. Mais le grand nom dans l'histoire naturelle est celui de *Buffon*. Né à Montbard (1707-1788), il ne fut pas moins célèbre par la beauté de son style que par ses recherches. Membre de l'Académie des sciences dès 1733, intendant du Jardin du Roi (1739), il donna, de 1749 à 1788, sa grande *Histoire naturelle*, qui comprend la *Théorie de la terre*, les *Idées générales sur les animaux*, l'*Histoire de l'homme*, l'*Histoire des quadrupèdes*, l'*Histoire des oiseaux*, etc. Il s'efforça de réunir l'exactitude et le détail des observations des modernes au plan vaste et à l'éloquence de Pline, aux vues profondes et philosophiques d'Aristote. Il déploya dans son œuvre immense la magnificence de son style, sans pouvoir l'achever. On a pu critiquer plusieurs de ses théories, mais il a popularisé les sciences naturelles et élevé un des plus beaux monuments de la littérature française.

MATHÉMATIQUES ET ASTRONOMIE. — Les mathématiciens et les astronomes ont poursuivi les travaux de leurs devanciers. *Euler* (1707-1783) est le digne successeur de Newton et de Leibnitz; *Clairaut* (1713-1765), *d'Alembert* développent l'analyse mathématique; *Herschel* invente un télescope qui lui permet de découvrir Uranus et deux des satellites de Saturne; *Bouguer* et *la Condamine* vont au Pérou (1736), tandis que *Clairaut*, *Lemonnier* et *Maupertuis* vont en Laponie pour déterminer la mesure d'un degré et la figure de la terre. *Lacaille* dresse, au cap de Bonne-Espérance, la carte du ciel austral; *Delambre* et *Méchain* déterminent la longueur du mètre; *Bailly* (1736-1793) écrit l'*Histoire de l'astronomie ancienne et moderne*; *Lagrange*, né à Turin (1736-1813), continue les traditions d'Euler, traite le problème des *mouvements de la lune*, publie sa *Mécanique analytique*, sa *Théorie des fonctions analytiques*, etc.; *Laplace* (1749-1827), membre de l'Académie des sciences dès 1773, est l'auteur de la *Mécanique céleste*, et montre son génie dans l'*Exposition du système du monde*.

Découvertes maritimes. — A la même époque, l'ardeur scientifique amène de nouvelles découvertes géographiques, et l'on achève de reconnaître le monde. Les principaux navigateurs furent alors anglais ou français ; George III, Louis XV et Louis XVI se plurent à les encourager. Parmi les plus illustres, on remarque Anson et John Byron, qui s'étaient distingués dans les guerres maritimes, et qui reconnurent surtout les parages entre le cap Horn et le cap de Bonne-Espérance ; Carteret (1766-69), Wallis (1767), qui firent des découvertes dans l'Océanie ; plus tard, Vancouver (1790-95), qui explora les côtes occidentales de l'Amérique du Nord ; et le plus célèbre navigateur du siècle, le capitaine Cook (1728-1779). Fils d'un paysan du comté d'York, il s'instruisit lui-même, entra dans la marine marchande, servit avec distinction au Canada dans la marine royale, puis fit trois fois le tour du monde, explorant en tous sens les immenses étendues du Grand Océan entre les deux pôles. Dans un premier voyage (1768-1771), avec les naturalistes Banks et Solander, il visita les îles de la Société, où il fut bien accueilli par les indigènes, fit le tour de la Nouvelle-Zélande, traversa le détroit de Cook, qui sépare les deux grandes îles, parcourut les côtes de l'Australie, qu'il nomma Nouvelle-Galles du Sud, puis celles de la Nouvelle-Guinée, traversa le détroit de Torrès et revint par Batavia et le cap de Bonne-Espérance. Dans un second voyage (1772-1775), avec les deux naturalistes Forster, les astronomes Wales et Baylen, il s'efforça de pénétrer les mystères des régions qui environnent le pôle antarctique, revint vers la Nouvelle-Zélande et les archipels de la Polynésie, découvrit la Nouvelle-Calédonie, etc. Dans un troisième voyage (1776-1779), après avoir parcouru les mêmes parages, il longea toute la côte occidentale de l'Amérique jusqu'au détroit de Behring, dans l'espoir de découvrir un passage entre le Grand Océan et la mer d'Hudson. Louis XVI ordonna aux marins français de respecter l'illustre navigateur. Après plusieurs tentatives infructueuses, le capitaine Cook, arrêté par les glaces, fut obligé de revenir vers les îles Sandwich; il fut assassiné par les indigènes d'Owhihée.

La France rivalisait alors d'ardeur avec l'Angleterre. Bougainville (1729-1811) s'était distingué dans la défense du Canada; lui aussi fit un beau voyage autour du monde, qui dura trois ans (1766-69). Il pénétra dans le Grand Océan par le détroit de Magellan, reconnut l'archipel Dangereux, Taïti, l'archipel des Navigateurs, les Nouvelles-Hébrides, l'île de Bougainville, la Nouvelle-Irlande, la Nouvelle-Guinée, et revint par Batavia et le cap de Bonne-Espérance. Il publia dès 1771 son *Voyage autour du monde*, qui eut un succès prodigieux. Après lui, Surville (1769) visita les côtes de l'Inde, la Malaisie, la Nouvelle-Guinée, la Nouvelle-Zélande; Marion parcourut l'océan Austral (1771). La Pérouse, déjà illustre dans les guerres contre les Anglais, reçut ses instructions de Louis XVI lui-même, partit en 1785, et, après avoir enrichi la science géographique de nombreuses découvertes, périt, en 1788, sur les récifs de Vanikoro; d'Entrecasteaux, envoyé à sa recherche (1791-93), visita toutes les îles de l'Océanie, sans avoir pu retrouver les traces de La Pérouse; c'est seulement en 1827, que le capitaine anglais Dillon, puis le français Dumont d'Urville, ont découvert les débris de son naufrage. A la même époque Levaillant se faisait un nom par ses explorations intéressantes de la colonie du Cap, du pays des Hottentots et d'une partie de la Cafrerie (1781-1784).

Résumé. — *Influence de la France sur l'Europe.* — Ainsi, dans toutes les parties de la science, dans les lettres comme dans les arts, l'esprit humain faisait de nouveaux efforts, de nouveaux progrès. L'anglais Watt perfectionnait sa machine à vapeur, de 1774 à 1785; le marquis de Jouffroy faisait naviguer sur le Doubs, en

1776, le premier bateau à vapeur ; Jenner découvrait la vaccine (1766) ; Parmentier popularisait l'usage de la pomme de terre ; Daubenton introduisait en France la race espagnole des moutons mérinos, etc., etc.

La France donnait l'exemple dans ce mouvement remarquable, et cet exemple était suivi avec ardeur dans toutes les contrées de l'Europe ; les écrivains, les savants, les ministres, les rois réformateurs subissaient l'influence de nos livres et de nos idées. Nous en dirons quelques mots dans le chapitre où nous ferons le tableau de l'Europe en 1789. Rappelons seulement, pour terminer, quelques noms célèbres : en Angleterre, Hume, historien et philosophe ; Robertson, Gibbon, dont les ouvrages remarquables ont été inspirés par l'esprit de Voltaire ; mistriss Macaulay, dont l'*Histoire d'Angleterre* sera traduite par Mirabeau ; le romancier Olivier Goldsmith, l'auteur du *Vicaire de Wakefield ;* Richardson, qui a écrit *Clarisse Harlowe* ; Macpherson, qui a ressuscité le nom et les poésies d'Ossian, etc., etc. — En Allemagne, Schlegel, Lessing, Wieland, Klopstock, Jacobi, et bien d'autres, commencent cette rénovation littéraire et philosophique, qui doit donner à la grande patrie allemande son beau siècle littéraire, dont les plus illustres représentants seront Herder, Kant et surtout Schiller et Gœthe. L'Italie elle-même semble sortir de son engourdissement ; Beccaria est l'élève illustre de Montesquieu. Les idées françaises excitent partout l'enthousiasme, une grande révolution se prépare.

CHAPITRE XIV [1]

Lutte de la Suède et de la Russie. — Charles XII et Pierre le Grand.

- État des royaumes du Nord à la fin du dix-septième siècle. — *Suède* : Christine, Charles-Gustave. — *Danemark* : la royauté devient absolue en Suède comme en Danemark. — *Pologne* : anarchie; Jean Sobieski, Auguste de Saxe. — *Russie* : les Romanow.
- PIERRE LE GRAND (1689-1725). Divisions de son règne. Son caractère; ses premières réformes; armée, marine. Guerre contre les Turcs, prise d'Azof (1695-1696). Premier voyage de Pierre en Hollande et en Angleterre (1697). La révolte des Strélitz le rappelle en Russie.
- Nouvelles réformes. Le clergé soumis au tzar. Réformes dans les mœurs, les habillements, etc.
- CHARLES XII, roi de Suède (1697-1718). Ligue des rois de Danemark, de Pologne et de Pierre contre la Suède (1700). — Charles XII bat les Danois; puis les Russes à Narva (1700). Il poursuit le roi Auguste en Lithuanie et en Pologne. Il fait nommer Stanislas Leczinski, roi de Pologne (1704). Il poursuit Auguste II jusqu'en Saxe et lui impose le traité d'Altranstadt (1706). Charles XII ne s'unit pas à Louis XIV. Il se dirige vers la Russie : campagne de 1708; Mazeppa. Bataille de Poltava (1709); Charles XII se réfugie en Turquie.
- Conquêtes de Pierre vers la mer Baltique. Il fonde Saint-Pétersbourg (1703). La Suède est attaquée de toutes parts. Les Turcs déclarent la guerre à Pierre le Grand; traité de Falksen ou du Pruth (1711). Charles XII en Turquie, à Varnitza, à Démotica. Coalition contre la Suède; Charles XII à Stralsund (1714-1715).
- Charles XII se rapproche de Pierre le Grand : le baron de Gœrtz. Second voyage de Pierre en France, en Hollande (1717). Mort de Charles XII (1718); révolution aristocratique en Suède. Condamnation et mort d'Alexis, fils de Pierre (1718).
- Dernières réformes du tzar. Traité de Nystadt (1721). Guerre contre la Perse. Mort de Pierre le Grand.

État des royaumes du Nord à la fin du dix-septième siècle. — Au dix-huitième siècle, la France cesse d'être

---

[1] LIVRES A CONSULTER. — Voltaire, *Histoire de Charles XII et la Russie sous Pierre le Grand*; Levesque et Chopin, *Histoire de Russie*; Gejer, *Histoire de Suède*; Geffroy, *Histoire des États Scandinaves*.

prépondérante en Europe, tandis que l'Angleterre, sa rivale, devient maîtresse de l'Océan; le nouveau royaume de Prusse s'élève et grandit, surtout avec Frédéric II, en face de l'Autriche, qui se soutient péniblement sous Marie-Thérèse; enfin, la Russie, jusqu'alors barbare et presque asiatique, entre véritablement pour la première fois dans le cercle des intérêts européens; façonnée par la main vigoureuse d'un despote de génie, elle doit grandir, au moment où déclinent les trois États qui lui servaient de barrière du côté de l'Europe, la Suède, la Pologne et la Turquie. Au temps de Pierre le Grand, les téméraires aventures de Charles XII font descendre la Suède au rang de puissance secondaire; sous Catherine II, la Pologne sera démembrée, accablée, et la Turquie de plus en plus menacée dans son indépendance et dans son existence. Avant la fin du siècle, la puissance colossale de la Russie sera déjà un danger véritable pour l'Europe. — Il est nécessaire d'indiquer en quelques mots l'état des royaumes du Nord et de l'Est, dans la dernière moitié du dix-septième siècle.

SUÈDE. — *Christine, Charles-Gustave.* — Au traité de Westphalie (1648), la Suède était au premier rang parmi les puissances de l'Europe. La fille du grand Gustave-Adolphe fut indigne de son père. Savante jusqu'au pédantisme, mais incapable de bien gouverner, elle avait voulu étonner le monde en abdiquant (1654). Elle avait abjuré le luthéranisme pour pouvoir vivre à Rome dans la culture des arts et des lettres; mais, avant de s'y établir, elle avait en France excité la surprise par la bizarrerie de son costume et de ses manières, et inspiré une sorte d'horreur en ordonnant à Fontainebleau la mort de son favori Monaldeschi. — Son cousin, Charles X, brave comme Gustave-Adolphe, téméraire comme son petit-fils Charles XII, remplit l'Europe du Nord du bruit de ses exploits, pendant son règne de six ans (1654-1660). Jean-Casimir Wasa, roi de Pologne, jésuite et cardinal avant de monter sur le trône, en lutte avec les Cosaques du Borysthène et le tzar Alexis, en lutte avec les nobles polonais, qui commençaient à faire usage contre lui du fameux droit de *liberum veto*, protesta imprudemment contre l'avénement de Charles-Gustave. Aussitôt, les Suédois envahirent la Pologne et l'occupèrent, quoique Jean-Casimir l'eût placée sous la protection de la Vierge; dans une bataille de trois jours (28, 29 et 30 juillet 1656), près de Varsovie, les Polonais furent complétement vaincus. Ils ne furent sauvés que par les craintes jalouses des princes voisins, le tzar, l'électeur de Brandebourg, l'empereur d'Allemagne, le roi de Danemark, qui se liguèrent contre la Suède. Arrêté au milieu de ses victoires, Charles X se précipita d'un seul bond sur les Danois ; au mois de janvier 1658, il envahit le Holstein, le Slesvig, le Jutland, passa sur la glace les deux Belt, soumit la Fionie et parut menaçant devant Copenhague. Frédéric III dut subir les conditions onéreuses du traité de Roskild. Recommençant aussitôt la guerre, Charles X se proposait de conquérir les Etats scandinaves et de devenir le maître absolu de la Baltique. La résistance héroïque de Frédéric III dans Copenhague, l'intervention armée des Hollandais, qui craignaient pour leur commerce, la médiation de l'Angleterre et de la France, rien ne pouvait fléchir l'opiniâtreté du roi de Suède ; la mort seule l'arrêta et rendit la paix à l'Europe du Nord. Trois traités, encore avantageux à la Suède, furent signés pendant la minorité de son fils, Charles XI : le traité de *Copenhague* (27 mai 1660) laissait aux Suédois les **provinces de Scanie, de Halland, de Blékingie et de Bohus** ; le **traité d'*Oliva*** (3 mai 1660) terminait la guerre avec la Pologne ; Jean-Casimir renonçait à ses prétentions sur la Suède et lui abandonnait l'Esthonie et la Livonie ; enfin, par le traité de *Kardis* (en Esthonie), le tzar rendait toutes les places qu'il possédait encore dans ces pays.

DANEMARK. — *La royauté devient absolue en Suède comme en Danemark*. — C'est dans la période suivante que la royauté absolue fut établie en Danemark et en Suède. — En Danemark, la noblesse, dirigée par le sénat, était toute-puissante ; elle opprimait le roi, la bourgeoisie, les paysans ; on lui imputait les malheurs des dernières guerres. Aux états généraux de Copenhague, réunis en 1660, après un intervalle d'un siècle, le clergé, dirigé par Svane, évêque de Seeland, la bourgeoisie par Nansen, bourgmestre de Copenhague, s'entendirent avec le roi ; la révolution fut menée avec intelligence et énergie ; les nobles durent céder, et l'on accorda au roi un pouvoir absolu et héréditaire ; la *loi royale*, rédigée par Frédéric III, en 1665, le mettait au-dessus de toutes les lois humaines. Son gouvernement fut despotique, mais il rendit quelque force au Danemark, qui, sous Christian V, son fils (1670-1699), put soutenir heureusement la guerre contre la Suède.

Dans ce pays, Charles XI (1660-1697), après avoir signé la triple alliance de la Haye, pour modérer l'ambition de Louis XIV (1668), était revenu à l'alliance de la France. Les vieux souvenirs, l'ambition de jouer un grand rôle dans les affaires d'Allemagne et surtout l'argent prodigué décidèrent la Suède à nous soutenir contre nos ennemis de la première coalition ; mais les Suédois furent battus honteusement à Fehrbellin (1675) par l'électeur de Brandebourg, battus par les Danois et les Hollandais, sur terre et sur mer ; et il fallut les victoires de Louis XIV et sa généreuse insistance pour forcer les ennemis de la Suède à lui restituer leurs conquêtes par les traités de Saint-Germain, de Fontainebleau et de Lunden (1679). — Les revers qu'on venait d'éprouver décidèrent une révolution, semblable à celle du Danemark. Excité par l'orgueilleux favori Gyllenstiern, Charles XI, dans les diètes de Stockholm (1680, 1682 et 1693), se débarrassa de la tutelle des sénateurs. Il fut déclaré maître absolu, avec la faculté de changer les lois fondamentales et de gouverner selon son bon plaisir. Il en profita pour reconstituer violemment le domaine royal ; mais il donna à la Suède une bonne armée, des finances prospères, créa le port de Carlscrona, encouragea les lettres et les arts, le commerce et les manufactures. A sa mort, la Suède était dans un état prospère, dont son jeune fils, Charles XII, allait abuser.

POLOGNE. — *Anarchie.* — *Jean Sobieski.* — *Auguste de Saxe.* — En Pologne, au contraire, les rois étaient sans pouvoir, et la décadence commençait. Jean-Casimir, toujours battu par les Russes, abdiqua, en 1668, après avoir prédit aux Polonais qu'ils seraient un jour, par leurs dissensions, la proie de leurs voisins; il se retira en France, où il mourut abbé de Saint-Martin de Nevers (1672). — Sous son successeur, Michel Koribut, l'anarchie fut à son comble ; les Cosaques, les Tartares et les Turcs étaient sur le point de ruiner la Pologne. Un héros la sauva. Jean Sobieski, grand maréchal de la couronne, vainqueur des Turcs à Choczim (1673), fut élevé au trône; les jours glorieux reparurent; de nouvelles victoires rendirent l'Ukraine à la Pologne, et Sobieski, à la tête d'une armée de braves, put venir au secours de Vienne, assiégée par les Turcs (1683) ; son triomphe fut le salut de l'Autriche, qui devait plus tard se montrer bien peu reconnaissante. Mais les Polonais, si braves, étaient toujours insouciants et désunis ; le pays était déchiré par les factions, et Sobieski était faible quand il n'était pas sur les champs de bataille. Aussi, en 1686, il fut forcé d'acheter l'alliance des Russes contre les Ottomans, en leur abandonnant, par le traité de *Moscou*, Smolensk, Tchernigov, Starodub, Novgorod-Severskoï, toute la Petite Russie, et même la ville de Kiev, avec la suzeraineté des Cosaques Zaporogues. A la mort de Sobieski (1696), ses fils furent éloignés du trône, toujours électif. Les intrigues se multiplièrent; le prince de Conti et l'électeur de Saxe, Auguste II, furent élus. Conti, mal soutenu par Louis XIV et par ses partisans, fut amené à Dantzig par Jean Bart, mais ne put même pas débarquer et retourna en France, sans trop de regret d'une couronne qu'il avait peu désirée. Auguste II, prodigue et vain, d'une force de corps prodigieuse, mais d'une légèreté de mœurs trop célèbre, allait hâter la décadence de la Pologne en y introduisant les étrangers.

RUSSIE. — *Les Romanow.* — La Russie était gouvernée depuis 1613 par une nouvelle dynastie, celle des Romanow. Michel Féodorovitch avait régné avec sagesse jusqu'en 1645, mais il avait été obligé de céder la Carélie et l'Ingrie à Gustave-Adolphe, par le traité de Stolbova (1617), et son fils Alexis (1645-1675) avait signé à son tour le traité de Kardis, qui laissait les Suédois maîtres de toutes les provinces à l'est de la mer Baltique. Ce prince, précurseur de son fils Pierre le Grand, avait fait de nobles efforts pour civiliser ses peuples et leur donner les arts et la discipline militaire de l'Europe. Son fils aîné, Féodor, avait suivi son exemple; mais il était mort en 1682, désignant pour son successeur son plus jeune frère Pierre, âgé seulement de dix ans, à l'exclusion de l'aîné, Ivan, faible de corps et d'esprit. Leur sœur aînée, la princesse Sophie, ambitieuse et intelligente, guidée par le prince Basile Galitzin et soutenue par la milice turbulente et cruelle des *Strélitz*, s'empara du pouvoir, gouverna, comme régente, au nom de ses deux frères, et ne régna pas sans gloire. Sous son administration, les Polonais subirent les conditions de la paix de Moscou; une première ambassade russe fut envoyée en France (1687), et la guerre commença contre les Turcs, qu'on voulait chasser des bords de la mer d'Azov. Mais Pierre, à l'âge de dix-sept ans, se sentait déjà digne du trône. On l'avait tenu jusqu'alors en tutelle; peut-être même voulait-on se débarrasser de lui. Il prévint les projets de ses ennemis; il s'entoura de quelques aventuriers étrangers, de quelques partisans dévoués, et, en 1689, il s'empara du pouvoir par un coup de main énergique, enferma sa sœur Sophie dans un monastère, exila Galitzin à Kargopol, et commença véritablement à régner, en laissant le titre de tzar au faible Ivan, qui doit mourir obscurément en 1696.

PIERRE LE GRAND (1689-1725). *Divisions de son règne.* — Le règne de Pierre peut se diviser en quatre périodes: la première, de 1689 à 1700, est celle du développement personnel de Pierre; dans la seconde, de 1700 à 1709, il lutte énergiquement au dehors contre la prépondérance des Suédois, à l'intérieur contre l'ignorance grossière et les préjugés de ses propres sujets; dans la troisième, de 1709 à 1721, il triomphe, il élève la Russie, jusqu'alors barbare, au rang de grande puissance européenne; enfin, dans la quatrième, de 1721 à 1725, il jouit de son œuvre et meurt au milieu de sa gloire.

Son caractère; ses premières réformes; armée, marine. — Malgré les vices d'une mauvaise éducation, il y avait chez ce jeune homme de dix-sept ans les germes d'un grand souverain. D'un corps robuste, d'une taille athlétique, d'une extrême activité, avide de connaître, il était dur pour lui-même comme pour les autres. *C'est l'eau-forte qui ronge le fer*, a dit de lui Frédéric II, en parlant de ses réformes. La Russie, malgré quelques efforts tentés par les tzars, n'avait pas encore d'armée régulière et disciplinée; Pierre, secondé par quelques étrangers, dont il recevait les leçons, par l'écossais Gordon et surtout par le genevois Lefort, commença par former, dans une de ses maisons de campagne, la compagnie Préobajenskoï, donnant lui-même l'exemple de la subordination, en passant par tous les grades, servant d'abord comme tambour, ensuite soldat, sergent et lieutenant. Cette compagnie devint bientôt un régiment nombreux; une autre compagnie forma également le régiment des gardes Semeonovskoï. La Russie n'avait pas de flottes; elle ne touchait même à la mer que par Arkhangel, dont le port est bloqué six mois par les glaces. Pierre mit à profit les conseils de son maître de mathématiques, Timmermann, et l'habileté d'un bon maître charpentier, le hollandais Brandt : il fit construire une chaloupe dans les environs de Moscou, puis deux frégates, puis un petit vaisseau, sur lequel il s'embarqua lui-même à Arkhangel, pour visiter la mer Blanche et les côtes de Laponie. Tels furent les faibles commencements de la marine russe, que Pierre saura plus tard rendre formidable.

Guerre contre les Turcs; prise d'Azov (1695-1696). — Il avait de bonne heure conçu le projet de faire de son peuple un peuple européen; il fallait pour cela lui ouvrir la mer Noire et la mer Baltique; les circonstances étaient favorables; Pierre sut en profiter. La Turquie était alors en guerre avec Venise, qui lui enlevait la Morée; avec l'Autriche, qui battait ses armées en Hongrie; avec la Pologne, qui lui disputait l'Ukraine, la Podolie, Kaminiek. Pierre dirigea ses forces naissantes contre les Tartares de Crimée; Lefort et Gordon commandaient les troupes régulières, le prussien Shein un corps de Cosaques, Sheremetief les Strélitz; une petite flotte, construite sur la Voronéje, devait seconder l'armée. En

1695, on commença le siége d'Azov, qui repoussa toutes les attaques, mal combinées; en 1696, l'opiniâtreté de Pierre fut récompensée : la ville fut prise ; les *saïques* turques, envoyées de Constantinople, furent battues; Azov, de nouveau fortifié, et le port de Taganrog durent recevoir une flotte nombreuse, menaçant bientôt les côtes de Crimée, la mer Noire, la puissance des Turcs Ottomans. Pierre rentra en triomphe à Moscou, pour accoutumer son peuple à la gloire militaire et pour l'associer en quelque sorte à ses entreprises.

Premier voyage de Pierre en Hollande et en Angleterre (1697). — C'était avec l'aide d'aventuriers étrangers qu'il avait obtenu ses premiers succès; il voulut aller lui-même au-devant de la civilisation européenne; il envoya de jeunes Russes à Venise, à Livourne, en Hollande, en Allemagne, pour se former aux arts, aux sciences, à la discipline de l'Europe. Puis lui-même, quittant ses États pour mieux apprendre à régner, pour s'instruire et donner l'exemple, confia la régence au boyard Romonadowki, distribua les Strélitz dans plusieurs provinces et partit avec l'ambassade qu'il envoyait en Hollande. Il visita la Livonie et l'Esthonie, qu'il se proposait de reprendre aux Suédois, la Prusse où il s'unit à l'électeur, le nord de l'Allemagne, et vint s'installer, près d'Amsterdam, dans le petit village de Saardam, travaillant aux chantiers de la marine, comme simple charpentier, sous le nom de Pierre Michaëlof; mais, en même temps, apprenant les sciences, étudiant avec l'anatomiste Ruysch, et suivant avec intérêt les négociations politiques du congrès de Ryswick. Il alla voir Guillaume III à Londres, et enrôla pour le service de la Russie, en Angleterre et en Hollande, une véritable colonie d'hommes habiles en tout genre, capitaines et patrons de vaisseau, pilotes, chirurgiens, canonniers, ingénieurs, artisans. Il revenait par l'Allemagne, où l'avait rejoint à Vienne une autre ambassade, envoyée en Italie, sous la conduite de Shérémétief, lorsqu'il apprit la révolte des Strélitz.

La révolte des Strélitz le rappelle en Russie. — Les premières réformes de Pierre avaient irrité tous ceux qui tenaient aux vieilles coutumes, les boyards, le clergé et surtout la milice turbulente qui se voyait menacée dans ses priviléges. Les Strélitz marchèrent sur Moscou, pour rétablir la princesse Sophie sur le trône; mais les troupes disciplinées de Gordon et de Shein les battirent, et Pierre arriva en toute hâte, pour achever la révolte et pour la punir d'une manière terrible. Les historiens le représentent ordonnant sans pitié les supplices des coupables, et faisant lui-même l'office de bourreau, la hache à la main, avec ses favoris et ses ministres. Plusieurs milliers de Strélitz périrent; on exposa les corps des plus coupables devant le monastère où résidait Sophie; on dispersa les autres aux extrémités de l'empire, en Sibérie; on cassa le corps des Strélitz, on proscrivit leur nom. De nouveaux régiments furent organisés à l'européenne, et les fils des boyards, contraints au service militaire, durent apprendre la discipline, en passant par tous les grades, à l'exemple du tzar lui-même. Lefort et Gordon moururent peu de temps après, regrettés de Pierre, maintenant capable de poursuivre seul l'accomplissement de ses vastes réformes (1699).

Nouvelles réformes. Le clergé soumis au tzar. Réformes dans les mœurs, les habillements, etc. — Dans la seconde période de son règne, il allait à la fois combattre au dehors la prépondérance humiliante et onéreuse des Suédois, à l'intérieur, l'ignorance et les préjugés de ses sujets. Despote intelligent et dur, Pierre ne voulait souffrir d'autre autorité que la sienne. Il fallait soumettre le clergé, rebelle aux innovations. En 1703, à la mort du patriarche Adrien, il déclara qu'il n'y en aurait plus; dès lors, il fut le maître dans l'Église comme dans l'État. Plus tard, en 1721, il institua, sous le nom de Saint-Synode, un collége d'évêques chargés de diriger les affaires ecclésiastiques ; mais tous juraient préalablement de lui obéir. Comme des membres du clergé osaient redemander un patriarche : « Voilà, dit Pierre en frappant d'une main sa poitrine, tandis que de l'autre il brandissait son épée, voilà votre patriarche ! » Il rendit le clergé plus régulier et plus savant, lui enleva des priviléges exorbitants, mais le soumit à son despotisme, et fit des évêques et des popes les instruments de ses volontés. Le calendrier fut réformé ; l'année commença, non plus au 1er septembre, mais au 1er janvier. La perception des impôts fut simplifiée ; l'habillement allemand fut introduit parmi les fonctionnaires et les bourgeois ; les longues barbes disparurent dans les villes et à l'armée, comme les longues robes d'un usage incommode. Pierre, voulant policer la société russe, encore si grossière, introduisit l'usage des réunions, donna des règlements pour les petites fêtes de société, prescrivit la forme des vêtements que devaient porter les femmes et les filles des boyards, remplaça le mot *esclave* par celui de *sujet*, etc. En même temps il faisait creuser des canaux, il traçait des routes, avec des auberges ; il attirait des savants étrangers, établissait des imprimeries, faisait traduire des livres utiles, fondait des écoles et instituait l'ordre de Saint-André.

Charles XII, roi de Suède (1697-1718). — La paix de Carlowitz, en 1699 avait forcé Pierre d'ajourner ses projets d'agrandissement du côté de la Crimée et de la mer Noire. Il tourna dès lors tous ses efforts du côté de la mer Baltique. Les circonstances semblaient favorables. Charles XII, roi de Suède, venait de monter sur le trône (1697). Encouragés par sa jeunesse, ses voisins s'unissaient alors pour l'attaquer et enlever aux Suédois la prépondérance qu'ils exerçaient depuis longtemps dans le Nord. Le roi de Danemark, Frédéric IV, menaçait le Holstein, qui appartenait au beau-frère de Charles XII ;

le nouveau roi de Pologne, Auguste de Saxe, voulait reconquérir la Livonie, où les patriotes excités par Patkul se soulevaient contre le despotisme suédois; enfin Pierre ambitionnait la possession de l'Esthonie, de l'Ingrie, de la Finlande, et donnait pour prétexte à cette guerre essentiellement politique qu'on ne lui avait pas rendu des honneurs suffisants lorsqu'il traversait Riga, lors de son premier voyage. En 1700, les provinces suédoises furent envahies de tous côtés.

Ligue des rois de Danemark, de Pologne et de Pierre contre la Suède (1700). — Alors commence la carrière héroïque de Charles XII, le rival célèbre de Pierre le Grand. Le jeune roi de Suède a le génie militaire de Gustave-Adolphe, mais il n'en a pas le bon sens élevé et droit; c'est un soldat intrépide, c'est un capitaine habile; mais c'est un mauvais politique, qui doit être fatal à la Suède; c'est un roi égoïste, qui entraîné, égaré par la vaine gloire des conquérants, doit ruiner ses peuples et préparer par ses fautes la grandeur de son rival. Pendant plusieurs années, c'est lui qui paraît jouer le premier rôle, c'est lui qui remplit et trouble le Nord du bruit de ses exploits guerriers, jusqu'au jour où, vaincu à Poltava, il tombe et n'est plus qu'un aventurier opiniâtre, dont la vie bizarre et romanesque intéresse encore l'imagination, mais est condamnée par la raison. Il faut lire le récit de Voltaire, que nous ne pouvons pas même abréger ici. Indiquons seulement les faits principaux.

Charles XII bat les Danois; — puis les Russes à Narva (1700). — La Suède était consternée; mais le jeune roi a pris son parti : « Messieurs, dit-il, dans le conseil, j'ai résolu de ne jamais faire de guerre injuste, mais de n'en finir une légitime que par la perte de mes ennemis. » Aussitôt, il met le royaume en défense, puis s'embarque à Stockholm le 8 mai 1700, et, protégé par les flottes de l'Angleterre et de la Hollande, il prend terre dans l'île de Seeland, au milieu des balles ennemies, *désormais sa seule musique*. Copenhague est menacée, et Frédéric, par le traité de Travendal, reconnaît l'indépendance du duc de Holstein (8 août). — Charles XII, sans rentrer en Suède, débarque à Pernau, en Esthonie, et s'avance à marches forcées contre les Russes, qui assiégeaient Narva. Avec 8,000 hommes, il attaque leurs retranchements (30 novembre 1700); il les enlève successivement, malgré les 80,000 soldats qui les défendent, malgré la neige; il jette les débris de leur armée dans la rivière, il entre triomphant dans la ville délivrée, traînant derrière lui les canons, les drapeaux des Russes, avec le duc de Croï, leur chef, et leurs généraux prisonniers. Pierre n'assistait pas à la défaite de son armée : « Je sais bien, dit-il, que ces Suédois nous battront longtemps; mais à la fin ils nous apprendront à les battre. »

Charles XII poursuit le roi Auguste en Lithuanie et en Pologne. — Il fait nommer Stanislas Leczinski roi de Pologne (1704). — Pendant que le tzar réorganise son armée, Charles XII se tourne contre son troisième ennemi. Auguste, repoussé de Riga par le vieux Dahlberg, venait de conclure une alliance intime avec Pierre, dans l'entrevue de Birsen (février 1701). Les Polonais étaient pleins de défiance à l'égard de leur roi, ne faisaient rien pour le défendre, et beaucoup même, par une erreur fatale, appelaient l'étranger contre lui. Charles en profite; il bat les Saxons d'Auguste II au passage de la Duna (9 juillet 1701); il prend Mittau et toute la Courlande; il pénètre en Lithuanie et se déclare l'ami de la république de Pologne; il repousse les propositions du roi, et s'avance vers Varsovie, qu'il occupe militairement (5 mai 1702). Charles XII exige la déposition d'Auguste II, qui essaye vainement de sauver sa couronne par les armes. Les Suédois sont vainqueurs à Clissau (13 juillet), et prennent Cracovie; ils sont encore vainqueurs à Pultusk (1er mai 1703), et s'emparent de Thorn, Dantzig, Elbing. La diète de Varsovie, sous l'influence du cardinal-primat, ennemi d'Auguste, déclare que le trône est vacant. Charles refuse de prendre la couronne, par vanité plus que par désintéressement, et il la fait donner au jeune palatin de Posnanie, Stanislas Leczinski, dont la physionomie et les manières lui ont plu (12 juillet 1704).

Il poursuit Auguste II jusqu'en Saxe et lui impose le traité d'Altranstadt (1706). — Après avoir emporté d'assaut Lemberg, en Galicie, Charles songe à poursuivre son ennemi jusque dans l'électorat de Saxe. Vainement le comte de Schullembourg, à la tête des Saxons, cherche à l'arrêter; vainement ses habiles manœuvres, ses savantes retraites arrachent à Charles lui-même ce cri d'admiration : « Aujourd'hui, Schullembourg nous a vaincus!... » Renskild, le meilleur général de Charles XII, est vainqueur à Frauenstadt des Saxons et des Russes; les Suédois entrent en Saxe et viennent camper à Altranstadt, près des plaines de Lutzen (septembre 1706). Auguste s'humilie lâchement et accède aux conditions onéreuses que lui impose le vainqueur : il renonce au trône de Pologne, reconnaît Stanislas pour roi légitime, doit lui envoyer les archives et les diamants de la couronne, rompre toutes les alliances, remettre en liberté les princes Sobieski, livrer tous les déserteurs et surtout Patkul, alors ambassadeur du tzar auprès de lui. Un succès remporté par le général russe Mentchikof, près de Kalish, ne servit qu'à rendre Charles XII plus inflexible; Auguste dut envoyer une lettre de félicitation au rival qui le dépouillait du trône, et le malheureux Patkul, coupable d'avoir défendu les droits de ses concitoyens, fut, au mépris du droit des gens, écartelé comme sujet rebelle (1706).

Charles XII ne s'unit pas à Louis XIV. — Vainement le tzar fit éclater ses plaintes dans toute l'Europe; elles ne furent pas écoutées. Charles XII vainqueur, à la tête d'une armée incomparable, pouvait alors jouer le premier rôle. Louis XIV et Philippe V se défendaient avec peine contre une formidable coalition; si Charles XII, se rappelant la vieille et glorieuse alliance de la Suède et de la France, prenait les confédérés à revers et se jetait sur l'Allemagne, la France allait reconquérir la supériorité qui lui échappait, les destinées de l'Europe étaient changées. Mais Charles XII, luthérien zélé, était mal disposé à l'égard du roi qui avait signé la révocation de l'édit de Nantes; l'empereur, la Hollande, l'Angleterre s'empressèrent de garantir le traité d'Altranstadt; Charles XII obtint de Joseph Ier toutes les concessions qu'il réclamait en faveur des protestants de l'Autriche; et l'habile Marlborough, envoyé par la coalition auprès du roi de Suède, n'eut pas de peine à reconnaître quelles étaient les passions qui l'animaient; la seule ambition de Charles XII était alors de détrôner le tzar, ou du moins de le refouler vers l'Asie; il voyait en lui un rival de gloire, qu'il méprisait sans doute; mais un instinct secret semblait l'avertir que l'ennemi redoutable de la Suède, c'était la Russie, et qu'il fallait étouffer dans son germe cette puissance nouvelle, dont les prétentions commençaient à se manifester. Charles XII espérait qu'une seule campagne lui serait suffisante; déjà, dit-on, il envoyait plusieurs de ses officiers en Asie et jusque dans l'Égypte, pour préparer l'invasion de l'Orient, à l'imitation d'Alexandre, son modèle; il lui serait d'ailleurs loisible de revenir sur ses pas et de s'ériger en arbitre de l'Europe. Charles XII donna ses ordres et commença sa troisième guerre contre la Russie.

Charles XII se dirige vers la Russie. — *Campagne de 1708; Mazeppa.* — Il part de Saxe, à la tête d'une belle armée de 43,000 hommes; Levenhaupt garde la Pologne avec 20,000 hommes; 15,000 sont en Finlande, de nouvelles recrues lui viennent de Suède. Il arrive à Grodno, en janvier 1708; malgré l'hiver, il pousse devant lui les différents corps moscovites, qui abandonnent la Lithuanie; il bat l'ennemi sur les bords de la Bérésina (25 juin), et s'engage par la route que suivra un siècle plus tard l'armée de Napoléon, par l'espace que laissent entre eux le Dniéper et la Duna. Il est encore vainqueur à Hollosin, passe le Dniéper ou Borysthène à Mohilev, et remporte un nouveau succès près de Smolensk (22 septembre). Il repousse toute proposition de paix: « Je traiterai avec le tzar à Moscou, » dit-il. « Mon frère Charles, s'écria Pierre à cette nouvelle, prétend faire toujours l'Alexandre; mais je me flatte qu'il ne trouvera pas en moi un Darius. »

Cependant la route de Moscou est ouverte; Charles n'avait qu'à attendre les renforts et les vivres que lui amenait Levenhaupt. Tout à coup, à l'étonnement de tous, il donne l'ordre de marcher au midi vers l'Ukraine. C'était le pays des Cosaques, entre la Petite Tartarie, la Pologne et la Moscovie; vassaux récents de la Russie, ils avaient pour chef l'hetman Mazeppa, gentilhomme polonais que les hasards d'une vie romanesque avaient jadis mené au milieu de ces peuples sauvages. Mazeppa, qui avait encouru la colère du tzar et aspirait à l'indépendance, s'était ligué secrètement avec Charles XII; il lui promettait 30,000 hommes, des munitions, des provisions, de l'argent; tous ensemble pourraient reprendre la route de Moscou et accabler Pierre. C'était une résolution fatale. Charles s'avance dans un pays presque impraticable, où il perd une partie de ses soldats, de ses canons et de ses chariots; arrivé au lieu du rendez-vous, sur les bords de la Desna, affluent de gauche du Dniéper, il ne trouve qu'un corps de Moscovites; il le bat, puis voit accourir Mazeppa, mais fugitif, vaincu par les Russes, qui avaient prévenu ses desseins et lui avaient presque tout enlevé. Pour comble d'infortune, Levenhaupt, qui amenait avec peine 15,000 bons soldats, des vivres et des munitions, est attaqué près de Lesno par les Russes, supérieurs en nombre; et, après plusieurs jours de combats, malgré son courage, il ne peut rejoindre son maître qu'avec 5,000 hommes. Les rigueurs épouvantables de l'hiver de 1709 viennent fondre sur l'armée suédoise, sans vêtements, sans vivres, au milieu des plaines glacées de l'Ukraine. Charles seul reste inébranlable et confiant.

Bataille de Poltava (1709). — *Charles XII se réfugie en Turquie.* — Au printemps, avec 18,000 Suédois et un ramassis de Cosaques, de Tartares, de Valaques, il vient mettre le siége devant Poltava, dont le tzar avait fait un vaste magasin. Pierre s'avance alors pour sauver cette place et accabler son ennemi; il a 70,000 hommes; et, depuis Narva, ses généraux et ses soldats se sont aguerris et disciplinés dans une guerre continuelle et souvent heureuse, en Ingrie, en Esthonie, en Livonie, en Pologne. Charles XII va reconnaître l'ennemi; il reçoit un coup de carabine qui lui fracasse l'os du talon. Le jour de la bataille (8 juillet 1709), il se fait porter sur un brancard à la tête de ses troupes; il se croit déjà vainqueur; mais la cavalerie du général Creutz s'égare; le tzar rallie ses troupes qui reculent; son artillerie décime les rangs des Suédois; le nombre l'emporte; l'armée de Charles XII est vaincue, massacrée ou prise; le roi lui-même est emporté par quelques fidèles amis, au milieu des plus grandes souffrances. Il fuit, il peut traverser le Dniéper, avec 300 cavaliers; mais les débris de Poltava, avec le général Levenhaupt, sont forcés de se rendre au prince Mentchikof; et Charles XII, après avoir vu prendre une partie de ses derniers compagnons, trouve enfin un asile derrière le Bog, dans la Bessarabie; le sultan Achmet III lui accorde une généreuse hospitalité à Bender.

Conquêtes de Pierre vers la mer Baltique. Il fonde Saint-Pétersbourg (1703). — C'en était fait de la puissance fondée par Gustave-Adolphe; Pierre recueillait alors le fruit de ses vigoureux et opiniâtres efforts; la prépondérance de la Russie était assurée. Pendant que Charles XII poursuivait la vaine gloire des batailles en Pologne et en Saxe, Pierre avait continué son œuvre politique; en défendant ses États, il les fortifiait et les enrichissait. Il multipliait les manufactures et faisait exploiter les mines jusqu'en Sibérie, pendant que ses flottilles des lacs Peipus et Ladoga menaçaient continuellement l'Esthonie et la Livonie; pendant que ses soldats s'exerçaient par des combats continuels à vaincre les Suédois, à Dorpat, à Pernau. En 1702, les Russes prennent Marienbourg, et parmi les prisonniers se trouve une jeune Livonienne, domestique d'un pasteur luthérien, qui sera plus tard l'impératrice Catherine. La forteresse de Notebourg, qui dominait le lac Ladoga et le cours de la Néva, est prise d'assaut; son nom est changé en celui de *Schlüsselbourg, ville de la clef,* et Mentchikof en devient le gouverneur. En 1703, après la prise du fort de Nyenschanz, dans une île de la Néva, Pierre jette les fondements d'une forteresse nouvelle, qui doit porter son nom. Puis, malgré les exhalaisons délétères d'un sol marécageux qui font périr des milliers de travailleurs, malgré les attaques incessantes de l'ennemi, il bâtit à l'abri de cette forteresse, sur les deux rives du fleuve, une ville qui sera la capitale de son empire; il y attire des hommes de toutes ses provinces, des Livoniens, des Finlandais, des Suédois même, et la forteresse de Cronstadt s'élève dans l'île de Cronslot, à l'embouchure de la Néva, pour protéger Saint-Pétersbourg et son commerce contre toute insulte. La Russie va cesser désormais d'être une puissance à moitié asiatique: Pierre *lui a ouvert une fenêtre sur l'Europe;* c'est par sa nouvelle capitale, audacieusement fondée au milieu d'un pays encore ennemi, que la civilisation doit se répandre dans toutes les provinces: —

c'est aussi par là que la Russie deviendra prépondérante dans la mer Baltique. La même année, les Russes prennent Dorpat et Narva ; ils sont maîtres de toute l'Ingrie en 1704. Pierre poursuit ses succès en Carélie et dans la Courlande, où il s'empare de Mittau ; il soutient Auguste, désormais son protégé plus que son allié, en Lithuanie et en Pologne ; et, lorsque Charles XII revient enfin, plein de confiance dans sa supériorité, il se prépare à défendre énergiquement son empire ; les premières défaites n'abattent pas son courage, et la victoire de Lesno est, comme il le dit, *la mère* du triomphe décisif de Poltava.

La Suède est attaquée de toutes parts. — Ces succès, pour ainsi dire inespérés, eurent d'immenses résultats. Pierre, plus puissant que jamais, put à la fois poursuivre à l'intérieur la transformation de son empire, et affermir au dehors la grandeur naissante de la Russie. Le peuple, dans l'ivresse de la victoire, cessa de murmurer et obéit en admirant. Le tzar, après un triomphe solennel à Moscou, vint s'établir dans sa nouvelle capitale, pour achever ses conquêtes et signer des traités de commerce avec la France, les États italiens, les villes Hanséatiques, l'Angleterre. Il prit Viborg, Riga, Dunamunde, Pernau, Kexholm, Revel ; en 1710, il était maître de l'Esthonie, de la Carélie et de la Livonie, pendant que la Suède semblait pencher vers sa ruine. Auguste était rentré dans Varsovie, et la plupart des nobles polonais avaient abandonné le roi Stanislas, maintenant errant et bientôt fugitif ; Pierre semblait l'arbitre des destinées de la Pologne. Les rois de Danemark et de Prusse, le duc de Mecklembourg, George, électeur de Hanovre, l'évêque de Munster, menacèrent alors les anciennes conquêtes des Suédois au nord de l'Allemagne. La Suède était épuisée d'hommes et mal gouvernée ; les Danois en profitèrent pour descendre en Scanie et prendre Helsingborg. Mais le patriotisme ranima la Suède, privée de son roi. Steinbock, à la tête d'un corps de paysans à peine armés, se jeta sur les ennemis et remporta une victoire complète. Cependant Pierre se préparait à porter la guerre jusque devant Stockholm, lorsque de graves événements le mirent aux prises avec la Turquie.

Les Turcs déclarent la guerre à Pierre le Grand. — Traité de Falksen ou du Pruth (1711). — Charles XII, généreusement accueilli par le sultan, s'était établi près de Bender, où plus de 1,800 hommes étaient venus le rejoindre. Il avait résolu d'armer les Turcs contre son ennemi, et s'était attaché à cette résolution avec son opiniâtreté ordinaire; ses émissaires et surtout le comte Poniatowski redoublèrent d'efforts et d'intrigues auprès d'Achmet III; enfin la politique française le secondait. Le sultan, pressé d'ailleurs par les instances du khan de Crimée, crut qu'il fallait faire un effort pour éloigner les Russes de la mer Noire et leur reprendre Azov il fit arrêter l'ambassadeur du tzar à Constantinople, et ordonna au nouveau grand vizir, Baltagi-Méhémet, de réunir 200,000 hommes auxquels se joindraient 40,000 Tartares.

Pierre résolut de prévenir les ennemis; il avait pris les plus sages dispositions; il conduisait 60,000 bons soldats et devait recevoir des renforts; il comptait sur l'alliance de Kantémir, prince de Moldavie, et de l'hospodar de Valachie, Brancovan. Il avait déjà envahi la Moldavie, et campait sur le Pruth pour marcher de là vers le Danube. Mais les Moldaves et les Valaques, qui préféraient les Turcs aux Moscovites, lui firent défaut, et le tzar, presque sans vivres, se vit enveloppé par une armée de 200,000 hommes, qui occupait des positions redoutables. Il n'avait plus en perspective que la captivité ou la mort; il se reprochait sa fatale imprudence; le fruit de tous ses efforts allait lui échapper. C'est alors qu'il écrivit au sénat une dépêche remarquable, qui se terminait par ces mots : « Si je suis pris, vous ne me reconnaîtrez pas pour votre tzar et maître, et, quoi que je puisse vous écrire, l'ordre fût-il signé de ma main, vous n'obéirez pas... Si je meurs, et qu'il en arrive la nouvelle authentique, vous choisirez pour mon successeur le plus digne d'entre vous... » Il fut sauvé par Catherine, qu'il avait épousée secrètement depuis quelques années, et qu'il avait proclamée solennellement impératrice au moment de partir pour cette dernière campagne. Malgré le tzar, disposé à un combat désespéré pour s'ouvrir un passage, elle fit faire au grand vizir des propositions de paix qui furent acceptées, au grand mécontentement du khan des Tartares et de Poniatowski, l'ami de Charles XII. Par le traité de *Falksen* ou du *Pruth* (23 juillet 1711), Pierre rendit Azov à son territoire, s'engageant à détruire Taganrog, Samara et les autres forts, à retirer ses troupes de la Pologne, à payer aux Tartares une somme annuelle de 40,000 sequins, à ne pas inquiéter le retour de Charles XII dans ses États. A ces conditions, qui pouvaient être plus onéreuses, le tzar sauvait son armée et son empire. Le roi de Suède accourut trop tard de Bender; la retraite des Russes avait déjà commencé; il ne put qu'exhaler une colère impuissante; toutes ses espérances semblaient déçues, et cependant, dans son incroyable entêtement, il s'obstina à rester en Turquie, pour y poursuivre ses projets de vengeance contre le tzar.

Charles XII en Turquie, à Varnitza, à Démotica. — Fatigué de ses plaintes et de ses intrigues, le sultan résolut quelque temps après de renvoyer Charles dans ses États; Charles refusa de partir et se fortifia dans son petit camp de Varnitza, près de Bender. L'ordre fut donné d'employer la force; 20,000 Tartares et 6,000 Turcs enveloppèrent sa maison, où, à la tête de quelques officiers et de ses domestiques, il se défendit avec une folle témérité jusqu'au moment où il tomba au pouvoir des janissaires (février 1713). On le conduisit à Démotica, à six lieues d'Andrinople; c'est là qu'il apprit les malheurs de la Suède, attaquée de toutes parts.

Coalition contre la Suède. — Charles XII à Stralsund (1714-1715). — Pierre le Grand, maître de la Carélie, de l'Ingrie, de l'Esthonie et de la Livonie, s'emparait alors de la Finlande jusqu'au golfe de Bothnie (1712-1714). Une convention signée à **La Haye** (mars 1710), sous la médiation de l'Angleterre, de la Hollande et de l'empereur, entre le sénat de Stockholm et les ennemis de la Suède, avait déclaré neutres les possessions suédoises au nord de l'Allemagne; Charles XII refusa d'accéder à ce traité. Alors la Prusse et le Hanovre se joignirent aux autres ennemis de Charles XII; la Poméranie suédoise, Stade, les duchés de Brême et de Verden furent envahis et occupés (1711-1712). Steinbock fut placé à la tête d'une dernière armée pour défendre les dernières possessions de la Suède au sud de la Baltique. Il fut d'abord victorieux des Danois près de Gadebusch (décembre 1712), et brûla sans pitié la ville d'Altona, sur l'Elbe (9 janvier 1713); mais bientôt, serré de près par les Russes, les Danois et les Saxons, bien supérieurs en nombre, il fut forcé de capituler à Tonningen, à l'embouchure de l'Eyder (mai 1713). Stettin tomba au pouvoir des Russes; Brême et Verden furent vendus à George de Hanovre, qui devenait alors roi d'Angleterre. Tous les alliés se partagèrent les dépouilles de la Suède. Les villes de Stralsund et de Wismar furent assiégées. Le Sénat de Stockholm voulut obliger la princesse Ulrique-Éléonore, sœur de Charles XII, à conclure la paix. Le roi, averti de ce qui se passait écrivit, plein de colère, aux sénateurs que, s'ils prétendaient gouverner, *il leur enverrait une de ses bottes*, et que ce serait d'elle qu'il faudrait qu'ils prissent les ordres. Dans le même temps, pour ne pas recevoir un envoyé du sultan, il resta plus de deux mois couché dans son lit. Enfin il se décida à partir, quand on ne le pressait plus de s'éloigner; mais, toujours excentrique, il abandonna les gens de sa suite, et, avec deux compagnons, déguisé, courant à cheval le jour, dormant la nuit sur une charrette, il traversa toute l'Allemagne, et arriva à Stralsund dans la nuit du 21 novembre 1714. Charles XII fit une énergique résistance, mais sans espoir de succès; ses plus braves soldats avaient succombé; la moitié de la ville était en cendres; il ne consentit à s'éloigner que parce que la retraite était pleine de périls, et rentra en Suède, après quinze ans d'absence. Stralsund capitula en décembre 1715; Stettin se rendit au mois d'avril suivant.

Charles XII se rapproche de Pierre le Grand : le baron de Gœrtz. — La Suède semblait perdue. Pierre de Russie était le maître de la mer Baltique. Après avoir pris Helsingfors, Abo, Vasa, il avait remporté, près des îles d'Aland, une victoire complète sur la flotte suédoise, et mérité le grade de vice-amiral qui lui fut décerné solennellement dans le triomphe, à Saint-Pétersbourg. Mais les ennemis de Charles XII commençaient à se diviser. Pierre, qui n'avait plus rien à prendre aux Suédois, voulait s'étendre sur les rivages méridionaux de la mer Baltique, et il excita les craintes du roi de Pologne, des Danois, de George de Hanovre; il était mécontent de ses anciens alliés; il prêta l'oreille aux propositions de paix que lui fit parvenir un nouveau conseiller de Charles XII, le baron de Gœrtz. Cet ancien ministre du duc de Holstein-Gottorp, aussi aventureux en politique que ce roi l'était dans la guerre, avait conquis le plus grand ascendant sur l'esprit du roi de Suède. Au moyen de mesures financières hardies, tyranniques (emprunts forcés, monnaie de cuivre avec la valeur de l'argent, etc.), il procura à son maître de nouvelles ressources, mais excita la haine publique. Il avait en même temps résolu de relever la Suède, en lui donnant l'alliance russe; ses combinaisons embrassaient toute l'Europe et se liaient aux plans d'Alberoni, digne de le comprendre. Charles XII et Pierre le Grand signeraient la paix; la Suède abandonnerait à la Russie les provinces à l'est de la mer Baltique, mais rentrerait en possession des provinces au nord de l'Allemagne, et se dédommagerait de ses pertes en enlevant la Norvége au Danemark. On punirait Auguste de Saxe en rétablissant Stanislas sur le trône de Pologne; on punirait surtout George de Hanovre de sa politique égoïste; Charles XII, avec une armée suédoise, s'embarquerait sur la flotte russe, pour faire une descente en Angleterre, et rétablir sur le trône le prétendant Jacques III. Cependant les intrigues se multipliaient à Madrid, à Paris, à Rome, à Londres, à La Haye. La guerre était comme suspendue entre la Suède et la Russie. Charles XII, en attendant que ses ressources fussent prêtes, avait fait une première expédition contre la Norvége, mais sans succès. L'Europe entière était troublée, inquiète.

Second voyage de Pierre le Grand en France, en Hollande (1717). — C'est alors que Pierre résolut de faire un second voyage en Europe; cette fois, après avoir visité la Prusse et la Hollande, il se dirigea vers la France, pour y recueillir les témoignages flatteurs de l'opinion publique, et sans doute aussi pour y pénétrer les secrets de la politique des cours (mai 1717). Reçu avec magnificence par le régent, avec une sorte d'enthousiasme et d'admiration par le peuple de la capitale, il étonna par ses manières brusques et grossières, si différentes de la politesse française, mais il se montra digne des hommages les plus ingénieux. Dans la galerie du Louvre, on frappait des médailles devant lui : il en ramassa une qui était tombée à ses pieds; elle représentait d'un côté son image et de l'autre une Renommée posant un pied sur le globe, avec cette devise : *Vires acquirit eundo*. A l'Académie des sciences, il corrigea lui-même une carte de la mer Caspienne et reçut comme un honneur le titre de membre de cette compagnie. A la vue du tombeau de Richelieu, à la Sorbonne, il embrassa, dit-on, la statue du grand ministre, en s'écriant *qu'il lui aurait donné la moitié de ses Etats pour apprendre de lui à gouverner l'autre.* Quelques docteurs de la Sorbonne essayèrent vainement de le disposer à la réunion de l'Église grecque à l'Église latine; c'était peu connaître la Russie et le tzar. Pierre proposa au régent son alliance contre l'Angleterre; mais déjà le duc d'Orléans était engagé avec les puissances maritimes; on dut se contenter d'un traité de commerce qui fut signé à La Haye.

Mort de Charles XII (1718). — *Révolution aristocratique en Suède.* — Cependant Gœrtz poursuivait l'exécution de ses projets; il avait eu plusieurs entrevues secrètes avec les ministres du tzar en Hollande; des négociations étaient même entamées dans l'île d'Aland entre la Suède et la Russie, lorsque deux graves événements vinrent changer la situation : le procès et la condamnation d'Alexis, fils de Pierre, et la mort de Charles XII.

Le roi de Suède était parti une seconde fois pour conquérir la Norvége; pendant qu'un de ses lieutenants envahissait les provinces du Nord, il vint assiéger la forte place de Frederickshall, pendant l'hiver. La tranchée était ouverte, malgré le roc et la glace; les soldats tombaient morts de froid; Charles, d'une constitution de fer, toujours dur pour lui-même comme pour les autres, s'acharnait au siége, lorsqu'en visitant les travaux, le 11 décembre, à six heures du soir, il fut mortellement blessé d'une balle à la tête; il paraît qu'un de ses officiers, Siquier, avait frappé le coup; et l'on soupçonna le prince de Hesse-Cassel d'avoir fait assassiner son beau-frère, qui songeait à assurer le trône de Suède au jeune duc de Holstein, son neveu.

La mort du roi fut suivie d'une révolution ; il avait rendu le despotisme intolérable. Les États s'empressèrent de donner la couronne à sa sœur Ulrique-Éléonore, mariée à Frédéric, landgrave de Hesse-Cassel. Elle du renoncer à tout droit héréditaire sur la couronne, en laissant presque toute l'autorité aux États et au Sénat. Le baron de Gœrtz fut condamné à avoir la tête tranchée ; et lorsque la reine céda le trône à son époux, Frédéric 1er fut forcé de reconnaître solennellement la nouvelle forme de gouvernement. En même temps, on travailla activement à rétablir la paix, dont la Suède avait un si grand besoin après les malheurs du règne de Charles XII, dont cependant la mémoire est restée glorieuse et vénérée dans les traditions nationales.

Condamnation et mort d'Alexis, fils de Pierre le Grand (1718). — Quant à Pierre le Grand, de retour dans ses États, il avait commis un crime qui fait connaître le génie barbare du réformateur. De son mariage avec Eudoxie Lapouchin, qu'il avait depuis longtemps répudiée, était né un fils, Alexis, mal élevé, ennemi des innovations, de mœurs grossières, espérance et chef du vieux parti russe. Plusieurs fois, le tzar lui avait adressé les plus vifs reproches : « Si vous persistez, lui écrivait-il, je vous exclurai de ma succession, comme on retranche un membre gangrené ; » ou bien encore : « J'ai de fortes raisons de croire que, si vous me survivez, vous renverserez tout ;... mais j'en userai avec vous comme avec un malfaiteur. » Alexis avait plusieurs fois demandé à se retirer dans un monastère ; enfin, par antipathie pour les réformes autant que par crainte, il s'était sauvé à Vienne, puis à Naples. Pierre le ramena par des promesses de pardon, et, à son arrivée à Moscou, le fit arrêter et juger. Ceux qu'on accusait d'être ses complices furent exilés, rompus, décapités ; sa mère Eudoxie fut fouettée publiquement ; le général Glébov, qu'on prétendait être son amant, fut empalé, et l'archevêque de Rostov roué vif. Puis on traîna Alexis à Saint-Pétersbourg, et c'est sur le théâtre de la civilisation naissante qu'on immola le représentant de la vieille Russie. Un tribunal de cent-vingt-quatre juges avait condamné à mort le tzarévitch; il fut, dit-on, frappé d'apoplexie à la lecture de l'arrêt fatal; ce qui paraît plus vrai, c'est qu'il aurait été empoisonné de la propre main de son père.

Dernières réformes du tzar. — Traité de Nystadt (1721). — Le tzar redoublait alors d'activité pour la transformation de son empire; il multipliait les manufactures et les fabriques, faisait creuser des canaux, donnait des plans, travaillait lui-même de ses propres mains, s'occupait des poids et mesures, de l'éclairage public, réformait les tribunaux, établissait une police sévère. Il donnait tous ses soins au commerce avec la Chine et avec l'Europe. Il achevait, en 1722, un nouveau code de lois et fondait l'Académie des sciences de Saint-Pétersbourg.

En même temps il recueillait le fruit de ses victoires sur les Suédois. Le nouveau roi, Frédéric, s'était rapproché de l'Angleterre; le traité de Stockholm (novembre 1719) abandonna à George Ier les duchés de Brême et de Verden. Pierre ne se laissa pas intimider, et ses flottes continuèrent de ravager les côtes de la Suède et de la Finlande. Deux autres traités furent signés par Frédéric avec la Prusse et le Danemark (1720); la Prusse obtint Stettin, la Poméranie entre l'Oder et la Peene, avec les îles d'Usedom et de Wollin; le Danemark rendit de son côté Wismar, Stralsund, l'île de Rugen; mais le duché de Slesvig lui resta. La Suède reconnut aussi Auguste II comme roi de Pologne. Enfin, un congrès s'ouvrit à Nystadt, en Finlande, sous la médiation de la France, et la paix fut conclue entre la Suède et la Russie (septembre 1721); la Suède céda la Livonie, l'Esthonie, l'Ingrie, la Carélie, une partie du territoire de Viborg, les îles d'Œsel, Dago, Moen; mais elle recouvra la Finlande. Des fêtes nationales signalèrent ce glorieux événement ; à la place de la Suède abaissée, la Russie devenait prépondérante dans le nord ; Pierre reçut les titres de *Grand*, de *Père de la patrie*, et la plupart des puissances européennes le reconnurent comme *empereur*.

Guerre contre la Perse. — Mort de Pierre le Grand. — Pierre, incapable de repos, à peine maître de la Baltique, résolut de s'emparer de la domination de la mer Caspienne. Le schah de Perse, Hussein, était en lutte contre le rebelle Mahmoud et contre les Lesghis ou peuples du Daghestan ; ceux-ci pillèrent la ville de Chamakhi et massacrèrent les marchands russes qui y avaient fondé un comptoir. Le tzar aussitôt déclara la guerre aux Persans et s'empara de Derbent. Le fils d'Hussein, Thamasp, implora alors le secours de la Russie et de la Turquie contre l'usurpateur Mahmoud ; il les obtint par le traité d'Ismaël-Bey, qui donnait à la Russie Derbent, Bakou, avec les provinces de Daghestan, de Chirvan, de Mazandéran et d'Astérabad, au sud de la mer Caspienne ; la Turquie obtint Tauris, Erivan et quelques autres places.

Ce fut le dernier acte de la vie militaire de Pierre le Grand. Depuis longtemps sa santé, jadis si robuste, était altérée par les fatigues, les excès et les imprudences. Le chagrin avait encore aigri son mal ; Catherine, qu'il avait élevée au trône et dont il ne pouvait se passer, avait oublié la foi conjugale. De terribles vengeances signalèrent la colère du tzar et achevèrent d'épuiser ses forces. Cependant il poursuivait ses travaux ; pour sauver l'un de ses navires, en danger de périr, il n'hésita pas à se jeter à l'eau, malgré la fièvre qui le consumait. On dit qu'au milieu de ses dernières douleurs, il voulut désigner pour son héritier le fils du malheureux Alexis. Il n'en eut pas le temps ; et, au moment où il expirait, Catherine, secondée par Mentchikof, se fit proclamer impératrice (28 janvier 1725).

C'est Pierre le Grand qui a fondé la puissance de la Russie, mais il a réformé par le despotisme, et jamais despotisme ne fut plus barbare que le sien. Il a, pour ainsi dire, créé une nation, il a déployé une vigueur d'âme qui ravit d'admiration; mais il a eu surtout en vue sa propre puissance; il s'est moins préoccupé d'améliorer véritablement la condition de ses peuples que de se donner des ressources considérables. Si, grâce à lui, la Russie est devenue dès lors redoutable, elle doit aussi, grâce à lui, grâce à l'impulsion qu'il lui a imprimée, rester longtemps barbare et rebelle à la véritable civilisation. S'il est de la race des grands hommes, il n'est pas de ceux que l'on chérit et dont on bénit la mémoire.

Quoi qu'il en soit, il a indiqué à ses successeurs la voie qu'ils devaient suivre; ils n'ont fait que développer la pensée de Pierre le Grand, et voici pourquoi l'on a pu lui attribuer, sous le nom de Testament, un plan de politique dont voici quelques extraits :

Ne rien négliger pour donner à la nation russe des formes et des usages européens.

Maintenir l'État dans une guerre continuelle.

Entretenir la jalousie de l'Angleterre, du Danemark et du Brandebourg contre la Suède, qu'on finira par subjuguer.

Intéresser la maison d'Autriche à chasser les Turcs de l'Europe, et, sous ce prétexte, entretenir une armée permanente; établir des chantiers sur le bord de la mer Noire, et, en avançant toujours, s'étendre jusqu'à Constantinople.

Alimenter l'anarchie de la Pologne et finir par subjuguer cette république.

Entretenir, au moyen d'un traité de commerce, une alliance étroite avec l'Angleterre, qui, de son côté, favorisera tous les moyens d'agrandissement et de perfectionnement de la marine russe, à l'aide de laquelle on obtiendra la domination sur la Baltique et la mer Noire.

Se mêler à tout prix dans les querelles de l'Europe et surtout de l'Allemagne.

Se servir de l'ascendant de la religion sur les Grecs désunis ou schismatiques, répandus dans la Hongrie, dans la Turquie, dans les parties méridionales de la Pologne.

Enfin, mettre en lutte l'une contre l'autre les cours de France et d'Autriche, et profiter de leur affaiblissement réciproque pour tout envahir.

On sait maintenant que ce prétendu testament a été seulement écrit en 1811.

CHAPITRE XV[1]

Catherine II. — Partage de la Pologne. — Guerres de la Russie contre la Suède et la Turquie.

SOMMAIRE. — La Russie au dix-huitième siècle. — *Catherine Ire* (1725-1727). — Pierre II (1727-1730). — *Anne Iwanowna* (1730-1740); puissance de Biren. — Intervention en Pologne. — Guerre contre la Turquie; traité de Belgrade (1739). — *Ivan VI* (1740). — *Elisabeth* (1741-1761). — Guerre contre la Suède; traité d'Abo (1743). — Intervention dans les affaires de l'Allemagne, dans la guerre de Sept ans. — *Pierre III* (1762); il est détrôné par sa femme Catherine II.
CATHERINE II (1762-1796). — Etat de l'Europe. — Etat de la Pologne à la mort d'Auguste III (1763). — Parti des réformateurs; les Czartoryski. — Parti républicain. — Stanislas Poniatowski est élu roi de Pologne (1764). — Pour s'opposer aux réformes, Catherine protége les dissidents. — Confédération de Radom; les réformes sont abolies (1767). — Confédération de Bar (1768).
Les Turcs déclarent la guerre à la Russie (1769). — Campagnes de 1769 et 1770. — Catherine essaye de soulever les Grecs. — La flotte turque est incendiée à Tchesmé (1770). — Campagne de 1771. — Frédéric II rapproche la Russie de l'Autriche. — *Premier partage de la Pologne* (1772-1773). — Traité de Kaïnardji avec les Turcs (1774).
Révolte de Pougatchef. — Intervention en Allemagne. — Ligue de neutralité armée (1780). — Catherine II s'empare de la Crimée (1783). — Voyage de Kherson (1787). — Guerre contre les Turcs (1788) et contre les Suédois. — Traité de Véréla (1790). — Traités de Szistowa (1791); d'Iassy (1792).
Nouvelle constitution de la Pologne (1791). — Confédération de Targowitz. — Intervention des Russes, puis des Prussiens en Pologne. — Deuxième partage de la Pologne (1793). — Soulèvement des patriotes polonais; Kosciusko. — Troisième partage de la Pologne (1795).
Administration et gouvernement de Catherine II.

La Russie au dix-huitième siècle. — Depuis la mort de Pierre le Grand jusqu'à la fin du dix-huitième siècle, l'histoire de Russie se divise en deux périodes : 1° les

---

[1] LIVRES A CONSULTER. — *Histoire de Catherine II*, par Castera; — par Jauffret; — de Salvandy, *Histoire de Pologne sous J. Sobieski*; — Rulhière, *De l'anarchie de Pologne*; — de Saint-Priest, *Partage de la Pologne*.

successeurs du fondateur de l'empire (1725-1762); 2° le règne de Catherine II, qui a achevé son œuvre (1762-1796). Dans ces deux périodes, nous remarquons : à l'intérieur, les révolutions de palais, souvent sanglantes, qui prouvent que la civilisation est bien superficielle en Russie et que la barbarie des vieilles mœurs subsiste encore; au dehors, les progrès continus de la puissance russe; elle doit s'avancer vers l'Europe de trois côtés, aux dépens des trois États, qui font barrière à son ambition : la Suède, affaiblie depuis la mort de Charles XII, et en proie à l'anarchie des factions, qui possède encore la Finlande ; la Pologne, qui se livre de plus en plus à l'influence russe, et qui prépare sa ruine, en ouvrant le chemin de l'Allemagne ; enfin, la Turquie, qui doit être chassée de la mer Noire, et dont la politique des tzars hâte la décadence, **en ayant toujours le regard sur Constantinople**.

Catherine Ire (1725-1727). Pierre le Grand laissait en mourant sa veuve Catherine; son petit-fils, Pierre, fils du malheureux Alexis; deux filles, Anne Pétrowna, mariée au duc de Holstein, et Elisabeth; une nièce, Anne Iwanowna, épouse du grand-duc de Courlande. Mais le tzar, qui avait tué son fils pour assurer la durée de son œuvre, avait donné aux souverains russes le droit absolu de désigner eux-mêmes leur successeur; cette précaution, qui paraissait prudente, fut une cause de troubles et de crimes. Catherine s'empara du pouvoir avec l'aide de Mentchikof; elle régna deux ans (1725-1727). Femme assez faible, faite pour les rôles secondaires, elle se laissa diriger par l'ambitieux, avide et insolent parvenu. Cependant, fidèle à la politique de Pierre, elle fit intervenir la Russie dans les affaires de l'Europe. Elle s'unit à Charles VI, réconcilié avec le roi d'Espagne, contre l'Angleterre et la France, dont l'influence était trop grande à Constantinople; elle accéda à la ligue de Vienne; et déjà une flotte anglaise bloquait Cronstadt, quand elle mourut à trente-huit ans, après avoir désigné Pierre II pour son successeur.

Pierre II (1727-1730). Ce jeune prince fut placé sous la tutelle d'un conseil de régence qui obéissait à Mentchikof; celui-ci usa tyranniquement de son autorité; il multiplia les confiscations et les exils; il força le duc et la duchesse de Holstein à retourner dans leur pays; il voulut marier sa fille au tzar. Pierre le détestait; Mentchikof, ayant intercepté un présent qu'il envoyait à sa sœur, sous prétexte qu'il était trop jeune, fut renversé à l'instigation des Dolgorouki. On lui fit son procès, on le dépouilla de ses biens immenses, et il fut relégué à Bérésov, au fond de la Sibérie. Il eut au moins le mérite de supporter courageusement sa mauvaise fortune. Pierre II mourut peu de temps après, 1730.

Anne Iwanowna (1730-1740). *Puissance de Biren.* — Les chefs de la noblesse voulurent profiter de la circonstance pour ressaisir leurs anciens priviléges, en mettant des limites au despotisme du souverain. Ils offrirent la couronne à la duchesse de Courlande, Anne, et la proclamèrent, après lui avoir fait jurer de ne faire ni la paix ni la guerre, de n'établir aucun impôt, de ne donner aucune charge sans l'avis d'un *conseil souverain*. Elle ne devait recevoir en Russie aucun étranger, elle s'engageait surtout à ne pas amener son favori Biren. A peine arrivée à Moscou, elle s'entendit avec deux Allemands, Ostermann et Munnich, qui avaient servi Pierre le Grand, et, sur la demande formelle de la petite noblesse, aux acclamations d'un peuple qui ne comprenait que la puissance absolue, elle déchira la capitulation qu'on lui avait imposée. Elle s'empressa d'abandonner tout le pouvoir à Biren, qui, petit-fils d'un palefrenier de Courlande, était plein d'orgueil, et prétendait descendre des Biron de France; elle le créa grand chambellan, comte, premier ministre; il fut aussi impitoyable qu'avide; les Dolgorouki, d'abord relégués en Sibérie, périrent plus tard dans d'horribles supplices; le nombre des exilés s'éleva bientôt à 20,000. « Le repas était préparé, mais les convives n'en étaient pas dignes, » se contenta de dire le prince Galitzin, en parlant de la dernière tentative; personne ne protesta. Au dehors, ce gouvernement despotique et militaire intervint activement dans les affaires de Pologne et de Turquie.

Intervention en Pologne. — A la mort d'Auguste II, 1733, les cours de Saint-Pétersbourg, de Vienne et de Berlin s'entendirent pour combattre l'influence française, et opposer au roi national, Stanislas Leczinski, Frédéric-Auguste III, électeur de Saxe, qui devait payer par de lâches complaisances la protection des étrangers. Le général russe Lascy soutint l'élu d'une manière furieuse, tandis que Munnich assiégeait Stanislas dans la ville de Dantzig. Auguste III s'empressa de montrer sa reconnaissance; à la mort du dernier duc de la maison de Ketler (1737), il investit de la Courlande Biren lui-même, le favori de l'impératrice Anne; une armée russe avait forcé l'élection.

Guerre contre la Turquie. — *Traité de Belgrade.* — La Russie reprenait alors ses projets sur la mer Noire et sur la Turquie. Anne s'unit au schah de Perse, Thamas-Kouli-Khan, et à l'empereur Charles VI, qui espérait se dédommager des pertes qu'il venait d'éprouver en Italie. Les Russes commencèrent la guerre en 1736; ils furent mal secondés par Thamas, qui fit bientôt la paix pour aller guerroyer dans l'Inde; et par les Autrichiens, qui furent presque toujours battus. Les Turcs se défendirent avec la plus grande énergie. Mais Lascy s'empara d'Azov; Munnich pénétra en Crimée et prit Pérékop; puis, se tournant vers la Bessarabie, il enleva les forteresses d'Oczakof et de Kinburn; il se jeta sur la Moldavie, et, après avoir battu les Turcs, s'empara d'Iassy [1]. C'est alors que, sous la médiation de la France, la paix fut conclue à Belgrade (septembre 1739) ; l'Autriche rendait Belgrade, Orsova, la Serbie, la Valachie autrichienne, c'est-à-dire les acquisitions du traité de Passarowitz. La Russie restituait ses conquêtes ; mais les fortifications d'Azov étaient démolies ; son territoire resterait désert entre les deux empires ; la Russie étendait d'ailleurs vers le sud les limites de l'Ukraine, et l'on ne renouvelait pas l'article du traité du Pruth qui lui interdisait de se mêler des affaires de Pologne. Pour la première fois, les Russes avaient demandé, sans l'obtenir il est vrai, le protectorat de la Moldavie et de la Valachie, sous prétexte de religion.

Ivan VI (1740). — Elisabeth (1741-1761). — Anne mourut en 1740, au moment où la guerre allait commencer contre la Suède. Elle avait désigné pour son héritier un enfant au berceau, son petit-neveu Ivan VI, fils de sa nièce Anne de Mecklembourg et du prince de Brunswick ; Biren était investi de la régence. Mais la mère du tzar, ambitieuse et ennemie de Biren, s'entendit avec Munnich, qui craignait une disgrâce. Biren fut surpris dans son palais au milieu de la nuit et relégué en Sibérie. Anne prit le titre de régente, et choisit pour premier ministre Munnich, qui fut lui-même supplanté par Ostermann. Une nouvelle révolution de palais vint bientôt faire monter sur le trône la fille de Pierre le Grand, Elisabeth. La régente se déclarait alors en faveur de Marie-Thérèse, que menaçaient la Prusse et la France ; déjà ces puissances avaient armé la Suède contre la Russie ; cela ne parut pas suffisant. L'ambassadeur de France, la Chétardie, plusieurs amis d'Elisabeth et surtout le chirurgien français Lestocq s'entendirent avec les Russes, ennemis de la domination des étrangers. On gagna les gardes du régiment de Préobajenski ; la régente, son époux, le jeune Ivan furent arrêtés pendant la nuit. Ivan fut enfermé dans la forteresse de Schlüsselbourg ; son père et sa mère furent relégués près d'Arkhangel, et le règne d'Elisabeth commença (1741).

Elle avait trente-deux ans ; elle était belle, aimait la magnificence et les lettres ; mais les désordres de sa vie privée sont restés tristement célèbres. Son règne fut d'abord signalé par une violente persécution contre les étrangers ; Munnich, Ostermann, Lascy, Keith, Lowendal, le géomètre Euler et bien d'autres furent exilés ou durent quitter la Russie ; Bestuchef, laborieux, intelligent, mais altier, perfide, débauché, vindicatif, fut nommé chancelier et gouverna despotiquement. Elisabeth ne voulait pas signer de sentences de mort, mais la Sibérie fut peuplée d'exilés.

---

[1] Munnich déploya de grands talents militaires, mais aussi une rigueur inflexible : ses soldats prétextaient des maladies pour ne pas franchir les frontières ; il défendit d'être malade, sous peine d'être enterré vif, fit exécuter trois soldats, et les maladies cessèrent. Au siège d'Oczakof, il fit diriger une batterie de canons contre les Russes qui refusaient de monter à l'assaut.

Guerre contre la Suède. — Traité d'Abo (1743). — Pendant ce règne de vingt et un ans (1741-1762), la Russie fut en paix avec la Turquie; mais la politique russe n'en exerça pas moins une assez grande influence en Europe. En Suède, le pouvoir royal étant annulé, les factions étaient toutes-puissantes. Il y avait deux partis; les uns voulaient reconquérir les provinces enlevées par le traité de Nystadt et s'appuyaient sur la France; c'était le *parti des chapeaux*; les autres, vendus à la Russie, voulaient la paix à tout prix; c'était le *parti des bonnets*; les premiers l'emportèrent et firent déclarer la guerre à la Russie; mais les troupes suédoises furent constamment battues, surtout à Vilmanstrand (1741); elles furent forcées de capituler à Helsingfors; toute la Finlande tomba au pouvoir des Russes.

Les Suédois, désespérés, allaient choisir pour roi le fils du roi de Danemark, ce qui aurait rétabli l'union de Calmar, au grand détriment de l'ambition moscovite, lorsque, sous la médiation de l'Angleterre, Elisabeth consentit à signer la paix d'Abo (1743). Elle ne gardait que la Finlande orientale jusqu'au Kymène; mais les Suédois nommaient prince royal Adolphe-Frédéric de Holstein-Gottorp, cousin de Pierre, duc de Holstein, qu'Elisabeth, sa tante, avait adopté pour son successeur.

Intervention dans les affaires d'Allemagne, dans la guerre de Sept ans. — Malgré les efforts du gouvernement français, Bestuchef, gagné par l'or de l'Angleterre, décida la tzarine à rester d'abord neutre dans la guerre de la succession d'Autriche, puis à se déclarer pour Marie-Thérèse. Déjà 30,000 Russes, marchant sur le Rhin, étaient arrivés en Franconie, lorsque la paix d'Aix-la-Chapelle fut signée (1748). —Plus tard, les intrigues et les ducats de l'Autriche, les sarcasmes de Frédéric II sur les mœurs d'Elisabeth firent entrer la Russie dans la grande alliance contre Frédéric II, pendant la guerre de Sept ans (1756). Plus d'une fois, les armées russes mirent en péril la monarchie prussienne; elles traversaient la Pologne, y établissaient leurs magasins, s'accoutumaient à la traiter comme une province de l'empire; c'était un nouvel avantage pour la Russie, qui se préparait ainsi à profiter de la décadence de ce pays, aussi imprévoyant que malheureux. On sait comment le grand-duc Pierre, dans son admiration excessive pour le roi de Prusse, son héros, paralysa plus d'une fois les armées russes, victorieuses pendant la guerre de Sept ans. Les généraux, qui prévoyaient la fin prochaine d'Elisabeth, craignaient les ressentiments de son successeur, et s'arrêtaient au milieu de leurs succès. Elisabeth, qui, dans sa terreur de la mort, cherchait à s'étourdir par l'ivresse, mourut à la fin de 1761. Elle avait fait de sa cour une des plus brillantes de l'Europe, elle y avait introduit la langue et les manières françaises; elle correspondait avec les beaux esprits de l'époque; elle envoya à Voltaire des documents pour composer son *Histoire de Pierre le Grand*. Elle fonda l'Université de Moscou et l'Académie des arts de Saint-Pétersbourg.

Pierre III (1762). Il est détrôné par sa femme Catherine. — Pierre III était, par sa mère, Anne Petrowna, petit-fils de Pierre le Grand, et, par son père, petit-neveu de Charles XII. Il avait épousé, en 1745, Catherine, fille du prince d'Anhalt-Zerbst. Cette union avait été malheureuse : « La nature, dit M. de Ségur, avare de ses dons pour le jeune grand-duc, en avait été prodigue en faveur de Catherine. Il semblait que, par un étrange caprice, le sort eût voulu donner au mari la pusillanimité, l'inconséquence, la déraison d'un être destiné à servir, et à sa femme l'esprit, le courage et la fermeté d'un homme né pour gouverner. » Catherine, belle, intelligente, peu scrupuleuse, au milieu d'une cour débauchée, vivait déjà depuis longtemps comme séparée de son époux, lorsque Élisabeth mourut. Elle se fit un parti puissant. Pierre, que ses meurtriers ont peut-être calomnié, se laissait entraîner par la fougue de son tempérament à des actes de violence, et semblait se complaire à irriter les nobles, par ses préférences à l'égard des étrangers; le clergé, par son indifférence pour la religion; le peuple, par son mépris pour les mœurs russes; l'armée, par son admiration pour Frédéric II. Il l'appelait son général, son maître, portait l'uniforme prussien, s'entourait d'Allemands et de Holsteinois. Il se préparait à une guerre contre le Danemark pour reprendre son duché de Gottorp, et, de concert avec sa maîtresse, Élisabeth Vorontzof, allait faire rompre son mariage avec Catherine, qui devait être renfermée dans un couvent. Une conspiration se forma contre lui; elle était mal ourdie, au jugement de Frédéric II; mais il se laissa détrôner *comme un enfant qu'on envoie coucher*. Parmi les conjurés, les uns, comme Panin, Volkhonski, Rasoumofski, et surtout la princesse Vorontzof-Daschkof, croyaient travailler pour le jeune Paul, fils de Pierre III, et songeaient à une révolution libérale; mais les frères Orlof ne travaillaient que pour Catherine et dans l'intérêt de leur ambition égoïste. « Grégoire Orlof, officier d'artillerie et payeur de cette arme, homme beau, grand, ardent, hardi, était depuis quelques mois (après Soltikof, Poniatowski et d'autres) l'amant avoué de Catherine, et prêt à se dévouer pour elle. Au jour fixé pour agir (8 juillet 1762), l'empereur était dans son château d'Oranienbaum, à 34 verstes (8 lieues 1/2) de Pétersbourg, et son épouse à Péterhof, plus rapproché de la capitale de 8 verstes. Pendant que Grégoire amusait et enivrait dans la ville un agent chargé par Pierre de surveiller les suspects, Alexis, son frère, officier de la garde, partit pour Péterhof, fit en toute hâte monter en voiture Catherine et sa suivante, et prit, dit-on, lui-même, la place du cocher. On entra dans la capitale, où Grégoire avait déjà soulevé les gardes, et, lorsqu'on s'arrêta près des casernes du régiment d'Ismaïlof, Catherine fut reçue par des acclamations universelles. Sans perdre de temps, les frères Orlof la conduisent à l'ancienne église de Notre-Dame de Kazan, la proclament souveraine, obtiennent l'assentiment de l'archevêque de Novgorod, que Pierre avait gravement mécontenté, et persuadent le sénateur Téplof de rendre au nom de l'impératrice un manifeste déjà rédigé au nom de Paul. Le peuple, surpris, émerveillé, et croyant l'empereur mort, répond par des hourras, et se joint aux gardes qui faisaient retentir l'air des cris de *Vive notre mère l'impératrice!* Catherine fut aussitôt conduite au palais d'hiver, où elle se montra au peuple, qui applaudissait toujours; elle fit annoncer que, mue par les prières de ses sujets et pour sauver l'État et la religion menacés, elle se chargeait de la couronne. Une note informa le corps diplomatique de son avénement au trône, et Catherine, revêtue de l'uniforme de la garde à cheval, se mit à la tête des troupes pour marcher sur Oranienbaum, où Pierre III, malgré les sages conseils de Munnich, ne savait quel parti prendre. » (Schnitzler, *Catherine II.*) Il se décida facilement à abdiquer, en demandant la permission de retourner dans le Holstein ; on l'enferma au château de Ropcha, près d'Oranienbaum, et quelques jours après, Orlof, de l'aveu de Catherine, se chargea de l'étrangler. On annonça qu'il était mort d'une colique hémorroïdale. Il y avait encore un prince dont l'existence pouvait être un danger pour Catherine : c'était le malheureux Ivan VI ; un crime débarrassa la tzarine de ce compétiteur possible, et Ivan périt assassiné dans sa prison de Schlüsselbourg en 1764.

Catherine II (1762-1796). — Je ne sais si Catherine a mérité d'être appelée *Catherine le Grand*, comme le disait un spirituel écrivain du dix-huitième siècle, le prince de Ligne ; mais, assurément, elle ne fut pas un souverain ordinaire, et son règne marque dans l'histoire de l'Europe comme dans celle de la Russie. Sans dissimuler ses vices, qu'elle étala audacieusement sur le trône, sans nier les artifices de sa politique, le machiavélisme de son ambition, il faut reconnaître que, si elle n'a pas amélioré considérablement les mœurs et les institutions de ses États, elle a su du moins les gouverner avec intelligence et énergie ; que si Pierre le Grand a fait de la Russie, malgré elle et malgré l'Europe, une puissance européenne, Catherine l'a encore agrandie, l'a fait reconnaître par tous et n'a pas souffert qu'on lui contestât son titre impérial. La pensée de Pierre vivait dans cette princesse allemande ; aucune de ses vues ne lui échappa. Elle en poursuivit l'exécution avec une ardeur infatigable, et en même temps avec une audace qui frappa l'Europe d'admiration et de terreur.

Il lui fallut d'abord tromper les espérances de plusieurs de ses complices. Elle avait promis de rendre au clergé ses biens, qui avaient été réunis au domaine impérial ; elle les garda, en se contentant de donner quelques dédommagements temporaires à ceux qui étaient lésés. Des murmures se firent entendre, des mouvements même éclatèrent dans l'armée ; les séditieux furent punis et l'ordre se rétablit. L'opinion publique, malgré ses efforts pour la gagner ou pour la tromper, ne lui était pas favorable ; elle comprit que pour faire oublier son origine étrangère, et le meurtre du petit-fils de Pierre le Grand, il fallait de grandes entreprises et de brillants succès : ce fut la pensée dominante de son règne.

État de l'Europe. — La situation de l'Europe était favorable à ses desseins ; la guerre de Sept ans l'avait épuisée ; l'antagonisme de la France et de l'Angleterre survivait à la lutte ; Catherine aimait l'esprit de la France, qui gouvernait la société européenne, mais avait peu de sympathies pour son gouvernement, dont elle devait rencontrer l'opposition en Turquie et en Pologne. L'Autriche commençait à craindre les agrandissements de la Russie, et Marie-Thérèse n'estimait pas sa souveraine. L'alliance de Frédéric II lui convenait beaucoup mieux ; lui aussi avait peu de scrupules et beaucoup d'ambition ; rival de l'Autriche en Allemagne, il voulait, comme Catherine, s'étendre aux dépens de la Pologne. Aussi, après avoir paru flotter entre plusieurs alliances, *comme une coquette habile,* elle se décida, dès le premier jour, pour la Prusse, sauf à faire servir l'Autriche elle-même à ses desseins, quand l'occasion favorable se présenterait. Ce fut sur le duché de Courlande qu'elle fit l'essai de sa puissance ; depuis la disgrâce de Biren, Charles de Saxe, fils d'Auguste III, était devenu duc de Courlande. Catherine, dès la première année de son règne, rappela les exilés et exigea impérieusement le rétablissement de Biren. Il fallut obéir, et le prince Charles fut forcé de quitter Mittau. Catherine voulait exclure la maison de Saxe de la succession de Pologne ; il ne lui convenait donc pas que le fils d'Auguste conservât un pouvoir qui pouvait lui faire porter plus haut ses prétentions. Mais les affaires de Pologne devaient surtout occuper l'attention de l'impératrice.

Etat de la Pologne à la mort d'Auguste III (1763). — Auguste III mourut en 1763; sa mort allait livrer la Pologne à Catherine, dont le plan était déjà arrêté; c'était de sa main que la Pologne devait recevoir un roi. La Pologne était depuis longtemps dans un état complet d'anarchie; ces mots : *Polonia confusione regitur*, étaient passés en proverbe; « le royaume, disait solennellement le primat vers cette époque, est semblable à une maison ouverte, à une habitation sans possesseur et prête à s'écrouler sur ses fondements ébranlés. » Cette anarchie avait pour causes l'état social, les préjugés politiques et les vices de la constitution. — En Pologne, les nobles seuls étaient citoyens; il n'y avait pas de bourgeoisie, et les paysans étaient de malheureux serfs plongés dans la misère et l'ignorance; comme on l'a dit avec raison, on voyait dans la république *un brillant état-major sans soldats, avec des gardes du corps*. Ces nobles, qui se considéraient tous comme égaux, étaient aussi turbulents que braves et confondaient l'indépendance sauvage avec la liberté. — Aussi, depuis longtemps, les Polonais regardaient comme un avantage glorieux l'habitude de choisir leurs rois parmi les étrangers; c'était cependant la cause des rivalités tumultueuses, des factions turbulentes; et les nobles polonais, en recevant sans rougir l'argent des prétendants ambitieux, ne voyaient pas qu'ils aliénaient peu à peu leur chère indépendance et introduisaient eux-mêmes l'ennemi dans le sein de la république. Depuis le commencement du siècle ils n'avaient cessé de faire appel aux étrangers, aux Suédois comme aux Russes; leur vaste pays était ouvert de toutes parts; pas de frontières, pas de places fortes; les Polonais n'étaient-ils pas assez braves pour vaincre leurs ennemis? Ne se croyaient-ils pas nécessaires au salut de l'Europe, pour contenir et refouler l'invasion des Turcs Ottomans? — Le gouvernement, c'était l'anarchie elle-même; le roi élu était sans pouvoir et forcé de souscrire, depuis le seizième siècle, les dures conditions des *pacta conventa*; le sénat n'était qu'un conseil de gouvernement; la diète, formée par les nobles, se réunissait tous les deux ans; elle était toute-puissante, mais ne savait que lutter tumultueusement contre ce qu'on appelait le despotisme des rois; ces fiers et aveugles républicains ne connaissaient que l'opposition et la bataille; il y avait trente-sept ans qu'on n'avait pu tenir une diète sans la rompre. La loi du *liberum veto* semblait toujours le *palladium* de la liberté; le plus beau privilége du nonce ou député, c'était de dissoudre la diète par ces deux mots : *Sisto activitatem*. Les nobles avaient encore la funeste habitude de former légalement des *confédérations* pour soutenir une opinion qui ne pouvait prévaloir dans une diète; on prenait les armes, on recourait à la guerre civile avec entraînement, et le sabre décidait ce que la parole impuissante n'avait pu résoudre. — Aussi, plus d'une fois, les princes, voisins de la Pologne, avaient songé à profiter de cette anarchie pour la démembrer; plus d'une fois, les patriotes les plus clairvoyants avaient prédit les malheurs de leur pays; n'était-ce pas Stanislas Leczinski qui adressait à ses concitoyens ces paroles prophétiques : « Nous croyons que nos voisins, par leur propre jalousie, s'intéressent à notre conservation; vain préjugé qui nous trompe... Notre tour viendra où nous serons la proie de quelque fameux conquérant; peut-être même les puissances voisines s'accorderont-elles à partager nos Etats. Il est vrai qu'elles sont les mêmes que nos pères ont connues et qu'ils n'ont jamais appréhendées. Mais ne savons-nous pas que tout est changé dans les nations? Elles ont à présent d'autres mœurs, d'autres lois, d'autres usages, d'autres systèmes de gouvernement, d'autres façons de faire la guerre, j'ose même dire une plus grande ambition; cette ambition s'est augmentée avec les moyens de la satisfaire. Sommes-nous en état de leur résister ? »

Parti des réformateurs : les Czartoryski; — parti républicain. — A la mort d'Auguste III, deux partis étaient en présence dans la république; ils comprenaient également que l'anarchie préparait la ruine de leur pays; ils voulaient le régénérer, mais par des moyens différents. L'un, dirigé par les princes Czartoryski, désirait établir une royauté héréditaire, lui donner la force et les moyens de gouverner, et abolir le *liberum veto*; mais, par une erreur malheureuse, il comptait sur l'appui de la Russie, oubliant que l'intérêt de celle-ci était précisément d'empêcher la Pologne de retrouver le calme et la prospérité. L'autre parti, qui s'appelait *national* ou *républicain*, prétendait maintenir les vieilles coutumes et les vieilles libertés; il aspirait à limiter encore ou même à supprimer la royauté. Il avait à sa tête le comte Branicki, grand général de la couronne; le prince Radziwill, palatin de Vilna; Mokranowski et les frères Potocki. Ennemis d'une royauté forte, ils voulaient sauver l'indépendance des nobles, c'est-à-dire perpétuer l'anarchie; sans le vouloir, ils furent les auxiliaires les plus utiles de la politique russe.

Stanislas Poniatowski est élu roi de Pologne (1764). — A la mort d'Auguste III, aucun candidat étranger ne se présenta pour briguer les suffrages des Polonais. Mais Catherine II s'entendit avec Frédéric par un traité secret; ils se promettaient d'empêcher que la couronne de Pologne ne devînt héréditaire et que l'on ne changeât la forme de gouvernement; ils devaient faire en sorte que l'élection tombât sur un *piast*, c'est-à-dire sur un seigneur polonais. Depuis quelque temps déjà, Catherine avait même envoyé à Varsovie son ambassadeur Kayserling, et écrit de sa main à l'un de ses anciens favoris, Poniatowski : « J'envoie Kayserling en Pologne, avec ordre de vous faire roi.» Stanislas Poniatowski, neveu des Czartoryski, naguère ambassadeur à Saint-Pétersbourg, bien fait, instruit, aimable et spirituel, mais sans énergie morale et sans dignité de caractère, avait conquis les bonnes grâces de l'impératrice. C'était lui le candidat qu'il s'agissait d'imposer ; 40,000 Russes, sous prétexte de veiller sur les magasins qu'on avait établis en Pologne pendant la guerre de Sept ans, entrèrent dans le royaume. Branicki, qui se présentait aux suffrages, fit avancer une partie de l'armée de la couronne ; ce fut un prétexte pour les Czartoryski d'appeler les Russes ; et les soldats étrangers envahirent même la salle où les nonces se réunissaient (juin 1764). Vainement le maréchal de la diète, Malachowski, vainement l'intrépide et honnête Mokranowski protestèrent contre cette violation de l'indépendance polonaise ; les Czartoryski les sauvèrent avec peine des fureurs de la multitude ; ils restèrent maîtres du terrain, et le protégé de la Russie fut proclamé roi sous le nom de Stanislas-Auguste (septembre 1764). Mais, sur 80,000 suffrages, 4,000 seulement avaient décidé du sort de la Pologne. Les puissances étrangères se contentèrent de rappeler leurs ambassadeurs, c'est-à-dire de laisser le champ libre aux intrigues de la Russie.

Pour s'opposer aux réformes, Catherine protége les dissidents. — Déjà les Czartoryski avaient commencé l'exécution de leur plan de réforme, et Stanislas-Auguste sembla les seconder, pour abolir les grandes charges, la loi d'unanimité dans les diètes et le *liberum veto* ; le roi devait avoir la libre disposition de l'armée. Il était difficile de s'opposer directement à ces utiles réformes ; on se servit d'un habile prétexte pour troubler la Pologne et l'envahir de nouveau. On protégea les *dissidents*.

Les Grecs non unis et les protestants jouissaient, au seizième siècle, des mêmes droits politiques que les catholiques ; mais, depuis le règne de Sigismond III, ils avaient été persécutés ; au dix-huitième siècle, lorsque les idées de tolérance faisaient de si grands progrès dans le reste de l'Europe, les nobles polonais, entraînés par un zèle aveugle, mais aussi pour protéger l'indépendance de la Pologne contre les étrangers, avaient enlevé aux dissidents leurs libertés, leurs droits, leurs églises, leurs écoles, leurs hôpitaux. Or les droits des protestants étaient garantis dans le traité d'Oliva (1660), par la Suède, l'empire et l'électeur de Brandebourg; ceux des Grecs par la Russie, au traité de Moscou (1686).

Les puissances protestantes réclamèrent; Catherine II, aux applaudissements de l'opinion philosophique, fit déclarer par son nouvel ambassadeur, Repnin, qu'elle exigeait que les dissidents fussent rétablis dans tous leurs droits. Le fanatisme l'emporta; la diète de 1766, entraînée par l'évêque de Cracovie, Soltyk, et par le fougueux nonce du pape, confirma toutes les lois d'oppression. Aussitôt les dissidents se soulevèrent et appelèrent les Russes à leur secours. En même temps, Catherine encourageait la résistance du parti national aux réformes des Czartoryski; Repnin se déclarait le défenseur des antiques libertés, l'ennemi du despotisme royal, et l'on vit les meilleurs citoyens, dupes des artifices de la Russie, penser que le plus pressé était un prompt retour aux anciennes formes républicaines, et que, plus tard, la Pologne libre pourrait se débarrasser de l'influence moscovite; Radziwill lui-même rentra à Varsovie sous la protection de l'armée russe.

Confédération de Radom; les réformes abolies (1767). — Une confédération se forma à Radom et une diète fut réunie à Varsovie; 12,000 Russes l'entouraient; deux évêques et le palatin de Cracovie osèrent protester; ils furent saisis, transportés à Smolensk, puis en Sibérie; une commission fut chargée, sous la surveillance des ministres étrangers, de terminer l'affaire des dissidents et de reviser la constitution. On fut forcé d'obéir à l'ambassadeur russe; on rétablit le *liberum veto* pour toutes les questions relatives aux matières d'État, l'unanimité des suffrages pour l'élection des rois, et il fut décidé que ces *lois cardinales* ne pourraient jamais être abrogées ; l'impératrice plaça sous sa généreuse garantie le territoire de la république et cette constitution, qu'on pouvait appeler la *constitution de l'anarchie*. Poniatowski, par lâche condescendance, se soumit à tout.

Confédération de Bar (1768). — Le désespoir souleva les patriotes polonais. L'évêque de Kaminiek, Krasinski, les Pulawski, Potocki, se mirent à la tête de la *confédération de Bar*, en Podolie (février 1768). Les confédérés se soulevaient au nom de la patrie et de la religion ; ils portaient la croix au côté gauche, les images du Christ et de la Vierge sur leurs drapeaux ; ils prenaient les armes contre les Russes, mais aussi contre les dissidents et contre le roi, dont ils demandaient la déposition. Catherine II profita de cette faute pour intervenir, au nom des intérêts de la Pologne elle-même, contre ces brigands; et les excès commis par les bandes des patriotes, qui ne savaient ni s'entendre, ni organiser un gouvernement, semblèrent légitimer son intervention.

Les Turcs déclarent la guerre a la Russie (1769). — Choiseul, ennemi de la Russie, mais au fond peu sympathique aux Polonais, s'était contenté d'envoyer de faibles secours et quelques soldats, comme l'aventureux Dumouriez, aux confédérés. Il comptait bien plus sur l'opposition de l'Autriche, notre alliée égoïste, et sur une diversion des Turcs, pour détourner les armées russes de la Pologne. Malgré l'habileté de notre ambassadeur de Vergennes, malgré les instances de Crim-Ghéraï, khan des Tartares de Crimée, qui détestait les Russes, le divan s'était jusqu'alors refusé à la guerre.

Mais des Cosaques poursuivirent quelques Polonais jusque dans la petite ville de Balta, voisine de Bender, et y tuèrent quelques musulmans. Vainement Catherine II offrit des réparations suffisantes : le peuple, les janissaires demandaient la guerre avec fureur; Mustapha III se laissa facilement entraîner; l'ambassadeur russe fut enfermé au château des Sept-Tours; Crim-Ghéraï reçut le commandement d'une armée qui se jeta aussitôt sur les provinces méridionales de la Russie; une guerre terrible sembla s'engager (1769).

Campagnes de 1769-1770. — Mais, dès le début de la campagne, le khan de Crimée mourut empoisonné; la plus extrême confusion régnait parmi les Ottomans; l'indiscipline, l'imprévoyance, la désorganisation générale, la turbulence des soldats, l'incapacité des chefs devaient assurer l'avantage aux Russes. Le prince Alexandre Galitzin battit les Turcs, prit Choczim, et occupa la Moldavie et la Valachie, où les populations étaient alors bien disposées pour leurs coreligionnaires. Il fut remplacé par le comte de Romanzow, qui remporta plusieurs victoires sur le Pruth et le Kagoul, prit Ismaïl, Kilia, Braïlow, tandis que le comte Panin emportait la forteresse de Bender (1770). Les Russes étaient arrivés au Danube.

Catherine essaie de soulever les Grecs. La flotte turque est incendiée à Tchesmé (1770). — Pendant ce temps, Catherine II essayait de soulever les Grecs contre l'empire ottoman; c'était un projet fort ancien. Les chrétiens de toute origine gémissaient sous le joug brutal des vainqueurs musulmans; des agents russes parcouraient depuis longtemps le pays, gagnaient le clergé, ranimaient l'espoir des montagnards; la délivrance devait venir du Nord; elle serait l'œuvre d'un peuple aux cheveux blonds. Les Monténégrins, au nord-ouest de l'Albanie, prirent d'abord les armes; mais la révolte fut promptement étouffée; un chef thessalien, l'ambitieux Papapoulo, disposa les Maïnotes de Morée au soulèvement, en leur promettant l'appui des Russes. Deux flottes, commandées par Spiritof, par l'Anglais Elphinston, sous la direction supérieure d'Alexis Orlof, qui espérait un trône, partirent de la mer Baltique et se dirigèrent vers la Grèce par l'Océan et par la Méditerranée. On dit que le duc de Choiseul proposa, dans le conseil des ministres, d'attaquer les Russes au passage; son conseil hardi, téméraire, fut rejeté comme injuste, et aussi parce que l'on craignait d'engager une lutte périlleuse avec l'Angleterre, favorable à Catherine II. Les Russes débarquèrent quelques centaines d'hommes en Morée; mais ils hésitèrent au moment où les Grecs, pleins d'ardeur, commençaient à prendre les armes; ils donnèrent aux farouches Albanais le temps d'accourir, ils abandonnèrent les malheureux Grecs à la vengeance de leurs ennemis; et, quand ils se furent rembarqués, plus de 50,000 chrétiens furent égorgés; la Morée retomba dans la servitude. Les Russes, cependant, avaient rejoint la flotte ottomane dans le canal de Chio, sur les côtes de l'Asie Mineure; la bataille fut indécise. Les Turcs s'étant imprudemment retirés dans la baie de Tchesmé, les ennemis les poursuivirent et incendièrent toute leur flotte (juillet 1770). Si les vainqueurs s'étaient aussitôt dirigés vers Constantinople, comme le demandait Elphinston, c'en était peut-être fait de l'empire ottoman; mais les Russes avaient beaucoup souffert. Orlof manqua d'audace. Les Turcs eurent le temps de fortifier les Dardanelles, sous la direction du baron de Tott, Hongrois fort intelligent que Choiseul leur avait envoyé, et, quand les Russes se présentèrent, il était trop tard, le passage ne pouvait plus être forcé. La flotte revint vers la mer Baltique; mais le souvenir de cette expédition ne devait pas être de longtemps effacé.

Campagne de 1771. — Les succès des Russes furent plus décisifs au nord de la mer Noire. En 1771, pendant que Romanzow se maintenait sur le Danube, passait même le fleuve et envahissait la Bulgarie, le prince Dolgorouki forçait les lignes de Pérékop, battait plusieurs fois les Turcs et les Tartares, prenait toute la Crimée et proclamait l'indépendance de la presqu'île sous la suzeraineté de la Russie.

Marie-Thérèse commençait à s'effrayer sérieusement des progrès de la Russie, principalement sur le Danube inférieur ; elle avait répondu avec beaucoup de mollesse et de duplicité aux avances de Choiseul, qui voulait l'entraîner contre la Russie; Choiseul avait été disgracié à la fin de 1770, et son successeur, le duc d'Aiguillon, s'intéressait si peu au salut de la Pologne, qu'il ne réclama même pas la liberté des auxiliaires français, qui, sous le commandement de Choisy, avaient bravement défendu le château de Cracovie. Quant à Louis XV, peut-être mieux instruit que ses ministres, grâce à ses agents secrets, de la situation de la Pologne, il prévoyait la ruine prochaine de la république, mais, par égoïsme, ne voulait pas se créer les embarras et les dépenses d'une guerre. Marie-Thérèse, cependant, rassemblait des troupes en Hongrie et menaçait de faire cause commune avec les Turcs pour forcer Catherine II à restituer ses conquêtes. Elle cherchait à obtenir l'appui de Frédéric II ; mais ce prince, uni secrètement à la Russie par le traité de 1764, voyait avec joie le moment arrivé de réaliser un projet qu'il avait depuis longtemps conçu : c'était la Pologne qui devait payer les frais de la guerre de Turquie.

Les confédérés de Bar n'avaient pas soulevé la Pologne, comme ils l'espéraient; ils étaient braves, orgueilleux, turbulents, et portaient jusque dans la guerre le luxe oriental; de plus, ils n'avaient jamais su s'entendre ; ils pillaient sans aucune distinction les Polonais et les Russes; l'anarchie était à son comble ; tous les Français envoyés pour les secourir, le chevalier de Taulès, Dumouriez, Choisy, Vioménil s'accordaient pour désespérer du salut de la Pologne. Un attentat dirigé contre la personne du roi avait encore compromis davantage la cause des confédérés, désormais bien incapables de résister seuls à la Russie. Quel secours pouvaient-ils d'ailleurs espérer des Turcs, toujours battus, et qui, pour obtenir la paix, proposaient eux-mêmes d'indemniser la Russie aux dépens de la Pologne? Les confédérés avaient successivement perdu la plupart des places qu'ils occupaient.

Frédéric II rapproche la Russie de l'Autriche. PREMIER PARTAGE DE LA POLOGNE (1772-1773). — C'est alors que Frédéric, avec une adresse perfide, parvint à rapprocher l'Autriche de la Russie; il avait eu des entrevues avec l'impatient et ambitieux Joseph, le fils de Marie-Thérèse; son frère, le prince Henri, dans un voyage à Saint-Pétersbourg, avait, suivant les ordres du roi de Prusse, jeté l'idée d'un partage de la Pologne, pour tout accorder. Sous l'inspiration de Frédéric, l'alliance fut conclue secrètement entre les trois cours : l'Autriche abandonnerait la Turquie ; Catherine II renoncerait à la Moldavie et à la Valachie ; et, pour maintenir l'équilibre entre les puissances, pour détruire un foyer permanent de troubles et de révolutions, on enlèverait à la Pologne une partie de ses provinces, au profit des trois alliés. Une convention secrète avait été arrêtée, dès le mois de février 1772, pour la spoliation projetée; les cours de Vienne et de Berlin s'unirent alors, afin d'engager le divan à ouvrir des négociations. Un armistice fut conclu devant Giurgewo (mai 1772). Le 5 août, l'Autriche, la Prusse et la Russie signèrent, à Saint-Pétersbourg, la convention de partage. Trois armées, prussienne, autrichienne et russe, envahirent en même temps les frontières de Pologne; le traité définitif fut signifié à Varsovie, le 2 septembre; les trois puissances se mettaient en possession des provinces qu'elles s'étaient attribuées, et qu'elles réclamaient sous les prétextes les plus futiles. « Les Polonais firent d'abord les revêches, a écrit Frédéric II; ils répugnaient à tout ce qu'on leur proposait. » Enfin une diète s'assembla à Varsovie sous la surveillance des troupes russes ; vainement quelques voix courageuses protestèrent ; la majorité, intimidée ou gagnée, ratifia le traité (28 septembre 1773). Personne ne réclama en Europe ; l'Angleterre, qui s'était toujours montrée favorable à la Russie, sembla approuver ; il y eut en France un silence désapprobateur ; mais l'opinion publique ne fut pas émue.

La Russie obtint plus de 3,000 lieues carrées, le palatinat de Mscislaw, les deux extrémités de celui de Minsk, une grande partie de ceux de Vitebsk, de Wilna, de Polotsk ; la Livonie polonaise, la Volhynie, avec une portion des palatinats de Novogrodek et de Brzesc. La Duna jusqu'à Vitebsk, puis une ligne jusqu'au confluent du Drucz et du Dnieper, et ce dernier fleuve formèrent la limite de la Russie et de la Pologne.

La Prusse eut 900 lieues carrées, la Pomérélie, excepté Dantzig, la Prusse occidentale ou polonaise (Marienbourg, Culm, à l'exception de Thorn, l'évêché de Warmie). Frédéric II était en réalité maître de la basse Vistule, et réunissait la Prusse proprement dite à ses autres provinces.

L'Autriche s'appropria toute la rive gauche de la Vistule, depuis les salines de Wieliczka, la Russie Rouge, Sandomir, Tynieck, Lemberg, Landskroon, Zamosk, une partie du palatinat de Cracovie, celui de Belz, presque toute la Volhynie, environ 2,500 lieues carrées, qui formèrent le royaume de Galicie et de Lodomérie ; les treize villes du comté de Zips furent incorporées à la Hongrie.

Puis les trois puissances garantirent à la Pologne mutilée le maintien de sa constitution, ce qui devait préparer de nouveaux démembrements.

Traité de Kaïnardji avec les Turcs (1774). — Les Turcs négociaient depuis l'armistice de Giurgewo ; mais les exigences de Catherine II firent rompre les congrès de Fokszani et de Bucharest. La guerre continua. En 1773,

Romanzow passa le Danube, mais échoua devant Silistrie, Varna et Routschouk ; en 1774, il pénétra de nouveau en Bulgarie, profita des fautes du grand vizir, le coupa de Varna où étaient ses magasins, et le bloqua dans les Balkans, au camp de Choulma. Il fallut céder. Catherine II se montra moins difficile ; elle voulait satisfaire l'Autriche, qui réclamait ; la révolte du cosaque Pougatchef lui causait des inquiétudes, et la Suède, depuis que Gustave III avait renversé la constitution aristocratique, aspirait à se relever de son abaissement. La paix fut signée à Kaïnardji, en Bulgarie (juillet 1774). La Crimée était déclarée indépendante de la Porte, ainsi que les Tartares du Kouban ; les Russes obtenaient Kertch, Iénikalé, la Grande et la Petite Kabardie, le château de Kinburn, le port d'Azov, le territoire entre le Dniéper et le Boug, la libre navigation dans la mer Noire. La Bessarabie, la Moldavie et la Valachie étaient rendues à la Turquie, mais l'impératrice se réservait la protection de la religion dans ces contrées. Catherine II compléta ces acquisitions en soumettant les Cosaques Zaporogues des bords du Dniéper et en construisant aux bouches du fleuve le port de Kherson. Une province de la Moldavie, la Bukowine, en fut détachée et cédée à l'Autriche (1775).

Révolte de Pougatchef. — Nous avons dit que Catherine II avait détruit la république des Cosaques Zaporogues, établis sur les bords du Dniéper. Son gouvernement avait eu des luttes plus difficiles à soutenir contre un aventurier qui tint assez longtemps les forces russes en échec. Yemelha Pougatchef, né sur les bords du Don, fils d'un simple Cosaque, avait servi dans l'armée, s'était réfugié en Pologne et s'était affilié à la secte des *raskolniks* ou vieux croyants. Il se rendit chez les Cosaques du Jaïk ou Oural, les excita à la révolte et se fit passer pour le tzar Pierre III, à qui il ressemblait. Ses succès furent rapides entre le Don et l'Oural parmi les

Baskhirs, les Kirghis, les Tartares, les Kalmouks, les mineurs de l'Oural; il aurait pu surprendre Moscou, s'il n'eut pas perdu un temps précieux au siége d'Orenbourg; il fut forcé de se retirer dans les montagnes, brûla les faubourgs de Kasan, prit plusieurs villes, mais fut complétement battu sur les bords du Volga. Il fut livré par les compagnons de sa fuite, conduit à Moscou dans une cage de fer et décapité en 1775.

Intervention en Allemagne. Ligue de neutralité armée.— Catherine II, puissante et redoutée, saisit avec habileté deux occasions qui se présentèrent d'intervenir dans les affaires générales de l'Europe. En 1778, l'empereur Joseph II voulut s'emparer de la succession de Bavière et fut sur le point d'attirer sur l'Autriche les armes de Frédéric II, qui avait déjà envahi la Bohême. L'impératrice s'unit à la France pour interposer sa médiation, et le traité de Teschen, conclu sous ses auspices, donna pour la première fois à la Russie le rôle d'arbitre dans les affaires de l'Allemagne. Peu de temps après, pendant la guerre d'Amérique, les vexations que l'Angleterre faisait subir au commerce des neutres lui fournirent l'occasion d'intervenir d'une manière éclatante dans les affaires de l'Europe entière. Elle fit une déclaration qui contenait deux principes essentiels: le pavillon couvre la marchandise, et un port ne doit être considéré comme bloqué que si l'entrée en est gardée par un nombre suffisant de navires de guerre (février 1780). Le Danemark, la Suède, le Portugal accédèrent à cette déclaration, et formèrent la ligue de *neutralité armée;* la France et l'Espagne adoptèrent ces principes, et Catherine II eut l'honneur d'avoir soutenu généreusement le droit des nations et la cause de la justice contre les prétentions tyranniques de l'Angleterre. Mais elle n'avait pas renoncé pour cela à ses projets d'agrandissement, et ne devait reculer devant aucun moyen pour arriver à son but.

Catherine II s'empare de la Crimée (1783). — Le khan

de Crimée, Sahim ou Chahim-Ghéraï, implorait l'appui de la Russie contre des rivaux que la Porte excitait contre lui; en 1778, une armée russe envahit une première fois la Crimée, malgré les stipulations du traité de Kaïnardji. Les Turcs, pleins d'imprévoyance, voulaient la guerre; la France les retint. Mais ils continuèrent d'exciter des troubles en Crimée; Sahim-Ghéraï, fatigué de ces révoltes continuelles, trompé par les Russes, finit par leur abandonner ses droits; en 1783, Catherine II déclara la Crimée, l'île de Taman et le Kouban réunis à son empire, sous le nom de province de Tauride. Les Tartares voulurent résister; on en massacra plus de 30,000. Le sultan protesta; mais il fut encore abandonné par l'Europe et dut signer la convention de Constantinople (1784). Catherine II s'était, dans ces derniers temps, rapprochée de l'Autriche, où Joseph II rêvait le démembrement de l'empire ottoman; Frédéric II voulait mourir en paix; la politique de la France était favorable à la Turquie, mais elle était sans force et sans décision; d'ailleurs, l'Angleterre, par jalousie contre la France et dans l'intérêt du vaste commerce qu'elle faisait avec la Russie, se montrait en toutes circonstances favorable aux progrès de l'ambition moscovite, et ne voyait alors aucun danger dans le démembrement prochain de la Turquie. Aussi Catherine II poursuivait ses projets avec persévérance; elle s'étendait au delà du Caucase, et recevait la soumission d'Héraclius, prince de Géorgie; de cette position centrale, il lui serait facile de tourner ses forces vers la mer Noire et la mer Caspienne, au détriment de la Turquie et de la Perse.

Voyage de Kherson (1787). — En 1787, elle fit, dans ses nouvelles provinces, un voyage célèbre. Le puissant ministre Potemkin avait tout préparé pour recevoir l'impératrice; il avait partout fait construire à la hâte des villages à l'aspect riant sur le chemin qu'elle devait suivre; partout les populations, amenées de loin par la force, se présentaient parées et joyeuses pour rendre hommage à la souveraine, qui s'avançait lentement, entourée d'un magnifique cortége, suivie de tous les ambassadeurs; et, sur la route, elle rencontrait le roi de Pologne, qui venait s'humilier devant elle; un peu plus loin, c'était Joseph II, qui l'accompagnait à Kherson pour s'entendre avec elle contre les Turcs. Dans cette ville, Potemkin avait fait mettre sur un arc de triomphe colossal cette inscription en langue grecque : *C'est ici le chemin de Byzance.* On savait que des agents russes troublaient déjà toutes les provinces de la Turquie, même l'Egypte ; que ses consuls encourageaient secrètement les Grecs à la révolte ; elle faisait élever à Saint-Pétersbourg un grand nombre de jeunes Grecs; elle avait donné au second de ses petits-fils le nom de Constantin ; des flottes étaient réunies à Kherson et à Sébastopol ; Potemkin rassemblait 100,000 hommes en Ukraine; Joseph II formait un camp de 60,000 hommes sur les frontières de la Silésie ; enfin la France paraissait gagnée par un traité de commerce qui lui était très-favorable.

Guerre contre les Turcs (1788) et contre les Suédois (1789-90). — *Traité de Werela* (1790). — Les Turcs, effrayés et irrités, donnèrent eux-mêmes le signal de la guerre. La cour de Londres, appuyée par celle de Berlin, les poussait à la lutte; les Anglais voulaient se venger des conditions avantageuses qu'on venait d'accorder à la France; Frédéric-Guillaume, le nouveau roi de Prusse, voyait avec dépit l'intimité qui s'était établie entre la Russie et l'Autriche. Les Turcs formulèrent leurs griefs, et, sans même attendre la réponse de Saint-Pétersbourg, mirent au château des Sept-Tours l'ambassadeur Bulgakow. Aussitôt la guerre commença; Potemkin, ayant sous ses ordres Souvarow, Repnin, Kamenskoï, etc., commandait la grande armée russe ; Joseph II, déclarant la guerre à la Porte (février

1788), fit attaquer la Moldavie, et le maréchal Laudon prit Belgrade (1789). Mais les Turcs firent une résistance inattendue ; les Autrichiens furent plusieurs fois repoussés avec perte, et Joseph II retourna à Vienne désespéré. Un nouveau combattant parut alors sur la scène. Gustave III, roi de Suède, voulait depuis longtemps se venger de la Russie et sauver l'indépendance de son pays menacé dans la Baltique ; les cabinets de Londres et de Berlin le poussaient à la guerre. Il avait fait ses préparatifs en secret ; les Russes furent surpris. Tandis qu'une armée de terre se formait en Finlande, sa flotte s'avança sur Cronstadt et jeta l'épouvante dans Saint-Pétersbourg. On s'empressa d'envoyer à Moscou les jeunes princes de la famille impériale et tous les objets les plus précieux. Mais la bataille d'Hogland (mai 1789) fut indécise ; les Suédois durent se retirer dans la rade de Sweaborg ; l'armée de Finlande allait attaquer Friedrichsham, lorsque plusieurs officiers, vendus à la Russie, refusèrent de marcher, alléguant que la constitution ne leur permettait pas de se prêter à une guerre offensive ; les troupes se laissèrent entraîner par leur exemple, et les Russes eurent le temps de se mettre en défense. Puis, les Danois, à la demande de Catherine, envahirent la Suède méridionale et firent le siége de Gothembourg ; Gustave accourut pour la défendre ; il aurait néanmoins succombé sans la puissante intervention de l'Angleterre et de la Prusse, qui obligèrent les Danois à la neutralité (1789). La lutte recommença alors entre les Suédois et les Russes ; une victoire navale, remportée par Gustave III sur le prince de Nassau-Siegen, à Swenkasund (juillet 1790), lui permit de sortir avec honneur d'une guerre qui pouvait devenir fatale à la Suède. Le traité de Werela (14 août 1790) rétablit les limites des deux États sur le pied des traités précédents.

Traités de Szistowa (1791) ; *d'Iassy* (1792). — Les Turcs, abandonnés à eux-mêmes, devaient être partout battus; les Russes et les Autrichiens réunis leur prirent Choczim; Potemkin emporta d'assaut l'importante forteresse d'Oczakow, et y massacra la garnison et une grande partie des habitants (décembre 1789). Puis Souvarow et le prince de Cobourg furent victorieux à Fokszany, en Moldavie, et près de Martinestie, sur les bords du Rymnik. Bender, la Bessarabie, la Moldavie, Kilia, Ismaïlow tombèrent au pouvoir des Russes; la prise d'Ismaïl coûta la vie à 33,000 Turcs. Les Autrichiens, de leur côté, avaient réparé leurs défaites, avaient pris Sémendria et bloquaient Orsova. Mais Joseph II mourut alors et eut pour successeur son frère Léopold II; la Prusse et l'Angleterre étaient décidées à intervenir par les armes; Frédéric-Guillaume fit alliance avec la Porte et réunit une armée; il encourageait les mécontents de Hongrie et des Pays-Bas; il semblait s'unir franchement aux patriotes de Pologne, qui modifiaient leur constitution; l'Angleterre faisait des armements maritimes. Alors l'empereur Léopold se rapprocha de la Prusse par la convention de Reichenbach, et consentit à signer la paix avec la Turquie. Par le traité de Szistowa, en Bulgarie (4 août 1791), il rendait Belgrade et ses autres conquêtes; on rectifiait les frontières à l'avantage de l'Autriche et l'on stipulait la liberté de la navigation du Danube.

Catherine II continua seule la guerre, et ses généraux obtinrent de nouveaux avantages. La Prusse et l'Angleterre abandonnèrent alors une partie de leurs prétentions; l'Angleterre avait maintenant intérêt à se rapprocher de la Russie, qui se détachait de la France, en renonçant aux engagements du traité de commerce de 1787; la Prusse commençait à s'inquiéter surtout des graves événements de l'Occident. Les préliminaires de la paix avec la Turquie furent signés à Galatz (août 1791), et le traité d'Iassy, en Moldavie (9 janvier 1792), termina la guerre. Le Dniester dut servir de frontière entre les deux empires; les Turcs abandonnaient Oczakow et le pays entre le Boug et le Dniester, où Catherine allait fonder le port d'Odessa. On renouvelait les conditions du traité de Kaïnardji, et la Russie stipulait certains avantages en faveur des habitants de la Moldavie et de la Valachie, dont elle ambitionnait depuis longtemps le protectorat. Cette guerre et les troubles qui agitaient alors la France devaient amener la chute de la Pologne; la Russie, la Prusse et l'Autriche devaient encore se réunir pour achever leur œuvre de destruction.

Nouvelle constitution de la Pologne (1791). — Les patriotes polonais avaient voulu profiter des embarras de la Russie et de l'Autriche pour réformer les vices de leur constitution. Le roi de Prusse les engageait à agir, envoyait solennellement sa parole, et par le traité de 1790 leur promettait ses secours contre toute puissance qui prétendrait intervenir dans leurs affaires. Une diète extraordinaire se forma en confédération à Varsovie, en 1788, afin d'éviter les inconvénients du *liberum veto*. Catherine II réclama vainement; pour affirmer leur indépendance, les Polonais refusèrent de l'aider contre les Turcs et fermèrent leur territoire aux armées russes, qui allaient les combattre. Ils auraient dû prévoir qu'il fallait avant tout se préparer à une bonne défense; au lieu d'améliorer leurs finances et de lever des troupes, ils perdirent un temps précieux à discuter un nouveau projet de constitution. Comme toujours, les Polonais, dans leur aveuglement, comptaient sur l'étranger. Stanislas-Auguste, cédant à l'entraînement général, se réunit aux patriotes, et la constitution fut votée, le 3 mai 1791, au milieu des plus vives acclamations.

La constitution était bien imparfaite, mais elle corrigeait beaucoup d'abus. Le trône était héréditaire et assuré à la maison de Saxe, après la mort du roi; on abolit la loi de l'unanimité et le *liberum veto*; le corps législatif était divisé en deux chambres : l'une, formée de députés dont les fonctions devaient durer deux ans (les villes seraient représentées), discuterait les lois ; le sénat, présidé par le roi, les sanctionnerait ou opposerait son *veto*. Le pouvoir exécutif était confié au roi et à un conseil de sept ministres responsables. La religion catholique était maintenue comme religion de l'Etat, mais on assurait la tolérance aux dissidents. Les nobles étaient maintenus dans toute l'étendue de leurs droits et prérogatives ; les paysans étaient seulement placés sous la protection de la loi et du gouvernement. C'était une constitution aristocratique, qui rappelait la constitution anglaise ; elle ne semble pas inspirée par les idées de la France.

Confédération de Targowitz. Intervention des Russes, puis des Prussiens, en Pologne. — Catherine II ne voulait ni l'indépendance ni la régénération de la Pologne. Elle s'empressa alors de signer la paix avec la Turquie ; elle excita ses partisans à se soulever contre les innovations, et, sous ses auspices, une confédération se forma à Targowitz, en Podolie (mai 1792) ; elle eut pour chefs Félix Potocki, Rzewuski et Branicki. Les confédérés invoquèrent aussitôt l'appui de la Russie, protectrice de l'ancienne constitution ; 80,000 Russes franchirent la frontière. Ce fut alors seulement que les Polonais pensèrent à prendre des mesures vigoureuses ; on décréta un emprunt de 20 millions, la formation d'une armée de ligne et de plusieurs corps de troupes légères ; on réclama l'appui du roi de Prusse.

Frédéric-Guillaume venait d'être battu à Valmy par les Français ; il avait de l'aversion pour tout ce qui ressemblait à la révolution française, et l'on traitait déjà de *jacobins* les patriotes polonais. Puis, la diète avait refusé de signer un traité de commerce qui lui aurait abandonné Dantzig et Thorn. Le roi de Prusse, oubliant tous ses engagements, fit une réponse évasive, qui était un véritable refus, et jeta la désolation dans le parti des patriotes. Bien plus, il ouvrit l'oreille aux propositions de Catherine II, qui lui offrit un nouveau démembrement de la Pologne. Il abandonna ceux qu'il avait promis de soutenir, il les trahit indignement.

Deuxième partage de la Pologne (1793). — Les Polonais, consternés, divisés, sans forces organisées, sans élan national, étaient condamnés à l'impuissance. Vainement quelques braves, comme Kosciusko, qui avait combattu en Amérique avec Washington, essayèrent de résister, et remportèrent même quelques succès à Dubienka ; les Russes avançaient sur Varsovie. Le roi, abandonnant par faiblesse la cause nationale, adhéra à la convention de Targowitz et remercia l'impératrice de *son appui magnanime et désintéressé*. En même temps, les Prussiens envahirent la Pologne. Enfin, au commencement de 1793, des proclamations des cours de Berlin et de Pétersbourg déclarèrent incorporer à leurs monarchies les territoires de la Pologne dont leurs troupes venaient de prendre possession. La constitution de 1791 fut abolie. La Russie s'appropria la moitié de la Lithuanie (palatinats de Podolie, de Polotsk, de Minsk, partie de ceux de Vilna, Novogrodek, Brzesc et de la Volhynie). La Prusse s'empara de la plus grande partie de la Grande Pologne, et devint maîtresse de la basse Vistule par la possession de Dantzig et de Thorn. Une diète se réunit à Grodno, et là, quoiqu'on eût pris soin d'en écarter tous les patriotes signalés, quoique les canons russes fussent braqués sur la salle des séances, les députés protestèrent contre les violences dont la Pologne était la victime, mais furent forcés de ratifier l'acte de démembrement (1793). Les puissances copartageantes renoncèrent à toute prétention sur les territoires laissés à la république et lui en garantirent la possession. Un traité d'alliance unit la Pologne à la Russie, qui devait la protéger de ses troupes, lui défendait de s'unir, sans son aveu, avec des puissances étrangères, et de faire aucun changement dans sa constitution.

Soulèvement des patriotes polonais : Kosciusko. — Les Russes continuaient d'occuper la Pologne; à Varsovie, le général Igelstrôm exerçait une intolérable tyrannie. Les patriotes préparèrent un soulèvement général; une association secrète se forma; elle trouva de nombreux partisans dans l'armée qui devait être réduite. Les conjurés avaient choisi pour chef le brave Kosciusko et comptaient sur l'appui de l'Autriche, peut-être sur la Turquie et sur la Suède. Kosciusko voulait attendre, mais Madalinski, qui commandait une brigade de cavalerie, sommé de la licencier, donna le signal de l'insurrection. Kosciusko accourut de Saxe et fut proclamé dictateur (mars 1794). Sa victoire à Raslawice, au nord de Cracovie, enflamma les courages; la population de Varsovie se souleva, et, après une bataille de deux jours, chassa Igelstrôm avec les débris de la garnison russe (avril 1794); Vilna donna le signal de l'insurrection de la Lithuanie. Mais les ressources de la Pologne étaient insuffisantes; la bourgeoisie était trop peu nombreuse; les paysans, depuis longtemps maltraités et sans droits, vivaient dans l'apathie; les nobles étaient divisés et beaucoup refusaient de faire les sacrifices nécessaires pour sauver l'indépendance; ils ne voulaient pas contribuer, répugnaient à donner leurs paysans pour l'armée et craignaient de perdre leurs privilèges. Aussi le roi de Prusse put reprendre facilement Cracovie et vint assiéger Varsovie. Mais un soulèvement de la Grande Pologne le força de rentrer dans ses États; il laissa une partie de son armée au général Fersen, qui devait se réunir aux Russes, commandés par Souvarow. La joie des insurgés ne dura pas longtemps. L'Autriche s'était enfin décidée à intervenir, mais contre les Polonais; elle les accusait de *jacobinisme*, et, au nom du droit et de l'ordre, elle se préparait à prendre sa part dans un troisième démembrement, qui semblait décidé. Kosciusko, voulant prévenir la jonction des Russes et des Prussiens, se jeta sur l'armée de Fersen, à Macejowice, sur la Vistule, au nord de Sandomir (10 octobre 1794). Après des prodiges de valeur, il tomba dangereusement blessé et fut pris. Alors Souvarow, rejoint par les Prussiens, vint assiéger Varsovie, et, sur les ruines fumantes de Praga, après un dernier combat acharné, le général russe dicta la capitulation de Varsovie (9 novembre); 18,000 Polonais avaient succombé.

Troisième partage de la Pologne (1795). — Après quelques difficultés, que faisaient naître surtout les convoitises de l'Autriche, les trois alliés parvinrent à s'entendre, et les deux conventions de Saint-Pétersbourg (1795) réglèrent le sort de la malheureuse Pologne. Stanislas-Auguste abdiqua à Grodno, le 25 novembre, accepta une pension et alla bientôt après mourir en Russie, pendant que les trois puissances se partageaient leurs conquêtes. La Russie obtint le reste de la Lithuanie jusqu'au Niémen, la plus grande partie de la Samogitie, le reste de la Volhynie, une partie du pays de Chelm, enfin le duché de Courlande et la Sémigalle, que le dernier duc Pierre de Biren dut lui abandonner. La Prusse eut une portion du palatinat de Cracovie; la partie de la Masovie et de la Podlachie, sur la rive droite du Bug; une partie de la Lithuanie et de la Samogitie, en deçà du Niémen. L'Autriche posséda la plus grande partie du palatinat de Cracovie, les palatinats de Sandomir et de Lublin; une partie des palatinats de Brzesc, de Podlachie, de Moravie et du district de Chelm, sur la rive gauche du Bug. La Pologne n'existait plus. Catherine II pouvait mourir, elle avait accompli son œuvre, elle avait continué Pierre le Grand, et, comme lui, reçut le titre de *Grande;* elle avait considérablement augmenté les ressources de la Russie, qui, désormais, allait jouer le premier rôle dans l'histoire de l'Europe.

Administration et gouvernement de Catherine II. — Pendant tout son règne, elle avait donné satisfaction à l'insatiable ambition de ses peuples ; elle leur avait donné la gloire et la puissance, elle avait adroitement gagné l'opinion publique en Europe par ses flatteries et par ses tentatives de réforme. Sans pouvoir admirer son œuvre, tout en reconnaissant qu'elle n'a pas sérieusement transformé ses peuples, et qu'il y a dans tous ses actes d'administration intérieure plus d'apparence que de réalité, il faut cependant avouer qu'elle a déployé beaucoup d'activité, qu'elle eut des idées élevées, qu'elle fut préoccupée constamment du désir d'améliorer ; mais on peut lui reprocher d'avoir terni de grandes qualités par l'impureté de ses mœurs et par l'iniquité de sa politique ambitieuse. Elle réorganisa le sénat, remania l'ancienne division en gouvernements, les remplaçant par des *lieutenances* plus nombreuses et plus régulières ; elle rédigea de belles instructions pour les gouverneurs, fonda un grand nombre de villes, en rebâtit plusieurs qui avaient été brûlées, les embellit et augmenta leurs ressources, en favorisant le commerce et l'industrie. Elle appela les étrangers dans ses États et envoya beaucoup de colonies sur les bords du Dniéper, du Don, du Volga, de la mer Noire et de la mer Caspienne. Elle ouvrit aux Russes un marché avec les Chinois, à Kiatkha, et négocia des traités de commerce avec l'Angleterre, la France et l'Autriche. Elle encouragea l'industrie, fit creuser de nombreux canaux, fonda des villes, comme Kherson et Odessa, en rebâtit beaucoup d'autres. Elle aurait voulu substituer aux vieilles lois russes, si variées et encore si barbares, un code simple, clair, uniforme, en harmonie avec la civilisation moderne. Elle convoqua, à Moscou, des députés de toutes les provinces de son empire et rédigea elle-même le préambule du code pour qu'il servît de base à leurs travaux. Mais l'impossibilité de s'entendre, la divergence des idées et des intérêts empêchèrent l'exécution du projet de Catherine. Elle publia néanmoins des édits remarquables sur la noblesse et la bourgeoisie. A côté de la noblesse de naissance, elle institua la noblesse de grade ; il y eut quatorze degrés de noblesse militaire et quatorze degrés de noblesse civile : le tout combiné avec beaucoup d'art pour pouvoir récompenser tous les services sans danger pour l'État. Elle seconda de tous ses efforts l'émancipation des paysans, qui vivaient encore dans le servage, sans propriété, dans une espèce de communisme, sur les terres de la couronne comme sur celles des nobles; elle permit aux serfs de se libérer et d'acheter des terres ; elle accorda des priviléges aux villes et poursuivit l'arbitraire et les exactions des employés subalternes. Elle fit creuser des canaux, fonda beaucoup d'établissements de charité pour les pauvres, pour les enfants trouvés, etc. Elle s'occupa constamment du bien-être matériel et de la santé de ses peuples : ainsi, pour vaincre les préjugés de la routine et de la superstition, elle donna elle-même l'exemple et se fit inoculer la vaccine en 1768.

Elle protégea, par goût comme par politique, les arts et les lettres. Elle créa l'Académie russe (1763). Par ses ordres et à ses frais, Pallas, Gmelin, Georgi, Falk, Guldenstadt et beaucoup d'autres voyageurs parcoururent l'empire pour étudier les mœurs des habitants, les productions du sol, etc. L'Ermitage, sa demeure favorite, réunissait les chefs-d'œuvre de toutes les écoles de peinture, plusieurs bibliothèques (celles de Voltaire, de Diderot, par exemple); elle fit donner une éducation libérale à ses petits-fils; elle-même écrivit plusieurs ouvrages, traduisit en russe le *Bélisaire* de Marmontel, appela auprès d'elle d'Alembert, Diderot, qu'elle combla de faveurs ; Grimm était son correspondant littéraire. On connaît les lettres spirituelles qu'elle écrivait au prince de Ligne et à Voltaire. N'oublions pas, cependant, que Catherine mettait plus de vanité et d'ostentation que d'amour du bien public dans tous ces établissements littéraires. Elle avait fondé des écoles populaires. Comme le gouverneur de Moscou lui écrivait que ses administrés n'envoyaient point leurs enfants dans ces écoles : « Mon cher prince, lui répondit-elle, ne vous plaignez pas de ce que les Russes n'ont pas le désir de s'instruire. Si j'institue des écoles, ce n'est pas pour nous, mais pour l'Europe, où il faut maintenir notre rang dans l'opinion. Du jour où nos paysans voudraient s'éclairer, ni vous ni moi ne resterions à nos places. »

Dans les dernières années de sa vie, Catherine, par politique, s'était déclarée l'ennemie de la Révolution française. Elle publiait des manifestes contre les jacobins, elle donnait une épée enrichie de diamants au comte d'Artois, elle accueillait les émigrés ; elle se proposait surtout d'intervenir dans les affaires générales de l'Europe, pour consolider ses nouvelles conquêtes et agrandir encore la puissance de la Russie, lorsque la *Sémiramis du Nord*, comme l'avait appelée Voltaire, mourut d'une attaque d'apoplexie foudroyante le 9 novembre 1796.

CHAPITRE XVI[1].

Puissance maritime et coloniale de l'Angleterre. — Conquête des Anglais aux Indes orientales. — Régime colonial.

SOMMAIRE. — § I. *État de l'Angleterre au dix-huitième siècle.*
Maison de Hanovre : George Ier (1714-1727); George II (1727-1760). — Charles-Édouard en Écosse : batailles de Preston, Falkirk, Culloden (1745-1746).— Guerre de Sept ans : George III (1760-1820); William Pitt.
§ II. LES ANGLAIS DANS L'INDE.
État de l'Inde au dix-huitième siècle. — Compagnie des Indes. — Compagnie française des Indes. — *Dupleix* : ses projets. — Guerre de 1744 à 1748. — Rivalité de Dupleix et de la Bourdonnais. — Succès de Dupleix. — Il s'empare de grands territoires. — Disgrâce de Dupleix. — Godeheu signe le traité de Madras (1754).
Clive : ses exploits dans le Bengale.—Victoire de Plassey (1757). — Clive, gouverneur du Bengale. — Il étend la domination anglaise. — Lally-Tollendal à Pondichéry. — Prise de Pondichéry par les Anglais (1761). — Traité de Paris (1763). — Gouvernement de lord Clive.
Exactions des Anglais dans l'Inde. — Acte régulateur (1773-1774). — *Warren Hastings*, premier gouverneur général. — Ses agrandissements, ses déprédations.
Puissance d'Hayder-Ali. — Il combat les Anglais (1767-1769). — Il recommence la lutte avec l'alliance de la France. — Traité de Mangalore (1784). — Procès d'Hastings.
Les Anglais achèvent la conquête de l'Inde.

État de l'Angleterre au dix-huitième siècle. — Depuis la révolution de 1688, qui a définitivement fondé leurs libertés nationales, les Anglais ont suivi, pendant le cours du dix-huitième siècle, une politique qui doit leur assurer l'empire des mers; ils ont étendu leurs colonies dans toutes les parties du globe; ils ont préparé leur domination industrielle et commerciale. Avant de parler

---

[1] LIVRES A CONSULTER; LECTURES A FAIRE. — Les *Histoires d'Angleterre* déjà citées; l'*Histoire de Charles-Édouard*, par Amédée Pichot; les *Études sur l'Angleterre*, par M. de Rémusat. — Pour l'Inde : *Histoire de France*, de Henri Martin; l'*Histoire de la conquête de l'Inde par l'Angleterre*, de Barchou de Penhoen; les *Français dans l'Inde*, par Al. de Saint-Priest; et surtout les deux excellentes *Biographies de Clive et de Warren Hastings*, par Macaulay.

de la conquête des Indes et de la lutte qu'ils ont soutenue contre leurs colonies d'Amérique, il est nécessaire de rappeler en peu de mots l'état de l'Angleterre au dix-huitième siècle.

Guillaume III (1689-1702) avait commencé la lutte contre la France. Pendant le règne d'Anne, sa belle-sœur, la seconde fille de Jacques II, l'Angleterre triompha; la marine française cessa de lui disputer l'empire des mers; les Hollandais s'épuisèrent, à son profit, pour satisfaire leurs rancunes à l'égard de la France; le traité de Méthuen (1703) fit du Portugal un marché anglais; et le traité d'Utrecht assura aux Anglais, avec une partie de nos colonies dans l'Amérique du Nord, la possession de Gibraltar et de Minorque.

Maison de Hanovre. — *George Ier* (1714-1727); *George II* (1727-1760). — Avec George Ier commence la maison de Brunswick-Hanovre (1714-1727). George de Brunswick-Lunebourg était arrière-petit-fils de Jacques Ier; il succédait à la reine Anne en vertu de l'acte du Parlement qui avait exclu de la succession tous les héritiers catholiques. Il était étranger, ne savait pas un mot d'anglais, manquait d'esprit, de tact, de loyauté, était ivrogne et violent; mais il était protestant et ennemi de Louis XIV. Il laissa gouverner Robert Walpole, le chef des whigs. D'Ormond et Bolingbroke, accusés de trahison, menacés d'un bill *d'attainder*, s'enfuirent et préparèrent une révolution. Les jacobites prirent les armes et proclamèrent, sous le nom de Jacques III, le prétendant qu'on appelait le chevalier de Saint-George; mais ils furent battus à Sheriffmuir (comté de Perth), par le duc d'Argyle, le 30 novembre 1715. Le prétendant, homme grand et maigre, compassé comme un automate, dénué d'intelligence, était incapable d'exciter le moindre enthousiasme. Il parut quelques jours à Perth et s'enfuit. Les montagnards furent désarmés; plusieurs chefs jacobites furent décapités; mille insurgés furent déportés aux colonies. Une des conséquences de l'insurrection fut l'établissement de la septennalité des parlements; les élections, disait un des pairs, ruinaient les élus; elles coûtaient aussi beaucoup au gouvernement. La septennalité augmenta le pouvoir de la royauté.

Sous George Ier, l'Angleterre s'unit à la France, à la Hollande, à l'Autriche contre l'Espagne, dont les flottes furent détruites. Le cardinal Dubois fut publiquement pensionné par le cabinet de Saint-James. Le principal ministre fut alors Robert Walpole, que l'on a souvent désigné sous le nom de *père de la corruption*, et qui se vantait de connaître le prix de chaque homme. Il se proposa d'endormir la nation et de faire vivre l'Angleterre en paix; il s'entendit avec le cardinal Fleury; et, lorsque George Ier mourut, en allant revoir une fois encore son cher électorat de Hanovre, il sut conserver le pouvoir sous son fils, le nouveau roi George II (1727-1760). Malgré tous ses efforts pour maintenir la paix, il fut entraîné par l'opinion publique dans une guerre contre l'Espagne. Les Anglais abusaient du *vaisseau de permission* pour en faire un entrepôt inépuisable de marchandises anglaises; leurs contrebandiers parcouraient toutes les côtes de l'Amérique. Le peuple se souleva contre le droit de visite qu'exerçaient les croisières espagnoles, et la guerre fut déclarée en 1739. L'amiral Vernon prit Porto-Bello; mais un immense armement, dirigé contre Carthagène, échoua, et les corsaires espagnols firent beaucoup de mal au commerce anglais. Walpole tomba, en 1742, au moment où l'Angleterre se déclarait contre la France, en faveur de Marie-Thérèse.

Charles-Edouard en Ecosse. — Batailles de Preston, Falkirk et Culloden (1745-1746). — Pendant que les flottes anglaises reprenaient partout l'avantage et semblaient sur le point d'acquérir l'empire de l'Océan; pendant que les soldats anglais combattaient à Fontenoy, la maison de Hanovre fut sérieusement menacée par l'entreprise aventureuse de Charles-Edouard Stuart, fils de Jacques III. Ce jeune prince, s'embarquant secrètement à Nantes avec quelques amis dévoués, aborda dans l'une des Hébrides en 1745. Les montagnards, charmés de sa bonne mine, accoururent en grand nombre. L'Ecosse n'était gardée que par quelques milliers de mauvais soldats. Charles-Edouard, vêtu du costume national, fit son entrée triomphale dans Edimbourg, et battit complétement le général Cope à Preston (2 octobre). Il envahit ensuite l'Angleterre, pénétra jusqu'à Carlisle, et voulait résolûment marcher sur Londres; mais les jacobites anglais ne se soulevèrent pas; les montagnards ne pouvaient combattre loin de leurs montagnes, et désertaient. Il fut forcé de rétrograder devant l'armée supérieure en nombre du duc de Cumberland, fils de George II. Il eut encore la satisfaction de battre à Falkirk, près de Stirling, une autre armée anglaise (28 janvier 1746); mais, malgré son désespoir, il lui fallut se retirer dans le nord des hautes terres. C'est là qu'il fut atteint et mis en déroute par le duc de Cumberland, à Culloden, près d'Inverness (27 avril 1746). Sa tête fut mise à prix. Traqué comme une bête fauve par les soldats anglais, il erra pendant cinq mois de retraite en retraite, au milieu de fatigues et de périls qui surpassent tout ce que l'imagination peut inventer, et parvint à se réfugier en France. Le duc de Cumberland souilla sa victoire par la plus effroyable cruauté; il y eut de nombreuses victimes; les soldats impitoyables parcoururent en tout sens le pays, pillant, tuant et brûlant.

On abolit le système des clans; on anéantit l'autorité des chefs; on proscrivit le costume national et le port des armes. L'Ecosse fut complètement soumise. La maison de Hanovre était désormais solidement établie.

Guerre de Sept ans. — William Pitt. — On a vu comment, au traité d'Aix-la-Chapelle, en 1748, la paix fut conclue sur le continent, et, comment, quelques années plus tard, l'Angleterre, effrayée des progrès de nos colonies et de notre marine renaissante, triompha de la pusillanimité de Louis XV et le força à commencer cette guerre de Sept ans, qu'il soutint si mal et qui fut si avantageuse à la puissance maritime de nos rivaux. George II était mort en 1760, et avait eu pour successeur son petit-fils, George III, lorsque la paix de Paris (1763) consacra l'immense supériorité de l'Angleterre victorieuse.

Ces succès étaient dus surtout au génie d'un illustre ministre, William Pitt, que ses contemporains ont surnommé le *grand député des communes*. Né en 1708, fils d'un simple écuyer, assez pauvre, député du bourg pourri d'Old-Sarum, il n'avait cessé de faire de l'opposition à Walpole; ses talents supérieurs, son éloquence, son intégrité, la faveur publique habilement ménagée lui donnèrent l'alliance de l'aristocratie. Il fut, en 1746, vice-trésorier d'Irlande, conseiller privé, payeur général des troupes anglaises dans l'administration du duc de Newcastle; il se démit de ses emplois en 1755; mais rentra bientôt dans le ministère, et dirigea les affaires avec un ardent patriotisme et une haine implacable à l'égard de la France. A l'époque du traité de Paris, il avait été forcé de se retirer devant l'ascendant du ministre courtisan, lord Bute; mais c'est à lui que revient en réalité l'honneur d'avoir fait de l'Angleterre la première puisssance maritime du monde.

Etat de l'Inde au dix-huitième siècle. — C'est au dix-huitième siècle que les Anglais doivent fonder leur vaste empire des Indes orientales. Ces riches contrées avaient attiré les Européens depuis le commencement du seizième siècle. Les Portugais, après Vasco de Gama et Albuquerque, eurent longtemps le monopole du commerce; mais, avides, maladroits, ils s'étaient contentés, dans leurs comptoirs armés, d'exploiter et d'opprimer les indigènes; ils conservaient encore Goa. Les Hollandais, âpres au gain, égoïstes, les avaient remplacés, surtout au dix-septième siècle, mais tournaient principalement leurs efforts vers les îles de la Malaisie. Au dix-huitième siècle, les Anglais et les Français se disputeront non plus seulement le commerce, mais la domination de l'Inde.

La situation était favorable. L'empire du Grand Mogol, fondé par Babour, descendant de Tamerlan (1505), tombait en dissolution à la mort d'Aureng-Zeb (1707). Les souverains de Delhy n'exercèrent plus qu'une autorité nominale sur les vastes territoires de la presqu'île comprise entre l'Himalaya et le cap Comorin; partout les *rajahs*, les *soubabs* et les *nababs* se rendirent indépendants dans les provinces, et dominèrent, au milieu des guerres civiles, dans l'Aoude, le Bengale, le Dekkan, le Carnatic. Les tribus guerrières du Radjepoutana secouèrent le joug musulman; une bande d'Afghans mercenaires occupa le Rohilcund, au nord-ouest de l'Aoude; les Seikhs s'établirent sur l'Indus; les Jauts répandirent la terreur le long de la Djemnah. Enfin une horde de sauvages pillards, les Mahrattes, descendit des montagnes qui bordent la côte occidentale de la mer des Indes, et leur domination s'étendit d'une mer à l'autre; des chefs mahrattes régnèrent à Pounah, à Gwalior, dans le Guzerate, dans le Berar, dans le Tanjore, dans le Malwah. « Ils conservaient encore les habitudes de déprédation de leurs ancêtres. Ils dévastaient toute contrée qui n'était pas soumise à leurs lois. Partout où leurs timbales se faisaient entendre, le paysan chargeait son sac de riz sur ses épaules, cachait ses misérables épargnes dans sa ceinture et s'enfuyait, avec sa femme et ses enfants, dans les montagnes ou dans les jungles; car le voisinage de l'hyène ou du tigre était moins redoutable. Plusieurs provinces sauvaient leurs récoltes en payant une rançon annuelle; même le pitoyable fantôme qui portait encore le titre d'empereur se laissait imposer cette ignominieuse contribution. » (Macaulay, *Biographie de lord Clive*.) Les facteurs européens tremblèrent plus d'une fois pour leurs comptoirs; mais ils comprirent bientôt qu'en intervenant dans les querelles des princes indigènes, ils pouvaient accroître leur influence et leurs profits. Le Français Dupleix fut le premier qui vit clairement la possibilité de fonder même un empire européen sur les ruines de la monarchie mongole; il rencontra la rivalité des Anglais; il fut abandonné par la France, et les Anglais, plus heureux et plus persévérants, réalisèrent ses plans ambitieux, sous des hommes intelligents et énergiques, comme Clive et Warren Hastings.

Compagnie anglaise des Indes. — Les Français et les Anglais étaient en présence aux Indes. En 1599, sous Elisabeth, quelques marchands de Londres avaient formé la première *Compagnie des Indes*, avec le privilége de faire seuls le commerce dans les contrées situées au delà du cap de Bonne-Espérance. Les commencements de la Compagnie furent modestes ; elle eut un comptoir à Surate (1611), une factorerie à Madras (1624) ; un souverain de Delhy avait accordé au médecin Broughton, qui avait guéri sa fille, le privilége du commerce dans tout son empire ; il vendit ce droit à la Compagnie, qui établit un comptoir sur le bras principal du Gange, l'Hougly, là où s'élèveront plus tard le fort William et Calcutta. En 1662, l'infante de Portugal, Catherine, apporta en dot à Charles II l'île de Bombay ; le roi céda ce territoire à la Compagnie, qui transporta, en 1687, de Surate à Bombay la présidence de ses établissements dans la péninsule.

Compagnie française des Indes. — Les Français s'établissaient également dans l'Inde à la même époque. Après quelques essais infructueux sous François Ier, Henri IV et Richelieu, Colbert avait fondé une *Compagnie des Indes orientales*, au capital de 15 millions de livres tournois, avec un privilége de cinquante ans (1664). Une première expédition à Madagascar échoua ; on conduisit des colons aux îles de France et de Bourbon. Le gouverneur Caron créa un premier comptoir à Surate (1667) ; François Martin, énergique, entreprenant, choisit une belle position militaire, à l'embouchure du Coleroun, et fonda Pondichéry (1674-1679) ; Chandernagor s'éleva sur les bords de l'Hougly, près des établissements anglais. A la fin du dix-septième siècle, nos comptoirs étaient florissants ; Martin avait commencé à prendre les Indiens au service de la Compagnie et à les discipliner à l'européenne ; c'est l'origine des *cipayes*. Mais la guerre de la Succession d'Espagne ruina notre commerce ; la compagnie, reconstituée par Law, tomba avec le système ; ses débris se ranimèrent, et Dumas, gouverneur général, acquit la ville et le territoire de Karikal, établit des comptoirs à Calicut et à Mahé, puis commença à intervenir habilement dans les affaires de l'Inde ; il soutint contre les Mahrattes la veuve et le fils du nabab du Carnatic ; il reçut le titre de nabab, avec 4,500 cavaliers équipés aux frais du Grand Mogol, et le privilége de battre monnaie. Mais la gloire d'avoir voulu fonder un empire français dans l'Inde appartient à son successeur Dupleix.

DUPLEIX : SES PROJETS. — Dupleix, né à Landrecies, en 1697, destiné de bonne heure au commerce, était entré au service de la Compagnie, et, par son mérite, était devenu gouverneur de Chandernagor, en 1730. Il en avait fait une ville florissante, d'où plus de 70 navires, frétés par lui, par ses parents et ses amis, allaient faire le commerce, de la mer Rouge jusqu'aux Philippines. Nommé gouverneur général à Pondichéry (1741), il commença la réalisation des vastes projets qu'il avait conçus; ses créations commerciales n'avaient été que le prélude de plus grandes choses. Il ne communiqua ses pensées qu'à deux confidents capables de le comprendre et de se dévouer à son œuvre : l'un, soldat chevaleresque et politique habile, le marquis de Bussy; l'autre, sa femme, Jeanne de Castro, brillante créole, qui, familière avec les mille dialectes de l'Inde, correspondit pour Dupleix avec les cours indigènes, et se rendit célèbre dans toute la péninsule sous le nom de *Johanna begum*, la princesse Jeanne. Il s'empressa de se mettre en possession du titre de nabab, et étala dans Pondichéry une magnificence orientale, ne sortant jamais que dans un riche palanquin, escorté d'une garde à cheval brillante d'or et d'écarlate, recevant les princes et les ambassadeurs avec toute la pompe d'un souverain. Il se fit reconnaître comme rajah au Bengale, s'attacha à augmenter les forces militaires de la colonie, accoutuma les cipayes à une discipline exacte, et se prépara à se mêler aux affaires intérieures de l'Inde, avec l'espoir que la supériorité des armes et du génie des Européens lui assurerait bientôt une puissante domination.

Guerre de 1744 à 1748. — LA BOURDONNAIS. — *Rivalité de Dupleix et de la Bourdonnais.* — A la même époque, Mahé de la Bourdonnais, né à Saint-Malo, en 1697, gouverneur des îles de France et de Bourbon, depuis 1735, y avait développé une grande prospérité agricole et créé des ressources considérables. Il n'avait pas les hautes visées de Dupleix; il se proposait seulement, en cas de guerre, de ruiner les établissements anglais et de faire de l'île de France l'entrepôt du commerce entre l'Inde et l'Europe. La guerre éclata dans l'Inde. La Bourdonnais réunit une escadre, vint assiéger Madras et s'en empara en 1746 ; il promit de rendre la ville moyennant une forte rançon. Une funeste querelle divisa alors Dupleix et la Bourdonnais, que les ministres et la Compagnie semblaient s'être complus à opposer l'un à l'autre. Battu par une tempête qui détruisit une partie de ses vaisseaux, la Bourdonnais fut remplacé dans son gouvernement, voulut retourner en France pour se justifier, fut arrêté par les Anglais, mais put revenir à Paris sur parole. Il fut jeté à la Bastille (1748) ; au bout de trois ans, il fut acquitté aux applaudissements universels ; mais sa santé était ruinée, et il mourut de chagrin en 1753. Sa disgrâce rejaillit sur Dupleix, qu'on présenta comme un rival jaloux et égoïste, et que l'opinion publique abandonna au moment où elle aurait dû le défendre.

Succès de Dupleix. — Après le départ de la Bourdonnais, Dupleix avait refusé de remettre Madras entre les mains du nabab du Carnatic, et l'un de ses lieutenants, Paradis, avec 230 Européens et 700 cipayes, mit en déroute l'armée du nabab, près de Saint-Thomé ; c'était la première fois que les Européens combattaient les Mogols ; l'effet moral fut grand dans toute l'Inde. Dupleix resta maître de Madras, et lorsque les Anglais, commandés par l'amiral Boscawen, vinrent assiéger Pondichéry, il dirigea la défense, leur infligea un échec sanglant, et reçut les félicitations des princes indiens. La paix d'Aix-la-Chapelle l'arrêta au milieu de ses succès ; ce fut avec une douleur amère qu'il dut rendre Madras ; les deux Compagnies restaient toujours en présence. Mais aux hostilités ouvertes succéda une lutte indirecte, et c'est alors que Dupleix crut, pendant quelque temps, pouvoir réaliser ses plus ambitieuses espérances.

Il s'empare de grands territoires. — Il était plus

que jamais convaincu que, pour assurer le commerce dans l'Inde, il fallait se débarrasser de la domination rapace des princes indiens, conquérir le territoire et y fonder un empire français. Français et Anglais avaient conservé toutes leurs troupes, pour les mettre au service des indigènes. Dès 1749, les Anglais, alliés du rajah de Tandjaour, se firent céder Devicotah. A la mort du soubab du Dekkan, deux prétendants se disputèrent son vaste héritage; son fils, Nazir-Jung, fut soutenu par les Anglais; Dupleix se déclara pour son petit-fils, Murzapha-Jung. Dans le Carnatic, Français et Anglais étaient également en présence; les premiers défendaient Tchunda-Saëb, les seconds Anaverdi-Khan. Murzapha-Jung et Tchunda-Saëb réunirent leurs forces, et, soutenus par 400 Français et 2,000 cipayes que commandaient Bussy et d'Auteuil, ils furent victorieux près d'Amhour; Anaverdi-Khan avait été frappé par une balle française, 3 août 1749. Dupleix, pour prix de ses secours, reçut Vilnour et Mazulipatam.

Les Anglais revinrent bientôt de leur stupeur, et Nazir, excité par eux, rentra dans le Carnatic avec une immense armée. Pondichéry fut même menacé. Alors Dupleix, déployant toutes les ressources de son vaste génie, et merveilleusement secondé par sa femme, parvint à gagner une partie des officiers du soubab; une terrible bataille s'engagea; 800 Français et 3,000 cipayes attaquèrent audacieusement l'armée de Nazir et firent tout plier devant eux; Nazir fut tué par l'un des conjurés, et son armée proclama aussitôt Murzapha. Le nouveau soubab entra en triomphe dans Pondichéry, et fit placer Dupleix à côté de lui sur un trône; il le proclama nabab de toutes les provinces au sud de la Krichna; Tchunda-Saëb et le Carnatic relevaient de Dupleix; une partie de l'Inde était à la France (1750).

De nouveaux succès étaient réservés à Dupleix. Murzapha, à peine de retour au Dekkan, périt dans une lutte contre des chefs rebelles, mais Bussy l'avait accompagné ; aussi bon diplomate que fier soldat, il fit élire un nouveau soubab, son oncle Salabut, l'installa à Hyderabad, à Aurengabad, à Golconde, établit l'ordre dans tout le Dekkan, repoussa prétendants et Mahrattes, et reçut, comme récompense de ses services, les cinq provinces des Circars, qui comprenaient toute la côte d'Orissa, du fleuve Krichna jusqu'au Bengale (1751). Le tiers de l'Inde était à la France. Les Anglais mirent alors tout en œuvre pour arrêter nos progrès menaçants.

Disgrâce de Dupleix. — En Europe, leurs intrigues préparèrent le rappel de Dupleix, dont l'ambition effrayait le faible gouvernement de Louis XV ; la Compagnie des Indes ne voulait rien comprendre à sa politique ; au lieu d'envoyer de gros bénéfices aux actionnaires, il demandait de l'argent et des renforts. On commença par le délaisser ; il n'eut que de mauvais soldats, au moment où les Anglais, redoublant d'efforts, mettaient à leur tête des chefs audacieux et intelligents, comme Lawrence et Clive. Ils soutenaient dans le Carnatic Mahomet-Ali, le fils d'Anaverdi-khan, contre notre protégé, Tchunda-Saëb ; Tritchenapali, dernier asile de Mahomet, allait succomber, lorsque Clive, récemment passé des bureaux de la Compagnie dans l'armée, s'empara audacieusement d'Arkote, s'y maintint glorieusement avec quelques hommes, fit lever le siège de Tritchenapali, battit plusieurs corps français, et menaça nos possessions. Tchunda-Saëb avait été égorgé dans cette lutte qui relevait le prestige des Anglais.

Dupleix ne se découragea pas, et reprit bientôt l'avantage ; il attendait Bussy, retenu jusqu'alors dans le Dekkan, et Clive venait de partir, malade, pour l'Europe. Mais des vaisseaux de la compagnie parurent à Pondichéry, amenant 1,200 soldats et un nouveau gouverneur, depuis longtemps ennemi de Dupleix, Godeheu, chargé de faire honteusement la paix. Dupleix avait été sacrifié aux réclamations de l'Angleterre et à l'aveugle cupidité des directeurs de la Compagnie. Il quitta l'Inde en pleurant. De retour en France, l'opinion publique, qui l'avait d'abord abandonné, se déclara en sa faveur; mais il réclama en vain sa fortune et celle de ses amis, englouties dans les dépenses de la guerre. Il ne put rien obtenir ; il en fut réduit à demander des lettres de surséance contre ses propres créanciers, pour n'être pas traîné en prison, et mourut, ruiné, en 1763, après avoir vu la chute de nos colonies.

Godeheu signe le traité de Madras (1754). — Godeheu s'était empressé de signer le traité de Madras, par lequel la France renonçait à ses dernières acquisitions (oct. 1754). Les deux Compagnies s'interdisaient à jamais d'intervenir dans la politique intérieure de l'Inde, et leurs possessions devaient être mises sur un pied de parfaite égalité. La France était pour toujours déconsidérée par ce traité honteux et inepte. L'Angleterre pouvait maintenant fonder sa puissance, sans craindre de rivalité sérieuse ; elle allait réaliser les vastes projets de Dupleix, mais à son profit.

CLIVE. — *Ses exploits au Bengale.* — Robert Clive, né en 1725, d'abord commis au service de la Compagnie des Indes, un instant prisonnier des Français, quand Dupleix fut maître de Madras, s'était fait soldat et s'était distingué par son courage et sa résolution, surtout à la défense d'Arkote. Il revenait dans l'Inde avec les plus grandes espérances, au moment où Dupleix s'en éloignait tristement, et il commença par détruire les pirates des environs de Bombay. Ses exploits allaient avoir un plus vaste théâtre. En 1756, le vieil Aliverdy-Khan, souverain des provinces du Bengale, d'Orissa, de Bahar, mourut, en recommandant à son successeur la haine des Anglais. Le nouveau nabab, son petit-fils Surajah-Dowlah, était l'un des plus misérables despotes de l'Orient : faible de caractère, énervé par la débauche, cruel par plaisir. Sous prétexte que les Anglais fortifiaient Calcutta sans permission, il marcha sur le fort William et s'en empara; par ses ordres, 126 prisonniers furent jetés dans un cachot de 20 pieds carrés, célèbre dans les annales de l'Inde, sous le nom de *Trou-Noir* (Black-Hole), où ils périrent étouffés en une nuit, à l'exception de 23. C'en était fait des établissements anglais au Bengale, si les Français s'étaient joints au nabab. Ils restèrent neutres au moment où la guerre de Sept ans mettait encore aux prises la France et l'Angleterre.

Victoire de Plassey (1757). — Pendant ce temps, une expédition partait de Madras sous la conduite de Clive et de l'amiral Watson; Clive commandait 900 Anglais du 39e régiment, qui porte encore fièrement sur ses drapeaux cette devise : *Primus in Indis*, et 1,500 cipayes. On reprit le fort William et Calcutta ; on traita avec Surajah pour l'empêcher de s'unir aux Français ; le nabab rendit ses prisonniers, paya une indemnité et accorda aux Anglais le droit de battre monnaie. Puis Clive, avec une audace affranchie de tout scrupule, tourna ses forces contre Chandernagor et s'en empara (mars 1757). Les Français chassés du Bengale, il put aller combattre contre Surajah ; il entra en relation avec le principal ministre du nabab, qui s'engagea à trahir son maître ; un riche marchand de Calcutta, nommé Omischund, découvrit la trame, et demanda qu'on lui promît une grosse récompense pour prix de son silence. Clive imagina de faire une double copie du traité conclu avec lui : la première, qui était la bonne, ne faisait pas mention de la récompense demandée ; l'autre contenait la promesse ; l'amiral Watson refusant d'apposer sa signature, Clive la contrefit. Puis il marcha audacieusement contre Mourchidabad, la capitale de Surajah ; il rencontra à Plassey ses 40,000 fantassins et ses 15,000 cavaliers, soutenus par une artillerie de 50 gros canons ; en moins d'une heure, les 3,000 hommes de Clive eurent dispersé cette multitude ; la victoire était complète ; elle assurait aux Anglais la domination du Bengale (mai 1757). Meer-Jaffeer, proclamé nabab, n'eut qu'une autorité nominale, sous la protection de la Compagnie ; Sourajah avait été pris dans sa fuite et mis à mort sans pitié. Lorsque le négociateur Omischund réclama son salaire après la victoire, on lui répondit que les conditions stipulées étaient illusoires, et qu'il ne lui revenait rien. Il fut tellement frappé de cette odieuse mystification, qu'il devint fou et mourut peu après.

Clive, gouverneur du Bengale. — Meer-Jaffeer donna aux vainqueurs 1 million 100,000 livres sterling ; Clive, nommé gouverneur du Bengale, reçut pour sa part un présent de 250,000 livres. Sa politique à l'égard des princes indigènes sera désormais suivie par les Anglais. Ils ne s'établiront pas ouvertement en maîtres au milieu de ces immenses populations qui auraient pu les accabler, malgré l'infériorité de leur génie ; mais ils placeront partout des résidents anglais, laissant aux princes indiens tous leurs honneurs, tout le faste de la représentation extérieure, et gardant pour eux-mêmes la réalité du pouvoir. Ces résidents, surveillant tout, seront instruits de tout, et, au moindre signe, les Anglais reparaîtront pour les soutenir ; souvent même, ils mettront au service des princes qu'ils surveillent des soldats de la Compagnie, payés par eux, et chargés en apparence de les défendre, en réalité de les tenir dans la servitude.

Les Indiens s'habitueront ainsi à considérer les Anglais comme un peuple supérieur, capable de tout, bienveillant pour ses amis, terrible pour ses ennemis ; et, quand les circonstances paraîtront favorables, on déclarera facilement provinces britanniques les différentes parties de l'Inde, sauf encore à laisser aux princes dépossédés de riches pensions et certains honneurs, derniers débris de leur ancienne puissance.

Clive étend la domination anglaise. — Clive était désormais solidement établi dans le Bengale. Le fils du Grand Mogol, ayant alors formé le projet de ramener à l'obéissance ses vassaux émancipés, vint assiéger Patna. Clive n'eut qu'à se présenter pour le forcer à évacuer le Bengale. Les Hollandais, établis à Chinsurah sur le Gange, s'alarmant des progrès de l'Angleterre, firent venir de Batavia 7 vaisseaux et 1,500 hommes, qui se présentèrent à l'embouchure du Gange. Clive se fit donner, par le nabab Meer-Jaffeer, un ordre enjoignant aux Hollandais de sortir du fleuve; Clive les battit et les força à détruire les fortifications de Chinsurah (décembre 1759). Le nabab, qui voulait s'attacher son redoutable protecteur, lui assura un revenu annuel de 675,000 francs.

Lally-Tollendal à Pondichéry. — Cependant la guerre avait recommencé entre la France et l'Angleterre; la créature des Anglais, Mohammed-Ali, était nabab du Carnatic; mais Salabut, souverain du Dekkan, était notre allié, et Bussy gardait toujours l'ascendant dans les Circars, entre le Carnatic et le Bengale. C'était lui, le brave et habile lieutenant de Dupleix, qu'on aurait dû choisir pour commander dans l'Inde. On lui préféra l'Irlandais Lally-Tollendal, vaillant et loyal officier, d'un caractère brusque et intraitable, l'homme le plus dépourvu d'adresse, le plus incapable de gouverner dans ces temps difficiles. Arrivé à Pondichéry (1758), il attaque Gondelour, puis le fort Saint-David et Devicotah; il est partout heureux; les Anglais sont chassés de toute la côte méridionale de Coromandel. Lally veut les poursuivre jusque dans Madras; il rappelle Bussy en lui écrivant : *Toute ma politique est dans ces cinq mots; ils sont sacramentels :* PLUS D'ANGLAIS DANS LA PÉNINSULE ! Bussy a été remplacé dans le Dekkan par l'incapable marquis de Conflans, qui se laisse prendre, avec toute son armée, à Mazulipatam par le colonel anglais Forde. Lally, abandonné par le comte d'Aché, qui lutte mal contre l'escadre de l'amiral Pocock, trahi par le gouverneur de Pondichéry, Leyrit, qui refuse de payer et de nourrir ses troupes, perd son temps et ses soldats dans une malheureuse expédition contre le rajah de Tandjaour. Il prend Arkote, mais il échoue complétement au siége de Madras (février 1759).

Prise de Pondichéry par les Anglais (1761). — Pressé par Forde et par son propre frère, qui lui dispute le trône, Salabut n'a d'autre ressource que de se soumettre aux Anglais, qui reprennent partout l'avantage. Ils sont désormais les maîtres au Dekkan, comme au Bengale; et bientôt les Français sont menacés dans leurs dernières possessions. Lally s'en prend de ses revers au conseil de Pondichéry; les abus irritent sa colère; il menace, il provoque les haines et les défections; les soldats, mécontents, mal payés, mal nourris, se révoltent et déclarent même qu'ils sont prêts à s'unir aux Anglais. Enfin les Français sont vaincus par sir Eyre Coote à la bataille décisive de Vandavachy (22 janvier 1760), et bientôt la ville de Pondichéry est assiégée par terre et par mer. Lally fait une défense héroïque; sans flotte, sans cavalerie, il résiste à des forces vingt fois supérieures; enfin, n'ayant plus que 700 hommes mourants de faim, il est forcé de se rendre sans capitulation (16 janvier 1761). Il avait dit : *Plus d'Anglais dans la péninsule!* les vainqueurs dirent à leur tour : *Plus de Français, plus de Pondichéry!* et cette ville, jadis florissante, ne fut bientôt plus qu'un monceau de ruines. Un cri général s'éleva contre le malheureux Lally; on l'accusa même de concussion et de trahison; l'opinion trompée se déchaîna furieuse contre lui. Il obtint du gouvernement britannique la permission de revenir en France : « *J'apporte ici ma tête et mon innocence,* » écrivait-il à Choiseul. Après une longue et cruelle captivité, après un odieux procès, il fut condamné par le Parlement de Paris, et conduit bâillonné à la place de Grève. La sentence était injuste; Lally avait commis des fautes, mais ce n'était pas un traître; aussi la conscience publique avait déjà depuis longtemps condamné ses juges, lorsque les nobles réclamations de Voltaire et l'éloquence passionnée du fils de la victime obtinrent de Louis XVI la réhabilitation du malheureux général. — Par le traité de Paris (1763), les Anglais nous rendirent Pondichéry, mais avec un petit territoire de trois ou quatre lieues; la France recouvra aussi Karikal, Chandernagor, quelques comptoirs, mais sous la condition expresse de n'établir aucune fortification. En 1770, le gouverneur de Chandernagor ayant voulu creuser un fossé pour l'écoulement des eaux, des pionniers envoyés de Calcutta vinrent détruire les travaux et combler le fossé. Les Français étaient vraiment chassés de l'Inde.

Gouvernement de lord Clive. — Pendant ce temps, Clive, comblé de richesses, partait pour l'Europe, où il reçut de George III les titres de baron de Plassey et de pair d'Irlande. Mais pendant son absence, l'avidité des agents de la Compagnie, leurs exactions, leurs violences avaient compromis la puissance des Anglais dans le Bengale. Le nouveau souverain de Delhi, Shah-Alum, allié au nabab d'Aoude, envahit alors le Bahar; il fut de nouveau repoussé. Meer-Jaffeer avait été déposé et remplacé par son gendre, Meer-Cossim, parce qu'il ne pouvait suffire aux exigences croissantes des Anglais; le nouveau nabab eut le même sort, se révolta, fut battu, et Meer-Jaffeer fut remis sur le trône (1763). C'est alors que la Compagnie crut la présence de lord Clive nécessaire pour rétablir l'ordre dans l'Inde. Quand il arriva, la guerre avait cessé; il n'eut à s'occuper que de l'administration intérieure. A la mort de Meer-Jaffeer (1765), on lui donna pour successeur un de ses fils, encore enfant, qui dut payer 140,000 livres sterling; puis, après cet enfant, un de ses frères reçut le titre de nabab, mais ce fut un vain titre désormais; il abandonnait aux Anglais tous ses revenus pour une pension de 50 lakhs de roupies (le lakh vaut 250,000 francs). Le Bengale, Bahar, Orissa n'étaient plus que des provinces de la Compagnie. Clive obtint du Grand Mogol la confirmation de cette souveraineté; Shah-Alum, par le traité d'Allahabad, abandonnait aux Anglais tous les territoires qu'ils occupaient dans son empire, le droit d'y lever des impôts, etc.; on s'engageait à lui payer une pension annuelle de 26 lakhs de roupies.

Mais les réformes intérieures de Clive avaient soulevé contre lui une violente opposition; sa santé était délabrée; il obtint la permission de quitter le Bengale, et il s'embarqua pour l'Europe (1767). De retour en Angleterre, il vit sa conduite attaquée dans le Parlement; le colonel Burgoyne, au nom d'une commission, lui reprocha ses concussions et demanda qu'on le forçât à restituer tant de millions indûment perçus. Les grands services de Clive firent oublier ses exactions. Mais en butte aux dédains de l'aristocratie britannique, découragé, irrité, il tomba dans une profonde mélancolie, et mit fin à ses jours à force de boire de l'opium, ou même en se tuant de sa propre main (novembre 1774).

Exactions des Anglais dans l'Inde. — Acte régulateur (1773-74). — Depuis le départ de Clive, le désordre avait augmenté dans l'Inde. Les agents de la Compagnie, qui ne songeaient qu'à s'enrichir au plus vite, abusaient odieusement de leurs pouvoirs sans limites; de vastes territoires étaient abandonnés par les laboureurs opprimés; de malheureux ouvriers se coupaient le pouce pour se rendre incapables du travail des soieries; en 1769, on força les Bengalis à vendre à bas prix le riz de leurs récoltes, puis à le racheter à un taux élevé; il y eut une affreuse famine en 1770; des millions d'hommes périrent, dit-on. Si quelques Anglais faisaient alors dans l'Inde d'immenses fortunes, la Compagnie était surchargée de dettes et obligée de contracter emprunt sur emprunt, puis de demander des secours au gouvernement lui-même. Le Parlement profita de l'occasion pour réorganiser la Compagnie par l'*acte régulateur (regulating act)*, 1773-74. L'administration, en Angleterre, fut confiée à une *cour des directeurs*, élus pour quatre ans, et à une *assemblée générale des actionnaires*, dont faisaient partie ceux qui avaient 1,000 livres sterling d'actions. Il y eut dans l'Inde trois *présidences*, Calcutta, Madras, Bombay; un *gouverneur général*, siégeant à Calcutta, avait le pouvoir supérieur, avec l'assistance d'un conseil de quatre membres, et sous la surveillance d'une *cour de justice*, nommée par le roi. Le premier gouverneur général fut Warren Hastings (1774).

Warren Hastings, premier gouverneur général. — Ses agrandissements; ses déprédations. — Né en 1732, Warren Hastings était arrivé au Bengale en 1750; il prit une part active aux événements qui amenèrent la ruine de Surajah-Dowlah, fut agent politique à Mourchidabad, puis membre du conseil à Calcutta. Après un voyage en Angleterre, il retourna dans l'Inde comme membre du conseil de Madras, rendit des services à la Compagnie et reçut le gouvernement du Bengale (1772); deux ans plus tard, il fut nommé gouverneur général. Il rendit absolue la souveraineté de la Compagnie, en transférant à ses agents toute l'administration du pays; il cessa de payer au Grand Mogol la pension annuelle qu'on lui avait promise. La situation financière continuait à être mauvaise; toutes les instructions de la Compagnie à Hastings pouvaient se résumer ainsi : « Gouvernez doucement et envoyez plus d'argent; pratiquez une stricte justice; agissez avec modération à l'égard des voisins, et envoyez plus d'argent. » Hastings agit en conséquence, et, pour remplir les caisses de la Compagnie, ne recula devant aucun moyen. Il vendit au nabab d'Aoude, Sujah-Dowlah, les provinces de Corah et d'Allahabad, que des traités précédents avaient assurées au Grand Mogol. Ce prince, avide et ambitieux, voulait ajouter à ses Etats la vaillante nation des Rohillas; il s'adressa à Hastings, et, pour 400,000 livres sterling, il obtint l'assistance d'une brigade anglaise. Hastings avait rencontré une opposition redoutable dans le conseil de Calcutta; les indigènes, le croyant perdu, élevaient déjà de toutes parts contre lui des accusations qui pouvaient le compromettre. Hastings s'entendit avec le président de la cour de justice, sir Elijah Impey, son ancien camarade, dont il acheta la complaisante servilité; il fit arrêter, sous l'inculpation de faux, le plus puissant de ses ennemis parmi les indigènes, le brahme Nuncomar, et il le fit condamner à mort, à la grande terreur des Indiens. Plus tard, il extorqua à plusieurs reprises de grosses sommes à Cheyte-Sing, rajah de Bénarès, et lui infligea une amende de 500,000 livres sterling; lui-même, pénétrant dans la ville sainte des Indiens, fit arrêter Cheyte-Sing, mais souleva contre lui une formidable insurrection. Renfermé dans un palais de la ville, il s'y défendit énergiquement jusqu'à l'arrivée du major Popham, qui dispersa les insurgés. Une nouvelle province fut ajoutée au territoire de la Compagnie, après que tous les trésors du rajah eurent été livrés au pillage. Hastings avait encore besoin d'argent; il apprit que la mère et la veuve de Sujah-Dowlah, le dernier nabab d'Aoude, les princesses ou *begums*, comme on les appelait, possédaient un immense trésor; il s'entendit avec le fils pour les dépouiller, et comme elles refusaient de livrer ces trésors, on pénétra de vive force dans leur palais, on les séquestra, on leur refusa même une nourriture suffisante ; on mit à la torture deux vieux eunuques, leurs intendants, et, par ces odieux traitements, on leur arracha 1 million 200,000 livres sterling.

Mais, pendant ce temps, Hastings s'était montré le digne successeur de Clive, et avait rendu des services signalés à la Compagnie, menacée dans l'Inde par de redoutables ennemis.

Puissance d'Haïder-Ali. — *Il combat les Anglais* (1767-1769). — Les Anglais, maîtres du Bengale directement, des Circars, comme feudataires du nizam du Dekkan, du Carnatic, au nom du nabab, leur protégé, avaient encore dans la péninsule deux adversaires puissants : la confédération des Mahrattes dans les montagnes de l'ouest et au centre, et la monarchie musulmane du sultan de Maïssour (ou Mysore). Haïder-Ali, *un des plus fiers et des plus profonds génies qu'ait enfantés l'Orient*, fils d'un brave officier mongol, s'était de bonne heure illustré par son courage, et avait souvent combattu à côté des Français, qu'il aima toujours. Maître de Bangalore (1747), vassal, puis général des troupes du rajah de Maïssour, il avait laissé à son maître la souveraineté nominale, avait essayé de secourir Lally assiégé dans Pondichéry, puis s'était emparé définitivement du pouvoir à Seringapatam, et avait acheté du Grand Mogol la concession de la principauté de Maïssour. Il avait, dans l'espace de quelques années, conquis une partie de l'Inde méridionale, possédait 110 millions de revenus, une armée de 200,000 hommes, dont 25,000 cavaliers et un corps de 1,200 Français. Mécontents des Anglais, qui cherchaient à lui nuire, il s'allia avec le soubab du Dekkan, Nizam-Ali, successeur de Salabut, et envahit le Carnatic (1767). Quoique abandonné par son allié, il continua la guerre pendant deux années, et la termina, sous les murs de Madras, par un traité peu glorieux pour les Anglais, en vertu duquel le nabab d'Arkote, leur protégé, dut lui payer un tribut annuel et abandonna la forteresse d'Oscotta (15 avril 1769). Quelque temps après, une première guerre éclata contre les Mahrattes, qui entouraient de toutes parts le territoire de la présidence de Bombay; elle se termina par le traité de 1776; mais la paix fut bientôt rompue.

Il recommence la lutte avec l'alliance de la France. — Tippou-Saëb. — Traité de Mangalore (1784). — La guerre d'Amérique était engagée, et la France, en soutenant l'indépendance, se trouvait de nouveau en lutte avec l'Angleterre; un agent de Louis XVI fut reçu à Pounah avec les plus grands honneurs; les Mahrattes s'allièrent avec Haïder-Ali; la puissance de la Compagnie fut sérieusement menacée. Malheureusement, le gouvernement français se préoccupa trop peu des affaires de l'Inde, tandis que Hastings, déployant la plus grande vigueur, surprenait nos établissements de Chandernagor, Karikal, Mazulipatam, Mahé, et forçait Pondichéry, presque sans défense, à capituler (18 septembre 1778). Le colonel Goddart, parti de Calcutta, traversa la péninsule, et dispersa l'armée des Mahrattes près de Surate (1779). Haïder, presque abandonné, mais secondé par son fils, le brave Tippou-Saëb, redoubla d'énergie; il ravagea horriblement le Carnatic, assiégea Arkote, battit, près de Conjeveram, au sud-ouest de Madras le colonel Bayleh et le général Hector Manno, puis força la ville à capituler (1780). Hastings fit face à tous les dangers; il négocia la paix avec les Mahrattes, et il envoya à Madras, avec de bons soldats, le vieux général Eyre Coote, dont la réputation était grande dans l'Inde entière (1781). Haïder fut à son tour plusieurs fois battu, surtout à Porto-Novo, et forcé de lever le siége de Vellore. Les Anglais s'emparèrent des possessions hollandaises, Paliacate, Negapatnam, Chinsurah, Trinquemale, Ceylan. Mais rien n'était encore décidé, et l'arrivée d'une flotte française vint rétablir l'équilibre qui penchait en faveur des Anglais. Le bailli de Suffren, l'un de nos meilleurs marins, débarqua 2,000 hommes à Porto-Novo, et Tippou-Saëb, vainqueur grâce à ce renfort, s'empara de Gondelour. Le marquis de Bussy arrivait avec de nouvelles troupes, et Suffren remporta cinq victoires sur l'amiral Hughes. Mais la mort d'Haïder-Ali délivra les Anglais d'un ennemi redoutable; son fils, Tippou-Saëb, continua la guerre; sans avoir peut-être le même génie, il avait la même ardeur et la même haine à l'égard des Anglais. Ce fut seulement à la nouvelle de la paix de Versailles entre la France et l'Angleterre que le sultan de Maïssour consentit à signer le traité de Mangalore (11 mars 1784); on se rendait réciproquement les conquêtes et les prisonniers. La France et la Hollande avaient également recouvré leurs anciennes possessions; mais la domination anglaise, un instant mise en péril, semblait affermie plus que jamais.

Procès de Hastings. — Le gouverneur général Hastings avait, pendant la lutte, rendu les plus grands services à son pays; il avait sauvé l'empire indo-britannique. Il quitta l'Inde, au commencement de 1785, et, à son arrivée en Angleterre, trouva des ennemis redoutables. Burke, Sheridan, Fox l'accusaient d'assassinat et de vol commis sur les indigènes. « Il avait, en effet, foulé aux pieds, sans pudeur et sans remords, les règles de la justice, il avait étouffé en lui-même les sentiments de l'humanité; il avait violé la foi due aux traités..., mais il avait servi les intérêts de l'État. Il n'avait pas été ambitieux pour lui, mais pour son pays. » Le procès fut soutenu avec l'éloquence la plus passionnée devant la Chambre des communes (1785-86); les débats occupèrent cinq sessions; l'arrêt ne fut rendu qu'en 1795. Hastings fut solennellement acquitté, et quelques années après nommé membre du conseil privé. L'Angleterre lui pardonna des crimes dont elle avait recueilli les fruits.

Les Anglais achèvent la conquête de l'Inde. — Sous lord Cornwallis (1785-1794), et sous lord Wellesley (1797-1804), les Anglais continuèrent leurs progrès dans l'Inde. En 1790, ils formèrent, contre Tippou-Saëb, une ligue avec les Mahrattes et le nizam du Dekkan; malgré tout son courage, le sultan fut battu, acculé aux murs de Seringapatam, sa capitale, et forcé d'abandonner la moitié de ses Etats (mars 1792). Lorsque plus tard Bonaparte entreprit l'expédition d'Égypte et menaça la puissance britannique dans l'Inde, Tippou-Saëb eut l'espoir de venger ses anciennes défaites, mais il fut enveloppé par deux armées, parties, l'une de Vellore, l'autre de Bombay. Il fut forcé de s'enfermer dans Seringapatam, et périt sur la brèche, le 4 mai 1799. Les Anglais donnèrent une partie de ses Etats à leurs alliés et gardèrent le reste.

Depuis cette époque, les Anglais se sont continuellement agrandis aux dépens des princes restés indépendants. Ils ont annexé une partie des Etats d'Aoude (1801); confisqué le Carnatic, mais surtout combattu les Mahrattes. Lord Wellesley, secondé par son frère, depuis lord Wellington, battit les Mahrattes, en 1802 et 1803, et mit, par l'occupation de Delhi, le Grand Mogol lui-même dans la dépendance des Anglais; une dernière insurrection des Mahrattes sera comprimée en 1818. Les Sykes ont été contenus et surveillés dans le Pendjab; les farouches Gourkhas, dans les montagnes de l'Himalaya. L'empire indo-britannique s'est dès lors étendu sur toute la péninsule, au moment où les Anglais assuraient leur domination sur toutes les mers voisines, gardaient le cap de Bonne-Espérance et Ceylan, enlevés aux Hollandais; l'île de France, la meilleure position militaire de la mer des Indes, et commençaient à s'établir dans la presqu'île de Malacca et à menacer les côtes orientales du golfe de Bengale, dans l'Indo-Chine. Déjà les Anglais jetaient dans l'Australie les fondements d'un nouvel empire. Leurs navigateurs avaient exploré surtout les côtes du sud-est; en 1788, le capitaine Philips conduisit 800 convicts ou condamnés à Botany-Bay; bientôt s'élèveront les villes de Sydney et de Port-Jackson, dans la colonie de la Nouvelle-Galles du Sud, d'où ils se répandront successivement sur toutes les côtes pendant le dix-neuvième siècle. Ces conquêtes ont compensé pour l'Angleterre la perte de ses magnifiques colonies d'Amérique

CHAPITRE XVII[1]

Progrès et soulèvement des colonies d'Amérique. Guerre de l'indépendance des États-Unis.— Traité de Versailles.

Sommaire. — § I. Origines des colonies anglaises d'Amérique. — Virginie ; — Massachusetts : Rhode-Island, Connecticut, New-Hampshire ; — Maryland, Delaware, New-York, New-Jersey, Pennsylvanie ; — Caroline du Nord, Caroline du Sud, Géorgie.
Caractère des colonies anglaises ; leurs progrès, leur situation au dix-huitième siècle.
Le gouvernement anglais veut établir des taxes en Amérique. *Bill du timbre* (1765). Premiers soulèvements. Nouveaux impôts (1767). Lord North. Soulèvement de Boston (1773-1774). Début des hostilités. Déclaration des droits (1774).
Combat de Lexington. Blocus de Boston. Washington nommé généralissime.
§ II. Guerre de l'indépendance des Etats-Unis (1774-1783). Ses divisions.
Première période (1774-1777).— Invasion du Canada par Montgomery. Boston est évacué par les Anglais. *Déclaration d'indépendance des États-Unis* (1776).
Opérations au centre. Batailles de Brooklyn, de Trenton, de Princeton (1776) ; — de la Brandywine et de Germantown (1777). — *Capitulation de Burgoyne à Saratoga* (1777).
Deuxième période (1778-1781). — Sympathies de la France pour les Américains. Franklin à Paris. *Alliance de la France avec les États-Unis* (1778). Bill conciliatoire de lord North. Guerre de l'Angleterre contre la France.
Bataille d'Ouessant (1778). D'Estaing en Amérique. Bataille de Monmouth. Une attaque de Rhode-Island échoue (1778). Echec devant Savannah. *Alliance de l'Espagne avec les États-Unis* (1779). D'Orvilliers dans la Manche.
Rodney aux Antilles. Rochambeau et de Grasse viennent au secours des Américains. Les Anglais attaquent la Hollande. *Ligue de neutralité armée* (1780). *Capitulation de Cornwallis à York Town* (1781).

[1] Livres a consulter. — Bancroft, *Hist. de la Révolution américaine*; Washington Irwing, Cornélis de Witt, *Vie de Washington*; *Lettres de Washington*, avec la notice de M. Guizot; *Vie de Franklin*, par M. Mignet; *Histoire des États-Unis*, par M. Laboulaye, etc., etc.

Troisième période (1781-1783). Opérations aux Antilles. *Bataille des Saintes* (1782).
Opérations en Europe. Conquête de Minorque (1782). Siége inutile de Gibraltar (1779-1782).
Opérations dans la mer des Indes. Victoires de Suffren (1782-1783).
Traité de Versailles (1783). Constitution des États-Unis (1787-1789). Présidence de Washington (1789-1797).

§ I. Pendant que l'Angleterre faisait la conquête de l'Inde, elle perdait la plus belle partie de ses colonies d'Amérique ; et une nouvelle république, celle des États-Unis, était fondée, qui devait lui disputer au dix-neuvième siècle l'empire des mers et le monopole du commerce de l'univers.

Dans les Indes orientales, les Anglais avaient surtout établi des comptoirs, des factoreries ; puis, sous Clive et Hastings, ils avaient étendu leur domination sur d'immenses contrées que peuplaient plus de cent millions d'hommes. En Amérique, leurs établissements furent surtout des exploitations agricoles, sur une terre qui n'avait pas été défrichée, et qui était parcourue plutôt qu'habitée par des populations sauvages. La pêche, sur les côtes de Terre-Neuve et du Groënland, vint s'ajouter au défrichement du sol. Dans les Indes, quelques aventuriers, avides et héroïques, au service d'une compagnie privilégiée, allaient chercher fortune et s'empressaient de revenir dans leur pays, pour jouir de leurs richesses bien ou mal acquises. En Amérique, les colons anglais cherchaient une nouvelle patrie, pour y vivre libres en travaillant ; ils y ont fondé des colonies d'un caractère tout spécial, destinées, dès leur berceau, à devenir de grands et puissants États. A l'époque de la paix de Paris, 1763, ces colonies étaient au nombre de treize. Il est nécessaire de connaître leur histoire, pour comprendre leur soulèvement et pour avoir une idée des origines des États-Unis.

Origines des colonies anglaises d'Amérique. — Virginie. — Le Vénitien Gabotto avait reconnu, dès le règne de Henri VII, les parages de Terre-Neuve et la côte orientale de l'Amérique ; mais c'est seulement sous Elisabeth que les Anglais eurent une marine puissante, se lancèrent dans la voie du commerce lointain et songèrent à disputer aux Espagnols et aux Portugais la domination et l'exploitation du nouveau monde. Walter Raleigh reconnut, en 1584, le pays situé entre le 25e degré de latitude nord et le golfe du Saint-Laurent ; il le nomma *Virginie*, en l'honneur d'Elisabeth ; mais les premières tentatives d'établissements furent infructueuses. Sous Jacques Ier (1606), deux Compagnies, dites de Londres et de Plymouth, furent organisées. La première fonda, sur les bords du James-River, une colonie, dont les progrès furent lents, parce que les terres étaient cultivées en commun et les récoltes déposées dans des greniers publics. Mais bientôt le gouvernement fit des concessions de terres en toute propriété ; la culture du tabac fut introduite dans la colonie, et, dès l'année 1621, elle eut une assemblée générale dont les pouvoirs devaient s'accroître. On commença à envoyer dans la Virginie des condamnés (*convicts*), soumis à un esclavage temporaire ; il y eut aussi des *engagés* ou serviteurs volontaires, et, dès l'année 1620, des nègres esclaves furent introduits dans la colonie, où leur nombre sera plus tard très-considérable. La facilité de trouver des bras encouragea l'émigration des gentilshommes et des gens aisés, qui vécurent dans de grands domaines, isolés, indépendants ; à l'époque de la révolution, de nombreux cavaliers vinrent chercher un asile dans la Virginie. De là le caractère particulier de cette vieille province (*old dominion*), où les riches planteurs furent tout-puissants, au milieu de leurs serviteurs et de leurs esclaves. Là il n'y eut ni grande ville, ni industrie, mais une sorte de société aristocratique, avec le droit d'aînesse et les substitutions, qui conservait à certains égards les mœurs, les idées, les préjugés de la vieille Angleterre, et qui, plus tard, fournit à l'Amérique ses meilleurs hommes d'Etat : Washington, Jefferson, Madison, Monroë, etc. Les colons restèrent attachés, au dix-septième siècle, à la famille des Stuarts ; Cromwell fut obligé d'envoyer une escadre pour les soumettre ; mais ils surent défendre leurs libertés, et, quoique soumis à un gouverneur royal, qui avait remplacé la domination de l'ancienne Compagnie, ils conservèrent leur assemblée, chargée de faire les lois et de régler les impôts.

Massachusetts : Rhode-Island, Connecticut, New-Hampshire. — La Compagnie de Plymouth s'était de bonne heure éteinte. Mais la persécution religieuse, sous Jacques Ier et Charles Ier, ranima le mouvement d'émigration, et, sous les auspices d'une nouvelle compagnie, de nombreux dissidents, puritains pour la plupart, fondèrent des établissements sur le golfe de *Massachusetts*, qui donna son nom à la colonie. Dès 1629, à côté du gouverneur et de ses conseillers, on vit une cour générale composée des propriétaires et se réunissant quatre fois par an. Les droits politiques furent subordonnés aux opinions religieuses ; nul ne put être admis à voter dans les élections, être élu magistrat ou faire les fonctions de juré, s'il n'était membre de l'Eglise établie. En 1634, la cour générale fut composée des députés nommés par le peuple ; l'émigration entraînait chaque jour des milliers de puritains vers ces contrées qu'on s'habituait à nommer la *Nouvelle-Angleterre* ; on défendit en vain l'émigration. A l'époque de la révolution, la colonie de Massachusetts était déjà florissante et pouvait se suffire à elle-même. C'est elle qui doit inspirer de son esprit les colonies qui s'en sépareront.

Persécutés en Angleterre, les non-conformistes devenaient souvent persécuteurs en Amérique. Les sectes se multipliaient alors et se détestaient. Un ministre de l'Eglise de Salem, Roger Williams, excommunié en 1635, et banni du Massachusetts, fonda l'établissement de la *Providence*, en proclamant la tolérance absolue en matière de religion. D'autres sectaires se retirèrent dans l'île maintenant appelée *Rhode-Island* (1637). Une troisième colonie, celle de *Warwick*, fut fondée en 1642. Ces trois établissements furent incorporés en une seule colonie par une charte de Charles II (1662), et formèrent la colonie de *Rhode-Island*. Telle fut aussi l'origine de la colonie de *Connecticut*, détachée du Massachusetts, en 1636, et confirmée par Charles II, en 1662.

En 1638, Jean Wheelwright, exilé du Massachusetts, alla s'établir dans le territoire du *New-Hampshire*, acheté aux Indiens, qui se réservèrent le droit de chasse et de pêche, avec le tribut annuel d'un habit de drap, en mémoire de leur ancienne souveraineté. Charles II, en 1679, sépara complètement le New-Hampshire du Massachusetts, et nomma un gouverneur de la colonie. Mais déjà les colons de la Nouvelle-Angleterre avaient montré leur force et leur prospérité, manifesté leurs tendances et leur esprit ; depuis 1643 jusque sous Jacques II, les colonies de Massachusetts, de New-Plymouth, de Connecticut, de New-Haven, avaient formé une confédération pour se défendre contre les Indiens et pour protéger leurs libertés. Elles s'étaient déclarées contre le roi, et le Parlement victorieux leur avait accordé des priviléges extraordinaires de commerce, que le gouvernement de la Restauration ne put leur enlever.

Maryland. — En 1632, Charles Ier avait concédé à lord Baltimore un grand territoire au nord du Potomac ; c'est ce qu'on appela la colonie de *Maryland* (en l'honneur de la reine Henriette-Marie). Lord Baltimore était catholique, et envoya d'abord deux cents émigrants, pour la plupart catholiques, qui, du consentement des Indiens, s'établirent à Sainte-Marie. La liberté de conscience fut proclamée, et, sous la protection intelligente des Baltimore, la colonie prit de notables accroissements, même lorsque Guillaume III lui imposa un gouverneur protestant.

Delaware, New-York, New-Jersey. — Entre les établissements des deux Compagnies de Londres et de Plymouth, des Suédois s'étaient établis sur les bords de la *Delaware*. Puis des Hollandais fondèrent les Nouveaux-Pays-Bas sur les rives de l'Hudson, et bâtirent la Nouvelle-Amsterdam. Lorsque Charles II déclara la guerre à la Hollande, en 1664, une flotte anglaise s'empara du pays, qui fut donné par le roi à son frère, le duc d'York. Alors le nom de Nouvelle-Amsterdam fit place à celui de *New-York*, qui fut également donné à tout le pays. Les Hollandais abandonnèrent définitivement leurs droits, en 1674. Le duc d'York aurait voulu gouverner despotiquement; mais il fut forcé, en 1683, de laisser les colons nommer des représentants et organiser une assemblée législative, comme en Virginie. Cette colonie de New-York, qui doit recevoir des puritains et des émigrants de différents pays de l'Europe, a emprunté à la Nouvelle-Angleterre ses municipalités et ses écoles; elle a gardé de la Hollande l'esprit de commerce et l'entente des grandes affaires; enfin, à cette émigration générale, qui lui a apporté tout ce qu'il y avait d'aventureux en Europe, elle a dû une ardeur, un entraînement qui contraste avec la réserve de la Nouvelle-Angleterre, et qui fera plus tard de l'*État-empire* la tête du parti démocratique dans les Etats-Unis.

Le duc d'York avait cédé une partie du territoire qu'il possédait au lord Berkley de Straton et au chevalier George Carteret. Ceux-ci formèrent deux établissements, les *Nouvelles-Jerseys*, orientale et occidentale, qui furent réunis en une seule colonie, sous le nom de *New-Jersey*.

Pennsylvanie. — William Penn, l'un des chefs des quakers, obtint, en 1681, de Charles II, la propriété et la souveraineté du pays à l'ouest du New-Jersey. En 1682, il signa et fit signer à ceux qui devaient émigrer avec lui l'acte connu sous le nom de *charte de Penn*; le gouvernement résiderait dans l'assemblée générale, composée du gouverneur et des représentants des hommes libres; il y aurait soixante-douze conseillers pour rédiger les projets de loi, qui seraient proposés à l'assemblée générale, pour exercer le pouvoir exécutif et judiciaire. Il établissait la tolérance universelle en matière religieuse. Penn a été diversement jugé : Montesquieu l'appelle le *Lycurgue moderne*; Franklin pensait qu'il n'avait été qu'un adroit charlatan sous le masque d'un sage. Ce qu'il y a de certain, c'est que Penn fut l'un des courtisans les plus dévoués de Jacques II; qu'il s'empara plus tard de presque tous les pouvoirs dans la colonie ; qu'il n'oublia pas ses intérêts, ni ceux de sa famille; — mais ce qui est également certain, c'est que la colonie de *Pennsylvanie* et la belle ville de *Philadelphie* atteignirent bientôt une grande prospérité; que la liberté religieuse fut l'une des causes de cette prospérité et attira un grand nombre d'émigrants de toutes les religions, et que la population fut bientôt très-considérable.

Caroline du Nord, Caroline du Sud, Géorgie. — En 1662, Charles II donna à huit seigneurs anglais une charte qui leur concédait les terres entre le 31e et le 36e degré de latitude. Le pays fut appelé *Caroline*, en l'honneur du roi. Les huit associés étaient déclarés propriétaires absolus, mais les lois ne pourraient être faites que du consentement des hommes libres. Locke rédigea une constitution, dans un esprit oligarchique, qui fut odieuse et qu'on abolit en 1693. La Caroline reçut beaucoup de colons hollandais qui s'éloignaient de la colonie de New-York, puis des protestants français, frappés par la révocation de l'édit de Nantes. Il y eut entre le gouvernement et le peuple de longues discordes, qui amenèrent le soulèvement des colons. En 1721, George Ier s'empara du gouvernement de la colonie, et les propriétaires durent vendre leurs droits (1728). Le pays fut alors divisé en deux parties distinctes: la *Caroline méridionale* et la *Caroline septentrionale*.

En 1732, la Caroline méridionale fut de nouveau démembrée, et l'on forma une nouvelle colonie, qui s'appela la *Géorgie*. Un philanthrope, Jacques Ogletorpe, y fonda un asile et bâtit Savannah; un Suisse, Pierre Pury, conduisit quatre cents de ses compatriotes, qui s'établirent à Purisbourg. Les protecteurs abandonnèrent leurs droits de tutelle en 1752, et le gouvernement de la Géorgie fut à peu près semblable à celui des autres colonies.

Caractère des colonies; leur situation au dix-huitième siècle. — Toutes ces colonies, malgré leurs origines diverses et quoiqu'elles n'eussent pas toutes le même degré de liberté politique, avaient cependant un fonds commun et s'étaient développées dans le même esprit, sous les mêmes inspirations. Elles avaient grandi par le travail et par la liberté. — La religion et la politique, et non l'amour de l'or ou l'ambition, avaient peuplé le nord de l'Amérique. Les émigrants, *gentlemen* anglicans de Virginie et des Carolines, puritains austères et démocrates de la Nouvelle-Angleterre, paisibles et tolérants quakers de la Pennsylvanie, tous ou presque tous appartenaient à cette classe moyenne, la plus hostile à la prérogative royale. Ils apportaient dans les déserts du nouveau monde les idées, les principes, les droits, les priviléges de la vieille Angleterre, et, grâce à leur éloignement, ils en avaient usé. *Propriété et liberté*, telle était leur devise.

Dans les colonies du nord, la religion était le puritanisme sous des formes diverses, avec de petites Églises indépendantes, qui s'administraient elles-mêmes et ne souffraient aucune intervention dans leurs affaires : véritables foyers de liberté civile, véritables écoles de gouvernement. Au sud, la religion anglicane dominait, mais sans évêques; on avait laissé la hiérarchie dans l'ancien monde; là aussi l'Église était républicaine. — Dès le premier jour, il y avait eu, en Amérique, des écoles et des universités; l'instruction était répandue; l'étude du droit était surtout générale. Dans chaque maison, dans la plus pauvre cabane, on lisait la Bible ou l'histoire des martyrs puritains; on conservait pieusement les souvenirs de la révolution d'Angleterre; les pamphlets consacrés à la défense de la liberté étaient populaires en Amérique. — Les villes étaient peu peuplées, les marchands et les ouvriers peu nombreux. C'était un peuple de propriétaires : au sud, des planteurs, entourés de leurs noirs et de leurs engagés; au nord, des cultivateurs, travaillant de leurs mains, sans avoir rien à attendre, rien à craindre de personne.

Les colonies s'étaient véritablement établies d'elles-mêmes, sans l'appui du gouvernement; malgré les apparences, toutes se ressemblaient dans leur organisation; partout un gouverneur, un conseil, une chambre de représentants; mais le gouverneur, temporaire, sans priviléges, sans armée, recevant ses appointements de la colonie, avait une autorité très-limitée; la démocratie régnait véritablement en Amérique. Hormis le commerce et la navigation, dont on laissait le règlement à la métropole, les colons étaient souverains chez eux, repoussant l'ingérence de la royauté et du Parlement anglais. L'éloignement des colonies avait favorisé le développement de leurs libertés, et tout en étant restés Anglais dans l'âme, par leur caractère, leurs idées religieuses et politiques, leur langue, les colons n'avaient que de médiocres sympathies pour un gouvernement que leurs ancêtres avaient fui; ils ne trouvaient souvent dans les souvenirs de leurs familles que des persécutions. Ils étaient bien autrement attachés à leurs droits, précieux héritage de leurs pères : liberté individuelle, liberté de pensée, libre discussion de l'impôt, jugement par le jury.

Au dix-huitième siècle, les treize colonies étaient peuplées de près de trois millions d'hommes libres, dont la richesse augmentait chaque jour par le travail, et dont l'essor semblait illimité. Tant que les colons avaient craint les Français, ils s'étaient appuyés sur la métropole pour combattre ces redoutables rivaux, qui seuls pouvaient leur faire obstacle, et, dans la guerre de Sept ans, ils avaient prodigué leur sang et leur fortune pour se délivrer des Français. Le succès avait couronné leurs efforts. Depuis la conquête du Canada sur les Français, les Américains n'avaient plus rien à craindre. Ils avaient montré dans la dernière guerre toute leur énergie; ils avaient le sentiment de leur force. C'est dans ce moment-là même que le gouvernement anglais, par ses prétentions arbitraires, précipita une rupture que des esprits clairvoyants avaient déjà pu prévoir pour un avenir plus ou moins lointain.

Le gouvernement anglais veut établir des taxes en Amérique. — Bill du timbre (1765). — Les colonies commençaient à paraître trop puissantes; on pensa qu'il était temps de les contenir. Jusqu'alors, elles n'avaient payé que des *taxes extérieures* sur les objets importés ou exportés; les subsides que le roi demandait, par l'entremise de ses gouverneurs, étaient librement votés dans les *parlements* des colonies. Le gouvernement de George III, au lieu de demander, prétendit imposer, pour faire acte de souveraineté, peut-être aussi pour étendre la prérogative royale en Angleterre, et pour habituer les Anglais eux-mêmes à l'exercice de cette prérogative.

Les Américains eussent probablement accordé ce qu'on voulait d'eux, si on le leur eût demandé. Ils le refusèrent, parce qu'on l'exigeait. « De quoi s'agit-il et sur quoi disputons-nous ? écrivait Washington. Est-ce sur le payement d'une taxe de six sols par livre de thé comme trop lourde ? Non ; c'est le droit que nous contestons. » Déjà, en 1739, on avait engagé Robert Walpole à établir un impôt sur les colonies; il avait rejeté cette proposition : « Je laisserai, disait-il, le projet de taxer les Américains à ceux de mes successeurs qui auront plus de courage que je n'en ai, ou qui seront moins amis du commerce que je ne le suis. » Et il montrait sagement que la meilleure manière d'imposer les colonies était de favoriser le développement de leur commerce. Après la guerre de Sept ans, la dette publique s'élevait à la somme énorme de 148 millions de livres sterling ; le ministère de lord Grenville voulut faire partager le fardeau des taxes aux colonies pour lesquelles on venait surtout de soutenir cette longue lutte. Le Parlement, par l'*acte du timbre* (1765), créait un papier timbré pour les actes publics et même pour la plupart des transactions particulières. L'acte du timbre fut accueilli par des démonstrations de deuil et d'indignation. Déjà, à la première nouvelle des intentions du gouvernement, une *déclaration des droits de l'homme* avait été formulée dans la Nouvelle-Angleterre (1764).

Premiers soulèvements. — Boston fut dès le premier jour le centre du soulèvement qui se propagea dans toutes les colonies. A la demande de la législature du Massachusetts, un congrès extraordinaire des députés des colonies se réunit à New-York, et déclara solennellement qu'il n'appartenait pas au Parlement d'Angleterre d'imposer les habitants des colonies, par le motif qu'ils n'y avaient pas de représentants, et que les Anglais ne pouvaient être taxés que de leur libre volonté. Partout se formèrent des associations, sous le nom de *Fils de la liberté*, dont les membres s'engagèrent à repousser les produits britanniques et à s'interdire tout commerce avec la métropole. On empêcha la distribution du papier timbré, et la législature du Massachusetts autorisa hardiment les citoyens à se passer du timbre dans les transactions. Déjà de violentes menaces retentissaient ; Patrick Henry lançait ces paroles dans l'assemblée de Virginie : « César a trouvé son Brutus, Charles Ier son Olivier Cromwell, et George III... » (Ici interrompu par une voix qui cria : « Trahison ! ») « et George III, reprit l'orateur, profitera sans doute de leur exemple ! » Benjamin Franklin, déjà célèbre en Amérique et en Europe par ses écrits et par ses découvertes scientifiques, était alors à Londres pour défendre les intérêts de la Pennsylvanie ; on l'entendit dans la Chambre des communes ; William Pitt demanda avec éloquence le rapport de l'acte du timbre, démasqua les projets de la couronne, et montra le danger d'une lutte imminente entre la métropole et les colonies. Le ministère fut changé ; lord Grenville céda la place au marquis de Rockingham, et l'acte du timbre fut révoqué ; mais le gouvernement maintint le principe de sa suprématie législative par le bill déclaratoire (1766).

Nouveaux impôts (1767). — Aussi l'Amérique accepta le bill de révocation comme une victoire, sans gratitude, et l'agitation continua. William Pitt, devenu lord Chatam, forma un nouveau ministère ; mais il sembla avoir perdu, en arrivant au pouvoir, les grandes qualités de son génie politique, et, sous son administration, le gouvernement fit de nouveaux actes arbitraires, qui amenèrent de nouvelles protestations. Lord Chatam fut remplacé par un ministère dont le membre le plus influent fut lord North ; sous l'inspiration de ce dernier, le Parlement vota un bill qui soumettait à l'impôt, dans les colonies, le papier, le verre, les couleurs, le thé (1767). La province du Massachusetts donna l'exemple de la résistance; ses assemblées protestèrent et furent vainement cassées par le gouverneur. Le commerce avec l'Angleterre fut de nouveau interrompu; les journaux, les pamphlets propagèrent partout l'irritation. Les commis de la douane furent maltraités à Boston, et une *convention*, formée des députés de 96 villes, se réunit dans cette ville, réclamant, au nom de toutes les colonies, contre le joug qu'on voulait leur imposer. Des troupes débarquèrent; on demanda leur éloignement; vainement le Parlement vota un bill pour que les délinquants d'Amérique pussent être jugés en Angleterre; une nouvelle assemblée du Massachusetts, soutenue par les autres colonies, protesta contre la suppression du jury. Les associations contre l'importation des produits anglais se multiplièrent; on nota d'infamie quiconque ne s'y enrôlait pas, et l'on se familiarisa dès lors avec la pensée de soutenir le droit par les armes. Le premier sang versé à Boston dans un engagement tumultueux entre les soldats et le peuple sembla le signal d'une lutte prochaine. (Affaire du capitaine Preston [1770].)

Lord North. — *Soulèvement de Boston* (1773-1774). — Après la retraite définitive de lord Chatam, lord North, tout-puissant dans le nouveau ministère, homme habile dans l'intrigue, dévoué à la prérogative royale, promit à George III de rétablir son autorité en Amérique. Mais le commerce anglais se plaignait des pertes qu'il avait déjà éprouvées; North voulut calmer ou plutôt tromper les esprits en révoquant les nouvelles taxes, à l'exception du droit sur le thé; il espérait, en sauvant le principe, accoutumer peu à peu les colonies à l'obéissance. Les Américains persévérèrent dans leurs résolutions; cependant il y eut une courte trêve; mais les esprits restèrent émus, et de nouvelles provocations du gouvernement britannique les trouvèrent prêts à la résistance. Le Parlement déclara que le gouvernement et les juges de chaque colonie seraient désormais payés par la couronne, et non plus par les assemblées coloniales. Le Massachusetts protesta de nouveau et se prépara à la lutte. Dans ce moment, trois navires de la Compagnie des Indes, chargés de thé, entrèrent dans le port de Boston. Une troupe de Bostoniens, déguisés en sauvages, se précipitèrent pendant la nuit sur ces navires et jetèrent les caisses de thé à la mer (21 déc. 1773). Cet exemple fut suivi dans d'autres colonies.

Début des hostilités. Déclaration des droits (1774). — A cette nouvelle, le Parlement, malgré l'opposition de Fox, de Burke, de lord Chatam, mit le port de Boston en interdit, transporta à Salem les priviléges du commerce et le siége de l'assemblée du Massachusetts, enleva ses franchises à la colonie et fit occuper la ville par des troupes royales. Le ministère espérait effrayer et ne croyait pas à l'union de colonies, souvent divisées d'intérêts. Il se trompait. Les Bostoniens reçurent de toutes parts des marques de sympathie ; leur cause était celle de l'Amérique ; on ouvrit une souscription en leur faveur ; on rompit tout commerce avec l'Angleterre, et un congrès général se réunit à Philadelphie ; le 4 septembre 1774, il publia une solennelle *déclaration des droits*, « fondés à la fois sur les lois immuables de la nature, sur les principes de la constitution anglaise et sur les chartes et lois positives ; » il approuva la conduite des habitants du Massachusetts ; il adressa une requête au roi, un mémoire au peuple anglais, des circulaires aux colonies anglaises et au Canada ; enfin il publia un acte de non-importation.

Le ministère anglais n'en persévéra pas moins dans son système ; des élections nouvelles venaient encore de lui donner une grande majorité. Vainement les orateurs de l'opposition s'efforcèrent de faire prévaloir la conciliation : « La résistance des Américains était juste, disait lord Chatam, vous l'avez rendue nécessaire... Je me suis nourri tout jeune du patriotisme des Grecs et des Romains : eh bien ! je déclare que, dans ces deux terres classiques de la liberté, je ne vois ni peuple, ni Sénat, dont la conduite me paraisse plus ferme et plus noble que celle du congrès de Philadelphie... Songez-y : une seule goutte de sang versé dans cette guerre impie qui se prépare, et le mal n'aura plus de remède. Que feront vos troupes contre une nation de trois millions d'hommes dont les généreux ancêtres allèrent chercher dans les déserts un asile contre la tyrannie ?... La cause de l'Amérique est liée à celle de tous les whigs en Angleterre et en Irlande; aussi les actes violents d'oppression que vous avez mis sur elle, vous les révoquerez, soyez-en certains, vous les révoquerez; je jure que vous les révoquerez; je veux être un fou, si vous ne les révoquez. »

Ces paroles ne furent pas entendues. Les ministres croyaient encore qu'il était facile de dompter les Américains; on disait qu'un régiment serait capable de parcourir les colonies d'un bout à l'autre, et que la vue d'un bonnet de grenadier mettrait en fuite une armée américaine; on croyait que l'Angleterre avait encore beaucoup d'amis dévoués aux colonies, et qu'on avait seulement commis la faute de ne pas recourir plus tôt à la rigueur. On interdit aux Américains le commerce avec l'étranger et la pêche de Terre-Neuve ; on déclara rebelles les habitants du Massachusetts; on envoya de nouvelles troupes en Amérique, sous Howe, Clinton, Burgoyne ; les hostilités commencèrent bientôt.

Combat de Lexington. Blocus de Boston. Washington nommé généralissime. — Déjà les colons avaient organisé leurs milices et amassé des armes et des munitions ; déjà même ils s'étaient emparés de quelques forts. Le général Gage, qui commandait à Boston, voulut faire enlever un dépôt d'armes à Concord, et probablement aussi se saisir de deux agitateurs populaires, Samuel Adams et John Hancock ; le détachement anglais fut arrêté à Lexington par les milices, et ne rentra à Boston qu'à travers une fusillade continuelle et avec de grandes pertes (avril 1775). Ce fut le signal d'un soulèvement général ; les milices de la colonie vinrent bloquer les troupes anglaises dans Boston ; l'assemblée de Massachusetts assigna une solde aux officiers et aux soldats;

on décréta un papier-monnaie provincial, pour la garantie duquel on engagea la loyauté de la colonie. Un nouveau congrès général suivit cet exemple, adressa au roi une dernière requête, de nouvelles proclamations aux Anglais et aux Irlandais ; Franklin, de retour en Amérique, fut chargé de préparer un plan de confédération, et George Washington fut nommé général en chef. Gage, qui avait reçu des renforts, offrit vainement une amnistie à ceux qui déposeraient les armes ; les Américains étaient décidés à ne pas céder ; l'entraînement semblait général ; de jeunes quakers formaient un régiment à Philadelphie ; il y avait une compagnie de vieillards, dont le capitaine avait près de cent ans ; les femmes montraient leur ardeur patriotique, se privaient de tous les objets de luxe, se cotisaient pour lever des régiments et faisaient elles-mêmes les drapeaux. De son côté, le gouvernement anglais cherchait partout à acheter des mercenaires, instruments dociles des volontés britanniques ; les petits princes allemands, et surtout le landgrave de Hesse-Cassel, vendaient leurs hommes et tous ceux que leurs recruteurs pouvaient arrêter, à raison de 7 livres 4 deniers par tête ; odieux marché de chair humaine, aussi absurde qu'odieux, puisqu'il devait avoir pour résultat de rendre irréconciliables deux peuples de frères. A cette nouvelle, les colons, indignés, changèrent leurs drapeaux rouges et en prirent d'autres à treize raies, symbole de l'union des colonies.

La guerre était presque concentrée dans les environs de Boston, où avait eu lieu le combat sanglant et glorieux de Bunker's-Hill, lorsque Washington fut nommé généralissime. Né en 1732, riche planteur de la Virginie, il avait acquis une réputation militaire dans la guerre contre les Français ; par une sage administration, il avait considérablement augmenté sa fortune, et, de bonne heure, dans l'assemblée de Virginie, au congrès général, s'était déclaré nettement, avec fermeté, contre les prétentions de l'Angleterre. D'un jugement solide, d'une constance à toute épreuve, véritablement grand par la simplicité dans l'accomplissement du devoir, froidement, mais profondément patriote, d'une intégrité reconnue, n'ayant d'autre ambition que l'intérêt de sa patrie et le triomphe du droit, Washington eut un caractère antique, sauva son pays, et fut le plus honnête des grands hommes. Pendant toute la guerre, il aura à lutter contre des difficultés de toute nature, indiscipline ou découragement des siens, insuffisance des ressources, divisions des États, jalousie du pouvoir central; et, par sa patience patriotique, par sa vertu supérieure encore plus que par ses talents militaires, il triomphera glorieusement de tous les obstacles.

§ II. GUERRE DE L'INDÉPENDANCE DES ÉTATS-UNIS (1774-1783). — La guerre peut se diviser en trois périodes : 1° du soulèvement du Massachusetts à la capitulation de Saratoga (1774-1777); 2° de l'intervention française à la capitulation d'York-Town (1778-1781), 3° de la capitulation d'York-Town au traité de Versailles (1781-1783.)

Première période (1774-1777). — *Invasion du Canada par Montgomery.* — Les Américains avaient espéré entraîner le Canada dans leur cause, et, dès le début de l'insurrection, ils avaient envoyé le brave Montgomery et le chevaleresque Arnold pour en chasser les Anglais. Mais les Français du Canada n'avaient aucune sympathie pour les Américains, qui les avaient si longtemps combattus, et qui n'avaient ni leurs lois, ni leur esprit, ni leur religion; le gouvernement britannique les avait, d'ailleurs, traités avec beaucoup de modération; ils lui restèrent fidèles; Montgomery fut tué devant Québec; Arnold fut forcé d'évacuer le Canada; mais l'expédition, quoique malheureuse, ne fut cependant pas inutile; les Anglais crurent devoir diviser leurs forces en deux armées, l'une qui opérerait au nord, par le Canada; l'autre au centre, vers les côtes du pays insurgé (1775-1776).

Boston est évacué par les Anglais. — Déclaration d'indépendance des États-Unis. — Washington avait pris le commandement de l'armée qui bloquait Boston; elle était dans le plus grand délabrement; il rétablit l'ordre et la discipline. Après plusieurs combats heureux, il força le général Howe, successeur de Gage, à évacuer la ville et à se retirer à Halifax (mars 1776). Les Américains avaient perdu l'espoir d'obtenir justice de l'Angleterre ; le Parlement britannique venait de répondre à leurs derniers appels en les mettant *hors de la paix du roi et de la protection de la couronne;* les mercenaires allemands se souillaient de pillages et de cruautés ; et l'on avait excité la cupidité des sauvages, en leur promettant une somme d'argent pour chaque chevelure américaine qu'ils auraient scalpée. Alors le congrès de Philadelphie n'hésita plus à prononcer une rupture inévitable, et, le 4 juillet 1776, sur le rapport d'une commission composée de Franklin, de Jefferson, de John Adams, il proclama solennellement l'indépendance des treize colonies, sous le nom d'*États-Unis d'Amérique.*

« Nous regardons, disait ce manifeste, comme incontestables et évidentes par elles-mêmes les vérités suivantes: Que tous les hommes ont été créés égaux ; qu'ils ont été doués par le Créateur de certains droits inaliénables; que parmi ces droits on doit placer au premier rang la vie, la liberté et la recherche du bonheur. Que, pour s'assurer la jouissance de ces droits, les hommes ont établi parmi eux des gouvernements dont la juste autorité émane du consentement des gouvernés. Que, toutes les fois qu'une forme de gouvernement quelconque devient destructrice de ces fins pour lesquelles elle a été établie, le peuple a le droit de la changer ou de l'abolir, et d'instituer un nouveau gouvernement en établissant ses fondements sur les principes, et en organisant ses pouvoirs dans la forme qui lui paraîtra le plus propre à lui procurer la sûreté ou le bonheur.

. . . .
. . . .

« Mais, lorsqu'une longue suite d'abus et d'usurpations tendant invariablement au même but montre évidemment le dessein de réduire un peuple sous le joug d'un despotisme absolu, ce peuple a le droit et il est de son devoir de renverser un pareil gouvernement, et de pourvoir, par de nouvelles garanties, à sa sûreté pour l'avenir. Telle a été la patience de ces colonies dans leurs maux, et telle est aujourd'hui la nécessité qui les force à changer leur ancien système de gouvernement. L'histoire du roi actuel de la Grande-Bretagne est un tissu d'injustices et d'usurpations répétées, tendant toutes directement à établir une tyrannie absolue sur ces États. Pour le prouver, exposons les faits au monde impartial. » . . . .

Après avoir énuméré les actes de George III, la déclaration ajoutait :

« A chaque degré d'oppression, nous avons demandé justice dans les termes les plus humbles; nos pétitions réitérées n'ont reçu pour réponse que des insultes et des injustices répétées. Un prince dont le caractère est ainsi marqué par toutes les actions qui peuvent désigner un tyran est incapable de gouverner un peuple libre.

« Et nous n'avons pas manqué d'égards envers nos frères, les Bretons. Nous les avons avertis, dans toutes les occasions, des tentatives que faisait leur législature pour étendre sur nous une juridiction que rien ne pouvait justifier. Nous avons rappelé à leur mémoire les circonstances de notre émigration et de notre établissement dans ces contrées. Nous en avons appelé à leur justice et à leur grandeur d'âme naturelles.

. . . .
. . . .

« En conséquence, nous, les représentants des États-Unis d'Amérique, assemblés en congrès général, en appelant au Juge suprême de l'univers, qui connaît la droiture de nos intentions, nous publions et déclarons solennellement, au nom de l'autorité du bon peuple de ces colonies, que ces colonies-unies sont et ont le droit d'être des *États libres et indépendants*; qu'elles sont dégagées de toute obéissance envers la couronne de la Grande-Bretagne; que toute union politique entre elles et l'État de la Grande-Bretagne est et doit être entièrement rompue, et que, comme États libres et indépendants, elles ont pleine autorité de faire la guerre, de conclure la paix, de contracter des alliances, d'établir le commerce et de faire tous les autres actes ou choses que des États indépendants ont le droit de faire. Et, pleins d'une ferme confiance dans la protection de la divine Providence, nous engageons mutuellement au soutien de cette déclaration notre vie, nos biens et notre honneur. »

Opérations au centre. Batailles de Brooklyn, de Trenton, de Princeton (1776), *de la Brandywine et de German-*

town (1777). — L'acte d'indépendance fut accueilli avec enthousiasme dans les colonies ; les statues de George III furent partout brisées au milieu des outrages ; mais la jeune république devait avoir de sévères épreuves à supporter. Le général Howe, secondé par une flotte considérable, avait réuni 30,000 hommes de troupes aguerries, auxquelles Washington ne pouvait opposer que des milices indisciplinées, mal armées, enrôlées pour quelques mois. Les Anglais débarquèrent dans Long-Island, et, vainqueurs à la bataille de *Brooklyn*, s'emparèrent de New-York ; Washington fut forcé de se retirer derrière la Delaware. « Notre position est vraiment effrayante, écrivait Washington au congrès ; nos troupes se découragent ; la milice est déconcertée, indocile et impatiente de rentrer dans ses foyers... Des compagnies, des régiments presque entiers se sont retirés. Ce qui reste est sans frein et sans discipline... Notre cause est très-hasardée, sinon perdue, si la défense n'en est pas confiée à une armée permanente. » Washington cependant ne désespéra pas ; donnant l'exemple du dévouement et de la patience, il aguerrissait les siens par des combats continuels, et obtenait enfin une sorte de dictature militaire, la formation d'une armée, levée par les différents États, composée d'hommes enrôlés, à leur choix, pour trois ans ou pour toute la durée de la guerre ; ceux-ci devaient recevoir des terres, quand la lutte serait terminée. Un instant, l'armée de Washington avait été réduite à 3,000 hommes, manquant de tout ; mais il refit son armée et ranima les courages par de belles opérations militaires pendant l'hiver de 1776 à 1777. Le congrès s'était retiré à Baltimore ; les Anglais avaient établi leurs quartiers sur la rive gauche de la Delaware, et attendaient la saison des glaces pour traverser le fleuve. Washington reçut quelques renforts, franchit la Delaware à l'improviste, et en deux jours détruisit deux divisions hessoises à Trenton et à Princeton, décombre 1776. Au printemps, les Anglais reprirent l'offensive, traversèrent la baie de Chesapeake et débarquèrent au sud de la Delaware. Washington fut forcé de combattre pour sauver Philadelphie; il fut blessé et repoussé sur les bords de la *Brandywine*, 11 septembre 1777; il fut contraint d'abandonner Philadelphie; il fut encore battu à *Germantown*. Mais, toujours ferme au milieu des revers, il sut se maintenir à quelque distance, dans le camp de Valley-Forge, put contenir Howe, et l'empêcha d'aller au-devant d'une armée anglaise que Burgoyne amenait du Canada.

Capitulation de Burgoyne à Saratoga (1777). — Ce général, avec 18,000 hommes et un corps de sauvages, avait débouché du bassin des grands lacs dans celui de l'Hudson; il avait d'abord eu des succès, repris les forts de la Couronne et Ticondérago, chassé les colons devant lui. Mais les pluies, les difficultés des chemins, les attaques des milices américaines l'arrêtèrent. Attaqué par Gates et par Arnold, après une journée indécise, il fut forcé de se retrancher dans la plaine de Saratoga. Ne recevant pas de secours, décimés par la faim, abandonnés par les sauvages, les Anglais, entourés par les Américains, durent capituler; le 17 octobre, toute l'armée mit bas les armes. L'effet fut prodigieux en Europe; les Américains pouvaient se défendre contre leurs ennemis; le gouvernement français se décida à se déclarer leur allié.

Deuxième période (1778-1781). — *Sympathies de la France pour les Américains.* — Les événements d'Amérique avaient eu un grand retentissement en Europe; l'opinion publique était favorable aux insurgés; Frédéric II lui-même et Catherine II ne parlaient qu'avec indignation du despotisme de George III. En France, les sympathies de la nation étaient acquises à une révolution faite au nom des droits de l'humanité. On demandait la guerre à grands cris contre l'Angleterre, le peuple par entraînement pour un peuple opprimé, les nobles pour laver les affronts de la guerre de Sept ans, les commerçants pour s'ouvrir le vaste marché de l'Amérique, les hommes d'État pour rendre à la royauté quelque popularité ; enfin tout le monde était emporté par ces idées de générosité, de philanthropie, de dévouement qui passionnaient alors la France. Louis XVI répugnait cependant à soutenir des sujets rebelles et à provoquer une nouvelle guerre contre l'Angleterre; mais il était presque seul à comprendre, comme le disait Joseph II, que *son métier était d'être royaliste*. L'opinion l'entraînait malgré lui. Un agent américain, Silas Deane, était arrivé à Paris; on lui refusait officiellement les canons, les armes qu'il demandait; mais on laissait l'entreprenant Beaumarchais, subventionné secrètement par le gouvernement, former et diriger plusieurs maisons de commerce pour transporter en Amérique des munitions de toutes sortes ; on laissait le jeune marquis de La Fayette, abandonnant sa femme, sa famille, son pays, par amour pour la liberté, équiper une frégate chargée d'armes, et aller offrir, généreux volontaire, son épée et son dévouement à Washington et à la jeune république.

Franklin à Paris. — C'est alors que Franklin arriva à Paris, comme commissaire des Etats-Unis auprès des gouvernements de France et d'Espagne. Philosophe déiste, physicien du premier ordre, simple et spirituel, cachant la plus grande finesse sous une apparence de bonhomie patriarcale, « il devait prendre et il prit la France du dix-huitième siècle par tous ses sentiments, par toutes ses idées; il conquit les sages par le bon sens de son génie, les enthousiastes par l'éclat de son rôle, les frivoles par l'originalité de sa situation et de sa physionomie. Il fut, au bout de peu de jours, aussi populaire à Paris qu'à Boston et à Philadelphie. » (H. Martin.) Voltaire vint en ce moment à Paris, où il allait obtenir ses derniers triomphes. Franklin lui présenta son petit-fils, en demandant pour lui sa bénédiction : « *God and liberty : Dieu et la liberté*, voilà, dit Voltaire, la seule bénédiction qui convienne au petit-fils de M. Franklin. »

Peu après, les deux illustres vieillards s'étant rencontrés à une séance publique de l'Académie des sciences, s'embrassèrent au bruit des acclamations de l'assemblée. On dit alors que *c'était Solon qui embrassait Sophocle; c'était plutôt*, remarque M. Mignet, *le génie brillant et rénovateur de l'ancien monde qui embrassait le génie simple et entreprenant du nouveau.*

Alliance de la France avec les États-Unis (1778). — Cependant Franklin fut près d'un an à Paris sans être reçu officiellement par les ministres; Maurepas était timide et égoïste; Necker s'inquiétait de l'état de nos finances. Il fallut la nouvelle de la capitulation de Saratoga pour vaincre les dernières indécisions de Louis XVI ; le 6 février 1778, des traités de commerce, d'amitié, d'alliance, furent signés entre la France et les États-Unis ; les deux puissances s'engageaient à faire cause commune dans le cas où la guerre éclaterait entre l'Angleterre et la France, et à ne pas poser les armes avant que l'indépendance des États-Unis fût reconnue. « Ce grand acte marque le véritable avénement des États-Unis parmi les nations. La France se chargea de les y introduire avec une habile générosité. Le plus vieux roi de l'Europe devint le protecteur de la république naissante du nouveau monde, comme ses ancêtres avaient été les utiles alliés des républiques de l'ancien, et avaient soutenu tour à tour les cantons suisses, les villes libres d'Italie, les provinces unies de Hollande et les États confédérés de l'Allemagne. La France ne craignit pas de s'engager dans une grande guerre pour atteindre un grand but. » (Mignet.)

Bill conciliatoire de lord North. — Lorsque l'on apprit en Angleterre la capitulation de Burgoyne et le traité d'alliance avec la France, le Parlement fut épouvanté et encore plus indigné. On vota des subsides considérables pour augmenter les forces de terre et de mer; cependant lord North fit entendre des paroles de conciliation. Le *bill conciliatoire* offrait aux Américains plus qu'ils n'avaient demandé au commencement de la guerre ; mais ces concessions venaient trop tard; la rupture était définitive, surtout après le traité qui venait d'être signé. Les Américains répondirent au roi d'Angleterre que, s'il désirait véritablement la paix, il eût à le prouver en rappelant ses troupes et en reconnaissant l'indépendance des États-Unis. Toute réconciliation était impossible. Lord Chatam, malade, mourant, s'était fait porter à la Chambre par ses enfants ; à son aspect, tous les pairs se levèrent pleins d'attendrissement, et le plus prefond silence accueillit les paroles suprêmes de l'implacable ennemi de la France; il protesta contre tout démembrement de l'empire britannique et termina le plus éloquent de ses discours par ce cri patriotique : « S'il faut succomber, succombons du moins avec gloire. » Il fallut l'emporter évanoui; quelques jours après, il mourut; son dernier vœu avait été accompli : la guerre avait été déclarée à la France.

Guerre de l'Angleterre contre la France. — L'Angleterre aurait bien voulu nous jeter dans les embarras d'une guerre continentale; Joseph II élevait alors des prétentions sur l'héritage de Bavière; mais la diplomatie prudente de M. de Vergennes, qui se déclara neutre, la décision de Frédéric II, qui se jeta résolûment sur la Bohême, déjouèrent les intrigues de l'Angleterre, et assurèrent la paix par le traité de Teschen (1779). L'Angleterre dut se défendre avec ses seules ressources.

La France était prête à la combattre; la marine, grâce aux efforts de Choiseul, de Turgot, de Sartine, s'était relevée de son anéantissement; les escadres étaient nombreuses; des vaisseaux étaient en construction sur tous les chantiers. Nos marins étaient braves, instruits, expérimentés, et, conduits par de bons amiraux, les d'Orvilliers, les d'Estaing, les de Grasse, les Guichen, les Suffren, ils devaient combattre sans désavantage les flottes anglaises sur toutes les mers, dominer dans la Méditerranée, balancer la fortune dans l'Océan, résister héroïquement aux Indes, et réussir en Amérique.

Avec l'intervention de la France une nouvelle phase commence dans la guerre de l'Indépendance : « Dès ce jour, plus de ces situations critiques et dramatiques, où le sort de l'Amérique dépend tout entier d'une action;.... plus de ces moments de trouble et d'angoisse où le drapeau de la liberté n'est plus soutenu que par une poignée de braves, et où la foi de Washington lui-même paraît ébranlée. L'indépendance n'est plus en question, toute réconciliation, comme toute conquête, est impossible pour l'Angleterre; tout lien entre la métropole et les colonies est brisé par l'alliance des États-Unis avec l'ennemi traditionnel de la Grande-Bretagne. » (Cornélis le Witt, *Vie de Washington.*)

Bataille d'Ouessant (1778). — La guerre entre la France et l'Angleterre commença au milieu de l'année 1778. Le 17 juin, la frégate la *Belle-Poule* repoussa l'attaque de la frégate anglaise l'*Aréthuse*. Un mois plus tard, le comte d'Orvilliers sortit de Brest et rencontra l'amiral Keppel, à la hauteur d'Ouessant; secondé par Duchaffault, de Guichen, la Motte-Piquet, le duc de Chartres, il balança la victoire. Les Anglais regardèrent comme une défaite une lutte si vivement soutenue, et l'amiral Keppel, pour n'avoir pas été vainqueur, fut menacé du sort de Byng.

D'Estaing en Amérique. Bataille de Monmouth. Une attaque de Rhode-Island échoue (1778). — Une autre flotte, commandée par le comte d'Estaing, partit de Toulon et se dirigea vers l'Amérique. L'escadre entra dans la Delaware. Le général Clinton, successeur de Howe, craignit d'être pris entre la flotte française et l'armée de Washington: il évacua Philadelphie et se replia sur New-York, poursuivi par les Américains, qui le battirent à *Monmouth*. Une expédition fut alors combinée par terre et par mer contre Rhode-Island; l'amiral Howe s'avança au-devant de d'Estaing; une bataille semblait imminente; mais une violente tempête dispersa les deux flottes; le général américain Sullivan ne put être soutenu. Les alliés se séparèrent mécontents de part et d'autre, les Américains pour bloquer New-York, les Français pour aller combattre dans les Antilles, où le marquis de Bouillé, gouverneur de la Martinique, avait enlevé la Dominique. D'Estaing échoua devant Sainte-Lucie; mais il remporta de brillants avantages, s'empara de la Grenade, battit l'amiral Byron, et put revenir au secours des Américains menacés dans les États du Sud.

Echec devant Savannah. — Il était temps! Les Américains, comptant beaucoup trop sur l'appui de la France, étaient tombés dans une sorte d'indolente sécurité. Ils se plaignaient même que l'apparition des flottes françaises n'eût point tout d'abord décidé la question. Vainement Washington redoublait d'efforts; les désertions étaient fréquentes, les plaintes, les récriminations arrêtaient les opérations militaires. De plus, un funeste esprit d'agiotage faisait des progrès alarmants; personne ne voulait rien fournir au gouvernement, sans avoir réalisé d'avance un énorme bénéfice. Au contraire, les Anglais déployaient une constance digne d'une meilleure cause. Ils portèrent leurs forces vers le sud, où les *loyalistes* étaient nombreux, et firent leur place d'armes de *Savannah*, en Géorgie. Les alliés résolurent de s'en emparer. D'Estaing vint bloquer la ville par mer, pendant que les milices des Carolines, conduites par Lincoln, attaquaient par terre. La crainte des vents défavorables fit donner trop tôt l'assaut; il fut meurtrier, mais il échoua; le Polonais Pulawski y avait trouvé la mort (9 oct. 1779). D'Estaing fut rappelé en Europe et disgracié. Le comte de Guichen le remplaça. Néanmoins les Anglais, contraints de diviser leurs forces, avaient eu des revers dans les États du Nord et se trouvaient resserrés dans New-York. Ils allaient avoir à combattre un nouvel ennemi.

Alliance de l'Espagne avec les États-Unis (1779). — *D'Orvilliers dans la Manche.* — En effet, le roi d'Espagne, Charles III, après un impuissant essai de médiation, s'était joint à la France. Depuis le pacte de famille, l'alliance était intime entre les cours de Versailles et de Madrid. Mais les Espagnols catholiques avaient hésité à soutenir un peuple protestant; puis le gouvernement espagnol craignait de donner à ses colonies d'Amérique l'idée de revendiquer leur indépendance. D'un autre côté, Charles III détestait l'Angleterre, et désirait profiter de cette belle occasion pour reprendre Gibraltar, Minorque, les Florides. La guerre fut enfin déclarée (juin 1779); un corps de troupes se jeta sur la Floride, tandis que la flotte espagnole, sous l'amiral Cordova, vint rejoindre la flotte française de Brest. Soixante-huit vaisseaux de ligne, commandés par d'Orvilliers, furent pendant quelque temps maîtres de la Manche; quarante mille hommes étaient rassemblés sur les côtes de Normandie; les corsaires américains, comme Paul Jones, insultaient les côtes britanniques; l'Irlande était agitée; le Parlement était dans le trouble; Londres paraissait sur le point de se soulever. La terreur fut profonde en Angleterre; jamais on n'avait connu pareil danger : « Nous aurions combattu, disait un orateur anglais, mais nous aurions été vaincus. » La tempête sauva encore l'Angleterre d'une invasion; il y eut des ordres contradictoires; on perdit un temps précieux; les Espagnols étaient peu capables; le scorbut fit de grands ravages sur les flottes. D'Orvilliers dut rentrer à Brest (sept. 1779).

Rodney aux Antilles. — La lutte continua surtout en Amérique. L'amiral Rodney, qui s'était illustré dans la guerre de Sept ans, était retenu en France pour des dettes qu'il n'avait pu payer. Un jour, en dînant chez le maréchal de Biron, il osa dire que, s'il se retrouvait à la tête d'une escadre anglaise, il aurait bientôt détruit les flottes de France et d'Espagne. « Essayez, monsieur, dit le maréchal, vous êtes libre ! » Et il paya ses dettes. Rodney, rendu à l'Angleterre, fut aussitôt mis à la tête d'une flotte; en passant, il ravitailla Gibraltar, battit une escadre espagnole et arriva aux Antilles. Il y rencontra l'amiral de Guichen, qui lui résista glorieusement dans trois batailles navales (16 avril, 15 et 19 mai 1780);

réunis à l'amiral espagnol Solano, qui voulait reconquérir la Jamaïque, les Français allaient avoir la supériorité ; mais les Espagnols apportaient la peste avec eux, et les deux flottes durent se séparer.

Rochambeau et de Grasse viennent au secours des Américains. — Pendant ce temps Clinton, débarqué dans la Caroline (mars 1780), avait pris Charles-Town ; puis il était revenu défendre New-York. Cornwallis, laissé par lui dans la Caroline reconquise, avait successivement battu les généraux américains Gates et Green, envoyés contre lui. Ces revers relevèrent les courages aux États-Unis ; on comprit qu'il fallait faire de nouveaux efforts ; et, sur la demande de Washington, Louis XVI se décida à envoyer aux Américains des secours plus directs, des subsides et un corps d'armée. Le chevalier de Ternay conduisit sept vaisseaux de ligne, 6,000 hommes et huit millions. Rochambeau commandait l'expédition. Mais, dès son arrivée, l'escadre française fut bloquée dans Newport par des forces supérieures. Les esprits furent un instant troublés en Amérique par la trahison du général Arnold ; irrité contre Washington, qui l'avait fait réprimander par le congrès pour ses dilapidations, il voulut livrer aux Anglais le fort de Westpoint. Le complot fut découvert ; il s'enfuit, et le jeune major André, qui lui avait servi d'intermédiaire, fut pris et pendu. Puis les troupes de Pennsylvanie, qui n'étaient pas payées, se révoltèrent ; et il fallut toute la prudence et toute l'énergie de Washington pour ramener l'ordre et la discipline.

Les Anglais attaquent les Hollandais. — *Ligue de neutralité armée* (1780). — Mais les Anglais éprouvaient en Europe un nouvel échec. Ils s'étaient arrogé le droit de visiter les vaisseaux des neutres et de les confisquer s'ils portaient des munitions de guerre. Ils arrêtaient tous les navires neutres frétés pour la France, comme trafiquant avec des places bloquées, *attendu que les ports de*

France sont naturellement bloqués par les ports d'Angleterre. Le Danemark, la Suède, la Hollande se plaignirent. L'Angleterre comptait sur la connivence servile du stathouder ; elle répondit par des outrages ; elle somma les Hollandais de lui fournir des secours. Les États généraux, se débarrassant d'un long vasselage, refusèrent. Aussitôt les Anglais, sans déclaration de guerre, arrêtèrent les convois hollandais, et allèrent prendre ou détruire leurs colonies. Ce nouvel adversaire, riche et faible, offrait de riches établissements à piller et des rentes énormes à ne pas payer.

L'Angleterre avait espéré gagner la Russie ; mais Catherine saisit l'occasion de se mettre avec éclat à la tête des puissances neutres, et de proclamer les vrais principes du droit maritime. Elle forma la *ligue de la neutralité armée*, de concert avec la Suède, le Danemark, la Prusse, l'Autriche, le Portugal, les Deux-Siciles (1780). Elle déclarait que le pavillon couvre la marchandise, et qu'un port ne doit être considéré comme bloqué que si l'entrée en est gardée par un nombre suffisant de navires de guerre ; les alliés s'engageaient à défendre par les armes le commerce maritime de leurs sujets et à les mettre à l'abri du droit de visite. L'Angleterre, pour se venger, prévint la Hollande et lui déclara la guerre ; la Hollande fit alliance avec la France et avec l'Espagne. Aussitôt Rodney fit main basse sur les colonies des Antilles ; il dévasta Saint-Eustache, Saint-Martin et Saba ; le butin s'éleva à plus de cinquante millions ; mais Lamotte-Piquet enleva dans la Manche le convoi qui les rapportait, et la flotte anglaise fut vaincue par les Hollandais près du Doggersbank (banc de sable de la mer du Nord). Le stathouder Guillaume trahissait misérablement les intérêts de la république. Les Français, commandés par de Grasse, s'emparèrent de Tabago, tandis que les Espagnols enlevaient Pensacola.

Capitulation de Cornwallis à York-Town (1781). —

L'année 1781 vit le triomphe des Américains. Les Anglais venaient d'envahir la Virginie; lord Cornwallis s'était emparé de York-Town et de Glocester; mais Washington comprenait toute l'importance de la possession de la Virginie; il avait envoyé La Fayette pour arrêter les progrès de l'ennemi. Lorsque le comte de Grasse fut arrivé dans les eaux de la Chesapeake, il se dirigea avec Rochambeau vers le sud, et York-Town fut bientôt assiégé par terre et par mer; Américains et Français rivalisaient de courage.

Après une victoire de l'amiral de Grasse sur l'amiral Hood, Cornwallis, n'espérant pas de secours prochain, fut forcé de capituler et de livrer aux vainqueurs 8,000 prisonniers, 6 vaisseaux de guerre, 60 bâtiments marchands et des munitions considérables (7 octobre 1781). « La défaite de Cornwallis, dit M. Mignet, fut le complément de celle de Burgoyne, et Washington acheva à York-Town l'œuvre glorieuse de la délivrance américaine, commencée par le général Gates à Saratoga. La première de ces capitulations avait procuré l'alliance de la France; la seconde devait donner la paix avec l'Angleterre. »

Troisième période (1781-1783). — *Opérations aux Antilles. — Bataille des Saintes* (1782). — Lord North avait reçu la nouvelle de la capitulation de lord Cornwallis « comme un boulet en pleine poitrine; il ouvrit les bras sans pouvoir s'écrier autre chose que : Mon Dieu, tout est perdu ! » Mais George III conserva toute son opiniâtreté. Le pays épuisé ne partageait plus son aveuglement; sa dette s'était accrue de trois milliards, son commerce était singulièrement réduit; son industrie paralysée; la misère régnait dans les classes ouvrières, enfin l'Angleterre avait perdu son nom d'invincible sur les mers. La guerre se ralentit en Amérique, néanmoins les Anglais continuèrent la lutte, non pas dans l'espoir de ressaisir leurs colonies, mais pour sauver l'honneur.

En Amérique, de Grasse, de retour aux Antilles, s'empara de Saint-Christophe et de Montserrat; mais, en 1782, une grande victoire vint consoler l'amour-propre des Anglais. De Grasse voulait se réunir aux Espagnols pour attaquer la Jamaïque. Avant de les avoir rejoints, il fut attaqué, près des Saintes, le 12 avril, par la flotte supérieure de l'amiral Rodney. Malgré le courage de nos capitaines et de nos soldats, les Anglais remportèrent la victoire. De Grasse, après douze heures de combat, n'ayant plus sur le pont de son vaisseau que trois hommes sans blessures, fut forcé de se rendre. Il s'était montré dans cette fatale journée, comme dans toute la campagne, le plus brave des soldats, le plus incapable des chefs. Il y eut en France un élan national pour réparer ce désastre; notre marine, d'ailleurs, n'était nullement abattue. La Peyrouse détruisit alors les établissements anglais de la baie d'Hudson; on enleva aux ennemis les îles Turques; les Espagnols occupèrent les îles de Bahama.

Opérations en Europe. — Conquête de Minorque (1782). — *Siége inutile de Gibraltar* (1779-1782). — Dans les mers d'Europe, la fortune était également balancée. Un intrépide aventurier, le baron de Rullecourt, avait échoué dans une tentative sur Jersey. Une grande flotte, commandée par de Guichen, s'était réunie à la flotte de l'espagnol Cordova; les Français voulaient poursuivre jusque dans la rade de Torbay la flotte anglaise qui avait fui; les Espagnols s'y refusèrent; puis les maladies et le mauvais temps obligèrent les flottes à se séparer. L'Angleterre était encore une fois sauvée d'un grand danger. Dans la Méditerranée, dix mille Espagnols, commandés par le duc de Crillon, débarquèrent sur les côtes de Minorque. Après une lutte de sept mois, les Anglais, retranchés dans le fort Saint-Philippe, capitulèrent (février 1782).

Mais on fut moins heureux au siége de Gibraltar. Les Espagnols avaient bloqué cette place dès 1779; elle avait été ravitaillée par Rodney en 1780; elle était défendue par un brave et intelligent gouverneur, Elliot. En 1782, une attaque de vive force fut résolue; de nombreux renforts arrivèrent d'Espagne et de France au camp de Saint-Roch. Le comte d'Artois et le duc de Bourbon, le prince de Nassau, d'illustres seigneurs de toutes les parties de l'Europe étaient accourus pour assister à ce grand spectacle. Il y avait là 40,000 hommes et 46 vaisseaux de ligne; du côté de la terre, plus de 200 pièces d'artillerie battaient la place; du côté de la mer, 10 batteries flottantes, gros vaisseaux rasés, blindés, portant 150 canons et mortiers, invention du chevalier d'Arçon, étaient soutenues par une flottille de canonnières et par la grande flotte franco-espagnole. Mais les projectiles frappaient inutilement la masse des rochers; les attaques furent mal combinées; les batteries furent incendiées ou abandonnées; des milliers d'hommes périrent. On dut reprendre le blocus. On avait désormais la triste conviction que Gibraltar était imprenable.

Opérations dans la mer des Indes : victoires de Suffren (1782-1783). — La victoire des Saintes et la défense de Gibraltar étaient honorables pour les Anglais; mais leurs conquêtes de l'Inde étaient sérieusement compromises. Ils avaient, il est vrai, enlevé aux Français Pondichéry et leurs autres comptoirs; aux Hollandais, Negapatnam et leurs établissements de la côte de Coromandel, Trinquemale dans l'île de Ceylan. Mais le vieux sultan de Mysore, Haïder-Ali, et son fils Tippou-Saëb, avaient pris les armes, s'étaient jetés sur le Carnatic et avaient enlevé Arkote, au moment où Bénarès se révoltait contre les tyrans du Gange. Si le gouvernement français avait alors envoyé l'une de ses escadres dans les mers des Indes, la puissance anglaise aurait été bien menacée. Haïder fut délaissé et continua la lutte avec courage. Il allait cependant traiter, lorsque le bailli de Suffren arriva bien tardivement en 1781. Il avait battu une escadre ennemie près des îles du Cap-Vert, ravitaillé la colonie hollandaise du cap de Bonne-Espérance; il attaque alors l'amiral Hughes sur les côtes de Coromandel (février 1782), maltraite les Anglais, ranime le courage de Haïder-Ali, et débarque des soldats qui l'aident à reprendre Gondelour. Quoique mal secondé par le ministère et par quelques-uns de ses capitaines, Suffren redouble d'audace; les Anglais éprouvent de nouvelles défaites, perdent Trinquemale, l'île de Ceylan, au moment où l'illustre Bussi, reparaissant dans l'Inde, rappelle les souvenirs glorieux de Dupleix. Haïder-Ali meurt sur ces entrefaites. Mais Tippou-Saëb a hérité de sa haine contre les Anglais; deux nouvelles victoires de Suffren sauvent Gondelour, où Bussi est assiégé; des convois français et hollandais allaient arriver de l'île de France; notre cause se relevait dans l'Inde, lorsqu'une frégate anglaise apporta la nouvelle que la paix était signée. L'Inde restait définitivement aux Anglais en compensation de l'Amérique perdue.

Traité de Versailles (1783). — Lord North avait été forcé de se retirer, et un ministère, formé des membres les plus importants de l'opposition, avait adopté en principe la nécessité de faire la paix avec l'Amérique, dût-on même reconnaître son indépendance. Les Anglais essayèrent d'abord de traiter séparément, soit avec les Américains, soit avec les Hollandais; mais leurs propositions furent repoussées, et nos alliés nous restèrent fidèles. La guerre fut néanmoins à peu près suspendue aux États-Unis du consentement des deux partis. La France, satisfaite de la gloire qu'elle avait acquise dans la lutte, désirait le repos; elle avait atteint le but qu'elle s'était proposé : les colonies d'Amérique étaient pour toujours séparées de la métropole; d'ailleurs la guerre coûtait beaucoup, et les finances, depuis la disgrâce de Necker, étaient dans un triste état. L'Espagne avait recouvré Minorque et la Floride; la Hollande, où les vatriotes étaient trahis par le stathouder, aspirait à reprendre paisiblement son commerce interrompu. La médiation de l'Autriche et de la Russie acheva de disposer les esprits à la paix. Des négociations s'ouvrirent à Paris entre les commissaires des puissances belligérantes; Franklin, J. Adams, J. Say, Laurens, représentaient l'Amérique. Enfin les traités définitifs furent signés à Versailles entre la Grande-Bretagne, la France, l'Espagne et les États-Unis (3 septembre 1783); l'année suivante entre l'Angleterre et la Hollande.

L'Angleterre reconnaissait la pleine indépendance des États-Unis et leur abandonnait toutes ses prétentions sur les territoires jusqu'au Mississipi; les Américains avaient la pêche libre à Terre-Neuve et dans le golfe du Saint-Laurent.

L'Angleterre restituait à la France, *en toute propriété*, Saint-Pierre et Miquelon; la France renonçait au droit de pêche sur la côte orientale de Terre-Neuve, et l'acquérait sur la côte occidentale (échange désavantageux); elle gardait, aux Antilles, Sainte-Lucie et Tabago, mais rendait toutes les îles qu'elle avait occupées. L'Angleterre renonçait au Sénégal et à ses dépendances, elle restituait Gorée. Dans l'Inde, nous étions remis en possession de Pondichéry, Chandernagor, Karikal, Mahé; mais nous abandonnions notre allié, le sultan de Mysore. La France faisait effacer l'article des traités d'Utrecht et de Paris relatif aux fortifications de Dunkerque, dont le port était rétabli; un traité de commerce devait être conclu entre la France et l'Angleterre avant le 1er janvier 1786.

L'Angleterre cédait Minorque et les Florides à l'Espagne, qui rendait les îles Bahama.

Elle restituait à la Hollande ses colonies, à l'exception de Negapatnam.

Ce traité ne réparait pas suffisamment les calamités et les hontes de 1763. Mais la France avait accompli une œuvre considérable, avec honneur et désintéressement. La guerre d'Amérique sera toujours l'une des belles pages de notre histoire. L'Angleterre avait été affaiblie dans sa puissance, humiliée dans ses prétentions orgueilleuses. Cette guerre n'avait pas été assez décisive, menée avec assez de vigueur par le gouvernement, pour relever la royauté et la noblesse ; elle avait augmenté la détresse du trésor, et par cela seul elle devait accélérer la crise révolutionnaire. Puis les Français étaient revenus d'Amérique, pleins d'enthousiasme pour la liberté, animés du désir de suivre un exemple si généreux, que le succès avait couronné.

Le résultat le plus sérieux de cette guerre fut la création d'une nouvelle république, destinée à devenir bientôt l'un des États les plus considérables et les plus étonnants des temps modernes.

Constitution des États-Unis (1787-1789). — *Présidence de Washington* (1789-1797). — La république des États-Unis existait, mais elle n'était pas encore véritablement établie. Elle n'avait pas de gouvernement. Le pouvoir central, mal organisé, était sans force ; les rapports des États entre eux n'étaient réglés par aucune loi ; ils voulaient être indépendants et souverains ; ils étaient troublés par des partis ennemis. L'agriculture languissait, le commerce ne pouvait se développer. Le trésor était vide ; on ne savait comment payer les dettes contractées pendant la guerre. Les officiers et les soldats n'avaient pas touché leur solde depuis quelques années ; n'allaient-ils pas, dans leur mécontentement et dans leur orgueil, chercher à s'imposer, à fonder une sorte de gouvernement militaire ? La confédération semblait près de se dissoudre.

La république fut sauvée par le patriotisme et la sagesse de ses fondateurs, de Washington surtout et de Franklin. Les soldats s'étaient mutinés et offraient la dictature à Washington ; il la repoussa avec horreur, fit rendre justice à l'armée, et, après avoir noblement déposé le pouvoir qui lui avait été confié, après avoir adressé ses adieux au congrès avec une simplicité admirable, il se retira dans sa terre de Mont-Vernon, *à l'ombre de son figuier,* pour en diriger, comme autrefois, la culture. Franklin, voyant les dangers qui menaçaient sa patrie, n'hésita pas à quitter la France, ses amis de Paris, qui le chérissaient, et, malgré son grand âge, traversant encore une fois l'Océan, il revint en Amérique, pour apporter à son pays le secours de son bon sens et de son expérience. Il fut reçu, comme en triomphe, au milieu des bénédictions de tout un peuple reconnaissant.

Enfin, en 1787, une *Convention* se réunit à Philadelphe, sur la proposition de Washington, pour donner à l'Amérique une constitution. Sur la désignation de Franklin, l'assemblée choisit pour président Washington; ils furent secondés par les patriotes les plus illustres, John Adams, Jefferson, Hamilton, etc.; et de leurs efforts réunis sortit la constitution américaine, encore en vigueur aujourd'hui.

Le pouvoir législatif appartient à un *congrès*, composé de deux chambres: la chambre des représentants, dont les membres sont élus pour deux ans par le suffrage universel; le sénat, composé de deux sénateurs par État, choisis pour six ans par la législature de cet État; il se renouvelle par le sort et par tiers tous les deux ans. Le pouvoir exécutif appartient à un président, élu pour quatre ans par une élection à deux degrés et par autant d'électeurs qu'il y a de sénateurs et de représentants. Le président est rééligible. Le vice-président dirige le sénat et remplace le président, en cas de mort ou d'empêchement. Le pouvoir judiciaire appartient à une *cour suprême*, composée de magistrats inamovibles nommés par le président avec l'approbation du sénat; elle est chargée de maintenir la constitution et de juger les contestations qui s'élèvent entre des citoyens d'États différents. Le président peut demander que les actes du congrès soient soumis à un nouvel examen; si la loi est maintenue, il est forcé de la ratifier dans les dix jours. Il a le droit de grâce. C'est le congrès qui décide la paix, la guerre, les traités de commerce, qui fait les lois, qui juge les crimes de haute trahison, qui administre les *territoires*, c'est-à-dire les pays n'ayant pas encore atteint le chiffre d'habitants nécessaire pour devenir un État.

Ainsi l'on avait fondé « une fédération vigoureuse, qui eut son chef, ses assemblées, ses lois, ses tribunaux, ses troupes, ses finances, et qui put maintenir en corps de nation non-seulement les treize colonies primitives, mais un grand nombre d'autres n'ayant ni la même origine, ni le même climat, ni la même organisation, ni le même esprit, et différant aussi bien par les intérêts que par les habitudes. » (Mignet.)

Votée en 1787, et ratifiée en 1788 par le peuple, cette constitution fut mise en vigueur le 4 mars 1789. Washington fut élu président, à l'unanimité, et, sous son habile direction, la république entra dès le premier jour dans une voie de prospérité inouïe, pacifique en Europe, entreprenante en Amérique, marchant à la conquête des vastes contrées qui s'étendent à l'ouest des Alléghanys, et en même temps devenant l'une des plus grandes puissances commerciales du monde. Franklin était mort en 1790, regretté du peuple américain, et l'Assemblée constituante, sur la proposition de Mirabeau, avait décrété qu'elle porterait le deuil pendant trois jours; Washington fut réélu président en 1793, traversa avec bonheur et avec honneur des jours difficiles; puis, en 1797, refusant une troisième élection, il adressa ses derniers conseils à ses concitoyens et se retira dans son domaine de Virginie (1797).

C'est là qu'il mourut le 14 décembre 1799, « exemple incomparable de dignité et de modestie ! modèle accompli de ce respect pour le public et pour soi-même qui fait la grandeur morale du pouvoir » (M. Guizot, *Vie de Washington*), pleuré du nouveau monde et admiré de l'ancien.

CHAPITRE XVIII[1]

Louis XVI. — Turgot et Malesherbes. — Necker. Assemblée des notables. — Convocation des États généraux.

SOMMAIRE. — Avénement de Louis XVI (1774). — Son caractère. — État de la France.

§ I. PREMIÈRE PÉRIODE : TENTATIVES DE RÉFORMES. — Premiers actes de Louis XVI. — TURGOT, contrôleur général des finances. — Ses plans. — Opposition qu'il rencontre.

Libre circulation des grains : guerre des farines (1775). — Sacre du roi (11 juin 1775). — Abolition des corvées, des jurandes et maîtrises (1776). — Résistance du Parlement. — MALESHERBES donne sa démission. — Turgot est renvoyé. — Le comte de Saint-Germain, ministre de la guerre ; ses réformes.

Premier ministère de NECKER (1776-1781). — Ses premières réformes. — Système d'emprunts. — Les assemblées provinciales. — Le compte rendu amène la disgrâce de Necker (1781).

§ II. DEUXIÈME PÉRIODE : LES MINISTRES COURTISANS.

L'influence de la reine devient prépondérante. — Agitation des esprits.

Ministère de CALONNE (1783-1787). — Affaire du collier. — Première assemblée des NOTABLES (février 1787). — Chute de Calonne.

Ministère de LOMÉNIE DE BRIENNE (1787-1788). — Édits du timbre et de la subvention territoriale. — Résistance du Parlement ; il est exilé. — Séance royale. — Nouvelles protestations du Parlement. — Lit de justice du 8 mai 1788. — COUR PLÉNIÈRE. — Chute de Brienne (25 août 1788).

Second ministère de NECKER. — Deuxième assemblée des NOTABLES (novembre 1788).

Convocation des ÉTATS GÉNÉRAUX (1789).

Avénement de Louis XVI (1774). — Son caractère. — A la mort de Louis XV, une révolution semblait imminente ; l'avénement d'un nouveau roi la retarda peut-

---

[1] LIVRES A CONSULTER. — Droz, *Histoire de Louis XVI* ; — Henri Martin, Sismondi, Dareste, *Histoire de France* ; — Lacretelle, *Histoire du dix-huitième siècle* ; — de Tocqueville, *l'Ancien Régime et la Révolution* ; — Œuvres de Turgot ; — J. Reynaud, Daire, *Notices sur Turgot* ; — Baudrillart, *Éloge de Turgot* ; — Introduction au Moniteur. — P. Boiteau, *État de la France en 1789*.

être de quelques années. Louis XVI, son petit-fils, avait vingt ans. Il était pieux et honnête, animé d'excellentes intentions, instruit; mais il était timide, d'une sauvagerie naturelle, sans idées larges et élevées, et il n'avait aucune de ces qualités extérieures qui frappent les hommes et imposent le respect. « Je veux, disait-il, être appelé Louis le Sévère. » Jamais prince ne devait moins mériter ce surnom; son caractère, c'est l'indécision même; il a le jugement droit, mais il manque de volonté; il se défie de lui-même, et d'ailleurs son éducation, assez mal dirigée par la Vauguyon, lui a donné tous les préjugés de sa race. La reine Marie-Antoinette d'Autriche, vive, spirituelle, toute spontanée, se laissant aller à ses instincts, manquant de mesure dans ses paroles et dans ses actes, n'exercera que plus tard une influence, souvent funeste, sur l'esprit de son mari. En apprenant la mort de Louis XV, ils eurent comme la prévision des malheurs qui les attendaient; leur premier sentiment fut l'effroi : « Mon Dieu, s'écrièrent-ils en tombant à genoux, protégez-nous : nous régnons trop jeunes! » Les quinze années qui séparent leur avénement de la révolution peuvent se diviser en deux périodes : 1° Tentatives de réformes, Turgot et Necker (1774-1781); 2° Retour vers l'ancien régime, ministres courtisans : Calonne, Brienne (1781-1789). Pour comprendre le caractère des réformes, mais aussi pour comprendre la nécessité d'une révolution, il faut rappeler, au moins en quelques mots, l'état de la France vers cette époque.

État de la France. — La féodalité avait depuis longtemps disparu sous les coups de la royauté; mais la noblesse et le clergé avaient encore conservé les priviléges de l'ancien régime; rien ne légitimait plus désormais ces priviléges; la noblesse n'était plus seule à verser son sang pour la défense du pays, et les hontes de la guerre de Sept ans lui avaient enlevé son dernier prestige; le clergé ne dirigeait plus la société par la science et par l'enseignement; il comptait dans ses rangs trop peu de Fénelons et de Bossujets. Or, depuis la mort de Louis XIV surtout, l'opinion publique, dirigée par des milliers d'organes éloquents ou passionnés, attaquait sans relâche, au nom de la raison et du droit, au nom des intérêts du présent et des espérances de l'avenir, la royauté absolue, de droit divin, qui semblait incapable de gouverner; les classes privilégiées, qui ne semblaient puissantes que par les abus; toutes les inégalités choquantes, dans les choses comme dans les personnes, qui n'avaient jamais semblé moins justifiables.

La France n'avait pas véritablement de constitution. En théorie, la *royauté* était absolue; les remontrances des parlements et l'enregistrement des édits royaux étaient une gêne, mais n'étaient pas un obstacle; les lits de justice avaient facilement raison de toute opposition. En fait, l'autorité royale était à chaque instant contrariée par les traditions, les précédents, les priviléges des corps ou des particuliers; partout les droits étaient mal définis. L'*administration* avait une mauvaise organisation; les attributions des six ministres étaient un véritable chaos; chacun d'eux, outre des fonctions spéciales, gouvernait une partie du territoire. Il n'y avait aucune concordance entre les circonscriptions militaires, administratives, judiciaires, religieuses, et l'on avait créé, depuis Louis XIV, pour avoir de l'argent, une multitude de charges inutiles ou ridicules, qui grevaient le public. La *situation financière* était de plus en plus mauvaise; c'est là une des causes immédiates de la révolution. Les impôts directs, *taille, capitation, vingtièmes*, ne pesaient que sur les roturiers; les impôts indirects, *aides, gabelle*, etc., atteignaient tout le monde, mais étaient souvent établis de la manière la plus arbitraire; le sel valait ici quarante sous le quintal, et un peu plus loin soixante-deux livres; les *corvées*, subies par les roturiers, étaient une charge humiliante, onéreuse, fort mal répartie, et qui produisait peu. La perception des impôts donnait lieu à des plaintes trop fondées; les *collecteurs*, désignés par l'intendant pour répartir et lever la taille, étaient obligés de se montrer intraitables; si les contribuables de la localité étaient en retard, on arrêtait les quatre principaux taillables, et on les retenait en prison jusqu'à ce qu'ils eussent comblé le déficit. Les fermiers généraux ou traitants affermaient les impôts indirects, pressuraient le peuple, volaient l'État pour faire ces fortunes scandaleuses dont il est si souvent question au dix-huitième siècle; ils partageaient leurs profits avec les courtisans, qui les soutenaient ou qu'on leur imposait; les plus grands seigneurs, les dames du plus haut rang ne rougissaient pas de recevoir ainsi leurs *croupes*.—La comptabilité était pleine de désordre et d'obscurité; aucun ministre des finances, jusqu'à la révolution, n'a su ce que l'Etat avait à recevoir et à payer, le chiffre de la dette, le chiffre même du déficit annuel. Le trésor public était malheureusement confondu avec le trésor du prince, et l'on connaît les abus odieux des *acquits de comptant*.

L'*organisation judiciaire* laissait beaucoup à désirer; on se plaignait des ressorts très-inégaux des treize parlements, des juridictions particulières, des tribunaux des seigneurs, des officialités ou tribunaux d'église ; des rigueurs du Code pénal, qui prodiguait la mort avec une extrême facilité; des commissions extraordinaires, qui enlevaient les accusés à leurs juges naturels ; des exactions des magistrats et de ce qu'on osait appeler le *brigandage de la justice*, qui éternisait les procès et augmentait les frais, sans règle ni mesure.

L'organisation militaire était très-défectueuse ; le système d'enrôlement avait besoin d'être amélioré ; on attaquait la maison du roi, brillante et privilégiée, les vingt-quatre régiments étrangers, les grades nombreux, achetés, donnés à des enfants ; il y avait chaque année 4,000 désertions à l'étranger.

Dans l'*administration ecclésiastique*, on se plaignait de l'irrégularité et de l'inégalité dans les circonscriptions des diocèses ; certains évêchés étaient suffragants d'archevêchés étrangers, et réciproquement. Les revenus étaient bien différents pour les évêchés et pour les abbayes; la situation du clergé inférieur était précaire et souvent malheureuse.

Dans l'*ordre social*, les inégalités n'étaient pas moins grandes que dans l'ordre politique. Il y avait diversité dans la loi civile à cause des 384 coutumes différentes et des variétés dans la jurisprudence ;

Diversité dans la *condition* des *personnes*, dans leurs charges, leurs droits ou leurs priviléges ; diversité dans la famille par le droit d'aînesse ; les serfs, les protestants, les juifs n'avaient pas d'état civil ;

Diversité dans la *condition* des *provinces* : pays d'Etat, pays d'élection; priviléges des provinces, des villes, des corporations, des individus; douanes intérieures, impôts variant de province à province.

On attaquait l'inégalité pour tout ce qui concernait les fonctions publiques, la justice, l'impôt. On réclamait en faveur de la liberté individuelle, sans cesse violée par les lettres de cachet ; en faveur de la sûreté de la propriété, menacée par l'arbitraire de la cour et des commis, par la coutume de la confiscation, par les lettres de surséance; qui permettaient de ne pas payer ses dettes. La liberté de conscience, vainement réclamée dans un siècle de tolérance et de philosophie, était refusée avec obstination ; hors de l'Église catholique, point de place dans la société ; les persécutions contre les protestants duraient encore à la fin du règne de Louis XV. On attaquait la censure, impuissante, bien qu'elle brûlât les livres et condamnât les auteurs ; on demandait la liberté de la pensée et la liberté de la presse.

Malgré les progrès des lumières, la misère du peuple était grande; la production était insuffisante ; les secours contre la pauvreté et la maladie, les institutions de charité, les hôpitaux, etc., n'étaient pas en rapport avec les besoins de la société, avec l'ardent amour de l'humanité qui grandissait chaque jour.

Dans l'intérêt des classes laborieuses et du développement de la richesse publique, les économistes surtout, nous l'avons vu, demandaient de notables améliorations pour l'agriculture, le commerce et l'industrie. Le paysan était accablé par tous les impôts qu'il devait payer à l'Etat, par les droits seigneuriaux, par les banalités, par les dîmes au clergé. On réclamait la suppression des corvées; puis des encouragements pour l'élève du bétail, de nouvelles voies de communication dans les campagnes; la libre circulation des grains, des vins, des fruits de la terre.

Le commerce était sans cesse entravé par les lignes de douanes intérieures, par les péages, si nombreux, que sur la Loire, de Saint-Rambert à Nantes, on en comptait vingt-huit. On demandait l'unité des poids et mesures.

L'industrie manquait de liberté; pour exercer un métier, il fallait se soumettre au régime des corporations, jurandes et maîtrises; passer par l'apprentissage, le compagnonnage, exécuter un chef-d'œuvre, subir un examen, payer des droits considérables avant de devenir maître et de pouvoir ouvrir boutique. Mais le fils d'un maître était à peu près exempté de toutes ces difficultés. On demandait la liberté du travail, la concurrence et l'abolition de tous les règlements qui empêchaient le progrès, de tous les monopoles qui étouffaient l'industrie.

Chaque jour le contraste entre les idées et les institutions, entre le droit et le fait devenait plus frappant, était mis dans une lumière plus éclatante. Les réformes étaient nécessaires; il n'était plus temps de reculer. Louis XVI s'engagea d'abord honnêtement dans la voie des réformes; puis, par faiblesse, par défaut d'intelligence politique, il s'arrêta; il sacrifia Turgot, il sacrifia Necker, il se laissa dominer par les courtisans, par les défenseurs intéressés ou aveugles de l'ancien régime. Une révolution était inévitable; elle fut terrible, parce qu'elle ne fut pas dirigée; elle renversa sans pitié, dès qu'elle fut déchaînée, la royauté incapable et les défenseurs impuissants d'un régime depuis longtemps condamné par l'opinion.

§ I. Première période : tentatives de réformes. — *Premiers actes de Louis XVI.* — Louis XVI commença par renvoyer les ministres que l'opinion publique condamnait, d'Aiguillon, Terray, Maupeou; mais, au lieu d'appeler à la direction des affaires Choiseul ou Machault, il choisit le comte de Maurepas, petit-fils de Pontchartrain, vieillard spirituellement frivole et surtout égoïste, qui avait été disgracié à cause de ses épigrammes contre madame de Pompadour. C'était une première faute. Mais le peuple applaudit, quand

Louis XVI renonça au droit de joyeux avénement (affermé 23 millions sous Louis XV, il en avait coûté 41 aux contribuables). La reine renonça, de son côté, au *droit de ceinture de la reine.* Le ministère fut renouvelé; Miromesnil fut appelé aux sceaux, Vergennes aux affaires étrangères, Sartine à la marine; et bientôt après le comte de Saint-Germain à la guerre, Turgot au contrôle général des finances, Malesherbes à la maison du roi.

Turgot contrôleur général des finances. — Ses plans. — Turgot, qui, suivant l'expression de son ami Malesherbes, avait le cœur de l'Hôpital et la tête de Bacon, s'était fait connaître honorablement comme économiste et comme intendant de Limoges. Il arrivait au pouvoir avec la ferme résolution d'accomplir les réformes réclamées par l'opinion, et l'on a pu dire, sans trop d'exagération, que ses plans contenaient tout ce que la révolution a effectué. Pas de banqueroute, pas d'augmentation d'impôts, pas d'emprunts, tel fut le programme financier qu'il présenta au roi; les économies, la répartition des charges publiques sur tous, le développement de la richesse nationale par des réformes dans l'agriculture, le commerce et l'industrie, tels furent les principaux moyens qu'on devait employer. Ses projets allaient encore au delà. Il aurait voulu organiser un vaste système d'éducation, pour instruire, pour former des citoyens capables de connaître et de remplir leurs devoirs. Puis il proposait d'établir des municipalités de villages et de villes; au-dessus, des municipalités d'arrondissements, de provinces, et enfin une municipalité générale du royaume; ces assemblées de différents degrés, composées des propriétaires à proportion de leurs biens, s'occupant de la répartition des impôts, des travaux publics et des chemins, de la police des pauvres et de leur soulagement, seraient reliées entre elles, pour se prêter assistance; la municipalité nationale, formée des députés élus par les assemblées des provinces, éclairerait et seconderait le gouvernement de ses vœux et de ses efforts. C'était une conception pleine de grandeur, qui associait dès maintenant la nation à la royauté, et qui préparait le peuple à soutenir la grande œuvre des réformes.

Opposition qu'il rencontre. — Mais Turgot devait rencontrer l'opposition intéressée de tous les privilégiés. Louis XVI, malgré ses bonnes intentions, et d'abord dominé par l'intelligence supérieure, par la généreuse et franche énergie de son ministre, n'aura pas assez de force dans le caractère pour le soutenir contre l'opposition de ses ennemis. Dès le premier jour, malgré Turgot, mais conseillé par Maurepas, qui voulait flatter l'opinion publique, il rappela les parlements supprimés par Maupeou. Les parlements avaient combattu toutes les mesures de la royauté; on avait applaudi à leur résistance, lorsqu'elle s'adressait au despotisme égoïste du gouvernement de Louis XV; ils continueront de lutter contre le gouvernement, même lorsqu'il prendra l'initiative des réformes les plus sages. Le rappel des parlements fut une victoire des privilégiés.

Libre circulation des grains. — *Guerre des farines.* — Cependant Turgot se mit à l'œuvre avec résolution; de nombreuses réformes se succédèrent; ainsi l'on abolit la contrainte solidaire pour la taille entre les principaux habitants des paroisses. Dès le 13 septembre 1774, un arrêt du conseil avait ordonné la *libre circulation des grains et farines* dans l'intérieur du royaume; mais la récolte fut mauvaise, les privilégiés et les monopoleurs excitèrent le peuple contre le ministre; la cherté du pain fut attribuée à la liberté du commerce, qui permettait les accaparements. Il y eut des émeutes à Dijon, au mois d'avril 1775; des bandes, peut-être soudoyées, pillèrent les marchés dans plusieurs provinces, entrèrent à Versailles le 2 mai, et, par leurs clameurs, obtinrent de la faiblesse du roi que le pain serait taxé à deux sous la livre. Turgot accourut, força Louis XVI à revenir sur cette concession, prit les mesures les plus énergiques pour protéger le commerce des grains et la liberté de la boulangerie, se fit donner l'intérim du ministère de la guerre, réunit une armée de 25,000 hommes sous les ordres du maréchal de Biron, poursuivit vigoureusement les émeutiers à Paris, dans toute l'Ile-de-France, et décida Louis XVI à tenir un lit de justice pour défendre au Parlement toute remontrance. C'est ce qu'on appela la *guerre des farines*.

Sacre du roi (1775). — Deux mois après, la cérémonie du sacre fut célébrée à Reims, avec les vieilles formules par lesquelles le roi s'obligeait à *exterminer les hérétiques*. Turgot s'était vainement efforcé de faire modifier ce serment; Maurepas l'emporta, et le ministre philosophe dut se contenter d'adresser au roi un beau mémoire sur *la tolérance,* au moment où l'assemblée du clergé réclamait de nouvelles rigueurs.

Abolition de la corvée, des jurandes et maîtrises (1776). — Cependant Turgot poursuivait sa marche avec une fermeté que rien ne pouvait ébranler; chaque jour, de nouveaux édits faisaient disparaître de nombreux abus et introduisaient de salutaires réformes. Au mois de février 1776, la corvée fut abolie comme *injuste*; elle était remplacée par un impôt sur tous les propriétaires de biens-fonds ou de droits réels sujets aux vingtièmes. Un second édit déclara que les jurandes et maîtrises seraient abolies et proclama la liberté du travail.

Résistance au Parlement. Malesherbes donne sa démission. — Le Parlement s'empressa de faire des remontrances : on assure qu'il y énonçait le principe que le peuple, en France, est *taillable et corvéable à volonté,* et que le roi ne pouvait changer cette partie de la constitution ! Le roi donna l'ordre d'enregistrer. « Je vois bien, disait-il brusquement à ses ministres, qu'il n'y a ici que M. Turgot et moi qui aimions le peuple! » Le 12 mars 1776, le Parlement dut enregistrer les édits dans un lit de justice, qu'on appela un *lit de bienfaisance*. Peu de jours après, Turgot put fonder une *caisse d'escompte*, le premier établissement de crédit en France depuis la chute du système de Law; puis un édit d'avril 1776 déclara libres dans tout le royaume la circulation et le commerce des vins. Mais les ennemis des réformes redoublaient d'acharnement contre le ministre et contre ses partisans; le Parlement ne cessait de poursuivre et de condamner les livres de l'école économiste. Une ligue se forma, composée des courtisans, des princes, de la reine; Maurepas, jaloux de Turgot, ne songea plus qu'à le renverser. Louis XVI était incapable de défendre seul son ministre contre tous. Malesherbes, l'ami de Turgot, avait depuis longtemps conquis une véritable popularité, comme président de la cour des aides, par ses remontrances pleines de hardiesse et de vérité; directeur de la librairie, il avait généreusement protégé, autant qu'il l'avait pu, les philosophes et leurs ouvrages, que les parlements faisaient brûler. Ministre de la maison du roi, il n'avait peut-être pas été à la hauteur de sa mission; il avait montré plus de bonté et de philanthropie qu'il n'avait déployé d'énergie. Cependant, lui aussi s'était mis à l'œuvre; il avait visité les prisons d'État et délivré beaucoup de victimes du pouvoir arbitraire; il avait fait diminuer le nombre des lettres de cachet, mais sans pouvoir les abolir; il n'avait pas mieux réussi à rendre moins criant l'abus des *arrêts de surséance*, qui permettaient aux nobles créanciers de ne pas payer leurs dettes. Il ne cessait de réclamer des économies et soutenait Turgot de toutes ses forces; mais, harcelé par les privilégiés, attaqué par Maurepas, il se découragea le premier et donna sa démission. « Vous êtes plus heureux que moi, vous pouvez abdiquer! » lui dit Louis XVI, qui l'aimait et le regrettait.

Turgot est renvoyé (1776). — Turgot montra plus de fermeté. Le roi le sacrifia aux exigences de ceux qui l'entouraient, et lui envoya une lettre de renvoi le 12 mai 1776. « Tout mon désir, lui écrivit le ministre disgracié, est que vous puissiez toujours croire que j'avais mal vu, et que je vous montrais des dangers chimériques. Je souhaite que le temps ne me justifie pas. » Versailles, les salons privilégiés étaient dans la joie; la France entière fut dans la consternation : « Ah! quelle funeste nouvelle j'apprends! s'écria Voltaire ; que deviendrons-nous ?... Je suis atterré... Nous ne nous consolerons jamais d'avoir vu naître et périr l'âge d'or... Je ne vois plus que la mort devant moi, depuis que M. Turgot est hors de place... Ce coup de foudre m'est tombé sur la cervelle et sur le cœur. » Puis il écrivit la noble *Épître à un homme*.

Le comte de Saint-Germain, ministre de la guerre; ses réformes. — A la même époque le comte de Saint-Germain quittait également le ministère. C'était un homme bizarre, réformateur sans être philosophe. Il s'était distingué dans la guerre de Sept ans, avait réorganisé l'armée danoise, et s'était retiré en Alsace, où il vivait pauvrement, quand il fut appelé au ministère de la guerre. Il avait des lumières, et ses plans de réformes étaient généralement bien conçus; mais il pécha par l'exécution, et plusieurs de ses ordonnances excitèrent un juste mécontentement. Il attaqua avec raison les corps privilégiés de la maison du roi; mais il supprima les mousquetaires, dont les états de service étaient les plus brillants, tandis qu'il conserva les autres compagnies et les gardes du corps plus dispendieux, et accorda le rang d'officiers à tout le corps de la gendarmerie. Il supprima les régiments provinciaux, l'École militaire, le collège préparatoire de la Flèche. Mais à côté d'innovations judicieuses, il tomba dans les minuties de la réglementation : il défendit aux officiers de donner des bals; il ordonna de conduire les régiments à la messe ; il voulut dissoudre l'hôtel des Invalides et disperser les vieux soldats dans les provinces ; enfin, il s'avisa d'introduire dans l'armée les punitions corporelles. Il excita un mécontentement général : « Je n'aime du sabre que le tranchant ! » s'écria un grenadier ; et un sous-officier s'enfonça dans le cœur l'arme dont on l'avait forcé de frapper un soldat. Tout le monde se réunit contre le comte de Saint-Germain ; il fut renvoyé ; et ses tendances malheureuses nuisirent au parti des réformateurs.

Premier ministère de Necker (1776-1781). — Après Turgot, Clugny, pour remédier aux embarras financiers, ne sut que créer une loterie royale ; mais il rétablit la corvée et rapporta l'édit qui supprimait les maîtrises et les jurandes ; on renouvela les ordonnances barbares contre la contrebande. Il mourut et fut remplacé par Taboureau des Réaux, auquel on adjoignit Necker. C'était un riche banquier genevois, établi depuis longtemps à Paris. Financier probe et habile, il avait plus d'une fois rendu des services au gouvernement de Louis XV ; d'une intelligence active, mais d'un caractère indécis ; aimable, bienveillant, mais d'une philanthropie un peu emphatique, animé d'excellentes intentions, mais ayant surtout le besoin de paraître, Necker était aussi de l'école des économistes, quoiqu'il eût combattu avec éclat quelques-unes des idées de Turgot. Il avait une grande réputation parmi les écrivains et parmi les financiers ; mais il était loin de son prédécesseur pour la netteté de l'esprit et la fermeté du caractère. Comme il était protestant, il n'eut que le titre de directeur du trésor royal (21 octobre 1776).

Ses premières réformes. — Système d'emprunts. — Les circonstances devenaient de plus en plus difficiles ; le gouvernement, entraîné par l'opinion publique, allait se déclarer pour les Américains, et il fallait trouver de nouvelles ressources pour soutenir une guerre dispendieuse contre l'Angleterre [1]. Necker eut recours aux économies, et commença par mettre de l'ordre dans la comptabilité, par supprimer beaucoup d'emplois inutiles; cela était insuffisant. Necker, profitant de sa bonne renommée financière, entra résolûment dans la voie des emprunts, sans donner aux prêteurs d'autre gage que la promesse de réduire plus tard les dépenses. Il réussit; les étrangers eux-mêmes répondirent aux appels du ministre, et le trésor eut l'argent nécessaire pour les grandes dépenses de la guerre.

Les réformes de Necker n'ont pas la grandeur de celles de Turgot; elles étaient utiles cependant : ainsi, création du *mont-de-piété;* centralisation de la comptabilité au trésor royal, tableau général des pensions, réduction des offices de finances (12 receveurs généraux au lieu de 48; 2 trésoriers de la guerre et de la marine au lieu de 27; plus de 500 sinécures supprimées dans la maison du roi, etc.); rachat des péages établis sur les grandes routes et les rivières navigables; impôt du vingtième étendu aux propriétés des membres du Parlement, révision des domaines engagés. Le corps des fermiers généraux fut démembré en trois compagnies : *ferme générale,* pour les douanes, la gabelle et le tabac; *régie générale,* pour les aides; *administration générale des domaines et droits domaniaux.* A côté de ces mesures financières, on doit signaler d'autres mesures économiques et philanthropiques : on abandonne le code industriel, dont les réglementations étaient surannées; on supprime la mainmorte et la servitude personnelle dans les domaines du roi (août 1779); la question préparatoire devant les tribunaux est abolie (24 août 1780); on améliore le sort des prisonniers.

Les assemblées provinciales. — Puis Necker, s'appropriant une partie des idées de Turgot, propose au roi

[1] Voir, pour la guerre d'Amérique, le chapitre précédent.

l'établissement d'assemblées provinciales. On commence par le Berri (juillet 1778); une assemblée, composée de 48 membres, dont 24 du tiers état, où les suffrages seront comptés par tête et non par ordre, doit se réunir un mois au moins tous les deux ans. L'assemblée du Berri remplaça la corvée par une augmentation de la taille et de la capitation. Cet essai devait être successivement étendu aux autres provinces; les généralités de Grenoble, de Montauban, de Moulins eurent bientôt leurs assemblées provinciales (1779). Cette innovation, quoique bien imparfaite, fut accueillie cependant avec assez de faveur par l'opinion publique. Necker espérait peut-être beaucoup plus; mais ses réformes avaient déjà blessé un grand nombre d'intérêts, et les privilégiés commençaient à craindre un nouveau Turgot.

Le Compte rendu amène la disgrâce de Necker (1781). — Necker, après avoir emprunté facilement plus de 500 millions, voyait le crédit s'épuiser; il avait été forcé d'anticiper de 155 millions sur les recettes des huit années à venir. Il voulut ressaisir l'opinion, et il obtint de Louis XVI la permission de publier le *Compte rendu* des finances (janvier 1781). C'était pour la première fois que l'on faisait connaître à la nation l'état de nos dépenses et de nos recettes; c'était le premier pas vers la publicité, vers la lumière; on accueillit favorablement les promesses de réformes que faisait le ministre, d'autant plus qu'il signalait hardiment les abus, et qu'il publiait avec intention, au chapitre des dépenses, l'énorme liste des pensions. En quelques jours Necker avait reconquis le crédit; il obtint pour 236 millions d'emprunts. Cependant le compte rendu était loin d'être l'exposé exact de la totalité des recettes et des dépenses; le ministre était tombé dans plus d'une erreur; mais il avait aussi dissimulé volontairement l'état des choses, pour augmenter la sécurité des esprits. La ligue qui avait renversé Turgot se reforma contre Necker. C'était, disait-on, un étranger, un ministre républicain, qui préparait la ruine de la monarchie, en révélant le secret des finances ; la dignité du roi était singulièrement ravalée si on le forçait, comme un intendant de grande maison, à rendre ses comptes. Vergennes accabla Louis XVI de lourds *mémoires au roi*, pour démontrer la nécessité de défendre la monarchie absolue ; Maurepas, jaloux de la popularité de Necker, redoubla d'épigrammes : « *Avez-vous lu le conte bleu?* » demandait-il. (Le compte rendu était relié en bleu.) Le mot fut répété. Le Parlement recommença son opposition. Necker, attaqué de toutes parts, demanda une preuve éclatante de la confiance du roi : il réclama le titre de ministre d'État et l'entrée au conseil ; Maurepas fut d'avis qu'on lui accordât sa demande, s'il abjurait les erreurs de Calvin. Pareille proposition était un outrage ; Necker adressa sa démission au roi (19 mai 1781). Louis XVI parut comme soulagé ; les courtisans reprirent confiance ; mais, dans le pays, la chute de Necker fut regardée comme une calamité publique, et une longue file de carrosses suivit ce ministre déchu à son château de Saint-Ouen ; Joseph II et Catherine II lui donnèrent des témoignages de leur haute estime. Dès lors on n'eut plus l'espoir de voir la royauté prendre l'initiative des innovations ; désormais le temps des réformes est passé ; la révolution devient indispensable, et c'est le peuple qui se prépare à l'entreprendre contre les privilégiés et contre la royauté qui les soutient.

§ II. — Les ministres courtisans. — *L'influence de la reine devient prépondérante.* — Maurepas mourut peu de temps après ; Louis XVI pleura ce triste mentor, et dès lors ce fut l'influence de la reine qui domina. La fille de Marie-Thérèse, l'*Autrichienne,* comme on l'appellera désormais, avait de bonne heure excité la défiance ; elle avait été déjà poursuivie par les calomnies des d'Aiguillon et des du Barri, par les menées sournoises du comte de Provence, frère du roi, par les étourderies du comte d'Artois; le duc de Chartres, fils du duc d'Orléans, la détestait. Belle et gracieuse, mais pleine d'étourderie et d'imprudence, dédaigneuse de l'étiquette et des convenances royales, délaissant Versailles pour le Petit Trianon, elle semblait prendre plaisir à braver les médisances par ses promenades publiques en traîneau, par ses visites bourgeoises au bal de l'Opéra. On lui reprochait, même parmi les courtisans, ses amitiés trop exclusives et les folles dépenses des Polignac et de ceux qui vivaient dans son intimité! Quand on vit ou quand on crut qu'elle exerçait une grande influence politique en faveur de l'ancien régime, pour le maintien des abus et des priviléges, les médisances se changèrent en haines, les railleries en colères.

Agitation des esprits. — Cependant l'agitation des esprits croissait tous les jours. Voltaire et Rousseau venaient de mourir, après avoir prédit l'approche de la révolution : Voltaire, à Paris même, après avoir reçu les enthousiastes hommages qui l'accueillirent à la représentation d'*Irène*, dans tout l'éclat de sa gloire bruyante; Rousseau, solitaire et malheureux, dans la retraite d'Ermenonville, où l'avait recueilli le marquis de Girardin (1778). Mais leurs idées s'étaient propagées, et Beaumarchais semblait donner le signal du combat contre la vieille société en faisant jouer, malgré le roi lui-même, son *Mariage de Figaro,* qui frappe tous les corps, tous les ordres, tous les grands établissements de l'ancien régime.

Il y a alors comme une ardeur féconde, qui entraîne tous les esprits.

On multiplie les travaux publics; on réalise les plans de Henri IV, en unissant nos fleuves par de magnifiques canaux; on commence les travaux gigantesques de la digue de Cherbourg. Les sciences deviennent de plus en plus populaires et pratiques; on fonde des chaires d'hydrodynamique, de minéralogie, la Société royale de médecine, l'École vétérinaire d'Alfort, l'École des mines. L'abbé de l'Épée établit l'*Institution des sourds-muets* (1778); Haüy, l'*Institution des aveugles* (1784); Pinel montre comment on peut guérir la folie, au moment où se répand la découverte de la vaccine par l'anglais Jenner, où Parmentier popularise la culture de la pomme de terre, etc. On croit pouvoir bientôt pénétrer tous les secrets de la nature et triompher de tous les obstacles qui ont jusqu'alors retardé les pas de l'homme dans la voie du progrès. Franklin *a arraché la foudre aux nuages;* Jouffroy fait le premier essai de la navigation à la vapeur; les aérostats sont inventés, et, en 1783, Pilâtre de Rozier et d'Arlande font la première ascension dans une montgolfière.

On a une si grande confiance dans les merveilles de la science, que les meilleurs esprits se laissent séduire par les mensonges des charlatans ou tombent dans les erreurs de l'illuminisme. Un aventurier italien, qui se fait appeler le comte de Cagliostro, prétend avoir le don de ne pas vieillir et le pouvoir de faire de l'or. La foule se presse autour du *baquet magnétique* de l'allemand Mesmer, qui prétend guérir tous les maux, et le marquis de Puységur soutient que les sujets endormis du sommeil magnétique prévoient et prédisent l'avenir. D'un autre côté, les *martinistes*, disciples du portugais Martinez Pasqualis et d'un jeune officier, Saint-Martin, croient entrer en communication avec le monde des esprits; on traduit les livres du mystique Suédois Swedenborg, les *merveilles du ciel et de l'enfer, et des terres planétaires et australes d'après le témoignage de ses yeux et de ses oreilles.* D'autres *illuminés*, plus dangereux et plus pratiques, les disciples du professeur allemand Weishaupt, se proposent la ruine de toutes les royautés et forment des sociétés secrètes à travers toute l'Europe, tandis que les loges des *francs-maçons* se répandent dans le monde entier, comptant des princes parmi leurs initiés, et, sous des rites bizarres, environnés de mystères, font sourdement, mais activement, la guerre aux institutions du passé, et organisent une vaste propagande des idées libérales.

Enfin n'oublions pas que le succès lui-même de la guerre d'Amérique, sans être assez complet pour relever la monarchie, avait ajouté à nos embarras financiers, et contribué à rendre plus populaires les idées de liberté et de résistance à l'oppression.

Ministère de Calonne (1783-1787). — Joly de Fleury et d'Ormesson n'avaient fait que passer au ministère des finances; M. de Calonne fut appelé au contrôle général en 1783. Magistrat odieusement mêlé au procès de La Chalotais, intendant de Valenciennes, il arrivait, protégé par la reine et par le comte d'Artois. Spirituel, intelligent, capable de travail, mais d'une légéreté perverse, courtisan prodigue sans moralité, Calonne savait bien qu'une réforme radicale était inévitable; mais, véritable aventurier, il voulait donner à la cour une dernière fête, en y prenant une large part; plus tard on ferait ce que l'on pourrait. Il allait gaiement achever la ruine des finances, non pas avec un dessein profond, mais avec la frivolité d'un charlatan pressé de jouir. Fécond en ressources de toute nature, il agita et surtout trompa l'opinion publique; il prodigua les dépenses, pour satisfaire les courtisans; il s'efforça de paraître riche, pour pouvoir emprunter plus facilement. Il réussit pendant quelque temps. Il emprunta, il créa de nouvelles charges, il eut recours aux anticipations; en trois ans, en pleine paix, il dépensa, outre les revenus ordinaires, au moins 700 millions. Il ouvrit le trésor à la reine, aux frères du roi, aux personnes en crédit : « Ce qui est possible est fait, disait-il, ce qui impossible se fera. » Jamais on n'avait vu pareil ministre des finances; il accueillait tous les solliciteurs et les renvoyait les mains pleines. Il acheta pour la reine la magnifique résidence de Saint-Cloud; il payait les dettes des courtisans; il échangeait leurs domaines pour les domaines de la couronne, à leur grand profit; on vit reparaître les croupes, on multiplia les pensions; les acquits de comptant s'élevèrent, en 1785, à plus de 136 millions. Ce furent les derniers beaux jours de l'ancienne société, qui allait périr.

Affaire du collier (1785-1786). — Cependant, cet âge d'or fut troublé par une affaire scandaleuse qui émut singulièrement l'opinion. Le cardinal de Rohan, ancien ambassadeur à Vienne, évêque de Strasbourg, grand aumônier de la couronne, venait d'être arrêté, le 15 août, dans la grande galerie de Versailles, en habits pontificaux, au moment où il allait célébrer l'office. Il fut traduit devant le Parlement, comme ayant attenté à la majesté royale, en usurpant le nom de la reine pour acheter à crédit aux joailliers de la cour un collier de diamants du prix de 1,600,000 francs. Ses complices étaient une intrigante, madame de Lamotte-Valois, descendante d'un bâtard de Henri II; une fille Oliva, un faussaire Rétaux de Villette, et Cagliostro. Le *procès du collier* se prolongea neuf mois entiers (1785-1786); le cardinal et Cagliostro furent acquittés, Villette fut banni, madame de Lamotte condamnée à être marquée d'un fer rouge, fouettée publiquement et enfermée à Bicêtre. Le scandale fut immense, et quoique la reine ne fût pas coupable, elle fut poursuivie par les imputations les plus invraisemblables et les plus odieuses.

Première assemblée des notables (février 1787). — *Chute de Calonne.* — Cependant Calonne avait épuisé toutes les ressources du charlatanisme; il fut forcé de faire au roi l'aveu de la situation réelle; elle était déplorable. Mais le ministre avait pris son parti, et il présenta à Louis XVI stupéfait un plan très-complet pour la *réforme de tout ce qui existe de vicieux dans la constitution de l'État*: « Il faut reprendre en sous-œuvre, disait-il, l'édifice entier pour en prévenir la ruine. » C'étaient les idées de Turgot et de Necker qui reparaissaient. Pour éviter l'opposition des parlements, Calonne proposa de réunir une *assemblée des notables*. On espérait intéresser les privilégiés eux-mêmes aux réformes, devenues indispensables; grâce à leur appui, le ministre éviterait le sort des ses prédécesseurs.

Les notables se réunirent à Versailles au commencement de 1787. Calonne fit une confession générale de la situation, avec l'aisance la plus insolente; il montra le gouffre du déficit et la nécessité de le combler; pour sauver la monarchie, il fallait anéantir les abus, qui avaient pour défenseurs l'intérêt, le crédit, la fortune, d'antiques préjugés, et surtout les abus qui pèsent sur la classe productive et laborieuse; les abus des priviléges pécuniaires, les exceptions à la loi commune.

Les courtisans étaient pleins de stupeur et de colère. Calonne fut attaqué de toutes parts; l'opinion publique se déchaîna contre lui; les privilégiés accusèrent ses mensonges et son indignité; la reine s'emporta contre lui, et le faible Louis XVI, qui avait encore promis de le soutenir, lui fit donner sa destitution (8 avril 1787).

Ministère de Loménie de Brienne (1787-1788). — Après quelques hésitations, Louis XVI appela au ministère Loménie de Brienne, archevêque de Toulouse. Membre de l'assemblée des notables, il s'était distingué par ses attaques contre Calonne; il était protégé par la reine, dont l'influence devenait décidément prépondérante. Brienne, d'un esprit facile et brillant, mais plus léger, moins capable et aussi peu moral que Calonne, devait, lui aussi, par ses fautes, hâter la ruine de la monarchie. Il obtint des notables la suppression de la corvée, la liberté du commerce des grains, la réunion d'assemblées provinciales, tandis que Malesherbes, rentré au conseil comme ministre d'État sans portefeuille, travaillait à rendre enfin l'état civil aux protestants. Les notables furent bientôt congédiés; ils étaient loin de répondre aux vœux ou plutôt aux volontés de la nation, mais déjà le mot d'*Etats généraux* avait été prononcé par La Fayette, dans l'un des bureaux, au grand scandale du comte d'Artois. Ce mot allait être bientôt répété dans toute la France.

Edits du timbre et de la subvention territoriale. — Brienne s'adressa au Parlement pour faire enregistrer les édits préparés en vertu des décisions des notables; il eut la maladresse de les présenter successivement, et de faire passer l'édit sur l'*impôt du timbre*, qui était impopulaire, avant l'édit sur la *subvention territoriale*, qui devait atteindre toutes les terres du royaume. Le Parlement à son tour réclama les États généraux, qui seuls sont en droit d'octroyer au roi les subsides nécessaires. La majorité ne songeait qu'à intimider la cour, pour obtenir le retrait de la subvention territoriale. Le roi fit enregistrer les deux édits dans un lit de justice (6 août 1787); le Parlement protesta au milieu des acclamations d'une foule immense; d'Eprémesnil, conseiller fougueux qui rêvait la restauration des libertés privilégiées du moyen âge, et qui déclamait avec violence contre la cour et le ministre, fut porté en triomphe. Alors le Parlement fut exilé à Troyes (15 août). Tous les parlements des provinces réclamèrent la convocation des États généraux.

Résistance du Parlement. Il est exilé. — *Séance royale.*
— Le ministre commença à avoir peur, puis il manquait d'argent; les magistrats s'ennuyaient de leur exil; on négocia. Brienne consentit à retirer les deux édits, et le Parlement enregistra le rétablissement des deux vingtièmes.

Le retour du Parlement fut fêté avec une joie turbulente; on brûla Calonne en effigie; on promena au milieu des huées des mannequins qui représentaient le ministre Breteuil et la duchesse de Polignac. Les luttes recommencèrent bientôt. Brienne croyait avoir découvert un plan magnifique pour se procurer des ressources et tromper l'opinion publique. Le 19 novembre, Louis XVI se transporta brusquement au Parlement, pour y tenir une séance royale, et y présenta un édit qui créait des emprunts successifs, pendant cinq ans, pour la somme de 420 millions; en même temps, il promettait la convocation des États généraux avant le délai de cinq ans. Le débat se prolongea longtemps; l'abbé Sabathier, Robert de Saint-Vincent, d'Éprémesnil suppliaient le roi de hâter la convocation des États généraux; lorsque tout à coup le garde des sceaux, Lamoignon, sur l'ordre du roi, prononça l'enregistrement de l'édit, d'après la formule usitée dans les lits de justice. Le duc d'Orléans se leva, troublé, et dit : « Sire..., cet enregistrement me paraît illégal! » Louis XVI lui répondit avec non moins de trouble : « Cela m'est égal... Si... c'est légal..., parce que je le veux! » Le lendemain, le prince fut exilé à Villers-Cotterets; deux conseillers furent envoyés dans des châteaux forts.

Nouvelles protestations du Parlement. — Le Parlement fit entendre de nouvelles protestations contre les arrestations arbitraires; les emprunts étaient rendus impossibles, la banqueroute était imminente. Alors Brienne, qui ne s'oubliait pas au milieu de la détresse générale, qui échangeait son archevêché de Toulouse pour l'archevêché de Sens, beaucoup plus lucratif, prépara un coup d'État à la Maupeou; des ordres furent en conséquence envoyés dans toute la France. Mais d'Éprémesnil parvint à se procurer une épreuve des édits qu'on imprimait, et il vint soulever le Parlement, qui protesta solennellement, à l'avance, contre toute atteinte portée aux lois constitutives de la monarchie (mai 1788).

Ordre fut alors donné d'arrêter d'Éprémesnil et un autre conseiller, Goislard de Montsabert. Ils se réfugièrent au Palais même, et, pendant trente heures, les magistrats refusèrent de les livrer au marquis d'Agoult capitaine des gardes, qui les réclamait au nom du roi : « Nous sommes tous, s'écrièrent-ils, Duval et Goislard, enlevez-nous tous ! »

Lit de justice du 8 mai. — *Cour plénière.* — Le 8 mai, un lit de justice fut tenu à Versailles. Le roi parla en termes sévères de tous les écarts auxquels le Parlement s'était livré depuis un an. — « Il faut à un grand Etat, ajoutait-il, un seul roi, une seule loi, un seul enregistrement, des tribunaux d'un ressort peu étendu, des parlements auxquels les plus importants procès soient réservés, une cour unique dépositaire des lois et chargée de les enregistrer, enfin des États généraux assemblés toutes les fois que les besoins de l'État l'exigeront. » Alors le chancelier lut les édits qui établissaient 47 grands bailliages entre les présidiaux et les parlements ; qui abolissaient les tribunaux d'exception, la question préalable, l'interrogatoire sur la sellette ; enfin qui enlevaient au Parlement ses attributions politiques pour les donner à une *cour plénière* formée de seigneurs, d'évêques, de conseillers d'État, de la grand'chambre du Parlement. Elle serait seule chargée à l'avenir de l'enregistrement des impôts et des lois. Tous les parlements furent déclarés en vacances indéfinies.

Chute de Brienne (25 août 1788). — Des protestations s'élevèrent de toutes parts contre le coup d'État ; les provinces éclatèrent ; le parlement de Rouen déclara *traîtres au roi et à la nation* ceux qui agiraient en vertu des ordonnances du 8 mai ; il y eut des troubles en Bretagne ; les gentilshommes s'unissaient aux autres ordres et aux magistrats. On réclamait dans le Béarn, comme en Franche-Comté. A Grenoble, le gouverneur, duc de Clermont-Tonnerre, fut menacé jusque dans son hôtel ; puis à Vizille, dans une assemblée composée des députés des trois ordres, sous la présidence de Mounier, on s'engagea à refuser tout impôt nouveau jusqu'aux États généraux, et l'on proclama l'égalité de tous les Français. L'anarchie était partout. « J'ai tout prévu, même la guerre civile ! » disait encore Brienne ; mais tout l'abandonnait. Le clergé lui-même lui refusa presque un secours de 1,800,000 livres et réclama les États généraux.

Brienne fut alors forcé de promettre leur convocation pour le 1er mai 1789, et dans l'espoir de mettre aux prises les trois ordres, qui semblaient réunis contre la couronne, il invita tous les corps du royaume et même *tous savants et personnes instruites* à adresser des mémoires sur la composition et les attributions de la future assemblée ; la *cour plénière* fut suspendue. Mais Brienne, à bout d'expédients, en était réduit pour vivre à prendre les fonds d'une souscription pour fonder quatre nouveaux hôpitaux à Paris, et d'une loterie ouverte pour soulager les victimes de la grêle ; puis il donna cours forcé aux billets de la caisse d'escompte, et déclara que les rentes seraient payées deux cinquièmes en numéraire et le reste en billets portant intérêts. C'était une sorte de banqueroute ; l'indignation fut telle, qu'il fut forcé de donner sa démission en conseillant au roi de rappeler Necker (25 août 1788).

Second ministère de Necker. — *Deuxième assemblée des notables* (nov. 1788). — A cette nouvelle, Paris fit des feux de joie ; puis l'émeute se déchaîna dans les rues ; il y eut des collisions sanglantes entre la force armée et la multitude menaçante. La famine commençait de nouveau à se faire sentir. Necker fit de grands efforts pour soulager la misère et ranimer la confiance ; il dut consacrer 40 millions à arrêter la hausse des grains, il révoqua les édits de Brienne, il rappela les parlements. Les États généraux étaient maintenant la seule préoccupation de la France ; les pamphlets, les livres, les journaux, les assemblées politiques agitaient surtout deux questions : le tiers-état n'aurait-il qu'une représentation égale à celle du clergé et de la noblesse ? les votes seraient-ils pris par ordre ou par tête ? Les privilégiés alarmés trouvèrent un dernier appui dans le Parlement. Appelé à enregistrer la déclaration du roi qui annonçait la prochaine convocation des États, il demanda *que les formes observées en* 1614 *fussent encore suivies.* Toute la popularité du Parlement tomba tout à coup. Alors Necker, partisan de la constitution anglaise, et voulant donner au tiers un nombre de députés égal à celui des deux autres ordres réunis, s'adressa aux privilégiés eux-mêmes, et fit convoquer, le 6 novembre, une *seconde assemblée des notables.* Ils trompèrent son espoir et repoussèrent le doublement du tiers. Louis XVI, « faisant droit au vœu de la minorité des notables, à la demande des assemblées provinciales, à l'avis des publicistes et aux nombreuses adresses présentées à ce sujet, » ordonna que le nombre des députés du tiers serait égal à celui des deux autres ordres réunis (1er janvier 1789). Tous les Français âgés de vingt-cinq ans et payant une contribution quelconque avaient le droit de choisir des électeurs, qui, réunis à l'assemblée du bailliage, éliraient les députés aux États généraux ; il y avait des règlements particuliers pour la noblesse et pour le clergé.

Convocation des États généraux. — Les élections qui se prolongèrent pendant plusieurs mois, furent partout agitées ; l'hiver était rude, le pain était cher ; partout les esprits étaient dans le trouble, partagés entre la crainte et l'enthousiasme. A Paris, il y eut une émeute des ouvriers du faubourg Saint-Antoine contre un fabricant de papiers peints, Réveillon ; sa maison fut saccagée et brûlée ; un combat meurtrier ensanglanta les rues.

Au milieu des pamphlets, des brochures de toute sorte qui excitaient l'opinion publique, ou cherchaient à la guider, on remarqua surtout l'écrit de l'abbé Sieyès, qui se résumait dans ces trois phrases célèbres : « Qu'est-ce que le tiers ? — Tout. — Qu'a-t-il été jusqu'alors dans l'ordre politique ? — Rien. — Que demande-t-il ? — A devenir quelque chose. » Ce fut sous l'influence de ces idées que furent rédigés, dans les assemblées de bailliages, les cahiers qui exprimaient les vœux de la nation. Ces demandes renfermaient l'œuvre entière de la Révolution ; elles indiquaient d'avance tous les travaux que l'assemblée devait accomplir. *La royauté* ne voyait encore dans les États généraux qu'un moyen dangereux, mais nécessaire, pour remédier au déficit financier ; — *la nation* demandait impérieusement la ruine complète de l'ancien régime, et une constitution nouvelle pour la société nouvelle, qui sentait sa force et son droit. Le 5 mai 1789, l'ouverture de l'assemblée des États généraux à Versailles inaugura une période nouvelle dans l'histoire du monde ; la Révolution commençait.

CHAPITRE XIX[1]

Situation politique de l'Europe en 1789

SOMMAIRE. — Influence de la France en Europe au dix-huitième siècle.
§ I. LES CINQ GRANDES PUISSANCES. — La France. — La Grande-Bretagne. — l'Autriche : *réformes de Joseph II.* — La Prusse : *Frédéric-Guillaume II.* — La Russie.
§ II. LES PUISSANCES SECONDAIRES. — Au nord : La Pologne. — Le Danemark : les *Bernstorf, Struensée.* — La Suède : *Gustave III.* — Les *Provinces-Unies.*
§. LES PUISSANCES SECONDAIRES. — Au midi : Le Portugal *réformes de Pombal.* — L'Espagne sous les Bourbons. — L'Italie : ses divisions ; réformes en Toscane, à Naples, etc.
Décadence de la Turquie.

Influence de la France en Europe au dix-huitième siècle. — Au dix-huitième siècle, c'est la France qui par ses écrivains et par ses idées dirige l'Europe entière. Partout, pour ainsi dire, les rois ou leurs ministres sont comme les élèves de nos philosophes, et rendent hommage à l'opinion de plus en plus souveraine. Les uns, par prudence politique, les autres par conviction, prennent l'initiative des réformes que la raison réclame, et s'efforcent par de sages concessions de prévenir une révolution qui paraît imminente. Heureux ceux qui pouvaient, à l'exemple de Pierre le Grand, venir chercher des inspirations au foyer des lumières, à Paris, comme le roi de Suède, Gustave III, comme l'empereur Joseph II ! D'autres attiraient auprès d'eux, par les plus séduisantes avances, les représentants de l'esprit français ; Frédé-

[1] LIVRES A CONSULTER.— Ragon, *Histoire du dix-huitième siècle;* Koch, *Tableau des révolutions de l'Europe;* Ségur, *Tableau de l'Europe;* Schlosser, *Révolutions du dix-huitième siècle;* Villemain, *Histoire de la littérature au dix-huitième siècle;* A. Michiels, *l'Autriche depuis Marie-Thérèse;* C. Cantu, *Histoire des Italiens;* F. Denis, *Histoire de Portugal,* etc.

ric II, entouré de Français à sa cour, dans son Académie de Berlin, traitait d'égal à égal avec Voltaire, son ami et son maître; un obscur français Du Tillot, était le ministre du duc de Parme, don Philippe, qui confiait l'éducation de son fils au philosophe Condillac; Catherine II, l'amie de Voltaire et de d'Alembert, accueillait avec empressement Diderot et Marmontel. Les rois, les princes, les simples particuliers, voulaient avoir leur correspondant, comme Grimm, et être, de mois en mois, de semaine en semaine, informés de ce qui se faisait, pensait ou disait à Paris; tous cherchaient au moins leurs inspirations et leurs règles dans les écrits des philosophes français.

Mais ces réformes, dont les gouvernements prennent l'initiative, sont pour la plupart d'un ordre administratif ou purement matériel. Elles ont pour but d'augmenter les richesses des peuples, mais surtout la puissance des princes, qui partout détruisent les priviléges dans l'intérêt de leur pouvoir personnel. Ces réformes seront à peu près impuissantes, parce que nulle part il n'y a de bonnes institutions, et parce que, le caprice d'un prince pouvant détruire l'œuvre de son prédécesseur, les peuples ne prennent pas à cœur ces réformes octroyées, que l'opinion philosophique célèbre avec beaucoup de bruit, mais qui doivent produire peu de résultats sérieux. Elles ont cependant préparé les esprits aux revendications et aux progrès du dix-neuvième siècle.

Voyons quel était, vers l'époque où commence la Révolution, l'état politique de l'Europe. Ce tableau rapide est nécessaire pour comprendre les grands changements qu'elle a produits. Cinq grandes puissances étaient au premier rang: la France, l'Angleterre, l'Autriche, la Prusse et la Russie.

§ I. LES CINQ GRANDES PUISSANCES. *La France.* — La France avait complété son unité territoriale par l'acquisition de la Lorraine, et elle possédait la Corse depuis 1768; mais il lui manquait le comtat Venaissin, qui appartenait au pape; la principauté de Montbéliard, qui dépendait du Wurtemberg; Mulhouse, qui recevait de la Confédération Helvétique. Elle avait de plus sur la frontière septentrionale : Philippeville, Marienbourg, Bouillon, Sarrelouis, Landau, que les traités de 1815 nous ont enlevées. Elle était divisée en trente-deux gouvernements qui avaient leurs coutumes et leur administration particulières. Ces gouvernements étaient l'Ile-de-France, la Picardie, l'Artois, la Flandre, la Normandie, la Champagne, la Lorraine, l'Alsace, la Franche-Comté la Bourgogne, le Lyonnais, le Dauphiné, la Provence, l'Auvergne, le Languedoc, la Guyenne, le Béarn, le Roussillon, le comté de Foix, le Limousin, le Poitou, l'Aunis, la Saintonge, la Bretagne, le Maine, l'Anjou, la Touraine, le Berri, le Bourbonnais, l'Orléanais, la Marche et le Nivernais. Il y avait de plus sept gouvernements particuliers pour des villes que leur importance politique ou d'anciens usages soumettaient à une autorité spéciale : Paris, Sedan, Saumur, le Havre, Boulogne, Dunkerque et les Trois-Évêchés (Toul, Metz et Verdun) qui ne comptaient que pour un gouvernement, complétaient les trente-neuf gouvernements de la France. La Corse formait un gouvernement à part. La centralisation administrative avait fait les plus grands progrès sous l'ancienne monarchie, et dans les trente-trois généralités ou intendances, les intendants, représentants révocables du roi, avaient accaparé tous les pouvoirs, finances, police, administration générale. Il y avait toujours douze parlements : Paris, Rouen, Rennes, Bordeaux, Pau, Toulouse, Aix, Grenoble, Besançon, Dijon, Metz et Douai, comme sous Louis XIV, et quatre conseils souverains à Perpignan, Arras, Colmar et Bastia, pour la Navarre, l'Artois, l'Alsace et la Corse. Rien n'était changé dans l'organisation ecclésiastique. La paix de Versailles avait un peu relevé nos colonies : nous avions : 1° en Amérique, Saint-Pierre et les deux Miquelons, l'ouest de Saint-Domingue, la Martinique, la Guadeloupe, Marie-Galante, la Désirade, les Saintes, une partie de Saint-Martin, Tabago, Sainte-Lucie, et la Guyane, dans l'Amérique du Sud; — en Afrique, des comptoirs à Bône et à la Calle, pour la pêche du corail; au Sénégal, Saint-Louis et Gorée; Bourbon, l'île de France, les Seychelles sur la route des Indes; — en Asie, Pondichéry, Chandernagor, Yanaon, Karikal, Mahé.

Nous avons vu l'état intérieur de la France pendant le règne de Louis XVI. Au dehors, la guerre d'Amérique avait été heureuse et glorieuse; mais l'Angleterre conservait le souvenir de nos offenses et désirait se venger. Depuis la mort de Vergennes (1786), la politique extérieure du gouvernement français était faible et hésitante; nous abandonnions les patriotes de Hollande, qui avaient compté sur notre appui; les Turcs, alors attaqués par les Russes et les Autrichiens ; tandis que l'Angleterre se rapprochait de plus en plus de la Prusse et de la Russie.

La Grande-Bretagne. — La Grande-Bretagne était toujours gouvernée par George III (1760-1820), qui était en même temps électeur de Hanovre. La guerre d'Amérique et la fondation des États-Unis l'avaient humiliée dans son orgueil; les succès de la France, unie à l'Espagne et à la Hollande; la ligue de neutralité armée, lui avaient enlevé l'empire exclusif des mers. Mais c'était encore la plus grande puissance maritime par ses flottes et par ses nombreuses colonies; elle venait de fonder son empire des Indes, et, par l'établissement de Sydney (1788), elle prenait pied en Australie. Elle avait perdu Minorque, mais elle gardait Gibraltar. Un traité de commerce, conclu avec la France, en 1786, sur les principes du libre échange, semblait devoir être favorable à son industrie, qui commençait à prendre de grands accroissements. C'était William Pitt, le fils illustre de lord Chatam, qui gouvernait, en s'appuyant sur l'aristocratie; par une administration sage et vigoureuse, il avait ramené le calme en Angleterre. Il profita de nos troubles pour relever la puissance de l'Angleterre, en suscitant contre nous les craintes des puissances européennes et les jalousies britanniques.

L'Autriche. — Réformes de Joseph II. — L'Autriche, malgré les deux grandes guerres qu'elle avait supportées au dix-huitième siècle, était toujours puissante par l'étendue de ses territoires et le nombre de ses soldats. Marie-Thérèse avait compensé la perte de la Silésie par l'acquisition de la Gallicie. La glorieuse impératrice avait exercé le pouvoir jusqu'à sa mort, en 1780. Alors, son fils aîné, Joseph II, empereur depuis 1765, s'était jeté avec une ardeur louable, mais souvent inconsidérée, dans la carrière des réformes. Partisan enthousiaste des idées françaises, et admirateur de Frédéric II, animé des meilleures intentions, il voulut tout renouveler dans son vaste empire, sans tenir compte des préjugés et des intérêts qu'il froissait, de l'ignorance de ses sujets qui ne pouvaient le comprendre; il voulut tout entreprendre à la fois, comme s'il avait le pressentiment d'une mort prématurée; il excita partout des mécontentements, des résistances et des troubles. Il mourut, plein de tristesse, méconnu par ses contemporains; il valait mieux que sa réputation, et l'on commence seulement à lui rendre justice; mais il fut contraint d'avouer l'impuissance de ses efforts, et composa pour lui-même cette épitaphe : « Ci-gît Joseph II, qui fut malheureux dans toutes ses entreprises. » Pendant dix ans, il voulut substituer partout le despotisme intelligent du souverain aux coutumes féodales, aux privilèges égoïstes de la noblesse. Dans un empire, composé de trente nations diverses par l'origine, la langue, les coutumes, il décréta l'unité politique et l'uniformité de la centralisation monarchique. La langue allemande dut être la langue de toutes les populations; il n'y eut plus de provinces; mais la monarchie fut partagée en treize gouvernements civils, treize gouvernements militaires, treize cours de justice. L'un de ses historiens, Caraccioli, a pu dire, en 1790 : « Ce qui ne peut échapper à l'esprit du lecteur, c'est de voir presque tous les plans de l'assemblée nationale, qui se tient actuellement à Paris, ébauchés par l'empereur. Abolition de la servitude, du droit d'aînesse, des dîmes, des chasses impériales; curés salariés, juifs et protestants déclarés citoyens, tolérance civile accordée, nombre des paroisses diminué, tout sujet capable de parvenir aux premiers emplois, places données au concours, projet de mettre les provinces en départements; telles sont les réformes. »

Joseph II avait aboli la plupart des droits féodaux et les corvées; décrété la conscription militaire et l'égalité de tous devant la loi, supprimé la peine de mort dans le code autrichien; il avait, par de nombreuses mesures, développé le commerce et l'industrie, ouvert des canaux et des routes, protégé les manufactures par des tarifs protecteurs, déclaré Fiume et Trieste ports francs, etc. Mais ses réformes religieuses, inspirées par l'esprit du dix-huitième siècle, avaient surtout révolté ses peuples. Il s'était proposé de soustraire le clergé de ses États à la puissance du pape et de le subordonner, au contraire, au pouvoir temporel. Pie VI, dans un voyage célèbre qu'il fit à Vienne, en 1782, n'avait pu obtenir aucune concession de Joseph II. Les bulles du pape ne devaient plus avoir de force qu'après avoir été approuvées par l'empereur; de sa seule autorité, il réduisit les revenus considérables de plusieurs évêchés, fit une nouvelle circonscription des diocèses, supprima plusieurs centaines de couvents et les changea en hôpitaux, en collèges, en casernes; déclara le mariage simple contrat civil, et facilita le divorce; fit des règlements sur la discipline ecclésiastique, et voulut dégager le culte de certaines pratiques superstitieuses, processions, pèlerinages, culte des images, etc.; publia dès 1781 un édit de tolérance, et fit faire en allemand une nouvelle traduction de la Bible, etc. Mais dans toutes ses réformes, souvent imprudentes, s'il cherchait le bien-être et l'amélioration de ses sujets, il tenait peu de compte de leurs vœux et de leur liberté, et sembla trop souvent agir au gré de ses idées et au profit de son pouvoir. En même temps son ambition était intempérante et sa politique agressive. Il voulut obtenir la libre navigation de l'Escaut, pour ranimer le commerce d'Anvers; mais il irrita les Hollandais, en ayant recours à la force, en chassant leurs garnisons des places fortes qu'elles occupaient dans les Pays-Bas depuis Louis XIV, en élevant des prétentions peu fondées sur Maëstricht et les pays d'outre-Meuse. Il ne réussit qu'à leur extorquer 10 millions de florins et à leur faire contracter une alliance avec la France (1785). Il reprit ses projets sur la Bavière, et amena la formation de la ligue des princes entre les électeurs de Saxe, de Mayence, de Trèves, etc., sous le patronage de l'Angleterre et surtout de la Prusse. Il rêva le partage de l'empire ottoman avec Catherine II, et fit une guerre malheureuse aux Turcs. Des troubles éclatèrent en Hongrie. Les Belges, attachés aux débris de leurs vieilles franchises, et profondément catholiques, se soulevèrent contre ses innovations (1787); il fallut recourir aux armes, et la révolte n'était pas encore étouffée, lorsqu'il mourut en 1790. Son frère Léopold II s'empressa d'abandonner ses réformes, termina la guerre contre les Turcs, en 1791, et se disposa à défendre contre la Révolution française la cause des rois et celle de sa sœur Marie-Antoinette.

La Prusse : Frédéric-Guillaume II.—Frédéric II était mort en 1786, « prévoyant, dit l'historien Jean de Muller, les temps nouveaux, comme Moïse avait vu la Terre promise. » Par ses victoires, il avait élevé la Prusse au rang des grandes puissances militaires ; il avait considérablement agrandi son territoire (Silésie, comté de Glatz ; Frise orientale ; comté de Mansfeld ; Prusse royale ou polonaise), et porté sa population de 2,240,000 habitants à 5,430,000. Ses États, encore mal unis, s'étendaient au nord de l'Allemagne, de la Meuse au delà de la Vistule, dominant ainsi l'embouchure de tous les grands fleuves. Désormais la Prusse était la rivale redoutable de l'Autriche, et, dans ses dernières années, Frédéric II avait deux fois arrêté l'ambition de Joseph II, qui voulait s'emparer de la Bavière, par le traité de Teschen (1779), et par la ligue des princes (1784). La Prusse représentait alors surtout l'Allemagne protestante, intelligente, active, rêvant de nouvelles conquêtes, fière de sa gloire militaire, et pleine d'ardeur pour marcher en avant. Son successeur, Frédéric-Guillaume II, son neveu (1786-1797), vaniteux et faible, sembla d'abord vouloir continuer l'œuvre de son oncle ; son ministre Zedlitz organisait alors l'instruction publique sur des bases solides et libérales ; mais ses réformes en religion étaient moins heureuses, et l'édit de conscience de 1788, suivi d'un édit de censure, devait exciter bien des mécontentements. Au dehors, le roi de Prusse, allié à l'Angleterre, intervint par les armes dans les affaires de Hollande, comme nous le verrons plus bas (1787), et la rapide campagne des Prussiens leur inspira une présomptueuse confiance qui devait plus tard leur coûter cher. Le ministre Hertzberg, alors tout-puissant, cherchait par des négociations secrètes à profiter des embarras de l'Autriche, de la Turquie et de la Pologne, pour se faire céder Thorn et Dantzig, possessions qui devaient réunir la Prusse royale au reste de la monarchie. Mais, en présence de la Révolution française, Frédéric-Guillaume se rapprochera de l'empereur Léopold, et sera l'un des premiers et des plus ardents à nous combattre.

La Prusse et l'Autriche dominaient l'Allemagne, toujours divisée en dix cercles, avec ses neuf électorats et ses nombreuses principautés ecclésiastiques et laïques.

La Russie. — La cinquième des grandes puissances était la Russie. Nous avons vu ses progrès rapides au dix-huitième siècle, depuis Pierre le Grand jusqu'à Catherine II. Elle disputait de nouveau à la Suède la Finlande et la domination de la mer Baltique ; Gustave III sera forcé de signer la paix de Verela, en 1790. Par Azof, Kertsch, Iénikalé, dans la Crimée, par Kherson et Odessa, la Russie était prépondérante dans la mer Noire, et menaçait la Turquie, qui se débattait vainement contre elle et sera forcée de faire de nouvelles concessions à la paix d'Iassi. Déjà les Russes pénétraient au delà du Caucase ; la Géorgie s'était placée sous leur protection dès 1783, et leurs possessions s'étendaient en Asie jusqu'aux frontières de la Chine, jusqu'aux Kouriles, jusqu'aux îles Aléoutiennes. Au premier démembrement de la Pologne, ils s'étaient approprié les pays jusqu'au delà du Dniéper et de la Duna. Catherine II, avant d'intervenir activement dans les affaires de l'Europe occidentale, doit terminer à son avantage la guerre contre la Turquie, et achever la ruine de la Pologne, avec ses complices, l'Autriche et la Prusse.

§ II. Les puissances secondaires. — Au nord : *la Pologne.* — La Pologne, amoindrie, humiliée, abandonnée, a toujours pour roi Stanislas-Auguste. Les patriotes espèrent alors profiter des embarras de l'Autriche et de la Russie luttant contre les Turcs; ils comptent sur les promesses solennelles de Frédéric-Guillaume, qui s'est allié avec la république et qui les encourage dans leurs projets de réformes. Mais l'établissement de la constitution de 1791 sera le signal de la ruine définitive de leur nationalité jadis si glorieuse.

Le Danemark. — Les Bernstorf; Struensée. — Les Etats Scandinaves, au nord de l'Europe, avaient joué un rôle peu considérable à la fin du dix-huitième siècle. Christian VII était roi de Danemark (1766-1808). Il possédait le Jutland, le Slesvig et le Holstein qui le rattachait à l'Allemagne; il avait les îles Danoises, qui fermaient la mer Baltique, le royaume de Norvége et la Laponie septentrionale, avec les Fœroë et l'Islande, dépendances de la Norvége, avec les plages glacées du Groënland; Saint-Thomas, Saint-Jean et Sainte-Croix, dans les Antilles; quelques comptoirs, Christiansborg à la Côte-d'Or, en Afrique, Tranquebar dans l'Hindoustan. — Sous Frédéric V, un ministre, Bernstorf, avait introduit de sages réformes, commencé l'affranchissement des serfs et encouragé les lettres et les sciences. Il avait été supplanté, en 1771, par le médecin Struensée, favori du roi et de la jeune reine, Caroline-Mathilde. Struensée, réformateur violent et audacieux, ennemi de l'aristocratie et de l'influence russe, ne jouit pas longtemps du pouvoir. Accusé de tyrannie et d'attentat contre la vie et l'honneur du roi, jugé par ses ennemis, il fut décapité en 1772. Après lui André Bernstorf continua les réformes de son oncle, et s'honora surtout en achevant l'abolition du servage dans le Slesvig et le Holstein (1788).

La Suède: Gustave III. — La Suède, quoiqu'elle luttât encore contre la Russie, était en décadence. Depuis la mort de Charles XII, l'aristocratie était toute-puissante; deux partis se disputaient le pouvoir; l'or de la France soutenait le parti des *chapeaux,* mais la *faction des bonnets* s'appuyait sur la Russie. Les divisions étaient telles qu'on pouvait prévoir pour la Suède le sort de la Pologne, et il paraît même qu'un projet de démembrement avait été formé par ses voisins ambitieux, les souverains de Prusse, de Russie et de Danemark. A peine monté sur le trône, Gustave III (1771-1792) résolut de sauver son pays d'une ruine prochaine en restaurant l'autorité royale. Avec beaucoup d'habileté et de décision, soutenu par l'armée, il fit la révolution de 1772, qui ne répandit pas de sang. Il abattit le pouvoir du sénat et la domination de l'aristocratie. Plus tard, en 1788, par l'*acte d'union et de sûreté*, il supprima le sénat, proclama l'égalité devant la loi, et, disciple des philosophes français, commença d'utiles réformes dans l'administration de la justice, les finances, l'agriculture. Il abolit la torture et poursuivit la mendicité; il fit exploiter les mines et encouragea la marine; il fonda l'Académie suédoise; il voulut introduire dans ses États la tolérance religieuse. Mais il rencontra une vive opposition; le mécontentement, la trahison même de beaucoup de ses officiers, vendus à la Russie, arrêtèrent ses progrès en Finlande, dans la guerre qu'il avait déclarée à Catherine II, et il fut forcé de signer une paix peu glorieuse. Il voulait introduire dans ses États la civilisation française, mais il était loin d'accepter les idées politiques que la Révolution allait chercher à réaliser. Aussi, sera-t-il l'un des premiers rois de l'Europe à sonner l'alarme, et il se préparait à diriger une sorte de croisade nouvelle contre les doctrines révolutionnaires, lorsque les rancunes de l'aristocratie l'atteignirent. Dans un bal masqué, le 15 mars 1792, un gentilhomme, Ankarstrœm, le blessa à mort d'un coup de pistolet.

Les Provinces-Unies. — Les Provinces-Unies avaient aussi perdu la puissance qui avait fait d'elles, au dix-septième siècle, les arbitres de l'Europe. Leur territoire ne s'était pas agrandi; mais Joseph II, par le traité de 1785, avait forcé les Hollandais à abandonner les places fortes de Belgique que leurs garnisons devaient garder, en vertu du traité de la Barrière. Le commerce, d'ailleurs, était toujours florissant, grâce aux belles colonies qu'ils possédaient; le traité de Versailles leur avait enlevé Negapatnam. Mais des divisions intérieures affaiblissaient le pays. Le stathoudérat avait été rétabli en 1747, avec des pouvoirs vraiment royaux; or, les stathouders, de la maison d'Orange, créatures de l'Angleterre, semblaient continuellement trahir les intérêts de leurs concitoyens. Pendant la guerre d'Amérique, les Hollandais avaient beaucoup souffert par la faute de leur prince. Aussi, en 1784, les patriotes résolurent de se débarrasser du stathouder Guillaume V; soutenus d'abord par la France, ils le dépouillèrent de toutes ses prérogatives. Mais Guillaume avait épousé une sœur du roi de Prusse; cette princesse fut insultée par les ennemis de son mari. Aussitôt Frédéric-Guillaume II, encouragé, d'ailleurs, par la politique perfide de l'Angleterre, fit entrer dans les Provinces-Unies 30,000 hommes commandés par le duc de Brunswick. Les *compagnies franches* furent facilement désarmées, et en moins de vingt jours, la restauration du stathouder fut accomplie (septembre 1787). Les réclamations de la France n'avaient pas été écoutées; le gouvernement de Louis XVI avait montré une insigne faiblesse. Guillaume V frappa sans pitié ses adversaires; beaucoup s'exilèrent. Il se mit complètement sous la protection des étrangers, et, le 15 avril 1788, il s'unit intimement à l'Angleterre et à la Prusse, qu'il secondera dans leur lutte contre la France, à l'époque de la Révolution.

§ III. Les puissances secondaires. — Au midi : *le Portugal.* — *Réformes de Pombal.* — Le Portugal était gouverné par la maison de Bragance. Il avait les mêmes limites que de nos jours, sauf Olivença, qui lui a été enlevée par les Espagnols en 1801. Il avait conservé quelques beaux débris de son empire colonial ; mais depuis le traité de Méthuen, c'était l'Angleterre qui exploitait le commerce du Portugal et qui s'appropriait ses richesses. Sous Joseph Ier (1750-1771), Joseph de Carvalho, qui fut depuis marquis de Pombal, voulut relever le Portugal et le débarrasser de la tutelle britannique. Ce ministre entreprenant et énergique, intelligent, mais trop attaché à ses intérêts personnels, philosophe parfois dans ses intentions, mais trop ami de l'arbitraire et même de la tyrannie, voulut *faire le bien à coups de hache,* comme on l'a dit, et parvint à remuer le Portugal, sans l'améliorer véritablement. Il avait montré son activité et sa force de volonté à l'époque du terrible tremblement de terre qui détruisit Lisbonne en 1755 ; en quelques années la ville fut rebâtie plus belle que par le passé. Tout-puissant pendant le règne du faible et voluptueux Joseph Ier, il frappa impitoyablement tous ceux qui pouvaient lui faire obstacle, les jésuites, les grandes familles ; il établit comme un système de terreur, et récompensa publiquement les dénonciateurs. Les soulèvements, comme celui de Porto, les murmures même furent punis avec une rigueur implacable.

Ses réformes étaient trop nombreuses, trop précipitées, trop violentes pour pouvoir être heureuses et durables. Après la mort de Joseph Ier, Pombal fut contraint de donner sa démission ; puis il fut mis en jugement et condamné ; mais la reine Marie se contenta de l'exiler dans ses terres, où il mourut en 1782. Le Portugal retomba dans son ancienne faiblesse et dans sa dépendance à l'égard de l'Angleterre. Mais le peuple a gardé le souvenir des efforts de ce ministre terrible, qui voulait être le Richelieu du Portugal, et parle encore avec crainte et respect du *grand marquis.*

L'Espagne sous les Bourbons. — L'Espagne s'était un peu ranimée sous la nouvelle dynastie des Bourbons. Elle n'avait pas repris toutes les possessions que lui avaient enlevées les traités d'Utrecht et de Rastadt ; mais deux fils de Philippe V avaient acquis les trônes des Deux-Siciles, de Parme, Plaisance et Guastalla ; puis la guerre d'Amérique lui avait rendu Minorque et la Floride. Ferdinand VI, fils aîné de Philippe V (1746-1759), et surtout son frère, Charles III, qui abandonna Naples pour régner à Madrid (1759-1788), furent des princes estimables. Le premier, après le traité d'Aix-la-Chapelle, secondé par un habile ministre, le marquis de la Ensenada, ranima l'agriculture, allégea les impôts, répara les pertes de la marine, attaqua les abus du droit d'asile, fit creuser le canal de Castille, favorisa les lettres et les arts, et, par le concordat de 1753, restreignit la puissance exagérée du saint-siège en Espagne. Charles III, prince intelligent et animé d'excellentes intentions, s'unit intimement à la France par le Pacte de Famille et pendant la guerre d'Amérique. Il fut secondé par des ministres, élèves de nos philosophes ou de nos économistes, le comte d'Aranda, Florida-Blanca, Campomanès. Les jésuites furent chassés d'Espagne en 1767; le pouvoir de l'inquisition fut restreint; on diminua le nombre des processions et des fêtes chômées; on prit des mesures pour arrêter l'accumulation des biens dans les mains du clergé. L'instruction publique fut encouragée. Pour ranimer l'agriculture, on attira de nombreuses colonies de laboureurs allemands dans la péninsule; on rendit libre à l'intérieur le commerce des grains, on s'efforça de faire disparaître les abus de *la mesta*, qui ruinait les campagnes; on fonda plus de 60 sociétés d'agriculture, des sociétés d'*Amis de la patrie*, la banque de Saint-Charles; on creusa de nouveaux canaux, on construisit des routes, des aqueducs, etc. L'industrie fut également ranimée; les fabriques de draps de Guadalaxara, de toiles à Saint-Ildephonse, d'armes à Tolède, redevinrent florissantes. Un décret de 1773 déclara que l'industrie ne dérogeait pas à la noblesse. Le commerce intérieur reçut de nouvelles facilités; le commerce des deux Indes fut ouvert à tous les Espagnols. L'armée et la marine reçurent de notables améliorations; la flotte espagnole, forte de près de 80 vaisseaux en 1788, parut avec honneur à côté de nos escadres pendant la guerre d'Amérique. Cependant Charles III échoua à deux reprises contre les pirates barbaresques et ne put reprendre Gibraltar aux Anglais; mais il se fit céder Annobon et Fernando-Po par les Portugais. A l'avénement de Charles IV, les revenus de l'Espagne avaient triplé et sa population était montée de 7 à 11 millions. Malheureusement la plupart de ces réformes, dues à l'initiative intelligente du gouvernement, étaient peu comprises et mal soutenues par le peuple espagnol, qui restait attaché à ses préjugés, à son ignorance, à ses habitudes d'oisiveté, et le nouveau roi Charles IV devait compromettre l'œuvre de son père par sa profonde incapacité.

L'Italie : ses divisions. — *Réformes en Toscane, à Naples.* — L'Italie, depuis longtemps en décadence, était dominée au nord par l'influence autrichienne, et au sud par l'influence française; l'Autriche avait les duchés de Milan et de Mantoue; un prince autrichien régnait à Florence; la maison de Bourbon possédait le royaume des Deux-Siciles, les duchés de Parme, Plaisance et Guastalla. Au nord-ouest, le royaume de Sardaigne comprenait : le Piémont, la Savoie, Nice, le Montferrat, le val d'Aoste, les provinces de Novare, Alexandrie, Tortone, l'île de Sardaigne. — Lucques et Gênes étaient des républiques indépendantes ; mais Gênes, hors d'état de se défendre, avait vendu en 1768 la Corse à la France. Modène avait ses ducs particuliers; Monaco, Massa et Carrara étaient sans importance. Au nord-est de l'Italie, Venise, gouvernée par une oligarchie décrépite, vivait dans une sorte d'isolement politique ; ce n'était plus qu'une ville de plaisirs faciles, de carnaval; elle possédait encore le Dogado, Padoue, la Polésine de Rovigo, Vicence, Vérone, Brescia, Bergame, Crême, Trévise, Cadore, une partie du Frioul, de l'Istrie et de la Dalmatie, les îles Ioniennes. Au centre, il y avait le grand-duché de Toscane, puis les Etats de l'Eglise ; le roi des Deux-Siciles possédait les présides de Toscane, Orbitello, Porto-Ercole, Porto-Longone, Telamone, l'île d'Elbe, etc. La république de Saint-Marin était enclavée dans la Romagne, et l'île de Malte appartenait aux chevaliers de Saint-Jean de Jérusalem. — L'Italie, faible au point de vue politique, n'était plus la patrie des arts, bien qu'elle comptât encore beaucoup d'artistes ; elle n'avait plus d'écrivains et de penseurs; cependant, malgré la torpeur des esprits et les obstacles mis à la circulation des livres et des idées, il y avait comme une sorte de réveil dans les différentes parties de la péninsule. Le roi de Sardaigne décrétait dès 1761 et 1762 le rachat des droits féodaux ; dans le Milanais, l'administration éclairée du comte de Firmian a laissé des souvenirs durables, et Beccaria, l'auteur célèbre du *Traité des délits et des peines*, illustrait la chaire d'économie politique de Milan. En Toscane, après l'extinction des Médicis (1737), François de Lorraine avait inauguré des réformes que son fils Léopold devait poursuivre avec persévérance. Il fit disparaître beaucoup d'abus, rendit la liberté au commerce, commença le desséchement de la Maremme, favorisa l'agriculture, simplifia les lois civiles, adoucit les lois criminelles, et par les lois *Léopoldines* attaqua la puissance du clergé, le soumit à la surveillance de l'Etat, abolit la main-morte, etc. C'est lui qui doit succéder à son frère, l'empereur Joseph II. — Les ducs de Parme, don Philippe (1748-1765) et Ferdinand (1765-1802) suivirent la même politique. — Dans le royaume des Deux-Siciles, Charles VII, avant de devenir roi d'Espagne (1738-1759), aidé du Toscan Tanucci, qui fut premier ministre pendant 43 ans, fortifia le pouvoir royal, en attaquant les priviléges judiciaires et politiques de la noblesse, et en restreignant la puissance du clergé. Le code *Carolin* introduisit un peu d'ordre au milieu des onze législations différentes qui régissaient le royaume. Les finances, le commerce, la marine, reçurent de notables améliorations; les lettres et les sciences furent encouragées. On éleva les palais de Caserte, de Portici, de Capo di Monte, le théâtre de San-Carlo, l'hospice royal des pauvres. Tanucci, régent pendant la minorité de Ferdinand IV, poursuivit ces réformes, abolit les dîmes, supprima beaucoup de couvents, bannit les jésuites en 1768, réorganisa l'enseignement public, fonda une chaire d'économie politique à Naples, etc. Il fut disgracié en 1776, et dès lors le royaume fut soumis à l'influence mauvaise de la reine Marie-Caroline, sœur de Marie-Antoinette, que ses caprices et sa haine contre la France doivent rendre célèbre.

Turquie. — Enfin, pour terminer ce tableau, rappelons la décadence de la Turquie, alors vivement attaquée par les armées russes et autrichiennes. Cependant elle se défendait; elle avait encore ses provinces d'Asie et d'Afrique ; mais le traité d'Iassi devait lui enlever, en 1792, la province d'Oczakof.

Telle était la situation de l'Europe, lorsque éclata la Révolution, qui allait changer les relations des peuples, modifier l'équilibre européen, et commencer une période de 25 années de luttes sanglantes.

FIN.

TABLE DES MATIÈRES[1]

Chapitres.	Pages.
I. § 1er. État politique de l'Europe en 1610...	5
§ 2. Géographie politique de l'Europe en 1610...	25
II. Louis XIII. — États généraux de 1614. — Richelieu, sa lutte contre les protestants et contre la noblesse..	31
III. Guerre de trente ans. — Paix de Westphalie...	61
IV. Les Stuarts en Angleterre. — Révolution de 1648 — Olivier Cromwell...	87
V. Minorité de Louis XIV. — Anne d'Autriche et Mazarin. — La Fronde (1648-1653). — Journée des Barricades. — Guerre contre l'Espagne. — Traité des Pyrénées (1659)...	111
VI. § 1er. Gouvernement personnel de Louis XIV. — Colbert. — Louvois. — Conquête de la Flandre. — Traité d'Aix-la-Chapelle (1668)...	144
§ 2. Guerre de Hollande. — Conquête de la Franche-Comté. — Paix de Nimègue (1678). — Chambres de réunion. — Révocation de l'édit de Nantes (1685)...	171
VII. § 1er. Révolution de 1688 en Angleterre. — Guillaume III. — Coalition contre Louis XIV. — Paix de Ryswick (1697)...	194
§ 2. Guerre de la succession d'Espagne (1701-1714). — Traités d'Utrecht et de Rastadt (1713-1714)...	220
VIII. Gouvernement de Louis XIV. — Institutions et fondations. — Commerce et industrie...	241
IX. Tableau des lettres, des sciences et des arts en France pendant le règne de Louis XIV...	271
X. Géographie politique de l'Europe en 1715...	284
XI. Louis XV (1715-1774). — Régence du duc d'Orléans (1715-1722). — Ministère du cardinal Fleury (1726-1743). — Guerre de la succession de Pologne. — Traité de Vienne (1738)...	290

[1] Cette table des matières est, en même temps que la table du volume, la reproduction du Programme officiel sur l'enseignement de l'histoire publié en date du 27 juillet 1871.

Chapitres. Pages.

XII. § 1ᵉʳ. Guerre de la succession d'Autriche (1741-1748). — Progrès du royaume de Prusse. — Frédéric II (1741-1786).. 313

§ 2. Guerre de Sept ans (1756-1763). — Perte des colonies françaises, confirmée par le traité de Paris (1763) 330

XIII. Fin du règne de Louis XV. — Réunion de la Lorraine et de la Corse. — Destruction des parlements. — Tableau des lettres, des sciences et des arts au XVIIIᵉ siècle. — Les économistes; les philosophes.......... 341

XIV. Lutte de la Suède et de la Russie. — Charles XII et Pierre le Grand.. 370

XV. Catherine II. — Partage de le Pologne. — Guerres de la Russie contre la Suède et la Turquie............ 397

XVI. Puissance maritime et coloniale de l'Angleterre. — Conquêtes des Anglais aux Indes orientales. — Régime colonial.. 430

XVII. Progrès et soulèvement des colonies d'Amérique. — Guerre de l'indépendance des Etats-Unis. — Traité de Versailles.. 452

XVIII. Louis XVI. Turgot et Malesherbes. — Necker. — Assemblée de notables. — Convocation des États généraux... 486

XIX. Situation politique de l'Europe en 1789............ 511

CARTES A METTRE A LA FIN DU VOLUME

1 France en 1610, à la mort de Henri IV.
2 Allemagne en 1648, après les traités de Westphalie.
3 Europe en 1661.
4 France en 1715, à la mort de Louis XIV.
5 Europe occidentale en 1715.
6 France en 1789.
7 Inde en 1783.
8 Partie orientale de l'Amérique du Nord.
9 La Pologne dans les temps modernes.
10 Europe en 1789.

Paris. — Imprimerie Jules Le Clere et Cⁱᵉ, rue Cassette, 29.

www.ingramcontent.com/pod-product-compliance
Lightning Source LLC
Chambersburg PA
CBHW071616230426
43669CB00012B/1957